轨道交通电气设备装调职业技能等级证书培训教材
专家委员会

轨道交通电气设备装调职业技能等级证书培训教材
编委会

主　　编：段树华

副 主 编：罗昭强

参　　编：刘红兵　黄剑锋　王玺珍　张全胜　张　璇
　　　　　黄召明　王庆海　刘　陆　熊　异　张　华
　　　　　谢光明　周柳清　肖乾亮

"1＋X"职业技能等级证书培训教材

轨道交通电气设备装调（初级）

中国中车集团有限公司　编

中国铁道出版社有限公司

2024年·北　京

内 容 简 介

本书结合轨道交通科技发展前景和实际工作需求，以培养国内高质量、高技能、高水平的“轨道交通电气设备装调工”为目标进行编写，具有前瞻性和实用性。全书共分四个模块，模块一为通用基础职业素养；模块二为安全用电、工具与仪器仪表使用；模块三为简单电气控制电路的安装与调试；模块四为简单电子电路的安装与调试。

本书可作为中等职业院校、高等职业院校及应用型职业本科院校的轨道装备类、铁道运输类、城市轨道交通类、机电设备类相关专业“1＋X”轨道交通电气设备装调职业技能等级证书取证用书，也可以作为相关领域教学人员、工程技术人员的参考用书。

图书在版编目(CIP)数据

轨道交通电气设备装调：初级/中国中车集团有限公司编．—北京：中国铁道出版社有限公司，2021.5(2024.8 重印)
“1＋X”职业技能等级证书培训教材
ISBN 978-7-113-27364-4

Ⅰ.①轨… Ⅱ.①中… Ⅲ.①轨道交通-电气化铁道-电气设备-设备安装-技术培训-教材②轨道交通-电气化铁道-电气设备-调试方法-技术培训-教材 Ⅳ.①U223.6

中国版本图书馆 CIP 数据核字(2020)第 203011 号

书　　名：轨道交通电气设备装调(初级)
作　　者：中国中车集团有限公司

责任编辑：亢丽君　绳　超　　**编辑部电话**：(010)51873205　　**电子信箱**：1728656740@qq.com
封面设计：高博越
责任校对：焦桂荣
责任印制：高春晓

出版发行：中国铁道出版社有限公司(100054，北京市西城区右安门西街 8 号)
网　　址：http://www.tdpress.com
印　　刷：三河市宏盛印务有限公司
版　　次：2021 年 5 月第 1 版　2024 年 8 月第 3 次印刷
开　　本：787 mm×1 092 mm 1/16　**印张**：27.5　**字数**：704 千
书　　号：ISBN 978-7-113-27364-4
定　　价：68.00 元

序

在推动经济高质量发展和产业转型升级的背景下，我国出台了《国家职业教育改革实施方案》（职教20条），提出“在职业院校、应用型本科高校启动‘学历证书+若干职业技能等级证书’制度试点工作”。推动“1+X”证书制度实施，是深化复合型技术技能人才培养培训模式改革的重要举措，需要职业院校、行业企业及各类社会力量的广泛参与。

中国中车集团有限公司（简称中国中车）是国务院国资委监管的中央企业，国家高端装备制造业的排头兵。以高铁为代表的轨道交通装备制造，已成为享誉世界的“国家名片”。发展先进轨道交通装备制造，迫切需要造就一大批能够担当建设制造强国使命的技术技能人才。中国中车发挥央企使命担当，聚焦以先进轨道交通装备为代表的高端装备制造技术技能人才培育，积极参与“1+X”证书制度试点，已成为轨道交通电气设备装调、轨道交通装备焊接、轨道交通装备无损检测三项职业技能等级证书的培训评价机构。中国中车三项X证书，是基于轨道交通装备行业企业的产品技术和人才需求而开发的，具有在多行业广泛应用的价值。

教材是职业培训教学的重要工具。“1+X”职业技能等级证书培训教材，是确保证书质量水平的关键载体。中国中车组织编写了轨道交通电气设备装调、轨道交通装备焊接、轨道交通装备无损检测三项职业技能等级证书的培训教材。为保证教材的质量，中国中车与职业院校教育专家、出版社联手，发挥具有丰富实践经验的一线高层次人才优势，集聚中华技能大奖获得者、内部科学家、首席专家、资深专家等60余人参与编写。在编写过程中，始终把教材的内容和质量放在头等重要位置，以职业技能等级标准为纲，充分吸收新技术、新工艺、新规范、新要求等内容，有效体现了教材的实践性、实用性和先进性。

教材开发是一项过程复杂、科学性要求高的活动。中国中车三项证书培训教材的出版，是参与职业教育教材开发的初步探索。教材中的疏漏和不足在所难免。我们将在“1+X”证书制度试点的实践中，不断优化完善，尤其是在活页式、手册式、立体化等新形态教材开发方面，加大研发力度，为推进与“1+X”证书制度实施贡献“中车力量”。

中国中车集团有限公司总经理

2020年12月

前　言

轨道交通电气设备装调"1+X"职业技能等级证书系列教材是根据《国家职业教育改革实施方案》(职教20条)关于"1+X"证书制度试点工作要求,以及教育部公布的第三批中国中车集团有限公司(简称中国中车)轨道交通电气设备装调职业技能等级标准,结合高等职业教育的人才培养目标和专业毕业生就业岗位需求,基于中国中车内部技能人才岗位职业能力规范而开发的。教材以项目为载体,对技能考评内容按照知识点、技能点的方式分模块、分项目进行,同时融知识、技能和素养于一体。通过"学、做、练、考、评"培养学生的职业能力,使之养成良好的职业态度及规范的职业习惯。

"学"是指相关知识学习。针对项目所涉及相关理论知识进行学习,使学生对制作的项目形成理性认识,掌握相关知识点和相关方法。

"做"是指项目制作。利用相关知识和技能完成项目的制作,并将安全生产、现场"6S"(整理、整顿、清扫、清洁、素养、安全)管理融入项目制作的过程中,培养学生的动手能力。

"练"是指技能训练。针对项目要求掌握的技能、必备的态度(敬业态度、团队协作、安全生产,"6S"管理等),进行强化训练,让学生熟练掌握生产工艺。

"考"是指模拟考核。一是针对证书涉及的理论知识进行模拟考核,掌握理论考核内容和模式;二是针对证书涉及的操作技能进行模拟考核,掌握操作考核内容和模式。

"评"是指考核评价。针对学生技能操作进行考核评价。不仅要考核学生对相关知识、技能的掌握情况,着重考核电气设备装调工艺技能,同时考核学生安全生产、现场"6S"管理等职业习惯及协作能力。

轨道交通电气设备装调"1+X"职业技能等级证书系列教材理论分析适度,重在实践应用及学生能力的培养,并在知识点和技能点内容选取、考核评价、习题练习方面做了较大的努力。书中图形符号、文字符号、量和单位及相关标准、型号均采用国家最新标准。本系列教材共分初级、中级、高级三册,本书为初级证书培训教材。全书共分四个模块,其中模块一为通用基础职业素养,模块二为安全用电、工具与仪器仪表使用,模块三为简单电气控制电路的安装与调试,模块四为简单电子电路的安装与调试。书中部分模块技能训练含有二维码视频资源。

本书可作为中等职业院校、高等职业院校及其应用型职业本科院校的轨道装备类、铁道运输类、城市轨道交通类、机电设备类等专业“1+X”轨道交通电气设备装调职业技能等级证书取证用书,也可作为相关领域教学人员、工程技术人员的参考用书。

本书由湖南铁道职业技术学院段树华担任主编、中车长春轨道客车股份有限公司首席技能专家罗昭强担任副主编。湖南铁道职业技术学院刘红兵、黄剑锋、王玺珍,中车永济电机有限公司张全胜,常州铁道高等职业技术学校张璇、张春红,中车青岛四方机车车辆股份有限公司黄召明,中车大连机车车辆有限公司王庆海,中车长春轨道客车股份有限公司刘陆参与编写。具体编写分工如下:黄召明编写了模块一项目一、项目二、项目三;刘红兵编写了模块二项目一;张全胜编写了模块二项目二、项目四;段树华编写了模块二项目三以及附录1、附录2、附录3;黄剑锋写了模块三项目一;张璇编写了模块三项目二;王玺珍编写了模块三项目三;王庆海编写了模块三项目四、项目五;张春红编写了模块四项目一;罗昭强、刘陆共同编写了模块四项目二。中国中车集团有限公司李彦坤负责组织构思全书的编写思路并进行总体策划。

本书在编写过程中还得到了湖南铁道职业技术学院张莹、熊异,常州铁道高等职业技术学校张华,中车株洲电力机车有限公司谢光明、周柳清,中车时代电动汽车股份有限公司肖乾亮等同志的鼎力相助,在此对各位同仁表示由衷的感谢。

由于编者水平有限,书中错误、疏漏及其他不足之处,恳请读者批评指正。

编　者

2020 年 12 月

目 录

模块一 通用基础职业素养

模块二 安全用电、工具与仪器仪表使用

模块四　简单电子电路的安装与调试

附　　录

模块一

通用基础职业素养

项目一　职业安全与环保知识

学习目标

应知	1. 掌握轨道交通电气设备装调中的职业安全与环保基础知识。 2. 熟悉轨道交通电气设备装调中的职业安全与环保基本要求。
应会	1. 掌握核心价值观、职业道德相关要求。 2. 掌握职业安全和健康保障有关要求。 3. 掌握环境保护和节能处理相关知识。

建议学时

理论教学 2 学时。

知识导入

知识点一　核心价值观

一、社会主义核心价值观

社会主义核心价值观是社会主义核心价值体系的内核，体现社会主义核心价值体系的根本性质和基本特征，反映社会主义核心价值体系的丰富内涵和实践要求，是社会主义核心价值体系的高度凝练和集中表达。

党的十八大提出，倡导富强、民主、文明、和谐，倡导自由、平等、公正、法治，倡导爱国、敬业、诚信、友善，积极培育和践行社会主义核心价值观。富强、民主、文明、和谐是国家层面的价值目标，自由、平等、公正、法治是社会层面的价值取向，爱国、敬业、诚信、友善是公民个人层面的价值准则，这 24 个字是社会主义核心价值观的基本内容。

党的十八大以来，中央高度重视培育和践行社会主义核心价值观。习近平总书记多次作出重要论述、提出明确要求。2017 年 10 月 18 日，习近平同志在十九大报告中指出，要培育和践行社会主义核心价值观。要以培养担当民族复兴大任的时代新人为着眼点，强化教育引导、实践养成、制度保障，发挥社会主义核心价值观对国民教育、精神文明创建、精神文化产品创作生产传播的引领作用，把社会主义核心价值观融入社会发展各方面，转化为人们的情感认同和行为习惯。

社会主义核心价值观的基本原则是：坚持以人为本，尊重群众主体地位，关注人们利益诉求和价值愿望，促进人的全面发展；坚持以理想信念为核心，抓住世界观、人生观、价值观这个总开关,在全社会牢固树立中国特色社会主义共同理想,着力筑牢人们的精神支柱;坚持联系实际,区分层次和对象,加强分类指导,找准与人们思想的共鸣点、与群众利益的交汇点,做到贴近性、对象化、接地气;坚持改进创新,善于运用群众喜闻乐见的方式,搭建群众便于参与的平台,开辟群众乐于参与的渠道,积极推进理念创新、手段创新和基层工作创新,增强工作的吸引力、感染力。

践行社会主义核心价值观,要高举中国特色社会主义伟大旗帜,以马克思列宁主义、毛泽东思想、邓小平理论、"三个代表"重要思想、科学发展观、习近平新时代中国特色社会主义思想为指导,紧紧围绕坚持和发展中国特色社会主义这一主题,紧紧围绕实现中华民族伟大复兴中国梦这一目标,紧紧围绕"三个倡导"这一基本内容,注重宣传教育、示范引领、实践养成相统一,注重政策保障、制度规范、法律约束相衔接,使社会主义核心价值观融入人们生产生活和精神世界,激励全体人民为夺取中国特色社会主义新胜利而不懈奋斗。一方面,把培育和践行社会主义核心价值观融入国民教育全过程;另一方面,把培育和践行社会主义核心价值观落实到经济发展实践和社会治理中。

二、职业道德

职业道德的概念有广义和狭义之分。广义的职业道德是指从业人员在职业活动中应该遵循的行为准则,涵盖了从业人员与服务对象、职业与职工、职业与职业之间的关系。狭义的职业道德是指在一定职业活动中应遵循的、体现一定职业特征的、调整一定职业关系的职业行为准则和规范。不同的职业人员在特定的职业活动中形成了特殊的职业关系,包括了职业主体与职业服务对象之间的关系、职业团体之间的关系、同一职业团体内部人与人之间的关系,以及职业劳动者、职业团体与国家之间的关系。

社会主义职业道德是社会主义社会各行各业的劳动者在职业活动中必须共同遵守的基本行为准则。它是判断人们职业行为优劣的具体标准,也是社会主义道德在职业生活中的反映。因为集体主义贯穿于社会主义职业道德规范的始终,是正确处理国家、集体、个人关系的最根本的准则,也是衡量个人职业行为和职业品质的基本准则,是社会主义社会的客观要求,是社会主义职业活动获得成功的保证。

社会主义职业道德的基本规范:

1. 爱岗敬业

爱岗敬业是社会主义职业道德最基本、最起码、最普通的要求。爱岗敬业作为最基本的职业道德规范,是对人们工作态度的一种普遍要求。爱岗就是热爱自己的工作岗位,热爱本职工作,敬业就是要用一种恭敬严肃的态度对待自己的工作。

2. 诚实守信

诚实守信是做人的基本准则,也是社会道德和职业道德的一个基本规范。诚实就是表里如一,说老实话,办老实事,做老实人。守信就是信守诺言,讲信誉,重信用,忠实履行自己承担的义务。诚实守信是各行各业的行为准则,也是做人做事的基本准则,是社会主义最基本的道德规范之一。

3. 办事公道

办事公道是指对于人和事的一种态度,也是千百年来人们所称道的职业道德。它要求人们待人处世要公正、公平。

4. 服务群众

服务群众就是为人民群众服务,是社会全体从业者通过互相服务,促进社会发展,实现共同幸福。服务群众是一种现实的生活方式,也是职业道德要求的一个基本内容。服务群众是社会主义职业道德的核心,它是贯穿于社会共同的职业道德之中的基本精神。

5. 奉献社会

奉献社会就是积极自觉地为社会做贡献。这是社会主义职业道德的本质特征。奉献社会自始至终体现在爱岗敬业、诚实守信、办事公道和服务群众的各种要求之中。奉献社会并不意味着不要个人的正当利益,不要个人的幸福。恰恰相反,一个自觉奉献社会的人,他才真正找到了个人幸福的支撑点。奉献和个人利益是辩证统一的。

知识点二　职业安全和健康保障

一、职业安全

1. 安全生产的定义

"安全生产"这个概念,一般意义上讲,是指在社会生产活动中,通过人、机、物料、环境、方法的和谐运作,使生产过程中潜在的各种事故风险和伤害因素始终处于有效控制状态,切实保护劳动者的生命安全和身体健康。也就是说,为了使劳动过程在符合安全要求的物质条件和工作秩序下进行,防止人身伤亡、财产损失等生产事故,消除或控制危险、有害因素,保障劳动者的安全健康和设备设施免受损坏、环境免受破坏的一切行为。

安全生产是安全与生产的统一,其宗旨是安全促进生产,生产必须安全。搞好安全工作,改善劳动条件,可以调动职工的生产积极性;减少职工伤亡,可以减少劳动力的损失;减少财产损失,可以增加企业效益,无疑会促进生产的发展。而生产必须安全,则是因为安全是生产的前提条件,没有安全就无法生产。

2. 安全生产基础知识

1)三级安全教育

三级安全教育是指新入厂职员、工人的厂级安全教育、车间级安全教育和岗位(工段、班组)安全教育。三级安全教育制度是企业安全教育的基本教育制度,受教育者,经考试合格后,方可上岗操作。

2)四不放过

四不放过是指事故原因未查清不放过、责任人员未处理不放过、责任人和群众未受教育不放过、整改措施未落实不放过。事故处理的"四不放过"原则是,要求对安全生产工伤事故必须进行严肃认真的调查处理,接受教训,防止同类事故重复发生。

3)三知

知生产特性、知火灾危险性、知技术防范措施。

4)四会

会报警,会操作消防设施、器材,会扑救初期火灾,会逃生自救方法。

5)四不伤害

为减少人为事故而采取的在作业中作业人员的一个互相监督原则,具体为:不伤害自己、不伤害他人、不被他人伤害、监督他人不被伤害。

6)三违

违章指挥、违章作业、违反劳动纪律。

7)三无

个人无违章、岗位无隐患、班组无事故。

8)安全色与安全标志

安全色和安全标志广泛应用于生产经营单位和有关场所,从业者应熟悉安全色和安全标志,预防发生意外事故。

安全色表示安全信息的颜色。颜色常被用作为加强安全和预防事故而设置的标志。安全色要求醒目,容易识别,其作用在于迅速指示危险,或指示在安全方面有着重要意义的器材和设备的位置。安全色应该有统一的规定,国家标准 GB 2893—2008 规定红、黄、蓝、绿四种颜色为安全色,如图 1-1-1 所示。其含义和用途如下:

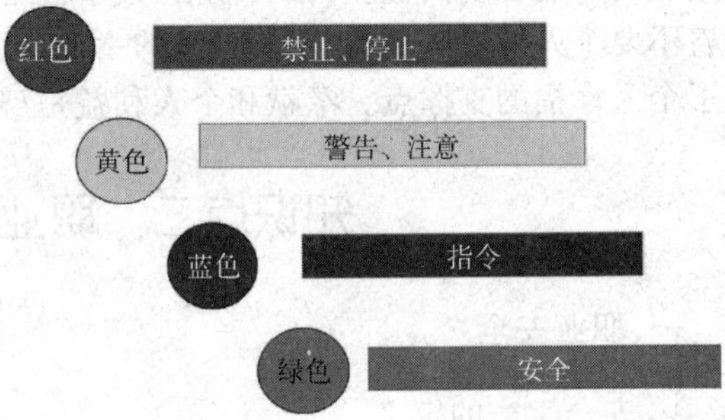

图 1-1-1 安全色

(1)红色表示禁止、停止,用于禁止标志、停止信号、车辆上的紧急制动手柄等。

(2)黄色表示警告、注意,用于警告警戒标志、行车道中线等。

(3)蓝色表示指令、必须遵守的规定,一般用于指令标志。

(4)绿色表示提示安全状态、通行,用于提示标志、行人和车辆通行标志等。

安全标志根据国家标准规定,安全标志由安全色、几何图形和图形、符号构成,如图 1-1-2 所示。根据《安全标志及其使用导则》,国家规定了四类传递安全信息的安全标志:

(1)禁止标志表示不准或制止人们的某种行为。

(2)警告标志使人们注意可能发生的危险。

(3)指令标志表示必须遵守,用来强制或限制人们的行为。

(4)提示标志示意目标地点或方向。

图 1-1-2 安全标志

3. 安全生产守则

(1)贯彻“安全第一、预防为主、综合治理”的方针，遵守国家劳动保护、安全生产法律、法规；严格执行公司安全生产的规章制度，保障广大员工的安全与健康。

(2)各级各岗位人员，应认真执行安全生产责任制，正确处理安全与生产经营、安全与经济效益的辩证关系；员工对各自的作业场所和所存在的危险因素有知情权，并有权拒绝违章指挥和强令冒险作业。

(3)在生产作业活动中，在不能确保自身安全的情况下，不得从事明知危险但没有安全保证措施的各类作业。

(4)遵守各类、各工种的安全操作规程，自觉克服“三违”行为(即违章指挥、违章作业、违反劳动纪律)，力求做到“四不伤害”(即不伤害自己、不伤害他人、不被他人伤害、监督他人不被伤害)。

(5)加强自我保护意识，不断提高安全操作技能，新入厂员工应通过三级安全教育，方能进入工作现场；特种作业人员应持证上岗，各类人员应自觉接受各级安全管理人员的监督和检查。

(6)员工工作时间不准喝酒；酒后不准进入生产场所；不准带小孩进入生产场所；不准带无关人员进入生产场所；不得擅自离岗或睡觉；不得东游西逛、聚集闲谈、嬉戏打闹；不得干私活、办私事以及从事与本职工作无关的活动。

(7)在生产作业活动中，应按规定正确穿戴和使用劳动防护用品，防护服上衣应“三紧”(领口、袖口、下摆)。女工的长发应罩在工作帽内。在生产作业过程中不准穿拖鞋、凉鞋、高跟鞋、裙子、短裤、喇叭裤，系围巾等。禁止赤脚、赤背、敞怀进入工作场地。

(8)作业前，应检查工具是否安全可靠。禁止使用有裂纹、带毛刺、手柄松动等带缺陷的工具，以免造成伤害。

(9)不得以拼设备、拼体力来抢时间、赶速度、冒险蛮干，或不按工艺以及操作规程要求操作设备，使设备超负荷运行。

(10)必须熟悉所用设备、设施的构造、性能、保养方法；严格按操作规程、工艺要求操作设备；未经批准严禁动用非本人操作的设备和车辆。

(11)不得在机器运转时进行加油、修理、检查、调整、焊接、清扫和排除故障等工作。

(12)发现设备或安全防护装置缺损，应及时向领导反映，不得继续操作，不得自作主张擅自将安全防护装置拆除或弃之不用。

(13)在生产现场行走及上下楼梯时，应注意力集中，不得将双手放入口袋中。在厂内交通道路上行走，应注意观察，避免来往车辆伤害。

(14)不得忽视安全、忽视警告，不得冒险进入危险区域、场所，攀、坐不安全位置(如平台护栏、汽车挡板、吊篮等)。

(15)公司内行走严禁吸烟，不得乱扔烟头、烟盒，避免火灾事故。

(16)禁止在道心或枕木上行走和随意停留。严禁攀爬停放在铁路上的机车车辆，严禁在车下乘凉和休息；严禁从机动车上爬上跳下。

(17)搬运物件尽量采取蹲式，不宜采取弯腰式，凡质量超过 20 kg 的工作物，不准一个人搬运。

(18)起重机械吊运物件时，应注意起重机械电铃警示，严禁行人从吊物下通过。

(19)要注意安全用电,任何电器设施在未验电的前提下,一律应视为有电。非专业人员一律不准擅自拆除、安装和维修电气设备、设施。

(20)及时清理作业现场,清除废料、垃圾并向规定地点倾倒;工件和附件不得任意摆放,堵塞通道。

(21)发生生产安全事故时,现场人员应当立即报告本单位负责人。单位负责人接到事故报告后,应迅速采取有效措施,组织抢救,防止事故扩大,减少伤亡和损失,并实事求是上报事故,做到不隐瞒、不谎报、不拖延,积极配合,妥善处理。

(22)生产作业人员和办公室工作人员工作完毕后,应及时做到“人走电断”和熄灭火种,避免触电事故和火灾事故。

二、健康保障

1. 基本概念

职业健康是研究并预防因工作导致的疾病,防止原有疾病的恶化。主要表现为工作中因环境及接触有害因素引起人体生理机能的变化。职业健康应以促进并维持各行业职工的生理、心理及社交处在最好状态为目的;并防止职工的健康受工作环境影响;保护职工不受健康危害因素伤害;并将职工安排在适合他们的生理和心理的工作环境中。

职业健康的影响因素有化学因素、物理因素、环境危害因素。

1)职业安全卫生

为了保护劳动者在劳动、生产过程中的安全、健康,在改善劳动条件、预防工伤事故及职业病,实现劳逸结合和女职工、未成年工的特殊保护等方面所采取的各种组织措施和技术措施的总称。以保障职工在职业活动过程中的安全与健康为目的的工作领域及在法律、技术、设备、组织制度和教育等方面所采取的相应措施。

职业安全卫生针对的对象是人的防护,而不是环境的保护。

2)职业病

《中华人民共和国职业病防治法》规定,职业病是指企业、事业单位和个体经济组织(以下统称用人单位)的劳动者在职业活动中,因接触粉尘、放射性物质和其他有毒、有害物质等因素而引起的疾病。各国法律都有对于职业病预防方面的规定,一般来说,凡是符合法律规定的疾病才能称为职业病。在生产劳动中,接触生产中使用或产生的有毒化学物质、粉尘气雾、异常的气象条件、高低气压、噪声、振动、微波、X 射线、γ 射线、细菌、霉菌;长期强迫体位操作,局部组织器官持续受压等,均可引起职业病,一般将这类职业病称为广义的职业病。对其中某些危害性较大,诊断标准明确,结合国情,由政府有关部门审定公布的职业病,称为狭义的职业病,或称法定(规定)职业病。

《中华人民共和国职业病防治法》规定,职业病诊断应当由省级以上人民政府卫生行政部门批准的医疗卫生机构承担。

3)职业禁忌症

职业禁忌症是指劳动者从事特定职业或者接触特定职业病危害因素时,比一般职业人群更易于遭受职业病危害和罹患职业病或者可能导致原有自身疾病病情加重,或者在作业过程中诱发可能导致对他人生命健康构成危险的疾病的个人特殊生理或者病理状态。

4)职业健康检查

《中华人民共和国职业病防治法》规定，对从事接触职业病危害的作业的劳动者，用人单位应当按照国务院卫生行政部门的规定组织上岗前、在岗期间和离岗时的职业健康检查，并将检查结果如实告知劳动者。职业健康检查费用由用人单位承担。

用人单位不得安排未经上岗前职业健康检查的劳动者从事接触职业病危害的作业；不得安排有职业禁忌的劳动者从事其所禁忌的作业；对在职业健康检查中发现有与从事的职业相关的健康损害的劳动者，应当调离原工作岗位，并妥善安置；对未进行离岗前职业健康检查的劳动者不得解除或者终止与其订立的劳动合同。

职业健康检查应当由省级以上人民政府卫生行政部门批准的医疗卫生机构承担。

2. 职业卫生防护

职业卫生防护措施包括职业病危害防护设施、个人使用的职业病防护用品以及职业病防治管理措施等。

职业病危害防护设施是以预防、消除或者降低工作场所的职业病危害；减少职业病危害因素对劳动者健康的损害，达到保护劳动者健康目的的设施、装置或用品。

用人单位应当优先采用有利于防治职业病和保护劳动者健康的新技术、新工艺、新材料，逐步替代职业病危害严重的技术、工艺、材料；必须采用有效的职业病防护设施，并为劳动者提供个人使用的符合防治职业病要求的防护用品。

产生职业病危害的用人单位，应当在醒目位置设置公告栏，公布有关职业病防治的规章制度、操作规程、职业病危害事故应急救援措施和工作场所职业病危害因素检测结果。对产生严重职业病危害的作业岗位，应当在其醒目位置，设置警示标识和中文警示说明。警示说明应当表明产生职业病危害的种类、后果、预防以及应急救治措施等内容。

3. 劳保用品

劳保用品是指保护劳动者在生产过程中的人身安全与健康所必备的一种防御性装备，对于减少职业危害起着相当重要的作用，如工作帽、工作服、防护服、工作手套、棉纱手套、乳胶手套、电焊手套、帆布手套、白棉布手套、微波炉手套、劳保鞋、工作围裙、口罩、防护镜、护膝、头盔等。

知识点三　环境保护和节能处理

一、环境保护

1. 基本概念

环境保护是指人类为解决现实或潜在的环境问题，协调人类与环境的关系，保护人类的生存环境、保障经济社会的可持续发展而采取的各种行动的总称。其方法和手段有工程技术的、行政管理的，也有经济的、宣传教育的等。

环境保护涉及的范围广、综合性强，它涉及自然科学和社会科学的许多领域等，还有其独特的研究对象。环境保护方式包括：采取行政、法律、经济、科学技术、民间自发环保组织等，合理利用自然资源，防止环境的污染和破坏，以求自然环境同人文环境、经济环境共同平衡可持续发展，扩大有用资源的再生产，保证社会的发展。

世界环境日为每年的6月5日,它反映了世界各国人民对环境问题的认识和态度,表达了人类对美好环境的向往和追求。它是联合国促进全球环境意识、提高政府对环境问题的注意并采取行动的主要媒介之一。

2. 环境保护规定

1)总则

企业应当严格遵守国家环境保护法律法规和有关政策,贯彻“保护优先、预防为主、综合治理、公众参与、损害担责”的原则和“谁使用、谁控制,谁污染、谁治理,谁开发、谁保护”的原则,坚持“绿水青山就是金山银山”的理念,坚持“生态优先、绿色发展”的道路。

企业应制订节能减排规划并纳入企业发展规划和年度计划,建立健全环境保护规章制度,落实环境保护责任制。

企业员工都有保护和改善环境的责任和义务。

2)监督管理

企业应建立环境保护责任制,明确各级领导、部门及所属企业承担的环保职责,并对环境保护工作实施分级管理。

所属企业的第一管理者必须依法履行环境保护职责,对本单位产生的环境影响负责,对环境保护工作负总责。所属企业应有一名公司级管理者具体负责环境保护的领导工作,并对环境保护工作负分管领导责任。

企业应设置环境保护日常管理机构,对本单位的环境保护工作实施策划、组织、监督、管理、考核。

企业应将环境保护工作纳入企业发展战略、长期规划、年度经营计划和日常经营管理各个环节之中。

企业应建立、实施并保持ISO 14001环境管理体系,提高环境管理水平与环境绩效。

企业应推进清洁生产,发展循环经济,建立废料回收和循环利用制度。应当建立环境保护和资源节约的监控制度,开展清洁生产审核工作,创建资源节约、环境友好企业。

企业应开展环境保护宣传、教育培训工作,普及环境保护科学知识,提高员工环境保护意识和能力,改善环境行为。

3)污染防治

企业建设项目应当符合国家产业政策和节能环保标准,严格执行环境影响评价法律法规和防治污染设施与其主体工程同时设计、同时施工、同时投产的环境保护“三同时”制度。

引进技术和设备应符合国家环境保护有关规定和要求,防止污染转移。国内无成熟的污染治理技术时,应同时引进污染治理技术。

企业技术改造应当采用技术先进、资源利用率高、污染物排放量少、经济合理的清洁生产设备和工艺,合理利用资源、能源,有效控制环境污染。严禁新上、转移、生产和采用国家明令淘汰的能耗高、污染重的落后产业、生产工艺装置和产品。

企业应将污染防治设施纳入设备管理范围,保持其完好率和运行率,污染防治设施不得擅自拆除或无故停用,确需停用、封存或拆除的,应报当地环境保护部门审批。

企业废水、废气、噪声、固体废弃物等各种污染物的产生与排放,实行源头和过程控制,从源头减少产生量和排放量,污染物排放应符合国家或地方规定的排放标准,主要污染物的排放应同时满足总量控制要求。

企业应对污染物排放超过国家标准和总量控制指标的生产工艺和设施，进行技术改造与更新，实施污染提效治理，满足国家污染物排放标准和总量控制指标要求。纳入重点排污单位名录的所属企业，应通过改进工艺或制订污染治理计划，逐年减少或控制污染物排放量。

固体废物应按照减量化、资源化、无害化原则，实施分类管理、综合利用、依法贮存、安全转移与处置，不得随意堆放、弃置。

产生放射性污染、电磁污染和热污染的，所属企业应按国家规定进行控制和管理，完善射线作业场所管理制度，开展辐射环境安全管理，防止发生污染事故。

企业应建立健全环境污染应急管理体系，编制突发环境事件应急预案。企业应编制突发环境事件应急预案和专项应急处置方案。应做好突发环境事件的风险控制、应急准备、应急处置和事后恢复等工作，做好应急与救援物资储备，定期开展应急演练。

企业一旦发生突发环境事件，应立即启动突发环境事件应急预案，及时、有效地开展应急处置，及时通报可能受到危害的单位和居民，同时应立即按应急响应程序按规定时间逐级向地方政府环境保护主管部门报告。重大及以上突发环境事件在 2 h 内上报，较大和一般突发环境事件在 4 h 内上报，书面报告必须在 24 h 内完成。

二、节能处理

节能处理是为了深入贯彻习近平总书记生态文明思想，全面落实“创新、协调、绿色、开放、共享”的五大发展理念，坚持节约优先、保护优先、自然恢复为主的方针，践行资源节约和环境保护基本国策，履行节能减排社会责任。

企业的发展战略、规划应当与节约资源和环境保护相协调，自觉推动绿色、循环、低碳发展；积极优化企业、产业、产品结构和能源消费结构；大力发展绿色节能、高新技术产业；科学有序推进风能、太阳能、生物质能等可再生能源的开发与利用，提高能源综合利用效率。

企业应推广应用节能减排新技术、新材料、新工艺、新产品和高效清洁能源，以及铸造、锻造、热处理等业务的专业化配套以及污染物第三方治理和运营管理。应优化生产工艺和流程，淘汰高污染、高耗能生产技术、工艺。依据国家和地方政府规定目录，淘汰高耗能变压器、电动机等机电产品。

企业技术改造应当采用技术先进、能源资源利用率高、污染物排放量少、经济合理的高效清洁生产设备和工艺。严禁新上、转移、生产和采用国家明令淘汰的能耗高、污染重的落后产业、生产工艺、装备和产品。

固体废物应按照减量化、资源化、无害化原则，实施分类管理、综合利用、依法安全转移与处置，不得随意堆放、弃置。

测评题

一、单选题

1. 社会主义核心价值观是社会主义核心价值体系的(　　)。

(A)内核　(B)中心　(C)标准　(D)纲领

2. 爱国、敬业、诚信、友善是(　　)的价值准则。

(A)国家层面　(B)社会层面　(C)集体层面　(D)公民个人层面

3.(　　)是社会主义社会各行各业的劳动者在职业活动中必须共同遵守的基本行为准则。

(A)诚实守信　(B)职业道德　(C)爱岗敬业　(D)遵纪守法

4. 安全色和(　　)广泛应用于生产经营单位和有关场所,从业者应熟悉安全色和安全标志,预防发生意外事故。

(A)安全符号　(B)安全指示　(C)安全规定　(D)安全标志

5. 根据《安全标志及其使用导则》,国家规定了(　　)传递安全信息的安全标志。

(A)三类　(B)四类　(C)五类　(D)六类

6.(　　)表示必须遵守,用来强制或限制人们的行为。

(A)禁止标志　(B)警告标志　(C)指令标志　(D)提示标志

7. 国家标准 GB 2893—2008 规定红、(　　)、黄、绿四种颜色为安全色。

(A)蓝　(B)青　(C)白　(D)黑

8.(　　)人员应持证上岗,各类人员应自觉接受各级安全管理人员的监督和检查。

(A)工作　(B)技术　(C)技能　(D)特种作业

9. 搬运物件尽量采取蹲式,不宜采取弯腰式,凡质量超过(　　)的工作物,不准一个人搬运。

(A)10 kg　(B)15 kg　(C)18 kg　(D)20 kg

10. 中华人民共和国职业病防治法规定职业病的诊断应当由(　　)卫生行政部门批准的医疗卫生机构承担。

(A)县级　(B)市级　(C)省级　(D)国家级

11. 世界环境日为每年的(　　)。

(A)6 月 5 日　(B)6 月 15 日　(C)6 月 25 日　(D)7 月 15 日

12. 企业应建立、实施并保持(　　)环境管理体系,提高环境管理水平与环境绩效。

(A)ISO 9001　(B)ISO 14001　(C)OHSAS 18001　(D)ISO/TS 22163

13. 重大及以上突发环境事件在(　　)h 内上报,较大和一般突发环境事件在 4 h 内上报,书面报告必须在 24 h 内完成。

(A)0.5　(B)1　(C)2　(D)3

14. 发展绿色节能、高新技术产业,推广应用节能减排新技术、新材料、(　　)、新产品。

(A)新装备　(B)新工具　(C)新工艺　(D)新技巧

15."四不伤害",即不伤害自己、不伤害他人、不被他人伤害(　　)。

(A)监督他人不被伤害　(B)不伤害设备

(C)不伤害产品　(D)不伤害工具

16.(　　)是指保护劳动者在生产过程中的人身安全与健康所必备的一种防御性装备,对于减少职业危害起着相当重要的作用。

(A)劳保用品　(B)劳动工具　(C)劳动保护　(D)劳动监护

二、多选题

1. 社会主义核心价值观中国家层面的价值目标是(　　)。

(A)富强　(B)民主　(C)文明　(D)和谐

2. (　　)是社会主义职业道德的基本规范。

(A)爱岗敬业　(B)诚实守信　(C)办事公道　(D)服务群众

3. 三级安全教育是指新入厂职员、工人的(　　)。

(A)厂级安全教育　(B)车间级安全教育

(C)岗位(工段、班组)安全教育　(D)个人安全教育

4. 安全生产中的“三违”指(　　)。

(A)违章指挥　(B)违章作业　(C)违反命令　(D)违反劳动纪律

5. 职业健康的影响因素有(　　)。

(A)化学因素　(B)物理因素　(C)环境危害因素　(D)自然因素

6. 企业应将环境保护工作纳入(　　)各个环节之中。

(A)企业发展战略(B)长期规划　(C)年度经营计划　(D)日常经营管理

7. 企业(　　)等各种污染物的产生与排放实行源头控制和过程管理,从源头减少产生量和排放量。

(A)废水　(B)废气　(C)噪声　(D)固体废物

8. 按照国家产业发展规划,科学有序推进(　　)等可再生能源的开发与利用,提高能源综合利用效率。

(A)风能　(B)太阳能　(C)生物质能　(D)电能

9. 固体废物应按照(　　)原则,实施分类管理、综合利用、依法贮存、安全转移与处置,不得随意堆放、弃置。

(A)优先化　(B)减量化　(C)资源化　(D)无害化

三、判断题

(　　)1. 爱岗敬业是社会主义职业道德最基本、最起码、最普通的要求。

(　　)2. 办事公道是做人的基本准则,也是社会道德和职业道德的一个基本规范。

(　　)3. 安全生产是安全与生产的统一,其宗旨是安全促进生产,生产必须安全。

(　　)4. 警告标志表示不准或制止人们的某种行为。

(　　)5. 安全标志根据国家标准规定,安全标志由安全色、几何图形和图形、符号构成。

(　　)6. 在生产作业活动中,在不能确保自身安全的情况下,不得从事明知危险但没有安全保证措施的各类作业。

(　　)7. 在生产作业活动中,根据作业环境决定是否穿戴和使用劳动防护用品。

(　　)8. 在机器运转时进行加油、修理、检查、调整、焊接、清扫和排除故障等工作。

(　　)9. 起重机械吊运物件时,应注意起重机械电铃警示,行人可以从吊物下通过。

(　　)10. 生产作业人员和办公室工作人员工作完毕后,应及时做到“人走电断”和熄灭火种,避免触电事故和火灾事故。

(　　)11. 职业安全卫生针对的对象是人的防护,也是环境的保护。

(　　)12. 企业员工都有保护和改善环境的责任和义务。

(　　)13. 企业应开展环境保护宣传、教育培训工作,普及环境保护科学知识,提高员工环境保护意识和能力,改善环境行为。

(　　)14. 为了节约成本,企业可以新上、转移、生产和采用国家明令淘汰的能耗高、污染重的落后产业、生产工艺、装备和产品。

(　　)15. 环境保护“三同时”制度是指同时设计、同时施工、同时投产。

项目二　岗位基本技能

学习目标

应知	1. 掌握轨道交通电气设备装调中的基本办公处理。 2. 熟悉轨道交通电气设备装调中的质量分析方法。
应会	1. 掌握基本办公处理的内容和相关要求。 2. 掌握质量分析方法内容和相关要求。

建议学时

理论教学 2 学时。

知识导入

知识点一　基本办公处理

一、基本办公的能力

办公技能是指一个人在工作中所必备的内涵素养和才华，它包括一些基本工作需要会的技术、能力。一般包含以下几点：

1. 文字表达能力

文字表达能力是运用语言文字阐明自己的观点、意见或抒发思想、感情的能力，是将自己的实践经验和决策思想，运用文字表达方式，使其系统化、科学化、条理化的一种能力，这是保证自己工作方向的基础，也是提升自身能力和地位的一大法宝。表达体裁主要包括书信、计划、通知、报告、总结、论文等。

2. 计算机应用能力

应能独立操作计算机，熟练操作 Word、Excel、PowerPoint、Outlook 等办公自动化软件，掌握 Internet 邮件收发和处理技巧。

3. 设备应用能力

能熟练运用各类办公自动化设备，如打印机、复印机、传真机、扫描仪、刻录机等。

4. 沟通协调能力

在日常工作中妥善处理好上级、同级、下级等各种关系，减少摩擦，能够调动各方面的工作积极性。

5. 其他能力

其他能力如具有一定的英语知识、较好的记忆力、时间分配能力等综合能力。

二、基本办公处理

1. 文字表达

文字表达能力的提高,不是一蹴而就的,但也不是高不可攀的。只要下决心、有毅力、勤读书,坚持不懈,不断努力,就会达到成效。

要写出高水平的文章,最重要的是经过实践,对研究的对象有精确的认识,能够提出富有新意的观点。要做到这一点就要在实际工作中深入生活,深入实践,做些调查研究,总结观察事物本身变化和其周围的环境联系,在调查研究、观察的基础上还必须进行思考,这样才能透过现象抓住本质,揭示各种事物的内在联系和客观规律,使思想上升到有条理的严密的逻辑性。

一篇好的文章,必须以充实的材料为基础,没有丰富的材料,写文章如无米之炊。材料要靠平时的积累,包括各种会议记录、总结、演讲、对话、读书笔记、计划等,要随时积累、记录,然后分门别类,归纳综合。勤于动脑研究分析,使之用时信手拈来,运用自如。

要提高写作能力必须要加强写作基本功训练。常用的文体,如演讲、总结、计划、通知、论文等,其观点都是通过语言文字来表达的,因此,要加强文字的修养,学一些写作、语法、修辞知识。要多写、多练,当确认选题和积累了足够的材料之后,就应动手多写文章。

2. 计算机应用

一般的企业员工现在需要掌握常用的办公软件,常用的图形软件,系统管理、查杀毒软件及驱动程序管理等计算机软件。

(1)常用的办公软件。Word、Excel、PowerPoint 三种都是常用的办公用软件,应尽量做到熟练使用。如果熟练掌握国产软件 WPS,同样可以替代 Word,WPS 表格、WPS 演示两者同样是 Excel 和 PowerPoint 的替代软件。

(2)常用的图形软件。Photoshop、美图秀秀等,可做一些基本的图形图像处理,应了解一些图形图像的原理。

(3)系统管理、查杀毒软件。控制面板的一些常用项要学会自己设置;查杀管理软件,如 360 安全卫士、QQ 电脑管理、金山毒霸的一些基本查杀毒操作、电脑优化操作等都需要了解并掌握。

要学会基础的软件安装、卸载等一般操作。

驱动程序管理。包括主板、显卡、打印机、键盘、鼠标等驱动程序的安装、卸载等管理。

3. 设备应用

设备应用包括复印机、打印机、扫描仪、刻录机、摄像机、照相机、录像机、影碟机、投影仪、传真机、视频展示仪、碎纸机等设备的使用和基本操作。

4. 沟通协调

(1)积极沟通。重视且乐于沟通,愿意与人建立联系;在遇到沟通障碍时,能够以积极心态和不懈的努力对待冲突和矛盾,而不是强权或回避。

(2)换位思考。能够打破自我中心的思维模式,尝试从对方的角度和立场考虑问题,体察对方感受,促进相互理解。

(3)及时反馈。重视信息的分享,用心倾听各方的意见,并根据实际情况及时做出调整和回应。

(4)机制保证。能够有意识地在组织中搭建沟通平台,通过机制建设确保沟通渠道的顺畅。

5. 其他

俗话说“艺多不压身”。有一技之长的人,社会生存能力就强,多一种能力就多一分竞争优势。在日常工作学习中要不断学习、提升,结合自身特点有目的地学习一些项目管理、精益生产、外语知识等。

知识点二　质量分析方法

质量分析是对成品质量达到技术标准的要求和符合使用需要的程度所做的技术经济分析。目的是了解和掌握产品质量的情况和质量变动的规律,为制订提高产品质量计划和采取相应措施提供依据。质量情报是反映产品质量的有关信息。质量情报的来源有三方面:一是企业外部质量信息反馈,是通过在产品使用过程中,对工程使用情况的回访调查或收集用户的意见得到的;二是企业内部的质量情报,是通过各种记录,收集到有关工作质量的信息;三是从国内外同行业搜集的有关质量情报,反映出质量发展的水平、新技术和发展趋势。

质量管理分析常用的七种方法为:关联(系)图、KJ 法(亲和图法)、系统图、矩阵图、矩阵数据分析法、过程决策程序图法(PDPC 法)、矢线图法。

一、关联(系)图

1. 关联(系)图的含义

所谓关联(系)图,就是把一个或若干个存在的问题及其因素间的因果关系用箭头连接起来的一种图,便于直观地找出各因素之间的因果关系。

2. 关联(系)图的作用

关联(系)图适合于整理因素间有交叉关系的较复杂的问题,同时应用关联(系)图从计划阶段开始就能够以广阔的视野把握问题,同时准确地抓住重点并协调各方的意见,让每个人都可不拘形式自由发表意见,有利于探索问题的因果关系,能打破成见和解决问题。

其具体应用于以下环节:

(1)制订、展开质量保证和质量管理方针。

(2)制订质量管理的推进计划。

(3)分析制造过程中不良品的原因,尤其是潜在原因的分析。

(4)提出解决市场投诉的措施。

(5)有效地推进质量分析(QC)小组活动。

(6)促进采购原辅材料、外购件的质量管理。

(7)改进各职能管理工作的质量。

3. 关联(系)图的绘制步骤

(1)提出认为与问题有关的一切相关原因(因素)。

(2)用简明通俗的语言表示原因。

(3)用箭头表示原因之间、原因与问题之间的逻辑关系。

(4)了解问题因果关系的全貌,原因应深入分析直至找出末端原因。

(5)进一步归纳出重点项目,用双圈标出。

4. 关联(系)图应用注意事项

(1)关联(系)图中的因素间必须是有交叉关系的。

(2)用因果分析关联(系)图时,"要因"必出自末端因素并做出"标识"。

(3)分析关联(系)图时,其要因必须是对所有末端原因逐一现场验证后得到的。

二、KJ 法(亲和图法、A 型图解法)

1. KJ 法(亲和图法、A 型图解法)的含义

所谓 KJ 法,就是针对某一问题,充分收集各种经验、知识、想法和意见等语言、文字资料,通过 A 型图解(是将收集到的大量有关某一特定主题的意见、观点、想法和问题,按它们相互亲近程度加以归类、汇总的一种图)进行汇总,并按其相互亲和性归纳整理这些资料,使问题明确起来,求得统一认识,以利于问题解决的一种方法。

2. KJ 法的用途

(1)归纳思想、认识事物。

(2)打破现状。

(3)计划组织。

(4)贯彻方针。

三、系 统 图

1. 系统图的含义

系统图又称树形图,是表示某个质量问题与其组成要求之间的关系,从而明确问题的重点,寻求实现目的与需要采取的措施或手段,系统地展开并绘制成图,以明确问题的重点。

2. 系统图的作用

系统图一般用于计划决策。通过系统图可把要达到的目的和所需的手段按顺序层层展开,直到可以采取措施为止,以便对问题有一个全貌的认识,并从图形中找出问题的重点,提出实现预定目标的最理想途径。

系统图的具体作用如下:

(1)新产品研制过程中设计质量管理方针的展开。

(2)制订质量保证计划,对质量保证活动进行展开。

(3)与因果图结合使用。

(4)目标、方针、实施事项的展开。

(5)明确部门职能或管理职能。

(6)对解决企业有关质量、成本、交货期等问题的创意进行展开。

(7)机构组织设置展开。

3. 系统图的制作步骤

(1)确定具体的目的和目标(主题),确定主题的主类别,根据主类别确定组成要素及主要素。

(2)对末端要素进行确认分析,确定主要要素并提出相应手段和措施进行评价。

(3)绘制手段、措施卡片形成目标手段的系统展开图。

(4)确认目标是否能够充分实现,制订相应的实施计划。

四、矩 阵 图

1. 矩阵图的含义

矩阵图是把与问题有对应关系的各个因素、现象放在图中行或列的位置,而把它们之间的相互关系放在行和列的交点处,并用不同符号表示它们相关的程度。列成一个矩阵图,然后,根据矩阵图的特点进行分析,从中确定关键点(或着眼点)。

矩阵图有多种表现形式:

(1)L 形矩阵图:是最基本、较常用的形式,一般有两个对应项。

(2)T 形矩阵图:由两个 L 形矩阵图组成。

(3)Y 形矩阵图:一般有三个对应项,由三个 L 形矩阵图组成。

(4)X 形矩阵图:由四个 L 形矩阵图组成。适用面较窄。

(5)C 形矩阵图:有三个事项,是立体的模式,元素交点是三维空间点。

2. 矩阵图的作用

(1)找出研制新产品或改进老产品的切入点。

(2)明确应保证的产品质量特性及其与管理机构或保证部门的关系。

(3)明确产品的质量特性与试验测定项目、试验测定仪器之间的关系。

(4)分析生产工序中不良现象及其产生的原因。

(5)在进行多变量分析时,研究从何处入手以及以什么方式收集数据。

3. 制作矩阵图的步骤

(1)列出质量因素;判定其层次的多与少。把成对因素排列成行和列,表示其对应关系;选择合适的矩阵图类型,并对其因素进行设计。

(2)在成对因素交点处表示其关系程度,一般凭经验进行定性判断,可分为三种:关系密切、关系较密切、关系一般(或可能有关系),并用不同符号表示。

(3)根据关系程度确定必须控制的重点因素。

(4)针对重点因素作对策表。

(5)一般在设计开发、可研报告及可行性分析、创新方案选择等方面进行使用,效果突出。

五、矩阵数据分析法

1. 矩阵数据分析法的含义

矩阵数据分析法主要是利用原始数据获得许多有益的情报,将多个变量化为少数综合变量的一种多元统计方法。它是一种能用数据表示的矩阵图,因此称为矩阵数据分析法。它区别于矩阵图法的是:不是在矩阵图上填符号,而是填数据,以形成一个分析数据的矩阵。

2. 矩阵数据分析法的主要用途

(1)分析含有复杂因素的工序。

(2)从大量数据中分析不良品的原因。

(3)从市场调查的数据中把握质量要求,进行产品市场定位分析。

(4)感官特性的分类系统化。

(5)复杂的质量评价。

六、过程决策程序图法(PDPC法)

1. 过程决策程序图法的含义

过程决策程序图法又称PDPC法,是指为了完成某个任务或达到某个目标,在制订行动计划或进行方案设计时,预测可能出现的障碍和结果,并相应地提出多种应变计划的一种方法。通过过程决策程序图法分析在计划执行过程中遇到的不利情况时,分析如何仍能保证按第二、第三或其他计划方案进行,以便达到预定的计划目标。

2. 过程决策程序图法的作用

(1)从全局、整体掌握系统的状态,因而可做出全局性判断。

(2)可按时间先后顺序掌握系统的进展情况。

(3)密切注意系统进程的动向,掌握系统输入与输出之间的关系。

(4)情报及时,计划、措施可被不断补充、修订。

3. 过程决策程序图法的绘图方法

(1)召集有关人员讨论所要解决的课题。

(2)从自由讨论中提出达到理想状态的手段、措施。

(3)针对提出的措施,列举出预测的结果及遇到困难时应采取的措施和方案。

(4)将各研究措施按紧迫程度、所需工时、实施的可能性及难易程度予以分类。

(5)决定各项措施实施的先后顺序,并用箭条按理想状态方向连接起来。

(6)落实实施负责人及实施期限。

(7)不断修订过程决策程序图。

七、矢线图法

1. 矢线图法的含义

矢线图法又称箭条图和网络计划技术法,是把推进计划所必需的各项工作,按其时间顺序和从属关系,用网络形式表示的一种图示法。在我国又称统筹法,它是安排和编制日程计划,有效地实施管理进度的一种科学管理方法,其工具是箭条图。

2. 矢线图的关键路线

矢线图是一张有向无环图,顶点表示事件,弧表示活动,弧上的权值表示活动持续的时间。在箭条图中,路径最长的称为关键路线,又称主要矛盾线,它的长度代表完成整个工程的最短时间,称为总工期。关键路线上的作业称为关键作业。

还有在日常工作中常常使用的甘特图(横道图),也是箭条图的一种。

3. 矢线图的作用

(1)可用于制订详细的且环节复杂的工作及项目计划。

(2)可以在计划阶段对方案进行仔细推敲,从而保证计划的严密性。

(3)进入计划实施阶段后,对于情况的变化和计划的变更都可以做出适当的调整。

(4)能够具体而迅速地了解某项工作工期延误对总体工作的影响,从而及早采取措施;工作计划规模越大,越能反映出该方法的作用。

测评题

一、单选题

1.(　　)包括主板、显卡、打印机、键盘、鼠标等驱动程序的安装、卸载等管理。

(A)办公软件　(B)驱动程序管理　(C)图形软件　(D)杀毒软件

2. PDPC 法是指(　　)。

(A)因果分析图　(B)质量功能展开　(C)矩阵数据分析法　(D)过程决策程序图法

3. 矩阵图有多种表现形式,其中最基本、较常用的形式是(　　)。

(A)X 形矩阵图　(B)Y 形矩阵图　(C)L 形矩阵图　(D)T 形矩阵图

4. T 形矩阵图由(　　)个 L 形矩阵图组成。

(A)二　(B)三　(C)四　(D)五

5.(　　)主要用途:分析含有复杂因素的工序;从大量数据中分析不良品的原因;从市场调查的数据中把握质量要求,进行产品市场定位分析;感官特性的分类系统化;复杂的质量评价。

(A)矢线图法　(B)系统图

(C)过程决策程序图法　(D)矩阵数据分析法

二、多选题

1. 基本办公的能力包括(　　)。

(A)文字表达能力 (B)计算机应用能力　(C)设备应用能力　(D)沟通协调能力

2. 沟通协调能力包括(　　)。

(A)积极沟通　(B)换位思考　(C)及时反馈　(D)机制保证

3. 矢线图法又称(　　),是把推进计划所必需的各项工作,按其时间顺序和从属关系,用网络形式表示的一种图示法。

(A)横道图　(B)箭条图　(C)统筹法　(D)网络计划技术法

4. 与关联(系)图拥有相同效用的还有(　　)。

(A)控制图　(B)散布图　(C)系统图　(D)因果分析法

5. KJ 法的用途是(　　)。

(A)归纳思想、认识事物　(B)打破现状

(C)计划组织　(D)贯彻方针

三、判断题

(　　)1. 办公技能是指一个人在工作中所必备的内涵素养和才华,它包括一些基本工作需要会的技术、能力。

(　　)2. 矢线图的作用可用于从全局、整体掌握系统的状态,因而可做出全局性判断。

(　　)3. 有效地推进 QC 小组活动,可应用系统图。

(　　)4. 矩阵图法可用于分析生产工序中不良现象及其产生的原因。

(　　)5. 矢线图的作用可用于制订详细的且环节复杂的工作及项目计划。

项目三　电气基础知识

学习目标

应知	1. 掌握轨道交通电气设备装调的电气基础知识。 2. 熟悉轨道交通电气设备装调的电气控制技术发展。
应会	1. 掌握电气相关基本定义、术语等。 2. 了解电气控制技术的发展。

建议学时

理论教学 4 学时。

知识导入

知识点一　电气基本概念

一、电气的定义

电气是电能的生产、传输、分配、使用和电工装备制造等学科或工程领域的统称。是以电能、电气设备和电气技术为手段来创造、维持与改善限定空间和环境的一门科学，涵盖电能的转换、利用和研究三方面，包括基础理论、应用技术、设施设备等。

电气工程是现代科技领域中的核心学科之一，更是当今高新技术领域中不可或缺的关键学科。正是电子技术的巨大进步才推动了以计算机网络为基础的信息时代的到来，并将改变人类的生活、工作模式。电气工程的发展前景同样很有潜力，使得该专业的学生就业率一直很高。

电气工程主要领域包括：电路原理、模拟电子技术、数字电子技术、微机原理及应用、信号与系统、自动控制原理、电机与拖动、电力电子技术、电力拖动自动控制系统、电气控制技术与PLC 应用、微机控制技术、电力系统分析、发电厂电气部分、电机学、电力系统自动装置原理、电工学、高电压与绝缘技术、电气工程专业英语、电力系统稳态分析、电力系统暂态分析、高电压技术、高压直流输电技术、继电保护等。

二、电气的基本概念

1. 电压

电压又称电势差或电位差，是衡量单位电荷在静电场中由于电势不同所产生的能量差的物理量。其大小等于单位正电荷因受电场力作用从 A 点移动到 B 点所做的功，电压的方向规定为从高电位指向低电位的方向。电压的国际单位为伏特（V），简称伏，常用的单位还有毫伏（mV）、微伏（μV）、千伏（kV）等。

2. 电流

科学上把单位时间里通过导体任一横截面的电量称为电流强度，简称电流，电流符号为 I，单位是安培（A），简称安。导体中的自由电荷在电场力的作用下做有规则的定向运动就形成了电流。

电学上规定：正电荷定向流动的方向为电流方向。工程中以正电荷的定向流动方向为电流方向，电流的大小则以单位时间内流经导体截面的电荷 Q 来表示其强弱，称为电流强度。

大自然有很多种承载电荷的载流子，例如，导电体内可移动的电子、电解液内的离子、等离子体内的电子和离子、强子内的夸克。这些载流子的移动，形成了电流。

3. 电阻

电荷在导体中运动时，会受到分子和原子等其他粒子的碰撞与摩擦，碰撞和摩擦的结果形成了导体对电流的阻碍，这种阻碍作用最明显的特征是导体消耗电能而发热（或发光）。物体对电流的这种阻碍作用，称为该物体的电阻。不同的导体，电阻一般不同，电阻是导体本身的一种性质。导体的电阻通常用字母 R 表示，电阻的单位是欧姆（Ω），简称欧。

4. 电阻率

电阻率是用来表示各种物质电阻特性的物理量。用某种材料制成的长为 1 m、横截面积为 1 m^2 的导体的电阻，在数值上等于这种材料的电阻率。在国际单位制中，电阻率的单位是欧·米（Ω·m）。

5. 电功

电能可以转化成多种其他形式的能。电能转化成多种其他形式能的过程也可以说是电流做功的过程，有多少电能发生了转化就说电流做了多少功，即电功是多少。

电流做功的多少跟电流的大小、电压的高低、通电时间长短都有关系。加在用电器上的电压越高、通过的电流越大、通电时间越长，电流做功越多。当电路两端电压为 U，电路中的电流为 I，通电时间为 t 时，电功（或者说消耗的电能）$W=UIt$。

6. 有功功率

有功功率是指单位时间内实际发出或消耗的交流电能量，是周期内的平均功率。单相电路中等于电压有效值、电流有效值和功率因数的乘积。多相电路中等于相数乘以每相的有功功率。

7. 视在功率

视在功率是表示交流电气设备容量的量，等于电压有效值和电流有效值的乘积。它乘以功率因数等于有功功率，单位为伏·安（V·A）、千伏·安（kV·A）。如设计一台单相变压器时，额定电压 220 V、电流 10 A，则该值为 2 200 V·A。它相当于在给定电压和电流下所能获得的最大有功功率。

8. 无功功率

无功功率是指在具有电抗的交流电路中，电场或磁场在一周期的一部分时间内从电源吸收能量，另一部分时间则释放能量，在整个周期内平均功率是零，但能量在电源和电抗元件（电容、电感）之间不停地交换。交换率的最大值即为无功功率，单位为乏（Var）、千乏（kVar）。单相交流电路中,其值等于电压有效值、电流有效值和电压与电流间相位角的正弦三者之积。

9. 功率因数

功率因数是指交流电路有功功率与视在功率的比值。用户电气设备在一定电压和功率下,该值越高,效益越好,发电设备越能充分利用。常用 $\cos\varphi$ 表示。

10. 电量

电量表示物体所带电荷的多少。一般来说,电荷的数量称为电量,用符号 Q 表示,单位是库仑(C),简称库。库是一个很大的单位。在不致混淆的前提下,电荷量可简单称其为电荷。

11. 电感

电感是闭合回路的一种属性,是一个物理量。当电流通过线圈后,在线圈中形成感应磁场,感应磁场又会产生感应电流来抵制通过线圈中的电流。这种电流与线圈的相互作用关系称为电的感抗,也就是电感,单位是亨利(H),简称亨。它是描述由于线圈电流变化,在本线圈中或在另一线圈中引起感应电动势效应的电路参数。电感是自感和互感的总称。提供电感的器件称为电感器。

12. 自感

由于导体本身电流的变化而产生的电磁感应现象称为自感现象。当导体中的电流发生变化时,它周围的磁场就随着变化,并由此产生磁通量的变化,因而在导体中就产生感应电动势,这个电动势总是阻碍导体中原来电流的变化,此电动势即自感电动势。这种现象就称为自感现象。

13. 互感

当一线圈中的电流发生变化时,在临近的另一线圈中产生感应电动势的现象,称为互感现象。互感现象是一种常见的电磁感应现象,不仅发生于绕在同一铁芯上的两个线圈之间,而且也可以发生于任何两个相互靠近的电路之间。

14. 感抗

交流电也可以通过线圈,但是线圈的电感对交流电有阻碍作用,这个阻碍称为感抗。交流电越难以通过线圈,说明电感量越大,电感的阻碍作用就越大;交流电的频率高,也难以通过线圈,电感的阻碍作用也大。

15. 电容

电容亦称作“电容量”,是指在给定电位差下自由电荷的储存量,记为 C,单位是法拉(F),简称法。一般来说,电荷在电场中会受力而移动,当导体之间有了介质,则阻碍了电荷移动而使得电荷累积在导体上,造成电荷的累积储存,储存的电荷量则称为电容。

电容是指容纳电荷的能力。任何静电场都是由许多个电容组成,有静电场就有电容,电容是用静电场描述的。一般认为:孤立导体与无穷远处构成电容,导体接地等效于接到无穷远处,并与大地连接成整体。

电容(或称电容量)是表现电容器容纳电荷本领的物理量。电容从物理学上讲,是一种静态电荷存储介质,可能电荷会永久存在,这是它的特征。电容器的用途较广,是电子、电力领域中不可缺少的电子元件。主要用于电源滤波、信号滤波、信号耦合、谐振、补偿、充放电、储能、隔直流等电路中。

16. 容抗

交流电是能够通过电容的,但是将电容接入交流电路中时,电容极板上所带电荷对定向移动的电荷具有阻碍作用,物理学上把这种阻碍作用称为容抗,用字母 X_C 表示。所以电容对交流电仍然有阻碍作用，交流电容易通过电容，说明电容量大，电容的阻碍作用小；交流电的频率高，交流电也容易通过电容，说明频率高，电容的阻碍作用也小。

17. 直流电

直流电又称恒流电，是电荷的单向流动形成的。恒定电流是直流电的一种，是大小和方向都不变的直流电。恒定电流是指大小(电压高低)和方向(正负极)都不随时间(相对范围内)而变化。脉动直流电是指方向(正负极)不变，但大小随时间变化。

18. 交流电

交流电是指电流方向随时间做周期性变化的电流。交流电在一个周期内的平均值为零。不同于直流电，它的方向是会随着时间发生改变的，而直流电没有周期性变化。通常交流电(简称 AC)波形为正弦曲线。交流电可以有效传输电力。但实际上还有应用其他的波形，例如三角形波、正方形波。生活中使用的市电就是具有正弦波形的交流电。

19. 相电压

三根相线中任意相线与中性线之间的电压称为相电压 U_a、U_b、U_c。我国的低压供电系统中，三根相线各自与中性线之间的电压为 220 V。

20. 线电压

三根相线彼此之间的电压，称为线电压。在对称的三相系统中，线电压的大小是相电压的 1.73 倍。在我国的低压供电系统中，线电压为 380 V。

21 磁通量

设在磁感应强度为 B 的匀强磁场中，有一个面积为 S 且与磁场方向垂直的平面，磁感应强度 B 与面积 S 的乘积，称为穿过这个平面的磁通量，简称磁通。磁通是标量，常用字母 Φ 表示。

22. 磁感应强度

磁感应强度是指描述磁场强弱和方向的物理量，是矢量，常用字母 B 表示，单位为特斯拉(T)，简称特。磁感应强度也被称为磁通量密度或磁通密度。在物理学中，磁场的强弱用磁感应强度来表示，磁感应强度越大，表示磁感应越强；磁感应强度越小，表示磁感应越弱。

23. 磁阻

磁阻是指含有永磁体的磁路中的一个参量。源于磁路中存在漏磁。利用永磁体来产生一工作磁场时，需要有永磁体、高导磁软磁体和适当大小的空隙三部分，总称为磁路。永磁体提供磁通，经过软磁体连接后在空隙处产生磁场。磁路中的总磁通量是守恒的，但在空隙处的磁通密度相对降低，因有部分磁通在非空隙处流失，称为漏磁，导致磁路中的磁阻。

24. 磁导率

磁导率又称导磁系数，是衡量物质导磁性能的一个系数，用字母 μ 表示，单位是亨/米(H/m)。磁导率一般指的是相对导磁率，是材料磁导率与真空磁导率的比值，它是没有量纲的。

25. 磁滞

磁滞现象是指铁磁性物理材料(例如：铁)在磁化和去磁过程中，铁磁物质的磁化强度不仅依赖于外磁场强度，还依赖于原先磁化强度的现象。当外加磁场施加于铁磁物质时，其原子的偶极子按照外加场自行排列，即使当外加场被撤离，部分排列仍保持，此时，该材料被磁化。一旦被磁化了，其磁性会继续保留。如需消磁，只要施加相反方向的磁场就可以了。这亦是硬盘的记忆运作原理。

26. 电路

由金属导线和电气、电子元件组成的导电回路,称为电路。在电路输入端加上电源使输入端产生电势差,电路连通时即可工作。电流的存在可以通过一些仪器测试出来,如电压表或电流表指针偏转、灯泡发光等;按照电路中流过的电流性质,一般把它分为两种:直流电通过的电路称为直流电路,交流电通过的电路称为交流电路。

根据一定的任务,把所需的器件,用导线相连即组成电路。电路是电力系统、控制系统、通信系统、计算机硬件等电系统的主要组成部分,起着电能和电信号的产生、传输、转换、控制、处理和储存等作用。

电路导通时称为通路,断开时称为开路。只有通路,电路中才有电流通过。电路某一处断开称为断路或者开路。如果电路中电源正负极间没有负载而是直接接通称为短路,这种情况是决不允许的。另有一种短路是指某个元件的两端直接接通,此时电流从直接接通处流经而不会经过该元件,这种情况称为该元件短路。开路(或断路)是允许的,而第一种短路决不允许,因为电源的短路会导致电源烧坏,元件短路会导致元件、电表等无法正常工作现象的发生。

电路由电源、开关、连接导线和用电器四大部分组成。实际应用的电路都比较复杂,因此,为了便于分析电路的实质,通常用符号表示组成电路实际元件及其连接线,即画成电路图。其中连接导线和辅助设备合称为中间环节。

电源是提供电能的设备。电源的功能是把非电能转变成电能。例如,电池是把化学能转变成电能;发电机是把机械能转变成电能。由于非电能的种类很多,转变成电能的方式也很多。电源分为电压源与电流源两种,只允许同等大小的电压源并联,同样也只允许同等大小的电流源串联,电压源不能短路,电流源不能断路。

在电路中使用电能的各种设备统称为负载。负载的功能是把电能转变为其他形式能。例如,电炉把电能转变为热能,电动机把电能转变为机械能,等等。通常使用的照明器具、家用电器、机床等都可称为负载。

连接导线用来把电源、负载和其他辅助设备连接成一个闭合回路,起着传输电能的作用。

串联是连接电路元件的基本方式之一。将电路元件(如电阻、电容、电感、用电器等)逐个顺次首尾相连接组成的电路称为串联电路。

开关在任何位置都可控制整个电路,即其作用与所在的位置无关。电流只有一条通路,经过一盏灯的电流一定经过另一盏灯。如果熄灭一盏灯,另一盏灯一定熄灭。

优点:在一个电路中,若想通过一个开关控制所有用电器,即可使用串联电路。

缺点:只要有某一处断开,整个电路就成为断路,即所相串联的电子元件不能正常工作。

串联电路中总电阻等于各电子元件的电阻之和,各处电流相等,总电压等于各处电压之和。

并联电路是使在构成并联的电路元件间电流有一条以上的相互独立通路,为电路基本组成方式之一。例如,一个包含两个灯泡和一个 9 V 电池的简单电路。若两个灯泡分别由两组导线分开连接到电池,则两灯泡为并联。

特点:用电器之间互不影响。一条支路上的用电器损坏,其他支路不受影响。

欧姆定律:在同一电路中,导体中的电流跟导体两端的电压成正比,跟导体的电阻阻值成反比,基本公式是 $I=U/R$。

知识点二　电气控制技术的发展

现在电气工程及其自动化的触角已伸向各行各业，小到一个开关的设计，大到宇航飞机的研究，都有它的身影。电气控制技术的发展走过了几个比较有代表性的发展阶段，了解这几个有代表性的发展阶段及其特点，对于学习电气控制的原理有很大帮助。

一、开关控制电器阶段

早期的电气控制都比较简单，主要是实现电器与电源之间的通断控制。由于当时的电器电压不是很高，电流不是很大，所以开关普遍采用裸露的非封闭形式，因此称为可见断点的开关。可见断点的开关因为其接通和断开状态一目了然，从心理上可以给人安全感，而且实际上在断开状态下也确实是安全的。比较有代表性的开关电器就是刀开关，至今仍然在普遍使用。早期的刀开关一般由人直接操作。开关的通断速度不可能很快，因此只能用于低压且电流不太大的控制场合。因为电压较高及电流较大的开关在接通和断开的过程中会产生强烈的电弧，电弧会将开关的接触部分烧坏，电弧还会危及操作者的人身安全。为了解决电弧的危害，一是在开关上采用机械速动装置，减少产生电弧的时间；二是采用灭弧装置，减小电弧并降低电弧的温度；三是将开关用外壳完全封闭起来，避免对人的伤害；四是利用杠杆机构操作开关，使人处于安全位置；五是采用电动操作机构，实现开关的远距离操控和自动控制。

为了安全起见，根据国家标准，一般电气控制中的隔离开关应采用可见断点的开关。对于全封闭型开关及远距离操控开关，必须在操作器件上醒目地标示出开关接通和断开位置。对于自动控制开关，则必须在操作后有检测开关通断状态的反馈信号显示，以确保操作的可靠性和安全性。

二、继电控制电器阶段

“继电保护”是输变电过程中的一种专门技术，是由各种继电器及量测设备组成的保护电路，目的是保证持续不间断供电。“继电保护”技术的发展为电气自动控制技术的发展奠定了基础。

继电控制是利用具有继电特性的元件进行控制的自动控制系统。所谓继电特性是指，在输入信号作用下输出仅为通、断等几个状态的特性。由于其控制方式是断续的，故称为断续控制系统。例如，电炉温度调节中，根据炉温是否超过规定值而断开或接通电源。这种只有通、断两个状态的控制又称双位式控制。继电控制中使用的元件并不限于电磁系继电器，也可用其他手段来实现继电特性。例如，在双位式温度调节中，常采用双金属片作为敏感元件，温度变化时双金属片因两部分金属的膨胀系数不同而弯曲变形，接通或断开触点。液压和气动阀等也是具有继电特性的元件。

各种接触器、继电器的使用，对电气控制技术的发展具有决定性的意义。各种接触器、继电器的操作方式彻底颠覆了开关设备只能近身操作的观念，开启了远距离电气控制的时代。继电器是一种当输入量（电、磁、声、光、热）达到一定值时，输出量将发生跳跃式变化的自动控制器件。继电器除具有开关功能外，还具有比较多的其他控制功能，这些功能为实现电气自动控制立下了汗马功劳。继电器与早期的开关电器相比具有以下特点：

1. 具有记忆功能

利用继电器的触点可以连接成自保持电路,即使控制信号消失,继电器仍然可以保持控制指令的状态,这就是继电器的记忆功能。继电器的记忆功能是实现自动控制的基本条件,在电气自动控制中应用相当普遍。

2. 动作速度快

继电器的动作一般由电磁铁控制,其动作速度一般只有零点几秒。继电器的动作速度比其他机械结构的开关电器快,有利于减小电弧,用于电压较高、电流较大的控制场合。

3. 可以实现较远距离控制

继电器的控制回路中电流很小,因此在控制回路导线截面积一定的情况下,电压降很小,所以可以进行较远距离的控制。

4. 可以实现非电量的控制

利用时间继电器可以实现对时间的控制;利用速度继电器可以实现对速度的控制;利用温度继电器可以实现对温度的控制;利用干簧式或磁保持继电器可以实现对磁场的控制;利用步进继电器可以实现顺序控制等。继电器对非电量的控制,较大地扩展了电气自动控制的应用领域。

5. 具有放大作用

继电器利用工作电流很小的控制回路控制通断能力很大的主触点,可以控制很大功率的电路,因此继电器具有放大作用。

6. 可以实现各种保护

1)失电压保护和欠电压保护

利用继电器电磁铁线圈在失电压和欠电压状态时不能吸合的特点,实现失电压保护和欠电压保护。

2)过电压保护

利用电压继电器可以实现过电压保护。

3)短路保护、过电流保护和过载保护

利用热继电器可以实现短路保护、过电流保护和过载保护。

4)断相保护

断相后其余两相的电流必然增大,利用热继电器或电流继电器可以实现断相保护。

7. 可以实现监测功能

根据每一个继电器的控制功能,其触点连接上信号灯和电铃,就可以显示控制电路各个部分的工作状态,并可以实现故障显示、报警和监测功能。

8. 扩大控制范围

多触点继电器控制信号达到某一定值时,可以按触点的不同形式,同时换接、断开、接通多路电路。

9. 综合信号功能

根据电气控制逻辑的需要,将多个控制信号按规定(串联、并联或混联)的形式输入多绕组继电器时,经过比较、综合,实现预定的控制目标。正是由于继电器具有上述强大功能,自动装置上的继电器与其他电器一起可以组成程序控制线路,从而实现自动化运行。正是由于继电器的出现,人类才第一次实现了电气控制自动化。因此,继电器的运用在电气控制的发展史上具有里程碑的意义。

继电控制系统具有控制结构简单、方便实用、易于维护、控制容量大、抗干扰能力强、价格低廉等优点。继电控制系统的主要优点是控制装置比较简单。对于同样的功率，继电控制装置的质量和体积在各类控制系统中是比较小的，因此广泛应用于各类设备的电气控制。目前，继电控制仍然是电气控制设备最基本的控制形式之一，继电器-接触器控制系统至今仍在许多生产机械设备中广泛采用。

继电控制系统的主要缺点是控制的非线性。但也存在接线方式固定、灵活性差、难以适应复杂和程序可变的控制对象的要求，另外还有工作频率低的问题。由于继电控制系统的电气触点太多，触点的锈蚀、烧蚀、熔合及接触不良，导致继电控制系统的故障率较高，存在可靠性差的问题。同时，继电器的线圈耗电量很大，既不符合当代绿色环保要求，又不易实现电气控制设备小型化的要求。

三、数字逻辑控制阶段

开关电器和继电器控制的实质就是开关量的控制，因为只有接通“1”和断开“0”两个状态。数字逻辑控制阶段是指集成电路普遍采用以后，使用逻辑门电路进行的数字逻辑控制。尽管继电控制系统也可以进行一些比较简单的数字逻辑控制，但是由于继电控制系统实现这些逻辑电路结构十分复杂、成本高且可靠性差，并且存在难以避免的时序上的竞争问题，要解决这一问题，对设计人员的要求很高，最终往往需要通过实验才能解决。

在实际生产中，由于大量存在一些用开关量控制的简单的程序控制过程，而实际生产工艺和流程又是经常变化的，因而传统的继电器-接触器控制系统通常不能满足这种要求，因此曾出现了继电器-接触器控制和电子技术相结合的控制装置，称为顺序控制器。它能根据生产需要改变控制程序，而又远比电子计算机结构简单、价格低廉，它是通过组合逻辑元件插接来实现继电器接触控制的。但装置体积大，功能也受到一定限制。

集成电路的逻辑门芯片具有体积小、质量小、耗电量小、工作可靠的特点。集成了各种门电路、触发器、寄存器、编码器、译码器和半导体存储器组成的组合逻辑电路和时序逻辑电路广泛应用在电气自动控制中，并且比较成功地解决了组合逻辑电路的竞争-冒险现象。

数字逻辑控制阶段最为成功的案例是数控机床的应用。为解决占机械总加工量80%左右的单件和小批量生产的自动化难题，20世纪50年代出现了数控机床。它综合应用了数字逻辑控制、检测、自动控制和机床结构设计等各个技术领域的最新技术成就。数控机床由控制介质、数控装置、伺服系统和机床本体等部分组成，其中伺服系统的性能是决定数控机床加工精度和生产率的主要因素之一。

四、电子计算机控制阶段

1971年，Intel公司设计了世界上第一个微处理器芯片Intel 4004，并以它为核心组成了世界上第一台微型计算机MCS-4。它开创了计算机应用的新时代。但是将普通PC直接移植于电气控制系统，存在系统过于复杂、成本太高的问题。直到专门为工业控制而设计的单片机诞生，这一问题才得以解决。

1. 单片机

单片机又称微控制器，它不是完成某一个逻辑功能的芯片，而是把整个计算机系统集成到一个芯片上。概括地讲,一块芯片就是一台计算机。它的体积小、质量小、价格便宜、软件可修改、为应用和开发提供了便利条件。利用单片机可以实现柔性控制、通信技术、多目标控制、仿真与智能控制。单片机虽然具有强大的功能,但是它的价格很低(一个单片机系统的最低价格只有几十元)。低廉的价格和强大的功能为单片机在电气控制领域内的应用创造了条件。目前,单片机的使用领域已十分广泛,如智能仪表、实时工控、通信设备、导航系统、家用电器等。单片机的最小系统只用一片集成电路,它作为控制部分的核心部件,可进行简单的运算和控制。因为它体积小,通常都藏在被控设备的"肚子"内。单片机控制系统使用灵活,多用于有一定生产批量、专业性比较强、市场面不是很大的领域。因为如果市场面很大,生产批量大,就会有更加经济的专用控制芯片生产出来。单片机控制系统比较适宜小批量生产及在旧设备技术改造中应用。

2. 可编程序逻辑控制器(PLC)

随着大规模集成电路和微处理机技术的发展及应用,电气控制技术也发生了根本性的变化。在 20 世纪 70 年代,出现了将计算机存储技术引入顺序控制器,产生了新型工业控制器——可编程序逻辑控制器(PLC),它兼备了计算机控制和继电器控制系统两方面的优点,故目前已作为一种标准化通用电器普遍应用于工业自动控制领域。

可编程 PLC 技术是以硬接线的继电器、接触器控制为基础,逐步发展为既有逻辑控制、计时、计数,又有运算、数据处理、模拟量调节、联网通信等功能的控制装置。它可通过数字量或模拟量的输入、输出满足各种类型设备控制的需要。PLC 及有关外围设备,均按既易于与工业控制系统组成一个整体,又易于扩充其功能的原则设计。PLC 已成为生产机械设备中开关量控制的主要电气控制装置。

PLC 是利用单片机技术由模仿原继电器控制原理发展起来的,20 世纪 70 年代的 PLC 只有开关量逻辑控制,首先应用的是汽车制造行业。它用来存储执行逻辑运算、顺序控制、定时、计数和运算等操作的指令,并通过数字输入和输出操作,来控制各类机械或生产过程。用户编制的控制程序表达了生产过程的工艺要求,并事先存入 PLC 的用户程序存储器中。运行时按存储程序的内容逐条执行,以完成工艺流程要求的操作。PLC 的 CPU 内有指示程序存储地址的程序计数器,在程序运行过程中,每执行一步该计数器自动加 1,程序从起始步(步序号为零)起依次执行到最终步(通常为 END 指令),再返回起始步循环运算。PLC 每完成一次循环操作所需的时间称为一个扫描周期。

不同型号的 PLC,循环扫描周期在 1 μs 到几十微秒之间。PLC 用梯形图编程,在计算逻辑方面,表现出快速的优点,扫描周期在微秒量级。计算 1 KB 逻辑程序用时不到 1 ms。它把所有的输入都当成开关量来处理,16 位(也有 32 位的)为一个模拟量。大型 PLC 使用另外一个 CPU 来完成模拟量的运算,把计算结果传送给 PLC 的控制器。

对于相同 I/O 点数的系统,用 PLC 比用计算机集中控制系统(DCS)的成本要低一些(大约能省 40%)。PLC 没有专用操作站,它的软件和硬件都是通用的,所以维护成本比 DCS 要低很多。一个大型的 PLC 控制器可以接收几千个 I/O 点(最多可达 8 000 多个 I/O)。如果被控对象主要是设备联锁、回路很少,采用小型 PLC 较为合适。PLC 由于采用通用软件,在设计企业的管理信息系统方面要容易一些。

通用 PLC 应用于专用设备时,可以认为它就是一个嵌入式控制器,但 PLC 相对一般嵌入式控制器而言具有更高的可靠性和更好的稳定性。PLC 作为离散控制的首选产品,以微处理器为核心，通过软件手段实现各种控制功能。它具有通用性强、可靠性高、能适应恶劣的工业环境、指令系统简单、编程简便易学、易于掌握、体积小、维修工作少、现场连接安装方便等一系列优点，正逐步取代传统的继电器控制系统，广泛应用于各个行业的控制中。

测评题

一、单选题

1.（　　）是表现电容器容纳电荷本领的物理量。

(A)电压　(B)电容　(C)电流　(D)电阻

2. 导体的电阻通常用字母 R 表示，电阻的单位是欧姆，简称欧，符号为（　　）。

(A)A　(B)V　(C)Q　(D)Ω

3. 由于导体本身电流的变化而产生的电磁感应现象称为（　　）。

(A)自感现象　(B)互感现象　(C)电感现象　(D)磁感现象

4. 在我国的低压供电系统中，线电压为（　　）V。

(A)24　(B)110　(C)220　(D)380

5. 电池把（　　）转变成电能。

(A)太阳能　(B)生物能　(C)化学能　(D)热能

6. 继电器的（　　）是实现自动控制的基本条件。

(A)存储功能　(B)记忆功能　(C)传递功能　(D)动作功能

7. 可编程控制器以（　　）为核心，通过软件手段实现各种控制功能。

(A)微处理器　(B)控制系统　(C)指令系统　(D)继电器控制

8. PLC 用（　　）编程，在计算逻辑方面，表现出快速的优点，扫描周期在微秒量级。

(A)矩形图　(B)三角图　(C)柱形图　(D)梯形图

9. 负载的功能是把电能转变为（　　）。

(A)电能　(B)机械能　(C)热能　(D)其他形式能

10. 从物理学上讲，电容是一种静态电荷（　　）介质。

(A)存储　(B)转换　(C)转移　(D)产生

二、多选题

1. 最简单的电路，是由（　　）等元器件组成的。

(A)电源　(B)用电器(负载)　(C)导线　(D)开关

2. 电路是（　　）等电系统的主要组成部分。

(A)电力系统　(B)控制系统　(C)通信系统　(D)计算机硬件

3. 对于全封闭型开关及远距离操控开关，必须在操作器件上醒目地标示出开关（　　）位置。

(A)接通　(B)断开　(C)触点　(D)连片

4. 利用热继电器可以实现（　　）。

(A)过电压保护　(B)短路保护　(C)过电流保护　(D)过载保护

5. 继电器的动作速度比其他机械结构的开关电器快,有利于减小电弧,用于(　　)的控制场合。

(A)电压较低　(B)电压较高　(C)电流较小　(D)电流较大

6. 集成电路的逻辑门芯片具有(　　)的特点。

(A)体积小　(B)质量小　(C)耗电量小　(D)工作可靠

7. 数控机床由(　　)等部分组成。

(A)控制介质　(B)数控装置　(C)伺服系统　(D)机床本体

8. 可编程序逻辑控制器(PLC),它兼备了(　　)和(　　)系统两方面的优点。

(A)计算机控制　(B)开关控制　(C)继电器控制　(D)逻辑控制

三、判断题

(　　)1. 三根相线中任意相线与中性线之间的电压称为线电压。

(　　)2. 正电荷定向流动的方向为电流方向。

(　　)3. 在对称的三相系统中,线电压的大小是相电压的1.73倍。

(　　)4. 有功功率是指单位时间内实际发出或消耗的交流电能量,是周期内的最大功率。

(　　)5. 交流电是指电流方向随时间做周期性变化的电流,在一个周期内的平均电流为零。

(　　)6. 由金属导线和电气、电子元件组成的导电回路称为电路。

(　　)7. 电源是提供电流的设备。

(　　)8. 并联电路中,总电阻等于各电子元件的电阻之和。

(　　)9. 并联电路中,一条支路上的用电器损坏,其他支路不受影响。

(　　)10. 电压源不能断路,电流源不能短路。

(　　)11. 继电控制系统是利用具有继电特性的元件进行控制的自动控制系统。

(　　)12. 继电控制系统的主要缺点是控制的非线性。

(　　)13. 数字逻辑控制阶段最为成功的案例是数控机床的应用。

(　　)14. 利用单片机可以实现柔性控制、通信技术、多目标控制、仿真与智能控制。

(　　)15. 生活中使用的市电就是直流电。

模块二

安全用电、工具与仪器仪表使用

项目一　安全用电

学习目标

应知	1. 了解安全用电常识，熟记安全生产过程中的电工操作规程。 2. 掌握电气设备和电气线路在安装、维护和运行中有关电气绝缘、安全电压、安全距离、安全载流量、安全标志、触电方式等电工安全生产基本知识。
应会	1. 熟悉确保电气安全作业的停电、验电、装设接地线、悬挂标示牌和装设遮栏等技术措施的具体内容，牢固掌握各项技术措施的操作要领。 2. 熟悉触电急救和电气灭火的相关知识，了解触电急救和电气灭火的基本过程，熟练掌握心肺复苏法的操作要领。

建议学时

理论教学 4 学时，技能训练 2 学时。

知识导入

知识点一　电 气 绝 缘

一、绝缘及绝缘材料

1. 绝缘

绝缘是指通过绝缘物体将导电部分封闭、遮盖、隔离开来，以对触电起保护作用的一种安全措施。任何线路和设备都是由绝缘部分和导电部分组成的，良好的绝缘对于保证电气设备与线路的安全运行，防止人身触电事故的发生是最基本的和最可靠的手段。

2. 绝缘材料

绝缘材料又称电介质，是指在直流电压作用下，不导电或导电极微的物质，其电阻率一般大于 $10^{10}\ \Omega \cdot m$。例如，陶瓷、玻璃、云母、橡胶、干燥的木材、胶木、塑料、矿物油等都是常用的绝缘材料。绝缘材料的主要作用是在电气设备中将不同电位的带电导体隔离开来，使电流能按一定的路径流通，还可起机械支撑和固定，以及灭弧、散热、储能、防潮、防霉或改善电场的电位分布和保护导体的作用。因此，要求绝缘材料有尽可能高的绝缘电阻、耐热性、耐潮性，还需要一定的机械强度。如在电动机中，导体周围的绝缘材料将匝间隔离并与接地的定子铁芯隔离开来，以保证电动机的安全运行。它是在允许电压下不导电的材料，但也不是绝对不导电的材料，在一定外加电场强度作用下,也会发生导电、极化、损耗、击穿等过程,而长期使用还会发生老化。

绝缘材料通常可分为气体绝缘、液体绝缘和固体绝缘三类。在上述三种绝缘物质中,气体绝缘物质被击穿后,一旦去掉外界因素(强电场)后即可自行恢复其固有的电气绝缘性能;而固体绝缘物质被击穿以后,则不可逆地完全丧失了其电气绝缘性能。因此,电气线路与设备的绝缘选择必须与电压等级相配合,而且须与使用环境及运行条件相适应,以保证绝缘的安全作用。

其中,固体绝缘材料的击穿有两种基本形式,即热击穿和电击穿。热击穿是绝缘材料在外加电压作用下,产生的泄漏电流使绝缘材料发热,如果产生的热量大于散失的热量,材料温度就会升高,由于绝缘材料具有负的电阻温度系数,使绝缘材料的电阻随温度升高而降低,而增大的电流又使材料进一步发热,形成恶性循环,直至绝缘材料中的电流流经某途径发生熔化和烧穿现象。热击穿是热量起主要作用,电击穿是绝缘材料在强电场的作用下,其内的离子获得高速,从而使中性分子产生撞击、电离,以至产生大量电流而致击穿。电击穿主要取决于电场的大小。

此外,由于腐蚀性气体、蒸气、潮气、导电性粉尘以及机械操作等原因,均可能使绝缘物质的绝缘性能降低甚至破坏。而且,日光、风雨等环境因素的长期作用,也可以使绝缘物质老化而逐渐失去其绝缘性能。

二、绝缘材料的基本性能

为了防止绝缘材料的绝缘性能损坏造成事故,必须使绝缘材料符合国家标准规定的性能指标。而绝缘材料的性能指标很多,各种绝缘材料的特性也各有不同。常用绝缘材料的主要性能指标有击穿强度、耐热性、绝缘电阻和机械强度等。

1. 击穿强度

击穿强度又称介电击穿强度。绝缘材料在高于某一个数值的电场强度的作用下,会损坏而失去绝缘性能,这种现象称为击穿;绝缘材料被击穿时的电场强度,称为击穿强度,单位为kV/mm。

2. 耐热性

它是指当温度升高时,绝缘材料的电阻、击穿强度、机械强度等性能都会降低。因此,要求绝缘材料在规定的温度下能长期工作且绝缘性能保证可靠。不同成分的绝缘材料的耐热程度不同,耐热等级可分为Y、A、E、B、F、H、C等七个等级,并对每个等级的绝缘材料规定了最高极限工作温度。

Y级:极限工作温度为90 ℃,如木材、棉纱、纸纤维、醋酸纤维、聚酰等纺织品及易于热分解和熔点低的塑料绝缘物。

A级:极限工作温度为105 ℃,如漆包线、漆布、漆丝、油性漆及沥青等绝缘物。

E级:极限工作温度为120 ℃,如玻璃布、油性树脂漆、高强度漆包线、乙酸乙烯耐热漆包线等绝缘物。

B级:极限工作温度为130 ℃,如聚酯薄蜡、经相应树脂处理的云母、玻璃纤维、石棉、聚酯漆、聚酯漆包线等绝缘物。

F级:极限工作温度为155 ℃,如用F级绝缘树脂黏合或浸渍、涂敷后的云母,玻璃丝,石棉,玻璃漆布以及以上述材料为基础的层压制品,云母、粉制品,化学热稳定性较好的聚酯和醇酸类材料,复合硅有机聚酯漆。

H级：极限工作温度为180 ℃，如加厚F级材料、云母、有机硅云母制品、硅有机漆、硅有机橡胶聚酰亚胺复合玻璃布、复合薄膜、聚酰亚胺漆等。

C级：极限工作温度大于180 ℃。指不采用任何有机黏合剂及浸渍剂的无机物，如石英、石棉、云母、玻璃、陶瓷及四氟乙烯塑料等。

3. 绝缘电阻

它是指加直流电压于电介质，经过一定时间极化过程结束后，流过电介质的泄漏电流对应的电阻值。通常状态下，绝缘电阻一般达几十兆欧以上。绝缘电阻因温度、厚薄、表面状况（水分、污物等）的不同会存在较大差异。绝缘材料的电阻率虽然很高，但在一定的电压作用下。总有微小电流通过，这种电流称为泄漏电流。

绝缘电阻是电气设备和电气线路最基本的绝缘指标。对于低压电气装置的交接试验，常温下电动机、配电设备和配电线路的绝缘电阻不应低于0.5 MΩ（对于运行中的设备和线路，绝缘电阻不应低于1 MΩ/kV）。低压电器及其连接电缆和二次回路的绝缘电阻一般不应低于1 MΩ；在比较潮湿的环境中不应低于0.5 MΩ；二次回路小母线的绝缘电阻不应低于10 MΩ。Ⅰ类手持电动工具的绝缘电阻不应低于2 MΩ。在电动机额定负载工作到稳定状态时，其绕组与机壳之间的绝缘电阻R_m（单位为MΩ）应符合下式所示关系。

$$R_m \geqslant \frac{U}{1\,000+\frac{P}{100}}$$

式中，U为被试电动机绕组的额定电压，单位为V；P为被试电动机的额定功率，单位为kW。

换算冷态电阻值，可供参考：

$$R_{MC} \geqslant \frac{U}{1\,000+\frac{75-t}{5}}$$

式中，R_{MC}为冷态电阻考核值，单位为MΩ；t为测量时绕组的温度，单位为℃；U为绕组额定电压，单位为V。

4. 机械强度

根据各种绝缘材料的具体要求，相应规定的抗张、抗压、抗弯、抗剪、抗撕、抗冲击等各种强度指标，统称为机械强度。

5. 其他特性指标

有些绝缘材料以液态形式呈现，如各种绝缘漆，其特性指标就包含黏度、固定含量、酸值、干燥时间及胶化时间等。有的绝缘材料特性指标还涉及渗透性、耐油性、伸长率、收缩率、耐溶剂性、耐电弧等。

三、绝缘材料的老化

绝缘材料在电场作用下将发生极化、电导、介质发热、击穿等物理现象。绝缘材料在承受电场作用的同时，还要经受机械、化学等诸多因素的影响，长期工作将会出现老化现象。因此，电气产品的许多故障往往发生在绝缘部分。

电介质的老化是指电介质在长期运行中电气性能、力学性能等随时间的增长而逐渐劣化的现象。其主要老化形式有电老化、热老化和环境老化等。一是电老化，多见于高压电器，产生的主要原因是绝缘材料在高压作用下发生局部放电；二是热老化，多见于低压电器，其机理是在温度作用下,绝缘材料内部成分氧化、裂解、变质,与水发生水解反应而逐渐失去绝缘性能;三是环境老化,又称大气老化,是由于紫外线、臭氧、盐雾、酸碱等因素引起的污染性化学老化,其中,紫外线是主要因素。臭氧则由电气设备的电晕或局部放电产生。

绝缘材料一旦发生了老化,其绝缘性能通常都不可恢复,工程上常用下列方法防止绝缘材料的老化:在绝缘材料制作过程中加入防老剂;户外用绝缘材料可添加紫外线吸收剂,或用隔层隔离阳光;湿热地带使用的绝缘材料,可加入防霉剂;加强电气设备局部防电晕、防局部放电的措施。

四、绝缘材料的分类

绝缘材料包括气体绝缘材料、液体绝缘材料和固体绝缘材料,涉及电工、石化、轻工、建材、纺织等诸多行业领域。

1. 气体绝缘材料

通常情况下,常温常压下的干燥气体均有良好的绝缘性能。作为绝缘材料的气体电介质,还需要满足物理、化学性能及经济性方面的要求。空气及六氟化硫(SF_6)气体是常用的气体绝缘材料。空气有良好的绝缘性能,击穿后其绝缘性能可瞬时自动恢复,电气物理性能稳定、来源极其丰富、应用面比较广。但空气的击穿电压相对较低、电极尖锐、距离近、电压波形陡、温度高、湿度大等因素均可降低空气的击穿电压,常采用压缩空气或抽真空的方法来提高空气的击穿电压。

六氟化硫(SF_6)气体是一种不燃不爆、无色无味的惰性气体,它具有良好的绝缘性能和灭弧能力,远高于空气,在高压电器中得到了广泛应用。六氟化硫气体还具有优异的热稳定性和化学稳定性,但在 600 ℃以上的高温作用下,六氟化硫气体会发生分解,将产生有毒物质。因此,在使用中应注意以下几方面:严格控制含水量,做好除湿和防潮措施;采用适当的吸附剂去吸收有害物质及水分;断路器中六氟化硫气体的压力不能过高以防出现液化现象;放置六氟化硫设备的场所应有良好的通风条件;对运行、检修人员应有必要和可靠的劳动保护措施。

2. 液体绝缘材料

液体绝缘材料有天然矿物油、天然植物油和合成油。天然矿物油应用广泛,它是从石油原油中经过不同程度的精制提炼而得到的一种中性液体,呈金黄色,具有很好的化学稳定性和电气稳定性。主要应用于电力变压器、少油断路器、高压电缆、油浸式电容器等设备。天然植物油有蓖麻油、大豆油等。合成油有氧化联苯甲基硅油、苯甲基硅油等,主要用于电力变压器、高压电缆、油浸纸介电容器中。

液体绝缘材料在储存、运输和运行过程中会受各种因素影响导致污染和老化。热和氧在油的老化中起了最主要的作用。工业中采取的防油老化的措施有:加强散热以降低油温;用氮气、薄膜使变压器油与空气隔绝;使用干燥剂以消除水分;添加抗氧化剂;防止日光照射等。油被污染后可采取压力过滤法或电净化法进行净化和再生。为了保证充油设备的安全运行,必须经常检查油的温升,油面高度,油的闪点、酸值、击穿强度和介质损耗角正切值,必要时还要进行变压器油的色谱分析。需要补充油时,尽量用原型号或相近型号,并应进行混合试验。

3. 固体绝缘材料

固体绝缘材料的种类很多,其绝缘性能优良,在电力系统中的应用很广。常用的固体绝缘材料有:绝缘漆、绝缘胶;绝缘纤维制品;橡胶、塑料及其制品;玻璃、陶瓷制品;云母、石棉及其制品等。

绝缘漆、绝缘胶都是以高分子聚合物为基础，能在一定条件下固化成绝缘硬膜或绝缘整体的重要绝缘材料。绝缘漆主要由漆基、溶剂、稀释剂、填料等部分组成。绝缘漆成膜固化后绝缘强度较高，一般可作为电动机、电器线圈的浸渍绝缘或涂覆绝缘。按用途可分为浸渍漆、漆包线漆、覆盖漆、硅钢片漆和防电晕漆等。

绝缘胶与绝缘漆相似，一般加有填料，广泛用于浇注电缆接头、套管、220 kV 及以下电流互感器、10 kV 及以下电压互感器。常用的绝缘胶有黄电缆胶、黑电缆胶、环氧电缆胶、环氧树脂胶、环氧聚酯胶等。

绝缘纤维制品是指用绝缘纸、纸板、纸管和各种纤维织物等制成的绝缘材料。浸渍纤维制品则是用绝缘纤维制品作底材，浸以绝缘漆制成，它具有一定的机械强度、电气强度、耐潮性能，还具备一些防霉、防电、防辐射等特殊功能。绝缘电工层压制品是以纤维作底材，浸涂不同的胶黏剂，经热压或卷制而成的层状结构绝缘材料，其性能取决于底材和胶黏剂及其成形工艺，可制成具有优良电气性能、力学性能和耐热、耐霉、耐电弧、防电晕等特性的制品。

知识点二　安全距离

一、概　　述

安全距离是指在各种工况条件下，带电导体与附近接地的物体、地面、不同相带电导体，以及工作人员之间，必须保持的最小距离或最小空气间隙。这个间隙不仅应保证在各种可能的最大工作电压或过电压的作用下，不发生闪络放电，还应保证工作人员在对设备进行维护检查、操作和检修时的绝对安全，而且身体健康也不受影响。其中，屏护和间距是属于防止直接接触的常用安全措施之一。此外，屏护和间距还是防止短路、故障接地等电气事故的安全措施之一。

二、屏　　护

1. 屏护的概念与作用

屏护即采用遮栏、护罩、护盖、箱匣等把危险的带电体同外界隔离开来，以防止人体触及或接近带电体所引起的触电事故。屏护是一种对电击危险因素进行隔离的手段，还起到防止电弧伤人，防止弧光短路或便利检修工作的作用。

2. 屏护装置的作用

屏护装置主要用于电气设备不便于绝缘或绝缘不足以保证安全的场合。如开关电气的可动部分一般不能包以绝缘，因此需要屏护装置。对于高压设备，由于全部绝缘往往有困难，因此，不论高压设备是否有绝缘，均要求加装屏护装置。室内外安装的变压器和变配电装置应装有完善的屏护装置。当作业场所邻近带电体时，在作业人员与带电体之间、过道、入口等处均应装设可移动的临时性屏护装置。

3. 屏护及屏护装置的种类

屏护可分为屏蔽和障碍（或称阻挡物），两者的区别在于：后者只能防止人体无意识触及或接近带电体，而不能防止有意识移开、绕过或翻越该障碍触及或接近带电体。从这点来说，前者属于一种完全的防护,而后者是一种不完全的防护。

屏护装置的种类又有永久性屏护装置和临时性屏护装置之分,前者如配电装置的遮栏、开关的罩盖等;后者如检修工作中使用的临时屏护装置和临时设备的屏护装置等。屏护装置还可分为固定屏护装置和移动屏护装置,如母线的护网就属于固定屏护装置;而跟随天车移动的天车滑线屏护装置就属于移动屏护装置。常见的屏护有如图 2-1-1 所示的遮栏,图 2-1-2 所示的栅栏,图 2-1-3 所示的围墙,图 2-1-4 所示的保护网。

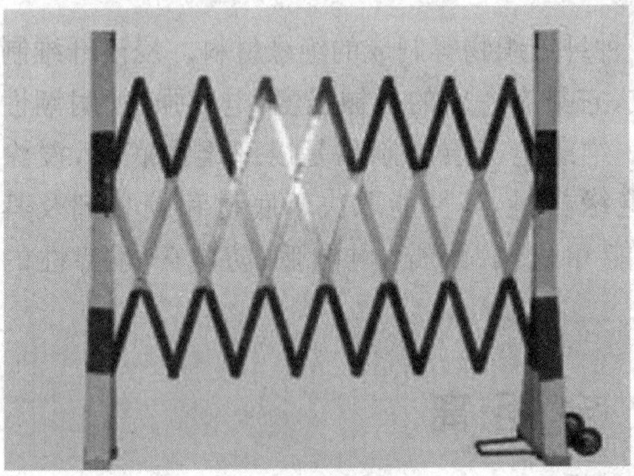

图 2-1-1　遮栏

图 2-1-2　栅栏

图 2-1-3　围墙

图 2-1-4　保护网

4. 屏护装置的安全条件

一是屏护装置所用材料应有足够的机械强度和良好的耐火性能。为防止因意外带电而造成触电事故,对金属材料制成的屏护装置必须实行可靠的接地或接零。二是屏护装置应有足够的尺寸,与带电体之间应保持必要的距离。遮栏高度不应低于 1.7 m,下部边缘离地不应超过 0.1 m,网眼遮栏与带电体之间的距离不应小于表 2-1-1 规定距离。三是栅遮栏的高度户内不应小于 1.2 m,户外不小于 1.5 m,栏条间距离不应大于 0.2 m。对于低压设备,遮栏与裸导体之间的距离不应小于 0.8 m。户外变配电装置围墙的高度一般不应小于 2.5 m。遮栏、栅栏等屏护装置上应有“止步,高压危险!”等标志。必要时应配合采用声光报警信号和联锁装置。

表 2-1-1 网眼遮栏与带电体之间规定的最小距离

额定电压	<1 kV	1~10 kV	10~35 kV
最小距离	0.15 m	0.35 m	0.6 m

三、间 距

为了防止人体触及或接近带电体,防止车辆或其他器具碰撞或过分接近带电体,防止电气短路事故和因此引起的火灾,在带电体与地面之间、带电体与带电体之间、带电体与其他设备之间均需保持一定的安全距离,这个安全距离简称间距。其大小决定于电压的高低、设备的类型、安装的方式等因素。在间距的设计选择时,既要考虑安全的要求,同时也要符合"人机工效学"的要求。

根据各种电气设备(设施)的性能、结构和工作的需要,间距大致可分为以下三种:线路间距、用电设备间距、检修间距。

1. 线路间距

架空线路导线与地面、水面的距离,不应低于表 2-1-2 所示数值。表中居民区是指工业企业地区、港口、码头、车站等市镇人口密集地区,非居民区是指上述居民区以外的地区。虽常有人员、车辆到达但房屋稀少的地区,亦属非居民区。

表 2-1-2 导线与地面、水面的最小距离(单位:m)

线路经过地区	线路电压		
	<1 kV	1~10 kV	35 kV
居民区	6	6.5	7
非居民区	5	5.5	6
不能通航或浮运的河、湖(冬季水面)	5	5	—
不能通航或浮运的河、湖(50 年一遇的洪水水面)	3	3	—
交通困难地区	4	4.5	5
步行可以达到的山坡	3	4.5	5
步行不能达到的山坡、峭壁或岩石	1	1.5	3

在未经相关管理部门许可的情况下,架空线路不得跨越建筑物。架空线路与有爆炸、火灾危险的厂房之间应保持必要的防火间距,且不应跨越具有可燃材料屋顶的建筑物。架空线路导线与建筑物的最小距离见表 2-1-3。

表 2-1-3 架空线路导线与建筑物的最小距离(单位:m)

线路电压	<1 kV	1~10 kV	35 kV
垂直距离	2.5	3.0	4.0
水平距离	1.0	1.5	3.0

架空线路导线与街道树木、厂区树木的最小距离见表 2-1-4。架空线路导线与绿化区树木、公园树木的最小距离为 3 m。校验导线与树木之间的垂直距离,还应该考虑树木在修剪周期内生长的高度。

表 2-1-4　架空线路导线与街道树木、厂区树木的最小距离(单位:m)

线路电压	<1 kV	1～10 kV	35 kV
垂直距离	1.0	1.5	3.0
水平距离	1.0	2.0	—

从配电线路到用户进线处第一个支持点之间的一段导线称为接户线。10 kV 接户线对地距离不应小于 4.5 m;低压接户线对地距离不应小于 2.75 m。低压接户线跨越通车街道时对地距离不应小于 6 m;跨越通车困难的街道或人行道时,对地距离不应小于 3.5 m。低压接户线与工业设施的最小距离见表 2-1-5。

表 2-1-5　低压接户线与工业设施的最小距离(单位:m)

项目			线路电压		
			<1 kV	1～10 kV	35 kV
弱电线路	垂直距离		6	7	7
	水平距离(两线路边导线间)		0.5	0.5	0.5
电力线路	<1 kV	垂直距离	1	2	3
		水平距离(两线路边导线间)	2.5	2.5	5
	1～10 kV	垂直距离	2	2	3
		水平距离(两线路边导线间)	2.5	2.5	5
	35 kV	垂直距离	3	2	3
		水平距离(两线路边导线间)	5	5	5
特殊管道	垂直距离	电力线路在上方	1.5	3	3
		电力线路在下方	1.5	—	—
	水平距离(边导线至管道)		1.5	2	4

注:特殊管道指的是输送易燃易爆介质的管道。

同杆架设不同种类、不同电压的电气线路时,电力线路应位于弱电线路的上方,高压线路应位于低压线路的上方。横担之间的最小距离见表 2-1-6。

表 2-1-6　同杆线路横担之间的最小距离(单位:m)

项　目	直线杆	分支杆和转角杆
10 kV 与 10 kV	0.8	0.45/0.6①
10 kV 与低压	1.2	1
低压与低压	0.6	0.3
10 kV 与通信电缆	2.5	—
低压与通信电缆	1.5	—

注:①分支杆和转角杆距上面的横担采用 0.45 m,距下面的横担采用 0.6 m。

从接户线引入室内的一段导线称为进户线。进户线的进户管口与接户线端头之间的垂直距离不应大于 0.5 m;进户线对地距离不应小于 2.7 m。

户内低压线路与工业管道和工艺设备之间的最小距离见表 2-1-7。表中无括号的数字为电缆管线在管道上方的数据,有括号的数字为电缆管线在管道下方的数据。电缆管线应尽可能敷设在热力管道的下方。当现场的实际情况无法满足表 2-1-7 所规定距离时,应采取包隔热层,对交叉处的裸母线外加保护网或保护罩等措施。

表 2-1-7　户内低压线路与工业管道和工艺设备之间的最小距离(单位:m)

布线方式		穿金属管导线	电缆	明设绝缘导线	裸导线	起重机滑触线	配电设备
煤气管	平行	100	500	1 000	1 000	1 500	1 500
	交叉	100	300	300	500	500	—
乙炔管	平行	100	1 000	1 000	2 000	3 000	3 000
	交叉	100	500	500	500	500	—
氧气管	平行	100	500	500	1 000	1 500	1 500
	交叉	100	300	300	500	500	—
蒸气管	平行	1 000(500)	1 000(500)	1 000(300)	1 000	1 000	500
	交叉	300	300	300	500	500	—
暖热水管	平行	300(200)	500	300(200)	1 000	1 000	100
	交叉	100	100	100	500	500	—
通风管	平行	—	200	200	1 000	1 000	100
	交叉	—	100	100	500	500	—
上下水管	平行	—	200	200	1 000	1 000	100
	交叉	—	100	100	500	500	—
压缩空气管	平行	—	200	200	1 000	1 000	100
	交叉	—	100	100	500	500	—
工艺设备	平行	—	—	—	1 500	1 500	100
	交叉	—	—	—	1 500	1 500	—

直埋电缆埋设深度不应小于 0.7 m,并应位于冻土层之下。直埋电缆与工程设施的最小距离见表 2-1-8。当电缆与热力管道接近时,电缆周围土壤温升不应超过 10 ℃,超过时,须进行隔热处理。表 2-1-8 中的最小距离对采用穿管保护时,应从保护管的外壁算起。

表 2-1-8　直埋电缆与工程设施的最小距离(单位:m)

敷设条件	平行敷设	交叉敷设
与电杆或建筑物地下基础间,控制电缆与控制电缆间	0.6	—
10 kV 以下的电力电缆间或控制电缆间	1.0	0.5
10～35 kV 的电力电缆间或其他电缆间	0.25	0.5
不同部门的电缆(包括通信电缆)间	0.5	0.5
与热力管沟之间	2.0	0.5
与可燃气体、可燃液体管道之间	1.0	0.5
与水管、压缩空气管道之间	0.5	0.5
与道路之间	1.5	1.0
与普通铁路路轨之间	3.0	1.0
与直流电气化铁路路轨之间	10.0	—

2. 用电设备间距

明装的车间低压配电箱底口的高度可取 1.2 m，暗装的可取 1.4 m。明装电能表板底距地面的高度可取 1.8 m。常用开关电器的安装高度为 1.3～1.5 m，开关手柄与建筑物之间保留 150 mm 的距离，以便于操作。墙用平开关，离地面高度可取 1.4 m。明装插座离地面高度可取 1.3～1.8 m，暗装的可取 0.2～0.3 m。户内灯具高度应大于 2.5 m，受实际条件约束达不到时，可减为 2.2 m，低于 2.2 m 时，应采取适当安全措施。当灯具位于桌面上方等人碰不到的地方时，高度可减为 1.5 m。户外灯具高度应大于 3 m；安装在墙上时可减为 2.5 m。起重机具至线路导线间的最小距离，1 kV 及 1 kV 以下者不应小于 1.5 m，10 kV 者不应小于 2 m。

3. 检修间距

低压操作时，人体及其所携带工具与带电体之间的距离不得小于 0.1 m。各种高压作业类别所要求的最小距离见表 2-1-9。

表 2-1-9　各种高压作业类别所要求的最小距离(单位：m)

类　别	电压等级	
	10 kV	35 kV
无遮拦作业，人体及其所携带工具与带电体间①	0.7	1.0
无遮拦作业，人体及其所携带工具与带电体间，用绝缘杆操作	0.4	0.6
线路作业，人体及其所携带工具与带电体间②	1.0	2.5
带电水冲洗，小型喷嘴与带电体间	0.4	0.6
喷灯或气焊火焰与带电体间③	1.5	3.0

注：①距离不足时，应装设临时遮拦。②距离不足时，邻近线路应当停电。③火焰不应喷向带电体。

知识点三　安全载流量与安全标志

一、安全载流量

1. 安全载流量概述

装置电气设备的线路，一般都用塑料或橡胶绝缘导线。合上开关，电流通过导线进入电气设备，使电气设备工作。由于电气线路本身具有电阻，通过电流时就会发热，产生的热量会通过导线的绝缘层散发到空气中去。如果导线发出去的热量恰好等于电流通过导线产生的热量，导线的温度就不再升高，这时的电流值就是该导线的安全载流量。一般橡皮绝缘导线，最高允许温度规定为 65 ℃。在不同工作温度下，其不同规格的安全载流量不同，可查相关导线的安全载流量表得到。

2. 影响安全载流量的因素

导线的安全载流量与导线所处的环境温度密切相关。通常环境温度越低，允许通过的电流越大。如铝芯橡皮绝缘导线，25 ℃时它的安全载流量为 25 A，则在连续使用中升温不会超过 65 ℃；而 35 ℃时安全载流量降为 21 A，这是因为前者允许温升为 40 ℃，而后者则为 30 ℃。安全载流量还与布线方式有关，暴露在空气中比敷设在管子中散热要好。线路中应设置必要的过电流保护装置。用户不得擅自延长线路或违章使用电炉等大功率电器，更不允许擅自改变过电流保护装置的整定值，如以铜线代替熔丝等。导线和电缆的安全载流量与导线的截面面积、绝缘材料的种类、环境温度、敷设方式等因素有关。母线的安全载流量还与母线的几何形状、排列方式有关。

3. 不同类型导线的安全载流量

这里主要介绍裸绞线和绝缘导线的安全载流量。其中,常用裸绞线的安全载流量可以参考表 2-1-10 所示的裸铜绞线和裸铝绞线的安全载流量,以及表 2-1-11 所示的钢芯铝绞线的安全载流量。

表 2-1-10　TJ、LJ 型裸铜、裸铝绞线的安全载流量(单位:A)

截面面积/mm²	TJ 型								LJ 型							
	户内				户外				户内				户外			
	25 ℃	30 ℃	35 ℃	40 ℃	25 ℃	30 ℃	35 ℃	40 ℃	25 ℃	30 ℃	35 ℃	40 ℃	25 ℃	30 ℃	35 ℃	40 ℃
10	60	56	53	49	95	89	84	77	55	52	48	45	75	70	66	61
16	100	94	88	81	130	122	114	105	80	75	70	65	105	127	99	85
25	140	132	123	113	180	169	158	146	110	103	97	89	135	160	119	109
33	175	163	154	142	220	207	194	178	135	127	119	109	170	202	150	138
50	220	207	194	178	270	254	238	276	170	160	150	138	215	249	189	174
70	280	263	246	227	340	320	300	336	215	202	189	174	265	305	232	215
95	340	320	299	276	315	390	365	393	260	244	229	211	325	352	286	247
120	405	380	356	328	485	456	426	461	310	292	273	251	375	414	330	304
450	480	451	422	389	570	536	510	77	370	348	326	300	440	70	387	356

表 2-1-11　LGJ 型钢芯铝绞线的安全载流量(单位:A)

截面面积/mm²	空气温度					
	30 ℃	35 ℃	40 ℃	45 ℃	50 ℃	55 ℃
16	106	97	88	79	69	56
25	135	124	113	102	88	72
35	163	150	136	123	106	87
50	213	195	177	160	138	113
70	264	242	220	198	172	140
95	322	295	268	242	209	171
120	365	335	305	275	238	194
150	428	393	358	322	279	228

常用绝缘导线的安全载流量可以参考表 2-1-12、表 2-1-13 和表 2-1-14 所示的铝芯、铜芯绝缘导线明敷和穿管敷设时的安全载流量。

表 2-1-12　BBLX、BBX、BLV、BV 型橡皮线和塑料绝缘导线明敷时安全载流量(单位:A)

截面面积/mm²	BBLX 型铝芯橡皮线				BBX 型铜芯橡皮线				BLV、BLV-1 型铝芯塑料线				BV、BV-1 型铜芯塑料线			
	25 ℃	30 ℃	35 ℃	40 ℃	25 ℃	30 ℃	35 ℃	40 ℃	25 ℃	30 ℃	35 ℃	40 ℃	25 ℃	30 ℃	35 ℃	40 ℃
1.5	—	—	—	—	25	23	21	19	—	—	—	—	22	20	19	17
2.5	25	23	21	19	33	31	28	25	23	21	20	17	30	28	25	23

续上表

截面面积/mm²	BBLX型铝芯橡皮线				BBX型铜芯橡皮线				BLV、BLV-1型铝芯塑料线				BV、BV-1型铜芯塑料线			
	25 ℃	30 ℃	35 ℃	40 ℃	25 ℃	30 ℃	35 ℃	40 ℃	25 ℃	30 ℃	35 ℃	40 ℃	25 ℃	30 ℃	35 ℃	40 ℃
4	33	31	28	25	43	40	37	33	30	28	25	23	40	37	34	30
6	42	39	36	32	55	51	47	42	39	36	33	30	50	47	43	38
10	60	56	51	46	80	74	68	61	35	51	47	42	75	70	64	57
16	80	74	68	61	105	98	89	80	75	70	64	57	100	93	85	76
25	105	98	89	80	140	130	119	106	100	93	85	76	130	121	110	99
35	130	121	110	99	170	158	144	129	125	116	106	95	160	149	136	122
50	165	153	140	125	215	200	183	163	155	144	133	118	200	186	170	152
70	205	191	174	156	265	246	225	201	200	186	170	152	255	237	216	194
95	250	233	213	190	325	302	276	247	240	223	204	182	310	288	263	236
120	295	274	251	224	385	358	326	292	—	—	—	—	—	—	—	—

表 2-1-13　BBLX、BLV型铝芯导线套钢管时的安全载流量(单位:A)

截面面积/mm²	两根单芯				管径/mm		三根单芯				管径/mm		四根单芯				管径/mm
	25 ℃	30 ℃	35 ℃	40 ℃	G	DG	25 ℃	30 ℃	35 ℃	40 ℃	G	DG	25 ℃	30 ℃	35 ℃	40 ℃	G
2.5	20	19	17	15	15	20	19	18	16	14	15	20	17	16	14	13	20
4	29	27	25	22	15	20	25	23	21	19	20	20	23	21	20	18	18
6	34	32	29	26	20	20	31	29	26	24	20	25	28	26	24	21	20
10	51	47	43	39	20	25	42	39	36	32	25	32	37	34	31	28	25
16	61	57	52	46	25	32	55	51	47	42	25	32	49	64	42	37	32
25	82	76	70	62	32	32	75	70	64	57	32	40	65	60	55	49	40
35	96	89	82	73	32	40	84	78	71	64	40	40	82	76	70	62	50
50	125	116	106	95	40	—	109	101	93	83	50	—	89	83	76	68	50
70	156	145	133	119	50	—	141	131	120	107	50	—	125	116	106	95	70
95	187	174	159	142	50	—	175	163	149	133	70	—	152	141	129	116	70
120	219	204	186	167	70	—	188	175	160	143	70	—	178	166	151	136	80

注:G表示钢管;DG表示DN电线管(塑料)。

表 2-1-14　BBX、BV型钢芯导线套钢管时的安全载流量(单位:A)

截面面积/mm²	两根单芯				管径/mm		三根单芯				管径/mm		四根单芯				管径/mm
	25 ℃	30 ℃	35 ℃	40 ℃	G	DG	25 ℃	30 ℃	35 ℃	40 ℃	G	DG	25 ℃	30 ℃	35 ℃	40 ℃	G
1	15	14	13	11	15	20	14	13	12	11	15	20	13	12	11	10	15
1.5	18	17	15	14	15	20	16	15	14	12	15	20	15	14	13	11	20
2.5	26	24	22	20	15	20	25	23	21	19	15	20	23	21	20	17	20
4	38	35	32	29	15	20	33	31	28	25	20	20	30	28	26	23	20
6	44	41	37	33	20	20	41	38	35	31	20	25	37	34	31	28	20

续上表

截面面积/mm²	两根单芯				管径/mm		三根单芯				管径/mm		四根单芯				管径/mm
	25 ℃	30 ℃	35 ℃	40 ℃	G	DG	25 ℃	30 ℃	35 ℃	40 ℃	G	DG	25 ℃	30 ℃	35 ℃	40 ℃	G
10	68	63	58	52	20	25	56	52	48	43	25	32	49	46	42	37	25
16	80	74	68	61	25	32	72	67	61	55	25	32	64	60	54	49	32
25	109	101	93	83	32	32	100	93	85	76	32	40	85	79	72	65	40
35	125	116	106	95	32	40	110	102	94	84	40	40	107	100	91	81	50
50	163	152	139	124	40	—	142	132	121	108	50	—	116	108	99	88	50
70	202	188	172	154	50	—	182	169	155	138	50	—	161	150	137	122	70
95	243	226	206	185	50	—	227	211	193	173	70	—	197	183	167	150	70
120	285	265	242	216	70	—	246	229	209	187	70	—	232	216	197	176	80

二、安全标志

安全标志是指在有触电危险的场所或容易产生误判断、误操作的地方，以及存在不安全因素的现场设置的文字或图形标志。根据《安全标志及其使用导则》(GB 2894—2008)，安全标志是用以表达特定安全信息的标志，由图形符号、安全色、几何形状(边框)或文字构成。

安全标志能够提醒员工预防危险，从而避免事故发生；当危险发生时，能够指示员工采取正确、有效、得力的措施，对危害加以遏制。其中，表 2-1-15 是对安全标志(色彩)种类的说明，表 2-1-16 是举例说明不同类别的安全标志(色彩)。

表 2-1-15　安全标志(色彩)的种类

种　类	基本形态	含　义
禁止标志 (红色)		不允许某种特定行为
警告标志 (黑框黄心)		根据一定危险表示警告
指示标志 (蓝色)		指示采取一定的行为
引导标志 (绿色)		提供关于安全的情报

表 2-1-16　安全标志(色彩)例子

禁止标志 (红色)	 禁止出入	 禁止通行	 禁止使用	 禁止堆放	 禁止吸烟
警告标志 (黄色)	 当心触电	 当心放射物	 注意安全	 当心火灾	 当心跌倒
指示标志 (底色蓝色)	 必须戴防护眼镜	 必须戴防护手套	 必须戴防护面具	 必须穿防护鞋	 必须戴安全帽
引导标志 (底色绿色)	 紧急出口	 应急救护标识	 担架	 左侧紧急出口	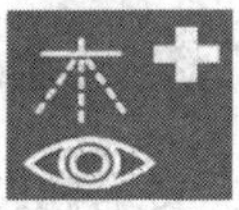 洗眼装置

知识点四　电流对人体的伤害

一、触电危害

当人体触及带电体,或者带电体与人体之间放电,或者电弧触及人体时,使电流通过人体进入大地或其他导体,形成导电回路,这种情况就称为触电。因为人体组织中有60%以上是由含有导电物质的水分组成的。因此,人体是可以导电的,当人体接触设备的带电部分并形成电流通路时,就会有电流流过人体,从而造成触电。触电有两种类型,即电击和电伤。

1. 电击

电击是指电流通过人体内部,影响呼吸、心脏和神经系统,造成人体内部组织的损坏乃至死亡,即其对人体的危害是体内的、致命的;且它对人体的伤害程度与通过人体的电流大小、通电时间、电流途径及电流性质有关。

1)电击的主要伤害

它主要是伤害人体的心脏、呼吸和神经系统,因而破坏了人的正常生理活动,甚至危及生命。例如:电流经过心脏时,会使心室泵作用失调,引起心室颤动,导致血液循环停止;电流流过大脑的呼吸神经中枢时,会遏止呼吸并导致呼吸停止;电流通过胸部时,胸肌收缩,迫使其停顿,引起窒息。

2)造成电击伤害的原因

一是当人体将要触及1 kV以上的高压电气设备带电体时,高电压能将空气击穿,使其成为导体,这时电流通过人体而造成电击。二是低压单相(线)触电、两线触电会造成电击。三是接触电压和跨步电压触电会造成电击。

2. 电伤

电伤是指由于电流的热效应、化学效应或机械效应对人体所造成的危害。包括烧伤、电烙印、皮肤金属化、机械损伤、电光眼等。它对人体的危害一般是体表的、非致命的。

1)烧伤

烧伤是指电流热效应产生的电伤。通常是在带负荷拉、合隔离开关时产生的电弧对人体皮肤造成的直接烧伤。烧伤的现象:皮肤发红、起泡,组织烧焦并坏死。烧伤又分为电流灼伤和电弧灼伤。电流灼伤是人体与带电体直接接触,电流通过人体时产生的热效应的结果。在人体与带电体的接触处,接触面积一般较小,电流密度可达很大数值,又因皮肤电阻较体内组织电阻大许多倍,故在接触处产生很大的热量,致使皮肤灼伤。电弧灼伤是指电气设备的电压较高时产生强烈的电弧或电火花,灼伤人体,甚至击穿部分组织或器官,并使内部组织烧死或使四肢烧焦的现象。它一般不会引起心脏纤维性颤动,而更为常见的是人体由于呼吸麻痹或人体表面的大范围烧伤而死亡。

2)电烙印

电烙印是指电流化学效应和机械效应产生的电伤。电烙印是在人体与带电体接触良好的情况下发生的。电烙印的现象:皮肤上留有与带电体表面形状相同的肿块印痕,与好皮肤有明显的界线,且受伤皮肤发硬。

3)皮肤金属化

皮肤金属化是指在电流作用下,产生的高温电弧使电弧周围的金属熔化、蒸发并飞溅渗入皮肤表层所造成的电伤。皮肤金属化的现象:皮肤粗糙、硬化,并呈现一定颜色(铅为灰黄色、紫铜为绿色、黄铜为蓝绿色)。金属化的皮肤经过一段时间后,会自行脱落。

4)机械损伤

机械损伤是指电流通过人体时产生的机械电动力效应,使肌肉发生不由自主地剧烈抽搐性收缩,致使肌腱、皮肤、血管及神经组织断裂,甚至使关节脱位或骨折。

5)电光眼

电光眼是指当发生弧光时,眼睛受到紫外或红外线照射,眼睑皮肤红肿,结膜发炎,严重时角膜透明度受到破坏,瞳孔收缩,一般 4~8 h 后发作。

二、影响触电危险程度的因素

触电时电流对人身造成的伤害程度与电流流过人体的电流大小、电流的类型、电流的作用时间、电压大小及流经人体的途径等多种因素有关。

1. 电流大小对人体的影响

通过人体的电流越大,人体的生理反应就越明显,反应就越强烈,引起心室颤动所需的时间就越短,致命的危害就越大。人体有三个主要电流效应阈值:感觉阈值(0.5 mA)、摆脱阈值(10 mA)、心室纤维性颤动阈值(50 mA)。

按照通过人体电流的大小和人体所呈现的不同状态,工频交流电大致分为下列三种:

(1)感觉电流:有感觉、不伤害,有麻酥、针刺感。

(2)摆脱电流:能自由摆脱,除有麻酥、针刺感外,主要为疼痛、心律障碍感。

(3)致命电流:危及生命的电流,造成心室纤维性颤动。

2. 电流的类型对人体的影响

工频交流电的危害性大于直流电，因为交流电主要是麻痹、破坏神经系统，往往难以自主摆脱。一般认为 40～60 Hz 的交流电对人最危险。随着频率的增加，危险性将降低。当电源频率大于 2 000 Hz 时，所产生的损害明显减小，但高压高频电流对人体仍然是十分危险的。

3. 电流的作用时间对人体的影响

当通过人体的电流时间越长，越易造成心室颤动，对生命危险性就越大。据统计，触电 1～5 min 内急救，90%有良好的效果；10 min 内，有 60%的救生率；超过 15 min，希望甚微。触电保护器的一个主要指标就是额定断开时间与电流乘积小于 30 mA · s。实际产品一般额定动作电流为 30 mA，动作时间为 0.1 s，故小于 30 mA · s，可有效防止触电事故。其中，工频交流电对人体的影响见表 2-1-17。

表 2-1-17　工频交流电对人体的影响

电流范围	作用时间	人体生理反应
0～0.5 mA	连续通电	没有感觉
0.5～5 mA	连续通电	有感觉，手指手腕有刺痛感，可以摆脱带电体
5～30 mA	数分钟以内	痉挛，不能摆脱带电体，呼吸困难，血压升高
30～50 mA	数秒到数分钟	心脏跳动不规则、昏迷、血压升高、强烈痉挛、时间过长即可引起心室颤动
50 mA 至数百毫安	长于心脏搏动周期	受强烈冲击，但未发生心室颤动
	短于心脏搏动周期	昏迷、心室颤动，接触部位留有电流通过的痕迹
超过数百毫安	长于心脏搏动周期	昏迷、心室颤动，接触部位留有电流通过的痕迹
	短于心脏搏动周期	心脏停止跳动、昏迷、死亡

4. 电流路径对人体的影响

电流通过头部可使人昏迷；通过脊髓可能导致瘫痪；通过心脏会造成心跳停止，血液循环中断；通过呼吸系统会造成窒息。因此，从左手到胸部是最危险的电流路径；从手到手、从手到脚也是很危险的电流路径；从脚到脚是危险性较小的电流路径。

5. 人体电阻

人体电阻是不确定的电阻，皮肤干燥时一般为 100 kΩ 左右，而一旦潮湿可降到 1 kΩ。人体不同，对电流的敏感程度也不一样，一般而言，儿童较成年人敏感，女性较男性敏感。患有心脏病者，触电后的死亡可能性就更大。

6. 安全电压

安全电压是指人体不戴任何防护设备时，触及带电体不受电击或电伤的电压。人体触电的本质是电流通过人体产生了有害效应，然而触电的形式通常都是人体的两部分同时触及了带电体，而且这两个带电体之间存在着电位差。因此，在电击防护措施中，要将流过人体的电流限制在无危险范围内，即将人体能触及的电压限制在安全的范围内。国家标准制定了安全电压系列，称为安全电压等级或额定值，这些额定值指的是交流有效值，分别为 42 V、36 V、24 V、12 V、6 V 等几种。

知识点五　触电方式与急救

一、常见的触电方式

人体触电方式主要有四种：单相触电、两相触电、跨步电压触电和静电触电。

1. 单相触电

单相触电是指人体接触地面或其他接地体上，人体某一部分触及一相带电体的触电事故。对于高压带电体，人体虽未直接接触，但如果安全距离不够，高压对人体放电，造成单相接地引起的触电，也属于单相触电。在触电事故中，大部分属于单相触电。

单相触电的危险程度是根据电压的高低、绝缘情况、电网的中性点是否接地和每相对地电容的大小等决定的。中性点接地系统的单相触电比中性点不接地系统的危险性大。

(1)在电源中性点直接接地的系统中发生单相触电的情况如图 2-1-5(a)所示。此时，通过人体的电流为

$$I_r=\frac{U}{R_r+R_0}$$

式中　I_r——流过人体的触电电流，A；

U——相线对地电压(相电压)，V；

R_r——人体电阻，Ω；

R_0——电网中性点接地电阻，Ω。

因为 R_r 和 R_0 相比很小，这样电流以流过人体电阻为主，因此

$$I_r=\frac{U}{R_r}$$

从上式可以看出，若此时人体电阻以 1 kΩ 计算，则在 220 V 中性点接地的电网中发生单相触电时，流过人体的电流将达到 220 mA，已大大超过人体所能承受的数值。若此时人体在绝缘板上或穿绝缘鞋，则人体与大地之间的电阻会变得很大，通过人体的电流将很小，就不会有触电危险了。

(2)在中性点不直接接地系统中发生单相触电的情况如图 2-1-5(b)所示。当人体触及某相时，由于线路的绝缘水平比较高，即绝缘电阻比较大，通过人体的电流较小，所以中性点不直接接地电网降低了人体触电的危险性。但若线路庞杂，距离很长，对地分布电容较大，使整体绝缘水平下降，这种中性点不直接接地的低压电网对人的危险性仍然是很大的。

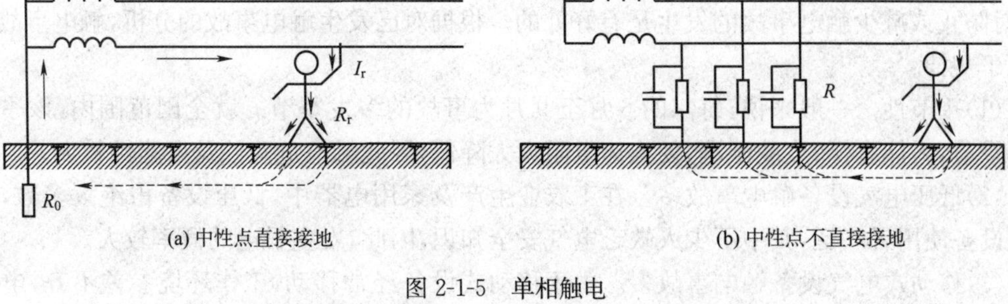

(a) 中性点直接接地　　(b) 中性点不直接接地

图 2-1-5　单相触电

2. 两相触电

两相触电是指人体两处同时触及同一电源的两相带电体,以及在高压系统中,人体距离高压带电体的距离小于规定的安全距离,造成电弧放电时,电流从一相导体流入另一相导体的触电方式,如图 2-1-6 所示。两相触电加在人体上的电压为线电压,因此不论电网的中性点接地与否,其触电的危险性都最大。

3. 跨步电压触电

当带电体接地时有电流向大地流散,在以接地点为圆心,半径为 20 m 的圆面积内形成分布电位。人站在接地点周围,两脚之间(以 0.8 m 计算)的电位差称为跨步电压 U_k,如图 2-1-7 所示,由此引起的触电事故称为跨步电压触电。高压故障接地处,或有大电流流过的接地装置附近都可能出现较高的跨步电压。离接地点越近、两脚距离越大,跨步电压值就越大。一般 10 m 以外就没有危险了。

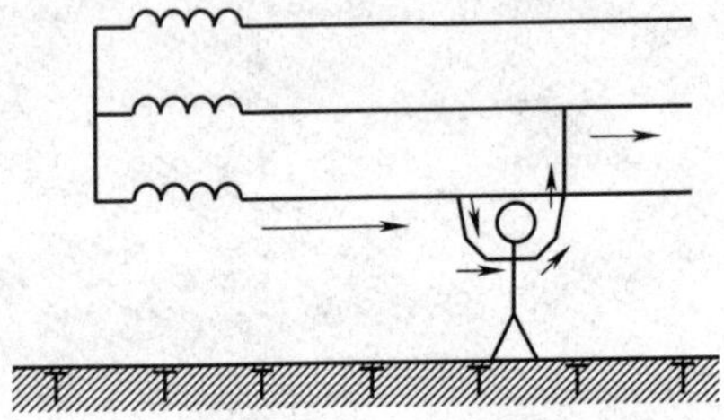

图 2-1-6　两相触电

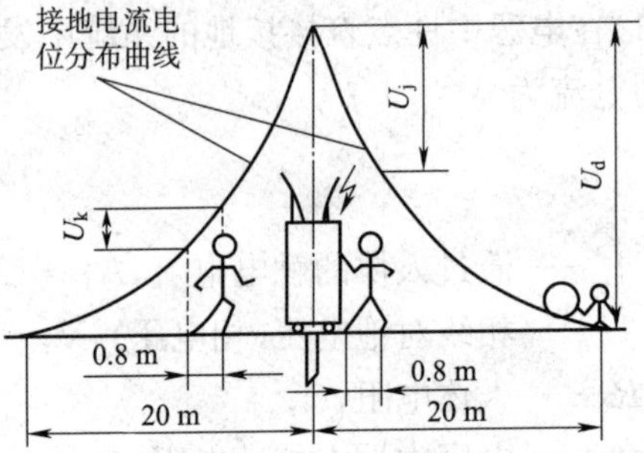

图 2-1-7　跨步电压

4. 静电触电

静电是一种自然现象。随着科学技术的发展,静电在生产实践中已被广泛利用。但是静电也能引起爆炸、火灾和对人体的电击伤害。

静电具有电压很高、能量不大、静电感应和尖端放电等特点,当人体靠近带静电的物体时或带静电荷的人体接近接地体时,会发生放电使人遭受电击,造成伤害。由于静电电击不是电流持续通过人体的电击,而是静电放电的瞬间冲击性电击,能量较少,因此通常不会造成人体心室颤动而死亡。但是,往往可能造成二次伤害,例如高空坠落或其他机械性伤害等,因此同样危险。

二、触电事故的一般规律

人体触电总是发生在突然的一瞬间,而且往往造成严重的后果。因此掌握人体触电的规律,对防止或减少触电事故的发生是有好处的。根据对已发生触电事故的分析,触电事故主要有以下规律:

(1)季节性。一般来说,每年的 6 月至 9 月为事故的多发季节。就全国范围内,该季节是炎热季节,人体多汗、皮肤湿润,使人体电阻大大降低,因此触电危险性及可能性较大。

(2)低压电气设备触电事故多。在工农业生产及家用电器中,低压设备占绝大多数,而且低压设备使用者广泛,其中不少人缺乏电气安全知识,因此,发生触电的概率较大。

(3)移动式电气设备触电事故多。由于移动式设备经常移动,工作环境参差不齐,电源线磨损的可能性较大，同时，移动式设备一般体积较小，绝缘程度相对较弱，容易发生漏电故障。再者，移动式设备又多由人手持操作，故增加了触电的可能性。

(4)电气触点及连接部位触点事故多。电气触点及连接部位由于机械强度、电气强度及绝缘强度均较差，较容易出现故障，容易发生直接或间接触电。

(5)农村用电触电事故多。由于农村用电设备较为简陋，技术和管理水平相对较低，而且目前一般农村用电工作环境较恶劣，因此触电事故较多。

(6)临时性施工工地触电事故多。现在我国正处于经济社会发展转型升级的关键期，高质量开发建设的瓶颈阶段，因此临时性的工地较多。这些工地的管理水平参差不齐，有的施工现场电气设备、电源线路较为混乱，故触电事故隐患较多。

(7)中青年人和非专业电工触电事故多。目前在电业行业工作的人员以青年人员居多，特别是一些主要操作者，这些人员有不少往往缺乏工作经验、技术欠成熟，增加了触电事故的发生率。非电工人员由于缺乏必要的电气安全常识，盲目地接触电气设备，当然会发生触电事故。

(8)错误操作的触电事故。一些单位安全生产管理制度不健全或管理不严、电气设备安全措施不完备及思想教育不到位、责任人不清楚导致触电事故。

应当注意，很多触电事故都不是由单一原因，而是由两个以上原因造成的。而且，触电事故的规律也不是一成不变的。在一定条件下，触电事故的规律也会发生一定的变化。因此，应当在实践中不断分析和总结触电事故的规律，为做好电气安全工作积累经验。

三、触电急救

发现有人触电，首先应采取安全、有效的方法使触电者迅速脱离电源，并组织现场急救。

1. 脱离电源

对于低压触电事故若触电地点附近有电源开关应立刻切断电源。可用绝缘工具切断或挑开导线，使触电者脱离电源；对于高压触电事故，应立即通知有关部门停电并带上绝缘手套，穿上绝缘靴，用相应电压等级的绝缘工具拉开开关，或者将金属线的一端可靠接地，然后抛掷另一端使线路短路接地，保护装置动作，从而切断电源。

2. 组织现场急救

当触电者脱离电源后，应立即组织现场急救。条件允许，组织现场急救具体应做好这样几方面的工作：一是安排人员正确救护；二是派人通知有资格的医护人员到触电现场；三是做好将触电者送往医院的一切准备工作；四是维护现场秩序，防止无关人员妨碍现场救护工作。参加急救者可根据触电者受伤程度不同，采取相应措施。

知识点六　电气灭火的规则

一、电气设备起火的原因

1. 短路

在电气线路上由于各种原因导线相接或相碰，产生电流突然增大的现象称为短路。在短路点，强大的电流在接触点上通过，会形成强烈的电弧，电弧的温度可高达 4 000 ℃。因此，引发火灾的可能性很大。引起短路的原因如下：

(1)导线绝缘受高温、潮湿或腐蚀作用的影响而失去绝缘能力。

(2)导线年久失修,绝缘层老化。

(3)导线绝缘层受机械损伤、脱落。

(4)电源过电压或导线的绝缘与电源电压不相适应。

(5)裸导线上有金属物体或小动物跌落发生导线间的跨接。

(6)导线机械强度不够,使导线断落接触大地,或断落在另一根导线上。

2. 过负荷

当导线通过的电流超过导线的安全电流,就称导线过负荷。导线过负荷时其绝缘层就会加速老化,甚至变质损坏引起短路,严重时可直接使导线的绝缘层起火燃烧。过负荷的主要原因如下：

(1)导线截面选择不当,实际负载超过导线的安全电流。

(2)乱拉导线,接入过多的并联负载。

(3)在线路中接入功率过大的电气设备。

(4)线路漏电或电气设备故障。

3. 接触电阻过大

在电气线路的连接处,在接触面上形成的电阻称为接触电阻。当线路连接不牢或其他原因致使接触电阻过大,在电流通过时造成局部过热,严重时甚至产生电火花或电弧,引起绝缘材料、可燃物质及积落的可燃粉尘燃烧。其造成的原因如下：

(1)安装质量差,造成导线与导线、导线与电气设备连接点连接不牢。

(2)导线连接处沾有杂质,如氧化层、泥土等。

(3)连接点由于长期振动或冷热变化,使接头松动。

(4)铜导线和铝导线直接相接,接头处理不当,在电腐蚀作用下产生较大的接触电阻。

二、电气设备的防火措施

电气火灾通常是因为电气设备的绝缘老化、接头松动、过载或短路等因素导致过热而引起的。尤其是在易燃、易爆场所,上述电气线路隐患危害更大。为防止电气火灾事故的发生,必须采取防火措施。

(1)经常检查电气设备的运行情况,检查接头是否松动,有无电火花发生,电气设备的过载、短路保护装置性能是否可靠,设备绝缘是否良好。

(2)合理选用电气设备。有易燃、易爆物品的场所,安装使用电气设备时,应选用防爆电器,绝缘导线必须密封敷设于钢管内。应按爆炸危险场所等级选用、安装电气设备。

(3)保持安全的安装位置。保持必要的安全间距是电气防火的重要措施之一。为防止电气火花和危险高温引起火灾,凡能产生火花和危险高温的电气设备周围不应堆放易燃、易爆物品。

(4)保持电气设备正常运行。电气设备运行中产生的火花和危险高温是引起电气火灾的重要原因。为控制过大的工作火花和危险高温,保证电气设备的正常运行,应由经培训考核合格的人员操作使用和维护保养。

(5)通风。在易燃、易爆危险场所运行的电气设备,应有良好的通风,以降低爆炸性混合物的浓度。其通风系统应符合有关要求。

(6)接地。在易燃、易爆危险场所的接地比一般场所要求高。不论其电压高低，正常不带电装置均应按有关规定可靠接地。

三、电气设备的灭火规则

(1)电气设备发生火灾时，着火的电器、线路可能带电，为防止火情蔓延和灭火时发生触电事故，发生电气火灾时应立即切断电源。

(2)因生产不能停顿，或因其他需要不允许断电，必须带电灭火时，必须选择不导电的灭火剂，如二氧化碳灭火器、1211 灭火器、二氟二溴甲烷灭火器等进行灭火。灭火时救火人员必须穿绝缘鞋和戴绝缘手套。

(3)灭火时的最短距离。用不导电灭火剂灭火时，10 kV 电压，喷嘴至带电体的最短距离不应小于 0.4 m；35 kV 电压，喷嘴至带电体的最短距离不应小于 0.6 m。若用水灭火，电压在 110 kV 及以上，喷嘴与带电体之间必须保持 3 m 以上；220 kV 及以上者，应不小于 5 m。

技能训练

训练一　触电急救的处理

一、训练目的

(1)掌握触电急救的要领。

(2)掌握触电急救的实施处理过程与方法。

二、训练工器具与材料(见表 2-1-18)

表 2-1-18　训练工器具与材料

序　号	工器具名称	单　位	数　量	备　注
1	安全帽	个	2	
2	绝缘杆或干燥的木棍	根	1	
3	心肺复苏模拟人	个	1	

三、训练内容

发现有人触电，首先应采取安全、有效的方法使触电者迅速脱离电源，紧接着组织现场急救。

1. 训练要领

(1)脱离电源的要领。人在触电后可能由于失去知觉或超过人的摆脱电流而不能自己脱离电源，此时抢救人员不要惊慌，要在保护自己不被触电的情况下使触电者脱离电源。

①如果是接触电器触电，应立即断开近处的电源，可就近拔掉插头，断开开关或打开熔丝盒。

②如果是碰到破损的导线而触电，附近又找不到开关，可用干燥的木棒、手杖等绝缘工具把导线挑开，挑开的导线要放置好，不要使人再触到。

③如一时不能实行上述方法,触电者又趴在电器上,可隔着干燥的衣物将触电者拉开。

④在脱离电源过程中,如触电者在高处,要防止脱离电源后跌伤而造成二次受伤。

⑤在使触电者脱离电源的过程中,抢救者要防止自身触电。

(2)脱离电源后的判断及抢救措施。触电者脱离电源后,应迅速判断其症状,根据其受电流伤害的不同程度,采用不同的急救方法。

①判断触电者未失去知觉的抢救措施。如果触电者所受的伤害不太严重,神志尚清醒,只是心悸、出冷汗、恶心、呕吐、四肢发麻、全身无力,甚至一度昏迷但未失去知觉,则可先让触电者在通风暖和安静的地方仰卧休息,并派人严密观察,同时请医生前来或送往医院救治。

②判断触电者已失去知觉的抢救措施。如果触电者已失去知觉,但呼吸和心跳尚正常,则应使其舒适地平仰着,解开衣服以利于呼吸,四周不要围人,保持空气流通,冷天应注意保暖,同时立即请医生前来或送往医院救治。若发现触电者呼吸困难或失常,应立即施行人工呼吸或胸外心脏按压。

③如果触电者呈现"假死"观象,则可能有三种临床症状:一是心跳停止,但尚能呼吸;二是呼吸停止．但心跳尚存(脉搏很弱);三是呼吸和心跳均已停止。

"假死"症状的判定方法是"看""听""试"。"看"是观察触电者的胸部、腹部有无起伏动作;"听"是用耳贴近触电者口鼻处,听有无呼气声音;"试"是用手或小纸条测试口鼻有无呼吸的气流,再用两手指轻压一侧喉结旁凹陷处的颈动脉,感觉有无搏动。若既无呼吸又无颈动脉搏动感觉,则可判定触电者呼吸停止,或心跳停止,或呼吸和心跳均停止。

(3)现场急救的要领。现场救护人员可根据触电者受伤程度不同,采取相应的措施。

①口对口人工呼吸。人的生命的维持,主要靠心脏跳动而产生血液循环,通过呼吸而形成氧气与废气的交换。

如果触电者伤害较严重,失去知觉,停止呼吸,但心脏微有跳动,就应采用口对口的人工呼吸法。具体做法是:首先迅速解开触电者的衣服、裤带,松开上身的衣服、护胸罩和围巾等,使其胸部能自由扩张,不妨碍呼吸;接着使触电者仰卧,不垫枕头,头先侧向一边清除其口腔内的血块、假牙及其他异物等;然后救护人员位于触电者头部的左边或右边,用一只手捏紧其鼻孔,不使其漏气,另一只手将其下巴拉向前下方,使其嘴巴张开,嘴上可盖上一层纱布,准备接受吹气;救护人员做深呼吸后,紧贴触电者的嘴巴,向他大口吹气;同时观察触电者胸部隆起的程度,一般应以胸部略有起伏为宜;救护人员吹气至需换气时,应立即离开触电者的嘴巴,并放松触电者的鼻子,让其自由排气;这时应注意观察触电者胸部的复原情况,倾听口鼻处有无呼吸声,从而检查呼吸是否阻塞,如图 2-1-8 所示。

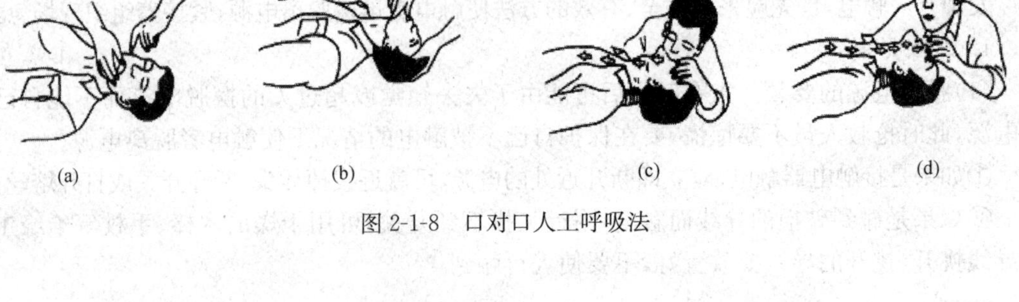

图 2-1-8　口对口人工呼吸法

②人工胸外心脏按压。若触电者伤害得相当严重，心脏和呼吸都已停止，人完全失去知觉，则需同时采用口对口人工呼吸和人工胸外心脏按压两种方法。

如果现场仅有一个人抢救，可交替使用这两种方法，先胸外按压心脏 4～6 次，然后口对口人工呼吸 2～3 次，再按压心脏，反复循环进行操作。人工胸外按压心脏的具体操作步骤如下：先解开触电者的衣裤，清除口腔内异物，使其胸部能自由扩张；接着使触电者仰卧，姿势与口对口人工呼吸法相同，但背部着地处的地面必须牢固；救护人员位于触电者一边，最好是跨跪在触电者的腰部，将一只手的掌根放在心窝稍高一点的地方（掌根放在胸骨的下三分之一部位），中指指尖对准锁骨间凹陷处边缘，如图 2-1-9(a)、(b)所示，另一只手压在那只手上，呈两手交叠状（对儿童可用一只手）；救护人员找到触电者的正确压点，自上而下，垂直均衡地用力按压，如图 2-1-9(c)、(d)所示，压出心脏里面的血液，注意用力适当；按压后，掌根迅速放松（但手掌不要离开胸部），使触电者胸部自动复原，心脏扩张，血液又回到心脏。

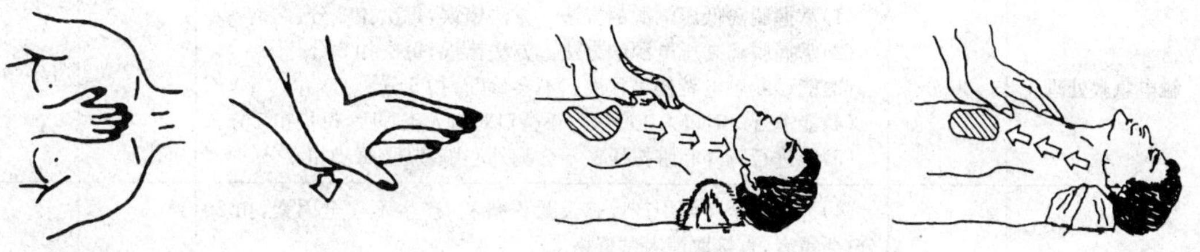

(a)　(b)　(c)　(d)

图 2-1-9　人工胸外心脏按压法

2. 简单诊断及现场急救训练

请按照急救要领训练。将脱离电源的触电者迅速移至通风、干燥处，将其仰卧，松开上衣和裤带。观察触电者的瞳孔是否放大。观察触电者有无呼吸存在，摸一摸颈部的颈动脉有无搏动。

(1)对“有心跳而呼吸停止”的触电者，应采用“口对口人工呼吸法”进行急救，训练步骤如下：

①将触电者仰天平卧，颈部枕垫软物，头部偏向一侧，松开衣服和裤带，清除触电者口中的血块、假牙等异物。救护人员跪在病人的一边，使触电者的鼻孔朝天后仰。

②用一只手捏紧触电者的鼻子，另一只手托在触电者颈后，将颈部上抬，深深吸一口气，用嘴紧贴触电者的嘴，大口吹气。

③然后放松捏鼻子的手，让气体从触电者肺部排出，如此反复进行，每 5 s 吹气一次，坚持连续进行，不可间断，直到触电者苏醒为止。

若口腔异物不能清除时，采取口对鼻人工呼吸法。

(2)对“有呼吸而心跳停止”的触电者，应采用“人工胸外心脏按压法”进行急救训练，训练步骤如下：

①将触电者仰卧在硬板上或地上，颈部枕垫软物使头部稍后仰，松开衣服和裤带，救护人员跪跨在触电者腰部。

②救护人员将右手掌根部按于触电者胸骨下 1/2 处，中指指尖对准其颈部凹陷的下缘，当胸一手掌，左手掌复压在右手背上。

③掌根用力下压 3～4 cm，然后突然放松。按压与放松的动作要有节奏，每秒进行一次，必须坚持连续进行，不可中断，直到触电者苏醒为止。

(3)对“呼吸和心跳都已停止”的触电者，应同时采用“口对口人工呼吸法”和“胸外心脏按压法”进行急救训练，训练步骤如下：

①一人急救：两种方法应交替进行，即吹气 2～3 次，再按压心脏 10～15 次，且速度都应快些。

②两人急救：每 5 s 吹气一次，每 1 s 按压一次，两人同时进行。

四、考核评价

触电急救的处理考核评价见表 2-1-19。

表 2-1-19　考核评价表(工时：0.5 h)

项目内容	配　分	评价标准	扣　分	得　分
触电急救处理	80 分	(1)掌握脱离低压电源的方法。方法错误，每次扣 3 分。 (2)掌握脱离高压电源的方法。方法错误，每次扣 3 分。 (3)能诊断触电者伤害程度。不会诊断，扣 5 分。 (4)能进行口对口人工呼吸。不会口对口人工呼吸，每步扣 5 分。 (5)能进行胸外心脏按压。不会胸外心脏按压，每步扣 5 分		
安全文明生产	20 分	(1)进行安全文明生产。违反操作规程，产生不安全因素，扣 20 分；严重者，直接取消考试资格。 (2)着装正确，保持工位卫生。着装防护用品不齐，每次扣 3 分；工位不整洁，每处扣 3 分		

训练二　电气灭火的处理

一、训练目的

(1)掌握电气灭火的要领。

(2)掌握电气灭火的实施处理过程与方法。

二、训练工器具与材料(见表 2-1-20)

表 2-1-20　训练工器具与材料

序　号	工器具名称	单　位	数　量	备　注
1	防毒面罩	个	1	
2	灭火器、消防器材、砂箱等	台	1	
3	安全帽	个	1	
4	急救箱	个	1	

三、训练内容

1. 训练要领

发生电气火灾时，现场人员一方面要迅速报警，另一方面要积极采取措施进行扑灭，同时要注意安全，防止本人和他人受伤。

(1)灭火人员的安全技术。当发生电气火灾时,灭火人员应奋力扑救,但要注意人身、设备的安全。既要防止人身触电和人身中毒,又要注意减少电气设备的损坏,以利减轻事故损失。因此扑救电气火灾时,必须尽快将离故障部位最近的电源开关切断。即应使故障设备退出运行,同时又尽量减少停电范围。灭火人员要防本人被火烧伤;并防止本人受到窒息的威胁,避免灭火用的化学物质受热后分解出的有毒气体吸入人体而造成中毒。有条件的应头戴防毒面具,并应站在上风位置进行灭火。

为了避免电气设备在扑救的过程中招致损坏,对于旋转电器不准使用泡沫灭火器和砂土灭火,以防对电动机的定子和转子造成损坏。对于变压器套管和互感器、高压开关等瓷质绝缘,要注意防止瓷绝缘崩裂。当这些设备着火时,不要用冷水浇,以免受高温烘烤的瓷绝缘被冷水一浇引起爆炸损坏。

当室内发生电气火灾时,不要急于打开门窗,以防止空气流通而加大火势。只有在做好充分准备后,才能有选择地打开门窗。

(2)电气灭火基本原理。电气灭火和其他建筑灭火一样,主要采用隔离法、窒息法和抑制法等。

①隔离法:就是使燃烧物和未燃烧物隔离,从而控制火灾范围。在发生电气火灾时,必须迅速切断电源,防止电流助燃。

②窒息法:就是减少燃烧区域的供氧,隔绝新鲜空气进入燃烧区域。例如,往燃烧的设备上喷射氮气、二氧化碳和四氯化碳;往着火空间喷洒雾状水、泡沫和惰性气体;用砂土掩埋燃烧物;用湿麻袋、湿衣服、湿棉被等捂盖燃烧物;封闭已着火的设备孔洞等。

③抑制法:就是中断燃烧时的化学反应。例如,往燃烧物上喷射1211干粉灭火剂覆盖火焰,当灭火器接触火焰时,受热产生的溴离子与燃烧物在燃烧过程中产生的氢基化合,使燃烧化学反应停止,从而实现灭火。

(3)灭火器具。对带电设备不得使用泡沫灭火器灭火,应使用干式灭火器、二氧化碳灭火器或四氯化碳灭火器。对注油设备应使用干燥的砂子灭火,不带电的注油设备可用泡沫灭火器灭火。

2. 电气灭火处理训练

电气火灾的特点是:燃烧猛烈、蔓延迅速,且容易造成触电伤人。所以,在扑救中方法应得当。

(1)灭火前的电源处理训练。按照要求训练。发生电气火灾时,应尽可能先切断电源,再进行扑救,以防人身触电。切断电源时训练要点如下:

①停电时,应按规程所规定的程序进行操作,严防带负荷拉隔离开关。在火场内的断路器和隔离开关,由于烟熏火烤,其绝缘可能降低或破坏,因此,操作时应戴绝缘手套,穿绝缘靴并使用相应电压等级的绝缘工具。

②切断带电线路导线时,切断点应选择在电源侧的支持物附近,以防止导线断落后触及人体或短路。切断低压多股绞合线时,应分相剪断且应使用有绝缘手柄的电工钳。

③在剪断电源线时,相线和地线应在不同部位剪断,防止发生线路短路。

④如果线路上有负荷,应先切除负荷后再切断现场。

⑤夜间发生电气火灾,切断电源时,应考虑临时照明问题,以利扑救。

(2)不切断电源灭火训练。发生电气火灾,如果由于情况危急,未争取灭火时机,或因其他

原因不允许和无法及时切断电源时,就要带电灭火。为防止人身触电,训练要点如下:

①灭火人员及所使用的导电消防器材与带电部分应保持安全距离。

②高压电气设备或线路发生接地时,在室内,灭火人员不得进入距故障点 4 m 以内的范围;在室外,灭火人员不得接近距离故障点 3 m 以内的范围。进入上述范围内的灭火人员必须穿绝缘靴,接触电气设备的外壳和架构时,应戴好绝缘手套。

③应使用不导电的灭火剂灭火,例如二氧化碳、四氯化碳、1211 和化学干粉等灭火剂。因泡沫灭火剂导电,在带电灭火时禁止使用。

④在使用水枪带电灭火时,扑救人员应穿绝缘靴,戴绝缘手套并应将水枪金属喷嘴接地。接地线可采用截面积为 2.5~6 mm^2,长 20~30 m 的编织软导线,接地极采用暂时打入地下的长 1 m 左右的角钢、钢管或铁棒。接地极和接地线之间应连接可靠。有条件时带电灭火应穿均压服。

⑤未穿绝缘靴的灭火人员,要防止因地面水渍的导电而触电。

(3)充油电气设备着火的灭火训练。充油电气设备容器外部着火时,可以用 1211、二氧化碳、干粉、四氯化碳等灭火剂进行带电灭火,灭火时要保持一定的安全距离。用四氯化碳灭火时,灭火人员应站在上风方向,以防中毒。如果充油电气设备内部着火,除应切断电源外,有事故储油池的应设法将油放入储油池,并用喷雾水灭火。不得已时,可对溢流地面或油沟内的油火用砂子、泥土灭火。但当盛油桶着火时,则应用浸湿的棉被盖在桶上将火熄灭,不得用黄砂抛入桶内,以免燃油溢出,使火势蔓延。流散在地上的油火也可用泡沫灭火器灭火。

(4)变压器的灭火训练

变压器着火的主要原因是:由于变压器套管的破损或闪络,使油在油枕的压力下流出,并在顶盖上燃烧;或者变压器内部发生故障,使油燃烧并且使外壳破裂等。变压器着火后,其处理方法如下:变压器着火后,值班人员应监视变压器是否已跳闸;若未跳闸,应立即拉开各侧断路器,切断电源进行灭火,并迅速投入备用电源,恢复供电。

如果油在变压器顶盖上燃烧,应从故障变压器的一个油门把油面放低一些,并向变压器外壳浇水,使油冷却而不易燃烧。如果变压器的外壳炸裂着火时,必须使变压器所有的油都放到储油池中。

变压器灭火时,最好在切断电源后用泡沫灭火器或特种喷火器来扑救,不得已时也可用砂子灭火。

(5)火场疏散逃生训练。训练如何在火场疏散逃生,主要考查学生掌握的自救知识和自救能力。训练要点如下:

①平时应注意积累自救知识,看好楼房示意图,选择好逃生路线。

②火灾袭来时要迅速逃生,不要贪恋财物。

③遇火灾不可乘坐电梯,要向安全出口方向逃生。

④受到火势威胁时,要当机立断披上浸湿的衣服、被褥等向安全出口方向冲出去。

⑤若在低楼层居住,可利用绳索或把床单被套撕成条状连成绳索,拴在窗框上,顺绳滑下。

⑥遇浓烟时,要尽量使身体贴近地面,并用湿毛巾捂住口鼻。

⑦身上着火时,千万不要奔跑,可就地打滚或用厚重的衣物压住火苗。

⑧发现门发烫时,千万不要开门,要用浸湿的被褥、衣物等堵住门缝隙,并泼水降温。

⑨若所有逃生路线被火封锁,要立即退回室内用挥舞衣物、呼叫等方式向窗外发送求救信

号，等待救援。

四、考核评价

电气灭火的处理考核评价见表 2-1-21。

表 2-1-21　考核评价表（工时：0.5 h）

项目内容	配　分	评价标准	扣　分	得　分
电气灭火的处理	80 分	(1)掌握电气火灾时切断电源的操作方法。方法错误，每次扣 3 分。 (2)掌握电气火灾时不切断电源的灭火操作方法。方法错误，每次扣 3 分。 (3)会对着火的充油电气设备进行灭火操作。不会操作，每次扣 3 分。 (4)会对着火的变压器设备进行灭火操作。不会操作，每次扣 3 分。 (5)掌握电气火灾时，火场疏散逃生方法。方法错误，每次扣 3 分		
安全文明生产	20 分	(1)进行安全文明生产。违反操作规程，产生不安全因素，扣 20 分；严重者，直接取消考试资格。 (2)着装正确，保持工位卫生。着装防护用品不齐，每次扣 3 分；工位不整洁，每处扣 3 分		

测评题

一、单选题

1. 在工作环境中见到图 2-1-10 所示标志，表示(　　)。
(A)注意安全　　(B)当心触电　　(C)当心感染

图 2-1-10　单选题 1 图

2. 三线电缆中的红线代表(　　)。
(A)中性线　　(B)相线　　(C)地线

3. 停电检修时，在一经合闸即可送电到工作地点的开关或刀闸的操作把手上，应悬挂(　　)标示牌。
(A)“在此工作”　　(B)“止步，高压危险”　　(C)“禁止合闸，有人工作”

4. 触电事故中，绝大部分是(　　)导致人身伤亡的。
(A)人体接受电流遭到电击　　(B)烧伤　　(C)电休克

5. 漏电保护器的使用是防止(　　)。

(A)触电事故　　(B)电压波动　　(C)电荷超负荷

6. 使用手持电动工具时,下列注意事项正确的是(　　)。

(A)使用万能插座　　(B)使用漏电保护器　　(C)身体或衣服潮湿

7. 在遇到高压导线断落地面时,导线断落点(　　) m 内,禁止人员进入。

(A)10　　(B)20　　(C)30

8. 任何电气设备在未验明无电之前,一律认为(　　)。

(A)无电　　(B)也许有电　　(C)有电

9. 如果触电者伤势严重,呼吸停止或心脏停止跳动,应竭力施行(　　)和人工胸外心脏按压。

(A)按摩　　(B)点穴　　(C)口对口人工呼吸

10. (　　)适于扑灭电气火灾。

(A)二氧化碳灭火器　　(B)干粉灭火器　　(C)泡沫灭火器

二、多选题

1. 常用绝缘材料的主要性能指标有(　　)等。

(A)击穿强度　　(B)耐热性　　(C)绝缘电阻　　(D)机械强度

2. 不同成分的绝缘材料的耐热程度不同,耐热等级可分七个等级,下列属于耐热等级表示符号的为(　　)。

(A)E　　(B)A　　(C)D　　(D)Y

3. 下列(　　)设备是采用合成油液体绝缘材料来绝缘的。

(A)电力变压器　　(B)少油断路器　　(C)高压电缆　　(D)油浸式电容器

4. 下列属于国家标准规定的安全电压有(　　)。

(A)12 V　　(B)24 V　　(C)36 V　　(D)110 V

5. 人体触电主要方式有(　　)。

(A)单相触电　　(B)两相触电　　(C)跨步电压触电　　(D)静电触电

6. 电气设备起火的主要原因有(　　)。

(A)短路　　(B)过负载　　(C)接触电阻过大　　(D)断路

三、判断题

(　　)1. 在充满可燃气体的环境中,可以使用手动电动工具。

(　　)2. 家用电器在使用过程中,可以用湿手操作开关。

(　　)3. 为了防止触电,可采用绝缘、防护、隔离等技术措施以保障安全。

(　　)4. 在距离线路或变压器较近,有可能误攀登的建筑物上,必须挂有“禁止攀登,有电危险”的标示牌。

(　　)5. 在潮湿或高温或有导电灰尘的场所,应该用正常电压供电。

项目二　安全防护用具

学习目标

应知	1. 掌握安全防护用具的种类、使用与注意事项。 2. 熟悉安全防护用具的使用方法及注意事项。
应会	1. 掌握安全安装、运行、检修等操作过程中如何使用安全防护用具。 2. 能根据实际现场情况合理使用安全防护用具，防止触电、坠落、灼烧等危险，保证作业人员的安全。 3. 能正确地使用安全防护用具并能维护保养。

建议学时

理论教学 2 学时，技能训练 2 学时。

知识导入

知识点一　常用安全防护用具

一、绝缘安全用具

绝缘安全用具包括绝缘棒、绝缘夹钳、绝缘手套、绝缘靴、绝缘台和绝缘垫等。绝缘安全用具分为基本安全用具和辅助安全用具。前者的绝缘强度能长时间承受电气设备的工作电压，能直接用来操作电气设备；后者的绝缘强度不足以承受电气设备的工作电压，只能加强基本安全用具的作用。

1. 绝缘棒

绝缘棒又基本安全用具之一。绝缘棒一般由浸过绝缘漆的木材、硬塑料、胶木或玻璃钢制成，在结构上可分为工作部分、绝缘部分和握手部分。图 2-2-1 为绝缘棒的结构示意图。

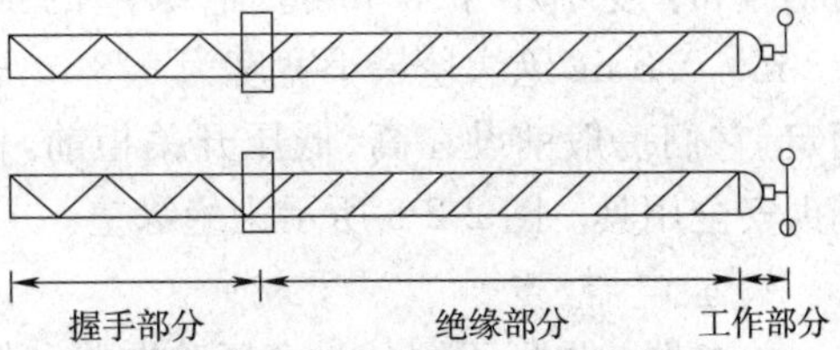

图 2-2-1　绝缘棒的结构示意图

绝缘棒又称操作棒或绝缘拉杆。它主要用于断开或闭合高压隔离开关、跌落式熔断器、户外真空断路器、户外六氟化硫断路器、安装和拆除携带型接地线、进行带电测量和实验工作等。

绝缘棒使用注意事项:

(1)绝缘棒必须具备合格的绝缘性能和机械强度,即应使用合格的绝缘工具。

(2)操作前,棒面应用清洁的干布擦净,使棒面干燥、清洁。

(3)操作时应戴绝缘手套、穿绝缘靴或站在绝缘台(垫)上。

(4)操作者手握部分不得越过护环。

(5)在雨、雪或潮湿的天气,室外使用绝缘棒时,棒上应装有防潮的伞形罩,没有伞形罩的绝缘棒不宜在上述天气中使用。

(6)绝缘棒必须放在通风干燥的地方,并宜悬挂或垂直放在特质的木架上。

(7)应按规定对绝缘棒进行定期绝缘试验。

2. 绝缘夹钳

绝缘夹钳是在带电的情况下,用来安装或拆卸熔断器或执行其他类似工作的工具。在35 kV及以下的电力系统中,绝缘夹钳列为基本安全用具之一。

绝缘夹钳与绝缘棒一样也是用浸过绝缘漆的木材、胶木或玻璃钢制成。它的结构包括工作部分、绝缘部分与握手部分。图2-2-2为绝缘夹钳的结构示意图。

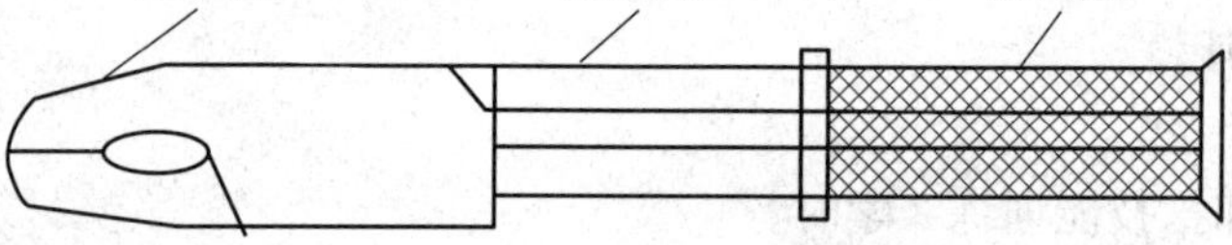

图2-2-2　绝缘夹钳的结构示意图

绝缘夹钳使用注意事项:

(1)绝缘夹钳必须具备合格的绝缘性能。

(2)操作时绝缘夹钳应清洁、干燥。

(3)操作时应戴绝缘手套、穿绝缘靴或站在绝缘垫上,戴护目眼镜,且必须在切断负载的情况下进行操作。

3. 绝缘台和绝缘垫

绝缘台和绝缘垫均属于辅助安全用具。绝缘台用干燥的木板或木条制成,其站台的最小尺寸是0.8 m×0.8 m,四角用绝缘子作台脚,其高度不得小于10 cm。绝缘垫和绝缘毯由特种橡胶制成,其表面有防滑槽纹,厚度不小于5 mm。绝缘垫的最小尺寸为0.8 m×0.8 m,绝缘毯最小宽度为0.8 m,长度依需要而定,它们一般铺设在高、低压开关柜前,作为固定的辅助安全用具。图2-2-3所示为绝缘垫。

图2-2-3　绝缘垫

4. 验电器

验电器按电压不同分为高压验电器和低压验电器两种,用来检验设备、线路是否有电。

1)高压验电器

它主要用来检验设备对地电压在250 V以上的高压电气设备。目前,广泛采用的有发光型、声光型、风车式三种类型。它们一般都是由检测部分(指示器部分或风车)、绝缘部分、握手部分三大部分组成。绝缘部分是指自指示器下部金属衔接螺钉起至罩护环止的部分,握手部分是指罩护环以下的部分。其中绝缘部分、握手部分根据电压等级的不同其长度也不相同。

(1)用途。高压验电器用来检测高压架空线路、电缆线路、高压用电设备是否带电。

(2)安全操作要点:

①应选用电压等级相符,且经试验合格的产品。

②使用前应对验电器的外观进行检查,试验是否超周期、外表是否损坏。绝缘杆应清洁,无破损等。

③使用前应检查验电器报警装置是否正常。

④验电前应先在确知带电的设备上试验,以证实其完好后,方可使用。

⑤使用高压验电器时,不要直接接触设备的带电部分,而要逐渐接近,至氖管发光为止。

⑥使用时,应注意避免因受邻近带电设备影响而使验电器氖管发光,引起误判断。验电器与带电设备距离应为:电压为 6 kV 时,大于 150 mm;电压为 10 kV 时,大于 250 mm。

(3)注意事项:

①使用的高压验电器必须是经电气试验合格的验电器,高压验电器必须定期试验,确保其性能良好。

②使用高压验电器必须穿戴高压绝缘手套、绝缘靴,并有专人监护。

③在使用高压验电器之前,除应检验高压验电器是否良好、有效外,还应在电压等级相适应的带电设备上检验报警正确,方能到需要接地的设备上验电。禁止使用电压等级不对应的高压验电器进行验电,以免现场测验时得出错误的判断。

④验电时必须精神集中,不能做与验电无关的事,如接打手机等,以免错验或漏验。

⑤使用高压验电器进行验电时,必须将绝缘杆全部拉出到位。

⑥对线路的验电应逐相进行,对联络用的断路器或隔离开关或其他检修设备验电时,应在其进出线两侧各相分别验电。

⑦对同杆塔架设的多层电力线路进行验电时,先验低压、后验高压、先验下层、后验上层。

⑧在电容器组上验电,应待其放电完毕后再进行。

⑨验电时让验电器顶端的金属工作触点逐渐靠近带电部分,至氖管发光或发出声响报警信号为止,不可直接接触电气设备的带电部分,验电器不应受邻近带电体的影响,以至发出错误的信号。

⑩验电时,如果需要使用梯子,应使用绝缘材料的牢固梯子,并应采取必要的防滑措施,禁止使用金属材料梯子。

⑪验电完毕后,应立即进行接地操作。验电后,因故中断未及时进行接地,若需要继续操作必须重新验电。

2)低压验电器

(1)使用方法。低压验电器俗称试电笔。使用时,必须手指触及笔尾的金属部分,并使氖管小窗背光且朝自己,以便观测氖管的亮暗程度,防止因光线太强造成误判断,其使用方法如图 2-2-4 所示。

当用试电笔测试带电体时,电流经带电体、试电笔、人体及大地形成通电回路,只要带电体与大地之间的电位差超过 60 V 时,试电笔中的氖管就会发光。低压验电器检测的电压范围为

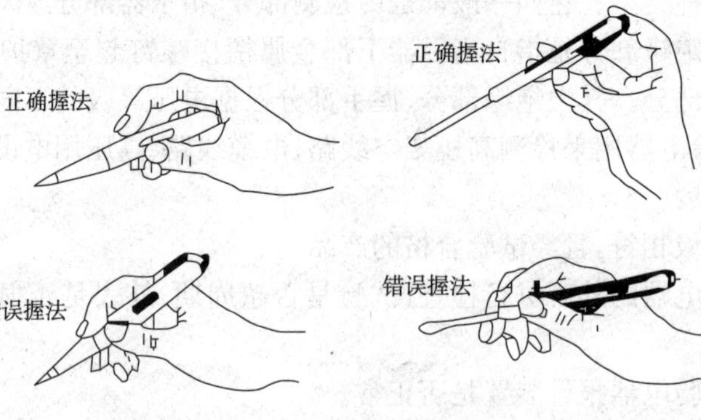

图 2-2-4　试电笔的使用方法

60～500 V。

(2)注意事项:

①使用前,必须在有电源处对低压验电器进行测试,以证明该低压验电器确实良好后,方可使用。

②验电时,应使低压验电器逐渐靠近被测物体,直至氖管发光,不可直接接触被测物体。

③验电时,手指必须触及笔尾的金属部分,否则带电体也会误判为非带电体。

④验电时,要防止手指触及笔尖的金属部分,以免造成触电事故。

二、防护用具

1. 携带型接地线

携带型接地线是临时接地线。当高压设备停电检修或进行其他工作时,为了防止停电设备突然来电和邻近高压带电设备对停电设备所产生的感应电压对人体的危害,需要用携带型接地线将停电设备已停电的三相电源短路并接地,同时将设备上的残余电荷对地放掉。

携带型接地线由短路各相和接地用的多股软铜线、将多股软铜裸线固定在各相导电部分和接地极上的专用线夹组成。一般要求多股软铜线的截面面积不小于 25 mm^2。图 2-2-5 为携带型接地线。

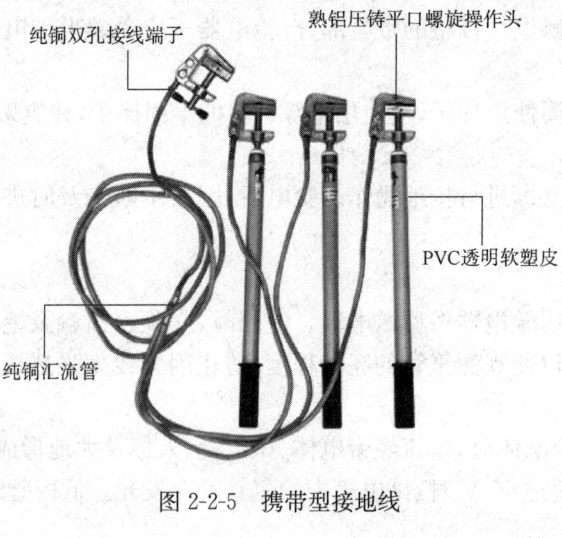

图 2-2-5　携带型接地线

2. 遮栏

遮栏主要用来防止工作人员无意碰到或过分接近带电体，也用作安全距离不够时的安全隔离装置。

知识点二　安全操作规程

一、电气操作人员的资格和要求

(1)电气操作人员必须经过专业培训，由考试合格且持有电工作业操作证的人员担任。

(2)电气操作人员因故间断电气操作工作连续六个月以上者，必须重新考试合格后，方能工作。

(3)外单位派(借)的电气操作人员，应持有电气工作安全考核合格证。

(4)电气操作人员必须严格执行国家的安全作业规定。

(5)电气操作人员必须熟悉有关消防知识，能正确使用消防用具和设备，熟知人身触电紧急救护方法。

(6)变、配电所及电工班要根据本岗位的实际情况和季节特点，制定并完善各项规章制度和相应的岗位责任制。做好预防工作和安全检查，发现问题及时消除。

(7)现场要备有安全用具、防护用具和消防器材等，并定期进行检查试验。

(8)易燃、易爆场所的电气设备和线路的运行及检修，必须按照国家有关标准执行。

(9)电气设备必须有可靠的接地(接零)、防雷和防静电设施必须完好，并定期检测。

二、高压电气安全操作规程

(1)凡是高压设备停电或检修，主要电气设备大、中检修，高低压架空线路检修，都必须按照相关及有关规定办理工作票及各种票证。

(2)工作票签发人必须按工作票内容一项不漏地填写清楚，若发现缺项漏填，字迹潦草难辨或有涂改者，该工作票视为无效，由车间办理技术科审批，特殊情况由主管厂长审批。

(3)检修工作人员接到工作票以后，要认真进行查看，认为没有差错后，按要求严格执行，若不按工作票操作，造成事故，由检修人员负责。

(4)检修人员发现工作票有问题，可当面提出，请求更改，如不更正造成事故由最后指令人负责。

(5)在紧急、特殊情况(如危害人身安全或重大经济损失)来不及办理工作票，可由厂调度、生产厂长、主管厂长、动力车间主任口头命令或电话命令进行倒闸操作，操作人员必须做好记录备查。

三、电气检修操作规程

(1)凡检修的电气设备停电后，必须进行验电，验电器应符合电压等级。操作高压部分必须戴绝缘手套，确认无电后，连接好接地线，使用放电棒的电阻对地放电，放电时戴护目眼镜。

(2)在停电线路的刀闸手柄上，悬挂“禁止合闸，有人工作”的标志牌；在不停电部位的安全围栏外应悬挂“高压有电，禁止入内”的标志牌。

(3)对停电超过 4 h,有熔断器装置的关键设备应将熔断器拔掉。

(4)检修工作结束后,拆除接地线,人员撤离现场,交回工作票(由电刀管理部门统一保管),摘掉标志牌后方准恢复送电。

(5)禁止带电作业。特殊情况,可经主管厂长、电刀管理部门主任许可,采取安全措施后方可作业。

四、架空线路操作规程

(1)架空线及线杆在检修之前,必须由带班班长或负责人全面检查,确实无缺陷,不危及人身安全和作业安全方可进行作业。

(2)架空线路登高作业,必须按照登高作业规定进行。对登杆器具,要有专人认真检查其是否完好可靠,上下传递物品要用小绳,杆下应设监护人,严禁非工作人员进入作业区,监护人员必须戴安全帽,并要保持一定距离,避免操作人员掉下物品,造成伤亡事故。

(3)在高低压同杆线路上作业,在一条线路带电的情况下,由车间采取安全措施,报主管厂长批准后,才能进行作业。

(4)两条或两条以上同杆低压线路在生产抢修时,因停电影响重要岗位生产的情况下进行抢修,必须由动力车间主任在现场进行监护,才能进行此项作业。

(5)架空导线最小截面面积(铝导线)不小于 16 mm^2,架空导线最大垂度最低点与地面距离不小于 7 m,高低压之间距离不小于 1.2 m。

(6)线路巡视每季度至少一次,每年登杆检查一次(包括擦拭瓷瓶,巡视检查单位要有记录,以备检查),其导线的弧度和线间平行度应符合规定要求。

(7)五级以上大风时,严禁在架空线上作业。

五、低压电气设备操作规程

(1)低压电气设备进行检修时,虽不执行办理工作票,但必须执行操作票,并做好使用单位操作人员与电气检修人员的交接手续(包括检修内容、要求、电气设备的现状等)。检修完毕后,由电气检修人员填写检修记录及检修项目、检修后的状况等,需经操作人员签字认可。

(2)电气检修人员必须采取保证安全的技术措施,以防止他人误送电或突然来电的措施。

(3)安全行灯必须安全可靠,按不同场所,使用不同的安全电压。

六、室内配线操作规程

(1)配线管选择:多根导线穿管时,导线截面面积的总和应不超过管内截面的 40%;穿线管弯曲半径应大于管直径的六倍(严禁弯曲部分用弯头代替)。

(2)不同电压等级、不同回路、强电与弱电、交流与直流的导线严禁穿同一管内,管内导线严禁有接头。

(3)所有钢管配线均应做好接地保护,配管接头处应做好接地连接线。

(4)所有配线用的钢管,每年负责刷沥青漆一次;管内配线绝缘电阻每年测定一次(要有检测记录,以备检查)。

技能训练

训练一　绝缘手套与绝缘靴(鞋)检查与使用

一、训练目的

扫一扫

(1)掌握绝缘手套使用前的检查方法。

(2)掌握绝缘靴(鞋)使用前的选择与检查方法。

(3)掌握绝缘手套的使用方法。

二、训练工器具与材料(见表2-2-1)

表2-2-1　训练工器具与材料

序　号	工器具名称	单　位	数　量	备　注
1	绝缘手套	双	1	
2	绝缘靴(鞋)	双	1	
3	耐压试验机	台	1	
4	工作服	套	1	

三、训练内容

1. 绝缘手套检查

(1)用户购进手套后,如发现在运输、储存过程中遭雨淋、受潮发生霉变,或有其他异常变化,应到法定检测机构进行电性能复核试验。

(2)在使用前必须进行充气检验,发现有任何破损则不能使用。

2. 绝缘手套使用

(1)作业时,应将衣袖口套入筒口内,以防发生意外。

(2)使用后,应将内外污物擦洗干净,待干燥后,撒上滑石粉防止平整,以防受压受损,且勿放于地上。

(3)应储存在干燥通风室温－15～＋30℃,相对湿度50％～80％的库房中,远离热源,离开地面和墙壁20cm以上。避免受酸、碱、油等腐蚀品的影响,不要露天放置,避免阳光直射,勿放于地上。

(4)使用6个月必须进行预防性试验。

3. 绝缘靴(鞋)选择与检查

(1)应根据作业场所电压高低正确选择绝缘靴。低压绝缘靴禁止在高压电气设备上作为安全辅助用具使用,高压绝缘靴可以作为高压和低压电气设备上辅助安全用具使用。但不论是穿低压或高压绝缘靴,均不得直接用手接触电气设备。

(2)布面绝缘鞋只能在干燥环境下使用,避免布面潮湿。

(3)绝缘靴的表面不可有破损。

(4)穿用绝缘靴时,应将裤管套入靴筒内;穿用绝缘鞋时,裤管不宜长及鞋底外沿条高度,更不能长及地面,保持布帮干燥。

4. 绝缘靴(鞋)使用

(1)非耐酸、碱、油的橡胶底,不可与酸、碱、油类物质接触,并应防止尖锐物刺伤。低压绝缘鞋若底花纹磨光,漏出内部颜色时则不能作为绝缘鞋使用。

(2)在购买绝缘靴时,应查验靴上是否有绝缘永久标记,如红色闪电符号,靴底应有耐压伏数等标志;鞋内有无合格证、安全鉴定证、生产许可证编号等。

四、考核评价

绝缘手套检查与使用考核评价表见表 2-2-2。

表 2-2-2　考核评价表(工时:0.5 h)

项目内容	配　分	评 分 标 准	扣　分	得　分
绝缘手套与绝缘靴(鞋)的检查与使用	80 分	(1)会检查绝缘手套与绝缘靴(鞋)是否符合安全要求。不会检查,每处扣 5 分。 (2)会正确选择、使用绝缘手套与绝缘靴(鞋)。不会正确使用,每次扣 5 分。 (3)掌握绝缘手套与绝缘靴(鞋)存放要求。不知道存放要求,扣 3 分		
安全文明生产	20 分	(1)进行安全文明生产。违反操作规程,产生不安全因素,扣 20 分;严重者,直接取消考试资格。 (2)着装正确,保持工位文明卫生。着装防护用品不齐,每项扣 3 分;工位不整洁,每处扣 3 分		

训练二　携带型接地线使用

一、训练目的

(1)掌握携带型接地线使用注意事项。

(2)掌握携带型接地线的使用方法。

扫一扫

二、训练工器具与材料(见表 2-2-3)

表 2-2-3　训练工器具与材料

序　号	工器具名称	单　位	数　量	备　注
1	携带型接地线	副	1	
2	供电电源	处	1	
3	工作服	套	1	

三、训练内容

1. 携带型接地线的使用注意事项

(1)接地线必须使用专用的线夹固定在导体上,严禁用缠绕的方法进行接地或短路。

(2)接地线在每次装设以前应经过详细检查。损坏的接地线应及时修理或更换。禁止使用不符合规定的导线作接地或短路之用。

(3)对于可能送电至停电设备的或停电设备可能产生感应电压的都要装设接地线,所装接地线与带电部分应符合安全距离的规定。

(4)检修部分若分为几个在电气上不相连接的部分[如分段母线以隔离开关(刀闸)或断路器(开关)隔开分成几段],则各段应分别验电接地短路。

(5)接地线与检修部分之间不得连有断路器(开关)或熔断器(熔丝)。

(6)装设接地线必须由两人进行。

(7)装设接地线必须先接接地端,后接导体端,且必须接触良好。拆接地线的顺序与此相反。装、拆接地线均应使用绝缘棒和戴绝缘手套。

(8)在室内配电装置上,接地线应装在该装置导电部分的规定地点,这些地点的油漆应刮去,并画下黑色记号。

(9)每组接地线均应编号,并存放在固定地点。存放位置亦应编号,接地线号码与存放位置号码必须一致。

(10)装、拆接地线,应做好记录,交接班时应交代清楚。

2. 携带型接地线的使用方法

(1)挂接地线时,先连接接地夹,后接接电夹;拆除接地线时,必须按程序先拆接电夹,后拆接地夹。

(2)将接地软铜线分相上双眼铜鼻子固定在接地棒上的接电夹(接电夹有固定式和活动式)相应位置上,将接地线合相上的单眼铜鼻子固定在接地夹或地针上,构成一套完整的接地线。

(3)核实接地棒的电压等级与操作设备的电压等级是否一致。

(4)接地软铜线有分相式和组合式,接地棒有平口式和双簧钩式线夹。

四、考核评价

携带型接地线使用考核评价见表 2-2-4。

表 2-2-4 考核评价表(工时:0.5 h)

项目内容	配 分	评 分 标 准	扣 分	得 分
携带型接地线使用	80 分	(1)会正确使用携带型接地线。不会正确使用,每次扣 5 分。 (2)安装接地线时要经过检查。未做检查,扣 10 分。 (3)安装接地线掌握先后顺序。先后顺序错,每处扣 5 分。 (4)拆装接地线要做记录。未做记录,扣 10 分		
安全文明生产	20 分	(1)进行安全文明生产。违反操作规程,产生不安全因素,扣 20 分;严重者,直接取消考试资格。 (2)着装正确,保持工位卫生。着装防护用品不齐,每项扣 3 分;工位不整洁,每处扣 3 分		

测评题

一、单选题

1. 下列说法中,不正确的是(　　)。

(A)电业安全工作规程中,安全技术措施包括工作票制度、工作许可制度、工作监护制度、工作间断转移和终结制度

(B)停电作业安全措施按保安作用依据安全措施分为预见性措施和防护措施

(C)验电是保证电气作业安全的技术措施之一

(D)挂登高板时,应勾口向外并且向上

2.(　　)可用于操作高压跌落式熔断器、单极隔离开关及装设临时接地线等。

(A)绝缘手套　　(B)绝缘靴　　(C)绝缘棒

3. 绝缘安全用具分为(　　)安全用具和辅助安全用具。

(A)直接　　(B)间接　　(C)基本

4. 绝缘手套属于(　　)安全用具。

(A)直接　　(B)辅助　　(C)基本

5.(　　)是登杆作业时必备的保护用具,无论用登高板或脚扣都要用其配合使用。

(A)安全带　　(B)梯子　　(C)手套

6. 登高板和绳应能承受(　　)N 的拉力试验。

(A)1 000　　(B)1 500　　(C)2 206

7. 登杆前,应对脚扣进行(　　)。

(A)人体静载荷试验　　(B)人体载荷冲击试验　　(C)人体载荷拉伸试验

8.“禁止合闸,有人工作”的标志牌应制作为(　　)。

(A)白底红字　　(B)红底白字　　(C)白底绿字

9. 按国际和我国标准,(　　)线只能用作保护接地或保护接零线。

(A)黑色　　(B)蓝色　　(C)黄绿双色

10.“禁止攀登,高压危险!”的标志牌应制作为(　　)。

(A)白底红字　　(B)红底白字　　(C)白底红边黑字

二、多选题

1. 下列(　　)属于基本安全用具。

(A)绝缘手套　　(B)绝缘棒　　(C)绝缘夹钳　　(D)绝缘垫

2. 遮栏主要是用来(　　)等。

(A)防止工作人员过分接近带电体　　(B)防止工作人员意外碰到带电体

(C)检修时的安全隔离装置　　(D)防止设备不小心接地

3. 高空作业时应做到(　　)。

(A)高空作业人员应戴安全帽　　(B)高空作业人员应系好安全带

(C)地面作业人员应戴安全帽　　(D)作业人员应戴绝缘手套

4.“止步，高压危险！”标志牌用于(　　)。

(A)施工地点邻近带电设备的遮栏上　(B)室外工作地点的围栏上

(C)禁止通行的过道上　(D)工作地点临近带电设备的横梁上

三、判断题

(　　)1. 常用绝缘安全防护用具有绝缘手套、绝缘靴、绝缘隔板、绝缘垫、绝缘站台等。

(　　)2. 接地线是为了在已停电的设备和线路上意外地出现电压时保证工作人员的重要工具。按规定，接地线必须是用截面面积 25 mm^2 以上裸铜软线制成。

(　　)3. 遮栏是为防止工作人员无意碰到带电设备部分而装设的屏护，分临时遮栏和常设遮栏两种。

(　　)4. 绝缘棒在闭合或拉开高压隔离开关和跌落式熔断器，装拆携带式接地线，以及进行辅助测量和试验时使用。

(　　)5. 电业安全工作规程中，安全组织措施包括停电、验电、装设接地线、悬挂标志牌和装设遮栏等。

(　　)6. 使用脚扣进行登杆作业时，上、下杆的每一步必须使脚扣环完全套入并可靠地扣住电杆，才能移动身体，否则会造成事故。

(　　)7. 使用竹梯作业时，梯子放置与地面呈 50°夹角左右为宜。

(　　)8. 试验对地电压为 50 V 以上的带电设备时，氖泡式低压验电器就应显示有电。

项目三　常用装调工具的使用

学习目标

应知	1. 掌握轨道交通电气设备装调通用工具的结构、种类、使用及注意事项。 2. 熟悉轨道交通电气设备装调专用工具的结构、种类、使用及注意事项。
应会	1. 掌握装调工具特点、技术参数和应用场合。 2. 能根据现场实际情况选用不同类型、不同技术参数的装调工具。 3. 能正确地操作使用装调工具及维护保养。

建议学时

理论教学 2 学时，技能训练 2 学时。

知识导入

知识点一　装调通用工具

一、低压验电笔

低压验电笔又称试电笔，是电工最常用的一种检测工具，能验明 500 V 以下导体或电气设备装置上是否带电。常见的有钢笔式和螺钉旋具式两种，它的前端是金属探头，内部依次连接着安全电阻、氖管、弹簧，最后与笔身尾部的金属部分相连。使用时，探头触及被检查部位，手指触及笔尾的金属部分，如果被检查部位带电，就会经试电笔、人体、大地形成通电回路，只要带电体与大地之间的电位差超过一定数值(60 V)，试电笔中的氖管就会发出红色的辉光。试电笔不可用于其电压高于规定范围(500 V)的电源，以免发生危险。

使用前，试电笔应在带电体上试测，确认性能完好后才准许使用；试电笔不可受潮，不可受到严重震动。在线路很密的地方使用试电笔时，注意不要人为短路。

二、电 工 刀

电工刀用于割削电线电缆绝缘和其他物品，是剖削或切割电工器材的工具，分为普通型和多用型两种。普通型有大号和小号两种，适用于割削电线电缆绝缘层、绳索、木桩及软金属材料；多用型增加了锯片和锥子，除上述作用外，还可用于锯割电线槽板、胶木管等。

使用时电工刀口应朝外。因刀柄结构不绝缘，因此不能在带电体上使用。

三、螺钉旋具

螺钉旋具又称螺丝刀、起子、改锥，用来拆卸、紧固螺钉。螺钉旋具的规格按其性质分有非磁性材料和磁性材料两种；按头部形状分有一字头和十字头两种；按握柄材料分有木柄、塑柄和胶柄，如图 2-3-1 所示。

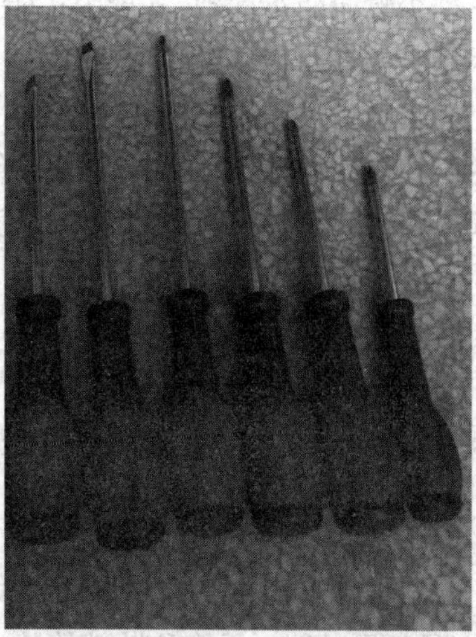

图 2-3-1　螺钉旋具外形与规格

一字头螺钉旋具的规格是以柄部除外的刀体长度表示的，常用的有 50 mm、75 mm、100 mm、150 mm 和 200 mm 等规格。十字头螺钉旋具是用刀体长度和十字槽规格号表示，有Ⅰ、Ⅱ、Ⅲ和Ⅳ四种规格，Ⅰ号适用于螺钉直径为 1～2.5 mm；Ⅱ号适用于螺钉直径为 3～5 mm；Ⅲ号适用于螺钉直径为 6～8 mm；Ⅳ号适用于螺钉直径为 10～12 mm。

螺钉旋具使用注意事项：

(1)螺钉旋具拆卸和紧固带电的螺钉时，手不得触及螺钉旋具的金属杆，以免发生触电事故。

(2)为了避免金属杆触及手部或触及邻近带电体，应在金属杆上套上绝缘管。

(3)使用螺钉旋具时，应按螺钉的规格选用适合的刃口，以小代大或以大代小均会损坏螺钉或电气元件。

(4)为了保护其刃口及绝缘柄，不要把它当錾子使用。木柄螺钉旋具不要受潮，以免带电作业时发生触电事故。

(5)螺钉旋具紧固螺钉时，应根据螺钉的大小、长短采用合理的操作方法，较小螺钉可用大拇指和中指夹住握柄，用食指顶住柄的末端捻旋。较大螺钉，使用时除大拇指和中指要夹住握柄外，手掌还要顶住柄的末端，这样可以防止旋转时滑脱。

四、钢 丝 钳

钢丝钳又称克丝钳，是钳夹和剪切工具，由钳头和钳柄两部分组成。电工用的钢丝钳钳柄上套有耐压为 500 V 以上的绝缘套管。钢丝钳的钳头功能较多，钳口用来弯绞或钳夹导线线头；齿口用来紧固或起松螺母；铡口用来铡切导线线芯、钢丝或铁丝等较硬金属；刀口用来剪切导线或剖切导线绝缘层。钢丝钳常用的有 150 mm、175 mm 和 200 mm 三种规格。

使用钢丝钳的注意事项：

(1)使用前应检查绝缘柄是否完好，以防带电作业时触电。

(2)当剪切带电导线时，绝不可同时剪切相线和中性线或两根相线，以防发生短路事故。

(3)要保持钢丝钳的清洁，钳头应防锈，钳轴要经常加机油润滑，以保证使用灵活。

(4)钢丝钳不可代替锤子作为敲打工具使用，以免损坏钳头影响使用寿命。

(5)使用钢丝钳应注意保护钳口的完整和硬度，因此，不要用它来夹持灼热发红的物体，以免“退火”。

(6)为了保护刃口，一般不用来剪切钢丝，必要时只能剪切 1 mm 以下的钢丝。

五、尖 嘴 钳

尖嘴钳的头部细,又称尖头钳,适用于在狭小的工作空间操作。电工用的尖嘴钳柄上套有耐压为 500 V 以上的绝缘套管。

尖嘴钳是用来夹持较小螺钉、垫圈、导线等元件的;刃口能剪断细小导线或金属丝;在装接电气控制线路板时,可将单股导线弯成一定圆弧的接线鼻。常用的有 130 mm、160 mm、180 mm 和 200 mm 四种规格。使用尖嘴钳应注意的事项与钢丝钳相同。

六、断 线 钳

断线钳又称斜口钳,钳柄有铁柄、管柄和绝缘柄三种形式。其耐压为 1 000 V。断线钳是专供剪断较粗的金属丝、线材及电线电缆等用。

七、活 扳 手

活扳手是用来紧固和拆卸螺钉、螺母的一种专用工具。由头部和柄部组成。头部由活扳唇、呆扳唇、扳口、蜗轮和轴销等构成。活扳手的规格较多,电工常用的有 150 mm(6″)、200 mm(8″)、250 mm(10″)、300 mm(12″)四种规格。

使用活扳手的注意事项:

(1)应根据螺钉或螺母的规格旋动蜗轮,调节好扳口的大小。扳动较大螺钉或螺母时,需用较大力矩,手应握在手柄尾部。

(2)扳动较小螺钉或螺母时,需用力矩不大,手可握在接近头部的地方,并可随时调节蜗轮,收紧活扳唇,防止打滑。

(3)活扳手不可反用,以免损坏活扳唇,不准用钢管接长手柄来施加较大力矩。

(4)活扳手不可当作撬棍和锤子使用。

八、电 烙 铁

电烙铁是用来焊接导线接头、电子元件、电气元件接点的焊接工具。电烙铁的工作原理是利用电流通过发热体(电热丝)产生的热量熔化焊锡后进行焊接的。电烙铁的种类有外热式、内热式、吸锡式和恒温式等多种。

常用规格:外热式有 25 W、45 W、75 W、100 W、300 W 和 500 W;内热式有 20 W、35 W 和 50 W 等。

电烙铁使用注意事项:

(1)新电烙铁必须先处理后使用。具体方法是用砂布或锉刀把烙铁头打磨干净,长寿烙铁头有一层合金镀层,不能用此法打磨。打磨后接上电源,当电烙铁温度能熔锡时,将松香涂在烙铁头上,再涂上一层焊锡,如此反复两至三次,使烙铁头挂上一层锡便可使用。

(2)电烙铁的外壳须接地时一定要采用三脚插头,以防触电事故。

(3)电烙铁不宜长时间通电而不使用,这样容易使烙铁芯加速氧化烧坏,缩短寿命,还会使烙铁头氧化,影响焊接质量,严重时造成“烧死”不再吸锡。

(4)导线接头、电子元件的焊接应选用松香焊剂;焊金属铁等物质时,可用焊锡膏焊接,焊完后要清理烙铁头,以免酸性焊剂腐蚀烙铁头。

(5)电烙铁通电后不能敲击，以免烙铁芯损坏。

(6)电烙铁不能在易燃、易爆场所或腐蚀性气体中使用。

(7)电烙铁使用完毕，应拔下插头，待冷却后放置干燥处，以免受潮漏电。

(8)不准甩动使用中的电烙铁，以免锡珠溅出伤人。

知识点二　装调专用工具

一、剥 线 钳

剥线钳是一般用来剥削截面面积为 2.5 mm^2 及以下的塑料或橡皮导线端部的表面绝缘层。由切口、压线口和手柄组成，手柄上套有耐压为 500 V 以上的绝缘管。其结构如图 2-3-2 所示。剥线钳的切口分为 0.5～3 mm 的多个直径切口，用于不同规格的芯线剥削。使用时先选定好被剥除的导线绝缘层的长度，然后将导线放入大于其芯线直径的切口上，用手将钳柄一握，导线的绝缘层即被割断自动弹出。切不可将大直径的导线放入小直径的切口，以免切伤线芯或损坏剥线钳，也不可当作剪丝钳用。用完后要经常在它的机械运动部分滴入适量的润滑油。

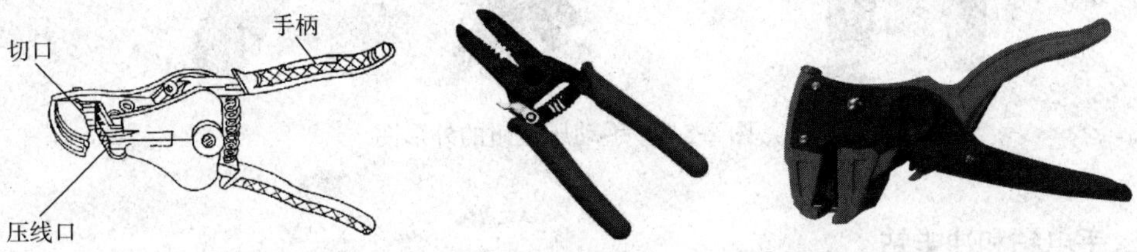

图 2-3-2　剥线钳

二、压 接 钳

压接钳又称压线钳，是用来压接导线线头与接线端头可靠连接的一种冷压模工具。

压接钳有手动式压接钳、气动式压接钳、油压式压接钳。图 2-3-3 是手动压接钳的外形图，根据端子类型一般分为裸端子和绝缘护套端子两种。根据端子结构，外形一般分为 UT、OT、针式。该产品有四种压接钳口腔，可压接导线截面积 0.75～8 mm^2 等多种规格与冷压端头的压接。操作时，先将接线端头预压在钳口腔内，将剥去绝缘的导线端头插入接线端头的孔内，并使被压裸线的长度超过压痕的长度，即可将手柄压合到底，使钳口完全闭合，当锁定装置中的棘爪与齿条失去啮合，则听到“嗒”的一声，即为压接完成，此时钳口便能自由张开。

压接钳使用注意事项：

(1)压接时，钳口、导线和冷压端头的规格必须相配。

(2)压接钳的使用必须严格按照其使用说明正确操作。

(3)压接时必须使端头的焊缝对准钳口凹模。

(4)压接时必须在压接钳全部闭合后才能打开钳口。

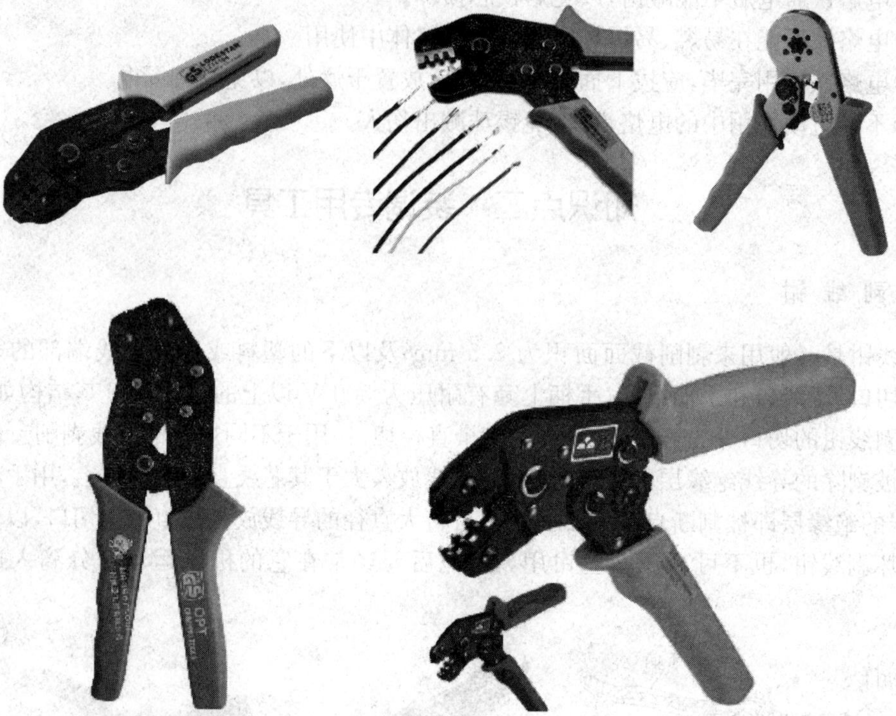

图 2-3-3　手动压接钳的外形图

三、手电钻和冲击钻

1. 手电钻

手电钻是利用钻头加工孔的一种手持式常用电动工具。常用的手电钻有手枪式和手提式两种。

手电钻采用的电压一般为 220 V 或 36 V 的交流电源。在使用 220 V 的手电钻时,为保证安全应戴绝缘手套,在潮湿的环境中应采用 36 V 安全电压。手电钻接入电源后,要用试电笔测试外壳是否带电,以免造成事故。拆装钻头时应用专用工具,切勿用螺钉旋具和锤子敲击钻夹。

2. 冲击钻

冲击钻是用来冲打混凝土、砖石等硬质建筑面的木榫孔和导线穿墙孔的一种工具,它具有两种功能:一种是作冲击钻用,另一种可作为普通电钻使用,使用时只要把调节开关调到"冲击"或"钻"的位置。用冲击钻需配用专用的合金冲击钻头,其规格有 6 mm、8 mm、10 mm、12 mm和 16 mm 等多种。在冲钻墙孔时,应经常拔出钻头,以利于排屑。在钢筋建筑物上冲孔时,碰到坚实物不应施加过大压力,以免钻头退火和冲击钻抛出造成事故。

四、扭力矩螺钉旋具(又称扭力矩螺丝刀、扭力矩改锥、扭力矩螺钉旋具)

1. 扭力矩螺钉旋具介绍(以东日牌为例)

(1)RTD 系列外形图如图 2-3-4 所示。此系列一共有六个型号,分别为 15、30、60、120、

260、500，长度上 15 和 30 都是 100 mm，60 为 105 mm，120 为 120 mm，260 为 140 mm，500 为 150 mm；其分类的依据是根据测量的刻度进行的，所以在选择的时候要提前想好自己使用的范围。

(2)FTD 系列外形图如图 2-3-5 所示。此系列分为 10、20、50、100、200、400 几个型号。

(3)LTD 系列外形图如图 2-3-6 所示。此系列分为 30、60、120、260、500、1000、2000 几个型号。

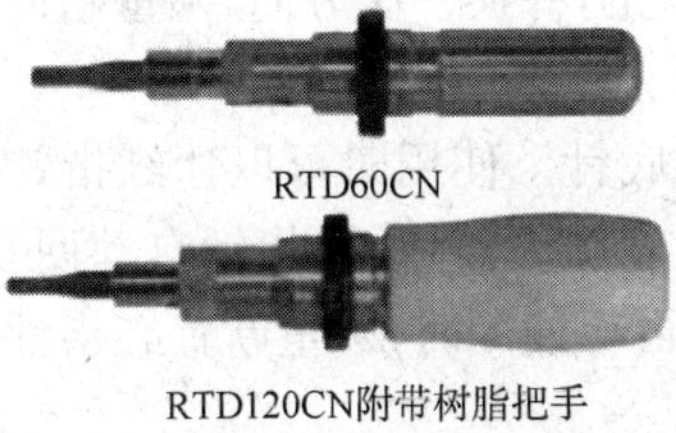

图 2-3-4　RTD 系列外形图

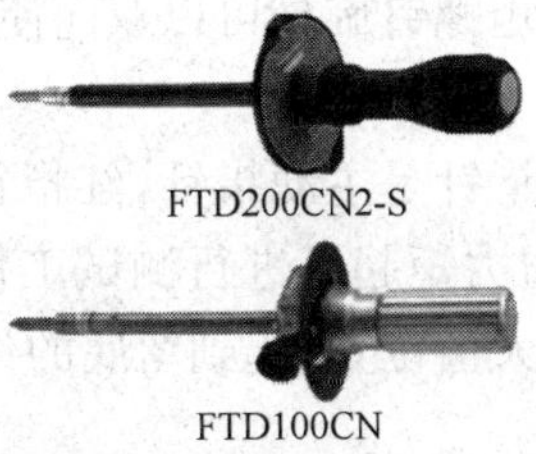

图 2-3-5　FTD 系列外形图

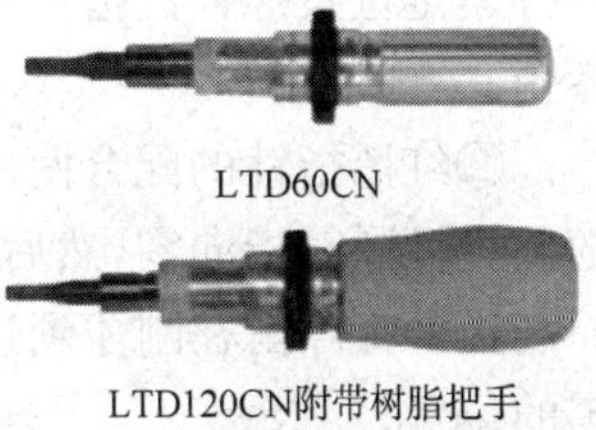

图 2-3-6　LTD 系列外形图

(4)NQ 型扭力矩螺钉旋具结构图如图 2-3-7 所示。

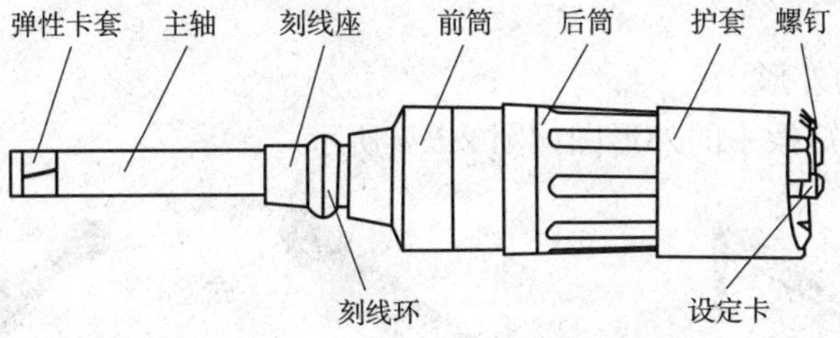

图 2-3-7　NQ 型扭力矩螺钉旋具结构图

2. 数显扭力矩螺钉旋具适用范围

(1)适用于精确紧固和检查。

(2)适用于研究和开发电子设备。

(3)适用于扭力矩螺钉旋具的日常检查。

3. 数显扭力矩螺钉旋具的特点

(1)附带多功能 LED 环，操作人员可以通过目测和声音，检查扭矩状态并进行判断。

(2)可倒置显示，带按键操作。

(3)可通过 USB 连接在 PC 上进行数据管理。

(4)可存储 1 000 条数据内存，精度±1%。

(5)双向棘轮装置。

(6)内置锂离子电池，可反复充电。

(7)适用于国际范围，包括欧盟地区，校准程序符合 ISO 6789 I 型 E 类标准。

4. 扭力矩螺钉旋具的使用方法

(1)设定所要求的扭力。所要求的扭力可通过轴筒上的刻度进行设定，将副标圈的零刻度对准圆筒上的中心线，然后顺时针转动轴筒，以便增加读数，到达所要求的扭力值处，停下即可。

(2)预置式扭力矩螺钉旋具的正确使用。预置式扭力矩螺钉旋具经设定后可通过转接器与各种紧固件相连接,顺时针拧动,进行紧固扭力的测量。顺时针拧动,进行紧固扭力的测量。当到达设定值时会发出“嗒嗒”的声响。预置式扭力矩螺钉旋具一经设置便可在同一设定值下反复使用,直到需要设定另一个扭力值时为止。

(3)表盘式扭力矩螺钉旋具的使用方法:

①调整指针零位。先按使用的方法试用几次,然后松开定位长螺栓,让黑指针指向零位,并拧紧定位长螺栓。指针式扭力矩螺钉旋具可以双向使用。但是,每换一次方向,须重新调整零位。

②红黑指针的配合使用。黑指针是主动指针,红指针是留底针。使用时可以让红指针跟随黑指针同时指向零,然后旋动扭力矩起子进行测试工作。一旦旋动停止,黑指针自动回零,而红指针将停留在刚才到达的最大值位置,起到留底的作用。再次使用时,须重新置红指针到零的位置。

③锥头的更换。指针式扭力矩螺钉旋具的头部是通用的 6.3 六角孔,可以方便地调换一字头或十字头锥头或其他形状的锥头(锥头须自备)。

五、扭力矩扳手

1. 扭力矩扳手的外形

常用的几种扭力矩扳手的外形图如图 2-3-8 所示。

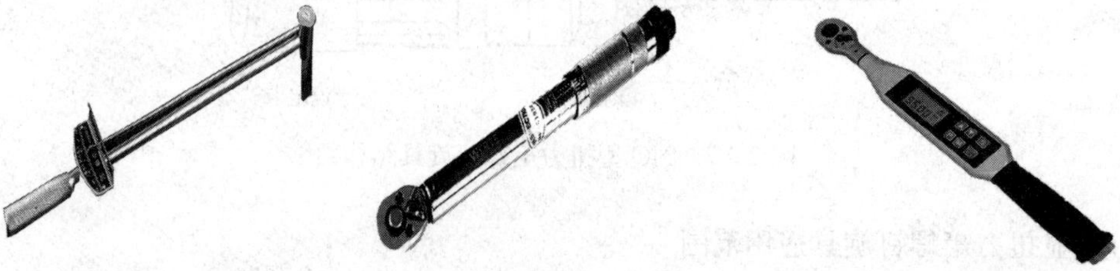

(a) 指针式扭力矩扳手　(b) 预置式扭力矩扳手　(c) 数显式扭力矩扳手

图 2-3-8　常用的几种扭力矩扳手的外形图

扭力矩扳手分为指针式、预置式和数显式三种。指针式扭力矩扳手在使用过程中,其主杆为弧形弯曲,其上的指针通过力矩刻度盘显示出所拧紧螺钉紧固件的紧固力矩;预置式扭力矩扳手是根据弹簧压缩的原理,在使用过程中,当力矩达到规定的预置力矩时,其内部的测力机构即产生打滑和“咯噔”的提示声音,以便操作者卸力,从而达到螺纹连接件的紧固要求;数显式是前两种方式的综合。

扭力矩扳手均须配合相应的套筒使用。指针式扭力矩扳手用于有精确紧固力矩要求的螺纹紧固件的连接;预置式扭力矩扳手主要用于有预置力矩要求的螺纹紧固件的连接。扭力矩扳手型号有 NB-45、NB-100、NB-400 等与 M10、M12、M16、M20、M36 等配套的套筒配合使用。

2. 扭力矩扳手的施加扭矩的过程

用扭力矩扳手施加扭矩时,通过与扭力矩扳手的棘轮头稳固连接的套筒连接需要施加扭矩的螺母/螺栓,手掌握在扭力矩扳手手柄上的有效刻度线,顺时针或逆时针加力,这个力带动螺母/螺栓，当螺母/螺栓紧固，并所带的扭矩与扭力矩扳手设定的扭矩相等时，扭力矩扳手的棘轮带动扭力矩扳手的头部，把扭矩传递到触发器，触发器向右侧滑动(卸力)。当滚柱碰到管壁后，会发出“咔嗒”的声音，听到声音后立即停止加力，取下扭力矩扳手，即完成施加扭矩的过程。

3. 扭力矩扳手设定值调整

大致有两种形式：其一，属于预调式扭力矩扳手的调整方法。松开尾部锁夹；根据需要的设定值旋转尾部的补助分度轮(顺时针增加扭矩，逆时针减少扭矩)；使分度轮的刻度与扭力矩扳手的设定值相符；扭力矩扳手校验仪校验。其二，属于定值式扭力矩扳手的调整。松开后盖；相应的六角匙松开锁紧螺钉；调整工具旋转推压环设定一个扭矩值；用扭矩测试仪校验扭矩；紧固锁紧螺钉；锁紧后盖。

4. 扭力矩扳手的使用方法

施加扭矩时，手握在扭力矩扳手手柄的中间刻度线位置。方头与套筒、螺母/螺栓稳固连接(对开口/梅花系列扭力矩扳手，应将开口/梅花头完全插入/沉入螺母中)，只能在扭力矩扳手标注的方向上施力，同时施力方向应在±15°内(水平方向和垂直方向)。施力时应缓慢和平稳，切忌冲击力。当听到“咔嗒”声后立即停止。不正确的操作方法不当的主要表现形式见表 2-3-1。

表 2-3-1　不正确的操作方法不当的主要表现形式

序　号	错误的操作扭力矩扳手形式	实际扭矩结果
1	施加扭矩速度过快，依靠瞬时的冲击力完成	偏小
2	扭力矩扳手发出“咔嗒”声后，继续施力	偏大
3	扭力矩扳手不与螺母端面保持平行(施加扭矩方向如下图所示)，不应大于±15° 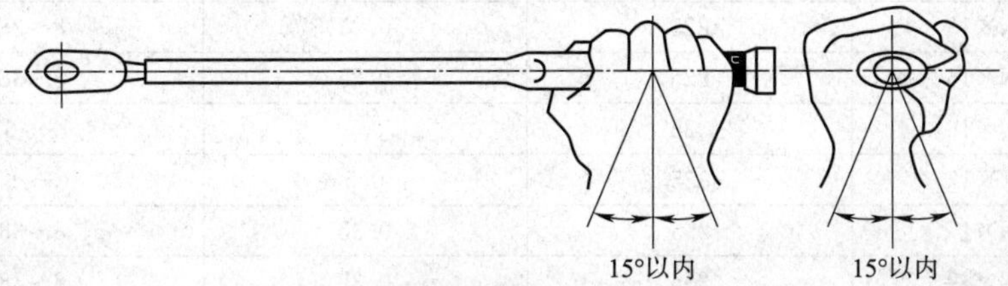 施加扭矩方向	偏小
4	操作者的手没有握住扭力矩手柄的有效线上。 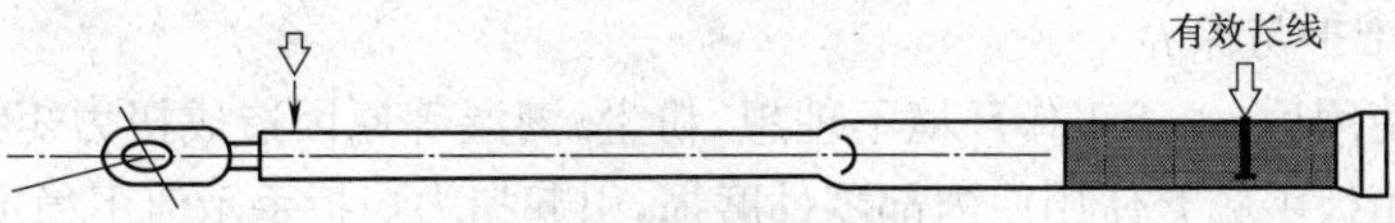 有效线的位置	偏大或偏小
5	用扳手施加扭矩时，扭力矩扳手发出“咔嗒”声，螺母没有发生位移时，操作者没有退松重新施加扭矩	偏大
6	在扭力矩扳手手柄处增加加长力臂，如下图所示： 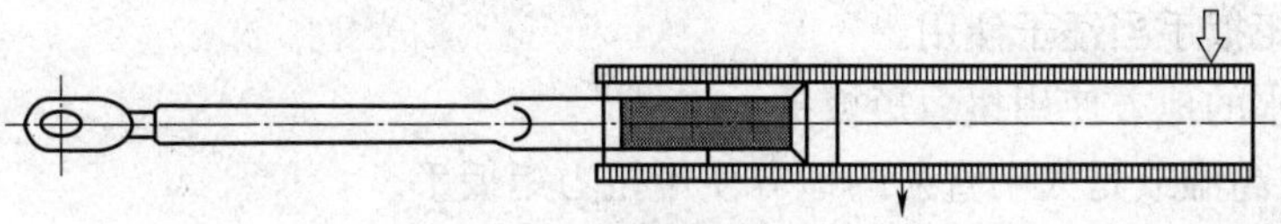 加长套管(错误)	偏大
7	操作者的质量意识不足，有扭矩越大越好的思想	偏大
8	工作开始前，没有检查工具，操作者使用的扭力矩扳手与工位不对应(设定值不对)	偏大或偏小

5. 选用扭力矩扳手要考虑的因素

扭力矩扳手的选用应根据设定的扭矩值进行。设定的扭矩值应尽量在扭力矩扳手使用范围的 1/2～2/3 处;操作空间要在扭力矩扳手的有效长度范围内。满足以上两点的,应选用质量小的扭力矩扳手,以降低工作者的劳动强度。

例如:现在有一操作空间充足的工位需要使用设定值为 80 N·m 的定值式棘轮头扭力矩扳手,从《东日常用扭力矩扳手资料》(见表 2-3-2)中可以看到,可用扭力矩扳手有 QSP100N、QSP140N、QSP200N 共三种,其中 QSP140N 比 QSP100N 长,设定值在使用范围的 1/2～2/3 处,质量比 QSP200N 小。因此最理想的是 QSP140N。

SP 系列脱跳式扭力扳手,有带开口(S)/梅花(R)头,新增加了 SP-MH 系列(采用不易打滑的滚花手柄)。SP、RSP 型有各种类型,但务必注明口宽。如:东日 SP38N×10×16 N·m,表示:本体型号×口宽×扭矩。

表 2-3-2 东日常用扭力矩扳手资料

序 号	规 格	有效长度/mm	质量/kg	扭矩调整范围/(N·m)
1	QSP25N	215	0.2	5～25
2	QSP50N	250	0.4	10～50
3	QSP100N	330	0.65	20～100
4	QSP140N	385	0.7	40～140
5	QSP200N	470	1.2	40～200
6	SP19N×10	210	0.2	3.5～19
7	SP38N×10	225	0.35	8～38
8	SP38N×13	225	0.35	8～38
9	SP38N×16	225	0.35	8～38
10	SP67N×16	325	0.5	13～67
11	SP67N×17	325	0.5	13～67
12	SP38N×17	255	0.35	8～38
13	SP38N×19	255	0.35	8～38
14	SP67N×19	325	0.5	13～67

6. 扭力矩扳手的维护与保养

扭力矩扳手长期使用后,由于工作环境不理想,粉尘、潮湿等原因造成扭力矩扳手内部零件淤积有污物。扭力矩扳手频繁使用使内部零件磨损,引起扭力矩扳手示值不稳定。因而,定期保养扭力矩扳手,对扭力矩扳手的工作状态是有帮助的。

7. 扭力矩扳手使用注意事项

(1)扭力矩扳手报警后,不能继续施力。

(2)不要将扭力矩扳手当锤子使用。

(3)不得在靠近水的地方使用扭力矩扳手。

(4)不得在高温、高湿或是太阳直射的地方使用扭力矩扳手。

(5)扭力矩扳手的内部零件,不可自行拆卸。

(6)不得重压数显式扭力矩扳手 LCD 屏幕。

(7)请勿将扭力矩扳手靠近磁性物体。

(8)如果长时间不使用扭力矩扳手,应将电池取出。

技能训练

训练　装调工具的识别与使用

一、训练目的

(1)掌握常用装调工具的识别。

(2)掌握常用装调工具的使用与操作方法。

扫一扫

二、训练工器具与材料(见表 2-3-3)

表 2-3-3　训练工器具与材料

序　号	工器具名称	单　位	数　量	备　注
1	电工刀	把	1	
2	钢丝钳	把	1	
3	尖嘴钳	把	1	
4	剥线钳	把	1	
5	螺钉旋具(改锥、起子)	套	1	
6	活扳手	把	1	
7	扭力矩扳手	把	1	
8	手电钻	把	1	
9	电烙铁	把	1	
10	工作服	套	1	
11	练习导线	米	若干	
12	练习场景	处	各 1	

三、训练内容

1. 电工刀

用电工刀对废旧塑料单芯硬线做剖削练习,要求做到不剖伤芯线。使用电工刀时,应将刀口朝外,一般是左手持导线,右手握刀柄;刀片与导线呈较小锐角,否则会割伤导线;电工刀刀柄是不绝缘的,不能在带电导线上进行操作,以免发生触电事故;电工刀使用完毕,应将刀体折入刀柄内。电工刀操作使用具体见表 2-3-4。

表 2-3-4　电工刀操作使用

序　号	电工刀操作使用
1	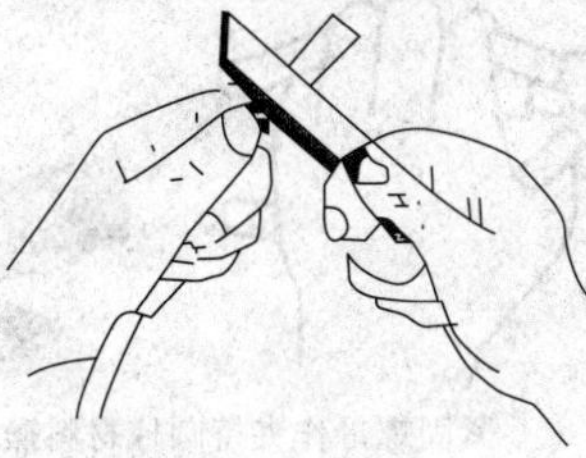 电工刀握法

续上表

序　号	电工刀操作使用
2	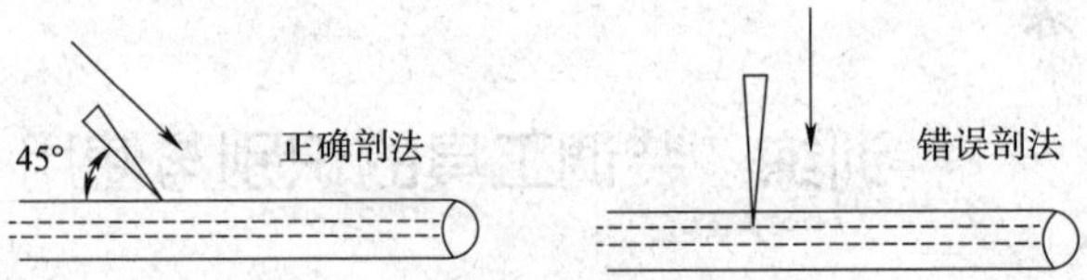 电工刀剖削导线绝缘的方法
3	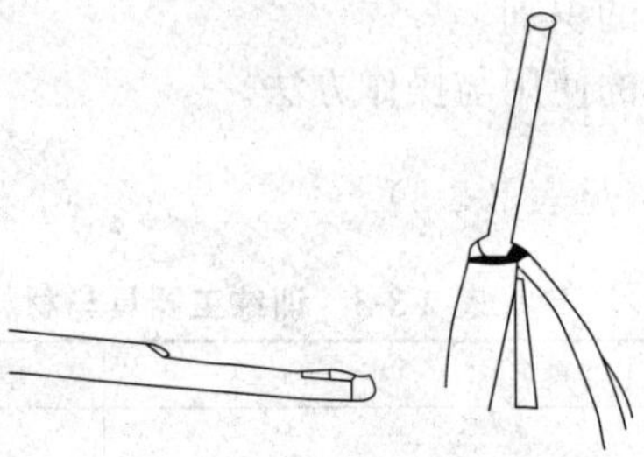 塑料硬导线的剖削
4	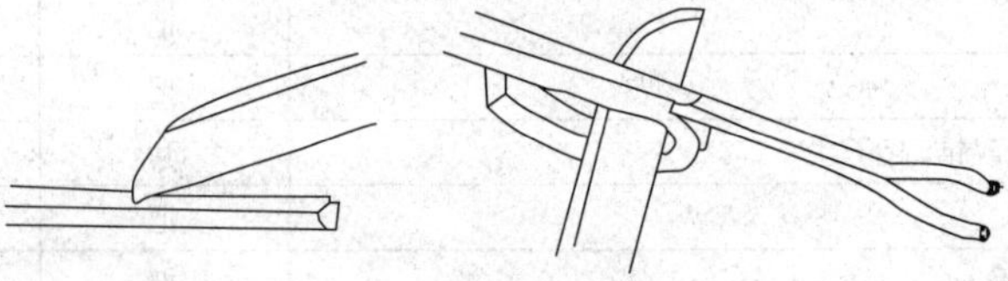 塑料护套线的剖削

2. 钢丝钳

钢丝钳可以用来进行弯绞、钳夹导线线头、紧固或起松螺母、剪切导线或剖切导线绝缘层、铡切导线线芯或钢铁丝等练习，具体如表 2-3-5。

表 2-3-5　钢丝钳操作使用与练习

序　号	钢丝钳操作使用与练习
1	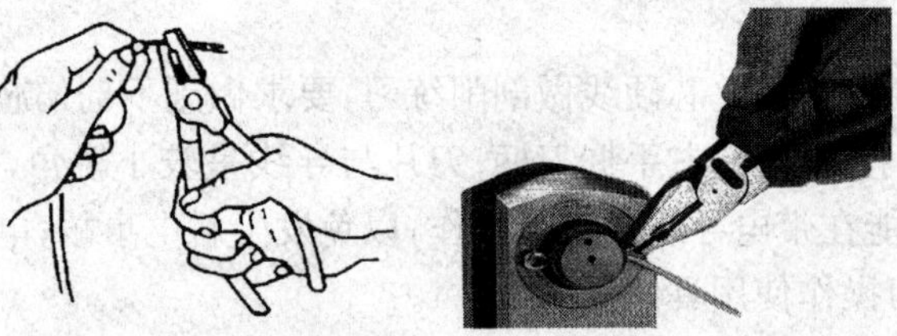 弯绞导线作夹持、拉动及弯挂操作练习示意图
2	 紧固螺母作夹持圆柱材料操作练习示意图

续上表

序　号	钢丝钳操作使用与练习
3	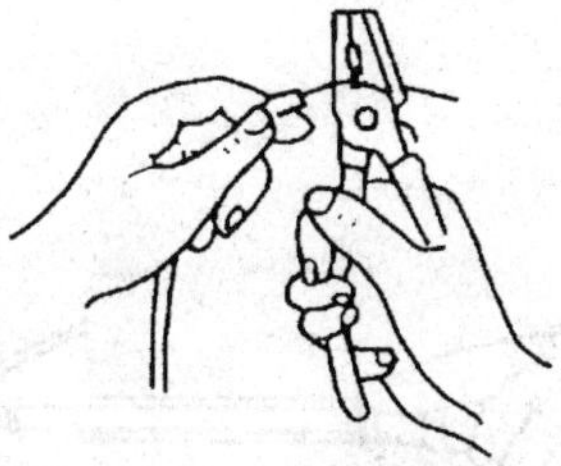  钢丝钳剪切导线操作练习示意图
4	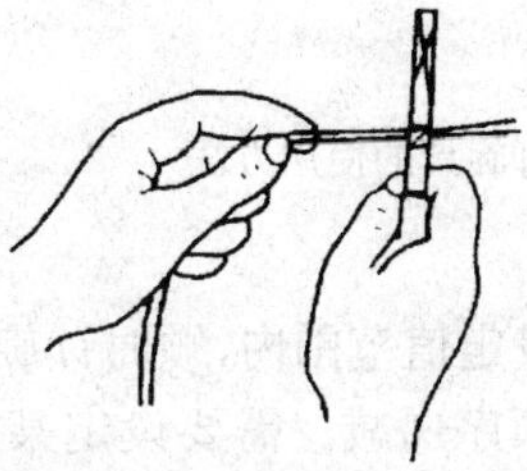 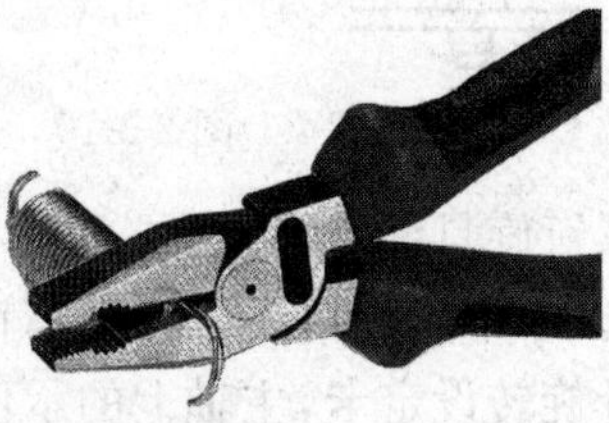 铡切钢丝操作练习示意图

3. 尖嘴钳

用尖嘴钳将直径 1～2 mm 的单股铜线弯成直径 4～6 mm 的圆弧接线鼻子。

4. 剥线钳

用剥线钳对废旧导线做剥削练习。

5. 螺钉旋具

(1)常用螺钉旋具练习

常用螺钉旋具如图 2-3-9 所示。

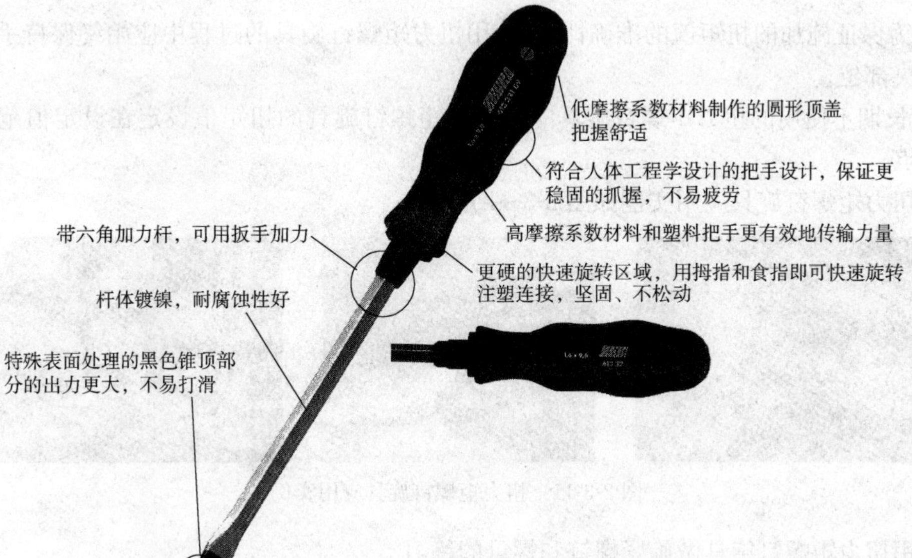

图 2-3-9　螺钉旋具

螺钉旋具的使用方法如图 2-3-10 所示。

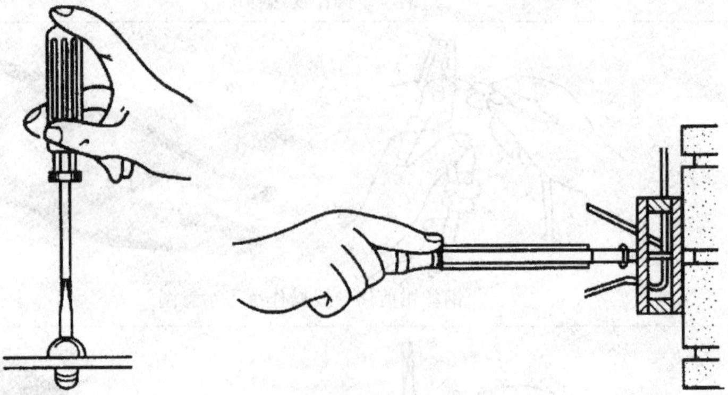

图 2-3-10　螺钉旋具的使用方法

(2)扭力矩螺钉旋具练习：

①扭矩设定。取下护套，拧下螺钉后，在设定值范围内，顺时针旋转设定卡，主轴上的示值顺序递增，逆时针旋转设定卡，主轴上的示值顺序递减。需要设定某一扭矩值时，就可以将主轴上该值所对应的刻度线与刻线座内的刻线环对齐即可。当所需要的扭矩值设定好后，将螺钉和护套重新装上后待用。

②使用时的操作方法。将设定好扭矩值的扭矩螺钉旋具和紧固件对接(根据需要可直接对接，也可通过转接套筒、转接杆对接)。沿所需要的紧固方向施加旋转力，直到螺钉旋具发出“喀喀”的声音并伴有打滑的手感，同时还具有明显的卸力现象为止。

③注意事项：

a. 设定扭矩值时，不得超出扭力矩螺钉旋具的设定范围，以防引起内部机械结构的损坏。

b. 非检定人员不得旋转刻线座或连接筒，否则会影响扭力矩螺钉旋具各示值点的示值准确性。

c. 为保证施加的扭矩值的准确性，在使用扭力矩螺钉旋具的过程中应始终保持手置于手柄的中央部位。

d. 长期不使用的扭力矩螺钉旋具应将扭力矩螺钉旋具的扭矩值设定在设定值范围的最低示值点。

④扭力矩螺钉旋具应用实例如图 2-3-11 所示。

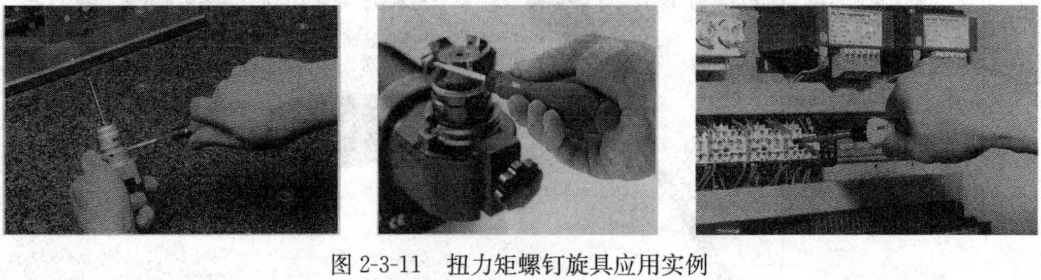

图 2-3-11　扭力矩螺钉旋具应用实例

⑤用扭力矩螺钉旋具做旋紧螺钉和螺母的练习。

6. 扳手

(1)活扳手。活扳手结构与使用如图 2-3-12 所示。分别用 150 mm、200 mm、250 mm 活扳手做扳紧和松开大螺母和小螺母的练习。

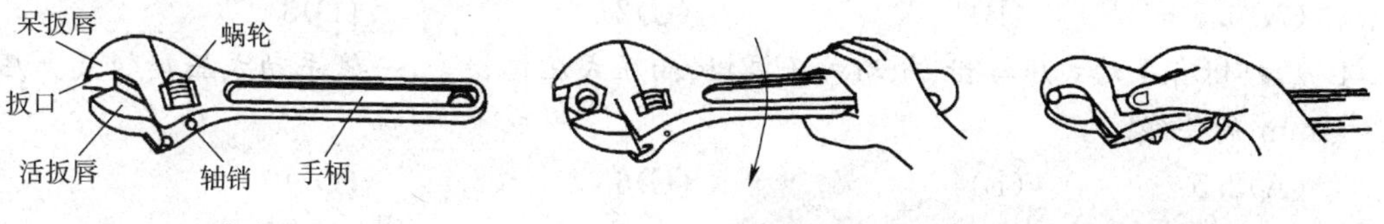

(a) 构造　　(b) 扳大螺母握法　　(c) 扳小螺母握法

图 2-3-12　活扳手的结构与使用

(2)扭力矩扳手

用扭力矩扳手分别紧固 1 N·m、5 N·m、10 N·m 的螺母的练习。

7. 手电钻

用手电钻在木配电板及厚度约 3 mm 的钢板上做钻孔的练习。

8. 电烙铁

用 35 W 或 50 W 电烙铁做锡焊练习。

四、考核评价

装调工具的识别与使用考核评价见表 2-3-6。

表 2-3-6　考核评价表(工时:0.5 h)

项目内容	配　分	评 分 标 准	扣　分	得　分
装调工具操作使用	80 分	(1)正确使用电工刀。不会正确使用,每处扣 3 分。 (2)正确使用钢丝钳。不会正确使用,每处扣 3 分。 (3)正确使用尖嘴钳。不会正确使用,每处扣 3 分。 (4)正确使用各种剥线钳。不会正确使用,每处扣 3 分。 (5)正确使用各种螺钉旋具。不会正确使用,每处扣 3 分。 (6)正确使用各种扳手。不会正确使用,每处扣 3 分。 (7)正确使用手电钻。不会正确使用,每处扣 3 分。 (8)正确使用电烙铁进行焊接。不会正确使用,每处扣 3 分		
安全文明生产	20 分	(1)进行安全文明生产。违反操作规程,产生不安全因素,扣 20 分;严重者,直接取消考试资格。 (2)着装正确,保持工位卫生。着装防护用品不齐,扣每项 3 分;工位不整洁,每处扣 3 分		

测评题

一、单选题

1. 低压验电笔一般能验明(　　)以下带电的器具。

(A)110 V　　(B)220 V　　(C)380 V　　(D)500 V

2. 螺钉直径为 6～8 mm 十字头螺钉,应选择(　　)规格的螺钉旋具。

(A)Ⅰ　　(B)Ⅱ　　(C)Ⅲ　　(D)Ⅳ

3. 钢丝钳使用时,为了保护刃口,一般不用来剪切钢丝,必要时只能剪切(　　)mm 以下的钢丝。

(A)0.5　(B)1　(C)2　(D)3

4. 压接钳有手动式压接钳、气动式压接钳、油压式压接钳等,一般手动式压接钳最大压接(　　)mm^2的导线。

(A)2.5　(B)4　(C)6　(D)10

5. 扭力矩扳手设定值调整的方法一般有(　　)种。

(A)1　(B)2　(C)3　(D)4

二、多选题

1. 钢丝钳常用有(　　)规格。

(A)100 mm　(B)150 mm　(C)175 mm　(D)200 mm

2. 活扳手的规格较多,电气装调最常用的有(　　)规格。

(A)6″　(B)8″　(C)10″　(D)12″

3. 电烙铁常用的种类形式有(　　)。

(A)外热式　(B)内热式　(C)吸锡式　(D)恒温式

4. 根据端子类型一般分为裸端子和绝缘护套端子两种。根据端子结构外形一般分为(　　)。

(A)UT　(B)OT　(C)CT　(D)针式

5. 扭力矩扳手分为(　　)。

(A)指针式　(B)预置式　(C)数显式　(D)提醒式

三、判断题

(　　)1. 低压验电笔常见的有钢笔式和螺钉旋具式两种,使用验电时,只要保证前端金属探头触及被检查部位即可。

(　　)2. 尖嘴钳使用前,应检查绝缘柄是否完好。

(　　)3. 剥线钳一般用来剥削截面面积在 2.5 mm^2以下的小绝缘导线。

(　　)4. 新的电烙铁必须先处理好后,再使用。

(　　)5. 压接钳压接时,钳口、导线和冷压端头的规格必须相配。

(　　)6. 压接钳压接时,必须使端头的焊缝对准钳口凸模。

(　　)7. 扭力矩螺钉旋具是用来紧固和拧松螺钉的工具。

(　　)8. 扭力矩扳手是用作螺纹紧固件的拆卸工具。

(　　)9. 数显式扭力矩扳手是根据弹簧压缩的原理,在使用过程中,当力矩达到规定的预置力矩时,其内部的测力机构即产生打滑和“咯噔”的提示声音,以便操作者卸力,从而达到螺纹连接件的紧固要求。

(　　)10. 扭力矩扳手报警后,还可以继续施力。

项目四　仪器仪表的使用

学习目标

应知	1. 熟练掌握仪器仪表的种类、使用与注意事项。 2. 了解仪器仪表的基本原理。
应会	1. 掌握仪器仪表的使用方法。 2. 能根据实际现场情况合理使用仪器仪表进行测量。 3. 能够判断仪器仪表的好坏，并能进行正常的维护保养。

建议学时

理论教学8学时，技能训练8学时。

知识导入

知识点一　仪器仪表基础知识

一、电工仪表的种类

按照工作原理，电工仪表分为磁电系、电磁系、电动系、感应系等仪表。

按照测量方法，电工仪表主要分为直读式仪表和比较式仪表，前者根据仪表指针所指位置从刻度盘上直接读数，如电流表、万用表、兆欧表等。后者是将被测量与已知的标准量进行比较测量，如电桥、接地电阻测量仪等。

按读数方式，电工仪表可分为指针式、数字式等仪表。

按安装方式，电工仪表可分为携带式和固定式仪表。

按误差等级不同，电工仪表分为0.1级、0.2级、0.5级、1.0级、1.5级、2.5级和4级共七个等级。

1. 磁电系仪表

磁电系仪表由固定的永久磁铁、可转动的线圈及转轴、游丝、指针、机械调零机构等组成。线圈位于永久磁铁的极靴之间。当线圈中流过直流电流时，线圈在永久磁铁的磁场中受力，并带动指针倾斜，指针停留在某一确定位置，刻度盘上给出一相应的读数。机械调零机构用于校正零位误差，在没有测量信号时借以将仪表指针调到指向零位。磁电系仪表的灵敏度和精确度较高，刻度盘分度均匀。磁电系仪表必须加整流器才能进行交流测量而过载能力较小。磁电系仪表常用来制造携带式电压表、电流表等。

2. 电磁系仪表

电磁系仪表由固定的线圈、可转动的铁芯和转轴、游丝、指针、机械调零机构等组成。

铁芯位于线圈的空腔内,当线圈中流过电流时,线圈产生的磁通使铁芯磁化,磁化后的铁芯受磁场力的作用带动指针偏转。电磁系仪表过载能力强,可直接用于直流和交流测量。但精度较低、刻度盘分度不均匀、容易受外磁场干扰,结构上要有抗干扰设计。电磁系仪表常用来制造配电柜用电压表、电流表等。

3. 电动系仪表

电动系仪表由固定的线圈、可转动的线圈和转轴、游丝、指针、机械调零机构等组成。

当两个线圈中都流过电流时,可转动线圈受力并带动指针偏转。电动系仪表精度较高,可用于直流和交流测量。制作电压表或电流表时,刻度盘分度不均匀,结构上要有抗干扰设计。

电动系仪表常用来制造功率表、功率因数表等。

4. 感应系仪表

感应系仪表由固定的开口电磁铁、永久磁铁、可转动铝盘和转轴、计数器等组成。当电磁铁线圈中流过电流时,铝盘中产生涡流,涡流与磁场相互作用使铝盘受力转动,计数器计数。铝盘转动时切割永久磁铁的磁场产生反作用力矩。感应系仪表用于计量交流电能。

二、电工仪表的常用符号

在仪表的刻度盘上标有一些符号,其含义见表 2-4-1。

表 2-4-1 电工仪表符号

名　称	符　号	名　称	符　号
磁电系仪表		铁磁电动系仪表	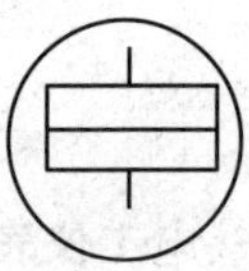
磁电系比率表	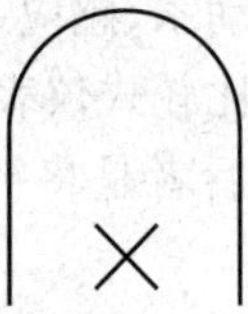	铁磁电动系比率表	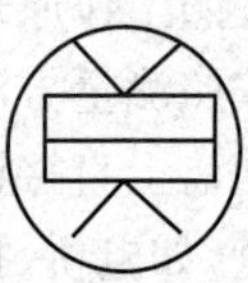
电磁系仪表	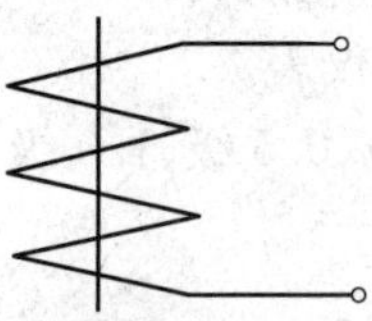	感应系仪表	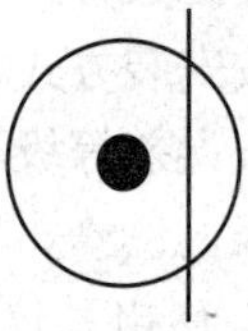
电磁系比率表	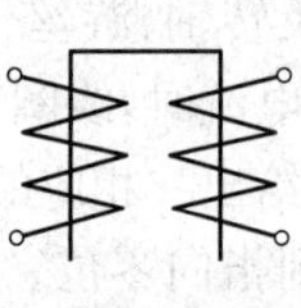	静电系仪表	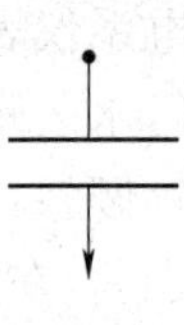

续上表

名　称	符　号	名　称	符　号
电动系仪表	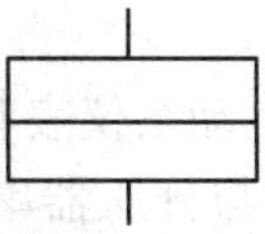	整流系仪表（带半导体整流器和继电系测量机构）	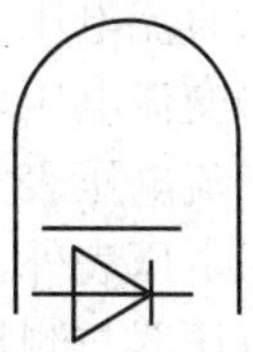
电动系比率表	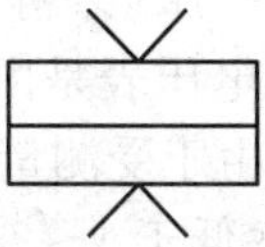	热电系仪表（带接触式热变换器和磁电系测量机构）	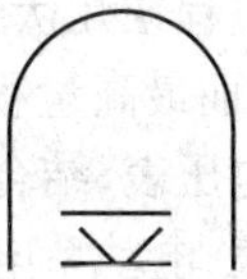

知识点二　电压表与电流表

一、电 压 表

1. 概述

电压表是测量电压的一种仪器，常用电压表（伏特表）的符号为 V。

传统的指针式电压表包括一个灵敏电流计，在灵敏电流计里面有一个永久磁体，在电流计的两个接线柱之间串联一个由导线构成的线圈，线圈放置在永久磁体的磁场中，并通过传动装置与表的指针相连。大部分电压表都分为两个量程。电压表有三个接线柱：一个负接线柱，两个正接线柱，电压表的正极与电路的正极连接，负极与电路的负极连接。

2. 原理

传统的指针式电压表和电流表都是根据电流的磁效应原理制成的。电流越大，所产生的磁力越大，表现出的就是电压表上的指针的摆幅越大，电压表内有一个磁铁和一个导线线圈，通过电流后，会使线圈产生磁场，线圈通电后在磁铁的作用下会发生偏转，这就是电流表、电压表的表头部分。

由于电压表要与被测电阻并联，所以如果直接用灵敏电流计当电压表用，表中的电流过大，会烧坏电表，这时需要在电压表的内部电路中串联一个很大的电阻，这样改造后，当电压表再并联在电路中时，由于电阻的作用，加在电表两端的电压绝大部分都被这个串联的电阻分担了，所以通过电表的电流实际上很小，所以就可以正常使用了。

直流电压表的符号要在 V 下加“⎓”，交流电压表的符号要在 V 下加“～”。

3. 分类

1）直流电压表

直流电压表主要采用磁电系仪表和静电系仪表的测量机构。磁电系电压表由小量程的磁电系电流表与串联电阻器（又称分压器）组成，最低量程为十几毫伏。为了扩大电压表量程，可以增大分压器的电阻值。例如用 50 μA 的电流表形成 250 V 的电压表时，要使分压器与测量机构的总电阻值为 $250/50\times10^6=5\times10^6(\Omega)=5(\mathrm{M\Omega})$，这相当于电压表的内阻为 20 k$\Omega$/V。为了避免电压表的接入过多影响原工作状态，要求电压表有较高的内阻。用几个电阻组成的分压器和测量机构串联,可形成多量程电压表。静电系电压表的最低量程为几十伏,扩大量程是靠改变电表内部结构和极间距离来实现的。此外,电磁系仪表的测量机构在理论上也可用于测量直流电压。

2)交流电压表

交流电压表主要采用整流式仪表、电磁系仪表、电动系仪表和静电系仪表的测量机构。除静电系电压表外,其他系电压表都是用小量程电流表与分压器串联而成。也可用几个电阻组成的分压器与测量机构串联而形成多量程电压表。这些系的交流电压表难以制成低量程的,最低量程在几伏到几十伏之间,而最高量程则为 1～2 kV。静电系电压表的最低量程约为 30 V,而最高量程则可达很高。电力系统中用的高压电压表是由电压额定量程为 100 V 的电磁系电压表,结合适当电压比的电压互感器组成的。由于受测量机构线圈电感的限制,电磁系电压表、电动系电压表的使用频率范围较窄,上限频率低于 1～2 kHz。电动系略优于电磁系。静电系和热电系电压表的使用频率范围都较宽。整流式电压表的上限使用频率约几千赫,但要注意,仅当交流电压为正弦波时,整流式电压表读数才是正确的。

3)数显电压表

数显电压表是用模/数转换器将测量电压值转换成数字形式并以数字形式表示的仪表。适合环境温度 0～50 ℃,湿度 85%以下使用,在因磁场或高频仪器、高压火花、闪电等原因引起电压异常时,在外部请使用电源线滤波器或非线性电阻等干扰吸收电路。

二、电 流 表

1. 概述

电流表是测量电压的一种仪器,常用电流表的符号为 A。电流表是根据通电导体在磁场中受磁场力的作用而制成的。电流表内部有一永久磁体,在极间产生磁场,在磁场中有一个线圈,线圈两端各有一个游丝弹簧,弹簧各连接电流表的一个接线柱,在弹簧与线圈间由一个转轴连接,在转轴相对于电流表的前端,有一个指针。当有电流通过时,电流沿弹簧、转轴通过磁场,电流切割磁感线,所以受磁场力的作用,使线圈发生偏转,带动转轴、指针偏转。由于磁场力的大小随电流增大而增大,所以就可以通过指针的偏转程度来观察电流的大小。这称为磁电系电流表,就是平时实验室里用的那种电流表。在初中时期,所用电流表量程一般为 0～0.6 A 和 0～3 A。

2. 原理

一般电流表可直接测量微安或毫安数量级的电流,为测更大的电流,电流表应有并联电阻器(又称分流器)。主要采用磁电系仪表的测量机构。分流器的电阻值要使满量程电流通过时,电流表满偏转,即电流表指示达到最大。对于几安的电流,可在电流表内设置专用分流器;对于几安以上的电流,则采用外附分流器。大电流分流器的电阻值很小,为避免引线电阻和接触电阻附加于分流器而引起误差,分流器要制成四端形式,即有两个电流端,两个电压端。例如,当用外附分流器和毫伏表来测量 200 A 的大电流时,若采用的毫伏表标准化量程为 45 mV(或 75 mV),那么分流器的电阻值为 0.045/200 Ω=0.000 225 Ω(或 0.075/200=0.000 375 Ω)。若利用环形(或称梯级)分流器,则可制成多量程电流表。直流电流表的符号要在 A 下加“⎓”,交流电流表的符号要在 A 下加“～”。

3. 分类

1)直流电流表

直流电流表主要采用磁电系或电动系测量机构(见机械式指示电表测量机构),这些测量机构的测量基本量是电流，可用来直接测小电流。对于大量值的直流电流，磁电系测量机构要使用分流器，也就是并联电阻。它的作用是将大部分被测电流分流。对约 10 A 以下的电流多采用内附分流器；对更大的电流值，则使用专用分流器。它采取四端结构，如图 2-4-1(a)所示，具有两个电流端，两个电位端。其电阻值的选择条件为：当标称电流通过该分流器时，其电位端间的电压为 45 mV 或 75 mV；以量程为 45 mV 或 75 mV 的磁电系毫伏表测此电压值，而表盘上则以电流值刻度。对于电动系测量机构，扩大测量电流量程的方法有：

(1)加粗静圈的导线，同时减少匝数以保持安匝值不变。

(2)将两静圈由串联改为并联，如图 2-4-1(b)、(c)所示，可使量程扩大一倍。利用分流器和数字电压表可构成直流数字电流表。

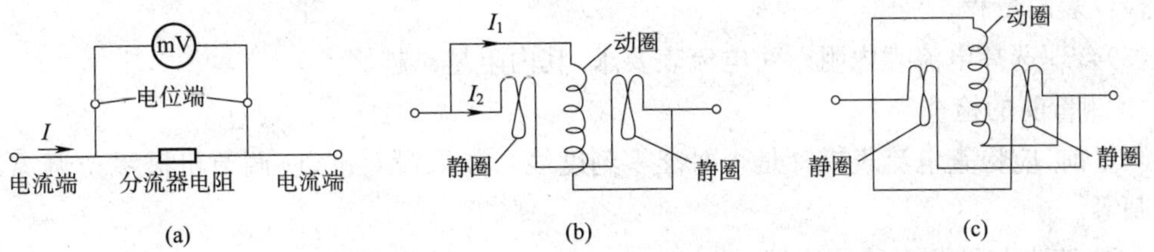

图 2-4-1　直流电流表

2)交流电流表

交流电流表可采用电磁系或电动系测量机构。为使磁电系测量机构也能用于测量交流电流，可利用整流器或热电偶等器件先将交流转换为直流；由它们组合而成的电表分别称为整流式电流表、热电式电流表。为扩大量程以测量大电流，整流式电流表也采用分流器，电动系电流表的做法同前，电磁系电流表则是加粗线圈导线、减少匝数。对于更大的测量电流值需配合电流互感器使用。通常可利用分流器和交流数字电压表构成交流数字电流表。

波形非正弦对电磁系、电动系、热电系电流表影响较小。整流式电流表限定用于正弦波形下，数字电流表也有类似限制。电力系统中为测量非正弦电流可采用变换器式电流表。测量大电流时须配合专用分流器。测量更大电流时须配合电流互感器。

交流电流表主要采用电磁系仪表、电动系仪表和整流式仪表的测量机构。电磁系仪表测量机构的最低量程约为几十毫安，为提高量程，要按比例减少线圈匝数，并加粗导线。用电动系仪表测量机构构成电流表时，动圈与静圈并联，其最低量程约为几十毫安。为提高量程，要减少静圈匝数，并加粗导线，或将两个静圈由串联改为并联，则电流表的量程将增大一倍。用整流式仪表测交流电流时，仅当交流为正弦波形时，电流表读数才正确。为扩大量程也可利用分流器。此外，也可用热电系仪表测量机构测量高频电流。在电力系统中使用的大量程交流电流表多是用 5 A 或 1 A 的电磁系电流表，并配以适当电流比的电流互感器。

3)数显电流表

数显电流表分为单相数显电流表和三相数显电流表，该表具有变送、LED(或 LCD)显示和数字接口等功能，通过对电网中各参量的交流采样，可以数字形式显示测量结果。经 CPU 进行数据处理，将三相(或单相)电流、电压、功率、功率因数、频率等电参量由 LED(或液晶)直接显示，同时输出 0～5 V、0～20 mA 或 4～20 mA 相应的模拟电量，与远动装置 RTU 相连；并带有 RS-232 或 RS-485 接口。

三、电流表与电压表的使用维护方法

1. 合理选择电流表

(1)根据被测量准确度要求,合理选择电流表的准确度。一般地讲,0.1、0.2级的磁电系电流表适合用于标准表及精密测量中;0.5～1.5级磁电系电流表适合用于实验室中进行测量;1.0～5.0级磁电系仪表适合用于工矿企业中作为电气设备运行监测和电气设备检修使用。

(2)根据被测电流大小,选择相应量限的电流表。量限过大会造成测量准确度下降,量限过小会造成电流表损坏。为充分利用仪表的准确度,应当按尽量使用标度尺的后1/4段的原则选择仪表的量程。

(3)合理选择电流表内阻。对电流表要求,其内阻越小越好。

2. 测量前的检查

测量前,应检查电流表指针是否对准零刻度线。如果没对准,应调节机械零位调零器,使指针归零。

3. 电流表与被测电路的连接

(1)测量时,应将电流表串联于被测电路的低电位一侧。

(2)测量直流时,需要注意电流表端钮的符号。对单量限电流表,被测量电流应从标有"+"的端钮流入电流表,从标有"-"的端钮流出电流表。对多量限电流表,标有"*"的是公共端钮,如果其他端钮标有"+"符号,则应使被测电流从"+"端钮流入,从"*"端钮流出;如果其他端钮标有"-"符号,则连接正好与上述情况相反。

4. 正确读数

读数时,应让指针稳定后再进行读数,并尽量保持视线与刻度盘垂直。如果刻度盘有反射镜,应使指针和指针在镜中的像保持重合,以减小误差。

5. 维护方法

(1)由于磁电系电流表的过载能力很小,使用时一定要注意连接电路的极性和量限的选择。

(2)若在测量中发现指针反向偏转或正向偏转超过标度尺上满刻度线,应立即断电停止测量,待连接正确或重新选择更大量限的电流表后再进行测量。

(3)当测量工作完毕后,应先切断电源,再从测量电路中取下电流表,将其放置在干燥、通风和阴凉的环境中。对灵敏度、准确度很高的微安表和毫安表,应用导线将正、负端钮连接起来,以保护仪表的测量机构。

电压表的使用维护方法与电流表的使用维护方法类同,还应注意以下几点:

(1)测量时应将电压表并联接入被测电路。

(2)由于电压表与负载是并联的,要求内阻R_V远大于负载电阻R_L。

(3)测量直流时,先把电压表的"-"端钮接入被测电路的低电位端,然后再把"+"端钮接入被测电路的高电位端。

(4)对多量限电压表,当需要变换量限时,应将电压表与被测电路断开后,再改变量限。

知识点三　万　用　表

万用表实质上是一个带有整流器的磁电系仪表，是电工最常使用的多用途仪表。一般可以测量直流电压、直流电流、交流电压和电阻，有的还可以测量交流电流、电感、电容等。

一、万用表的结构与工作原理

1. 万用表的结构

万用表由表头、测量电路和转换开关三个主要部分组成。图 2-4-2 所示为万用表的结构。

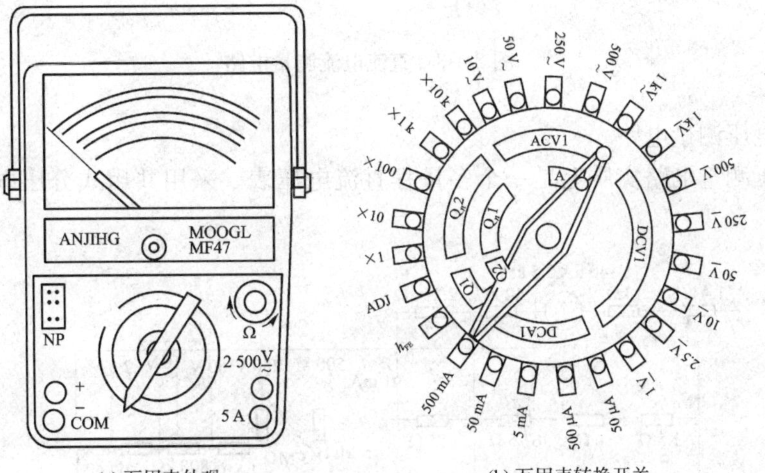

(a) 万用表外观　　(b) 万用表转换开关

图 2-4-2　万用表的结构

1）表头

表头是一只磁电系仪表，用以指示被测量的数值。万用表性能很大程度上取决于表头的灵敏度，灵敏度越高，其内阻也越大，万用表性能就越好。

2）测量电路

测量电路是用来把各种被测量转换成适合表头测量的微小直流电流的电路。它由内阻、半导体元件及电池组成。测量电路将不同被测电量经过处理（如整流、分流）后送入表头进行测量。

3）转换开关

转换开关是用来选择各种不同的测量电路，以满足不同量程的测量要求的。当转换开关处在不同位置时，其相应的固定触点就闭合，万用表就可以各种不同的量程来测量。

2. 万用表的工作原理

1）直流电流测量电路

直流电流测量电路实质上是一个多量程直流电流表。通常采用闭路式分流电路，如图 2-4-3 所示。

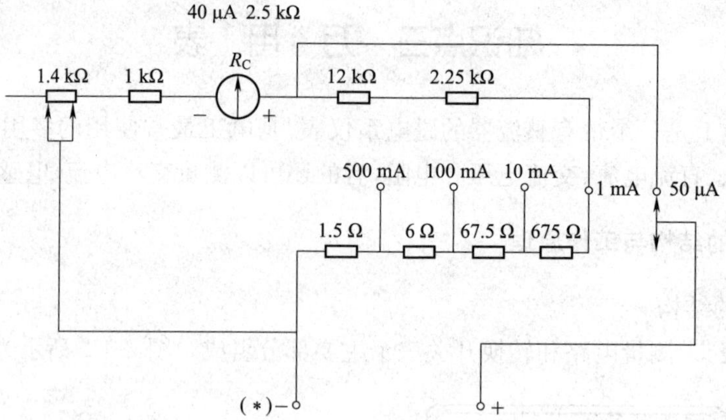

图 2-4-3　直流电流测量电路

2)直流电压测量电路

直流电压测量电路实质上是一个多量程直流电压表。采用共用式分压电路,如图 2-4-4 所示。

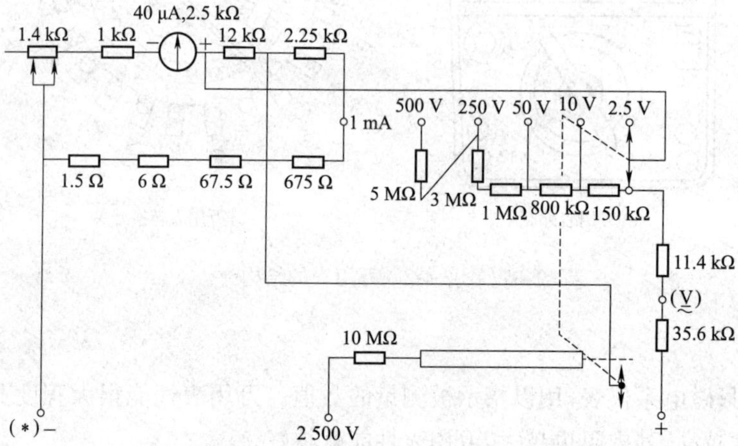

图 2-4-4　直流电压测量电路

3)交流电压测量电路

由磁电系测量机构和整流装置组成的仪表称为整流系仪表。万用表的交流电压测量电路就是在整流系仪表的基础上串联分压电阻而成的。万用表交流电压测量电路中的整流电路有半波和全波两种形式。500 型万用表采用半波整流电路,如图 2-4-5 所示。

4)电阻测量电路

电阻测量电路如图 2-4-6 所示。

$$I=\frac{E}{R_X+R_Z}$$

上式说明,若欧姆表总内阻 R_Z 和电池电动势 E 保持不变,则线路中的电流 I 将随被测电阻 R_X 而改变,且 I 随 R_X 增大而减小。可见,欧姆表测量电阻的实质是测量电流。

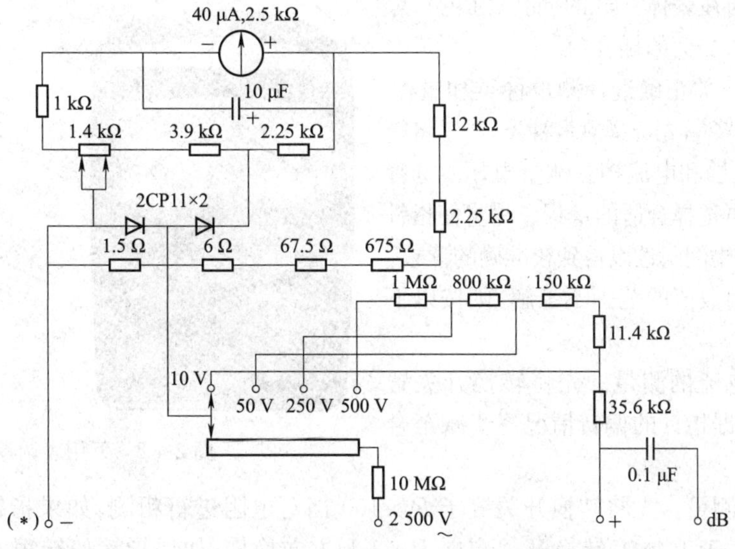

图 2-4-5　交流电压测量电路

二、万用表的使用方法及注意事项

万用表的种类繁多，不同型号的万用表，面板布置有所不同，但基本原理是相同的。下面以工业上最常用的 MF47 型和 MF500 型为例进行介绍。万用表外形如图 2-4-7 所示。

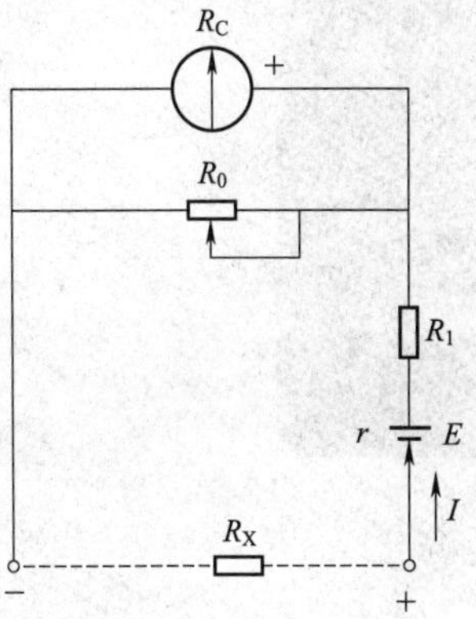

图 2-4-6　电阻测量电路

图 2-4-7　万用表外形

1. 使用前的检查与调整

首先进行外观检查，包括是否破损，指针摆动是否灵活（带有阻尼方为正常），表笔与表体插孔接触是否良好，指针是否停在左边刻度线上，如不指在零刻度线上，应调整中间的机械零位调节器使指针指在零刻度线上。万用表调零如图 2-4-8 所示。

如果万用表需要用来测量电阻，则需要将表内的电池作为测量电源，此时还应检查表内的电池容量是否正常，方法是：将表的转换开关置于 Ω 挡和 $R\times1$ 挡，将两表笔短接，指针向右侧偏转能达到零刻度线方为正常。如果将欧姆调零电位器旋钮向右旋尽，指针仍不能达到右侧的零刻度线上，则说明表内电池容量不足，需更换新电池。

红色表笔插在表体"+"的插孔(红色),黑色表笔插在表体"-"的插孔(黑色)。

2. 用转换开关正确选择测量种类和量程

根据被测对象首先选择测量种类,严禁将转换开关置于电阻挡和电流挡去测量电压。选择好测量种类后,再选择合适的量程。尽量使指针偏转至标度尺的中间附近以得到较准确的读数。

如果对被测数值的范围不了解,则按以下原则进行:

(1)电压、电流的测量。先将转换开关置于最大量程,根据指针的偏转情况逐步减至合适的挡位。

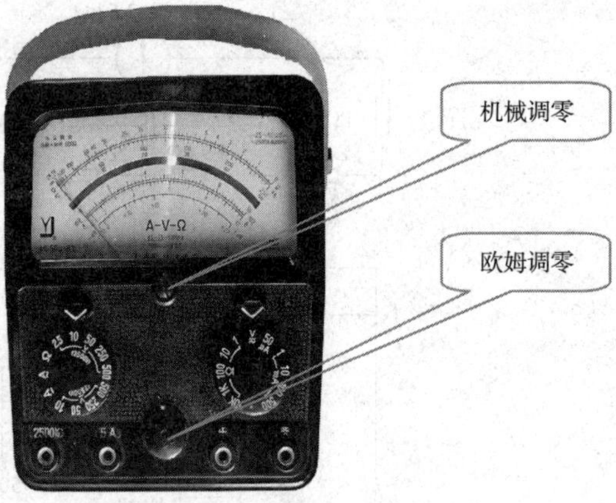

图 2-4-8　万用表调零

(2)电阻的测量。先将转换开关置于 $R\times100$ 挡对电阻进行粗测,如果指针偏转很小,说明被测电阻远大于 100 Ω,转换开关应向 $R\times1$ k 方向换挡;如果指针偏转很大(接近零刻度线),说明被测电阻远小于 100 Ω,转换开关应向 $R\times10$ 方向换挡,如果指针指在中间刻度附近,说明量程合适,此时可将表笔短接,调节欧姆调零电位器使指针指向零位后分开,再对电阻进行精测和读数。

(3)正确读数。MF47 型、MF500 型万用表的表头上通常有四条刻度线,如图 2-4-9 所示。

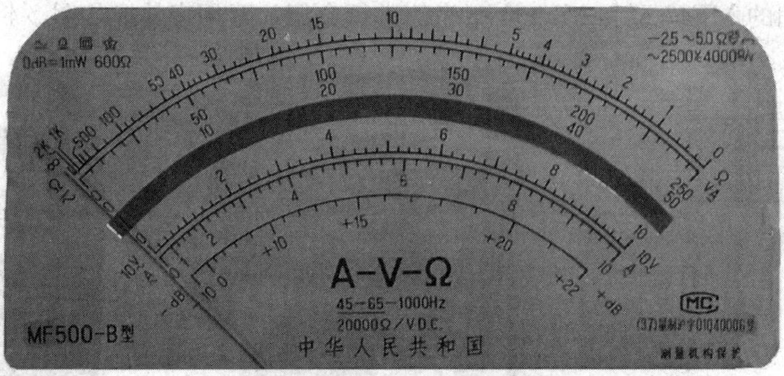

图 2-4-9　万用表表盘

①第一条刻度线(由上至下)标有 Ω 或 R,是测量电阻的,特点是数值呈非线性分布且左侧零刻度为最大值,测量时指针向右偏转越多,被测电阻值越小。读数时,将指针指示的刻度值乘以转换开关的挡位数即为被测电阻的数值。例如,指针右刻度线上的指示值为 10,转换开关的挡位为 $R\times100$,则此电阻的阻值为 $10\times100=1\ 000(\Omega)$。

②第二条刻度线标有≃和 VA,是测量交直流电压(10 V 除外)和直流电流用的。特点是刻度数值近似呈线性分布,指针向右偏转越多,被测的数值越大。测量时,指针的满刻度值等于对应挡位的数值。例如:表的转换开关置于 500 V 挡,测量时指针刚好摆至满刻度的位置,则被测数值刚好为 500 V,如果指针摆至刻度盘的中间位置,则被测电压为 250 V。再例如:当测量一节干电池的数值时,若转换开关放在 2.5 V 挡,则对应的指针摆度约为满刻度的 3/5,读出的数值约 1.5 V。

③第三条刻度线标有 10 V,测量 10 V 以下交流电压时读此刻度线。

④第四条刻度线标有 dB,指示的是音频电平值。在功率放大器检测时,用于测量音频电压的大小,从而换算为功率放大器的分贝数。

3. 注意事项

(1)严禁使用欧姆挡和电流挡测量电压。在测量电阻时,一定要将电路先断电,防止被测电阻两端有电而损坏仪表。

(2)测量直流电压时,红表笔接电源"+"极,黑表笔接电源"−"极,如果需要对电源的极性进行判断,可将其中一指表笔接触电源的其中一个电极,另一只表笔轻碰一下电源的另一个电极,根据指针的偏转方向对电极进行判断。

(3)用欧姆挡测量晶体管的正反向电阻或极性时,由于黑表笔接表内电池的正极,所以黑表笔相当于电源的正极,红表笔相当于电源的负极。

(4)MF47 型和 MF500 型表体上还有两个插孔,分别标注为 2 500 V 和 5 A。当要对大于 500 V 甚至接近 2 500 V 电压进行测量时,可将红表笔插入 2 500 V 插孔,黑表笔仍插在"−"插孔不变,读数时满刻度为 2 500 V。当要对不大于 5 A 的电流进行测量时,将红表笔插在 5 A 插孔上,黑表笔不变,读数时满刻度为 5 A。

(5)万用表使用完毕后,要将转换开关放至空挡或电流、电压的最高挡,长时间不用的表要将表内电池取出,防止旧电池产生漏液而腐蚀、损坏电池座的触片。

三、数字万用表

数字万用表简称 DMM,是具有多种量程的便携式仪表。其结构精密、性能稳定、可靠性高、使用方便。

1. 面板结构与功能

图 2-4-10 为 VC890D 型数字万用表外形,包括 LCD 液晶显示器、量程选择开关、表笔插孔等。LCD 液晶显示器最大显示值为 1 999,且具有自动显示极性功能。若被测电压或电流的极性为负,则显示值前将带"−"号。若输入超量程时,显示屏左端出现"1"或"−1"的提示字样。旋转式量程开关位于面板中央,用以选择测试功能和量程。若用表内蜂鸣器做通断检查时,量程开关应停放在二极管和通断挡的位置。hFE 插口用以测量三极管的 hFE 值时,将其 B、C、E 极对应插入。输入插口是万用表通过表笔与被测量连接的部位,设有 COM、VΩ、mA、10 A 四个插孔。使用时,黑表笔应置于 COM 插孔,红表笔依据被测种类和大小置于 VΩ、mA 或 10 A 插孔。在 COM 插孔与其他三个插孔之间分别标有最大(MAX)测量值,如 10 A、200 mA、交流 750 V、直流 1 000 V。测量完毕,应将其置于 OFF 位置,以免空耗电池电量。数字万用表的电池盒位于后盖的下方,采用 9 V 叠层电池。电池盒内还装有熔丝管,以起过载保护作用。

图 2-4-10　VC890D 型数字万用表外形

2. 数字万用表使用方法

(1)测量交、直流电压(ACV、DCV)时,红、黑表笔分别接 VΩ 与 COM 插孔,旋动量程选择开关至合选位置(直流电压选择 200 mV、2 V、20 V、200 V、700 V 或 1 000 V 挡,交流电压选择 750 V、200 V、20 V、2 V 挡),红、黑表笔并联于被测电路(若是直流,注意红表笔接高电位端,否则显示屏左端将显示“-”)。此时显示屏显示出被测电压数值。若显示屏只显示最高位“1”,表示溢出,应将量程调高。

(2)测量交、直流电流(ACA、DCA)时,红、黑表笔分别接 mA(大于 200 mA 时应接 10 A)与 COM 插孔,旋动量程选择开关至合适位置(2 mA、20 mA、200 mA 或 20 A),将两表笔串联于被测回路(直流时,注意极性),显示屏所显示的数值即为被测电流的大小。

(3)测量电阻时,无须调零。将红、黑表笔分别插入 VΩ 与 COM 插孔,旋动量程选择开关至合适位置(200 Ω、2 kΩ、20 kΩ、200 kΩ、2 MΩ、20 MΩ),将两笔表跨接在被测电阻两端(不得带电测量!),显示屏所显示的数值即为被测电阻的数值。

(4)进行二极管和电路通断测试时,红、黑表笔分别插入 VΩ 与 COM 插孔,旋动量程开关至二极管测试位置。正向情况下,显示屏即显示出二极管的正向导通电压,单位为 mV(锗管应在 200~300 mV,硅管应在 500~800 mV);反向情况下,显示屏应显示“1”,表明二极管不导通,否则,表明此二极管反向漏电流大。正向情况下,若显示“000”,则表明二极管短路;若显示“1”,则表明二极管断路。在用来测量线路或器件的通断状态时,若检测的阻值小于 30 Ω,则表内发出蜂鸣声以表示线路或器件处于导通状态。

(5)进行晶体管测量时,旋动量程选择开关至 hFE 位置(或 NPN、PNP),被测晶体管依据 NPN 型或 PNP 型将 B、C、E 极插入相应的插孔中,显示屏所显示的数值即为被测晶体管的 hFE 参数。

(6)进行电容测量时,先将电容两端短接进行放电,确保数字电压表安全,旋动量程选择开关至 F 位置,并选择合适的挡位,显示屏所示数值即为被测电容的电荷量。

知识点四 兆 欧 表

兆欧表又称摇表,是一种常用的测量高电阻的直读式仪表,一般用来测量电路、电动机绕组、电缆及电气设备等的绝缘电阻。

一、兆欧表的结构与原理

兆欧表主要是由手摇发电机、电磁系无机械反作用的表头组成,对外有接线柱(L:线路段、E:接地端、G:屏蔽端)。新型的兆欧表通常和数字万用表的外形相似。

兆欧表的工作原理示意如图 2-4-11 所示,它的磁电系表头有两个互成一定角度的可动线圈,装在一个有缺口的圆柱铁芯外面,并与指针一起固定在一转轴上,构成表头的可动部分,被置于永久磁铁中,磁铁的磁极与铁芯之间的气隙是不均匀的。由于指针没有阻尼弹簧,在仪表不用时,指针可以停留在任何位置。

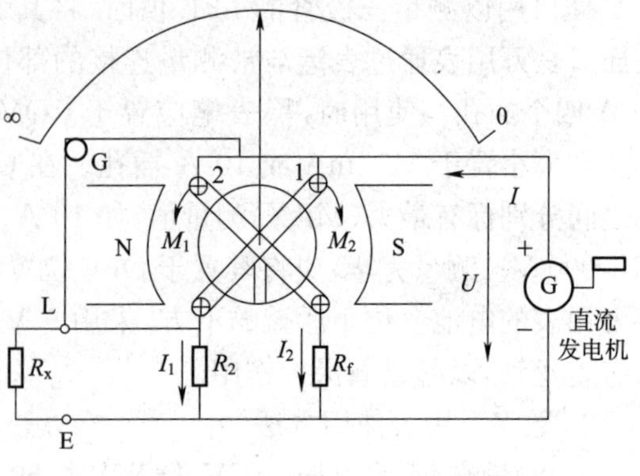

图 2-4-11 兆欧表工作原理示意图

摇动手柄,直流发电机可输出电流,其中,一路电流 I_1 流入线圈 1 和被测电阻 R_x 的回路，另一路电流 I_2 流入线圈 2 与附加电阻 R_f 的回路，设线圈 1 的电阻为 R_1，线圈 2 的电阻为 R_2，根据欧姆定律有：

$$I_1=\frac{U}{R_1+R_x},\quad I_2=\frac{U}{R_f+R_2}$$

处在磁场中的通电线圈受到磁场力的作用(磁场对电流的作用)，使线圈 1 产生转动力矩 M_1，线圈 2 产生转动力矩 M_2，由于两线圈绕向相反，从而 M_1 与 M_2 方向相反，两个力矩作用的合力矩使指针发生偏转。在 $M_1=M_2$ 时，指针静止不动，这时指针所指的就是被测设备的绝缘电阻值。

当 R_x 断开时(即 $R_x=\infty$)，$I_1=0$，$M_1=0$，指针在 M_2 的作用下向左偏转，最后指向标度尺 $R_x=\infty$ 处；若将 R_x 短接(即 $R_x=0$)，此时 I_1 最大，M_1 最大，使指针顺时针方向偏转，指针指到标度尺的 $R_x=0$ 处。根据此原理可以检验兆欧表的好坏。

二、兆欧表的使用方法及注意事项

1. 兆欧表的使用方法

(1)兆欧表的额定电压一定要与被测电气设备或线路的工作电压相适应。一般额定电压在 500 V 以下的设备，选用 500 V 或 1 000 V 的兆欧表；额定电压在 500 V 及以上的设备，选用 1 000～2 500 V 的兆欧表。

(2)在进行测量前要先切断电源，严禁带电测量设备的绝缘，要将设备引出线对地短路放电(对容性设备更应充分放电)，并将被测设备表面擦拭干净，以保障人身安全。测量完毕也应将设备充分放电，放电前切勿用手触及测量部分和兆欧表的接线柱。

(3)兆欧表的引线必须使用绝缘良好的单根多股软线，两根线不能交缠，应分开单独连接，以免影响测量结果。

(4)测量之前，应先检查兆欧表是否正常。方法是将 L、E 端钮连线断开，摇动手柄，观察标度尺，指针应指"∞"位置，而后再将 L、E 端钮短路，再摇动手柄，此时指针应指"0"位置；否则，说明兆欧表有故障，不能使用。

(5)测量绝缘电阻时，一般只用 L 和 E 端，但在测量电缆对地的绝缘电阻或被测设备的漏电流较严重时，就要使用 G 端，并将 G 端接屏蔽层或外壳。线路接好后，可按顺时针方向转动摇把，摇动的速度应由慢而快，当转速达到 120 r/min 左右时，保持匀速转动，1 min 后读数，并且边摇边读数，不能停下来读数。

(6)拆线放电。读数完毕，一边慢摇，一边拆线，然后将被测设备放电。放电方法是将测量时使用的地线从兆欧表上取下来与被测设备短接一下即可(不是兆欧表放电)。

2. 注意事项

(1)测量前一定要将设备断开电源，对内部有储能元件(电容器)的设备要进行放电。

(2)读数完毕后，不要立即停止转动摇把，应逐渐减速使摇把慢慢停转。

(3)测量电容器的绝缘电阻或内部有电容器的设备时，要注意电容器的耐压必须大于兆欧表的电压，读数完毕后，应先取下兆欧表的红色(L)测试线，再停止转动摇把，防止已充电的电容器将电流反灌入兆欧表导致表的损坏。测完后的电容器和内部有电容器的设备要用电阻进行放电。

(4)禁止在雷电或邻近有带高压导体设备的环境下使用兆欧表，只有在不带电又不可能受其他电源感应而带电的场合,才能使用兆欧表。

知识点五　钳形电流表

钳形电流表又称钳表,是测量正在运行的电气线路电流大小的仪表。在测电流时不用断开被测电路,是一种使用方便的携带式仪表。

一、钳形电流表的基本结构和工作原理

用来测量交流电流的钳形电流表是利用电流互感器原理制造的。主要由一只磁电系表头和穿心式电流互感器组成。穿心式电流互感器的二次绕组缠绕在铁芯上且与电流表相连,它的一次绕组即为穿过互感器中心的被测导线。旋钮实际上是一个量程选择开关,扳手的作用是开合穿心式互感器铁芯的可动部分,以便使其钳入被测导线。

测量电流时,按动扳手,打开钳口,将被测载流导线置于穿心式电流互感器的中间,当被测导线中有交变电流通过时,交流电流的磁通在电流互感器二次绕组中感应出电流,该电流通过电磁系电流表的线圈,使指针发生偏转,在表盘标度尺中指示出被测电流值。其外形结构如图 2-4-12 所示。

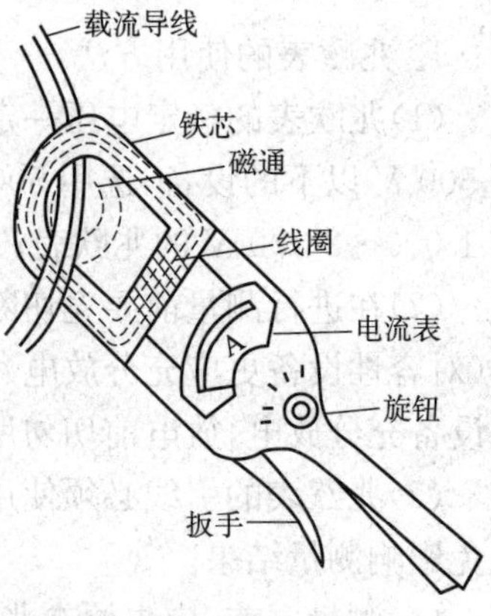

图 2-4-12　钳形电流表外形结构

交直两用的钳形电流表是电磁系测量机构制成的。卡在钳口中的被测导体相当于电磁系测量机构中的线圈,在铁芯中产生磁场。位于铁芯缺口中间的可动铁片受此磁场的作用而偏转,带动指针指示被测电流的数值。由于仪表可动部分的偏转方向与电流流向无关,因此可以交直两用。

二、钳形电流表的使用方法及注意事项

1. 钳形电流表的使用方法

(1)钳形电流表的额定电压不能低于被测线路的电压,钳形电流表的最大量程应大于被测线路的电流。

(2)检查钳口的开合情况。要求钳口开合自如,两边钳口接合面接触紧密。

(3)正确选择量程。尽量让被测值超过中间刻度。调整挡位前一定要将钳口退出被测导线。

(4)每次只能测量一根导线的电流,不能将多根导线同时钳入钳口测量。

(5)测量时,应使被测导线置于钳口内中心位置,以利于减小测量误差。

(6)测量完大电流后马上进行小电流测量时,需将钳口开合几次,以消除钳口铁芯中的剩磁。

(7)读数时,每个挡位的数值即为指针满刻度所对应的数值。

(8)钳形电流表不用时,应将量程选择旋钮旋至最高量程挡。

2. 注意事项

(1)切忌在未退出钳形电流表的状态下转换量程开关,否则会导致钳形电流表内的测量线路损坏,严重的甚至会危及人身安全。

(2)由于钳形电流表读数时钳口未离开测量线路，所以测量前要选好合适的测量位置和角度，避免因读数而导致身体过于靠近或接触带电体而造成触电。

(3)测量高压线路时，要做好“两穿三戴”和专人监护的安防措施。

知识点六　单、双臂电桥

一、直流单臂电桥

直流单臂电桥又称惠斯通电桥，适用于测量电动机、变压器及各种电器的直流电阻，其测量范围为 $1 \sim 10^8\ \Omega$。

1. 直流单臂电桥的工作原理

直流单臂电桥的电路原理如图 2-4-13 所示。它由四个电阻连接成一个封闭的环形电路，每个电阻支路均称为桥臂。电桥的两个顶点 a、b 为输入端，接直流电源；另两个顶点 c、d 为输出端，接电流检流计(指零仪)。

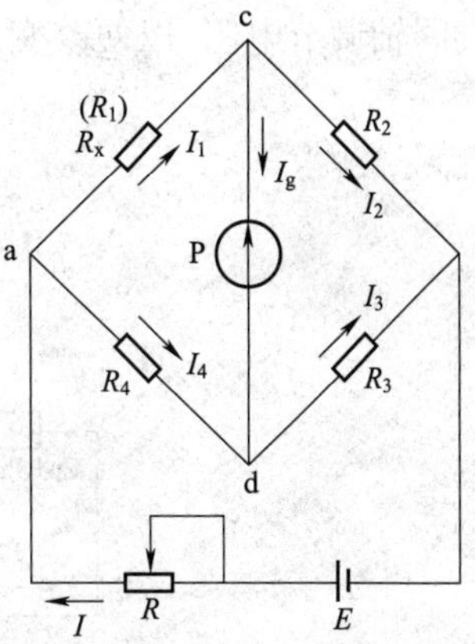

图 2-4-13　直流单臂电桥的电路原理

$$\begin{cases} I_1 = I_2, I_3 = I_4 \\ I_1 R_x = I_4 R_4 \\ I_2 R_2 = I_3 R_3 \end{cases} \Rightarrow R_x = \frac{R_2}{R_3} R_4$$

式中，$\frac{R_2}{R_3}$通常配成固定的比例，称为电桥的比率臂；电阻 R_4 称为比较臂。

比率臂一般有七个挡位，分别为×0.001、×0.01、×0.1、×1、×10、×100、×1 000，由倍率开关切换。

2. 直流单臂电桥的使用方法

(1)使用前先将检流计锁扣打开，并调节其调零装置使指针指示在零位。

(2)用万用表粗测一下被测电阻，先估计一下它的大约数值。

(3)选择适当的倍率。

(4)用短粗导线将被测电阻 R_x 接在测量接线柱上，连接处要拧紧。

(5)测量时，先按下电源按钮，一定时间后再按下检流计按钮，调整比较臂，直至检流计指针为零，读数，计算电阻值。被测电阻值＝比较臂读数盘电阻之和×倍率。

(6)测量完毕，先松开检流计按钮，后松开电源按钮。

(7)电桥使用完毕后，先将检流计按钮按下并旋转一定角度将锁扣锁上，然后切断电源，最后拆除被测电阻。

3. 直流单臂电桥使用注意事项

(1)为了测量准确，在测量时选择的倍率应使比较桥臂电阻的四个读数盘都有读数。

(2)测量时，电桥必须放置平稳；被测电阻应单独测量，不能带电测试。

(3)由于接头处接触电阻和连接导线电阻的影响，直流单臂电桥不宜测量电阻值小于 1 Ω 的电阻。

(4)测量时，连接导线应尽量用截面面积较大、长度较短的导线，以减小误差；接线必须拧紧，如有松脱，电桥会极端不平衡，使检流计损坏。

(5)电池电压不足会影响电桥的灵敏度。当发现电池电压不足时应调换。

(6)测量结束不再使用时,应将检流计锁扣锁上,以免检流计受振损坏。

二、直流双臂电桥

1. 直流双臂电桥的工作原理

直流双臂电桥又称凯尔文电桥,其电路原理如图 2-4-14 所示。图中 R_x 是被测电阻,R_n 是比较用的可调电阻。R_x 和 R_n 各有两对端钮,C1 和 C2、Cn1 和 Cn2 是它们的电流端钮,P1 和 P2、Pn1 和 Pn2 是它们的电位端钮。接线时必须使被测电阻 R_x 只在电位端钮 P1 和 P2 之间,而电流端钮在电位端钮的外侧,否则就不能排除和减少接线电阻与接触电阻对测量结果的影响。比较用可调电阻的电流端钮 Cn2 与被测电阻的电流端钮 C2 用电阻为 r 的粗导线连接起来。R_1、R_1'、R_2 和 R_2' 是桥臂电阻,其阻值均在 10 Ω 以上。在结构上,把 R_1 和 R_1' 以及 R_2 和 R_2' 做成同轴调节电阻,以便改变 R_1 或 R_2 的同时,R_1' 和 R_2' 也会随之变化,并能始终保持。

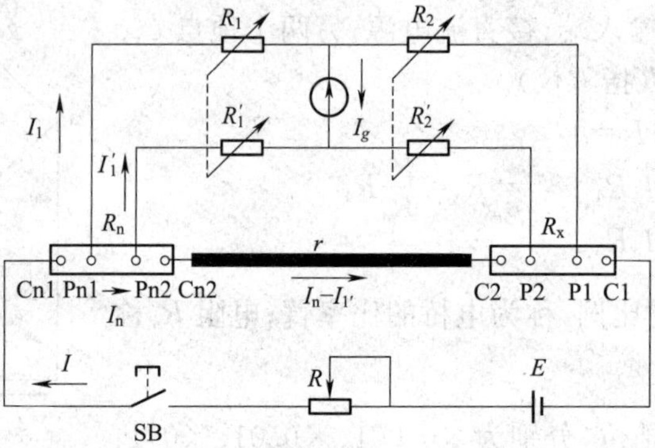

图 2-4-14　直流双臂电桥工作原理

测量时,接上 R_x 调节各桥臂电阻使电桥平衡。此时,因为 $I_g=0$,可得到被测电阻 R_x 为

$$R_x=\frac{R_2}{R_1}R_n$$

可见,被测电阻 R_x 仅决定于桥臂电阻 R_2 和 R_1 的比值及比较用可调电阻 R_n,而与粗导线电阻 r 无关。比值 R_2/R_1 称为直流双臂电桥的倍率。所以,电桥平衡时,被测电阻值=倍率读数×比较用可调电阻读数。因此,为了保证测量的准确性,连接 R_x 和 R_n 电流端钮的导线应尽量选用导电性能良好且短而粗的导线。

$$\frac{R_2'}{R_2}=\frac{R_1'}{R_1}$$

只要能保证,R_1、R_1'、R_2 和 R_2' 均大于 10 Ω,r 又很小,且接线正确,直流双臂电桥就可较好地消除或减小接线电阻与接触电阻的影响。因此,用直流双臂电桥测量小电阻时,能得到较准确的测量结果。

2. 直流双臂电桥的使用方法和注意事项

直流双臂电桥的使用方法和注意事项与直流单臂电桥基本相同,但还要注意以下几点:

(1)被测电阻的电流端钮和电位端钮应和双臂电桥的对应端钮正确连接。当被测电阻没有专门的电位端钮和电流端钮时,也要设法引出四根线和双臂电桥连接,并用靠近被测电阻的一对导线接到电桥的电位端钮上。

（2）由于直流双臂电桥的工作电流较大，所以测量要迅速，以减小电池电量的消耗。

（3）使用直流双臂电桥时，电流接头与电位接头应连接正确。

（4）在选用标准电阻时，应使其与被测电阻在同一个数量级。

（5）直流双臂电桥的电源最好采用容量较大的蓄电池，电压为 2～4 V。为了使电源回路的电流不至于太大而损坏标准电阻和被测电阻，在电流回路中应接一个可调电阻和直流电流表。在进行精密测量时，应针对不同的被测电阻，调准电源电压，以提高灵敏度。但电压调整的范围不应超出桥路电阻允许的范围。

知识点七　接地电阻测量仪

接地电阻测量仪又称接地电阻表，是一种专门用于直接测量各种接地装置的接地电阻值的仪表。

一、接地电阻测量仪的结构与工作原理

1. 接地电阻测量仪的结构

接地电阻测量仪主要由手摇发电机、电流互感器、电位器及检流计组成。其附件有两根探针，分别为电位探针和电流探针，还有三根不同长度的导线（5 m 长的用于连接被测的接地体，20 m 长的用于连接电位探针，40 m 长的用于连接电流探针）。用 120 r/min 的速度转动摇把时，表内发出 110～115 Hz、100 V 左右的交流电压。图 2-4-15 所示为接地电阻测量仪结构。

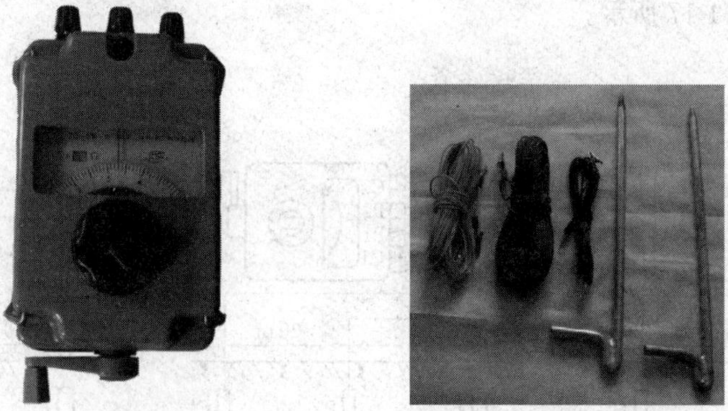

(a) 仪表外观图　　(b) 仪表用线与接地线

图 2-4-15　接地电阻测量仪结构

2. 接地电阻测量仪的工作原理

接地电阻测量仪工作原理如图 2-4-16（a）所示。手摇发电机输出的电流经互感器 TA 的一次侧→接地 E′→大地→电流探针 C′→发电机，构成闭合回路，当电流 I 流入大地后，经过接地体 E′向四周散开。离接地体越远，电流的密度越小。一般 20 m 处时，电流密度为零，电位等于零。电流 I 在流过接地电阻 R_x 时产生的压降为 IR_x，在流过 C 点时，R_c 上产生的压降为 IR_c。其电位分布如图 2-4-17（b）所示。若电流互感器的电流比为 K，其二次电流为 KI，它流过电位器 R_P 时产生的压降为 KIR_s（R_s 是 W 最左端与滑动触点之间的电阻）。当调节电位器

R_P使检流计指针为零时，则有：

$$IR_x = KIR_s$$

两边除以 I，得

$$R_x = KR_s$$

上式说明，被测的接地电阻 R_x 可由电流互感器的电流比 K 和电位器的电阻 R_s 所决定，而与电流接地极 C′的电阻 R_c 无关，即实际测量时，只要调节到检流计指针为零时，将测量刻度盘上的读数乘以倍率标度的倍数就是所测接地体的接地电阻值。

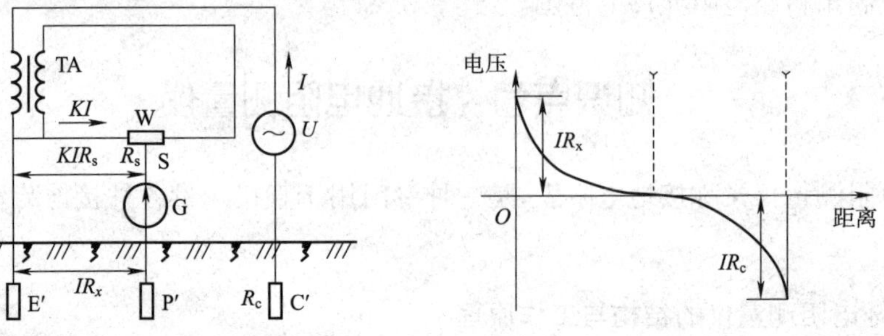

(a) 接地电阻测量仪工作原理　　(b) 电位分布

图 2-4-16　接地电阻测量仪

二、接地电阻的测量方法

(1)将两个接地探针沿接地体辐射方向分别插入距接地体 20 m、40 m 的地下，插入深度为 400 mm，如图 2-4-17 所示。

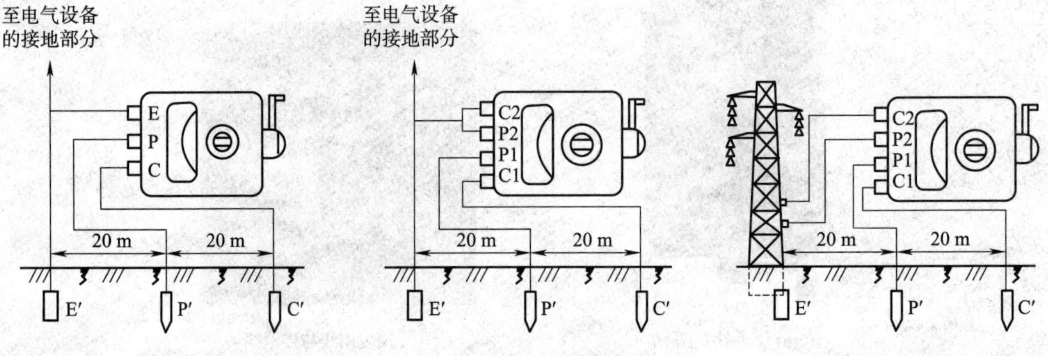

(a) 三端钮表的接地　　(b) 四端钮表的接地　　(c) 测量小电阻的接线

图 2-4-17　接地电阻的测量

(2)将接地电阻测量仪平放于接地体附近，并进行接线，接线方法如下：

①用最短的专用导线将接地体与接地电阻测量仪的接线端 E1(三端钮的测量仪)或与 C2 短接后的公共端(四端钮的测量仪)相连。

②用最长的专用导线将距接地体 40 m 的测量探针(电流探针)与测量仪的接线钮 C1 相连。

③用余下的长度居中的专用导线将距接地体 20 m 的测量探针(电位探针)与测量仪的接线端 P1 相连。

④将接地电阻测量仪水平放置后，检查检流计的指针是否指向中心线，否则调节“零位调整器”使接地电阻测量仪指针指向中心线。

⑤将“倍率标度”(或称粗调旋钮)置于最大倍数，并慢慢地转动发电机转柄(指针开始偏移)，同时旋动“测量标度盘”(或称细调旋钮)使检流计指针指向中心线。

⑥当检流计的指针接近于平衡时(指针接近于中心线)加快转动转柄，使其转速达到120 r/min以上，同时调整“测量标度盘”，使指针指向中心线。

⑦若“测量标度盘”的读数过小(小于1)不易读准确时，说明倍率标度倍数过大。此时应将“倍率标度”置于较小的倍数，重新调整“测量标度盘”，使指针指向中心线上并读出准确读数。

⑧计算测量结果，即 $R_{地}$ =“倍率标度”读数×“测量标度盘”读数。

三、测量注意事项

(1)当检流计的灵敏度过高时，可将电位探针较浅地插入土壤中。当检流计的灵敏度不够时，可沿电位探针和电流探针注水湿润。

当大地干扰信号较强时，可以适当改变手摇发电机的速度，提高抗干扰的能力，以获得平稳读数。

(2)当接地极 E′和电流探针 C′之间距离大于40 m时，电位探针 P′的位置可插在 E′、C′中间直线的几米以外，其测量误差可忽略不计。

(3)当接地极 E′和电流探针 C′之间距离小于40 m时，则应将电位探针 P′插于 E′与 C′的直线中间。

知识点八　功率与电能

一、功　　率

功率即单位时间内元件发出或吸收的电能。设电路任意两点间的电压为 U，流入此部分电路的电流为 I，则这部分电路消耗(吸收)的功率为

$$P=UI$$

直流电功率等于它的电压和电流的乘积，即

$$P=UI$$

式中，P 为负载功率，单位是 W；U 为负载两端的电压，单位是 V；I 为通过负载的电流，单位是 A。

功率的单位是 W，常用单位还有 kW(千瓦)、MW(兆瓦)，它们之间的换算关系为

$$1\ \text{kW}=1\ 000\ \text{W},1\ \text{MW}=1\ 000\ \text{kW}$$

功率计算公式也可写成：

$$P=I^2R=\frac{U^2}{R}\quad\left(\text{因为}\ U=IR,I=\frac{U}{R}\right)$$

二、电　　能

电动机、电灯等用电负荷的功率只反映它们的工作能力，而它们完成的工作量则需要通过

电能来反映。电能的大小除了与功率有关外,还与工作时间有关。电能 W 就是用来表示电力在一段时间内所做的功,即

$$W=Pt$$

式中,t 为时间,单位是 s;P 为功率,单位是 W。国际单位制中,电能的单位是 J,它表示功率为 1 W 的用电设备在 1 s 时间内所消耗的电能。

实用中的电能单位还有 kW·h(千瓦·时),即通常所说的 1 度电,其换算关系为

$$1\ \text{度电}=1\ \text{kW}\cdot\text{h}=3\ 600\ \text{kJ}$$

三、功率的测量

功率表用于测量直流电路和交流电路的功率,又称电力表或瓦特表。在交流电路中,由于测量电流的相数不同又分为单相功率表和三相功率表。

1. 功率表的基本结构

功率表大多数采用电动系仪表的测量机构。

2. 功率表的接线

功率表的接线原则:

(1)电流线圈上标有"□"号的端钮应接电源,另一端接负载。

(2)电压线圈上标有"□"号的电压端钮可以接至电流线圈的任意一端,电压线圈的另一端则跨接至负载另一端,即电压线圈"□"端有前接和后接之分,如图 2-4-18(a)、(b)所示。

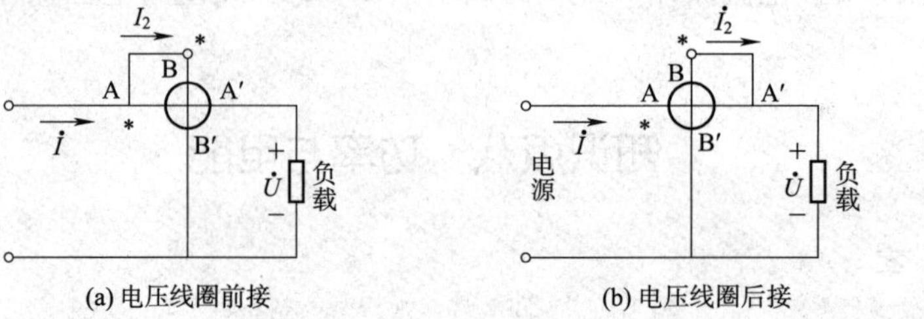

图 2-4-18　功率表的正确接线

3. 测量单相电路功率时的接法

(1)若被测电路功率小于功率表量程时,功率表可直接接入电路;若被测电路功率大于功率表量程时,必须加接电流互感器与电压互感器扩大其量程,其电路如图 2-4-19 所示。

(2)用两只单相功率表测三相三线制电路功率的接线图如图 2-4-20 所示。

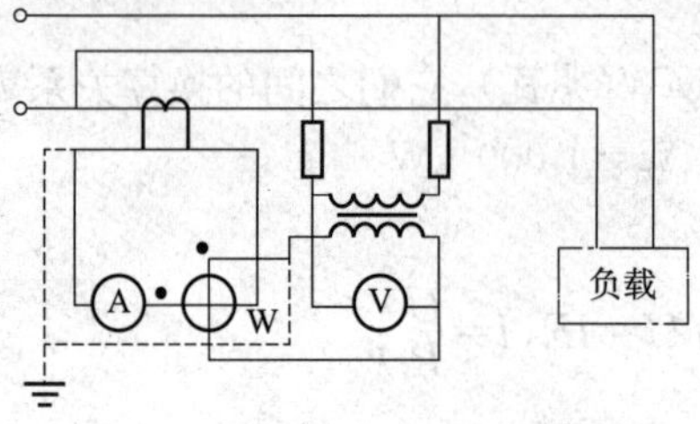

图 2-4-19　用电流互感器和电压互感器扩大单相功率表量程

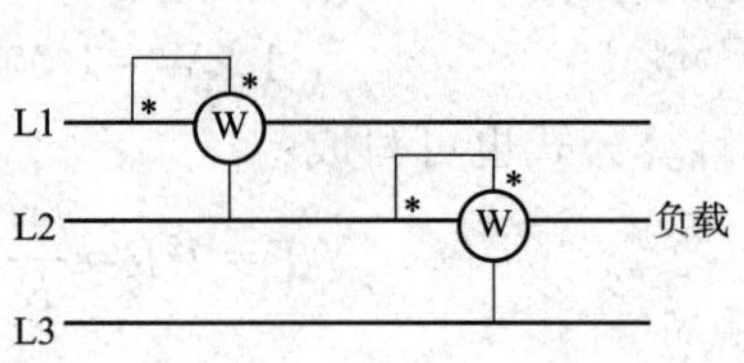

图 2-4-20　用两只单相功率表测三相三线制电路功率接线图

4. 测量三相电路功率时的接法

(1)用三只单相功率表测三相四线制电路功率的接线图如图 2-4-21 所示。

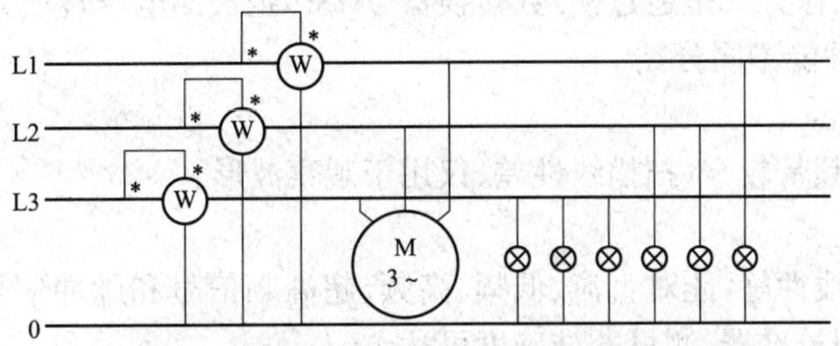

图 2-4-21　用三只单相功率表测三相四线制电路功率的接线图

(2)用一只三相功率表测三相电路的功率。这种三相功率表相当于两只单相功率表的组合,它有两个电流线圈和两个电压线圈,其内部接线与用两只单相功率表测三相三线制电路功率的接线相同。因此可直接用于测量三相三线制和对称三相四线制电路,其接线图如图 2-4-22 所示。

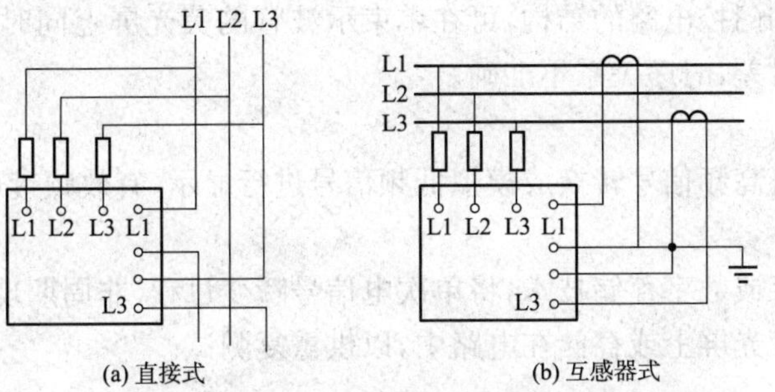

图 2-4-22　用三相功率表测三相电路功率的接线图

5. 功率表使用注意事项

(1)选用功率表时应注意功率表的电流量程应大于被测电路的最大工作电流,电压量程也应大于被测电路的最高工作电压。否则应加电流互感器和电压互感器扩大量程,以满足检测的需要。

(2)功率表的表盘刻度只标明分格数,往往不标明瓦特数。不同电流量程和电压量程的功率表,每个分格所代表瓦特数不一样,在测量时,应将指针所示分格数乘上分格常数,才能得到被测量电路的实际功率值。

知识点九　示　波　器

示波器是一种用途十分广泛的电子测量仪器。它能把肉眼看不见的电信号变换成看得见的图像,便于人们研究各种电现象的变化过程。

一、示波器的分类

1. 按照信号的不同分类

1)模拟示波器

模拟示波器采用的是模拟电路(示波管,其基础是电子枪)。电子枪向屏幕发射电子,发射的电子经聚焦形成电子束,并打到屏幕上。

2)数字示波器

数字示波器的工作方式是通过模/数转换器(ADC)把被测电压转换为数字信息。

2. 按照结构和性能不同分类

1)普通示波器

电路结构简单,频带较窄,扫描线性差,仅用于观察波形。

2)多用示波器

频带较宽,扫描线性好,能对直流、低频、高频、超高频信号和脉冲信号进行定量测试。借助幅度校准器和时间校准器,测量的准确度可达±5%。

3)多线示波器

采用多束示波管,能在荧光屏上同时显示两个以上同频信号的波形,没有时差,时序关系准确。

4)多踪示波器

具有电子开关和门控电路的结构,可在单束示波管的荧光屏上同时显示两个以上同频信号的波形。但存在时差,时序关系不准确。

5)采样示波器

采用采样技术将高频信号转换成模拟低频信号进行显示,有效频带可达吉赫级。

6)记忆示波器

采用存储示波管或数字存储技术,将单次电信号瞬变过程、非周期现象和超低频信号长时间保留在示波管的荧光屏上或存储在电路中,以供重复测试。

7)数字示波器

内部带有微处理器,外部装有数字显示器,有的产品在示波管荧光屏上既可显示波形,又可显示字符。被测信号经模/数转换器(ADC)送入数据存储器,通过键盘操作,可对捕获的波形参数的数据,进行加、减、乘、除、求平均值、求平方根值、求均方根值等的运算,并显示出结果数字。

二、示波器的面板菜单和功能

1. 模拟示波器(SR-8)

1)面板

SR-8型双踪示波器是一种全晶体管化的小型宽频脉冲示波器,能用来同时观察和测定两种不同信号的瞬变过程。它不仅可以在荧光屏上同时显示两种不同的电信号,而且可以显示两种信号叠加后的波形。本示波器还可以任意选择独立工作,进行单踪显示。其面板如图2-4-23所示。

2)面板各部分功能

SR-8型双踪示波器面板各控制旋钮的作用如下:

(1)显示部分:

"□——辉度":用于调节波形或光点的亮度。顺时针转动时,亮度增加;逆时针转动时,亮度减弱直至显示亮度消失。

"⊙——聚焦":聚焦控制用来控制屏幕上光点的大小,以便获得清晰的波形轨迹,主要用

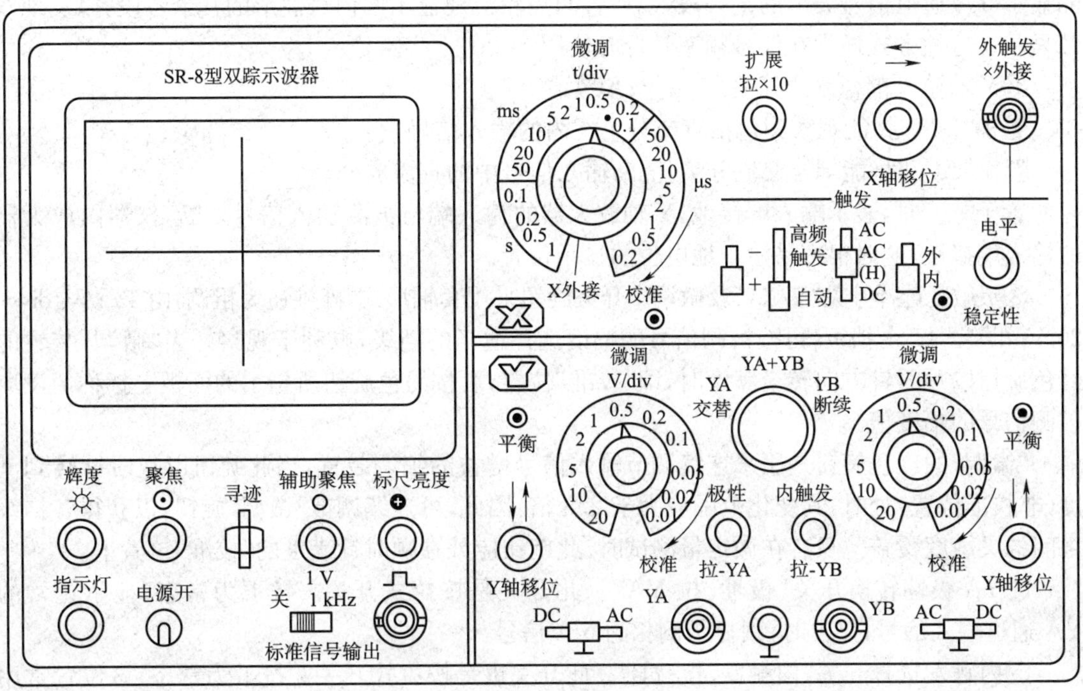

图 2-4-23　SR-8 型双踪示波器面板

于调节波形或光点的清晰度。

“○——辅助聚焦”：它与“聚焦”控制旋钮相互配合调节，以提高显示器有效工作面内波形或光点的清晰度。

“⊕——标尺亮度”：用于调节坐标轴上刻度线亮度的控制旋钮。当顺时针旋转时，刻度线亮度将增加；反之，则减弱。

“寻迹”按键：按下此按键时，偏离荧光屏的光迹便可回到可见显示区域，从而寻到光点所在位置，实际上它的作用是降低 Y 轴和 X 轴放大器的放大量，同时使时基发生器处于自励状态。

“校准信号输出”：输出幅度为 1 V，频率为 1 kHz 的标准方波信号，用以校准 Y 轴的灵敏度和扫描速度，不使用时，把旁边的开关置于“关”位置。

(2)Y 轴开关的作用及使用方法：

①显示方式开关有交替、YA、YB、YA＋YB 和断续五种方式，各方式的作用如下：

“交替”：在机内扫描信号的控制下，交替地对 YA 通道和 YB 通道的信号进行显示，即第一次扫描显示 YB 通道的信号，第二次扫描显示 YA 通道的信号，第三次扫描又显示 YB 通道的信号……从而实现双踪显示。这种显示方式一般在输入信号频率较高时使用。

“YA”：YA 通道单踪显示。

“YB”：YB 通道单踪显示。

“YA＋YB”：显示两通道信号叠加后的波形。通过“极性、拉-YA”开关选择，可以显示 YA 与两通道信号的和或差。

“断续”：指在一次扫描的第一个时间间隔显示 YB 通道信号波形的某一段，第二个时间间隔显示 YA 通道信号波形的某一段,以后各间隔轮流地显示两信号波形的其余各段,以实现双踪显示。这种方式通常在信号频率较低时使用。

②Y 轴输入耦合方式开关“DC、⊥、AC”:

置于“DC”时,能观察到包括直流分量在内的输入信号。

置于“AC”时,能耦合交流分量,隔断输入信号中的直流成分。

置于“⊥”时,表示输入端接地,Y 轴放大器的输入端与被测输入信号切断,仪器内放大器的输入端接地,这时很容易检查地电位的显示位置。

③灵敏度选择开关“V/div”及微调。开关旋钮采用套轴形式,外旋钮为粗调,由 10 mV/div～20 V/div 分 11 个挡级,可按被测信号的幅度选择适当的挡级,以利于观察。当“微调”装置的红色旋钮以顺时针方向转至满度时,即“校准”位置,可按黑色旋钮所指示的面板上标称值读取被测信号的幅度值。

“微调”的红色旋钮是用来连续调节输入信号增益的细调装置,当此旋钮以逆时针转到满度(非校准位置)处时,其变化范围应大于 2.5 倍,因此,可连续调节“微调”旋钮,以获得各挡级之间的灵敏度覆盖。只有在做定量测试时,此旋钮应处在顺时针满度的“校准”位置上。

④YA 极性转换开关“极性、拉-YA”。此开关是按拉式开关。按下为常态,显示正常的 YA 通道输入信号;拉出时,则显示倒相的 YA 信号。

⑤内触发选择开关“内触发、拉-YB”。此开关也是按拉式开关。按下为常态,该位置常用于单踪显示,若作双踪显示时只作为一般波形观察,不能作为时间比较。当“拉-YB”开关拉出时,通常适用于“交替”或“断续”的双踪显示状态,以对两种不同信号的时间与相位进行比较。

⑥平衡电位器 Y 轴放大器输入信号后,所显示的波形,如果随灵敏度“微调”转动而出现 X 轴方向的位移,调此平衡电位器,可使位移最小。

(3)X 轴开关的作用与使用方法:

①扫描时间选择开关“t/div”及微调。开关旋钮采用套轴形式,外旋钮为粗调。微调旋钮按顺时针方向转至满度为“校准”位置,此时面板上所指示的标称值就是粗调旋钮所在挡的扫描速度值。当粗调旋钮置“X 外接”时,X 轴信号直接由“X 外接”同轴插座输入。

②扫描扩展开关“扩展、拉×10”。此开关是按拉式开关。按下为常态(正常位置),仪器正常使用;当在拉的位置时,荧光屏上的波形在 X 轴方向扩展 10 倍,此时的扫描速度增大 10 倍。

③触发选择开关“内、外”。开关置于“内”时,触发信号取自机内 Y 通道的被测信号;置于“外”时,触发信号直接由“外触发、X 外接”同轴插座输入,此时外触发信号与被测信号在频率上应有整数倍关系。

④触发信号耦合方式选择开关“AC、AC(H)、DC”。触发耦合方式有三种。在外触发输入方式时,可以同时选择输入信号的耦合方式。

“AC”:触发形式属交流耦合方式,由于触发信号的直流分量已被切断,因而其触发性能不受直流分量的影响。

“AC(H)”:触发形式属低频抑制状态,通过高通滤波器进行耦合,高通滤波器起抑制低频噪声或低频信号的作用。

“DC”:触发形式属直流耦合方式,可用于对变化缓慢的信号进行触发扫描。

⑤触发方式开关“高频、触发、自动”。当开关置于“高频”时,用时基发生器产生约 200 kHz

频率的自激信号去同步被测信号，使荧光屏上显示的波形稳定。这种方式有利于观测频率较高的信号。当开关置于“触发”时，触发信号来自机内 Y 通道或外触发输入，“电平”旋钮对波形的稳定有控制作用。当开关置于“自动”时，用时基触发器产生的低频方波自激振荡信号去同步被测信号，使荧光屏上显示的波形稳定。此时“电平”旋钮对波形的显示不起作用，这种方式有利于观测频率较低的信号。

⑥触发极性选择开关“+、−”。当开关置于“+”时，用触发信号的上升沿触发；置于“−”时，用触发信号的下降沿触发。

⑦触发电平调节开关“电平”。用以选择输入信号波形的触发点，使电路在适合的电平上激励扫描。如没有触发信号或触发信号电平不在触发区内，则扫描停止。使用“自动”方式，“电平”旋钮不起控制作用。

⑧稳定性。此旋钮属半调整器件，有使显示波形同步、稳定的作用。正常使用时无须经常调节。

3)使用注意事项

(1)在用探头测量时，实际输入示波器的电压只有被测电压的 1/10。因此，在计算时，应将测量的电压乘以 10。

(2)探头的最大允许输入信号幅度为 400 V。在使用探头测量加速变化的电压波形时，其接地点应选择在最靠近被测信号的地方。

(3)测量电压时，应使被测波形稳定地显示在荧光屏中央，幅度一般不宜超过 6 div，以免非线性失真造成的测量误差。

2. 数字示波器(泰克 TDS3034C)

1)面板

TDS3034C 系列数字荧光示波器(DPO)以经济的价位为用户提供了所需的性能。TDS3034C 提供了 300 MHz 的带宽及高达 2.5 GS/s 的采样率，四通道可以准确地表示信号。在所有通道上标配 10 k 记录长度，3 600 wfms/s 连续波形捕获速率。快速的连续波形捕获速率可以迅速揭示问题特点，进而应用高级触发隔离问题，节约大量的时间。实时辉度等级突出显示与信号活动历史有关的细节，可以更简便地了解捕获的波形特点。与其他类似示波器不同，即使在采集停止后，它仍能保留历史数据。其面板如图 2-4-24 所示。

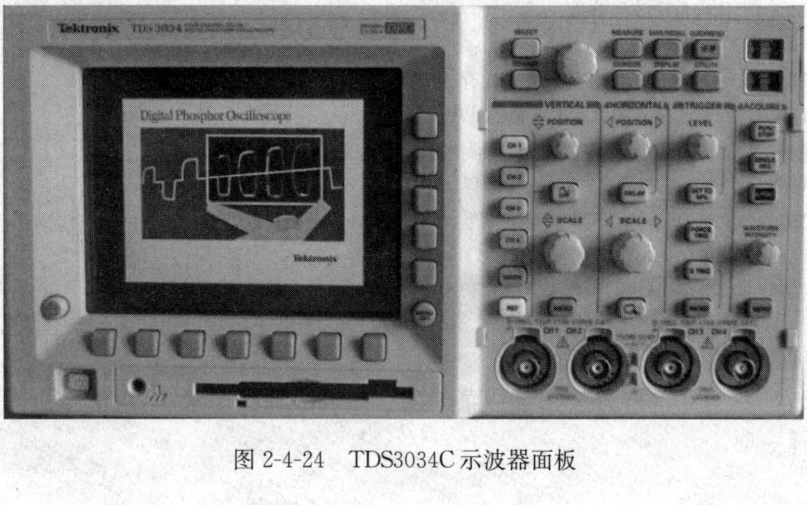

图 2-4-24　TDS3034C 示波器面板

2)前面板菜单按钮

前面板上有常用功能的按钮和控制,也有访问专用功能的菜单,如图 2-4-25 所示。

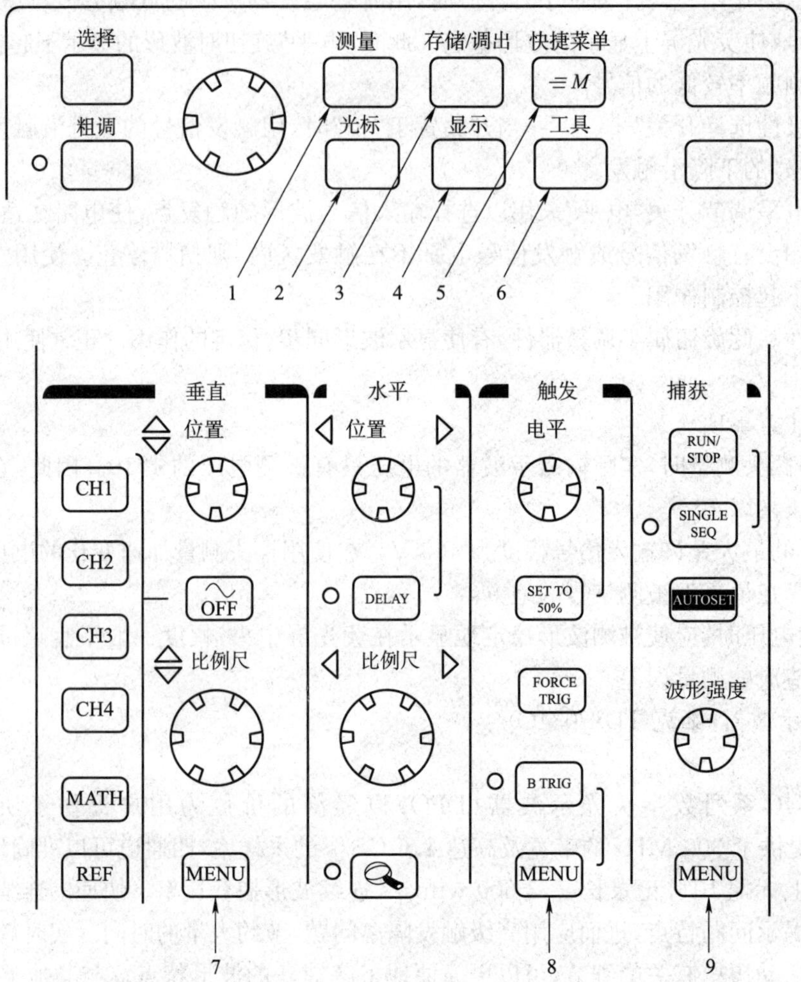

图 2-4-25 前面板菜单按钮

1——测量(Meas)。执行自动波形测量。

2——光标(Cursor)。激活光标。

3——存储/调出(Save/Recall)。将波形保存到内存或 USB 闪存驱动器或从中调出。

4——显示(Display)。更改波形和显示器屏幕的外观。

5——快捷菜单。激活快捷菜单,如内置的"示波器快捷菜单"。

6——工具(Utility)。激活系统工具,例如选择语言。

7——"垂直"部分的菜单(Menu)。调整波形的刻度、位置和偏置。设置输入参数。

8——"触发"部分的菜单(Menu)。调整触发函数。

9——"捕获"部分的菜单(Menu)。设置采集模式和水平分辨率,并可重置延迟时间。

3)底部屏幕按钮

图 2-4-26 所示为底部屏幕按钮选择菜单项。如果出现弹出菜单,继续按屏幕按钮可从弹出菜单中选择一项。

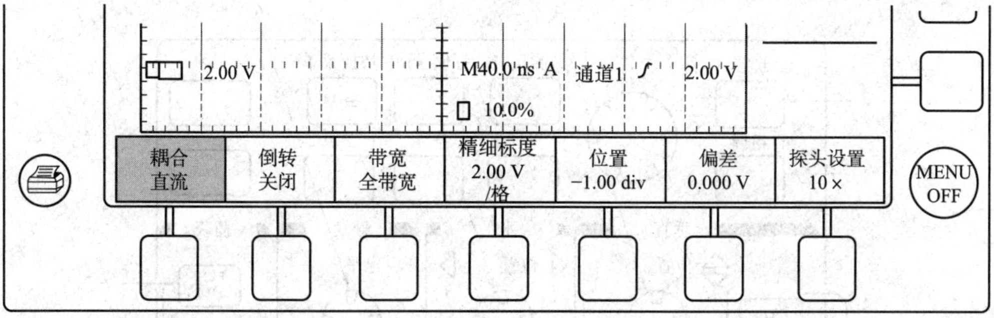

图 2-4-26　底部屏幕按钮选择菜单项

4)侧面屏幕按钮

图 2-4-27 为侧面屏幕按钮选择菜单项。如果菜单项包含多个选择,再次按侧面屏幕按钮进行选择。

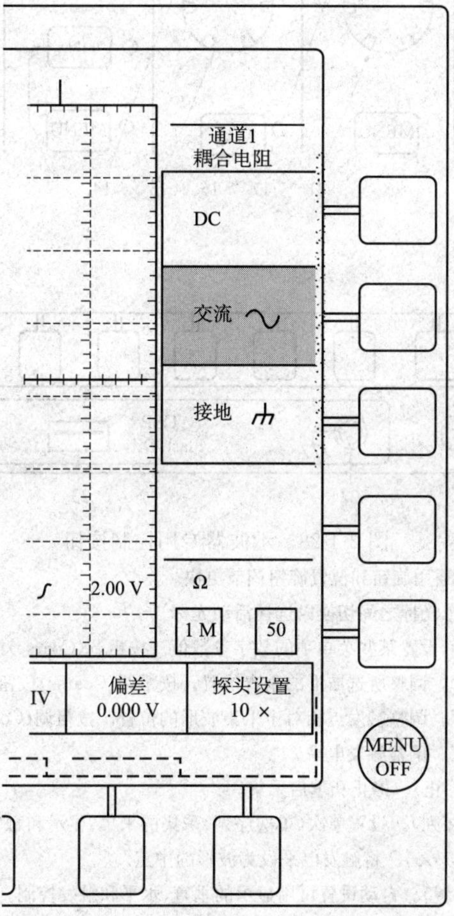

图 2-4-27　侧面屏幕按钮选择菜单项

5)专用控制按钮

示波器专用控制按钮可控制波形和光标,无须使用菜单,如图 2-4-28 所示。

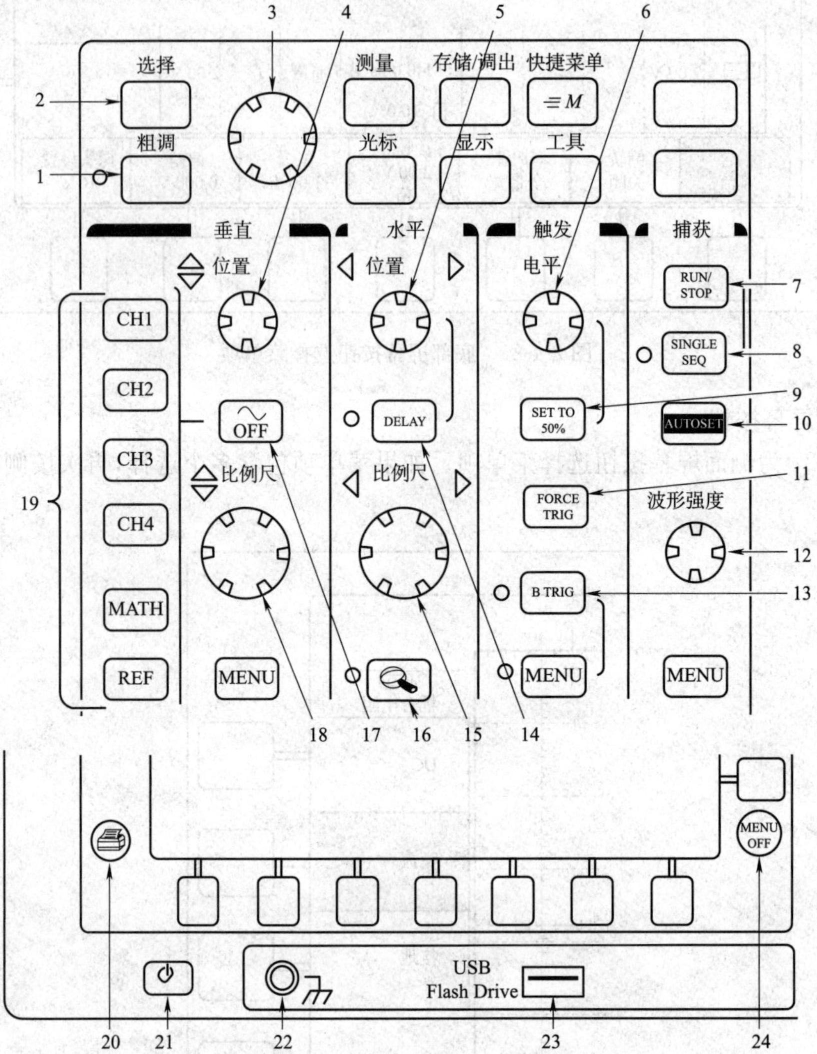

图 2-4-28　示波器专用控制按钮

1——粗调(Coarse)。可使通用旋钮和位置旋钮调节更快。

2——选择(Select)。在两个光标之间切换以选择活动光标。

3——通用旋钮。移动光标,设置某些菜单项的数字参数值。按粗调(Coarse)按钮做快速调节。

4——“垂直”部分的“位置”。调整所选波形的垂直位置。按粗调(Coarse)按钮做快速调节。

5——“水平”部分的“位置”。调整触发点相对于采集波形的位置。按粗调(Coarse)按钮做快速调节。

6——“触发”部分的“电平”。调整触发电平。

7——RUN/STOP(运行/停止)。停止和重启采集。

8——SINGLE SEQ(单次序列)。设置单次(单次序列)采集的采集、显示和触发参数。

9——SET TO 50%(设为 50%)。将触发电平设为波形的中点。

10——AUTOSET(自动设置)。自动设置可用显示的垂直、水平和触发控制。

11——FORCE TRIG(强制触发)。强制一个立即触发事件。

12——波形强度。控制波形强度。

13——B TRIG(B 触发)。激活 B 触发。更改“触发”菜单以设置 B 触发参数。

14——DELAY(延迟)。启用相对于触发事件的延迟采集。使用“水平位置”设置延迟量。

15——“水平”部分的“比例尺”。调整水平刻度因子。

16——水平缩放。分割屏幕并水平放大当前的采集。

17——波形关闭。从显示器上删除所选的波形。

18——“垂直”部分的“比例尺”。调整所选波形的垂直刻度系数。

19——CH1、CH2、CH3、CH4、MATH(数学),显示一个波形并选取所选的波形;REF(参考)显示参考波形菜单。

20——硬拷贝。使用在 Utility(工具)菜单中选择的端口启动硬拷贝。

21——电源开关。打开电源或待机。启动时间为 15～45 s,视示波器内部的校准程序而定。

22——腕带接地。使用 ESD 敏感电路时,请连接接地腕带。此连接器并非安全接地。

23——“USB 闪存驱动器”端口。

24——Menu Off(菜单关闭)。清除显示中的菜单。

6)示波器显示功能

示波器显示屏上的显示功能如图 2-4-29 所示。

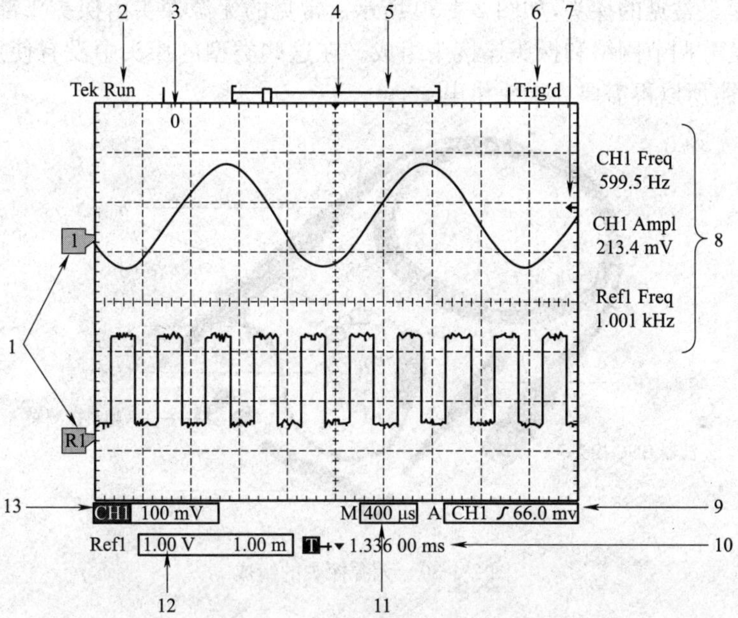

图 2-4-29 显示屏上的显示功能

1——波形基线图标。显示波形的零伏电平(忽略偏置效应)。图标颜色与波形颜色相对应。

2——采集读数显示。采集运行、停止或采集预览生效的时间。

3——触发位置图标。在波形中显示触发位置。

4——展开点图标。显示一个点,水平刻度以该点为中心展开或收缩。

5——波形记录图标。显示相对于波形记录的触发位置。线的颜色与选定波形颜色相对应。

6——触发状态读数。显示触发状态。

7——触发电平图标。在波形上显示触发电平。图标颜色与触发源通道颜色相对应。

8——光标和测量读数。显示结果和消息。

9——触发读数。显示触发源、斜率、电平和位置。

10——读数显示。延迟设置或记录中的触发位置。

11——水平读数。显示主要或缩放的时间/格。

12——辅助波形读数。显示数学或参考波形的垂直和水平刻度因子。

13——通道读数。显示通道刻度因子、耦合、输入电阻、带宽限制和反相状态。

7)数字示波器使用事项

①热电子仪器一般要避免频繁开机、关机,示波器也是这样。

②做定量测量时,应先将示波器通电预热 10 min 以上,使机中各元件在热稳定状态下工作,否则由于机内元件温度处于上升过程,会影响测量结果。

③如果发现波形受外界干扰,可将示波器外壳接地。

④在观察荧光屏上的亮斑并进行调节时,亮斑的亮度要适中,不能过亮。

⑤“Y 输入”的电压不可太高,以免损坏仪器。在最大衰减时也不能超过 400 V。

⑥关机前先将辉度调节旋钮沿逆时针方向转到底,使亮度减到最小,然后再断开电源开关。

三、探头介绍

无源探头是最常见的探头,如图 2-4-30 所示。常见的无源探头由探头头部、探头电缆、补偿设备或其他信号调节网络和探头连接头组成。在这些类型的探头中没有使用有源元件,如晶体管或放大器,所以不需要为探头供电。

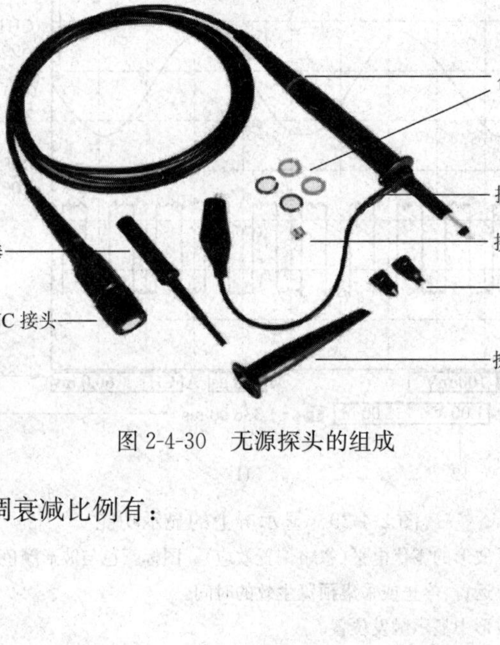

图 2-4-30　无源探头的组成

常见的无源探头可调衰减比例有:

1×:没有衰减。

10×:10 倍衰减。

100×:100 倍衰减。

1 000×:1 000 倍衰减。

其中,10×无源电压探头是最常用的探头。1×探头对信号幅度是 1 V 峰-峰值或更低的应用比较适合,甚至是必不可少的。在低幅度和中等幅度信号混合(几十毫伏到几十伏)的应用中,可切换 1×或 10×探头。但是,可切换 1×或 10×探头在本质上是一个探头中的两个不同探头,不仅其衰减系数不同,而且其带宽、上升时间和阻抗(R 和 C)特点也不同。因此,这些探头不能与示波器的输入完全匹配,不能提供标准 10×探头实现的最优性能。探头衰减是通过内部电阻器来扩大示波器的电压测量范围的,该内部电阻器与示波器的输入电阻一起使用时,会创建一个分压器。例如,一个典型的 10×探头内部装有一个 9 MΩ 电阻器,当与 1 MΩ 输入阻抗的示波器连接使用时,会在示波器的输入通道上产生 10∶1 的衰减比。这意味着示波器上显示的信号将是实际测量信号幅度的 1/10，所以往往还需要去示波器的通道设置里将衰减比也调成 10×，如图 2-4-31 所示。

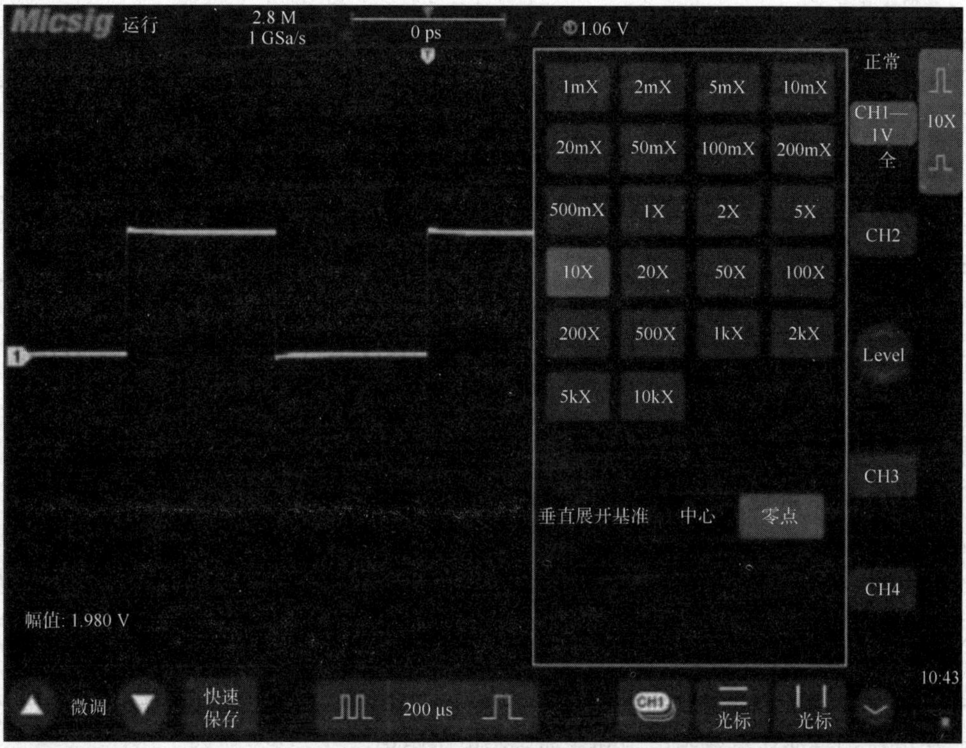

图 2-4-31　示波器衰减

技能训练

训练一　电阻值的测量

一、训练目的

(1)掌握万用表、电桥、兆欧表的正确使用方法。

(2)学习并掌握各种电阻的测量方法。

扫一扫

二、训练工器具与材料(见表 2-4-2)

表 2-4-2　训练工器具与材料

序　号	工器具名称	单　位	数　量	备　注
1	单相变压器 500～1 000 V・A	台	1	
2	指针式万用表 500 型或 MF-30 型	块	1	
3	兆欧表 500 V	块	1	
4	单臂电桥	台	1	

续上表

序　号	工器具名称	单　位	数　量	备　注
5	双臂电桥	台	1	
6	各值电阻	个	若干	
7	1.5 V 干电池	节	1	
8	粗多股铜芯导线	米	若干	
9	工作服	套	1	

三、训练内容

1. 用万用表测量变压器绕组电阻与普通碳膜电阻值

(1)将模拟式万用表旋钮置于 $R\times1$ 挡(数字式万用表旋钮置于 $R\times200$ 挡),分别测量变压器一次绕组及二次绕组的直流电阻值 R_1 及 R_2 并记录如下:

$R_1=$____________ Ω,$R_2=$____________ Ω。

(2)根据电阻的阻值大小,选择相应的挡位,测量表 2-4-3 中个电阻的阻值,将测量结果记录到表 2-4-2 中,并与其标示值比较。

表 2-4-3　碳膜电阻万用表测量值

标示值	10	100	200	1 k	2 k	10 k	47 k	100 k	200 k
测量值									

2. 用电桥测量变压器绕组电阻和普通碳膜电阻阻值

(1)用单臂电桥测量变压器高压侧电阻。用导线将被测电阻连接到 R_X 两个接线端子上,根据上面万用表的测量值,选择适宜的 M 值(倍率值),尽可能使 $R\times100$ 盘有一个字。将"内接、外接"开关打向"内接",按下电源开关(B)开关和检流计开关(G)开关。从高到低,调节 R 各盘值,使表头指针归零或接近零,使电桥平衡或接近平衡。将灵敏度逐渐调至最大,调节电阻盘,电桥再次平衡后,测试完毕,松开 G 开关,B 开关,按下式计算被测电阻值:$R_X=MR$。记录测量结果:$R_1=$____________ Ω。

(2)用双臂电桥测量变压器的低压侧绕组。根据上面万用表的测量值,选择适宜的 M 值(倍率值)。被测电阻采用四端接法,将灵敏度逐渐调至最小,外接 1.5 V 电源采用干电池供电。打开电源开关,按下 B 开关和 G 开关。先调节粗调电阻盘,再调微调电阻盘,使表头指针归零或接近零,使电桥平衡或接近平衡。将灵敏度逐渐调至最大,调微调电阻盘,电桥再次平衡后,测试完毕,松开 G 开关和 B 开关,按下式计算被测电阻值:$R_X=MR$。记录测量结果:R_2 $=$____________ Ω。

(3)用单臂电桥测量表 2-4-4 中电阻的阻值,并记录测量结果。

表 2-4-4　碳膜电阻电桥测量值

标示值	10	100	200	1 k	2 k	10 k	47 k	100 k	200 k
测量值									

(4)比较两种测量方法的测量结果,哪种方法测得的电阻值较正确?

四、注意事项

(1)严禁在被测电路带电的情况下测量电阻。

(2)测量电阻时,注意不能用手触及电阻两端,以避免人体电阻对读数的影响及绝缘电阻测量时可能造成的触电事故。

(3)万用表使用完毕,应将左右两个“功能/量程”开关旋至“.”位上,或置电压最大量程挡。不要旋在电阻挡,因为内有电池,如不小心易使两根表笔相碰短路,不仅耗费电能,严重时甚至会损坏表头。

(4)兆欧表使用中,指针未停止转动之前或被测设备未放电之前,严禁用手触及。测量结束时,对于大电容设备要放电,拆线时,也不要触及引线的金属部分。

(5)使用电桥时,要先按 B,再按 G;使用完毕,要先松开 G,再松开 B,以免损坏检流计。

五、考核评价

电阻值的测量考核评价见表 2-4-5。

表 2-4-5　考核评价表(工时:0.5 h)

项目内容	配　分	评 分 标 准	扣　分	得　分
电阻值的测量	80 分	(1)能正确使用万用表测量变压器绕组电阻值。不会正确操作使用,每处扣 3 分。 (2)正确使用万用表测量普通碳膜电阻值。不会正确操作使用,每处扣 3 分。 (3)正确使用单臂电桥测量变压器高压侧电阻值。不会正确操作使用,每处扣 3 分。 (4)正确使用双臂电桥测量变压器低压侧电阻值。不会正确操作使用,每处扣 5 分。 (5)正确操作使用单臂电桥测量普通碳膜电阻值。不会正确操作使用,每处扣 3 分		
安全文明生产	20 分	(1)进行安全文明生产。违反操作规程,产生不安全因素,扣 20 分;严重者,直接取消考试资格。 (2)着装正确,保持工位卫生。着装防护用品不齐,每项扣 3 分;工位不整洁,每处扣 3 分		

训练二　绝缘电阻值的测量

一、训练目的

能正确使用兆欧表测量电气设备的绝缘电阻。

扫一扫

二、训练工器具与材料(见表 2-4-6)

表 2-4-6　训练工器具与材料

序　号	工器具名称	单　位	数　量	备　注
1	三相异步电动机(5 kW,380 V)	台	1	
2	高压电缆头	个	1	

续上表

序　号	工器具名称	单　位	数　量	备　注
3	兆欧表 500 V 和 1 000 V	块	1	
4	电工工具	套	1	
5	工作服	套	1	

三、训练内容

绝缘电阻测试是为了了解、评估电气设备的绝缘性能而经常使用的一种比较常规的试验类型。通常技术人员通过对导体、电气元件、电路和器件进行绝缘电阻测试来达到以下目的：

(1)验证生产的电气设备的质量。

(2)确保电气设备满足规程和标准(安全符合性)。

(3)确定电气设备性能随时间的变化(预防性维护)。

(4)确定故障原因。

1. 测量三相异步电动机绕组对地及相绕组之间的绝缘电阻

训练步骤：

(1)正确进行选型，对于额定电压为 380 V 的低压电动机，应选用 500 V 的兆欧表；对于电压为 500～1 000 V 的电动机，应选用 1 000 V 的兆欧表。

(2)测量前必须将电动机电源切断，并对地短路放电，决不允许设备带电进行测量，以保证人身和设备的安全。

(3)测量前要检查兆欧表是否处于正常工作状态，主要检查其“0”和“∞”两点。即摇动手柄，使电动机达到额定转速，兆欧表在短路时应指在“0”位置，开路时应指在“∞”位置。

(4)当用兆欧表摇测电动机绕组对地的绝缘电阻时，L 和 E 端正确的接线方法是：L 端接电动机绕组的引出线；E 端接电动机的外壳，如图 2-4-32 所示。外壳表面要清洁，减少接触电阻，确保测量结果的正确性。一般来说，对于低压电动机，对地绝缘电阻一般应大于 0.5 MΩ，对于高压电动机，高压电动机每千伏工作电压定子的绝缘电阻值应不小于 1 MΩ。

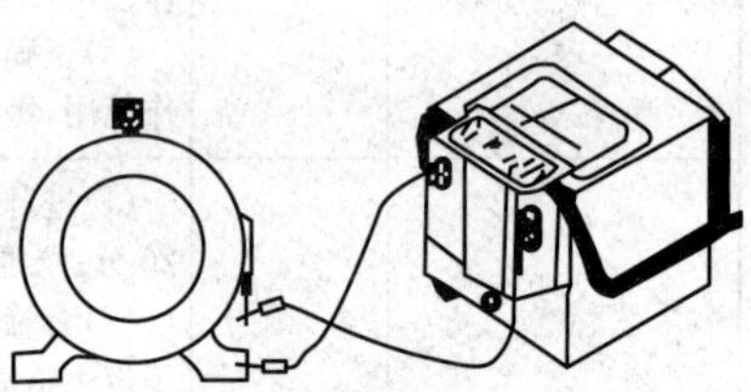

图 2-4-32　测量电动机绕组对地电阻接线图

当用兆欧表摇测电动机绕组相互之间的绝缘电阻时，L 端和 E 端正确的接线方法是：L 端与 E 端都接电动机绕组的引出线。

按图 2-4-32 接好线后，用手摇动发电机使转速达到额定转速(120 r/min)并保持稳定。用兆欧表进行测量时，要以转动 1 min 后的读数为准。兆欧表引线必须绝缘良好，两根线不要绞在一起。在测量时，应使兆欧表转速达到 120 r/min。读取电动机绕组对地及相绕组之间的绝缘电阻值，将数据记录于表 2-4-7 中。

(5)使用兆欧表进行测量时，兆欧表应放在平稳、牢固的地方，且远离大的外电流导体和外磁场。

表 2-4-7　电动机绕组的绝缘电阻值

项　目	绕组对地	绕组之间
绝缘电阻/MΩ		

2. 高压电缆的绝缘电阻的测量

通常对电缆的绝缘性能要求较高，所以必须在规定时间进行检测，以防止因电缆绝缘达不到要求而引发的设备和人身危险。电缆在使用一段时间后，特别是室外电缆会由于常年的日晒雨淋导致表皮老化，使得绝缘性能下降，为此需要用兆欧表对电缆的绝缘性能进行测量。对于要求严格的部门，即使是新的电缆，也需要对其进行额定电压的绝缘测量。

对电缆进行绝缘电阻的测量通常使用兆欧表，有数字式、指针式、摇表式三种。根据电缆的额定电压可以分为低压兆欧表与高压兆欧表。1 000 V 以下的额定电压可以选用 500 V、1 000 V 这两种兆欧表；额定电压为 1 000 V 以上的一般使用 1 000 V 以上的高压兆欧表。

电缆形态一般有多股型、双绞型、同轴型等，而通常所说的电缆绝缘测量指的是导线与导线之间、导线与接地线之间、同轴芯线与金属外层之间的绝缘电阻。

对于低压电缆的绝缘测量，根据被测电缆工作电压选择兆欧表，将兆欧表的两个表笔“L”与“E”分别接到电缆上（比如双绞线的两根导线）即可测量。

对于高压电缆的绝缘测量，测量仪器必须具备 G 保护接地端口，原因是，由于测量电压很高，导致电缆的导线之间通过绝缘层会有泄漏电流产生，如果依然采用上述低压电缆的测量方法，会导致测量数据不稳、误差很大，不符合国际上对电缆测量的标准。泄漏电流的大小与测试电压、绝缘层材质、环境温湿度，电缆使用周期等有关。而仪器的 G 连接端口所起的作用就是将泄漏电流通过仪器的内部线路流到接地部分，从而避免了泄漏电流对测量准确度的影响，如图 2-4-33 所示。

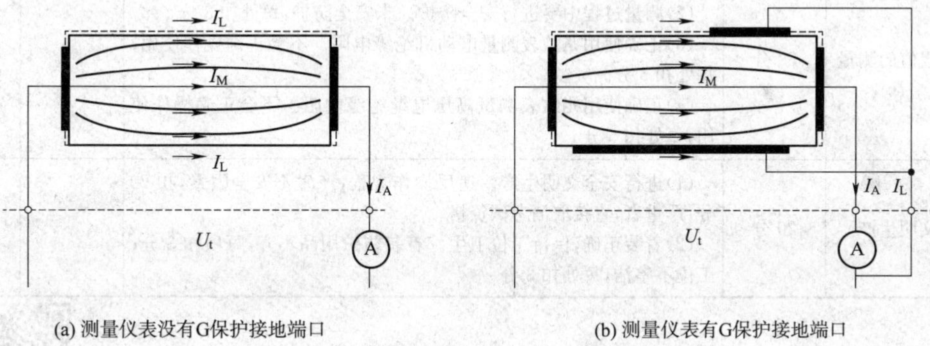

图 2-4-33 高压电缆泄漏电流示意图

U_t 为测试电压；I_L为电缆表面的水、尘土与潮气引起的泄漏电流；I_M为材料的特性引起的电流；I_A 为流过仪器内置电流表的电流。如测量仪表没有 G 保护接地端口时，将会得出 R（绝缘电阻）$=U_t/I_A=U_t/(I_L+I_M)$这样一个错误的结果。测量仪表有 G 保护接地端口时，R（绝缘电阻）$=U_t/I_A=U_t/I_M$，这时的测量结果才是正确的。

训练步骤：

(1)正确进行选型，对于额定电压为 10 kV 的电动机，应该选用高压兆欧表。

(2)测量前必须确认电缆电源被切断，并对地短路放电，决不允许设备带电进行测量，以保证人身和设备的安全。

(3)正确进行接线：以同轴类高压电缆测量为例，测试仪的具体连接方法如图 2-4-34 所示。

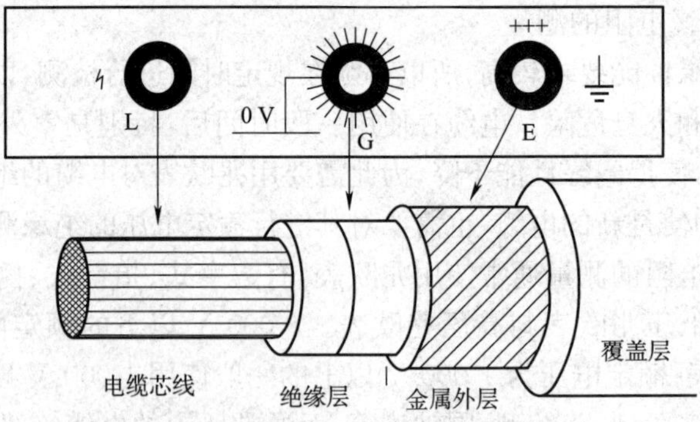

图 2-4-34　测试仪的具体连接方法

这里特别需要强调的是,在测量前必须确定被测电缆是不带电的,且必须将其对地短路彻底放电后方可进行绝缘电阻的测量,以保证人身和设备的安全。

四、考核评价

绝缘电阻值的测量考核评价见表 2-4-8。

表 2-4-8　考核评价表(工时:0.5 h)

项目内容	配　分	评 分 标 准	扣　分	得　分
绝缘电阻值的测量	80 分	(1)测量前要进行兆欧表好坏检查。未检查好坏,每步扣 3 分。 (2)测量过程中要进行安全防护。未安全防护,每处扣 3 分。 (3)正确使用兆欧表测量电动机绝缘电阻。不会正确操作使用,每处扣 5 分。 (4)正确使用兆欧表测量高压电缆绝缘电阻。不会正确操作使用,每处扣 5 分		
安全文明生产	20 分	(1)进行安全文明生产。违反操作规程,产生不安全因素,扣 20 分;严重者,直接取消考试资格。 (2)着装正确,保持工位卫生。着装防护用品不齐,每项扣 3 分;工位不整洁,每处扣 3 分		

训练三　交、直流电流值的测量

扫一扫

扫一扫

一、训练目的

(1)掌握直流与交流电流的基本测量方法。

(2)掌握所用测量仪表的基本组成、原理以及仪表的正确使用方法。

二、训练工器具与材料(见表 2-4-9)

表 2-4-9　训练工器具与材料

序　号	工器具名称	单　位	数　量	备　注
1	多量程磁电式电流表	块	1	
2	电磁式电压表	块	1	

续上表

序 号	工器具名称	单 位	数 量	备 注
3	0～15 V可调直流电源	台	1	
4	可调变阻器	个	1	
5	自耦调压器	台	1	
6	刀开关或断路器	只	1	
7	电工工具	套	1	
8	连接导线	米	若干	
9	工作服	套	1	

三、训练内容

1. 直流电流的测量

按图2-4-35所示的电路图连接好电路。图中E为0～15 V可调直流电源，A为多量程磁电系电流表。按图2-4-35连接好电路后，需检查电流表的正负极是否连线正确。在开关S合上之前，将变阻器的电阻置于最大值，同时将电流表置于最大量程，合上开关后，可以调节直流电流源或者调节变阻器的阻值，观察电流表读数的变化。在电路中，电流大小发生变化时，必须根据电流的大小进行量程的变换，以免量程太小烧坏电流表表头。

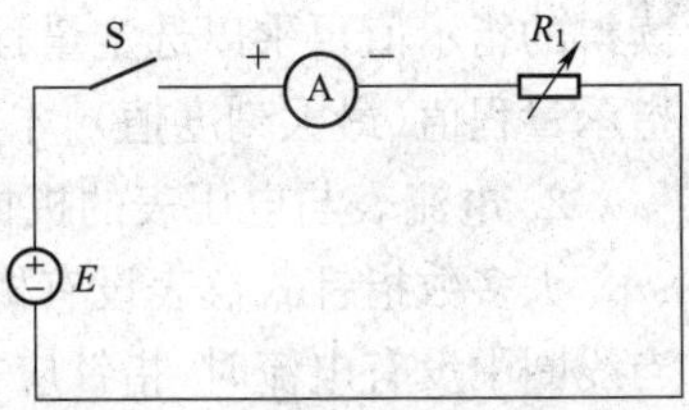

图2-4-35 直流电流测量电路图

接图2-4-35接好线后，合上开关S，改变E与R_1的大小，读出电流表的值，填入表2-4-10中，并将理论计算值与实际测量值进行比较，分析产生误差的原因。

表2-4-10 直流电流测量数据

E			
R_1			
测量值			
理论值			

磁电系电流表的正端有好几个接线端钮，分别用于测量不同量程的电流。也有些电流表采用插拔铜塞的方法选用量程，选用时要注意铜塞的位置。变换量程必须在电流表不通电的前提下进行，以防烧坏电流表；也可以用一根短路线把电流表两接线端钮短接后再改变量程，操作完成后再去除短路线，然后再读取测量值。

2. 交流电流的测量

接图2-4-36所示的电路图连接好电路。

图2-4-36中E为0～220 V经过自耦调压器的可调交流电源，A为电磁系电流表，R_1为变阻器。开关S合上之前，需将变阻器置于最大阻值，然后再通过调节变阻器或者自耦调压器，以改变电路中通过的交流电流。

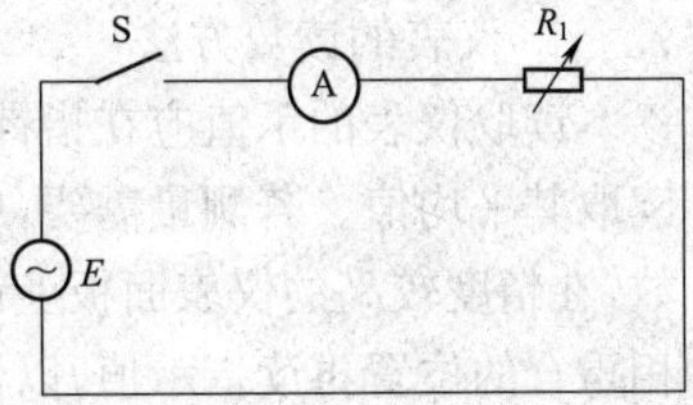

图2-4-36 交流电流测量电路

按图 2-4-36 接好线后,合上开关 S,并改变 E 与 R_1 的大小,读出电流表的值,填入表 2-4-11 中,并将理论计算值与实际测量值进行比较,分析产生误差的原因。

表 2-4-11　交流电流测量数据

E			
R_1			
测量值			
理论值			

四、注意事项

1. 量程的选择

实验室用仪表大多是多量程仪表,常有好几个接线端钮,而指示面板刻度通常只有一条基本量程刻度,故测量中要注意量程的选择应与对应的接线端钮相一致,并应根据选定的量程把读得的指示值再乘以选定量程与基本量程之间的倍率 K[K=选定量程值(允许测量最大值)/指示量程值(最大刻度值)]才是实际测量值。

2. 电流表与电压表的机械零位校正

大多数指针式仪表设有机械零位校正,校正器的位置通常装设在指针转轴对应的外壳上,当线圈中没有电流时,指针应指在零的位置。如果指针在不通电时不在零位,应当调整校正器旋钮改变游丝的反作用力矩使指针指向零点。仪表在校正前要注意仪表的放置位置必须与该表规定的位置相符。只有在放置正确的前提下再确定是否需要调零,并且保证在全部测量过程中仪表都放置在正确位置,以保证读数的正确性。

3. 连接

电流表与电压表接入电路时,应以尽量减少对原有电路的影响为原则。

(1)测量电压时,若电路电阻较大,则应选用高内阻电压表。若电压表已确定,则在保证允许误差的前提下选用较大的量程,因为在同一仪表中量程较大其内阻也相应增加,对电路影响就小。

(2)测量电流时,若电路电阻很小,则应选用低内阻电流表。这在电路电阻与仪表内阻二者可以相比较时显得特别重要,以便减少仪表接入误差。

(3)仪表与被测量的连接,测量直流量必须把正、负端分辨清楚,“+”端与电路正极性端相连接,“-”端与电路负极性端相连接,不能反接,以防反偏而打坏指针。测量交流量应注意电路的相线和中性线,从保证仪表和人身的安全角度考虑连接方式。虽然从原理上说一般无极性要求,有时考虑到屏蔽和安全需要,通常把仪表黑端钮(公共端或用“*”表示端)“*”与电路中性线端(或地端)相连,而把红端钮(用~表示端)与电路相线端相连。

4. 仪表的读数方法

读取仪表的示值应在指针指示稳定时进行,若因电路原因造成指针振荡性指示,一般可以读取其平均值。若测量需要,应把其振幅量读出(即读出指针摆动范围)。为了得到正确的读数,在精度较高的仪表面板上设立了一个读数镜面,读数时应使视线置于实指针和镜中虚指针相重合的位置再读指示值,以保证读数的正确性,减少读数误差。

五、考核评价

交、直流电流值的测量考核评价见表 2-4-12。

表 2-4-12　考核评价表(工时:0.5 h)

项目内容	配　分	评 分 标 准	扣　分	得　分
交、直流电流值测量	80 分	(1)能正确进行直流电流表接线。不会正确接线,每处扣 3 分。 (2)能正确进行交流电流表接线。不会正确接线,每处扣 3 分。 (3)能正确操作直、交电流表进行测量。不会正确测量,每处扣 5 分。 (4)能正确读出直、交电流值。不会正确读数,每处扣 3 分		
安全文明生产	20 分	(1)进行安全文明生产。违反操作规程。产生不安全因素,扣 20 分;严重者,直接取消考试资格。 (2)着装正确,保持工位卫生。着装防护用品不齐,每项扣 3 分;工位不整洁,每处扣 3 分		

训练四　交、直流电压值的测量

扫一扫

扫一扫

一、训练目的

(1)了解直流与交流电压的基本测量方法。

(2)掌握测量所用仪表的基本组成、原理以及仪表的正确使用方法。

二、训练工器具与材料(见表 2-4-13)

表 2-4-13　训练工器具与材料

序　号	工器具名称	单　位	数　量	备　注
1	磁电系直流电压表	块	1	
2	电磁系交流电压表	块	1	
3	0～15 V 可调直流电源	台	1	
4	可调变阻器	个	1	
5	自耦调压器	台	1	
6	刀开关或断路器	只	1	
7	电工工具	套	1	
8	连接导线	米	若干	
9	工作服	套	1	

三、训练内容与步骤

1. 直流电压的测量

按图 2-4-37 所示的电路图连接好电路。

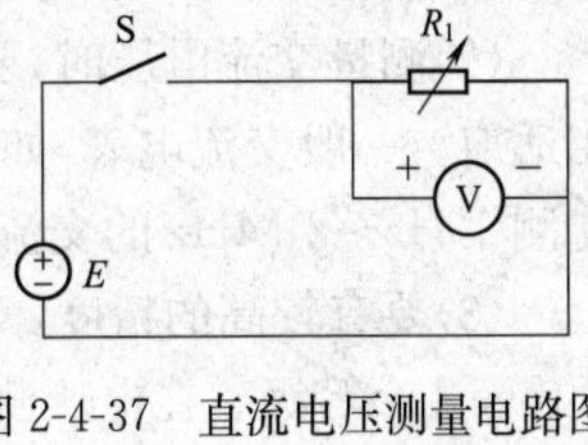

图 2-4-37　直流电压测量电路图

图中 E 为 0～15 V 可调直流电源,V 为磁电系电压表。按图 2-4-37 连接好电路后,需检查电压表的正负极是否连线正确,表头的"+"端接高电位,"-"端接低电位,如果接反,指针将反偏,甚至可能造成电压表的损坏。在开关S合上之前,将变阻器的电阻置于最大值,合上开关后,还可以调节直流电流源或者调节变阻器的阻值,观察电压表读数的变化。

利用电压表测量的同时,还可以利用示波器进行测量,并比较二者的读数。

按图2-4-37接好线后,合上开关S,并改变E与R_1的大小,读出电压表的值,填入表2-4-14中,并将理论计算值与实际测量值进行比较,分析产生误差的原因。

表2-4-14　直流电压测量数据

E			
R_1			
电压表测量值			
示波器测量值			

2. 交流电压的测量

按图2-4-38所示的电路图连接好电路。

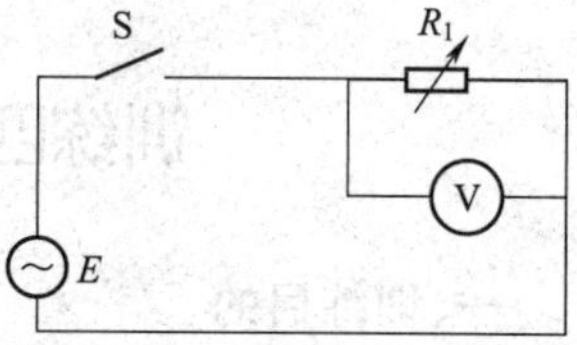

图2-4-38　交流电压测量电路

图中E为0～220 V经过自耦调压器后的交流电源,V为电磁系电压表,R_1为变阻器。开关合上之前,需将变阻器置于最大阻值,然后再通过调节变阻器或者调节自耦调压器,通过电压表的读数观察变阻器两端电压的变化。

利用电磁系电压表测量的同时,还可以利用示波器进行测量。用示波器进行交流电压的测量,此时示波器观察到的只是交流电压的幅值,根据有效值与最大值的关系将观察到的最大值化为有效值,然后与电压表测量所得的读数进行对比。

按图2-4-38接好线后,合上开关S,并改变E与R_1的大小,读出电压表的值,填入表2-4-15中,并将理论计算值与实际测量值进行比较,分析产生误差的原因。

表2-4-15　交流电压测量数据

E			
R_1			
电压表测量值			
示波器测量值			

四、注意事项

使用电压表来测量电压时,应注意以下内容:

(1)在测量电压时,电压表并联在被测电路两端。因此,为了减小测量仪表对被测电路的影响,要求电压表的输入阻抗应尽可能高些。

(2)测量交流电压时,要注意电压表适用的频率范围,所测电压的频率应与这个频率范围相适应。一般交流电表,如万用表的交流挡只适宜于测几十赫到几十千赫的交流电压,毫伏表能测1 Hz～2 MHz的交流电压。

(3)要有较高的精度。指针式仪表的精度按引用误差分成0.05、0.1、0.2、0.5、1.5、2.5、5.0等几个等级。在电压测量中,直流电压的测量精度一般比交流电压的测量精度高,通常在较高精度的电压测量中，采用数字式电压表。

(4)在选择量程时，所选量程要大于被测量；指针指示应在不小于满标度值的 2/3 区域；对未知的被测量应选最大量程，并逐步减小至合适的量程。

五、考核评价

交、直流电压值的测量考核评价见表 2-4-16。

表 2-4-16　考核评价表(工时:0.5 h)

项目内容	配　分	评 分 标 准	扣　分	得　分
交、直流电压值测量	80 分	(1)能正确进行交、直电压表测量接线。接线错误，每处扣 3 分。 (2)能正确操作交、直电压表进行测量。测量操作步骤错误，每步扣 3 分。 (3)能正确读出交、直电压测量数值。读数不正确，每次扣 5 分		
安全文明生产	20 分	(1)进行安全文明生产。违反操作规程，产生不安全因素，扣 20 分；严重者，直接取消考试资格。 (2)着装正确，保持工位卫生。着装防护用品不齐，每项扣 3 分；工位不整洁，每处扣 3 分		

训练五　单、三相负载电能的测量

一、训练目的

(1)熟悉单相与三相电能表的工作原理。
(2)掌握单相与三相电能表的接线方法。

扫一扫

二、训练工器具与材料(见表 2-4-17)

表 2-4-17　训练工器具与材料

序　号	工器具名称	单　位	数　量	备　注
1	三相电能表[3×380 V,3×10 A,300 r/(kW·h)]	块	1	
2	单相电能表[220 V,10 A,1 000 r/(kW·h)]	块	1	
3	灯泡(40 W、60 W、100 W)	只	各 1	
4	单相自耦调压器(1 kV·A,0～250 V)	台	1	
5	三相自耦调压器(2 kV·A,0～400 V)	台	1	
6	刀开关	只	1	
7	单相断路器	只	1	
8	三相断路器	只	1	
9	电工工具	套	1	
10	连接导线	米	若干	
11	秒表	块	1	
12	万用表	块	1	
13	工作服	套	1	

三、训练内容

1. 单相负载电能安装与测量

由于训练所采用的负载功率较小,电能表采用直接连接的方式。按照图 2-4-39 进行接线。负载 L 采用 100 W 的白炽灯泡,QS 为断路器,电源采用市电通过单相自耦调压器后给实验电路供电。

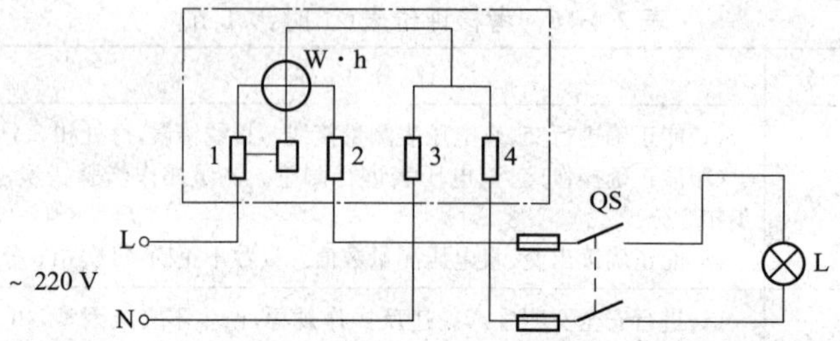

图 2-4-39 单相负载电能测量接线原理图

接线完毕,检查无误后,合上 QS,调节自耦调压器到输出电压为 220 V,观察电能表的转盘速度,记录每分钟的转动圈数。更换负载为 60 W 灯泡,重复观察并记录数据;更换负载为 40 W 灯泡,重复观察并记录数据。

调节电压至 200 V,重复上面的操作。将数据填入表 2-4-18 中,对比并分析数据。

表 2-4-18 单相负载电能测量数据

负载灯泡		40 W	60 W	100 W
r/min	220 V			
	200 V			

2. 三相负载电能安装与测量

三相负载电能测量电能表也采用直接连接的方式。电能表接法如图 2-4-40 所示,负载采用三相四线制星形连接,如图 2-4-41 所示。

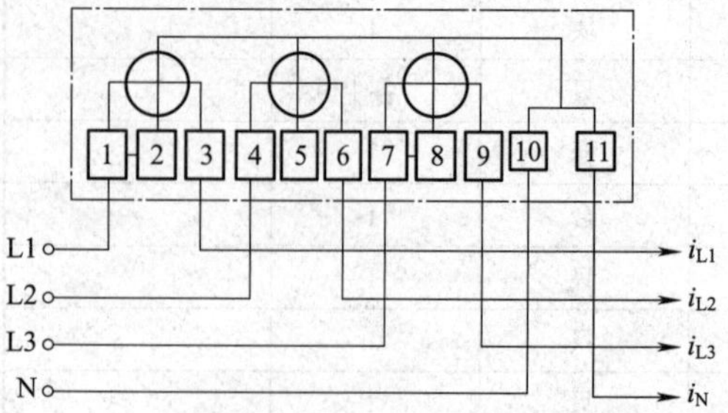

图 2-4-40 电能表接法

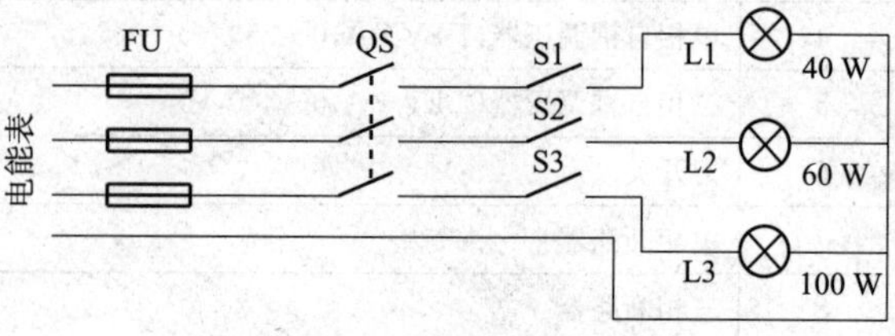

图 2-4-41 三相负载电路原理图

电路连接检查无误后,闭合开关 S1、S2、S3,闭合断路器 QS,调节三相调压器输出线电压 U_L=380 V。观察电能表转盘,用秒表记录转盘每转一圈的时间。依次断开开关 S1、S2,分别记录转盘每转一圈的时间。断开 QS,调节三相调压器输出线电压 U_L=350 V,重复前面的操作。将实验数据记入表 2-4-19 中。

表 2-4-19　三相负载电能测量数据

负载灯泡		开关全部闭合	S1 断开	S2、S3 断开
s/r	380 V			
	350 V			

对比并分析各实验数据，想想为什么会是这样？

四、注意事项

实验操作前，自耦调压器的输入、输出必须确认清楚，否则会烧毁自耦调压器。自耦调压器使用完毕后，要将电压调至零位，再断开电源。

三相调压器的中性点必须与电源的中性线相连接。

更换实验负载时，必须先断开断路器 QS；更换实验内容时，必须关闭电源，不得带电操作，以免造成设备及人身安全。

注意人身及设备安全，发现异常现象，立即切断电源，查找故障。

五、考核评价

单、三相负载电能的测量考核评价见表 2-4-20。

表 2-4-20　考核评价表（工时：0.5 h）

项目内容	配　分	评 分 标 准	扣　分	得　分
单、三相负载电能的测量	80 分	(1)能正确进行单相电能表安装接线。安装接线错误，每处扣 3 分。 (2)能正确进行三相电能表及负载安装接线。安装接线错误，每处扣 3 分。 (3)会正确进行单相负载电能测量线路通电调试。不会通电调试，扣 10 分。 (4)会正确进行三相负载电能测量线路通电调试。不会通电调试，扣 10 分。 (5)能正确读出单相电能表测量数值。读数错误，扣 10 分。 (6)能正确读出三相电能表测量数值。读数错误，扣 10 分		
安全文明生产	20 分	(1)进行安全文明生产。违反操作规程，产生不安全因素，扣 20 分；严重者，直接取消考试资格。 (2)着装正确，保持工位卫生。着装防护用品不齐，每项扣 3 分；工位不整洁，每处扣 3 分		

训练六　交、直流信号波形的测量

一、训练目的

(1)掌握数字示波器的基本使用方法。

(2)学会使用数字示波器观测电信号波形、电压幅值以及频率。

二、训练工器具与材料(见表 2-4-21)

表 2-4-21　训练工器具与材料

序　号	工器具名称	单　位	数　量	备　注
1	示波器 XJ4318	台	1	
2	示波器 TDS3034C	台	1	
3	直流稳压电源 XJ17 或自定	台	1	
4	信号发生器 UTG9020D 或自定	台	1	
5	工作服	套	1	

三、训练内容

1. 电子管示波器(XJ4318)的使用

(1)使用前的自校:

①按电源开关,指示灯亮,表示电源接通,调节标尺亮度,刻度片刻随之明暗变化。

②经预热后,调节“辉度”“聚焦”电位器,使亮度适中,聚焦最佳。

③用本仪器附件中的探极,分别接到 CH1 输入端和校准信号输出端,调节仪器各控制机件。

(2)直流电压信号测量:

①把本机的触发方式开关置于“自动”或“高频”位置,使屏幕显示一条水平扫描线。

②将 Y 轴输入耦合开关“DC⊥AC”置于“⊥”位置。此时显示的水平扫描线为零电平的基准线,其高低位置可用 Y 轴“位移”旋钮调节。

③将 Y 轴输入耦合开关置于“DC”位置,被测信号由相应 Y 输入端输入,此时扫描线在 Y 轴方向上产生位移。

④将“V/div”开关所指的数值(微调旋钮位于“校准”位置)与扫描线在 Y 轴方向上产生的位移格数相乘,即为测得的直流电压值。

例如:由直流稳压电源输出电压为 20 V 直流电压,示波器的灵敏度开关“V/div”位于 10,微调位于“校准”位置,Y 轴输入耦合开关置于“⊥”位置,将扫描线用“Y 轴位移”旋钮移至屏幕的中心位置。然后将 Y 轴输入耦合开关由“⊥”位置扳至“DC”位置,此时,扫描线由中心位置(基准)向上移动两格,那么被测电压即为 10×2 V=20 V(不接探头);如果向下移动,则电压极性为负。

注意:微调旋钮应处于“校准”位置,极性“拉-Y_A”开关应处于常态位置。当被测电压较高时,需外接探头,其读出的电压值应增大 10 倍。

(3)交流电压信号测量:

①将 Y 轴输入耦合开关置于“AC”位置,但是当输入信号的频率较低时,应将 Y 轴输入耦合开关置于“DC”位置。打开电源,应出现时基线,有时还要调节相应的旋钮,才能出现。

②将信号从相应的 Y 通道输入,此时波形应显示在荧光屏上,然后把被测波形移至荧光屏的中心位置,按方格坐标刻度,读取整个波形所占 Y 轴方向的格数。

③读取被测波形所占用的格数时,用“V/div”开关将被测波形控制在荧光屏的方格坐标范围内,并将它的“微调”旋钮按顺时针方向转到底,即处于“校准”位置。

例如：一正弦交流电压波形，由信号发生器产生，如图 2-4-42 所示，在荧光屏上 Y 轴垂直方向峰-峰值占的格数为 4 div，Y 轴灵敏度选择开关“V/div”所置的挡级为 0.2，微调至“校准”位置。那么这一正弦交流电压的峰-峰值为 $U_{p-p}=0.2\times4\times10\ V=8(V)$。

(4)时间的测量。定量测量时，应将扫描速度开关“t/div”的“微调”顺时针方向旋到底，并听到“咔嚓”一声，表示位于“校准”位置。显示波形在 X 轴方向上的时间，可按扫描开关“t/div”所指示的数值直接读出。

①周期测量。把“t/div”开关的微调置于“校准”位置，这样可以由扫描开关所指的数值乘以波形在水平方向上一个周期所占的格数，直接算出重复周期 T。例如：图 2-4-42 所示的正弦交流电压波形，扫描速度开关为 1 μs/div，一个周期在 X 轴方向上占 8 div，求得周期 $T=1\times8\ \mu s=8(\mu s)$，根据 $f=1/T$，从而求出 f。

②时间差测量。使用“交替”或“断续”显示方式，可以测得两个信号之间的时间差。

测量时，应把“内触发拉－YB”开关拉出，同时使被测的超前信号与“YB”输入端相连接，滞后信号与“YA”输入端相连接。如图 2-4-43 所示，两个波形的上升沿相差 D 格即可算出相差的时间：$T=t/div\times D$。

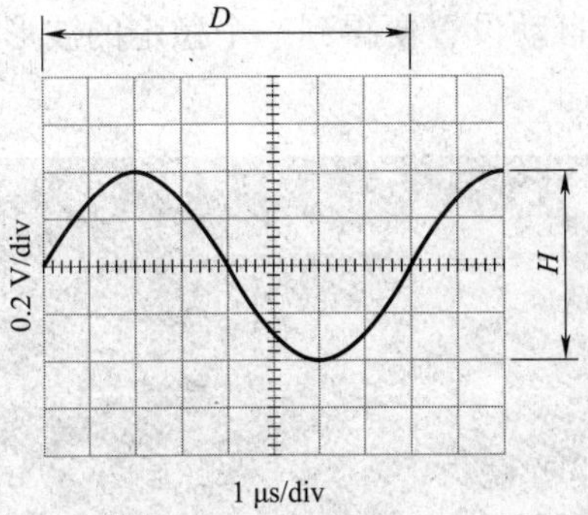

图 2-4-42 交流电压和频率的测量

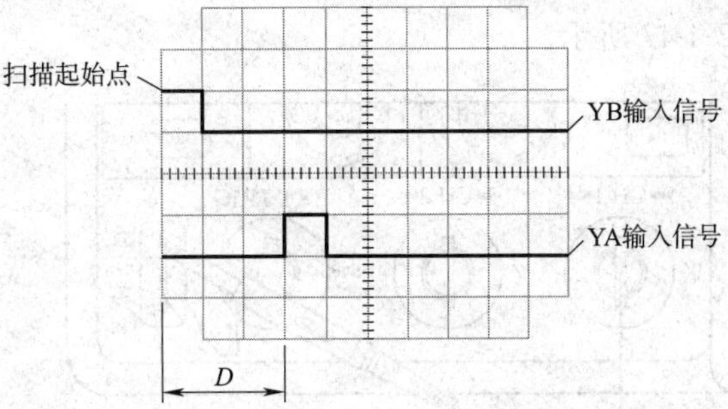

图 2-4-43 时间差的测量

③脉冲波形上升时间与下降时间的测量。采用内触发方式，显示波形的上升沿用“＋极性”触发，显示波形的下降沿用“－极性”触发。当被测脉冲上升沿或下降沿大于示波器本身上升的 24 ns 三倍以上时，可按面板“t/div”指示值直接读出 T_r 和 T_f，如图 2-4-44 所示；否则，应按下列公式计算：

$$T_r(或\ T_f)=\sqrt{T^2-T_s^2}$$

式中，T_r(或 T_f)为上升沿(或下降沿)的实际值；T 为 T_r(或 T_f)的测量值；T_s为本机上升时间，即 24 ns。

例如：若 t/div 指示值为 0.5 μs/div，则可从图上直接测得：

上升时间 $T_r=0.5\ \mu s/div\times0.5\ div=0.25\ \mu s$，下降时间 $T_f=0.5\ \mu s/div\times0.4\ div=0.2\ \mu s$。

④脉冲宽度测量。先使荧光屏中心显示出 Y 轴幅度为 2～4 格脉冲波形，再调节“t/div”开关使它以 X 轴方向显示 4～6 格的宽度，如图 2-4-45 所示。此时脉冲上升沿与下降沿中点的距离 D 为脉冲宽度。只要读出 D 所占的格数，再乘以扫描速度开关“t/div”指示值，即为脉冲宽度。图 2-4-45 所示 D 为 4.5 格，若“t/div”指示为 1 μs，则脉冲宽度为 4.5 μs。

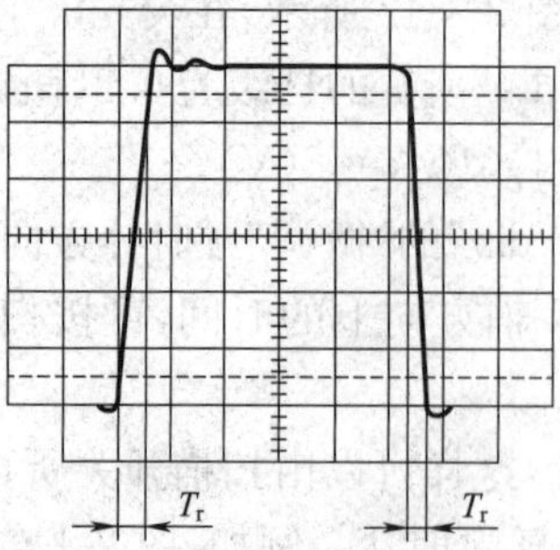

图 2-4-44　上升沿(或下降沿)的测量

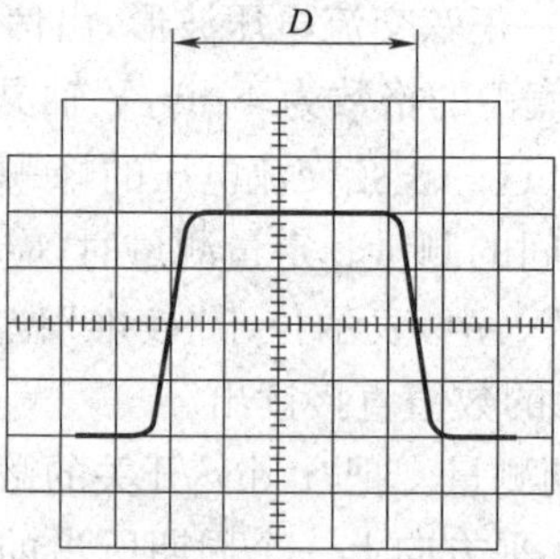

图 2-4-45　脉冲宽度的测量

2. 数字示波器(TDS3034C)的使用

1)测试示波器

示波器一般都会输出一个 1 kHz,5 V(或以下)的方波信号,该信号用作探头补偿校准。一般用一个方波加一个接地符号标示。将这个信号作为信号源。

启动示波器,把探头的 BNC 接至 CH1,另一端接到方波信号输出端口。如图 2-4-46 所示,按下 AVTOSET 键,就可以看到,示波器经过短暂的自动设置便得到一个稳定的波形,如图 2-4-47 所示。

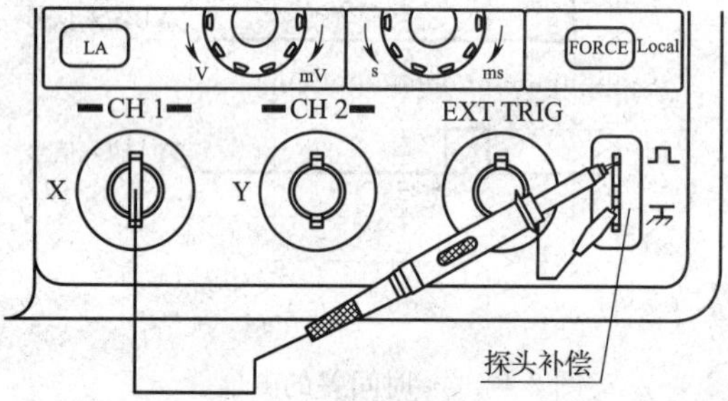

图 2-4-46　探头接法

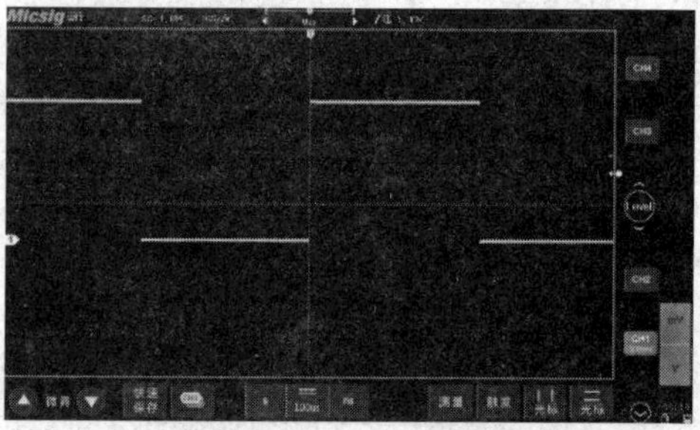

图 2-4-47　示波器信号源

使用 AUTOSET 键,示波器可以根据输入信号,自动地调整垂直、水平和触发设置,使波形显示适中且便于观察。

2)探头校准补偿

正常探头补偿校准输出的是一个标准的方波信号。当出现补偿过度和补偿不足两种情况时,如图 2-4-48、图 2-4-49 所示,说明探头补偿不正确,需要使用"调节棒"对探头上的补偿电容进行调节。

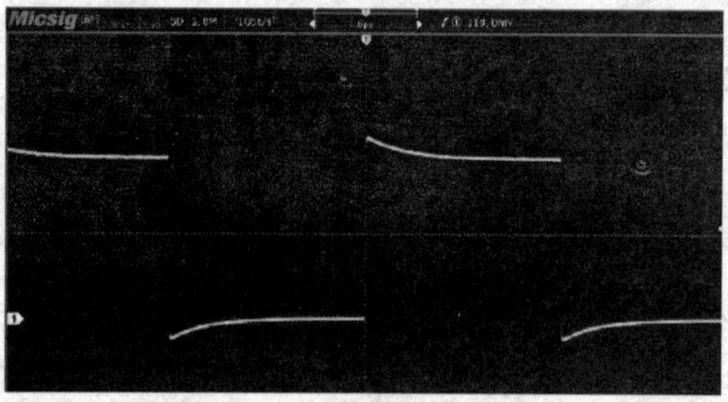

图 2-4-48　补偿过度的波形

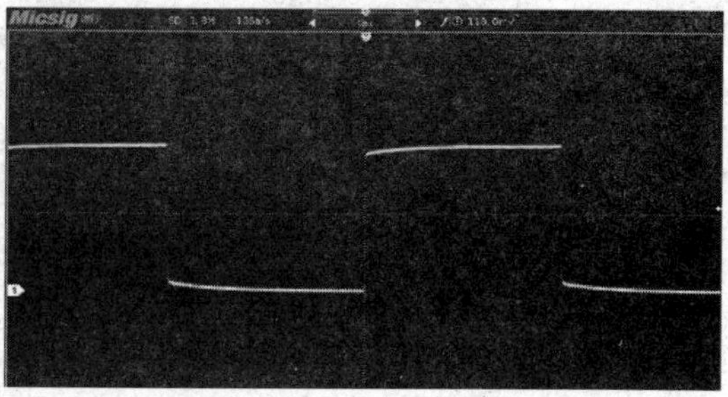

图 2-4-49　补偿不足的波形

用调节棒拧动探头螺钉孔内的螺钉，调节补偿电容，以得到正确波形，如图 2-4-50 所示。

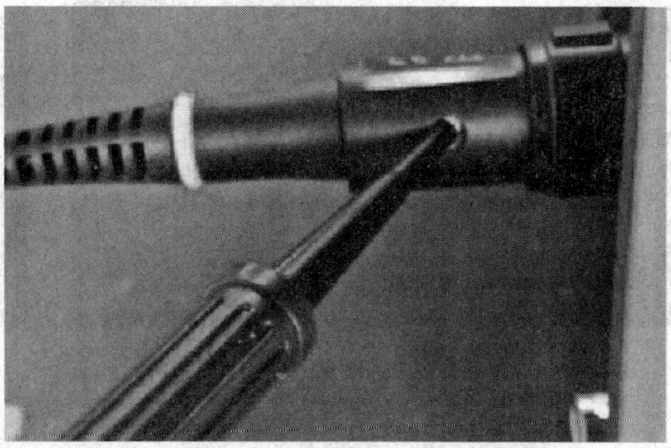

图 2-4-50　调节补偿电容

当示波器更换新探头或探头长时间未使用时，需要对探头进行补偿校准。

3）直流电压信号测量

用探头将直流稳压电源的输出端接数字示波器的 CH1 输入端，如图 2-4-51 所示，观察直流信号波形，如图 2-4-52 所示。

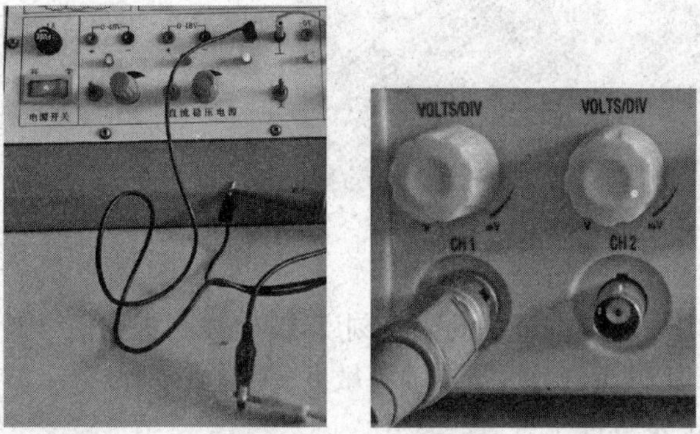

图 2-4-51　直流信号连接

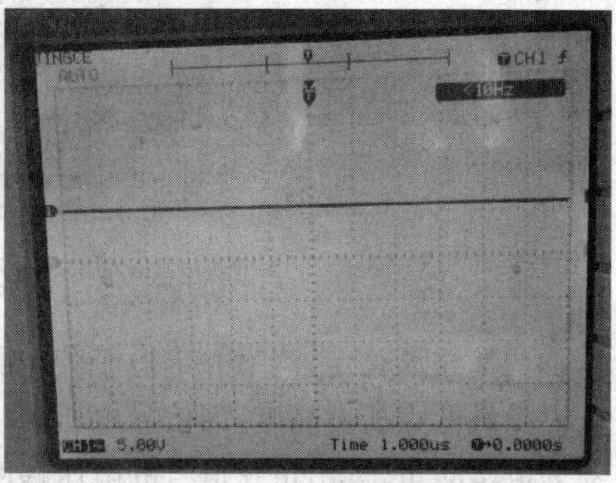

图 2-4-52　直流信号波形

调整波形稳定、清晰并定位于荧光屏的中央。根据屏幕的坐标刻度，读出被测直流信号距离底部的高度，即信号电压的值 b(div)，读出直流信号的电压值，记录数据于表 2-4-22 中。

表 2-4-22　测直流电压

信号电压/V	1	2	4	7
CHI 电压/(V/格)	200 mV	500 mV	2 V	5 V
垂直距离/格				
电压(CH1)/V				
自动测量电压				

4）交流电压信号测量

用探头将信号发生器的输出端接数字示波器的 CH1 输入端，如图 2-4-53 所示，观察正弦波、方波、三角波等的波形,如图 2-4-54 所示。

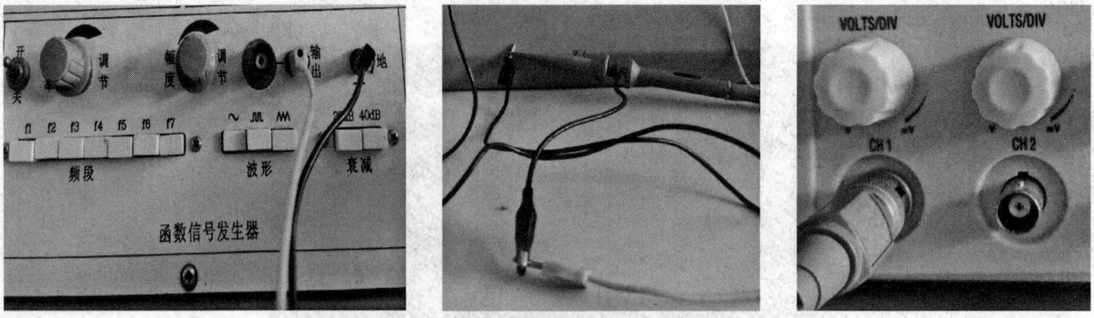

图 2-4-53　交流信号连接

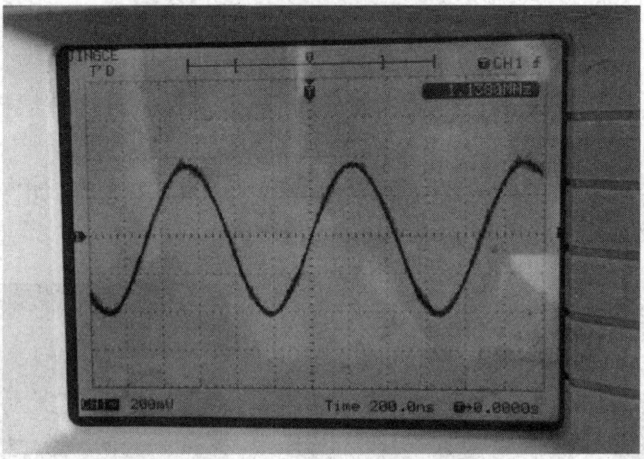

图 2-4-54　正弦波波形

调整波形稳定、清晰并定位于荧光屏的中央。根据屏幕的坐标刻度,读出被测正弦信号最高点至最低点所占高度,即信号电压的峰-峰值 b(div),读出 Y 轴灵敏度 a(V/div),调整示波器为电压测量,读出正弦信号的电压幅度。记录数据于表 2-4-23 中。

表 2-4-23　测正弦交流电压

信号电压/V	1	2	4	7
V/格	200 mV	500 mV	1 V	2 V
垂直距离/格				
电压(CH1)/V				
自动测量电压				

四、考核评价

交、直流信号波形的测量考核评价见表 2-4-24。

表 2-4-24　考核评价表(工时:0.5 h)

项目内容	配分	评分标准	扣分	得分
交、直流信号波形的测量	80 分	(1)能正确进行示波器好坏检测。不会进行示波器检测,每步扣5分。 (2)能正确操作使用示波器测量直流电压信号。不会进行直流电压信号测量,每步扣5分。 (3)能正确操作使用示波器测量交流电压信号。不会进行交流电压信号测量,每步扣5分		
安全文明生产	20 分	(1)进行安全文明生产。违反操作规程,产生不安全因素,扣20分;严重者,直接取消考试资格。 (2)着装正确,保持工位卫生。着装防护用品不齐,每项扣3分;工位不整洁,每处扣3分		

测评题

一、单选题

1. 以下说法中,不正确的是(　　)。
(A)直流电流表可以用于交流电路测量
(B)电压表内阻越大越好
(C)钳形电流表可做成既能测交流电流,也能测量直流电流
(D)使用万用表测量电阻,每换一次欧姆挡都要进行欧姆调零

2. 以下说法中,正确的是(　　)。
(A)不可用万用表欧姆挡直接测量微安表、检流计或电池的内阻
(B)兆欧表在使用前,无须先检查其是否完好,可直接对被测设备进行绝缘测量
(C)电能表是专门用来测量设备功率的装置
(D)所有的电桥均是测量直流电阻的

3. (　　)仪表由固定的永久磁铁,可转动的线圈及转轴、游丝、指针、机械调零机构等组成。
(A)磁电系　　(B)电磁系　　(C)感应系

4. 线路或设备的绝缘电阻的测量是用(　　)测量的。
(A)万用表的电阻挡　　(B)兆欧表　　(C)接地兆欧表

5. 钳形电流表使用时应先用较大量程,然后再视被测电流的大小变换量程。切换量程时应(　　)。
(A)直接转动量程开关
(B)先退出导线,再转动量程开关
(C)一边进线一边换挡

6. 按照计数方法,电工仪表主要分为指针式仪表和(　　)式仪表。
(A)电动　　(B)比较　　(C)数字

7. (　　)仪表由固定的线圈,可转动的铁芯及转轴、游丝、指针、机械调零机构等组成。
(A)磁电系　　(B)电磁系　　(C)感应系

8. 用万用表测量电阻时,黑表笔接表内电源的(　　)。

(A)两极　　(B)负极　　(C)正极

9. (　　)仪表可直接用于交、直流测量,且精确度高。

(A)磁电系　　(B)电磁系　　(C)电动系

10. (　　)仪表可直接用于交、直流测量,但精确度低。

(A)磁电系　　(B)电磁系　　(C)电动系

11. (　　)仪表由固定的线圈,可转动的线圈及转轴、游丝、指针、机械调零机构等组成。

(A)磁电系　　(B)电磁系　　(C)电动系

12. (　　)仪表的灵敏度和精确度较高,多用来制作携带式电压表和电流表。

(A)磁电系　　(B)电磁系　　(C)电动系

13. 选择电压表时,其内阻(　　)被测负载的电阻为好。

(A)远小于　　(B)远大于　　(C)等于

14. 指针式万用表测量电阻时标度尺最右侧是(　　)。

(A)∞　　(B)0　　(C)不确定

15. 测量电动机线圈对地的绝缘电阻时,兆欧表的 L、E 两个接线柱应(　　)。

(A)E 接电动机出线的端子,L 接电动机的外壳

(B)L 接电动机出线的端子,E 接电动机的外壳

(C)随便接,没有规定

16. 钳形电流表是利用(　　)的原理制造的。

(A)电流互感器　　(B)电压互感器　　(C)变压器

17. 万用表电压量程 2.5 V 是当指针指在(　　)位置时电压值为 2.5 V。

(A)(1/2)量程　　(B)满量程　　(C)(2/3)量程

18. 兆欧表的两个主要组成部分是手摇(　　)和磁电系流比计。

(A)电流互感器　　(B)直流发电机　　(C)交流发电机

19. 钳形电流表由电流互感器和带(　　)的磁电系表头组成。

(A)测量电路　　(B)整流装置　　(C)指针

20. 单相电能表主要由一个可转动铝盘和分别绕在不同铁芯上的一个(　　)和一个电流线圈组成。

(A)电压线圈　　(B)电压互感器　　(C)电阻

21. 万用表实质是一个带有整流器的(　　)仪表。

(A)磁电系　　(B)电磁系　　(C)电动系

22. 钳形电流表测量电流时,可以在(　　)电路的情况下进行。

(A)断开　　(B)短接　　(C)不断开

23. 用兆欧表逐相测量定子绕组与外壳的绝缘电阻,当转动摇柄时,指针指到零,说明绕组(　　)。

(A)碰壳　　(B)短路　　(C)断路

24. 有时候用钳形电流表测量电流前,要把钳口开合几次,目的是(　　)。

(A)消除剩余电流　　(B)消除剩磁　　(C)消除残余应力

25. 测量接地电阻时,电位探针应接在距接地端(　　)m 的地方。

(A)5　　(B)20　　(C)40

二、多选题

1. 常用的电工测量方法主要有(　　)等。
(A)直接测量法　(B)比较测量法　(C)间接测量法　(D)数字测量法
2. 电工仪表的精确度等级分为(　　)等。
(A)0.1　(B)0.2　(C)0.5　(D)2.5
3. 按照测量方法,电工仪表分为(　　)。
(A)直读式　(B)比较式　(C)对比式　(D)对称式
4. 合格兆欧表在使用前的检查结果是(　　)。
(A)开路检查为∞　(B)开路检查为0　(C)短路检查为∞　(D)短路检查为0
5. 万用表主要由(　　)等部分组成。
(A)表头　(B)测量电路　(C)转换开关　(D)电动机
6. 兆欧表的主要组成部分是(　　)。
(A)手摇直流发电机　(B)磁电系流比计测量机构
(C)电压线圈　(D)电流互感器
7. 接地电阻测量仪主要由(　　)组成。
(A)手摇发电机　(B)电流互感器　(C)电位器　(D)检流计
8. 关于单相电能表,下列说法正确的有(　　)。
(A)电能表内有两个线圈,一个为电压线圈,另一个为电流线圈
(B)积算器的作用是记录用户用电量多少的一个指示装置
(C)电能表前允许安装开关,以方便用户维护电能表
(D)电能表后可以安装开关,以方便用户维护电器及线路
9. 关于直流单臂电桥,下列说法正确的是(　　)。
(A)直流单臂电桥适用于测量电动机直流电阻
(B)直流单臂电桥适用于测量变压器直流电阻
(C)直流单臂电桥电阻测量范围为$1 \sim 10^8\ \Omega$
(D)直流单臂电桥测得的电阻的数值等于比率臂倍数和比较臂读数值的乘积
10. 数字万用表除了具有指针式万用表的功能外,还可以测量(　　)。
(A)电感　(B)电容　(C)PN结的正向压降　(D)交流电流
11. 万用表使用前的校表包括(　　)。
(A)短接　(B)机械调零
(C)欧姆调零　(D)在有电压设备上试测
12. 便携式电磁系电流表扩大量程是采用(　　)的方法。
(A)串联分压电阻　(B)并联分流电阻
(C)分段线圈的串、并联　(D)电流互感器
13. 万用表使用完毕应将转换开关置于(　　)。
(A)最高电阻挡　(B)OFF挡
(C)交流电压最大挡　(D)交流电流最大挡

三、判断题

(　　)1. 接地电阻测试仪就是测量线路的绝缘电阻的仪器。

(　　)2. 使用兆欧表前不必切断被测设备的电源。

(　　)3. 万用表使用后,转换开关可置于任意位置。

(　　)4. 电压表在测量时,量程要大于或等于被测线路电压。

(　　)5. 电流表的内阻越小越好。

(　　)6. 交流钳形电流表可测量交直流电流。

(　　)7. 测量电动机的对地绝缘电阻和相间绝缘电阻,常使用兆欧表,而不宜使用万用表。

(　　)8. 用万用表 R×1 kΩ 欧姆挡测量二极管时,红表笔接一只引脚,黑表笔接另一只引脚测得的电阻值约为几百欧,反向测量时电阻值很大,则该二极管是好的。

(　　)9. 电流的大小用电流表来测量,测量时将其并联在电路中。

(　　)10. 电动势的正方向规定为从低电位指向高电位,所以测量时电压表应正极接电源负极,而电压表负极接电源的正极。

(　　)11. 电压的大小用电压表来测量,测量时将其串联在电路中。

(　　)12. 测量电流时应把电流表串联在被测电路中。

(　　)13. 用钳形电流表测量电流时,尽量将导线置于钳口铁芯中间,以减小测量误差。

(　　)14. 摇测大容量设备吸收比是测量 60 s 时的绝缘电阻与 15 s 时的绝缘电阻之比。

(　　)15. 使用万用表电阻挡能够测量变压器的线圈电阻。

(　　)16. 测量电压时,电压表应与被测电路并联。电压表的内阻远大于被测负载的电阻。

(　　)17. 用钳形电流表测量电动机空转电流时,可直接用小电流挡一次测量出来。

(　　)18. 接地电阻表主要由手摇发电机、电流互感器、电位器以及检流计组成。

(　　)19. 测量交流电路的有功电能时,因是交流电,故电能表的电压线圈与电流线圈的两个同极性的首端可任意接在线路上。

(　　)20. 交流电流表和电压表测量所得的值都是有效值。

(　　)21. 万用表在测量电阻时,指针指在刻度盘中间最准确。

(　　)22. 用钳形电流表测量电动机空转电流时,不需要挡位变换,可直接进行测量。

模块三

简单电气控制电路的安装与调试

项目一　电路知识与常用材料

学习目标

应知	1. 掌握直流电路概念特点与基本定理定律。 2. 掌握交流电路的表示方式、特性、串并联电路电压与电流的相位关系与数量关系。 3. 掌握磁场的基本性质、基本物理量、电路与磁路关系、电磁感应原理。 4. 掌握角钢、槽钢、圆钢、扁钢、钢管、钢丝绳等材料在电工中常用的选用方法。 5. 掌握常用导电材料的特性、电线电缆截面选择方法;掌握常用绝缘导线、裸导线、常用电磁线、电碳制品、常用母排、熔体材料特性及使用方法。 6. 掌握绝缘材料、磁性材料的特性、种类与用途
应会	能使用工具进行电路常用电线电缆切削与压接

建议学时

理论教学 7 学时,技能训练 2 学时。

知识导入

知识点一　直 流 电 路

一、电阻、电容的串联和并联的特点(见表 3-1-1)

表 3-1-1　电阻、电容的串、并联特性

项目	电　阻	电　容
定义式	$R=\rho\dfrac{L}{A}$	$C=\dfrac{Q}{U}$;$C=\dfrac{\varepsilon_0\varepsilon_r A}{d}$
串联	(1)流过每一个电阻的电流都相等,即 $I_1=I_2=I_3=\cdots=I_n$ (2)总电压等于各个电阻上电压之和,即 $U=U_1+U_2+\cdots+U_n$ (3)等效电阻等于各串联电阻之和,即 $R=R_1+R_2+\cdots+R_n$	(1)各串联电容器上所带电量相等,并等于等效电容所带电量,即 $Q=Q_1=Q_2=\cdots=Q_n$ (2)总电压等于各个电容器上电压的代数和,即 $U=U_1+U_2+\cdots+U_n$

续上表

项目	电　阻	电　容
串联	(4)各电阻上分配的电压与各自电阻的阻值成正比,即 $U_n=\frac{R_n}{R}U$ (5)两个电阻串联的分压公式: $U_1=\frac{R_1}{R_1+R_2}U$(R_1上分配的电压) $U_2=\frac{R_2}{R_1+R_2}U$(R_2上分配的电压)	(3)等效电容量的倒数等于各串联电容量倒数之和,即 $\frac{1}{C}=\frac{1}{C_1}+\frac{1}{C_2}+\cdot\cdot\cdot+\frac{1}{C_n}$ 两个电容器串联等效电容量: $C=\frac{C_1C_2}{C_1+C_2}$ (4)两个电容器串联的分压公式: $U_1=\frac{C_2}{C_1+C_2}U$(C_1上分配的电压) $U_2=\frac{C_1}{C_1+C_2}U$(C_2上分配的电压)
并联	(1)并联电路中各电阻两端的电压相等,即 $U=U_1=U_2=\cdots=U_n$ (2)电路的总电流等于各支路电流之和,即 $I=I_1+I_2+\cdots+I_n$ (3)并联电路等效电阻的倒数等于各并联支路电阻的倒数之和,即 $\frac{1}{R}=\frac{1}{R_1}+\frac{1}{R_2}+\cdots+\frac{1}{R_n}$ 两电阻并联: $R=R_1//R_2=\frac{R_1R_2}{R_1+R_2}$ (4)各并联电阻中的电流及电阻消耗的功率均与各电阻的阻值成反比,即 $I_1:I_2:I_3=P_1:P_2:P_3=\frac{1}{R_1}:\frac{1}{R_2}:\frac{1}{R_3}$ (5)两并联支路的电流分流公式: $I_1=\frac{R_2}{R_1+R_2}I,I_2=\frac{R_1}{R_1+R_2}I$	(1)并联电路电容器两端的电压相等,即 $U=U_1=U_2=\cdots=U_n$ (2)并联电路的总电量等于各电容器电量之和,即 $Q=Q_1+Q_2+\cdots+Q_n$ (3)并联电路的等效电容量等于各个电容器电容量之和,即 $C=C_1+C_2+\cdots+C_n$

二、基本定律和定理

1. 欧姆定律

(1)无源支路欧姆定律:

$$I=\frac{U}{R}$$

(2)全电路欧姆定律:

$$I=\frac{U}{R+r_0}$$

(3)电路的三种状态:

通路:

$$I=\frac{E}{R+r_0};U=E-U_0=E-r_0I$$

短路:

$$I=\frac{E}{r_0};U=0$$

断路：

$$I=0;U=E$$

2. 基尔霍夫定律

(1)基尔霍夫电流定律(简写为 KCL)对电路中的任一节点,在任一瞬间,流出或流入该节点电流的代数和为零,即

$$\sum I=0 \quad 或 \quad \sum I_{入}=\sum I_{出}$$

(2)基尔霍夫电压定律(简写为 KVL)对电路中的任一回路,在任一瞬间,沿回路绕行一周,回路中各部分电压的代数和恒等于零,即

$$\sum U=0 \quad 或 \quad \sum E=\sum RI$$

3. 叠加定理

在线性电路中,当有多个电源共同作用时,任一支路电流或电压,可看作由各个电源单独作用时在该支路中产生的电流或电压的代数和。当某一电源单独作用时,其他不作用的电源应置为零(电压源电压为零,电流源电流为零),即电压源用短路代替,电流源用开路代替。

4. 戴维南定理

任何一个有源二端线性网络,对于外电路而言,总可以用一理想电压源和内阻 r_0 相串联的电路模型来代替,如图 3-1-1 所示。其中,理想电压源的电压就等于有源二端网络的开路电压 U_o,即将负载断开后两端之间的电压。内阻 r_0 等于有源二端网络中所有电源均除去(理想电压源短路,即其电压为零;理想电流源开路,即其电流为零)后所得无源二端网络的等效电阻。

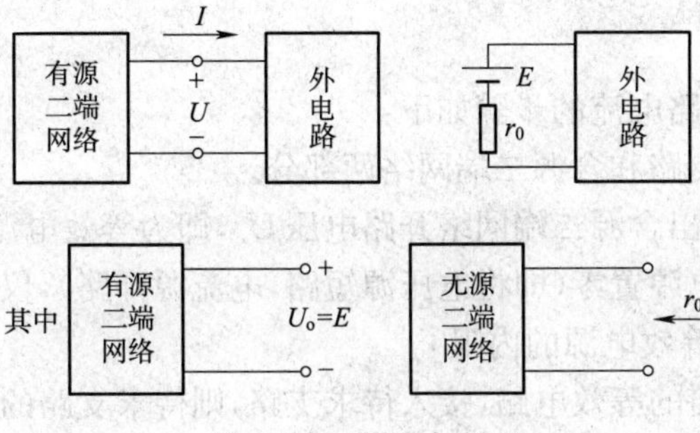

图 3-1-1　戴维南定理

三、解题方法

1. 支路电流法(见图 3-1-2)

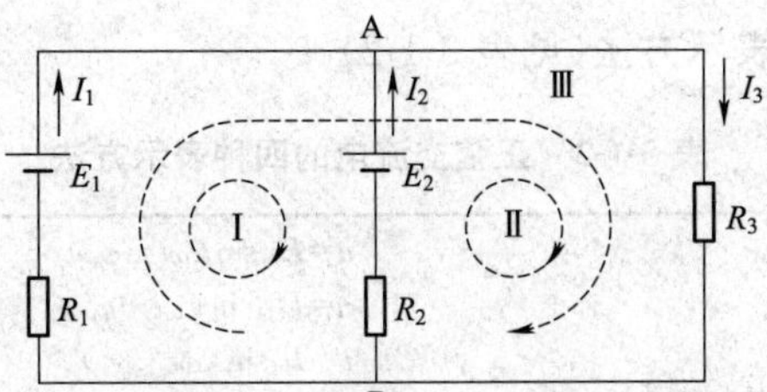

图 3-1-2　支路电流法示例

支路电流法解题的步骤如下(m 条支路,n 个节点):

(1)先假设各支路电流参考方向和回路绕行方向。

(2)根据基尔霍夫电流定律列出$(n-1)$个独立电流方程。

(3)根据基尔霍夫电压定律列出$[m-(n-1)]$个独立回路电压方程。

(4)解方程组,求各支路电流。如果求得的支路电流为正值,说明支路电流的实际方向与参考方向相同;若为负值,说明支路电流的实际方向与参考方向相反。

2. 节点电压法

在复杂电路计算中,对支路较多而节点很少的电路,用节点电压法计算较为简便。节点电压法是以节点电压为未知量,先求出节点电压,再根据含源电路欧姆定律求出各支路电流。用节点电压法解题的步骤如下:

(1)选定参考点和节点电压的参考方向。

(2)求出节点电压。

$$U_{AB}=\frac{\sum\frac{E}{R}}{\sum\frac{1}{R}}$$

如果用电导表示电阻,则上式可写为

$$U_{AB}=\frac{\sum EG}{\sum G}$$

上述两个公式中分母中各项的符号都是正号;分子各项的符号按以下原则确定:凡电动势的方向指向 A 点时取正号,反之取负号。

3. 戴维南定理法

用戴维南定理求某支路电流的步骤如下:

(1)把电路分为待求支路和含源二端网络两部分。

(2)断开待求支路,求出含源二端网络开路电压U_o,即为等效电源的电动势 E。

(3)将网络内各独立电源置零(即将电压源短路,电流源开路),仅保留电源内阻,求出网络两端的输入电阻R_i,即为等效电源的内阻 r。

(4)画出有源二端网络的等效电路,接入待求支路,则待求支路的电流为

$$I=\frac{E}{r+R}=\frac{U_o}{R_i+R}$$

知识点二 交流电路

一、正弦交流电的四种表示方法(见表 3-1-2)

表 3-1-2 正弦交流电的四种表示方法

解析法	$e=E_m\sin(\omega t+\varphi_e)$ $u=U_m\sin(\omega t+\varphi_u)$ $i=I_m\sin(\omega t+\varphi_i)$

续上表

<table>
<tr><td>曲线法</td><td colspan="2">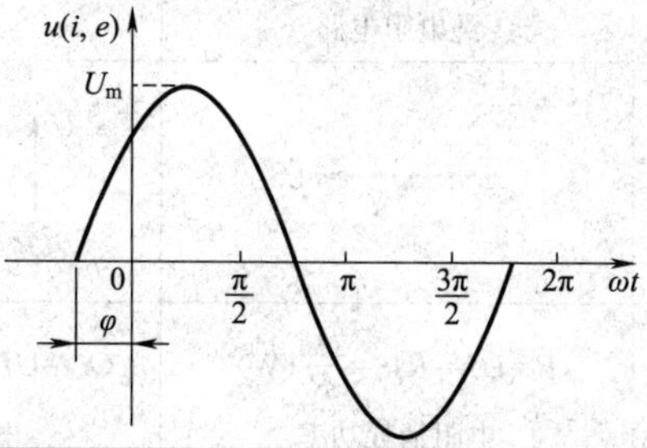
</td></tr>
<tr><td>矢量法</td><td colspan="2">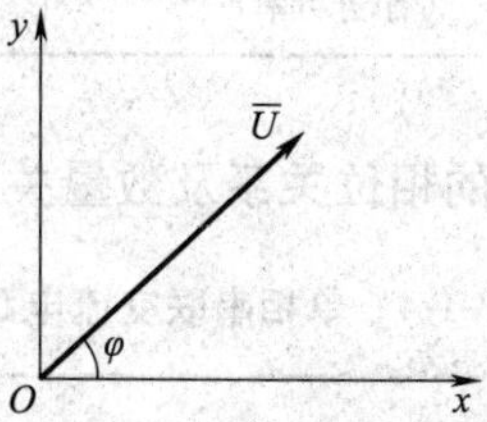
</td></tr>
<tr><td>复数法</td><td>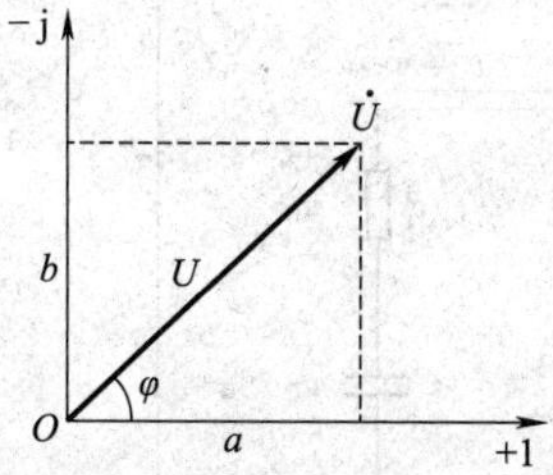
</td><td>$\dot{U}=a+\mathrm{j}b=U(\cos\varphi+\mathrm{j}\sin\varphi)=U\mathrm{e}^{\mathrm{j}\varphi}$
$U=\sqrt{a^2+b^2}$；$\tan\varphi=\frac{b}{a}$
$\mathrm{e}^{\mathrm{j}90^\circ}=\mathrm{j}$；$\mathrm{e}^{-\mathrm{j}90^\circ}=-\mathrm{j}$</td></tr>
<tr><td colspan="3">交流电压正弦量与复数量的对应关系：$u=\sqrt{2}U\sin(\omega t+\varphi)\Leftrightarrow\dot{U}=U\mathrm{e}^{\mathrm{j}\varphi}$
交流电流正弦量与复数量的对应关系：$i=\sqrt{2}I\sin(\omega t+\varphi)\Leftrightarrow\dot{I}=I\mathrm{e}^{\mathrm{j}\varphi}$</td></tr>
<tr><td colspan="3">感抗复数形式：$Z=\mathrm{j}X_\mathrm{L}=\mathrm{j}\omega L$；容抗复数形式：$Z=-\mathrm{j}X_\mathrm{C}=-\mathrm{j}\frac{1}{\omega C}$</td></tr>
<tr><td colspan="3">（阻、感、容）串联的复阻抗：$Z=R+\mathrm{j}X_\mathrm{L}-\mathrm{j}X_\mathrm{C}$；并联的复阻抗：$\frac{1}{Z}=\frac{1}{R}+\frac{1}{\mathrm{j}X_\mathrm{L}}-\frac{1}{\mathrm{j}X_\mathrm{C}}$</td></tr>
</table>

二、单一参数正弦交流电路的基本特性（见表 3-1-3）

表 3-1-3　单一参数正弦交流电路的基本特性

项　目	纯电阻电路	纯电感电路	纯电容电路
电路图	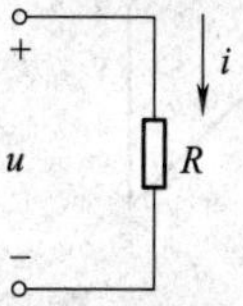	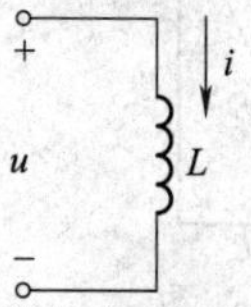	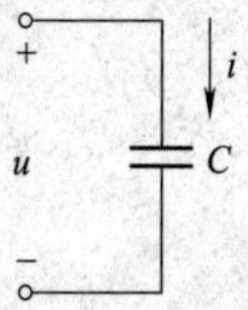
阻抗 Z	R	$X_\mathrm{L}=\omega L$	$X_\mathrm{C}=\frac{1}{\omega C}$
电压与电流数量关系	$U=RI$	$U=X_\mathrm{L}I$	$U=X_\mathrm{C}I$

续上表

项　　目	纯电阻电路	纯电感电路	纯电容电路
电压与电流相位关系	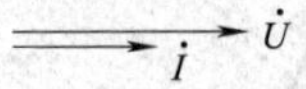	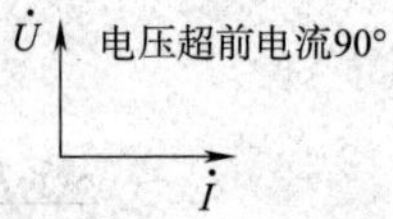	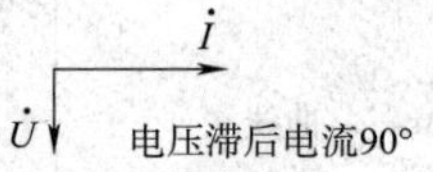
功率	$P=UI=RI^2=\frac{U^2}{R}$(W) 电阻消耗功率 (有功功率)	$Q_L=UI=X_L I^2=\frac{U^2}{X_L}$(var) 电感储存功率 (无功功率)	$Q_C=UI=X_C I^2=\frac{U^2}{X_C}$(var) 电容储存功率 (无功功率)

三、单相串联交流电路的相位关系及数量关系(见表 3-1-4)

表 3-1-4　单相串联交流电路的相位关系及数量关系

串联	*RL*	*RC*	*RLC*
电路图	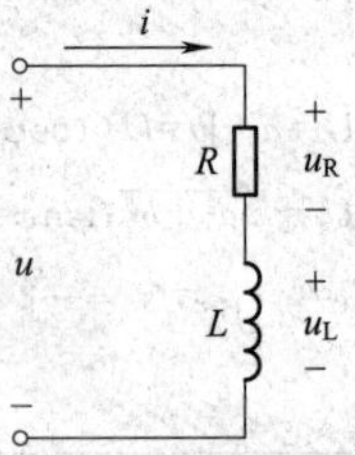	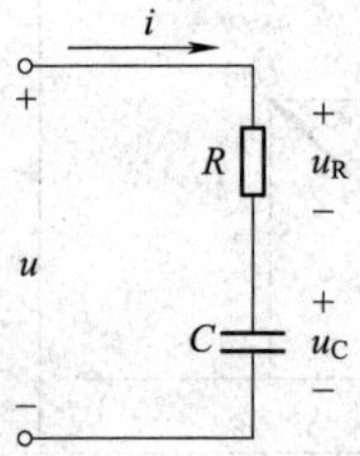	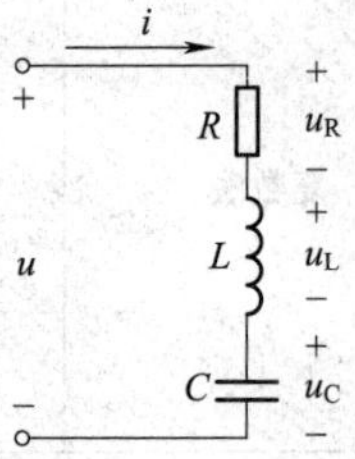
电压三角形	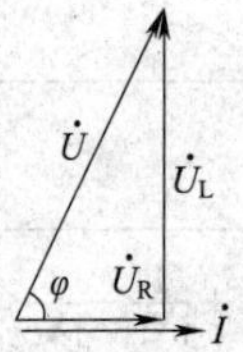	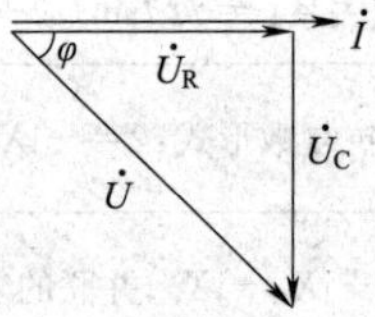	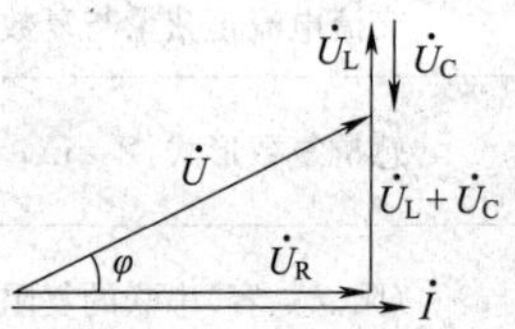
总电压相量 电压有效值	$\dot{U}=\dot{U}_R+\dot{U}_L$ $U=\sqrt{U_R^2+U_L^2}$	$\dot{U}=\dot{U}_R+\dot{U}_C$ $U=\sqrt{U_R^2+U_C^2}$	$\dot{U}=\dot{U}_R+\dot{U}_L+\dot{U}_C$ $U=\sqrt{U_R^2+(U_L-U_C)^2}$
阻抗三角形	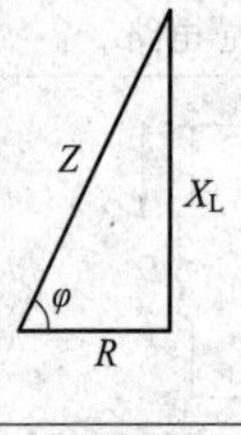	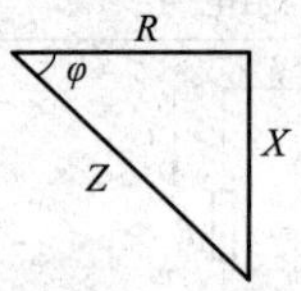	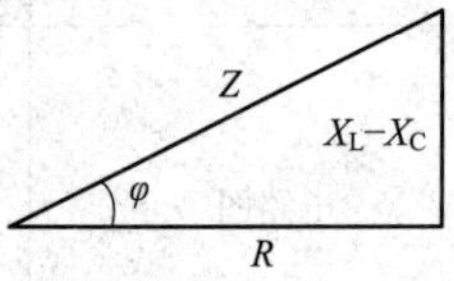
总阻抗	$Z=\sqrt{R^2+X_L^2}$	$Z=\sqrt{R^2+X_C^2}$	$Z=\sqrt{R^2+(X_L-X_C)^2}$
总复阻抗	$Z=R+jX_L$	$Z=R-jX_C$	$Z=R+jX_L-jX_C$

续上表

串联	RL	RC	RLC
功率三角形	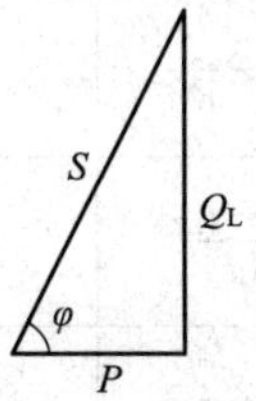	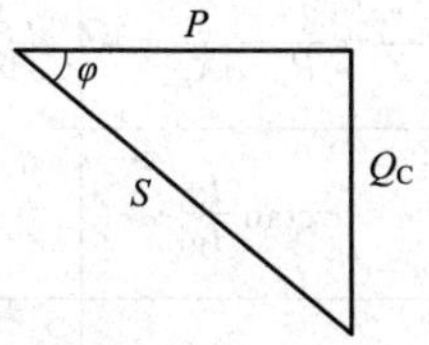	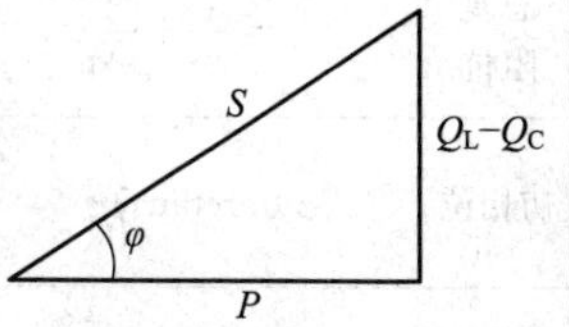
视在功率	$S=UI=\sqrt{P^2+Q_L^2}$	$S=UI=\sqrt{P^2+Q_C^2}$	$S=UI=\sqrt{P^2+(Q_L-Q_C)^2}$
有功功率	$P=S\cos\varphi=UI\cos\varphi=RI^2$		
无功功率	$Q=S\sin\varphi=UI\sin\varphi=XI^2$		
阻抗角	$\varphi=\arctan\dfrac{X}{R}=\arctan\dfrac{U_L}{U_R}=\arctan\dfrac{Q}{P}$		
功率因数	$\cos\varphi=\dfrac{P}{S}=\dfrac{R}{Z}=\dfrac{U_R}{U}$		
电压、电流关系及电路性质	电压超前电流一个 φ 角，电路呈感性	电压滞后电流一个 φ 角，电路呈容性	当 $X_L>X_C$（$U_L>U_C$）电路呈感性；当 $X_L<X_C$（$U_L<U_C$）电路呈容性；当 $X_L=X_C$（$U_L=U_C$）电路呈阻性，此时电路的这种状态称为串联谐振，谐振频率为 $f_0=\dfrac{1}{2\pi\sqrt{LC}}$，电路总阻抗最小

四、单相并联交流电路的相位关系及数量关系（见表 3-1-5）

表 3-1-5　单相并联交流电路的相位关系及数量关系

项目	RL 并联	RC 并联	RLC 并联	RL 串后与 C 并联
电路图	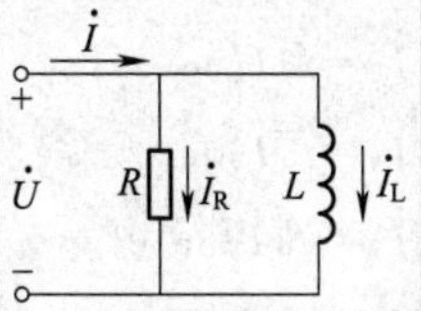	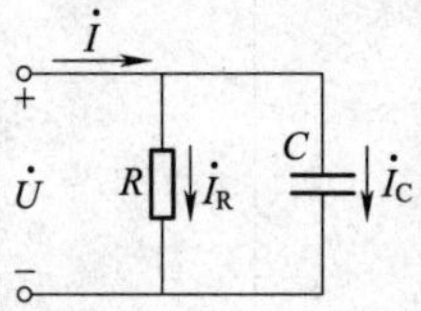	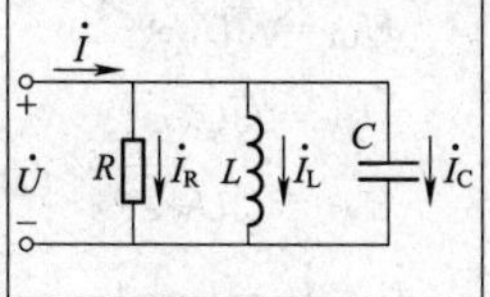	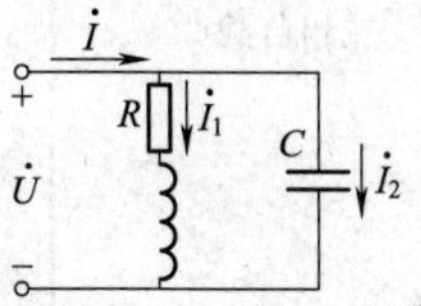
相量图	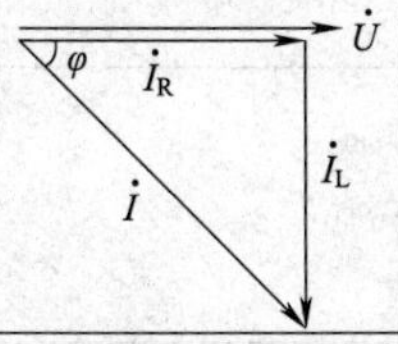	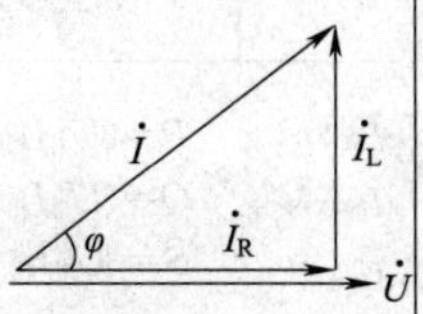	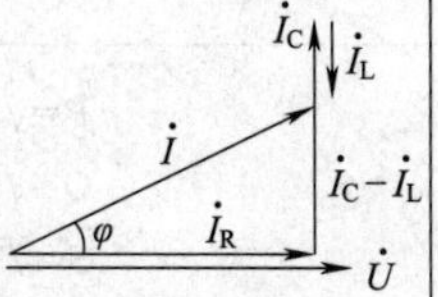	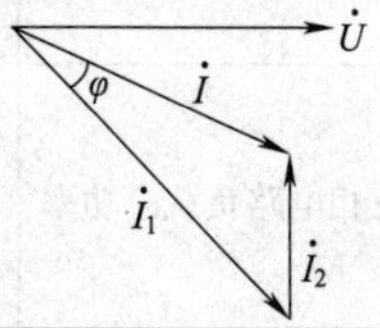
总电流	$\dot I=\dot I_R+\dot I_L$ $I=\sqrt{I_R^2+I_L^2}$	$\dot I=\dot I_R+\dot I_C$ $I=\sqrt{I_R^2+I_C^2}$	$\dot I=\dot I_R+\dot I_L+\dot I_C$ $I=\sqrt{I_R^2+(I_C-I_L)^2}$	$\dot I=\dot I_1+\dot I_2$ $I=\sqrt{(I_1\cos\varphi_1)^2+(I_1\sin\varphi_1-I_2)^2}$

续上表

项目	RL 并联	RC 并联	RLC 并联	RL 串后与 C 并联
总复阻抗	$\frac{1}{Z}=\frac{1}{R}+\frac{1}{\mathrm{j}X_L}$	$\frac{1}{Z}=\frac{1}{R}-\frac{1}{\mathrm{j}X_C}$	$\frac{1}{Z}=\frac{1}{R}+\frac{1}{\mathrm{j}X_L}-\frac{1}{\mathrm{j}X_C}$	$\frac{1}{Z}=\frac{1}{R+\mathrm{j}X_L}-\frac{1}{\mathrm{j}X_C}$
初相位	$\varphi=\arctan\frac{I_L}{I_R}$	$\varphi=\arctan\frac{I_C}{I_R}$	$\varphi=\arctan\frac{I_C-I_L}{I_R}$	$\varphi=\arctan\frac{I_1\sin\varphi_1-I_2}{I_1\cos\varphi_1}$
电压、电流相位关系	电压超前电流一个 φ 角,电路呈感性	电压滞后电流一个 φ 角,电路呈容性	$I_C>I_L$ 电路呈容性; $I_C<I_L$ 电路呈感性; $I_C=I_L$ 电路呈阻性	$I_1\sin\varphi_1>I_2$ 电路呈感性; $I_1\sin\varphi_1<I_2$ 电路呈容性; $I_1\sin\varphi_1=I_2$ 电路呈阻性,称为并联谐振

五、三相交流电路的相位关系及数量关系(见表 3-1-6)

表 3-1-6　三相交流电路的相位关系及数量关系

三相交流电动势表达式	$e_U=E_m\sin\omega t$ $e_V=E_m\sin(\omega t-120°)$ $e_W=E_m\sin(\omega t+120°)$ 或 $\dot{E}_U=E$ $\dot{E}_V=E\mathrm{e}^{-\mathrm{j}120°}$ $\dot{E}_W=E\mathrm{e}^{\mathrm{j}120°}$	
联结方式	星形联结	三角形联结
三相交流电源	$U_{线Y}=\sqrt{3}U_{相Y}$ 且线电压相位超前相应的相电压相位 30° $\dot{U}_{UV}=\sqrt{3}\dot{U}_U\mathrm{e}^{\mathrm{j}30°}$ $\dot{U}_{VW}=\sqrt{3}\dot{U}_V\mathrm{e}^{\mathrm{j}30°}$ $\dot{U}_{WU}=\sqrt{3}\dot{U}_W\mathrm{e}^{\mathrm{j}30°}$	$U_{线\triangle}=U_{相\triangle}$ 线电压与相电压相位相同 $\dot{E}=\dot{E}_U+\dot{E}_V+\dot{E}_W$
三相负载	$I_{线Y}=I_{相Y}$ 线电流与相电流相位相同 $U_{线Y}=\sqrt{3}U_{相Y}$ 且线电压相位超前相应的相电压相位 30° $\dot{U}_{UV}=\sqrt{3}\dot{U}_U\mathrm{e}^{\mathrm{j}30°}$ $\dot{U}_{VW}=\sqrt{3}\dot{U}_V\mathrm{e}^{\mathrm{j}30°}$ $\dot{U}_{WU}=\sqrt{3}\dot{U}_W\mathrm{e}^{\mathrm{j}30°}$ $\dot{I}_N=\dot{I}_U+\dot{I}_V+\dot{I}_W$	$U_{线\triangle}=U_{相\triangle}$ $I_{线\triangle}=\sqrt{3}I_{相\triangle}$ 且线电流相位滞后相应的相电流相位 30° $\dot{I}_U=\sqrt{3}\dot{I}_{UV}\mathrm{e}^{-\mathrm{j}30°}$ $\dot{I}_V=\sqrt{3}\dot{I}_{VW}\mathrm{e}^{-\mathrm{j}30°}$ $\dot{I}_W=\sqrt{3}\dot{I}_{WU}\mathrm{e}^{-\mathrm{j}30°}$
对称三相电路负载总功率	$P=\sqrt{3}U_{线}I_{线}\cos\varphi_{相}$　$P=3U_{相}I_{相}\cos\varphi_{相}$ $Q=\sqrt{3}U_{线}I_{线}\cos\varphi_{相}$　$Q=3U_{相}I_{相}\sin\varphi_{相}$ $S=\sqrt{3}U_{线}I_{线}$　$S=3U_{相}I_{相}$	
对称三相电源欧姆定律及其线值、相值关系	$I_{相}=\frac{U_{相}}{Z_{相}}$　$\varphi=\arctan\frac{X}{R}$　$\frac{I_{相\triangle}}{I_{相Y}}=\sqrt{3}$　$\frac{I_{线\triangle}}{I_{线Y}}=3$	

知识点三　磁 与 电 磁

一、磁场的基本性质

具有磁性的物体称为磁体，磁体两端磁性最强的区域称为磁极。任何磁体都具有两极，而且磁极是不可分割的，磁极间存在着相互作用力，即同极性排斥，异极性吸引。磁极间的相互作用力，称为磁力。

磁体周围存在着磁力作用的空间，称为磁场。磁力是通过磁场这一特殊物质传递的。磁场之所以特殊，是因为它们不是由分子和原子所组成的。磁场具有力的性质，为了描述磁场，用磁感线来形象地表示磁场，磁感线具有以下特征：

(1)磁感线是互不交叉的闭合曲线，在磁体外部由 N 极指向 S 极，在磁体内部由 S 极指向 N 极。

(2)磁感线上任意一点的切线方向，就是该点的磁场方向。

(3)磁感线的疏密程度反映了磁场的强弱，磁感线越密表示磁场越强，越稀疏表示磁场越弱。

二、磁场和磁路的基本物理量(见表 3-1-7)

表 3-1-7　磁场和磁路的基本物理量

名称	定义式	意　义	单位及换算	
磁通	$\phi=BA$	磁场中垂直通过某一截面积的磁感线数	韦[伯](Wb)	1 Mx(麦克斯韦)$=10^{-8}$Wb
磁感应强度	$B=\frac{\Phi}{S}=\mu\frac{NI}{L}=\mu_0\mu_r\frac{NI}{L}$	磁感应强度表示磁场中某点磁场的强弱和方向，是磁场的基本物理量	特[斯拉](T)	1Gs(高斯)$=10^{-4}$T
磁导率	$\mu_r=\frac{\mu}{\mu_0}$ (μ_0 为真空中磁导率，μ_r 为相对磁导率)	磁导率是表示物质对磁场影响程度的一个物理量，即表明物质的导磁能力。非铁磁物质的 μ 是一个常数，而铁磁物质的 μ 不是常数	亨[利]每米(H/m)	$\mu_0=10^{-7}$H/m
磁场强度	$H=\frac{B}{\mu}=\frac{B}{\mu_0\mu_r}=\frac{NI}{L}$	与激发磁场的电流直接有关，而在均匀的介质中与介质无关	安[培]每米(A/m)	1Oe(奥斯特)≈80 A/m
磁动势	$F_m=NI$	磁动势表明磁路中产生磁通的条件与能力	安[培](A)	
磁阻	$R_m=\frac{L}{\mu S}$	磁阻反映了磁路对磁通的阻力，它由磁路的材料、形状及尺寸所决定	每亨[利](1/H)	

三、电路与磁路的对应关系(见表 3-1-8)

表 3-1-8　电路与磁路的对应关系

电路			磁路		
名称	符号	单位	名称	符号	单位
电动势	E	伏[特](V)	磁动势	$F_m(=NI)$	安[培](A)
电流	I	安[培](A)	磁通	Φ	韦[伯](Wb)
电阻率	ρ	欧[姆]米(Ω·m)	磁导率	μ	亨[利]每米(H/m)
电阻	$R\left(=\rho\dfrac{L}{S}\right)$	欧[姆](Ω)	磁阻	$R_m\left(=\dfrac{L}{\mu S}\right)$	每亨[利](1/H)
电路欧姆定律	$I=\dfrac{E}{R+r}$		磁路欧姆定律	$\Phi=\dfrac{NI}{R_m}$	

四、磁路基尔霍夫定律

沿着磁路中任意闭合路径的各段磁压降的代数和等于环绕此闭合路径的所有磁动势的代数和，即 $\sum HL=\sum NI$，如图 3-1-3 所示。

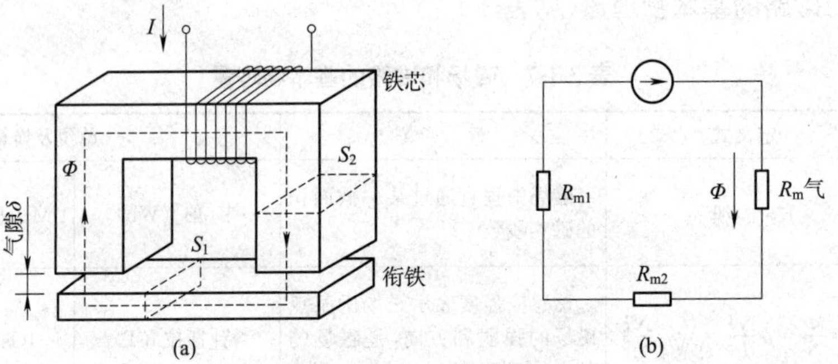

图 3-1-3　具有空气隙的磁路

五、磁路的计算

(1)由于各段磁路的截面面积不同，而通过的磁通相同，因此应分别计算各段磁路的磁感应强度，即

$$B_1=\frac{\Phi}{S_1},B_2=\frac{\Phi}{S_2},\cdots$$

(2)根据各段磁性材料的导磁性不同，找出与上述 $B_1,B_2,\cdots$ 对应的磁场强度 $H_1,H_2,\cdots$ 铁磁材料可查磁化曲线 $B=f(H)$图(或表)，空气隙可用 $B=\mu_0 H$ 计算。

(3)计算各段磁路的磁压降 HL 的代数和，求出磁通势 NI。

六、电磁感应

1. 电磁感应基本公式(见表 3-1-9)

表 3-1-9　电磁感应基本公式

概　　念	相关公式
直导体的电磁感应电动势	$e=BLv\sin\alpha$
法拉第电磁感应定律	$e=-N\dfrac{\Delta\Phi}{\Delta t}$（负号表示 e 方向总是使 $\Phi_{感}$ 阻碍 $\Phi_{原}$ 的变化）
自感应电动势	$e_L=-L\dfrac{\Delta i}{\Delta t}$（$e_L$ 总是阻碍电流的变化）
互感电动势	$e_{M1}=-M\dfrac{\Delta i_2}{\Delta t}$；$e_{M2}=-M\dfrac{\Delta i_1}{\Delta t}\left(M_{12}=\dfrac{\psi_{12}}{i_1}\right)$

2. 楞次定律

感应电流的方向，总是要使感应电流产生的磁场阻碍原磁场的变化。

用楞次定律判定感应电流的具体步骤：

(1)明确原磁通 Φ 的方向。

(2)判断闭合磁路原磁通 Φ 的变化趋势是增加还是减少。如果是增加，则感应电流产生的附加磁通 Φ' 的方向与原磁通 Φ 的方向相反；如果是减少，则 Φ' 的方向与 Φ 的方向相同。

(3)利用安培定则，由 Φ' 的方向来确定感应电流的方向。

3. 同名端

把由于两个或多个线圈的绕向一致而感应电动势的极性一致的端子称为同名端；反之，称为异名端。

4. 涡流

在具有铁芯的线圈中通以交变的电流，就有交变磁通穿过铁芯，在铁芯内部产生感应电动势，在感应电动势作用下又会产生感应电流，其形状如同水中的漩涡，故称为涡流。涡流是一种电磁感应现象。

涡流太大时，会使铁芯发热，容易造成设备损坏。另外，涡流要消耗电能，造成不必要的损耗（涡流引起的损耗和磁滞引起的损耗称为铁损）。此外，涡流产生的磁通有阻碍原磁通变化的趋势。

为了减小涡流，在低频范围内电动机和电器都不用整块铁芯，而是用电阻率较大、表面具有绝缘的硅钢片叠装而成的铁芯。

但涡流也有其有利的一面，如感应系电能表就是利用涡流进行工作的。此外，利用涡流产生的热量可以用来加热金属，如高频感应炉等。

知识点四　金属材料

钢是一种碳的质量分数低于 2% 的铁碳合金。通常所说的钢，一般是指轧制成各种钢材的钢。电工常用的有角钢、槽钢、钢管、钢丝绳等，下面主要介绍这些钢材在电工中常用的选用方法。

一、角　钢

电工用角钢主要是热轧等边角钢，角钢的外形与尺寸的示意图如图 3-1-4 所示。热轧等边角钢的外形、长度和质量见表 3-1-10。

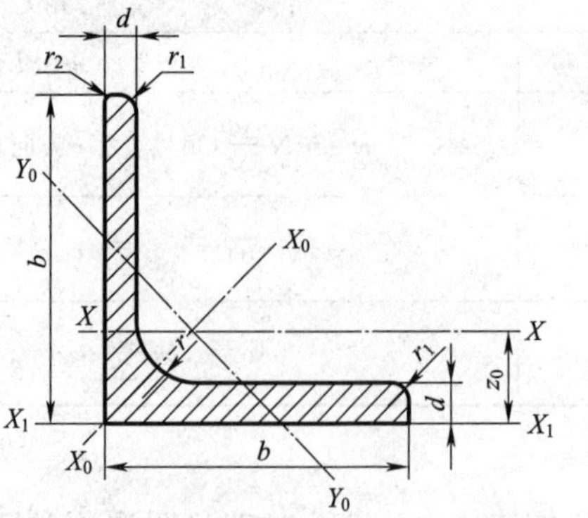

图 3-1-4　角钢的外形与尺寸示意图

b—边宽;d—边厚

表 3-1-10　热轧等边角钢的外形、长度和质量

外　形	弯曲度:等边角钢每米弯曲度不大于 4 mm。5 号以上型号的总弯曲度不大于总长度的 0.4%。 扭转:等边角钢不得有明显的扭转		
型　号	2~9	10~14	16~20
通常长度/m	4~12	4~19	6~19
质量及允许偏差	等边角钢计算理论质量时,钢的密度为 7.85 g/cm³		

二、槽　钢

槽钢大都用于承重大的支撑物,热轧槽钢用得较多,其外形与尺寸示意图如图 3-1-5 所示。

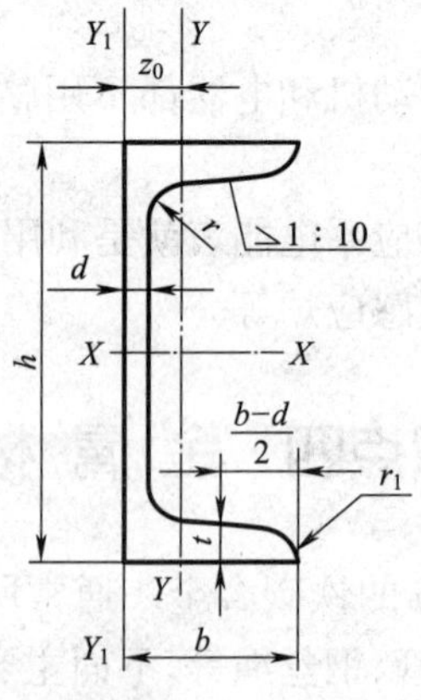

图 3-1-5　槽钢的外形与尺寸示意图

h—高度;r_1—腿端圆弧半径;b—腿宽;d—腰厚;r—内圆弧半径;

Z_0—YY 轴与 Y_1Y_1 轴间距离

三、钢　　管

钢管有电焊钢管、无缝钢管、镀锌钢管等。钢管在电工上主要作为配线使用，以保护导线。

线管配线时，首先必须选择适当的管径。一般情况下，导线截面为 6 mm^2 及以下时，要求线管内导线包括绝缘层的总面积不超过管道内截面的 35%；10～50 mm^2 时为 30%；70～150 mm^2 时为 25%。更大截面的导线一般不宜穿管，必须穿管时可按 20%计算。在任何情况下，导线总面积不得高于相应的标准加 5%。最小允许管径为内径 13 mm。选择管径时可按管内导线的规格和数量，按表 3-1-11 选取。

表 3-1-11　导线穿管选用参照表

导线截面/mm^2	管子内径/mm					
	钢　管			硬塑料管		
	穿两根	穿三根	穿四根	穿两根	穿三根	穿四根
1.0	15.9 ($\frac{5}{8}$ in)	15.9 ($\frac{5}{8}$ in)	15.9 ($\frac{5}{8}$ in)	12.7 ($\frac{1}{2}$ in)	12.7 ($\frac{1}{2}$ in)	12.7 ($\frac{1}{2}$ in)
1.5	15.9 ($\frac{5}{8}$ in)	15.9 ($\frac{5}{8}$ in)	19.0 ($\frac{3}{4}$ in)	12.7 ($\frac{1}{2}$ in)	12.7 ($\frac{1}{2}$ in)	12.7 ($\frac{1}{2}$ in)
2.5	15.9 ($\frac{5}{8}$ in)	19.0 ($\frac{3}{4}$ in)	19.0 ($\frac{3}{4}$ in)	12.7 ($\frac{1}{2}$ in)	12.7 ($\frac{1}{2}$ in)	19.0 ($\frac{3}{4}$ in)
4	15.9 ($\frac{5}{8}$ in)	19.0 ($\frac{3}{4}$ in)	25.4 (1 in)	12.7 ($\frac{1}{2}$ in)	19.0 ($\frac{3}{4}$ in)	25.4 (1 in)
6	19.0 ($\frac{3}{4}$ in)	19.0 ($\frac{3}{4}$ in)	25.4 (1 in)	19.0 ($\frac{3}{4}$ in)	19.0 ($\frac{3}{4}$ in)	25.4 (1 in)
10	25.4 (1 in)	25.4 (1 in)	31.7 ($1\frac{1}{4}$ in)	25.4 (1 in)	25.4 (1 in)	31.7 ($1\frac{1}{4}$ in)
16	25.4 (1 in)	31.7 ($1\frac{1}{4}$ in)	31.7 ($1\frac{1}{4}$ in)	25.4 (1 in)	31.7 ($1\frac{1}{4}$ in)	31.7 ($1\frac{1}{4}$ in)
25	31.7 ($1\frac{1}{4}$ in)	38.1 ($1\frac{1}{2}$ in)	38.1 ($1\frac{1}{2}$ in)	31.7 ($1\frac{1}{4}$ in)	38.1 ($1\frac{1}{2}$ in)	38.1 ($1\frac{1}{2}$ in)
35	38.1 ($1\frac{1}{2}$ in)	38.1 ($1\frac{1}{2}$ in)	50.8 (2 in)	38.1 ($1\frac{1}{2}$ in)	38.1 ($1\frac{1}{2}$ in)	50.8 (2 in)
50	38.1 ($1\frac{1}{2}$ in)	50.8 (2 in)	50.8 (2 in)	38.1 ($1\frac{1}{2}$ in)	50.8 (2 in)	50.8 (2 in)
70	38.1 ($1\frac{1}{2}$ in)	50.8 (2 in)	50.8 (2 in)	38.1 ($1\frac{1}{2}$ in)	50.8 (2 in)	50.8 (2 in)
95	50.8 (2 in)	63.5 ($2\frac{1}{2}$ in)	63.5 ($2\frac{1}{2}$ in)	50.8 (2 in)	63.5 ($2\frac{1}{2}$ in)	63.5 ($2\frac{1}{2}$ in)
120	50.8 (2 in)	63.5 ($2\frac{1}{2}$ in)	76.2 (3 in)	50.8 (2 in)	63.5 ($2\frac{1}{2}$ in)	76.2 (3 in)
150	50.8 (2 in)	63.5 ($2\frac{1}{2}$ in)	76.2 (3 in)	50.8 (2 in)	63.5 ($2\frac{1}{2}$ in)	76.2 (3 in)

四、钢 丝 绳

钢丝绳一般由六股钢丝与一根绳芯拧在一起，每股钢丝由 7 根、19 根、37 根或 61 根组成，钢丝直径为 0.4～5 mm。

钢丝绳的中间绳芯，通常是含油麻绳。在特殊地方，有的采用石棉绳芯，都浸过润滑油，其功能是润滑钢丝绳内部，减少钢丝之间的摩擦，另外，还起防锈作用。

钢丝以绕制方式分为右交互捻、左交互捻、右同向捻、左同向捻。直径细的钢丝，制成的钢丝绳比较柔软、弹性较好，常用来提升构件或起重滑车。粗的钢丝制成的钢丝绳，弹性和柔性较差，一般适合作为绑扎和拖拉绳索。

起重机常使用交互捻的钢丝绳，这种绳子的每根钢丝承受载荷较均匀，强度较高，受力时扭转纠缠倾向较小，安全性大，各股绳不易散开，适用于起重机和滑车吊装工作。

使用钢丝绳时，应注意检查。当出现热老化、外观呈回火色、有一股被折断、沿轴线方向有螺旋形或呈波浪形笼状畸变、有硬弯、绳股挤出、钢丝挤出、直径局部增大或缩小、局部压偏、扭转等现象,应立即报废、更换。

现场选用钢丝绳而又无资料可查时,可根据经验公式进行估算:

$$S \approx 50D^2$$

式中　S——破断拉力,kgf,1 kgf≈9.8 N;

　　　D——钢丝直径,mm。

电工上一般使用钢丝绳作架空线路上电杆拉线或使用钢丝绳配线。选择钢丝绳时,主要依据工程计算求出其所承受的拉力值,电工中一般是 1×7 和 1×19 规格的镀锌钢丝绳,一般直径为 4.7 mm、5.6 mm 或 7.5 mm,适用于拉力为 400 kgf、600 kgf 或 1 000 kgf。常用钢丝绳的线芯形状如图 3-1-6 所示。

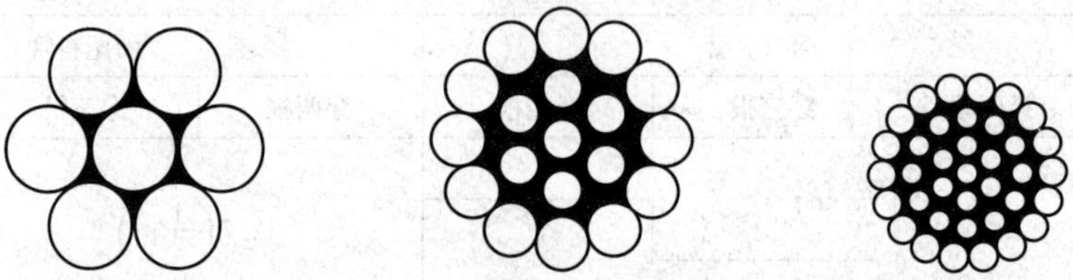

(a) 单股钢丝绳(1×7)　(b) 单股钢丝绳(1×19)　(c) 钢丝绳(1×37)

图 3-1-6　常用钢丝绳的线芯形状

知识点五　导 电 材 料

导电材料主要是用来传导电流的,有的电工导电材料也为了产生热、光、磁等作用。常用导电材料主要分为:高电导材料和特殊用途导电材料两大类。

高导电材料是以纯金属为主的一类材料,其特点是:具有很高的电导率,如铜、铝及其合金。特殊用途导电材料,是以高电阻、电热、电接触等为主要功能,主要包括:高电阻材料、电热材料、电接触材料、电碳材料等。

一、常用的导电材料

1. 铜

铜的导电性能好,在常温时有足够的机械强度,具有良好的延展性,便于加热,化学性能稳定,不易氧化和腐蚀,容易焊接,广泛用于制造电机、电器的线圈和要求较高的动力线、电气设备控制等。

导电用铜通常就选用含铜量大于 99.9%的工业纯铜。按国标和部标分普通纯铜(1、2 号铜)、无氧纯铜(1、2 号铜)和无磁性高纯铜等。根据铜的软硬程度,铜分为硬铜与软铜两种。铜材经过压延、拉制等工序加工后,硬度增加为硬铜,通常用作机械强度要求较高的导电零部件。硬铜经过退火处理后,硬度降低为软铜,软铜的电阻系数比硬铜小,适宜做电机、电器等的线圈。

铜的性能优良,但影响其性能的因素有以下几个方面:

(1)杂质的影响。铜的电导率与铜的纯度有关,纯度越高,电导率越高。溶解于铜的杂质能不同程度地降低铜的导电性和导热性，并能提高强度和硬度。几乎不溶于铜的杂质，可以使铜变脆；铜中含有硫的杂质，会降低铜的塑性；有些杂质还会在铜高温加热过程中发生化学反应，产生高压水蒸气，形成微小气泡或显微裂纹，压力加工时易使铜开裂。

(2)冷变形的影响。冷变形后引起冷作硬化。冷变形度达到90%以上时，抗拉强度提高。

(3)温度的影响。在熔点以下，铜的电阻随温度升高呈线性增加。铜的形变极限、抗拉强度和氧化速度均与温度有关，因此，铜长期使用温度不得超过110 ℃，短期工作温度不超过250 ℃。铜无低温脆性。温度降低则抗拉强度、延伸率和冲击值等增高。

(4)耐蚀性。在室温干燥空气中，铜几乎不氧化，100 ℃时表面生成黑色氧化铜膜。为防止氧化，可在铜导体上镀上一层锡、铬、镍。

铜在大气中耐蚀性很好，可与大气中的硫化物作用生成一层绿色的保护膜，降低腐蚀速度。但在有大量二氧化硫、硫化氢、硝酸、氨和氯等气体的场合会引起强烈腐蚀。沿海地区的盐雾会使多年使用的铜导线表面出现一层细微的溃伤斑点，强度便有所下降。

2. 铝

铝的导电性能良好，稍次于铜，其电导率约为铜的62%。导电性和耐蚀性好，易于压力加工成各种型材，无低温塑性；对光和热的反射率大，其机械强度比铜低，且资源丰富，价格低廉，是目前推广使用的导电材料。

铝的密度小，为铜的33%。同样长度的两根导线，若要求它们的电阻值一样，则铝导线的截面要比铜导线的截面大1.68倍，而其质量却只有铜导线的0.54倍。所以，采用铝导线可以降低成本。铝作为导电材料，不足之处是焊接工艺比较复杂。随着焊接技术的不断改进与提高，铝导线品种不断增加，铝仍是铜的良好代用品。

影响铝性能的因素主要有以下几个方面：

(1)杂质的影响。铝的物理和机械性能随其纯度而有所不同。杂质对电导率影响很大，特别是锰、铬、钒、钛的含量对电导率的影响极大，要严格控制，决不可忽视。铁和硅是导电用铝的主要杂质，会降低铝的塑性，提高其强度。

(2)冷变形的影响。铝经冷变形后，将产生冷作硬化，当冷变形度达90%以上时，电导率稍微降低，而抗拉强度却大有提高。

(3)温度的影响。温度对铝的影响与铜相似，同样由于铝的形变极限和抗拉强度与温度有关，低温下无低温脆性，适用于作为低温导体。

(4)耐蚀性。室温下，铝极易生成一层极薄的氧化膜，能阻止铝的继续氧化。铝中的铜、铁等微量杂质对铝的耐腐蚀性影响较大。铝在大气中耐蚀性良好，但如大气中含有大量的二氧化硫或硫化氢、酸、碱等气体时，在潮湿气候条件下铝表面形成电解液，会引起电化学腐蚀。大气中会有大量的尘埃及非金属夹杂物沉积在铝的表面，也易引起腐蚀。沿海地区盐雾所含的氯离子积聚在铝的表面，引起局部腐蚀，形成孔洞和沟洼。因此，要选用高纯度的铝需采用特殊防腐措施，如在钢芯铝绞线上涂上油脂，或在钢芯铝绞线的钢芯上包涂防腐涂料。

铜和铝虽是良好的导电金属，但在一些特殊要求下满足不了性能的需要，为此需在铜或铝中加入少量的其他元素，组成导电合金，也可制成复合金属导体，以适应电工技术发展的需要。

二、导线截面的选择

电线、电缆截面选择应满足允许温升、电压损失、机械强度等要求。电缆线路还应校验热稳定。35 kV 以上输电线路还需校验经济电流密度,以达到安全运行、降低电能损耗、减少运行费用的目的。

1. 按温升选择截面

为保证电线、电缆的实际工作温度不超过允许值,电线、电缆按发热条件的允许长期工作电流(即载流量),不应小于线路计算电流。

当负载为断续工作或短时工作时,应根据设备的工作制进行导线载流量的校正。绝缘导线和电缆在断续负载和短时负载下的允许载流量应为长期负载下允许载流量乘以校正系数。校正后的载流量,应不小于用电设备在额定负载持续率下的额定电流或短时工作电流。

1)断续负载下的校正系数 K_j

$$K_j=\sqrt{\frac{1-e^{-T/\tau}}{1-e^{-\varepsilon T/\tau}}}$$

式中 T——断续负载的全周期时间(工作周期),min;

τ——绝缘导线或电缆的发热时间常数,min;

ε——负载持续率;

e——自然对数底数,$e=2.718\ 28$。

当 $T>10$ min 或 $\varepsilon>0.65$ 时,校正系数取 1。断续工作用电设备的名称、负载持续率与工作周期见表 3-1-12。

表 3-1-12 断续工作用电设备的名称、负载持续率和工作周期

用电设备名称			工作周期 T	负载持续率 ε/%	供电方式(相数)
断续定额电动机			10 min	15、25、40、60	3
磁粉探伤机			小于 1 min,一般 小于 15 s,个别小于 61 s	5、15	1、2、3
电焊机	弧焊机	手工弧焊机	5 min	60(65)	1
		半自动弧焊机	5 min	60(65)	1
		自动弧焊机	10 min	100(60)	1、3
	电阻焊机	对焊机	小于 1 min	20 (8、10、15、40)	1
		凸焊机	小于 1 min	20	1
		点焊机	小于 1 min	20(50) 20 (7、8)	1 3
		缝焊机	小于 1 min	50(10)	1
	其他焊机	钎焊机	小于 1 min,一般小于 30 s	50	1
		电渣焊机	小于 1 min,一般小于 30 s	(80、100)	3

2)短时负载下的校正系数 K_j

$$K_j=\sqrt{\frac{1.15}{1-e^{-t/\tau}}}$$

式中 t——短时负载的工作时间(工作周期),min;

τ——绝缘导线或电缆的发热时间常数,min。

当工作时间 $t>4\tau$ 或两次工作之间的停止时间小于 3τ 时,校正系数取 1。

导线或电缆的发热时间常数要在截面选定后才能确定,而校正系数是随发热时间常数而变化的。因此,根据常用导线和电缆的数据,直接给出了校正后载流量。

2. 按经济电流密度校验截面

按经济电流密度校验截面见表 3-1-13。其中，对于 10 kV 及以下的配电线路，一般不按经济电流密度校验导线截面。

表 3-1-13　按经济电流密度校验截面

最大负荷利用小时(h/年)		<3 000（一班制）	3 000～15 000（二班制）	>15 000（三班制）
架空线	裸铝绞线、铜芯铝绞线	1.65	1.15	0.9
	裸铜绞线	3.0	2.25	1.75
电缆	铝芯	1.92	1.73	1.54
	铜芯	2.5	2.25	2.0

注：对于远离变电所的小面积工作场所，允许误差为−10%。

3. 按电压损失校验截面

按电压损失校验截面时，应使各种用电设备端电压符合表 3-1-14 的要求。

表 3-1-14　按电压损失校验截面

名　称	电压偏移允许值/%	名　称	电压偏移允许值/%
电动机		照明灯	
正常情况下	+5～−5	视觉要求较高场所	+5～−2.5
特殊情况下	+ 5～−10	一般工作场所	+5～−5
		事故照明、道路照明、警卫照明	+5～−10
		其他用电设备无特殊规定时	+5～−5

注：对于远离变电所的小面积工作场所，允许误差为−10%。

三、常用绝缘导线

绝缘导线是在裸导线表面裹以不同种类的绝缘材料构成的。常用的有如下绝缘导线：

1. 聚氯乙烯(塑料)绝缘导线

聚氯乙烯绝缘导线的型号有：BV、BVR、BVV、BLVV、BVVB、LVVB、BV-105 等。型号含义如下：

第一个 B 表示固定敷设、L 表示铝芯(铜芯无表示)、第一个 V 表示聚氯乙烯绝缘；

第二个 V 表示聚氯乙烯护套、第二个 B 表示平形(圆形无表示)、R 表示软电线；

聚氯乙烯(塑料)绝缘导线绝缘性能良好，制造工艺简便，价格较低，无论明敷或穿管都可取代橡胶绝缘导线，但适应环境能力差，因此塑料绝缘导线不宜在室外敷设。适用于交流电压 450 V/750 V 及以下的动力装置的固定敷设。长期允许工作温度，BV-105 型不超过 105 ℃，其他不超过 70 ℃。绝缘导线敷设温度不低于 0 ℃。

2. 橡胶绝缘导线

橡胶绝缘导线适用于交流电压 500 V 以下的电气设备和照明装置的固定敷设。长期允许工作温度不应超过 65 ℃，其主要用途及其截面、线芯结构、规格等参数见表 3-1-15。

型号字母含义：B 表示固定敷设；X 表示橡胶绝缘；L 表示铝芯(铜芯无字母表示)；W 表示氯丁护套；Y 表示聚乙烯护套。橡胶绝缘导线型号统一用 BX 和 BLX 表示。

表 3-1-15 各种型号橡胶绝缘导线的主要用途

型　号	名　称	主要用途
BXW	铜芯橡胶绝缘氯丁护套导线	适用于户外和户内明敷,特别是寒冷地区
BLXW	铝芯橡胶绝缘氯丁护套导线	
BXY	铜芯橡胶绝缘黑色聚氯乙烯护套导线	适用于户外和户内穿管,特别是寒冷地区
BLXY	铝芯橡胶绝缘黑色聚氯乙烯护套导线	

氯丁橡胶绝缘导线适应环境能力强,因此适宜在室外敷设。不过绝缘层机械强度比普通橡胶绝缘导线稍弱。

橡胶绝缘电力电缆弯曲性能较好,能够在严寒气候下,特别适用于水平高差大和垂直敷设的场合。它不仅适用于固定敷设的线路,也可用于定期移动的固定敷设线路。

3. 绝缘软导线

绝缘软导线分为聚氯乙烯绝缘软导线和橡胶绝缘编织软导线,其中聚氯乙烯绝缘软导线适用于交流额定电压 450 V/750 V 及以下的家用电器、小型电动工具、仪器仪表及动力照明等的连接;橡胶绝缘编织软导线适用于连接交流额定电压为 300 V 及以下的室内照明灯具、家用电器和工具等。橡胶绝缘编织软导线线芯长期允许工作温度不应超过 65 ℃;聚氯乙烯绝缘软导线 RV-105 允许工作温度不超过 105 ℃,其他型号不允许超过 70 ℃。导线型号及名称如下:

(1)聚氯乙烯绝缘软导线

RV:铜芯聚氯乙烯绝缘连接软导线。

RVB:铜芯聚氯乙烯绝缘平形连接软导线。

RVS:铜芯聚氯乙烯绝缘绞形连接软导线。

RVV:铜芯聚氯乙烯绝缘聚氯乙烯护套圆形连接软导线。

RVVB:铜芯聚氯乙烯绝缘聚氯乙烯护套平形连接软导线。

RV-105:铜芯耐热 105 ℃聚氯乙烯绝缘连接软导线。

其中,R 表示软电线;V 表示聚氯乙烯绝缘;V 表示聚氯乙烯护套;S 表示绞形;B 表示平形。

(2)橡胶绝缘编织软导线

RXS:橡胶绝缘编织双绞软导线。

RX:橡胶绝缘编织圆形软导线。

RXH:橡胶绝缘、橡胶护套编织圆形软电线。

4. 聚氯乙烯绝缘屏蔽导线

聚氯乙烯绝缘屏蔽导线一般用在交流额定电压 250 V 及以下的电器、仪表、电信、电子设备及自动化装置等屏蔽线路中。常用屏蔽导线的型号、名称及主要用途见表 3-1-16。

表 3-1-16 聚氯乙烯绝缘屏蔽导线的型号、名称及主要用途

型　号	产品名称	导线长期允许工作温度/℃	标称截面面积/mm^2	主要用途
BVPBVP-105	铜芯聚氯乙烯绝缘屏蔽导线;铜芯耐热 105 ℃聚氯乙烯绝缘屏蔽导线	65;105	0.06～0.40	普通型;高温环境

续上表

型　　号	产品名称	导线长期允许工作温度/℃	标称截面面积/mm^2	主要用途
RVP RVP-105	铜芯聚氯乙烯绝缘屏蔽软导线； 铜芯耐热 105 ℃聚氯乙烯绝缘屏蔽软导线	65；105	0.08～1.50	普通型；高温环境
RVVP $RVVP_1$	铜芯聚氯乙烯绝缘屏蔽聚氯乙烯护套软导线； 铜芯聚氯乙烯绝缘缠绕屏蔽聚氯乙烯护套软导线	65	0.08～1.50	移动频繁，要求特别柔软的场合

四、裸 导 线

裸导线是导线表面没有绝缘材料的金属导线。可分为圆单线、绞线、型线和软线等。

1. 圆单线

圆铜线的代码及导线直径范围见表 3-1-17。其中字母含义：T 表示铜线；Y 表示硬线；R 表示软线。

表 3-1-17　圆铜线的代码及导线直径范围

型号代码	名　　称	导线直径范围/mm
TR	软圆铜线	0.020～14.00
TY	硬圆铜线	0.020～14.00
TYT	特硬圆铜线	1.5～5.00

2. 绞线

绞线主要适用于架空电力线路。其常用类型有铝绞线、钢芯铝绞线、铝合金绞线、钢芯铝合金绞线、铜绞线。各种绞线的型号及名称见表 3-1-18。

表 3-1-18　各种绞线的型号及名称

型　　号	名　　称
LJ	铝绞线
LGJ	铝芯铝绞线
LGJF	防腐铜芯铝绞线
LH_AJ	热处理铝镁硅合金绞线
LH_AGJ	钢芯热处理铝镁硅合金绞线
$LHJF_1$	轻防腐钢芯热处理铝镁硅合金绞线
$LHJF_2$	中防腐钢芯热处理铝镁硅合金绞线
LH_BG	热处理铝镁硅稀土合金绞线
LH_BGJ	钢芯热处理铝镁硅稀土合金绞线
LH_BGJF_1	轻防腐钢芯热处理铝镁硅稀土合金绞线
LH_BGJF_2	中防腐钢芯热处理铝镁硅稀土合金绞线
TJ	裸铜绞线

字母含义：L 表示铝线；J 表示绞线；H 表示合金；F 表示防腐；G 表示芯。

举例：LH_BGJ-400/50 含义为铝合金标称截面面积为 400 mm^2、钢芯标称截面面积为 50 mm^2的钢芯热处理铝镁硅稀土合金绞线。

五、常用电磁线

电磁线是一种具有绝缘层的金属导线。主要用于绕制电工产品以及仪器仪表的绕组或线圈，借以通过电流产生电磁场或切割磁感线产生电流，实现电能和磁能的相互转换。

电磁线的导导线芯有圆、扁、带、箔等型材，线芯多数采用铜、铝材料，根据不同情况也有采取其他材料的，如铝合金线、镍包铜线等。

1. 电磁线分类

按绝缘层材料的特点和用途，电磁线可分为漆包线、绕包线、无机绝缘线和特种电磁线四类：

(1)漆包线。其绝缘层是漆膜。漆膜较薄，均匀而光滑，广泛用于中小型或微型电工产品。

(2)绕包线。用天然丝、玻璃丝、绝缘纸或合成树脂薄膜等紧紧绕包在导电线芯上，形成绝缘层，一般采用浸渍方式构成组合绝缘。其能承受过电压及过载负荷，主要应用于大、中型电工产品。

(3)无机绝缘线。主要有氧化膜铝带(箔)及陶瓷绝缘，具有耐高温、耐辐照的特性。

(4)特种电磁线。适合于特殊场合。

2. 电磁线型号的编制规则

电磁线型号的编制规则见表 3-1-19。

表 3-1-19　电磁线型号的编制规则

绝缘层				导体		派生
绝缘漆	绝缘纤维	其他绝缘层	绝缘特征	导体材料	导体特征	
Q:油性漆；	M:棉纱；	V:聚氯乙烯；	B:编织；	L:铝；	B:扁线；	—1:薄漆层；
QA:聚氨酯漆；	SB:玻璃丝；	VM:氧化膜；	C:醇酸胶黏浸渍漆；	TWC:无磁性铜	D:带(箔)；	—2:厚漆层；
QG:硅有机漆；	SR:人造丝；				J:绞制；	—3:特厚漆层
QH:环氧漆；	ST:天然丝；		E:双层；		R:柔软	
QQ:缩醛漆；	Z:纸		G:硅有机胶黏浸渍漆；			
QXY:聚酰胺亚胺漆；			J:加厚；			
QY:聚酰亚胺漆；			N:自黏性；			
QZ:聚酯漆；			F:耐制冷剂			
QZY:聚酯亚胺漆						

3. 电磁线的选用

不同类型的电工产品和仪器仪表，对电磁线的性能要求也不相同，为满足要求，目前已生产出各种不同性能的电磁线可供选择。选择时应根据产品的使用条件和制造工艺，有主次地分析对电磁线的有关性能要求，对所提供的电磁线进行比较，在满足主要性能要求的前提下选择合适的电磁线，达到保证质量、满足要求、降低成本的目的。

在选用电磁线时应重点考虑下列性能指标：

(1)电性能。导电线芯的电导率要合格，绝缘层要有足够稳定的耐电压能力和绝缘电阻。

另外，还要根据具体情况考虑选用有合适的介质损耗因数、Q 值、无磁性等要求的电磁线。

(2)力学性能。根据所绕制的线圈形状和内径，选用柔软性适当的电磁线。在线圈绕制过程中，绝缘层应能承受磨刮、扭绞、弯曲以及拉伸压缩。为保护绝缘层不被损伤，应根据卷绕速度、弯曲半径、嵌线松紧等不同情况，选用具备适当性能的电磁线。

(3)耐热等级与热性能。根据产品所允许的温升或线圈和绕组中可能出现的最高热点温度，选用相应耐热等级的电磁线，同时还应留有适当的裕度。对经常出现过载的产品，要选用热冲击及软化击穿温度较高的电磁线。

(4)相容性。电磁线与有关组合绝缘材料的相容性，是选用和使用电磁线必须考虑的。绝缘浸渍漆对电磁线的相容性影响很大。

(5)空间因素。提高利用空间因素，可缩小产品的体积。

(6)环境条件及其他因素。这也是考虑电磁线使用的一个方面。

4. 常用漆包铜线

常用漆包铜线的技术特性见表 3-1-20。

表 3-1-20　常用漆包铜线的技术特性

型　号	名　　称	特　　性	绝缘材料耐热等级	环境 40 ℃时允许温升
Q	油基性漆包圆铜线	耐汽油、强度较差	A	65 ℃
QQ	高强度聚乙烯醇缩醛漆包圆铜线	机械强度高、耐苯	E	80 ℃
QZ	高强度聚酯漆包铜线	耐热性能好、耐苯	B	90 ℃
QZY	高强度聚酯亚胺漆包圆铜线	耐热性能好、耐苯	F	115 ℃
QY	耐高温聚酰亚胺漆包圆铜线	耐高温、耐溶剂、耐辐射	C	140 ℃以上

六、常用电缆

将一根或数根导线线芯分别裹以相应的绝缘材料，外面包上密闭的铅(或铝、塑料等)皮，所制成的导线称为电缆。

电缆按其传输电流的性质可分为交流、直流和通信电缆三类。交流系统中常用的电缆主要有电力电缆、通用橡套电缆、控制电缆、电焊机电缆和电梯电缆等。

1. 电力电缆

电力电缆主要用于电力系统传输和分配电能。电力电缆按绝缘材料分为油浸纸绝缘、塑料绝缘、橡胶绝缘、气体绝缘。电力电缆按结构特征分为统包型、分相型、钢管型、扁平型与自容型。

统包型即缆心外面包有统包绝缘，并置于同一内护套中。图 3-1-7 为三芯统包型电缆结构示意图。

分相型是指分相屏蔽。图 3-1-8 为分相铅包电缆结构示意图。

钢管型是指电缆绝缘外有钢管护套。

扁平型是指三芯电缆的外形呈扁平状，一般用于大长度海底电缆。

自容型是指护套内部有压力的电缆。

图 3-1-7　三芯统包型电缆结构示意图

1—导线;2—相绝缘;3—带绝缘;4—金属护套;
5—内衬垫;6—填料;7—铠装层;8—外被层

图 3-1-8　分相铅包电缆结构示意图

1—导线;2—导线屏蔽;3—绝缘层;4—绝缘屏蔽;
5—铅护套;6—内衬垫及填料;7—铠装层;8—外被层

电力电缆按敷设环境条件,可分为地下直埋、地下管道、高落差、多移动、水下等类型;按电压等级,可分为高压电缆和低压电缆;按缆芯数量,可分为单芯、双芯、三芯、四芯四种;按缆芯导电体形状,可分为圆形、扁形和椭圆形三种;按电缆导体的填充系数大小,可分为紧压和非紧压两种。

电力电缆的基本结构主要包括导体、绝缘层和保护三部分。通常采用导电性能良好的铜、铝作导体。绝缘层用以将导体与相邻导体以及保护层隔离,一般要求绝缘性能良好,经久耐用,有一定的耐热性能。保护层分为内护层和外护层两部分,用来保护绝缘层,以免外力损伤和水分浸入电缆,它具有一定的机械强度。电缆外护层具有“三耐”和“五防”功能。“三耐”,即耐寒、耐热、耐油;“五防”,即防潮、防雷、防蚁、防鼠、防腐蚀。电力电缆的主要品种有:黏性浸渍纸绝缘电力电缆、浸渍纸绝缘电力电缆、聚氯乙烯绝缘电力电缆、聚乙烯绝缘电力电缆、交联聚乙烯绝缘电力电缆。

目前使用的电力电缆以聚氯乙烯绝缘电力电缆、交联聚乙烯绝缘电力电缆为最多。因此,后面介绍以这两种电力电缆为主。这两种电力电缆绝缘层由热塑性塑料制成,或由添加交联剂的热塑性包交联而成。护套通常采用聚氯乙烯护套,当需要加强力学性能时,在护套的内、外层之间用钢带或铜丝铠装,称为铠装护套。

(1)聚氯乙烯绝缘电力电缆的主要特点:

①聚氯乙烯化学稳定性强,具有不可燃性,材料来源充足。

②适用于高落差敷设。

③安装工艺简单,且便于维护修理。

④工作温度明显影响它的力学性能。

(2)交联聚乙烯绝缘电力电缆的主要特点:

①有良好介电性能,但抗电晕、游离放电性能差。

②耐热性能好,允许温度较高。

③适用于高落差和垂直敷设。

④接头制作工艺较严格,但对工艺技术水平要求不高。

聚氯乙烯绝缘聚氯乙烯护套电力电缆(PVC)适用于交流、额定电压 6 kV 及以下固定敷设的输配电线路。其线芯长期工作允许温度不超过 65 ℃。电缆的敷设温度不低于 0 ℃,弯曲半径应小于电缆外径的 10 倍。

VLV、VV 系列电力电缆型号及主要用途见表 3-1-21。

表 3-1-21　VLV、VV 系列电力电缆型号及主要用途

型号		名称	主要用途
铝芯	铜芯		
VLV	VV	聚氯乙烯绝缘聚氯乙烯护套电力电缆	敷设于室内、管道及隧道中，不能承受机械外力作用
VLV_{29}	VV_{29}	聚氯乙烯绝缘聚氯乙烯护套内钢带铠装电力电缆	敷设在地下，能承受机械外力作用，但不能承受大的拉力
VLV_{30}	VV_{30}	聚氯乙烯绝缘聚氯乙烯护套，裸细钢丝铠装电力电缆	敷设在室内、矿井中，能承受相当的机械外力和拉力
VLV_{39}	VV_{39}	聚氯乙烯绝缘聚氯乙烯护套，内细钢丝铠装电力电缆	敷设在水中，能承受相当的拉力
VLV_{50}	VV_{50}	聚氯乙烯绝缘聚氯乙烯护套，裸粗钢丝铠装电力电缆	敷设在室内、矿井中，能承受机械和外力作用，能承受较大拉力
VLV_{59}	VV_{59}	聚氯乙烯绝缘聚氯乙烯护套，内粗钢丝铠装电力电缆	敷设在水中，能承受较大拉力

2. 移动式通用橡套软电缆

移动式通用橡套软电缆适用于交流额定电压 450 V/750 V 及以下家用电器、电动工具和各种移动式电气设备。电缆线芯采用多股软铜线绞制而成，线芯绝缘采用耐热无硫橡胶，线芯绝缘包有橡套。按电缆能够承受机械力的能力分为轻型、中型和重型三种；按电缆额定电压可分为 300 V/300 V(轻型)、300 V/500 V(中型)、450 V/750 V(重型)，电缆线芯允许的长期工作温度不超过 65 ℃。

电缆的型号说明如下：

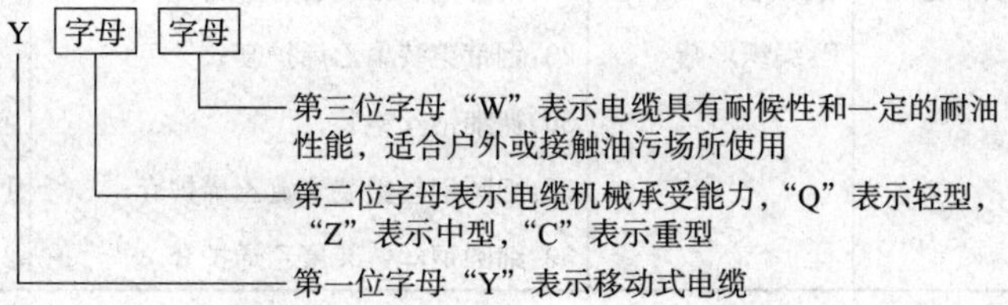

注：型号后字母“ZR”表示电缆具有阻燃性能。

移动式通用橡套软电缆的规格见表 3-1-22。

表 3-1-22　移动式通用橡套软电缆的规格

型号	额定电压/V	芯数	标称截面面积/mm²
YQ、YQW	300/300	2,3	0.3～0.5
YZ、YZW	300/500	2，3，4，5	0.75～6
YC、YCW	450/750	1	1.5～400
		2	1.5～95
		3,4	1.5～150
		5	1.5～25

3. 控制电缆

控制电缆主要适用于直流或交流 50 Hz、额定电压 600 V/1 000 V 及以下的控制、保护及测量线路中。控制电缆常用于电气控制系统和配电装置内,固定敷设。一般控制电路中,负荷间断、电流不大,因此芯线截面面积较小,通常在 10 mm^2 以下。控制电缆线芯多采用铜导体。按其线芯结构可分为三种:A 型(0.5～6 mm^2、单根实芯);B 型(0.5～6 mm^2、七根单线绞合);R 型(0.12～1.5 mm^2、软结构、单线直径 0.15～0.2 mm)。

按其绝缘层材质,分为聚乙烯、聚氯乙烯和橡胶三类。其中,以聚乙烯电性能为最好,也可应用于高频线路。控制电缆的绝缘芯主要采用同心式、绞合式。控制电缆线芯长期允许的工作温度为 65 ℃。控制电缆的型号说明如下:

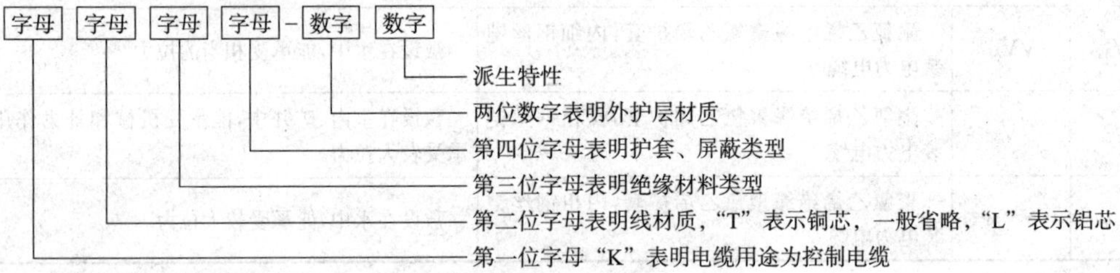

控制电缆的型号见表 3-1-23。

表 3-1-23　控制电缆的型号

线芯材质	绝缘材料	护套屏蔽类型	外护层材质	派生特性
T:铜芯;	Y:聚乙烯;	Y:聚乙烯;	02:聚氯乙烯护套;	80:耐热 80 ℃;
L:铝芯	V:聚氯乙烯;	V:聚氯乙烯;	03:聚乙烯护套;	105:耐热 105 ℃;
	X:橡胶;	F:氯丁胶;	20:裸钢带铠装;	
	YJ:交联聚乙烯	Q:铅套;	22:钢带铠装聚氯乙烯护套;	
		P:编织屏蔽	23:钢带铠装聚乙烯护套;	
			30:裸细钢丝铠装;	
			32:细圆钢丝铠装聚氯乙烯护套;	1:铜丝缠绕屏蔽;
			33:细圆钢丝铠装聚乙烯护套	2:铜带绕包屏蔽

控制电缆选择的注意事项:

(1)控制电缆的选择必须以温升、经济电流密度、电压损失等参数为依据。

(2)控制电缆应尽量选用多芯电缆,力求减少电缆根数。当芯线截面面积为 1.5 mm^2 时,电缆芯数不宜超过 30 芯;当芯线截面面积为 2.5 mm^2 时,电缆芯数不宜超过 24 芯;当芯线截面面积为 4 mm^2 以上时,电缆芯数不宜超过 10 芯。

(3)较长的控制电缆在 7 芯及以上,截面面积小于 4 mm^2 时,应当留有必要的备用芯。但同一安装单位的同一起止点的控制电缆中不必每根电缆都留有备用芯,可在同类性质的一根电缆中预留。

(4)应尽量避免一根控制电缆同时接至控制屏上两侧的端子排。若芯数为 6 芯及以上时,应采用单独的电缆。

(5)对较长的控制电缆应尽量减少电缆根数,同时也应避免电缆芯的多次转接。同一根电缆内不宜有两个安装单位的电缆芯。在同一个安装单位内截面相同的交直流回路,必要时可共用一根电缆。

(6)测量表计电流回路用控制电缆的截面面积不应小于 2.5 mm^2,而电流互感器二次电流不超过 5 A,所以不需要按额定电流校验电缆芯。另外,控制电缆按短路时校验热稳定也是足够的,因此也不需要按短路时热稳定性校验电缆截面。

(7)保护装置电流回路用控制电缆选择。保护装置电流回路用控制电缆截面面积的选择,是根据电流互感器的 10%误差曲线进行的。

七、电碳制品

石墨是一种天然出产的结晶形碳,为铁黑色或深钢灰色,质软具有滑腻感,呈叶片状、鳞片状和致密块状,可沾污手指成灰黑色金属光泽,能导电,可用作抗磨材料和润滑剂;也可用于制造坩埚、电极、干电池等。高纯度的石墨可用作原子反应堆的减速剂。胶体石墨润滑剂的性能和用途见表 3-1-24。

表 3-1-24　胶体石墨润滑剂的性能和用途

名　　称	代号	石墨粉含量 (质量分数)/%	灰分含量 (质量分数)/%	主要用途
胶体石墨粉剂	F-1 F-2 F-3	≥99 ≥98.5 ≥98	≤1 ≤1.5 ≤2	耐高温润滑剂基料;精密铸件砂;金属合金原料及粉末冶金原料;内燃机活塞干膜润滑剂;无线电碳膜原料;造船业高压蒸汽管路垫片涂料,电器业石墨阳极
胶体石墨油剂	y-1 y-2 y-3	≥24 ≥24 ≥24	≤1.5 ≤1.5 ≤2	金属零件减摩润滑剂;高转速机件润滑剂;航空润滑脂基料;锌铝合金铸模润滑剂;玻璃工业涂膜剂;高速切削用油减磨剂;可代替内燃机发动机润滑剂
胶体石墨水剂	s-0 s-1	≥17.5 ≥21	≤1.5 ≤2	电子管工业控制难熔金属丝润滑剂;机电工业压铸薄壁有色金属铸件涂膜剂;螺旋过热泵隔热润滑剂;玻璃工业涂膜剂;非油性高温(60 ℃)润滑材料
试剂石墨粉 (纯石墨粉密度 2.09～2.25 g/cm^3)		≥99.9	残渣≤0.1	热力化学工程耐火材料;原电池无感电阻、电极材料;无缝钢管、金属丝延展干膜润滑材料;炸药研磨剂等

石墨作为导电材料,主要通过一定的工艺制成各种电碳制品,其中主要品种是电刷。电刷的结构类型如图 3-1-9 所示。

电刷的使用、维护和保养方法:

(1)电刷与换向器表面的滑动接触,对于直流发电机,是使电枢绕组内的感应电动势引至外电路;对于直流电动机,是使外电源的直流电流引入电枢绕组内。电刷作为一个容易磨损的部件,为了保证电刷和换向器表面有良好的滑动接触,每个电刷截面至少有 3/4 与换向器表面接触。

电刷的压力应比较均匀,每组电刷间弹簧压力相差不超过 10%,避免各电刷通过的电流相差太大,否则将造成个别电刷磨损过快。当电刷弹簧压力不合适、电刷材料不符合要求、电刷型号不一致、电刷和刷盒间的配合太紧或太松、刷盒边离换向器表面距离太大时,均能使电刷和换向器滑动接触不良,产生有害火花。

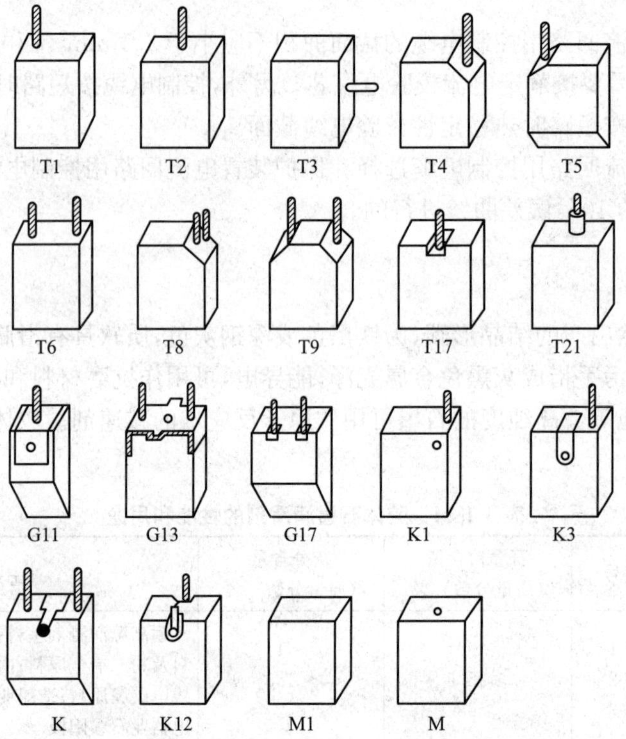

图 3-1-9　电刷的结构类型

(2)对电压、电流、电机用途和转速不同以及换向情况不同的电机,选用的电刷型号也应不同;同一台电机必须使用同型号的电刷。因为不同型号的电刷性能不同,通过的电流、电压降等相差较大,对换向器不利。

(3)电刷磨损过多或碎裂时,应及时更换牌号、尺寸相同的电刷。新更换或新装配后的电刷,应研磨表面使其与换向器表面相吻合,研磨方法如图 3-1-10 所示。

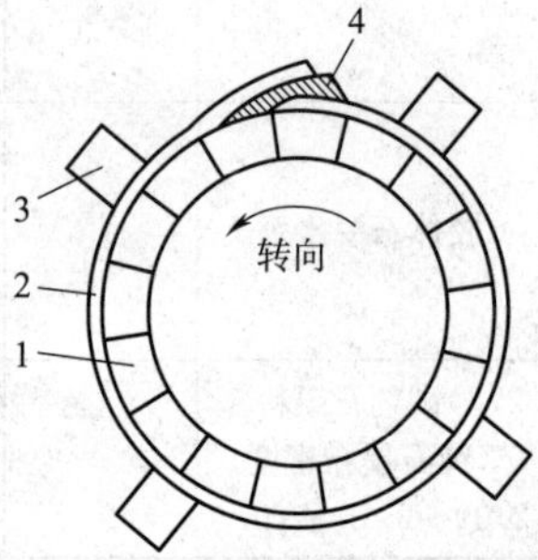

图 3-1-10　电刷的研磨方法

1—换向器;2—砂纸;

3—电刷;4—橡胶胶布

研磨电刷需用 00 号玻璃细砂纸,紧贴在换向器表面上,砂面朝向电刷截面,砂纸的宽度约为换向器的长度,可用一块橡皮胶布或塑料黏纸带,使其一半贴住砂纸的一端,另一半按电枢旋转方向贴在换向器上,然后转动电刷开始研磨。此方法研磨效果极佳,使电刷与换向器的接触面可达 90%以上。经过研磨后的电刷,电机空载运转 0.5 h 后,再在轻载下工作一段时间,即可投入正常运行。

(4)正确选择和使用电刷,与电机的正常运行有密切关系。通常电刷在工作时应满足以下要求:

①使用寿命长,同时,对换向器和集电环的磨损小。

②电刷的电气、机械损耗小。

③在电刷下不出现对电机有危害的火花。

④噪声小。

选择电刷时要综合考虑电机对电刷的技术要求和电刷的技术特性，从电机运行的角度考虑，选择电刷时应着重于电刷的接触特性。电刷的接触特性，主要有瞬变接触电压降和摩擦因数。前者是电流通过电刷、接触点薄膜、换向器（或集电环）的电压降。如果超过了电刷接触电压降极限值，滑动接触点的电损耗将过大，并引起过热。对换向器来说，如接触电压降过低，则可能在电刷下出现火花。对集电环来说，则以采用接触电压降低的电刷为宜。后者是衡量摩擦情况的参数，它受电刷和换向器（或集电环）的材质、接触面情况及运行条件的影响。在换向器或集电环上，电刷数量越多、摩擦因数越大、电机的圆周速度越大时，则摩擦损耗也越大。

从机械损耗角度看，用于高速电机的电刷，要求摩擦因数小。剧烈的摩擦会使电刷在运行过程中引起振动，发出噪声，并导致接触不稳定，甚至使电刷碎裂。影响电刷接触特性的因素主要有：电机的圆周速度、电流密度、施于电刷的单位压力以及周围介质情况。

金属石墨电刷适用于圆周速度低（35 m/s 以下）的电机，电化石墨电刷和其他石墨电刷则适用于圆周速度高的电机。在高速情况下，在电刷与换向器或集电环之间，易出现空气薄层，并导致接触电压降急速增加，摩擦因数急剧降低，致使电刷不稳定，称为气垫现象。特别是在并联多电刷时，容易在某些电刷下出现气垫现象，从而产生电流的不均匀分布。此时可以采用刻槽电刷、钻孔电刷或对集电环表面刻螺旋槽予以改善。

随着电刷的电流密度增加，电刷的接触电压降和电气损耗也增加，但在电流密度达到一定值后，接触电压降增加缓慢。电流密度超过允许范围后，由于发热过高，摩擦因数增大，极易引起火花。低电压、大电流的电机，往往采用含铜量高的金属石墨电刷。换向性能、机械强度和韧性好的电化石墨电刷，能承受较大的电流密度，并适应电机的轻载和空载运行。

选择施于电刷的弹簧压力时，应采用电机运行中的总损耗和电刷磨损最小时相应的单位压力，施于同一台电机各个电刷的单位压力应力求均匀，防止个别电刷产生过热或产生火花。

八、常用母排

母排即矩形母线，又称母线，是大截面的载流体，通常固定在绝缘子上使用。母排按材质分铜母排和铝母排两种，型号有硬铜母线 TMY、软铜母线 TMR、硬铝母线 LMY、软铝母线 LMR。母排常用尺寸范围的宽度为 16～125 mm，厚度为 2.24～31.5 mm。高低压配电装置多采用硬母线。硬母线的有关性能参见表 3-1-25。

表 3-1-25　硬母线的有关性能

材　质	硬　铜	硬　铝
密度/(g·cm^{-3})	8.9	2.7
抗拉强度/MPa	厚度 $\delta \leqslant 1.25$ mm，>300 厚度 δ 为 1.35～3.28 mm，>270 厚度 δ 为 3.5～7 mm，>260 厚度 $\delta \geqslant 7$，>250	<120
20 ℃时电阻率/（Ω·mm^2/m）	1.72×10^{-2}	2.95×10^{-2}
熔点/ ℃	1 083	658
每 1 ℃温度电阻系数	3.82×10^{-3}	3.6×10^{-3}
伸长率/%	6	3
轧制截面误差	<1%	<3%

母线型号应根据使用环境、运行要求、额定电压、长期发热情况或经济电流密度等要求进行选择。母线截面则需按经济电流密度选择,选择后要经热稳定和动稳定校验。母线动稳定性可以归结为求最大允许跨距 l_{max},即

$$l_{max}=\sqrt{10\sigma_{ux}W/f_{(3)}}$$

式中 σ_{ux}——母线的允许应力,MPa,一般铜为 140 MPa、钢为 160 MPa、槽形铝排为42 MPa、矩形铝排为 70 MPa;

W——母线截面系数,当母线竖放时 $W=b^2h/6$,横放时 $W=bh^2/6$,其中,b 为母线的厚度,h 为母线的宽度;

$f_{(3)}$——三相短路时,母线单位长度(cm)所受的力,N。

动稳定校验结果:若母线实际跨距小于 l_{max},则认为动稳定性符合要求。

硬母线加工主要包括矫正母线、测量划线、切割下料、弯曲和接触面加工等工序。母线矫正方法有手工和机械矫正。手工矫正是将母线放在平台上或平直的型钢等垫块上,采用敲打方式将母线锤平,敲打时用力要适当,以防母线变形。截面较大的母线应采用母线矫正机进行矫正,是利用丝杠顶压顶板的方式将母线矫正。母线应按现场直接量出母线的实际安装尺寸下料。小截面的母线可用钢锯切割,大截面的母线可使用电动圆齿锯切割,切口上的毛刺应用锉刀去掉。

矩形母线的弯曲有平弯、立弯和扭弯三种方式。一般为提高弯曲的精确度,通常应先用粗铁丝做好样模。矩形母线宜采用冷弯。如采取热弯方式时,应注意加热温度不应超过以下规定值:铜——350 ℃;铝——250 ℃;钢——600 ℃。对于铝母排,为了不过热,一般采用在弯曲处表面涂上黑漆加热至母排表面现出红色为止。母线起始弯曲点距最近的绝缘子上的母线支持夹板的边缘应大于 50 mm,且应不大于母线两支持点之间距离的 1/4,母线起始弯曲点距母线连接位置应大于 30 mm。

母排平弯时,一般采用平弯机弯曲,当母线弯曲到一定程度后,应及时用样模进行比较校核,以使母线达到合适的弯度。母排立弯时,一般采用立弯机弯曲,母线弯曲处不应有裂纹及显著的折皱。母线最小允许弯曲半径见表 3-1-26。

表 3-1-26　母排最小允许弯曲半径

弯曲类别	母排截面(宽/mm×厚/mm)	最小弯曲半径		
		铜	铝	钢
平弯	≤50×5	2δ	2δ	2δ
	≤125×10	2δ	2.5δ	2δ
立弯	≤50×5	$1B$	$1.5B$	$0.5B$
	≤125×10	$1.5B$	$2B$	$1B$

注:δ 为母排的厚度;B 为母排的宽度。

施工中母排扭弯一般采用扭弯器,母线扭转 90°时,扭转部分的长度不应小于母线宽度的 2.5 倍。母排与电气设备连接、母排间的螺栓连接需钻孔的孔眼直径应大于连接螺栓直径 1 mm,孔眼应垂直,并去掉孔眼毛刺。孔眼位置及孔径大小应根据母线的尺寸和连接要求而

定。孔眼间相互距离的误差应小于 0.5 mm。硬母线一般采用焊接、螺栓搭接、夹板搭接和夹持螺栓搭接的方式连接。

1. 硬母排采用螺栓搭接时的注意事项

(1)母排连接处的接触面应平整、光滑、刮除氧化膜并涂以中性凡士林油,搭接长度应大于母线的宽度。

(2)母排搭接时,紧固件应使用镀锌螺栓、螺母和垫圈。螺栓两侧应加平垫,螺母侧应加弹簧垫。螺栓长度应在螺母拧紧后露出螺母 2～3 扣。

(3)母排安装时,应考虑到便于螺母紧固。水平安装时,螺栓应由下向上穿,垂直安装时应由内向外穿,螺母应置于维护侧。

(4)接触面的连接应紧密,母排宽度大于或等于 63 mm 的,接触面缝隙应小于 6 mm;母排宽度在 56 mm 及以下的,接触面缝隙应小于 4 mm。

(5)搭接处的直流电阻值应小于同长度原金属直流电阻值的 1.2 倍。

(6)所有搭接处不应受到任何外加应力。

2. 硬母排采用焊接时的注意事项

(1)母线焊接所用填充材料的物理性能与化学成分应与母排相一致,焊前应将母排对口两侧表面 20 mm 范围内氧化膜及杂质清除干净。对口焊接的母排应该开成 35°～40°的坡口,1.5～2 mm 的钝边。每个焊缝应一次性焊完。对焊的母排表面应有 2～4 mm 的加强高度。

(2)焊接的对口应该中心线对齐,焊接应四面焊接牢固,焊缝表面应平滑,不应有凹陷、气孔、夹渣等缺陷。

(3)焊接头的直流电阻不应大于同长度原金属直流电阻值。

九、熔体材料

熔体是熔断器的主要部件。当通过熔断器的电流大于规定值时,熔体即熔断而自动断开电路,从而达到保护电力线路和电气设备的目的。各类熔断器所使用的熔体材料不尽相同,而不同的熔体对相同的熔化电流其熔化时间相差也很大。低熔点熔体熔化时间长,高熔点熔体熔化时间短。单纯为保护短路,希望熔化时间越短越好,这时应选用快速熔体;若为保护过载,则希望有一定的延时,这时应选用慢速熔体。

常用的熔体材料有银、铜、铝、锡、铅和锌等纯金属,是常用的熔体材料。常用低压熔体常做成丝状和片状,在低压电路中,常用的是熔丝,有铅熔丝和铜熔丝两种。每一种规格的熔体都有额定电流和熔断电流两个参数。选用时,必须注意:当通过熔体的电流小于其额定电流时,熔体不会熔断,只有在超过其额定电流并达到熔断电流时,熔体才会发热熔断。铅熔丝的额定电流及熔断电流见表 3-1-27。铜熔丝的额定电流及熔断电流见表 3-1-28。

表 3-1-27　铅熔丝的额定电流及熔断电流

直径/mm	截面面积/mm^2	近似于 SWG#	额定电流/A	熔断电流/A	直径/mm	截面面积/mm^2	近似于 SWG#	额定电流/A	熔断电流/A
0.08	0.005	44	0.25	0.5	0.98	0.75	20	5	10
0.15	0.018	38	0.5	1.0	1.02	0.82	19	6	12

续上表

直径/mm	截面面积/mm^2	近似于SWG#	额定电流/A	熔断电流/A	直径/mm	截面面积/mm^2	近似于SWG#	额定电流/A	熔断电流/A
0.20	0.031	36	0.75	1.5	1.25	1.23	18	7.5	15
0.22	0.038	35	0.8	1.6	1.51	1.79	17	10	20
0.25	0.049	33	0.9	1.8	1.67	2.19	16	11	22
0.28	0.062	32	1	2	1.75	2.41	15	12	24
0.29	0.066	31	1.05	2.1	1.98	3.08	14	15	30
0.32	0.080	30	1.1	2.2	2.40	4.52	13	20	40
0.35	0.096	29	1.25	2.5	2.78	6.07	12	25	50
0.36	0.102	28	1.35	2.7	2.95	6.84	11	27.5	55
0.40	0.126	27	1.5	3	3.14	7.74	10	30	60
0.46	0.166	26	1.85	3.7	3.81	11.40	9	40	80
0.52	0.212	25	2	4	4.12	13.33	8	45	90
0.54	0.229	24	2.25	4.5	4.44	15.48	7	50	100
0.60	0.283	23	2.5	5	4.91	18.93	6	60	120
0.71	0.40	22	3	6	5.24	21.57	4	70	140
0.81	0.52	21	3.75	7.5	—	—	—	—	—

表 3-1-28　铜熔丝的额定电流及熔断电流

直径/mm	截面面积/mm^2	近似于SWG#	额定电流/A	熔断电流/A	直径/mm	截面面积/mm^2	近似于SWG#	额定电流/A	熔断电流/A
0.234	0.043	34	4.7	9.4	0.70	0.385	22	25	50
0.254	0.051	33	5	10	0.80	0.5	21	29	58
0.274	0.059	32	5.5	11	0.90	0.6	20	37	74
0.295	0.068	31	6.1	12.2	1.00	0.8	19	44	88
0.315	0.078	30	6.9	13.8	1.13	1.0	18	52	104
0.345	0.093	29	8	16	1.37	1.5	17	63	125
0.376	0.111	28	9.2	18.4	1.60	2	16	80	160
0.417	0.137	27	11	22	1.76	2.5	15	95	190
0.457	0.164	26	12.5	25	2.00	3	14	120	240
0.508	0.203	25	15	29.5	2.24	4	13	140	280
0.559	0.245	24	17	34	2.50	5	12	170	340
0.60	0.283	23	20	39	2.73	6	11	200	400

知识点六　绝 缘 材 料

绝缘材料又称电介质。在研究它的基本性能时称为电介质,在实际工作中称为绝缘材料。在外加电压作用下,绝缘材料仅有极微弱的电流通过,一般认为是不导电的。绝缘材料按物态分为气体绝缘材料、液体绝缘材料、固体绝缘材料。

绝缘材料的主要作用是用于隔断不同电位的电流,使电流仅沿导体内流通。它在不同的电工产品中还起着不同的作用，例如：散热冷却、机械支撑、固定、储能、灭弧、改善分布、防潮、防霉以及保护导体等作用。

一、绝缘材料的老化

绝缘材料和电气设备工作运行中，在温度、湿度、大气中的氧气、电场作用、机械振动和电动力等各种因素作用下，不可能无限期使用而不受损坏。绝缘材料在使用过程中，受这些方面长期作用会发生电导、极化、损耗、老化、击穿等一系列缓慢的不可逆的物理、化学变化，从而导致其电气性能和机械性能的恶化，最后丧失绝缘性能。这一不可逆的变化称为绝缘材料的老化。影响老化的因素很多，主要的因素是介质老化和局部放电。在低压电气设备中，促使介质老化的主要因素是过热；在高压电气设备中，促使介质老化的主要因素是局部放电。为了保证绝缘材料的使用寿命，针对介质老化的各种情形，需采取不同的防老化措施。

二、绝缘材料的击穿

任何绝缘材料，当外加电压超过某一临界值时，通过绝缘材料的电流剧增，从而绝缘材料丧失绝缘能力的现象称为绝缘材料的击穿。使绝缘材料发生击穿的最低电压称为击穿电压。击穿时的电场强度是单位厚度上所承受的击穿电压。

气体在外施电压作用下击穿而发生导电的现象称为气体放电。气体击穿后，若去掉外加电压，气体又可以恢复它的绝缘性能。

固体绝缘材料在强电场的作用下，会有极微小的泄漏电流而产生热损耗，若产生的热量不能及时散发出去，就会使绝缘材料温度升高，温度升高又会使电导增加，如此恶性循环，最后导致固体介质熔化或烧毁而引起击穿。固体绝缘材料的击穿主要有电击穿和热击穿两种形式。

电气设备的固体绝缘材料表面在空气中，当带电体的电压超过一定限度时，常常在固体绝缘材料表面与空气的交界面上出现放电现象，这种沿固体表面所发生的放电现象称为沿面放电。当沿面放电扩展到固体介质整个表面空气层被击穿时，称为沿面击穿或沿面闪络，简称闪络。沿面闪络电压比相同条件下纯气体介质击穿电压低得多。因为固体介质表面脏污或受潮而使电场变得不均匀，在电场较强处首先发生气体游离，最后导致沿固体介质表面气体的击穿。

三、绝缘材料耐热性和耐热等级

耐热性是表示绝缘材料在高温作用下，不改变介电、机械、理化等特性的能力。绝缘材料能长期（15～20 年）保持所必须的理化、机械和介电性能而不会显著劣变的温度称为绝缘材料的最高允许工作温度。

为了便于电工产品设计、制造和维修时合理选用绝缘材料，将绝缘材料按其最高允许工作温度进行统一的耐热分级，称为耐热等级。我国将绝缘材料分为 Y、A、E、B、F、H、C 七个耐热等级，它的最高允许工作温度分别为 90 ℃、105 ℃、120 ℃、130 ℃、155 ℃、180 ℃、180 ℃。

四、气体绝缘材料

气体绝缘材料的功能是用于电气绝缘、冷却、散热、灭弧等，在电机、变压器、电缆、电容器中得到广泛应用。

空气是常见常用的气体绝缘材料,空气击穿后若去掉外加电压能自动恢复其绝缘性,且电气性能和物理性能稳定。在开关中广泛应用空气作为绝缘介质。增加气体压力抽成真空,可以提高气体的击穿电压。

六氟化硫的绝缘性能和灭弧性能好,灭弧能力为空气灭弧能力的 100 倍。纯六氟化硫无毒,但在制造过程中总有少量的有毒副产品低六氟化硫产生,低六氟化硫易被潮气水解而产生剧毒物氟化氢,因此,使用时要严格控制其含水量,要采取除潮与防潮措施。

五、绝 缘 油

绝缘油在电气设备中的主要作用是:绝缘、冷却、灭弧、填充等,在不同的设备中的主要作用不同。根据来源分为天然油和合成油两类。

绝缘油长期运行会发生老化,实践证明空气中的氧和温度是引起油老化的主要因素。常温下的氧化并不明显,温度达到 60～70 ℃以上氧化作用加快,达到 160 ℃时氧化最激烈。据测定,平均每升高 10 ℃,老化速度增加 1.5～2 倍。同时,有些金属对油的老化起催化作用。因此,应避免铁、铜等金属与油接触。

为防止油老化,一般可采取加强散热以降低油温,用充氮和橡胶薄膜使变压器油与空气隔绝,添加氧化剂,防止日光照射等措施。还应经常进行日常检查,如检查油面高度、定期检油的理化性能。如油面下降需补充新油时,所添新油的性能不得低于运行中油的性能,且必须进行混合试验,以保证安全度合格。不同牌号的油不宜混用。

六、固体绝缘材料

塑料具有质量小、电气性能优良、足够的硬度和机械强度、易于加工成形等特性。塑料是全树脂填料和各种添加剂制成的粉状、粒状或纤维状材料。加热成形后冷却硬固,再加热又软化,可以反复成形,内有可溶性的塑料为热塑性塑料,如聚乙烯、聚丙烯、陈纳德氯乙烯等。在加热成形后为不熔性的固化物,再加热也不软化,只能塑制一次的塑料为热固性塑料,如聚酯塑料、酚醛塑料、氧基塑料。

电线电缆用热塑性塑料主要有聚氯乙烯、聚乙烯、聚丙烯、氟塑料等。聚氯乙烯的机械性能优越,电气性能良好,耐酸耐碱,对化学药品也较稳定,具有耐潮、耐电晕、不延燃、成本低、加工方便等优点。既能做电线电缆护套和绝缘,又能做电缆金属护套的外护层,以防止金属护套被腐蚀。聚氯乙烯做绝缘时,其电压等级最高为 10 kV。

聚乙烯具有优异的电气性能,其相对介质损耗角正切在广阔频率范围内几乎不变,而且具有优良的耐水性,主要用作通信电缆和电力电缆的绝缘和护层材料。用作电力电缆时,其电压等级高达 225 kV。

七、云母制品

电工用云母分天然云母、合成云母和粉云母等。云母制品由云母或云母粉和胶黏剂、补强材料(纸、绸、纤维制品等)组成。云母具有很高的击穿电压,抗电晕(击)和抗电火花能力高于所有的有机绝缘材料。在 500 ℃以下的温度范围内,具有不怕化学药品的腐蚀,并容易剥成薄片和加工成各种云母制品等特性。因此,在电气工业中被广泛采用,特别对大型高压电机的绝缘,云母制品更是不可缺少的材料。

八、绝缘薄膜及其复合制品

电工用薄膜是由高分子材料制成的一种薄而软的绝缘物，特点是薄、柔软、耐潮、电气性能和机械性能好。主要用作电机、电器线圈和电线电缆外包绝缘，以及作为电容器的介质。

绝缘薄膜复合制品是在绝缘薄膜的一面或两面黏合纤维材料组成的一组复合绝缘材料。纤维材料主要作用是加强绝缘薄膜的机械性能，提高抗撕强度和表面挺度。主要用作电机、电器的槽绝缘、衬垫绝缘和匝间绝缘。绝缘薄膜复合绝缘材料简称薄膜复合箔。

九、电工用各种包扎绝缘带

白纱带用42支/2股或60支/2股棉纱纺织而成，质地柔软、价格低廉、宽度有13 mm、20 mm、25 mm三种，每盘长50 m，主要供电机、变压器、电器绕组作为绝缘包扎材料。

绝缘胶带（黑胶布）是在棉布上刮胶、卷切而成，有较好的黏着性、绝缘性，适用于交流电压为380 V及以下的电线电缆包扎绝缘用。

聚氯乙烯带（塑料带）具有绝缘性能好、耐潮性及耐蚀性好。电缆用的聚氯乙烯带是专门用来包扎电缆接头的，一般制成红、绿、黄、黑四色，因此又称相色带。

知识点七　磁性材料

高磁导率的磁性材料是电气设备中不可缺少的重要组成部分。根据磁导率的大小，磁性材料可分为三类：反磁物质、顺磁物质、强磁物质。

相对磁导率小于1的为反磁物质，如铜、银等；相对磁导率稍大于1的为顺磁物质，如空气、锡、铝等；相对磁导率远大于1的为强磁物质又称铁磁物质，如铁、镍、钴及其合金等。由于反磁物质和顺磁物质的磁性表现均很微弱，相对磁导率都近似等于1，不能作为磁性材料使用，因此，工程上提到的磁性材料均指强磁物质。

磁性材料可按其特性与应用情况分为软磁材料和硬磁材料两大类。

一、铁磁材料的特性

铁磁材料常态下不显示磁性，在外磁场作用下，铁磁材料内部杂乱无章的“磁畴”方向，会转到与外磁场基本一致的方向，从而产生了附加磁场，使外磁场大大加强。这种原来没有磁性的材料，在外磁场作用下产生磁性的现象称为磁化。凡铁磁材料都能被磁化，且易于磁化。铁磁材料具有很高的磁导率，与非磁性材料相比可大到数百、数千，甚至数万倍。

铁磁材料在反复磁化过程中，磁感应强度的变化总滞后于磁场强度的变化，这种现象称为铁磁物质的磁滞性。在交变磁场作用下，铁磁材料会因磁滞而引起的功率损耗称为磁滞损耗。

铁磁材料在外磁场作用下被磁化，当除去外磁场后，磁感应强度并不一定为零，总保持一定的磁性，称为剩磁。为了克服剩磁，将其降为零，必须加反向磁场，所加反向磁场的绝对值称为矫顽力。

二、软磁材料

软磁材料的磁滞回线很窄，磁导率μ很大，剩磁和矫顽力都很小，容易磁化和去磁，因而磁滞损耗小。这类材料有:电工纯铁、硅钢片、铁镍合金、软磁铁氧体等,它们各有不同的品种和特性。

软磁材料在强磁场下使用,要求具有低的铁损和高的磁感应强度。低铁损可降低产品总损耗,提高产品经济指标,磁感应强度高可以缩小铁芯荷重,减轻产品质量,节省导线,降低产品成本。在电气设备中,主要用来减小磁回路的磁阻,增强回路的磁通量,改善交流磁路和直流磁路的功能。

在弱磁场下使用的软磁材料,要求具有高的磁导率和小的矫顽力。

在高频下工作的软磁材料,除了要求磁导率高、矫顽力小外,还必须考虑材料具有大的电阻率,以降低材料的涡流损耗。铁氧体就是典型的高频软磁材料。

硅钢片是含铁合金经轧制而成的片状材料,是制造电机、变压器铁芯的材料,主要作用是降低磁滞损耗,提高磁导率。按工艺的不同分为热轧和冷轧两种。冷轧硅钢片在磁性能和结构、工艺性能方面都比热轧硅钢片优异,但价格较高。在电机工业中的硅钢片,其厚度有 0.30 mm、0.35 mm、0.5 mm。在高频技术中,其常用的厚度为 0.05～0.2 mm。

铁镍合金又称坡莫合金,在弱磁场下的磁导率比硅钢片高 10～20 倍,广泛应用于灵敏继电器、磁屏蔽、电话、无线电变压器、精密的交直仪表和电流互感器等。

三、硬磁材料

硬磁材料的磁滞回线较宽,必须用较强的外磁场才能使它们磁化,一经磁化,取消外磁场后磁性就不易消失,具有很强的剩磁和很大的矫顽力,能长期保持磁性基本不变,而且矫顽力很大。主要用于制造各种形状的永久磁铁。这类材料有:合金碳钢、铝镍钴、稀土钴、硬磁铁氧体等。被广泛用于磁电系测量仪表、扬声器、永磁发电机中。

技能训练

训练　电气装配材料的识别与使用

一、训练目的

(1)掌握电气装配中的导线材料的组成与使用。

(2)掌握电气装配中的导线端子材料的种类与使用。

扫一扫

二、训练工器具与材料(见表 3-1-29)

表 3-1-29　训练工器具与材料

序　号	工器具与材料名称	单　位	数　量	备　注
1	剥线钳	把	1	
2	绝缘护套端子压线钳	把	1	
3	裸端子压线钳	把	1	

续上表

序　号	工器具与材料名称	单　　位	数　　量	备　　注
4	针式管形压线钳	把	1	
5	各种绝缘导线	米	10	
6	各种管型针式端子	个	10	
7	各种绝缘护套端子	个	10	
8	各种裸端子	个	10	
9	工作服	套	1	

三、训练内容

1. 绝缘导线的认知与使用

(1)绝缘导线的组成,如图 3-1-11 所示。

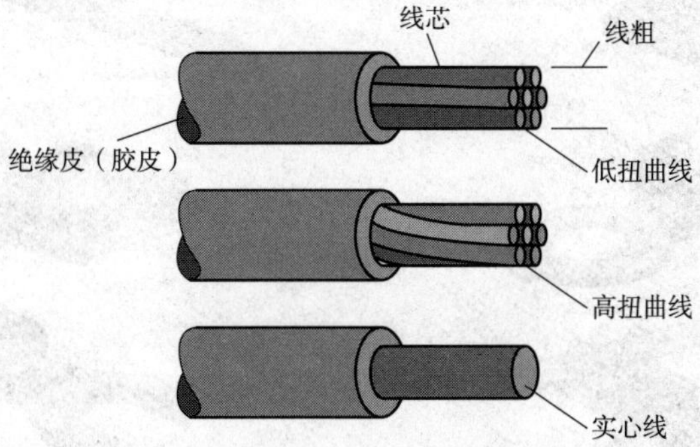

图 3-1-11　绝缘导线的组成

(2)导线绝缘层的切削。图 3-1-12 所示为导线绝缘层切削较好样式。图 3-1-13 所示为导线绝缘层切削不好样式。

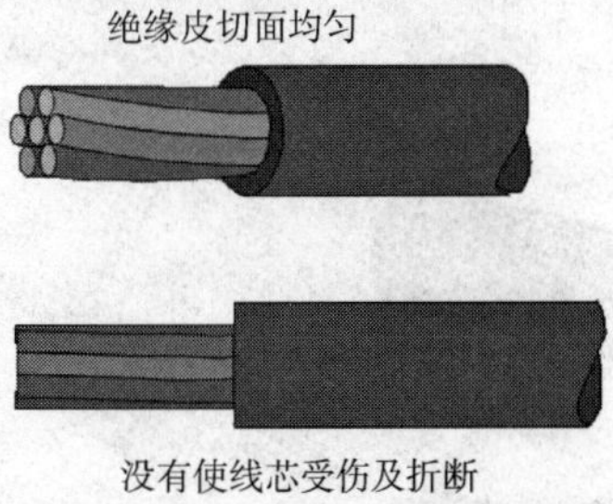

图 3-1-12　导线绝缘层切削较好样式

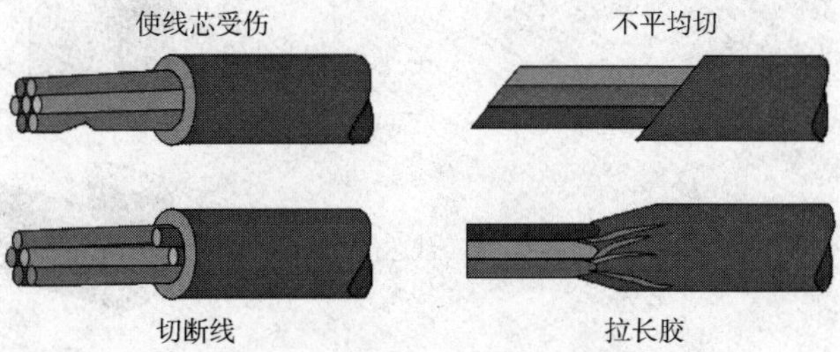

图 3-1-13　导线绝缘层切削不好样式

(3)导线绝缘层的切削不良对导电性能影响,如图 3-1-14 所示。

2. 导线端子的认知与使用

(1)端子的种类,如图 3-1-15 所示。

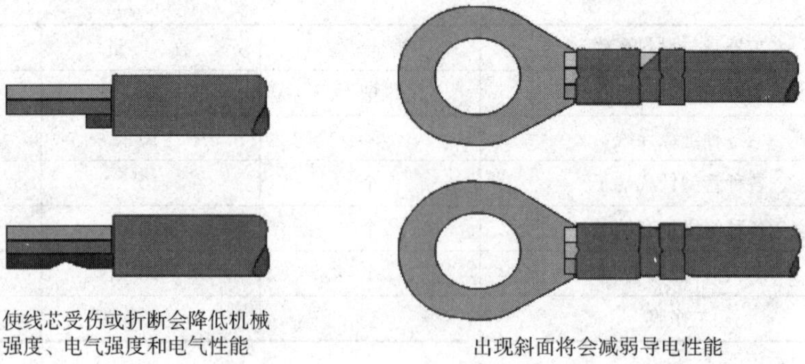

图 3-1-14 导线绝缘层的切削不良对导电性能影响

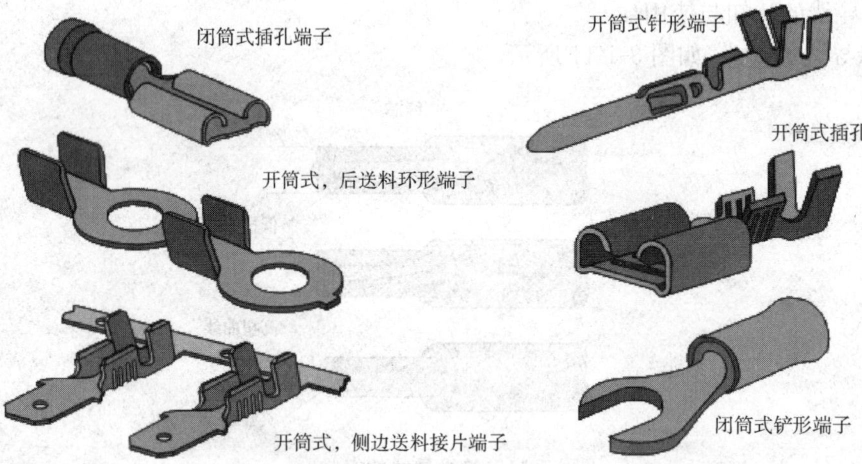

图 3-1-15 端子的种类

(2)开筒式端子的组成,如图 3-1-16 所示

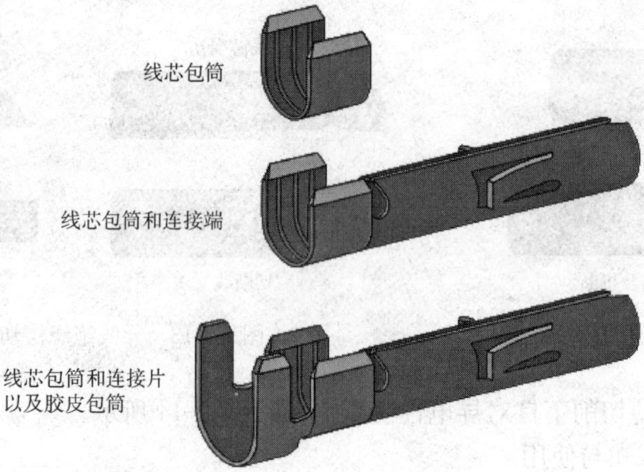

图 3-1-16 开筒式端子的组成

(3)闭筒式端子的组成,如图 3-1-17 所示。

(4)胶皮包筒的优点，如图 3-1-18 所示。

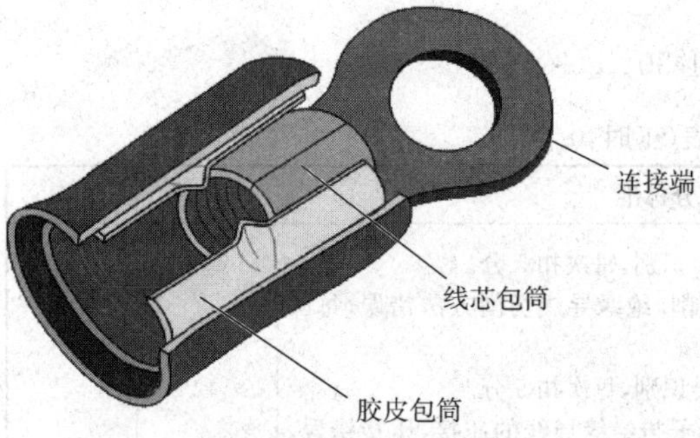

图 3-1-17　闭筒式端子的组成

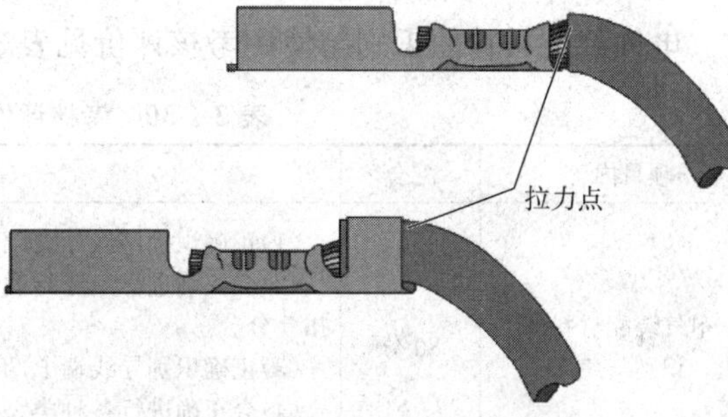

图 3-1-18　胶皮包筒的优点

3. 导线与端子的使用

(1)线芯包筒和胶皮包筒的使用(开筒式)，如图 3-1-19 所示。

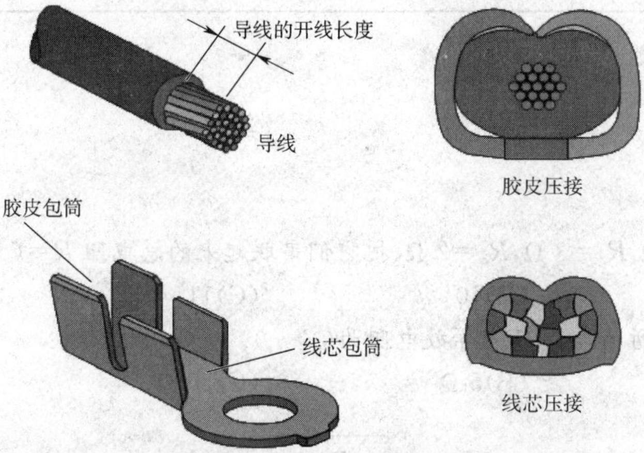

图 3-1-19　线芯包筒和胶皮包筒的使用(开筒式)

(2)线芯包筒和胶皮包筒的使用(闭筒式)，如图 3-1-20 所示。

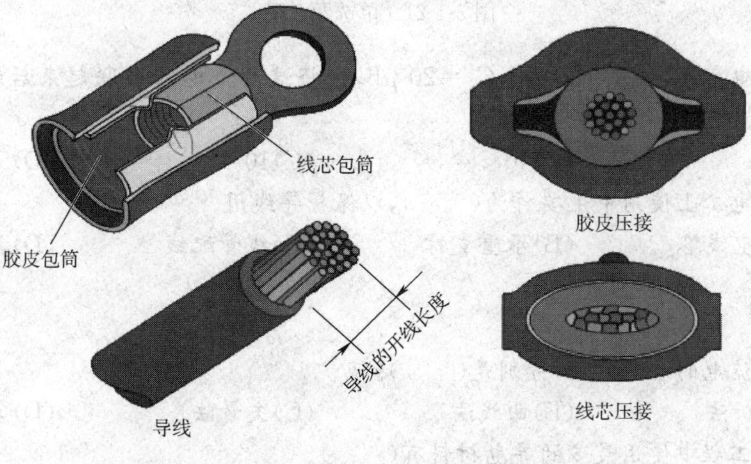

图 3-1-20　线芯包筒和胶皮包筒的使用(闭筒式)

四、考核评价

电气装配材料的识别与使用考核评价见表3-1-30。

表3-1-30 考核评价表(工时:0.5 h)

项目内容	配分	评分标准	扣分	得分
电气装配材料的识别与使用	80分	(1)正确识别绝缘导线,不会识别,每次扣5分。 (2)会正确进行绝缘导线切削,绝缘导线切削方法错误,每次扣5分。 (3)正确识别导线端子,不会识别,每次扣5分。 (4)会正确进行各种类型端子与绝缘导线的压接,压接错误,每次扣5分。		
安全文明生产	20分	(1)进行安全文明生产。违反操作规程,产生不安全因素,扣20分;严重者,直接取消考试资格。 (2)着装正确,保持工位卫生。着装防护用品不齐,每项扣3分;工位不整洁,每处扣3分		

测评题

一、单选题

1. 已知$R_1=6\ \Omega$,$R_2=3\ \Omega$,$R_3=2\ \Omega$,把它们串联起来的总电阻$R=$(　　)。

(A)8　　(B)10　　(C)11　　(D)15

2. 如图3-1-21所示,a、b两点等效电阻为(　　)。

(A)29 Ω　　(B)5 Ω　　(C)20 Ω　　(D)7.1 Ω

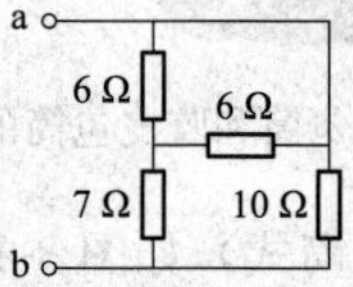

图3-1-21 单选题2图

3. 有两个电容元件$C_1=20\ \mu F$,$C_2=20\ \mu F$,则将这两个电容串联起来后的等效电容为(　　)μF。

(A)20　　(B)40　　(C)10　　(D)5

4. 钢管在电工上使用中主要作为(　　),以保护导线用。

(A)架空线路　　(B)承重支撑　　(C)线管配线　　(D)其他作用

二、多选题

1. 正弦交流电的表示方法,分别是(　　)。

(A)解析法　　(B)曲线法　　(C)矢量法　　(D)复数法

2. 目前在工程中使用最多的导电材料有(　　)。

(A)金　　(B)银　　(C)铜　　(D)铝

3. 影响导电材料铜的性能的因素主要有(　　)。

(A)杂质　　(B)冷变形　　(C)温度　　(D)耐蚀性

4. 电线、电缆截面选择应满足允许(　　)等要求。

(A)温升　　(B)电压损失　　(C)经济电流密度　　(D)机械强度

5. 绝缘油在电气设备中主要作用是(　　)。

(A)绝缘　　(B)冷却　　(C)灭弧　　(D)填充

6. 根据磁导率的大小,磁性材料可分为(　　)。

(A)反磁物质　　(B)顺磁物质　　(C)强磁物质　　(D)弱磁物质

7. 主要用于制造各种形状的永久磁铁,这类材料有(　　)等。

(A)合金碳钢　　(B)铝镍钴　　(C)稀土钴　　(D)硬磁铁氧体

8. 电缆按其传输电流的性质可分为(　　)三类。

(A)交流　　(B)直流　　(C)高压　　(D)通信电缆

三、判断题

(　　)1. 电阻越大,消耗功率越大。

(　　)2. 通过某电阻的电流越大,它消耗的功率越大。

(　　)3. 串联电路中,流过每一个电阻的电流都相等。

(　　)4. 具有磁性的物体称为磁体。

(　　)5. 磁感线是互相交叉的闭合曲线。

(　　)6. 磁感线上任意一点的法线方向,就是该点的磁场方向。

(　　)7. 由电磁感应产生的涡流是有害无益的。

(　　)8. 绝缘材料在外加电压作用下,有极微弱的电流通过。

(　　)9. 硬磁材料通过较强的外磁场磁化,取消外磁场后磁性就容易消失。

(　　)10. 为了减小涡流,在低频范围内电动机和电器都不用整块铁芯,而是用电阻率较大、表面具有绝缘的硅钢片叠装而成的铁芯。

项目二　常用低压电器

学习目标

应知	1. 知道低压电器的概念与分类。 2. 理解接触器、继电器的工作原理。 3. 知道常用低压电器的用途、结构及选用方法。
应会	1. 会根据用途正确选用低压电器。 2. 熟记常用低压电器的文字符号及图形符号。 3. 会拆装交流接触器。 4. 会拆装时间继电器。

建议学时

理论教学 4 学时,技能训练 4 学时。

知识导入

知识点一　电 器 概 述

电器是指用于对电路进行接通、分断,对电路参数进行变换,以实现对电路或用电设备的控制、调节、切换、检测和保护等作用的电工装置、设备和元件。

电器按其工作电压的高低,以交流 1 200 V、直流 1 500 V 为界,可划分为高压电器和低压电器两大类。交流 1 200 V 及以下、直流 1 500 V 及以下的均称为低压电器。

一、低压电器的基本概念

低压电器是一种能根据外界的信号和要求,手动或自动地接通、断开电路,以实现对电路或非电对象的切换、控制、保护、检测、变换和调节的元件或设备。

低压电器的组成通常包括两个部件:即感受部件和执行部件。感受部件能感受外界的信号,做出有规律的反应。在自动切换电器中,感受部件大多由电磁机构组成;在手动电器中,感受部件通常为操作手柄、按钮等。执行部件如触点是根据指令进行电路的接通或切断的。

二、低压电器的分类

低压电器的种类繁多,分类方法有很多种。

1. 按动作方式分

(1)手动电器:依靠外力直接操作来进行切换的电器,如刀开关、按钮开关等。

(2)自动电器:依靠指令或物理量变化而自动动作的电器,如接触器、继电器等。

2. 按用途分

(1)低压控制电器:主要在低压配电系统及动力设备中起控制作用,如刀开关、低压断路器等。

(2)低压保护电器:主要在低压配电系统及动力设备中起保护作用,如熔断器、热继电器等。

知识点二　常用主令电器

主令电器是一种专门发布命令、直接或通过电磁系电器间接作用于控制电路的电器。常用来控制电力拖动系统中电动机的启动、停车、调速及制动等。常用的主令电器包括控制按钮、行程开关、接近开关、万能转化开关等。

一、按　　钮

按钮又称控制按钮或按钮开关,是一种手动控制电器。用于短时接通或分断小电流电路,其型号表示如图 3-2-1 所示。其中结构形式代号有 K、S、J、X、H、F、Y、D 等,K 表示开启式,S 表示防水式,J 表示紧急式,X 表示旋钮式,H 表示保护式,F 表示防辐射式,Y 表示钥匙式,D 表示信号灯式。

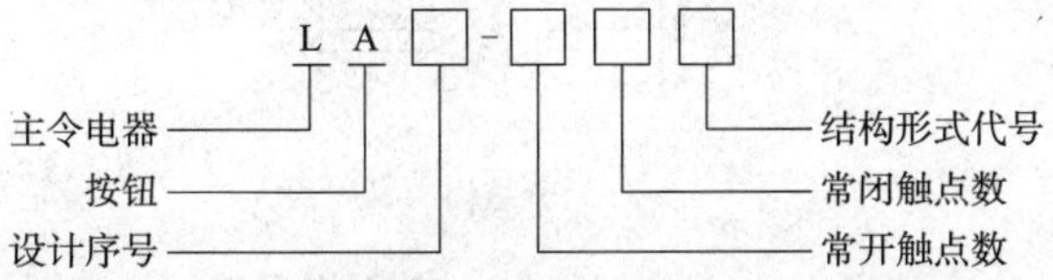

图 3-2-1　按钮型号含义

常见的按钮型号有 LA2、LA10-2K、LA10-3H、LA18-22J 等。常见按钮型号含义见表 3-2-1。

表 3-2-1　常见按钮型号含义

型　　号	结构形式	触点数		按钮数	按钮颜色
		常开	常闭		
LA2	元件	1	1	1	黑、绿、红
LA10-2K	开启式	2	2	2	黑红或绿红
LA10-3K	开启式	3	3	3	黑、绿、红
LA10-2H	保护式	2	2	2	黑红或绿红
LA10-3H	保护式	3	3	3	黑、绿、红
LA18-22J	元件(紧急式)	2	2	1	红
LA18-44J	元件(紧急式)	4	4	1	红
LA18-66J	元件(紧急式)	6	6	1	红

续上表

型　　号	结构形式	触点数		按钮数	按钮颜色
		常开	常闭		
LA18-22Y	元件(钥匙式)	2	2	1	黑
LA18-44Y	元件(钥匙式)	4	4	1	黑
LA18-22X	元件(旋钮式)	2	2	1	黑
LA18-44X	元件(旋钮式)	4	4	1	黑
LA18-66X	元件(旋钮式)	6	6	1	黑
LA19-11J	元件(紧急式)	1	1	1	红
LA19-11D	元件(信号灯式)	1	1	1	红、绿、黄、蓝、白

1. 按钮的结构及符号

按钮由按钮帽、复位弹簧、桥式触点和外壳等组成。图 3-2-2 为按钮外观、结构及图形符号。

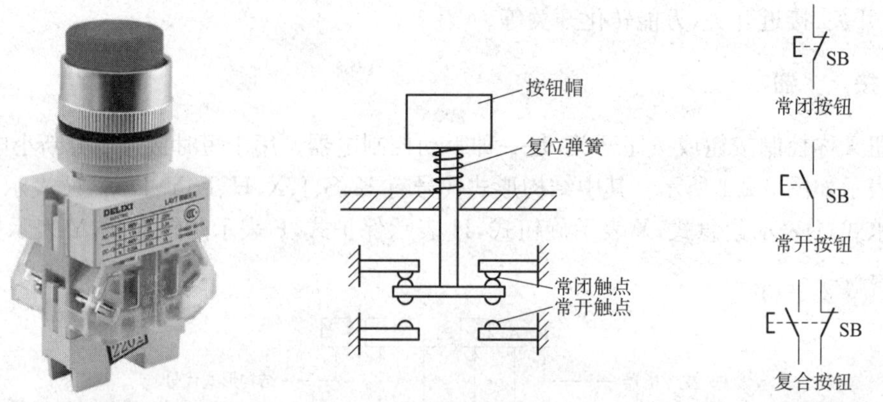

(a) 外观　(b) 结构　(c) 图形符号

图 3-2-2　按钮外观、结构及图形符号

2. 按钮的动作特点及检测

按钮有常开按钮、常闭按钮之分。按钮(自复位)的动作特点是先断后合,手松复位。即压下按钮帽时常闭触点先断开,常开触点后闭合;松开按钮帽时触点复位,且仍是闭合的触点先断开,断开的触点后闭合。常开按钮(NO)、常闭按钮(NC)可通过万用表进行检测,检测过程如图 3-2-3 所示。

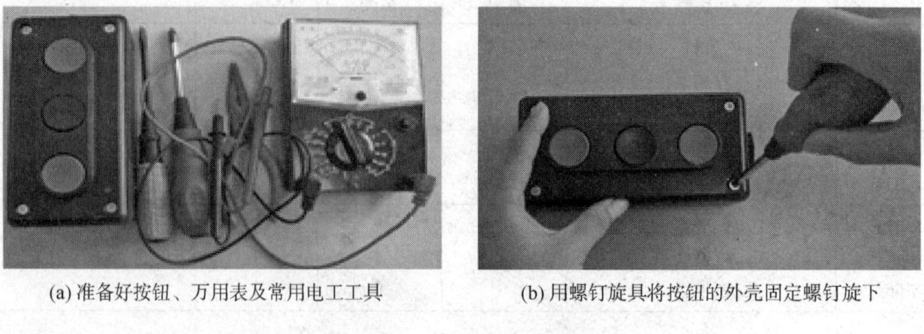
(a) 准备好按钮、万用表及常用电工工具　(b) 用螺钉旋具将按钮的外壳固定螺钉旋下

图 3-2-3　按钮的检测过程

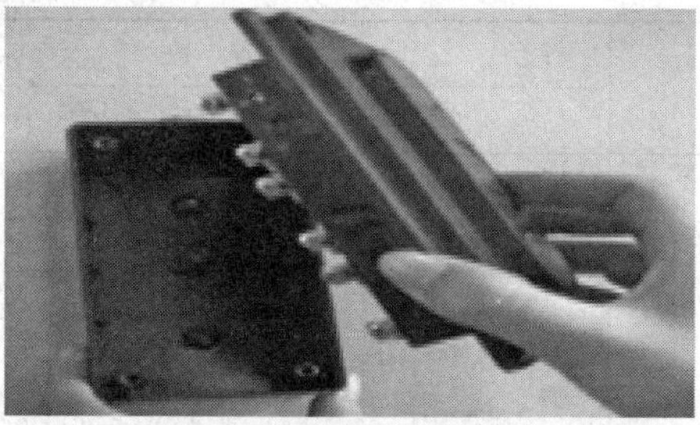

(c) 卸下按钮的外壳

(d) 将外壳翻下来，并观察按钮的常开、常闭触点

(e) 将万用表置于欧姆挡，表笔置于按钮的常闭位置，观察万用表的读数是否为零

(f) 将万用表置于欧姆挡，表笔置于按钮的常闭位置，万用表的读数为零，用手将按钮按下，观察万用表读数是否为无穷大

图 3-2-3　按钮的检测过程(续)

二、行程开关

行程开关是位置开关(又称限位开关)的一种，是一种常用的小电流主令电器。利用生产机械运动部件的碰撞使其触点动作来实现接通或分断控制电路，达到一定的控制目的。行程开关常被用来限制机械运动的位置或行程，使运动机械按一定位置或行程自动停止、反向运动、变速运动或自动往返运动等。常见的行程开关型号有：LX19K、LX19-111、LX19-212、JLXK1-111 等。其型号表示如图 3-2-4 所示，型号含义见表 3-2-2。

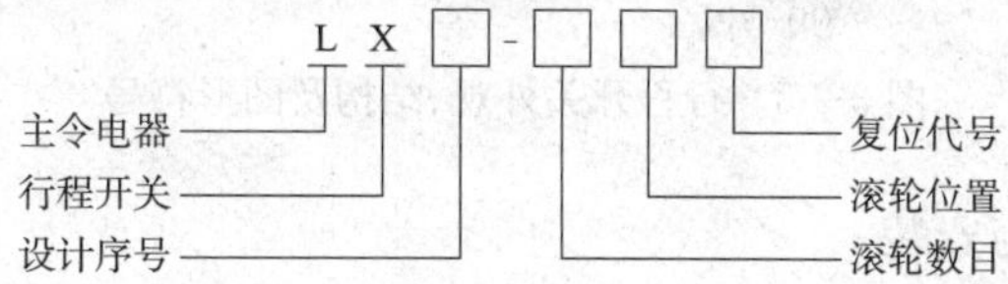

图 3-2-4　行程开关型号含义

复位代号含义：1 表示能自动复位；2 表示不能自动复位。

表 3-2-2　行程开关型号含义

型　号	结构形式	触点数	
		常开	常闭
LX19K	内侧单轮、自动复位	1	1
LX19-111	外侧单轮、自动复位	1	1
LX19-121	内外侧单轮、自动复位	1	1
LX19-131	内侧双轮、不能自动复位	1	1

续上表

型　　号	结构形式	触　点　数	
		常　开	常　闭
LX19-212	外侧双轮、不能自动复位	1	1
LX19-222	内外侧双轮、不能自动复位	1	1
LX19-232	单轮防护式	1	1
JLXK1-111	双轮防护式	1	1
JLXK1-211/JLXK1-311	直动防护式	1	1
JLXK1-411	直动滚轮防护式	1	1

1. 行程开关外观、结构及图形符号(见图 3-2-5)

(a) 外观

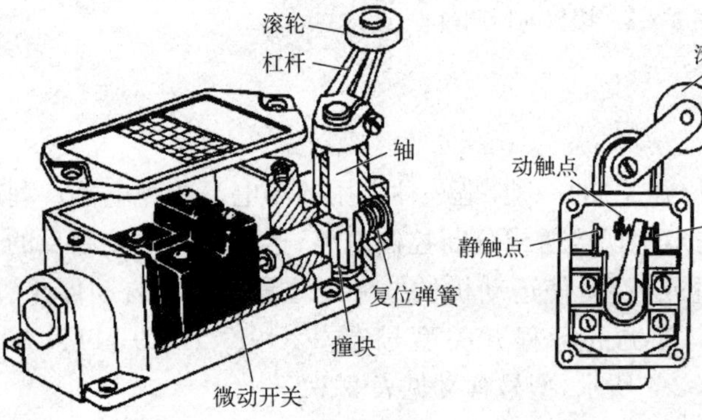

(b) 结构

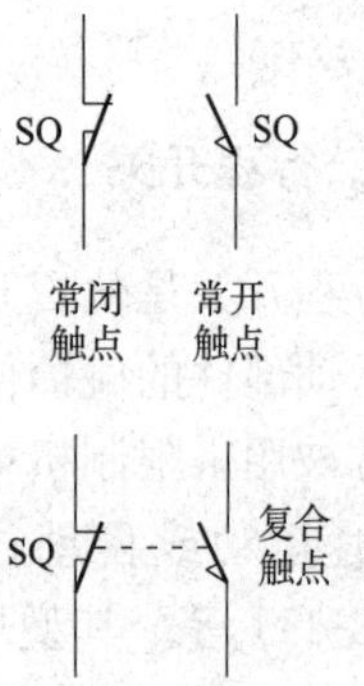

(c) 图形符号

图 3-2-5　行程开关外观、结构及图形符号

2. 行程开关的选用与安装

当机械运动速度很慢,且被控制电路中电流又较大时,可选用快速动作的位置开关;如果被控制的回路很多,又不易安装时,可选用带有凸轮的转动式位置开关;要求工作频率很高,可靠性也较高的场合,可选用晶体管式的无触点位置开关。

行程开关安装时,安装位置要准确,安装要牢固,滚轮的方向不能装反。

知识点三　熔断器与断路器

一、熔 断 器

1. 熔断器的定义及作用

熔断器是对电路、用电设备短路和过载进行保护的电器。熔断器一般串联在电路中，当电路正常工作时，熔断器就相当于一根导线；当电路出现短路或过载时，流过熔断器的电流很大，熔断器就会开路，从而保护电路和用电设备。

2. 熔断器的分类

熔断器的种类很多，如图 3-2-6 所示。常见的有 RC 插入式熔断器、RL 螺旋式熔断器、RM 无填料封闭式熔断器、RS 快速熔断器、RT 有填料封闭管式熔断器和 RZ 自复式熔断器等，其型号含义如图 3-2-7 所示。下面主要介绍 RL 螺旋式熔断器。

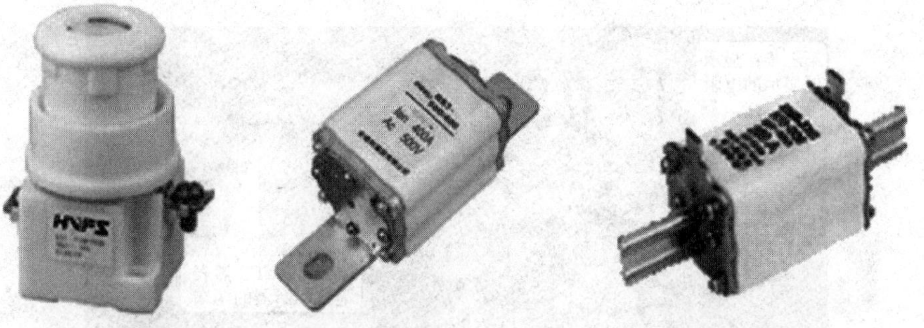

(a) 螺旋式熔断器　　(b) 快速熔断器　　(c) 有填料封闭管式

图 3-2-6　常见的熔断器

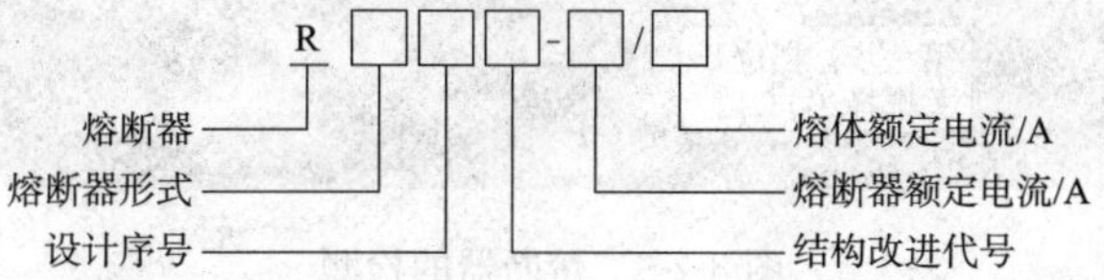

图 3-2-7　熔断器的型号含义

3. 熔断器的结构及图形符号

螺旋式熔断器主要由瓷帽、熔断管（俗称保险丝）、瓷套、上接线盒、下接线座和瓷座组成。图 3-2-8 所示为螺旋式熔断器的结构及图形符号。

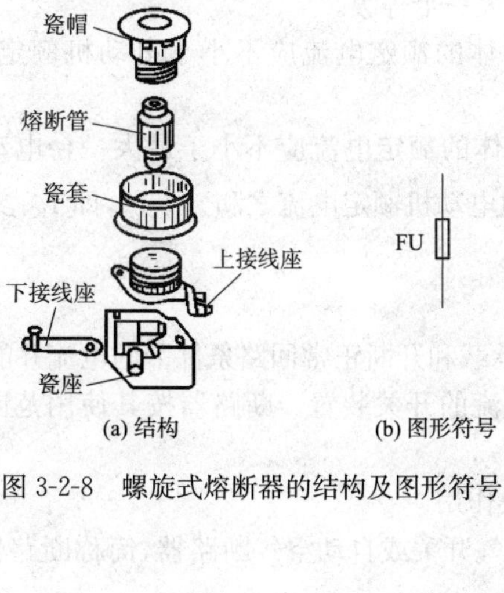

(a) 结构　　(b) 图形符号

图 3-2-8　螺旋式熔断器的结构及图形符号

熔断器安装接线时应注意,熔断器与底座中心弹簧相连的螺钉(下接线座)接进线,与螺纹相连的螺钉(上接线座)接出线,即“低进高出”,以防止更换熔体时,手触及螺旋部分而触电。

4. 熔断器的检测

熔断器常见故障是开路和接触不良。熔断器的种类很多,但检测方法基本相同。检测方法如图 3-2-9 所示,万用表的挡位开关选择 200 Ω 挡,然后将红、黑表笔分别接熔断器的两端,测量熔断器的电阻。若熔断器正常,则电阻接近 0 Ω;若显示屏显示超出量程符号“1”或“OL”(指针式万用表显示电阻无穷大),则表明熔断器开路;若阻值不稳定(时大时小),则表明熔断器内部接触不良。

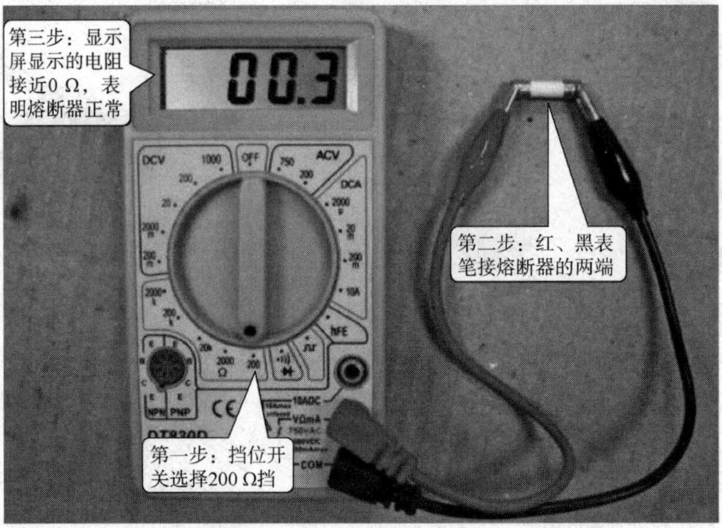

图 3-2-9 熔断器的检测

5. 熔断器的选用

(1)对于电炉和照明等电阻性负载,熔体额定电流 I_{RN} 不小于电路的工作电流 I_N,即 $I_{RN} \geqslant I_N$。

(2)对于配电电路,为防止熔断器越级动作而扩大停电范围,后一级熔体的额定电流比前一级熔体的额定电流至少要大一个等级。

(3)对于单台电动机,熔体的额定电流应不小于电动机额定电流 I_N 的 1.5~2.5 倍,即 $I_{RN} \geqslant (1.5 \sim 2.5) I_N$。

(4)对于多台电动机,熔体的额定电流应不小于最大一台电动机额定电流 I_{Nmax} 的 1.5~2.5 倍,加上同时使用的其他电动机额定电流之和 $\sum I_N$,即 $I_{RN} \geqslant (1.5 \sim 2.5) I_{Nmax} + \sum I_N$。

二、断 路 器

断路器是指能够关合、承载和开断正常回路条件下的电流并能在规定的时间内关合、承载和开断异常回路条件下的电流的开关装置。断路器按其使用范围分为高压断路器与低压断路器。

1. 低压断路器的定义及作用

低压断路器又称自动空气开关或自动空气断路器,简称断路器。它是一种既有手动开关作用，又能自动进行失电压、欠电压、过载和短路保护的电器。它可用来分配电能，不频繁地启动异步电动机，对电源线路及电动机等实行保护，当它们发生严重的过载或者短路及欠电压等故障时能自动切断电路，其功能相当于熔断器式开关与过欠热继电器等组合。而且在分断故障电流后一般不需要变更零部件，已获得了广泛的应用。断路器的型号含义如图 3-2-10 所示。DZ 表示塑料外壳式的断路器，常见的型号有 DZ5、DZ10、DZ20 等；DW 表示框架式低压断路器。

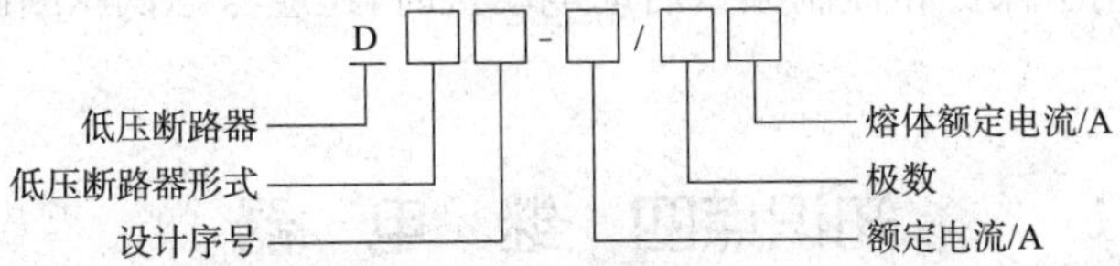

图 3-2-10　断路器的型号含义

2. 低压断路器的结构

常见的低压断路器外观、结构及图形符号如图 3-2-11 所示。其主要部分由触点系统（动触点、静触点）、接线柱、自动与手动操作机构、脱扣器、外壳组成。

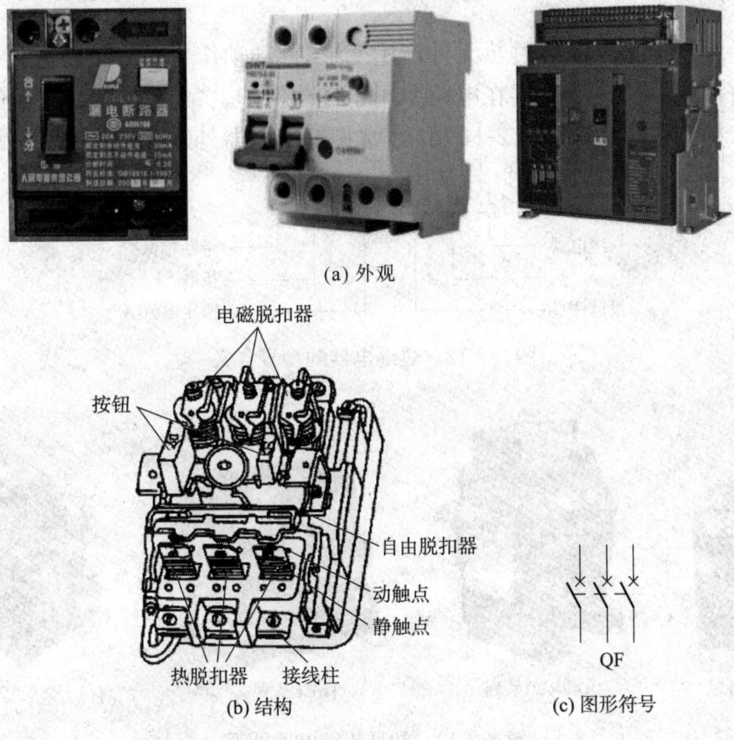

图 3-2-11　低压断路器外观、结构及图形符号

3. 低压断路器的安装

(1)低压断路器应垂直于配电板安装，电源引线应接到上端，负载引线接到下端。

(2)低压断路器用作电源总开关或电动机的控制开关时，在电源进线侧必须加装刀开关或组合开关等，以形成明显的断开点。

(3)板前接线的低压断路器允许安装在金属支架上或金属底板上，但板后接线的低压断路器必须安装在绝缘底板上。

4. 低压断路器的选用

(1)低压断路器的额定电压。低压断路器的额定电压应不小于被保护电路的额定电压。

(2)低压断路器的壳架等级额定电流。低压断路器的壳架等级额定电流应不小于被保护电路的计算负载电流。

(3)低压断路器整定电流。低压断路器整定电流不小于被保护电路的计算负载电流。

(4)低压断路器用于保护和控制频繁启动电动机时,还应考虑低压断路器的操作条件和使用寿命。

知识点四　继　电　器

继电器是一种根据电量(电流、电压)或非电量(时间、速度、温度、压力等)的变化自动接通和断开控制电路,以完成控制和保护任务的电器。常见的继电器有热继电器、时间继电器、中间继电器、速度继电器等。

一、热继电器

热继电器是利用过载电流通过热元件产生变形,推动动作机构来带动触点动作,从而切断主电路的一种自动电器。热继电器在电路中用于过载保护。常用的热继电器有 JR16B-20/3、JR16-40/3D 等,其型号含义如图 3-2-12 所示,常见热继电器外观如图 3-2-13 所示。

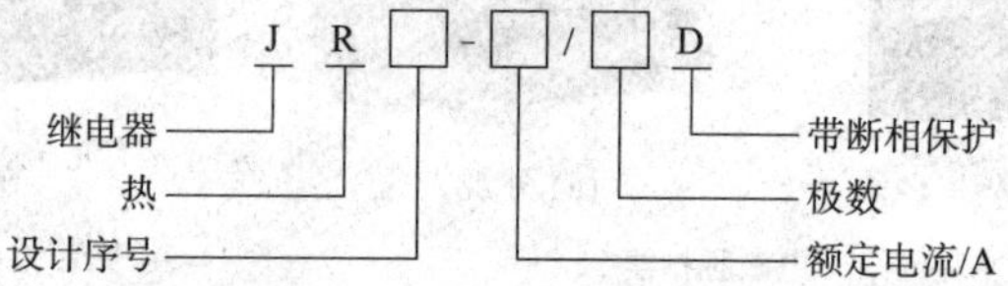

图 3-2-12　热继电器的型号含义

(a) JR36系列　(b) JR20系列　(c) T系列　(c) JRS2(3UA)系列

图 3-2-13　常见热继电器外观

1. 热继电器的结构及图形符号

热继电器由热元件、触点系统、动作机构、复位按钮和测试装置组成。图 3-2-14 为热继电器的结构名称及图形符号。

2. 热继电器的工作原理

热元件通过外部的螺钉与主电路串联。当电流过载达到整定值时,由于流入热元件的电

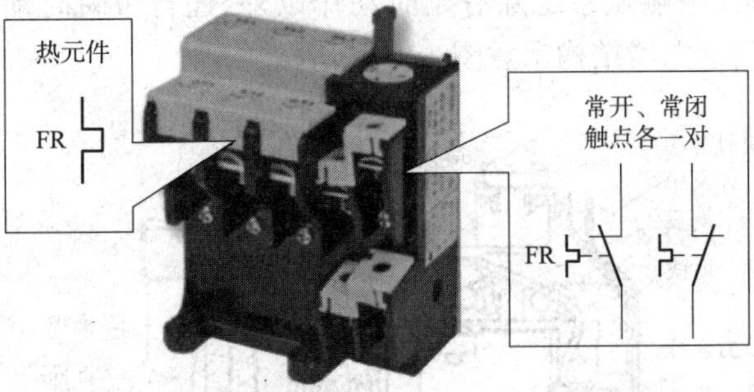

图 3-2-14　热继电器的结构名称及图形符号

流产生热量，且热元件缠绕在有不同膨胀系数的双金属片上，使双金属片发生形变，推动连杆动作，使常闭触点断开，从而发出信号切断主电路。当热元件冷却后方可按下复位按钮，接通常闭触点。

3. 热继电器的选用

(1)根据电动机的额定电流选择热继电器的规格。一般应使热继电器的额定电流略大于电动机的额定电流。

(2)根据需要的整定电流值选择热元件的编号和电流等级。一般情况下，热元件的整定电流为电动机额定电流的 0.95～1.05 倍。

(3)根据电动机定子绕组的连接方式选择热继电器的结构形式。定子绕组作星形连接的电动机选用普通三相热继电器；定子绕组作三角形连接的电动机应选用三相带断相保护装置的热继电器。

二、时间继电器

时间继电器是利用电磁原理或机械原理实现触点延时闭合或延时断开的自动控制电器。常用的时间继电器有空气阻尼式、晶体管式、数显式和电子式等。图 3-2-15 为常见时间继电器外观。

(a) JS7-A空气阻尼式　(b) JS20系列晶体管式　(c) JS14S系列数显式　(d) JSST系列电子式

图 3-2-15　常见时间继电器外观

1. 空气阻尼式时间继电器的结构

空气阻尼式时间继电器是利用空气阻尼的原理获得延时的。它由电磁系统、延时机构和触点系统三部分组成,其中触点系统除有延时动作以外,还自带瞬时动作的触点。图 3-2-16 所示为空气阻尼式时间继电器结构示意图。

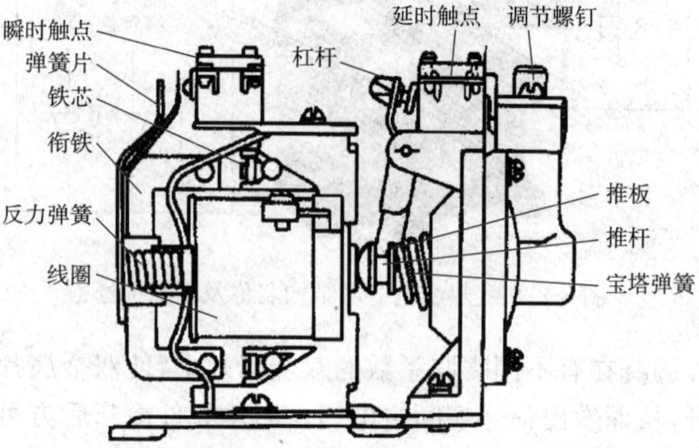

图 3-2-16　空气阻尼式时间继电器结构示意图

2. 空气阻尼式时间继电器的工作原理

通电延时型继电器的工作原理:当线圈通电后,动铁芯动作,两对瞬动触点瞬时动作;但活塞杆的动作则与进气孔进气的快慢有关,当进气量达到一定值时,活塞杆到位,从而使常开触点延时闭合,常闭触点延时打开。线圈一旦断电,则触点瞬时复位。

断电延时型继电器的工作原理:线圈通电时,触点瞬时动作;线圈断电时,触点延时动作。瞬时动作的常开触点和常闭触点图形符号与普通触点相同。空气阻尼式时间继电器图形符号如图 3-2-17 所示。

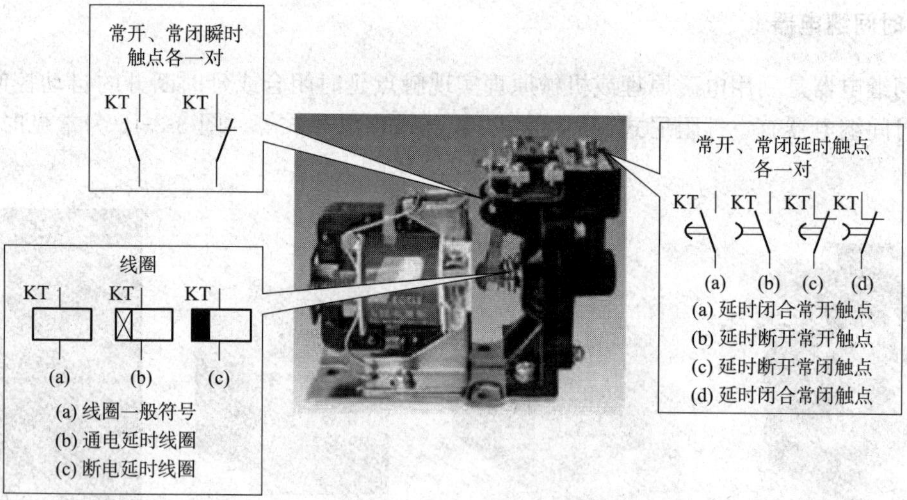

图 3-2-17　空气阻尼式时间继电器图形符号

3. 时间继电器的选用

(1)根据系统的延时范围和精度选择时间继电器的类型和系列。在延时精度要求不高的场合,一般可选用价格较低的空气阻尼式时间继电器(JS7 系列);反之,对精度要求较高的场合,可选用晶体管式时间继电器。

(2)根据控制电路的要求选择时间继电器的延时方式(通电延时和断电延时);同时,还必须考虑线路对瞬时动作触点的要求。

(3)根据控制电路电压选择时间继电器线圈的电压。

三、中间继电器

中间继电器是传输或转换信号的一种低压电器。它的特点是触点数目较多,电流容量可增大,起到中间放大(触点数目和电流容量)的作用。

中间继电器主要根据控制电路的电压等级以及所需触点的数量、种类以及容量等要求来选用。当电路电流小于 5 A 时,可用中间继电器代替接触器。

常用的中间继电器有 JZ7 型交流中间继电器、JZ8 型直流中间继电器。图 3-2-18 为中间继电器外观及图形符号。

图 3-2-18　中间继电器外观及图形符号

四、速度继电器

1. 速度继电器的定义及作用

速度继电器又称转速继电器,是一种反映转速和转向的继电器。速度继电器主要用于三相异步电动机反接制动的控制电路中,故又称反接制动继电器。

2. 速度继电器的结构

机械式速度继电器主要由转子、定子和触点三部分组成。图 3-2-19 所示为 JY1 系列速度继电器的外形及结构。速度继电器的图形符号如图 3-2-20 所示。

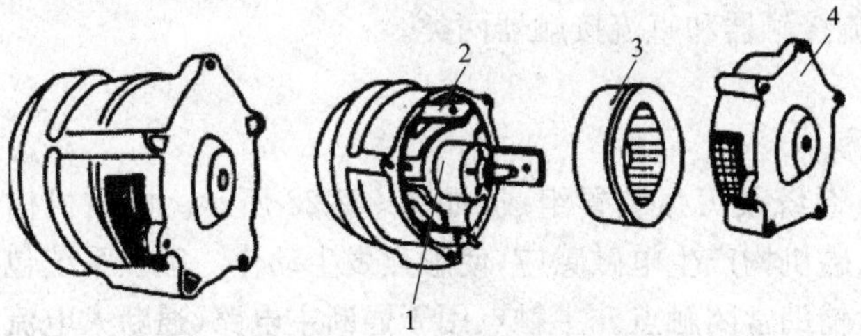

图 3-2-19　JY1 系列速度继电器的外形及结构

1—转子;2—可动支架;3—定子;4—端盖

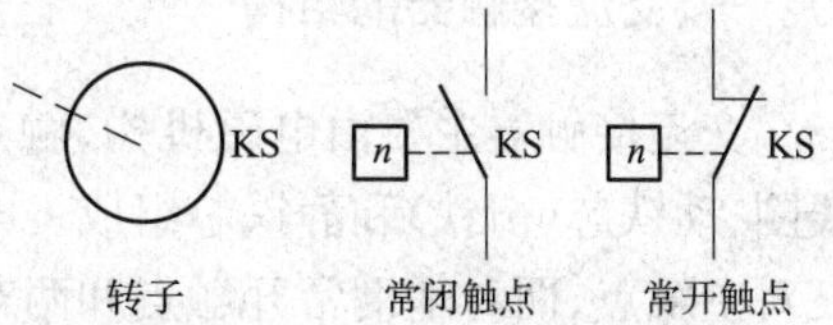

图 3-2-20　速度继电器的图形符号

3. 速度继电器的工作原理

速度继电器是根据电磁感应原理制成的。其工作原理如图 3-2-21 所示。当电动机旋转时,与电动机同轴的速度继电器转子也随之旋转,此时笼形导条 9 就会产生感应电动势和电流,此电流与磁场作用产生电磁转矩,圆环 10 带动摆杆 8 顺着电动机旋转方向偏转一定角度。这样,使速度继电器的常闭触点断开,常开触点闭合。当电动机反转时,就会使另一对触点动作。当电动机转速下降到一定数值时,电磁转矩减小,返回杠杆 7 使摆杆 8 复位,各触点也随之复位。一般速度继电器的动作转速不低于 120 r/min,复位转速为 100 r/min 以下。

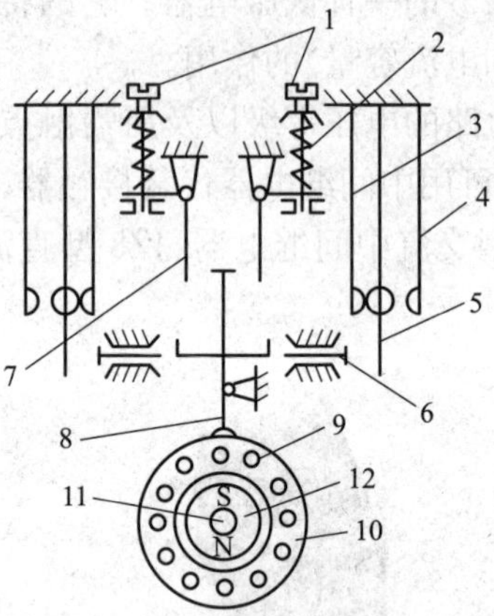

图 3-2-21　速度继电器工作原理

1—调节螺钉;2—反力弹簧;3—常闭触点;4—常开触点;5—动触点;6—推杆;7—返回杠杆;
8—摆杆;9—笼形导条;10—圆环;11—转轴;12—永磁转子

4. 速度继电器的选用

常用的速度继电器有 JY1 和 JFZ0 系列。JY1 系列能在 3 000 r/min 的转速下可靠工作。JFZ0 系列触点动作速度不受定子柄偏转快慢的影响,触点改用微动开关。JFZ0 系列 JFZ0-1 型适用于 300～1 000 r/min,JFZ0-2 型适用于 1 000～3 000 r/min。速度继电器有两对常开、常闭触点,分别对应于被控电动机的正反转运行。

知识点五　接　触　器

接触器实质上是一种电磁自动开关,用来频繁接通和断开交、直流主电路及大容量控制电路。接触器按电流种类不同可分为交流接触器和直流接触器两类。

一、交流接触器的结构

交流接触器主要由电磁机构、触点系统及灭弧装置组成,如图 3-2-22 所示。电磁机构由线圈、动铁芯(衔铁)和静铁芯组成。电磁机构产生电磁感应,使触点发生动作。触点系统包括三对主触点、两对辅助常开触点和两对辅助常闭触点。主触点用于通断主电路(通断大电流),通常为三对常开触点;辅助触点用于控制电路(通断小电流),一般常开、常闭触点各两对。额定电流在 10 A 以上的接触器都有灭弧装置,对于小容量的接触器,常采用双断口触点灭弧、电动力灭弧、相间灭板隔弧及陶土灭弧罩灭弧等;对于大容量的接触器,采用纵缝灭弧罩及栅片灭弧。

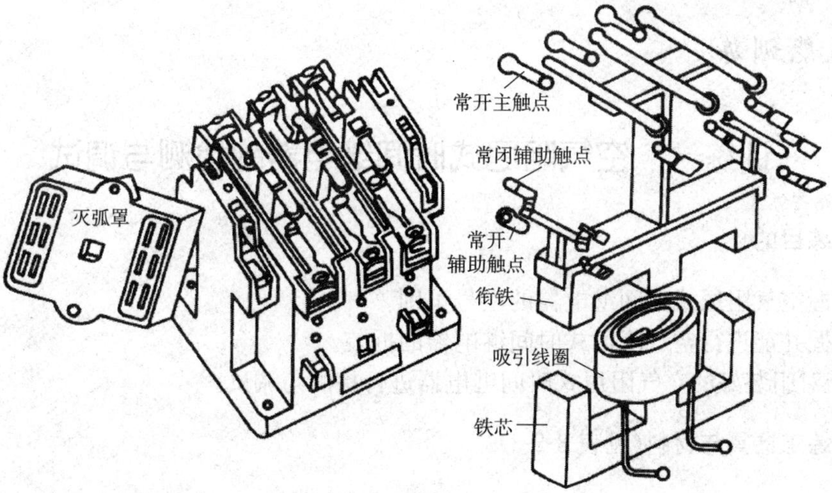

图 3-2-22　交流接触器结构

二、交流接触器的工作原理

交流接触器有两种工作状态，即得电状态（动作状态）和失电状态（释放状态）。交流接触器的工作原理：线圈加额定电压“得电”，衔铁吸合，接触器常闭触点断开，常开触点闭合；线圈电压消失“失电”，所有触点恢复常态。交流接触器的图形符号如图 3-2-23 所示。

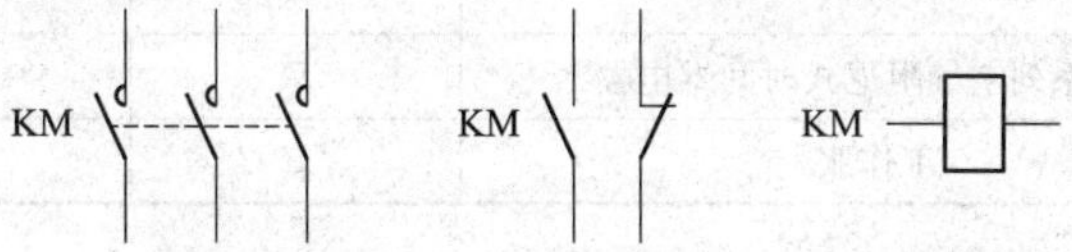

图 3-2-23　交流接触器的图形符号

三、交流接触器的选用原则

1. 类型选择

根据被控制的电动机或负载电流的类型选择，即交流负载选用交流接触器，直流负载选用直流接触器；如果整个控制系统中主要是交流负载，而直流负载的容量较小时，也可全部使用交流接触器，但触点的额定电流应适当选大一些。

2. 触点的额定电压

接触器铭牌上的额定电压是指主触点的额定电压，选用时应大于或等于负载回路的额定电压。

3. 主触点的额定电流

接触器铭牌上的额定电流是指主触点的额定电流，选用时应大于或等于电动机或负载的额定电流。

4. 线圈的额定电压

一般应与控制电路的电压等级相符。从安全角度考虑可选得低一些，如 220 V。当控制电路简单，用电不多时，为了节省变压器，则选用 380 V 的线圈。

5. 主触点和辅助触点数目

触点选择时要满足控制电路的要求，如不能满足时，可选用中间继电器。

技能训练

训练一　空气阻尼式时间继电器的检测与调试

一、训练目的

(1)掌握空气阻尼式时间继电器的型号识别。
(2)掌握并能进行空气阻尼式时间继电器的拆装。
(3) 能对组装好的空气阻尼式时间继电器进行检测与调试。

二、训练工器具与材料(见表 3-2-3)

表 3-2-3　训练工器具与材料

序号	工器具与材料名称	单位	数量	备注
1	各种螺钉旋具(起子)	套	1	
2	尖嘴钳	把	1	
3	镊子	把	1	
4	万用表	块	1	
5	兆欧表	块	1	
6	JS7 系列空气阻尼式时间继电器	只	1	
7	工作服	套	1	

三、训练内容

(1)时间继电器的型号,如图 3-2-24 所示。

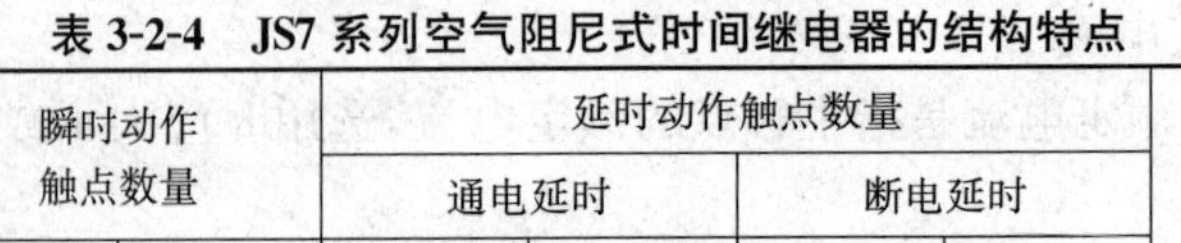

图 3-2-24　时间继电器的型号

(2)查一查:了解 JS7 系列空气阻尼式时间继电器的结构特点(见表 3-2-4)。

表 3-2-4　JS7 系列空气阻尼式时间继电器的结构特点

型　号	瞬时动作触点数量		延时动作触点数量				延时范围/s
			通电延时		断电延时		
	常开	常闭	常开	常闭	常开	常闭	
JS7-1A	—	—	1	1	—	—	0.4～60
JS7-2A	1	1	1	1	—	—	
JS7-3A	—	—	—	—	1	1	0.4～180
JS7-4A	1	1	—	—	1	1	

(3)拆一拆：按照图 3-2-25 所示步骤完成时间继电器的拆装。

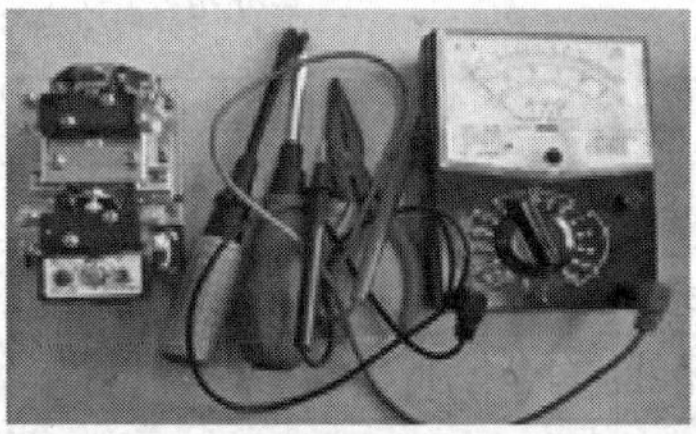

1 准备好时间继电器、万用表及常用电工工具

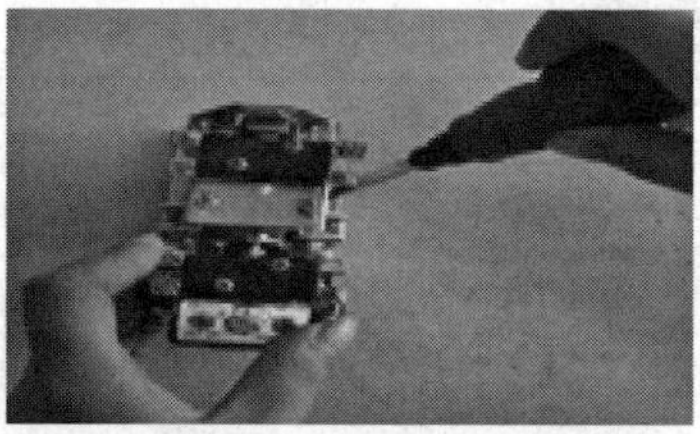

2 用螺钉旋具松开线圈支架紧固螺钉并放置在合适平稳的地方

3 取下线圈和铁芯总成部件

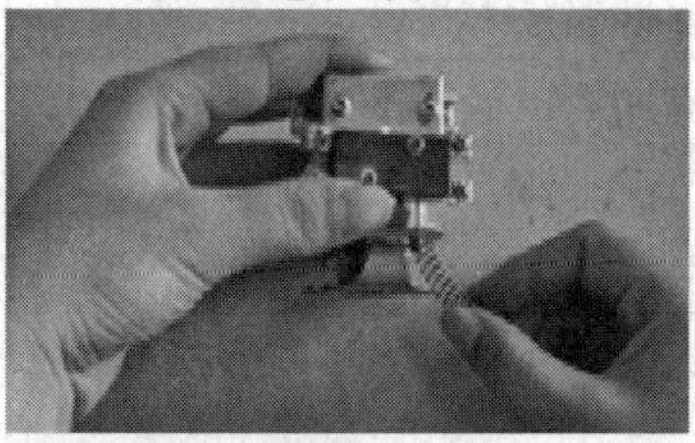

4 取下反作用弹簧

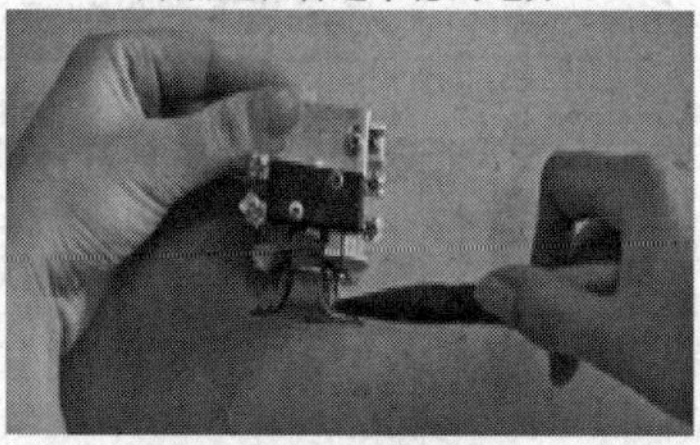

5 取下固定线圈支架

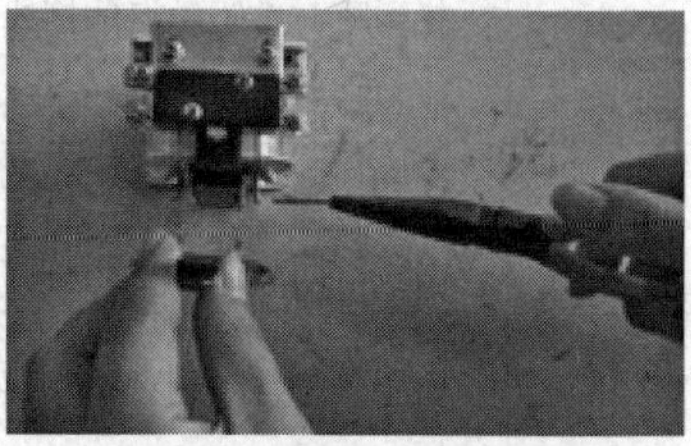

6 取下固定线圈销子

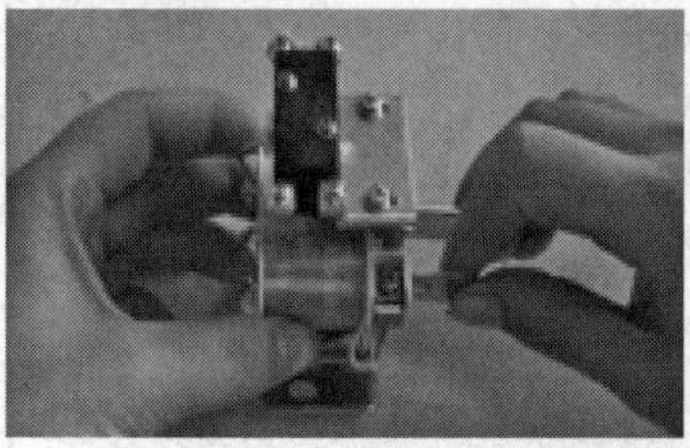

7 取下瞬时触点支架

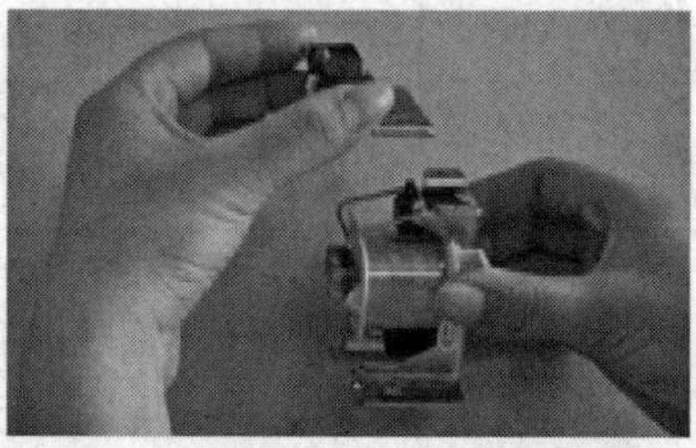

8 取下瞬时触点

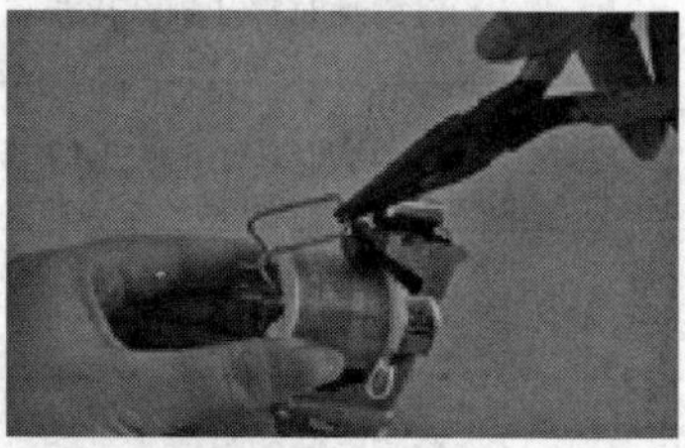

9 取下固定线圈弹簧

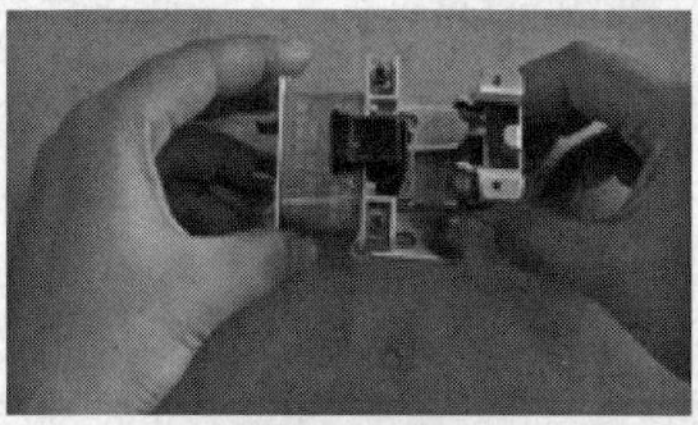

10 取下线圈

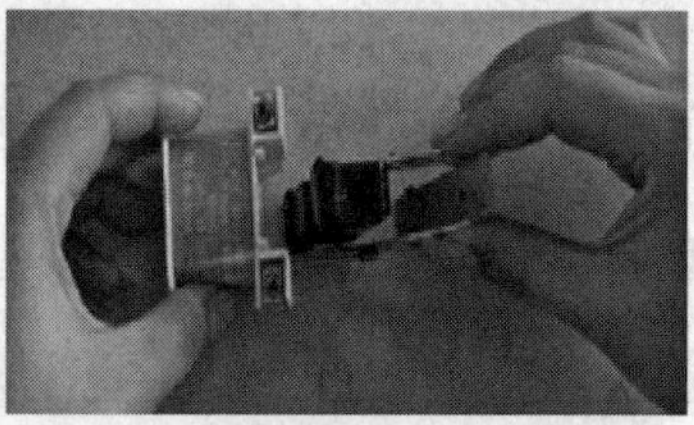

11取下铁芯

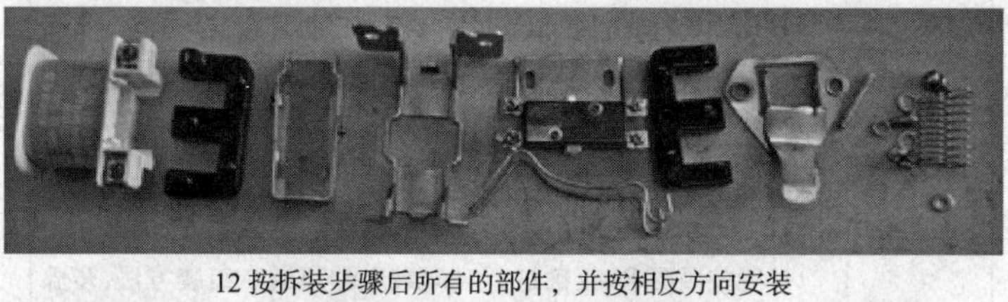

12 按拆装步骤后所有的部件，并按相反方向安装

13 延时时间的调整

14 常开延时触点的检测与调整

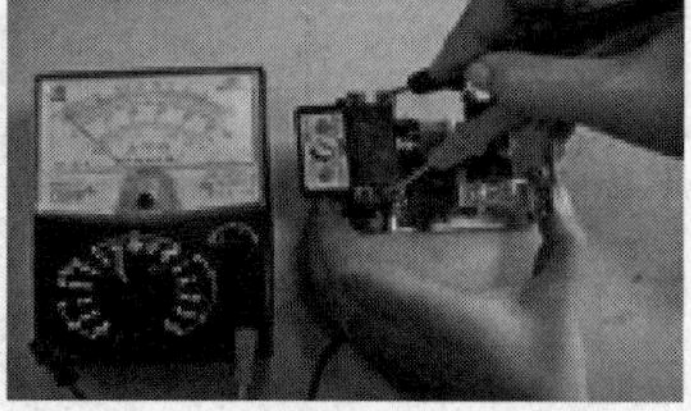

15 常闭延时触点的检测与调整

图 3-2-25　时间继电器的拆装步骤图

(4)测一测:完成时间继电器的检测与调试(见表 3-2-5)。

表 3-2-5 时间继电器的检测与调试

序号	任务	操作要点
1	识读时间继电器的型号	时间继电器的型号标注在正面(调节螺钉边)
2	找到整定时间调节旋钮	调节旋钮旁边标有整定时间
3	找到延时常闭触点的接线端子	在气囊上方两侧,旁边有相应符号标注
4	找到延时常开触点的接线端子	在气囊上方两侧,旁边有相应符号标注
5	找到瞬时常闭触点的接线端子	在线圈上方两侧,旁边有相应符号标注
6	找到瞬时常开触点的接线端子	在线圈上方两侧,旁边有相应符号标注
7	找到线圈的接线端子	在线圈两侧
8	识读时间继电器线圈参数	时间继电器线圈参数标注在线圈侧面
9	检测延时常闭触点接线端子好坏	将万用表置于 $R\times1\Omega$ 挡,欧姆调零后,将两表笔分别搭接在触点两端。常态时,阻值约为 0
10	检测延时常开触点接线端子好坏	将万用表置于 $R\times1\Omega$ 挡,欧姆调零后,将两表笔分别搭接在触点两端。常态时,阻值约为∞
11	检测瞬时常闭触点接线端子好坏	将万用表置于 $R\times1\Omega$ 挡,欧姆调零后,将两表笔分别搭接在触点两端。常态时,阻值约为 0
12	检测瞬时常开触点接线端子好坏	将万用表置于 $R\times1\Omega$ 挡,欧姆调零后,将两表笔分别搭接在触点两端。常态时,阻值约为∞
13	检测线圈的阻值	将万用表置于 $R\times100\Omega$ 挡,欧姆调零后,将两表笔分别搭接在线圈两端

四、考核评价

时间继电器的检测与调试考核评价见表 3-2-6。

表 3-2-6 考核评价表(工时:0.5 h)

项目内容	配分	评分标准	扣分	得分
拆卸	25 分	(1)正确进行时间继电器拆卸与解体。拆卸与解体方法、步骤不正确,每步扣 5 分。 (2)在时间继电器拆卸与解体过程中保持零部件完好。零部件损坏或丢失,每件扣 10 分。 (3)能按照规定要求,进行全面解体。未全部解体,扣 5 分		
组装	25 分	(1)能按照要求,正确进行时间继电器组装。组装方法、步骤不正确,每步扣 5 分。 (2)在时间继电器组装过程中保持零部件完好。零部件损坏或丢失,每件扣 10 分		
检测与调试	30 分	(1)结构定位准确。定位不准,扣 5 分。 (2)组装完的时间继电器,应符合原始技术参数。参数不对,每处扣 5 分。 (3)能实现要求的器件功能。不能实现功能,每处扣 10 分		

续上表

项目内容	配分	评分标准	扣分	得分
安全文明生产	20分	(1)进行安全文明生产。违反操作规程，产生不安全因素，扣20分；严重者，直接取消考试资格。 (2)着装正确，保持工位卫生。着装防护用品不齐，每项扣3分；工位不整洁，每处扣3分		

训练二　交流接触器的检测与调试

一、训练目的

(1)掌握交流接触器的型号识别。

(2)掌握并能进行交流接触器的拆装。

(3) 能对组装好的交流接触器进行检测与调试。

扫一扫

二、训练工器具与材料(见表 3-2-7)

表 3-2-7　训练工器具与材料

序号	工器具与材料名称	单位	数量	备注
1	各种螺钉旋具(起子)	套	1	
2	尖嘴钳	把	1	
3	镊子	把	1	
4	万用表	块	1	
5	兆欧表	块	1	
6	CJ10 型交流接触器	只	1	
7	工作服	套	1	

三、训练内容

(1)认一认:交流接触器的型号,如图 3-2-26 所示。

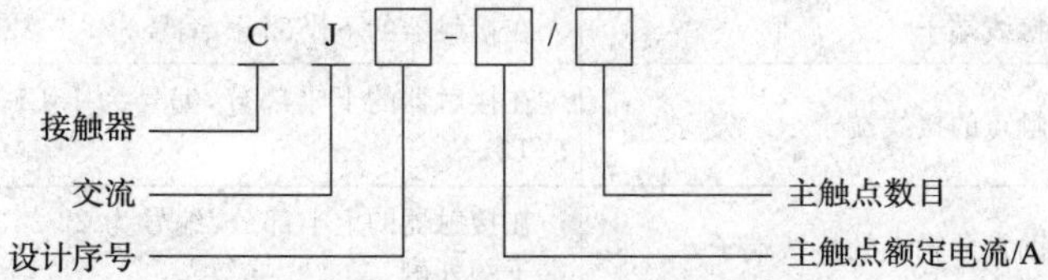

图 3-2-26　交流接触器的型号

(2)查一查:了解 CJ10 型交流接触器的结构特点(见表 3-2-8)。

表 3-2-8　CJ10 型交流接触器的结构特点

型号	主触点(额定电压 380 V)		辅助触点(额定电压 380 V)	线圈		可控制电动机最大容值(kW)	
	对数	额定电流(A)		电压(V)	功率(VA)	220 V	380 V
CJT1-10	3	10	额定电流 5 A 触点对数均为 2 常开、2 常闭	可为 36 110 127 220 380	11	2.2	4
CJT1-20		20			22	5.8	10
CJT1-40		40			32	11	20
CJT1-60		60			95	17	30
CJT1-100		100			105	28	50
CJT1-150		150			110	43	75

(3)拆一拆:按照以下步骤完成 CJ10 型交流接触器的拆装。

图 3-2-27 为 CJ10 型交流接触器拆卸后的零件。拆卸接触器的次序为:灭弧罩→动主触点→常开静触点→底盖→静铁芯→缓冲弹簧→线圈→反作用弹簧→动铁芯。装配顺序为拆卸交流接触器的逆序。

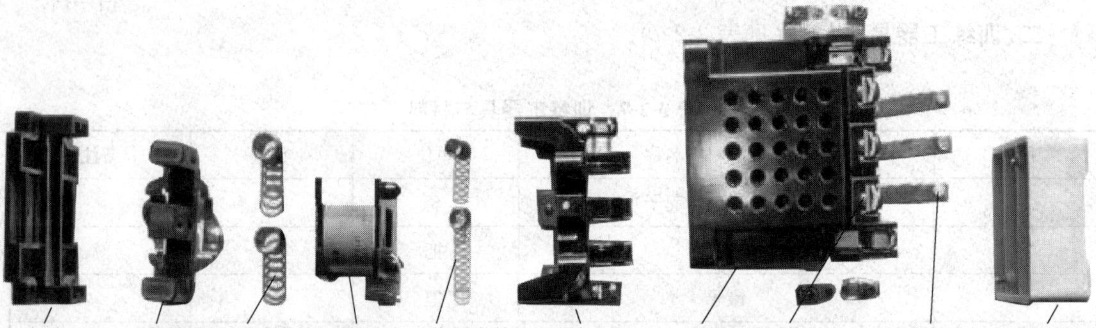

图 3-2-27　CJ10 型交流接触器拆卸后的零件

(4)测一测:完成交流接触器的检测与调试(见表 3-2-9)。

表 3-2-9　交流继电器的检测与调试

序号	任　　务	操作要点
1	识读交流接触器型号	交流接触器的型号标注在窗口侧的下方
2	识别交流接触器线圈的额定电压	从交流接触器的窗口向里看(同一型号的接触器线圈有不同的电压等级)
3	找到线圈的接线端子	在接触器的下半部分,编号为 A1-A2
4	找到三对主触点的接线端子	在接触器的上半部分,编号为 1/L1-2/T1、3/L2-4/T2、5/L3-6/T3
5	找到两对辅助常开触点的接线端子	在接触器的上半部分,编号为 22-24、43-44,标注在对应接线端子的外侧
6	找到两对辅助常闭触点的接线端子	在接触器的顶部,编号为 11-12、31-32,标注在对应接线端子的顶部
7	压下接触器,观察触点吸合情况	边压边看,常闭触点先断开,常开触点后闭合
8	释放接触器,观察触点复位情况	边放边看,常开触点先复位,常闭触点后复位

续上表

序号	任　务	操作要点
9	检测两对常闭触点好坏	将万用表置于 $R\times1\Omega$ 挡，欧姆调零后，将两表笔分别搭接在常闭触点两端。常态时，各常闭触点的阻值约为 0；压下接触器后，再测量阻值，阻值为∞
10	检测五对常开触点好坏	将万用表置于 $R\times1\Omega$ 挡，欧姆调零后，将两表笔分别搭接在常开触点两端。常态时，各常开触点的阻值约为∞；压下接触器后，再测量阻值，阻值为 0
11	检测接触器线圈好坏	将万用表置于 $R\times100\Omega$ 挡，欧姆调零后，将两表笔分别搭接在线圈两端，线圈的阻值约为 1 800 Ω

四、考核评价

交流接触器的检测与调试的考核评价见表 3-2-10。

表 3-2-10　考核评价表（工时：0.5 h）

项目内容	配分	评 分 标 准	扣分	得分
拆卸	25 分	(1)正确进行交流继电器拆卸与解体。拆卸与解体方法、步骤不正确，每步扣 5 分。 (2)在交流继电器拆卸与解体过程中保持零部件完好。零部件损坏或丢失，每件扣 10 分。 (3)能按照规定要求，进行全面解体，未全部解体。扣 5 分		
组装	25 分	(1)能按照要求，正确进行交流继电器组装。组装方法、步骤不正确，每步扣 5 分。 (2)在交流继电器组装过程中保持零部件完好。零部件损坏或丢失，每件扣 10 分		
检测与调试	30 分	(1)结构定位准确。定位不准，扣 5 分。 (2)组装完的交流继电器，应符合原始技术参数。参数不对，每处扣 5 分。 (3)能实现要求的器件功能。不能实现功能，每处扣 10 分		
安全文明生产	20 分	(1)进行安全文明生产。违反操作规程，产生不安全因素，扣 20 分；严重者，直接取消考试资格。 (2)着装正确，保持工位卫生。着装防护用品不齐，每项扣 3 分；工位不整洁，每处扣 3 分		

测评题

一、单选题

1. 交流接触器铁芯端面上的短路环的作用是（　　）。

(A)减小涡流　(B)减小磁滞损耗　(C)减小振动与噪声　(D)减小铁芯发热

2. 下列各型号熔断器中，分断能力最强的是（　　）。

(A)RL6　(B)RC1A　(C)RM10　(D)RT14

3. CJ20-160 型交流接触器在 380 V 时的额定工作电流为 160 A，故它在 380 V 时能控制的电动机功率约为(　　)。

(A)20 kW　(B)160 kW　(C)85 kW　(D)100 kW

4. 直流接触器通常采用的灭弧方法是(　　)。

(A)电动力灭弧　(B)磁吹灭弧　(C)栅片灭弧　(D)窄缝灭弧

5. 判断是交流接触器还是直流接触器的依据是(　　)。

(A)线圈电流的性质　(B)主触点电流的性质

(C)主触点额定电流　(D)辅助触点电流的性质

6. 螺旋式熔断器与金属螺纹壳相连的接线端应与(　　)相连。

(A)负载　(B)电源　(C)负载或电源　(D)不确定

7. 通电延时型的触点动作特点是(　　)。

(A)线圈通电时,触点延时动作;线圈断电时,触点瞬时复位

(B)线圈断电时,触点延时动作;线圈通电时,触点瞬时复位

(C)线圈通电时,触点延时动作;线圈断电时,触点延时复位

(D)线圈通电时,触点瞬时动作;线圈断电时,触点瞬时复位

8. 在异步电动机直接启动控制电路中,熔断器额定电流一般应取电动机额定电流的(　　)。

(A)4～7倍　(B)2.5～3倍　(C)1倍　(D)1.5～2.5倍

9. 热继电器过载时双金属片弯曲是由于双金属片的(　　)不同。

(A)机械强度　(B)热膨胀系数　(C)温差效应　(D)都不是

10. 低压断路器不能切除(　　)故障。

(A)过载　(B)短路　(C)失电压　(D)欠电流

二、多选题

1. 低压电器的组成通常包括(　　)。

(A)感受部件　(B)转换电路　(C)执行部件　(D)电源部件

2. 低压断路器的作用包括(　　)。

(A)失电压保护　(B)欠电压保护　(C)过载保护　(D)短路保护

3. 热继电器由(　　)组成。

(A)热元件　(B)触点系统　(C)动作机构　(D)复位按钮

4. 交流接触器的工作状态有(　　)。

(A)得电状态　(B)放大状态　(C)饱和状态　(D)失电状态

5. 关于按钮的动作特点,说法正确的有(　　)。

(A)先断后合　(B)先合后断　(C)手松复位　(D)手松保持

三、判断题

(　　)1. 开启式负荷开关安装时,合闸状态时手柄应向上。

(　　)2. 一台额定电压为220 V的交流接触器在AC 220 V和DC 220 V的电源上均可使用。

(　　)3. 直流接触器比交流接触器更适用于频繁操作的场合。

(　　)4. 异步电动机直接起动时的起动电流为额定电流的 4～7 倍，所以电路中配置的熔断器的额定电流也应按电动机额定电流的 4～7 倍来选择。

(　　)5. 熔体的额定电流应小于或等于熔断器的额定电流。

(　　)6. 用低压断路器作为机床电路的电源引入开关，一般就不需要再安装熔断器作短路保护。

(　　)7. 热继电器的额定电流就是其触点的额定电流。

(　　)8. 失电压保护的目的是防止电压恢复时电动机自行启动。

(　　)9. 一定规格的热继电器，其所装的热元件规格可能是不同的。

(　　)10. 速度继电器主要用于三相异步电动机反接制动的控制电路中，它的任务是当三相电源的相序改变以后，使电动机在制动状态下迅速降低速度。

项目三 变压器与电动机的结构、原理及检测

学习目标

应知	1. 掌握变压器的结构组成、工作原理和运行特性。 2. 掌握单、三相交流异步电动机的组成结构、工作原理；掌握三相交流异步电动机的启动、调速和制动的工作原理。 3. 掌握直流电动机的工作原理；熟知直流电动机构的组成结构与应用。
应会	1. 能正确选择仪表进行单相变压器的直流电阻、绝缘电阻的测量；能正确判别变压器绕组的同名端；会进行变压器的空载试验与短路试验；会根据试验数据判断变压器的质量好坏。 2. 能正确选择仪表进行三相交流异步电动机的直流电阻、绝缘电阻的测量；能正确判别三相交流异步电动机的同名端；会进行三相交流异步电动机的空载试验；会根据试验数据判断三相交流异步电动机的质量好坏。

建议学时

理论教学 12 学时，技能训练 8 学时。

知识导入

知识点一　变　压　器

变压器是一种常见的静止电气设备，它利用电磁感应原理，将某一数值的交变电压变换为同频率的另一数值的交变电压。

变压器是电力系统中最重要的电气设备之一。发电厂(站)发出的电能经升压变压器升压后，再经过高压输电线路远距离输送到用电区域，然后通过降压变压器将电压降到一定数值(通常为 35 kV 或 10 kV)；再用配电变压器将电压降为用户所需的电压等级(通常为 380 V 和 220 V)，给用户供电。

变压器不仅对电力系统中电能的传输、分配和安全使用具有重要意义，而且广泛用于电气控制、电子技术、测试技术及焊接技术等领域。由于变压器用途广泛，因而其种类繁多。容量小的只有几伏・安，大的可达数十万伏・安。电压低的只有几伏，高的可达几十万伏。不同种

类变压器的结构各有特点，然而其基本工作原理和基本结构是一样的。

一、变压器的工作原理

图 3-3-1 为单相变压器的工作原理示意图，与电源相连的称为一次绕组（又称原绕组），与负载相连的称为二次绕组（又称副绕组）。一、二次绕组的匝数分别为 N_1 和 N_2。

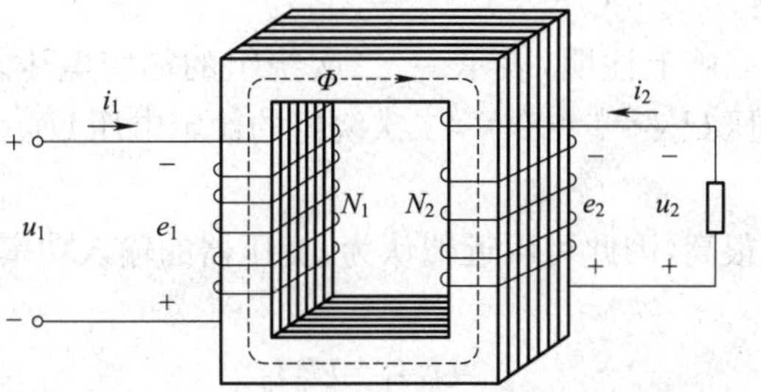

图 3-3-1　单相变压器的工作原理示意图

当变压器的一次绕组接上交流电压 U_1 时，一次绕组中便有电流 i_1 通过。电流 i_1 在铁芯中产生闭合磁通 Φ，磁通 Φ 随 i_1 的变化而变化，分别在一、二次绕组中产生感应电动势 e_1 和 e_2。

$$e_1=-N_1\frac{\mathrm{d}\Phi}{\mathrm{d}t},e_2=-N_2\frac{\mathrm{d}\Phi}{\mathrm{d}t} \tag{3-3-1}$$

如果二次绕组接有负载，则在电动势 e_2 的作用下，由二次绕组和负载组成的回路中有负载电流 i_2 产生，实现了电能由一次绕组向二次绕组的传递。

变压器空载时，在外加交流电压 U_1 作用下，一次绕组中通过的电流称为空载电流 I_0。在电流 I_0 的作用下，铁芯中产生交变磁通 Φ（称为主磁通），主磁通 Φ 同时穿过一、二次绕组，分别在其中产生感应电动势 e_1 和 e_2，其大小正比于 $\frac{\mathrm{d}\Phi}{\mathrm{d}t}$。通过数学分析可得感应电动势和磁通有如下关系：

在相位上，e 滞后于 $\Phi 90^\circ$；在数值上，其有效值为

$$E_1=4.44fN_1\Phi_\mathrm{m},E_2=4.44fN_2\Phi_\mathrm{m} \tag{3-3-2}$$

式中，Φ_m 为交变磁通的最大值；N_1 为一次绕组匝数；N_2 为二次绕组匝数；f 为交流电的频率。由式(3-3-2)可得

$$\frac{E_1}{E_2}=\frac{N_1}{N_2}$$

1. 变压器的变压比

如略去一次绕组中的阻抗不计，则外加电源电压 $U_1\approx E_1$。而 U_1 与 E_1 的参考方向正好相反，即电动势 E_1 与外加电压 U_1 相平衡。

在空载情况下，由于二次绕组开路，故端电压 U_2 与电动势 E_2 相等，因此

$$U_1\approx E_1=4.44fN_1\Phi_\mathrm{m},U_2=E_2=4.44fN_2\Phi_\mathrm{m} \tag{3-3-3}$$

$$\frac{U_1}{U_2}\approx\frac{E_1}{E_2}=\frac{N_1}{N_2}=K_u=K \tag{3-3-4}$$

式中，K_u 称为变压器的电压比，简称变比，也可用 K 表示。

由式(3-3-3)可见:对某台变压器而言,f 及 N_1 均为常数,因此当加在变压器上的交流电压有效值 U_1 恒定时,则变压器铁芯中的磁通 Φ_m 基本上保持不变。

由式(3-3-4)可见:变压器一、二次绕组的电压与一、二次绕组的匝数成正比,也即变压器有变换电压的作用。

当电源电压 U_1 一定时,只要改变匝数比,就可得出不同输出电压 U_2。$K>1$,为降压变压器;$K<1$,为升压变压器。

电压比在变压器的铭牌上注明,表示一、二次绕组的额定电压之比。例如 1 000/400 V,表示一次绕组的额定电压 $U_{1N}=1\ 000$ V,二次绕组的额定电压 $U_{2N}=400$ V。

2. 变压器的变流比

变压器效率一般都很高,因此可以近似认为,变压器的输入功率 U_1I_1 与输出功率 U_2I_2 相等,即

$$U_1I_1=U_2I_2$$

则

$$\frac{I_1}{I_2}=\frac{U_2}{U_1}\approx\frac{N_2}{N_1}=\frac{1}{K_u}=K_i \tag{3-3-5}$$

式(3-3-5)表明,变压器一、二次绕组中的电流与一、二次绕组的匝数成反比,即变压器也有变换电流的作用,且电流的大小与匝数成反比。变压器的高压绕组匝数多,而通过的电流小,因此绕组所用的导线细;反之,低压绕组匝数少,通过的电流大,所用的导线较粗。

3. 变压器的阻抗变换

变压器负载运行时,负载阻抗 Z 决定电流 I_2 的大小,电流 I_2 的大小又决定一次绕组电流 I_1 的大小。设想一次绕组电路存在一个等效阻抗 Z',它的作用是将二次绕组阻抗 Z 折算到一次绕组电路中去。在图 3-3-2(a)所示电路中,负载阻抗 Z 与变压器二次绕组连接,点画线框内部分 Z 为折算到一次绕组的等效阻抗 Z',如图 3-3-2(b)所示。

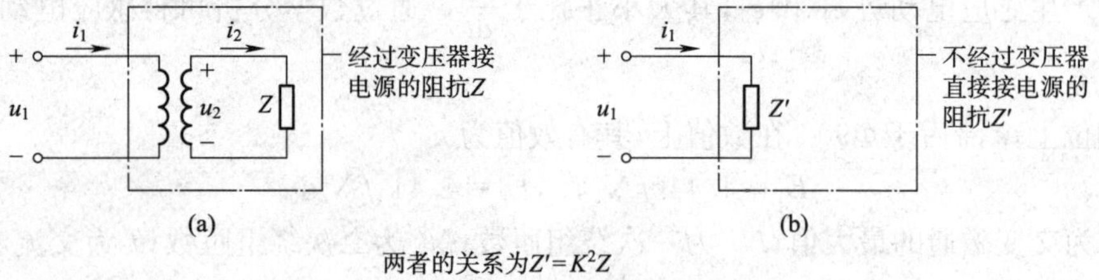

图 3-3-2　变压器的阻抗变换

由图 3-3-2(a)、(b)可得

$$Z=\frac{U_2}{I_2},Z'=\frac{U_1}{I_1}$$

将上述两式相比,可得

$$\frac{Z'}{Z}=\frac{\dfrac{U_1}{I_1}}{\dfrac{U_2}{I_2}}=\frac{U_1}{U_2}\times\frac{I_2}{I_1}=K^2$$

$$Z'=K^2Z \tag{3-3-6}$$

式(3-3-6)表明，变压器的二次绕组接上负载 Z 后，对电源而言，相当于接上阻抗为 K^2Z 的负载。当变压器负载一定时，改变变压器一、二次绕组匝数，可获得所需的阻抗。

二、变压器的分类

变压器种类很多，通常可按其用途、绕组结构、铁芯结构、相数和冷却方式等进行分类。其中最常见的是按用途来分类。图 3-3-3 为一些常用变压器的外形。

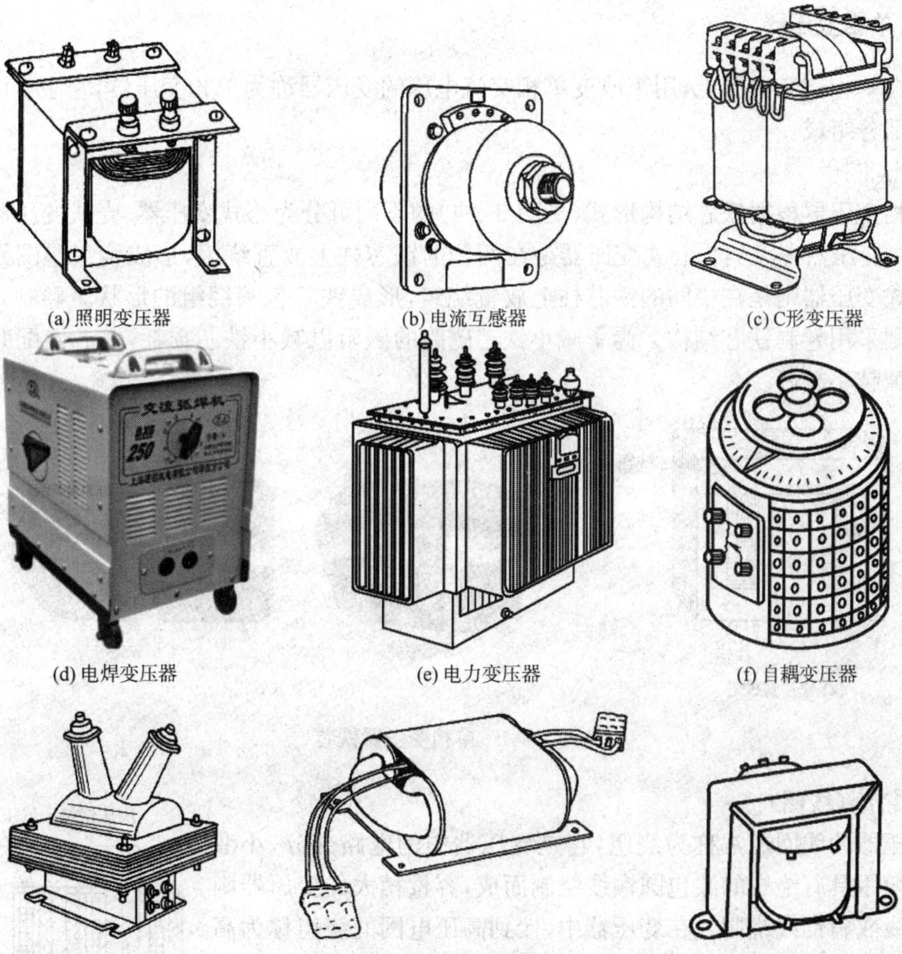

(a) 照明变压器　(b) 电流互感器　(c) C形变压器

(d) 电焊变压器　(e) 电力变压器　(f) 自耦变压器

(g) 电压互感器　(h) R形变压器　(i) 输出变压器

图 3-3-3　常用变压器的外形

1. 按用途分类

(1)电力变压器。用作电能的输送与分配，这是生产数量最多、使用最广泛的变压器。

(2)特种变压器。在特殊场合使用的变压器，如作为焊接电源的电焊变压器；专供大功率电炉使用的电炉变压器；将交流电整流成直流电时使用的整流变压器等。

(3)仪用互感器。用于电工测量中，如电流互感器、电压互感器等。

(4)控制变压器。容量一般比较小，用于小功率电源系统和自动控制系统，如电源变压器、输入变压器、输出变压器、脉冲变压器等。

(5)其他变压器。如试验用的高压变压器；输出电压可调的调压变压器；压力传感器中的差分变压器等。

2. 按相数分类

按相数可分为单相变压器、三相变压器、多相变压器等。

3. 按冷却方式分类

按冷却方式可分为油浸(自冷、风冷、强迫油循环)变压器、树脂浇注变压器、干式变压器等。

三、单相变压器

接在单相交流电源上,用来改变单相交流电压的变压器称为单相变压器,它主要由铁芯和绕组两部分组成。

1. 铁芯

单相变压器根据铁芯结构形式(见图 3-3-4)的不同可分为心式变压器、壳式变压器和卷制式(C形)变压器三大类。心式变压器是在两侧的铁芯柱上放置绕组,形成绕组包围铁芯的形式。壳式变压器则是在中间的铁芯柱上放置绕组,形成铁芯包围绕组的形状。卷制式(C形)变压器则采用卷制铁芯结构。为了减小铁芯磁路的磁阻以减小铁芯损耗,铁芯装配时接缝处的空气隙越小越好。

图 3-3-4 单相变压器铁芯

2. 绕组(线圈)

变压器的线圈通常称为绕组,它是变压器中的电路部分,小变压器一般用具有绝缘的漆包圆铜线绕制而成,容量稍大的变压器则用扁铜线或扁铝线绕制。在变压器中,接到高压电网的绕组称为高压绕组,接到低压电网的绕组称为低压绕组。变压器线圈结构示意图如图 3-3-5 所示。

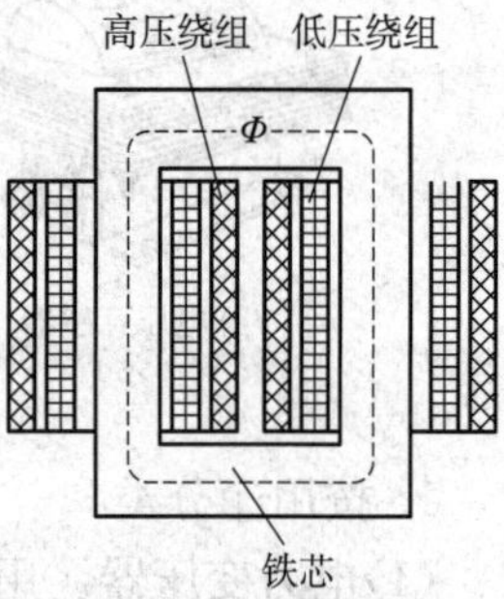

图 3-3-5 变压器线圈结构示意图

四、三相电力变压器

1. 三相电力变压器的结构

在三相电力变压器中,目前使用最广泛的是三相油浸式电力变压器,其外观如图 3-3-6 所示。它主要由铁芯、绕组、油箱、冷却装置、保护装置等部件组成。

1)铁芯

目前国产低损耗电力变压器的铁芯分为叠片式铁芯、卷制式铁芯和非晶合金铁芯三种,均采用心式结构。随着我国节能减排“十二五”规划的贯彻实施,采用新的软磁材料非晶合金作为铁芯材料的非晶合金变压器正在被迅速推广。

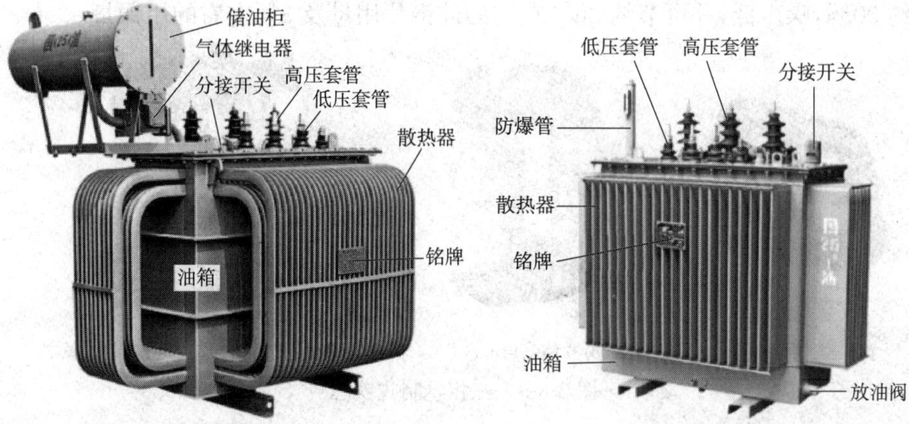

(a) 扁式油管散热器　　(b) 片式散热器

图 3-3-6　三相油浸式电力变压器外观

(1)叠片式铁芯。铁芯采用交叠式的叠装工艺,即把剪成条状的硅钢片用两种不同的排列法交错叠放,每层将接缝错开叠装。图 3-3-7(a)所示叠装方式用于热轧硅钢片,而冷轧硅钢片则采用图 3-3-7(b)所示的 45°的斜切硅钢片进行叠装。

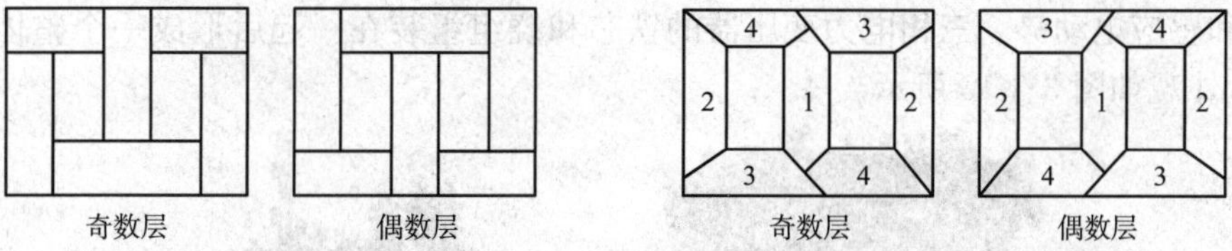

(a) 三相交叠式铁芯叠装方式　　(b) 斜切冷轧硅钢片叠装方式

图 3-3-7　三相电力变压器叠片式铁芯

铁芯叠装好以后,上部及下部用夹件夹紧成为一个整体,如图 3-3-8 所示。

叠片式铁芯的主要缺点是铁芯的剪冲及叠装工艺比较复杂,不仅给制造而且给维修带来许多麻烦,同时由于接缝的存在也增加了变压器的空载损耗。

图 3-3-8　叠片式铁芯变压器器身

(2)卷制式铁芯。图 3-3-9 所示为采用冷轧硅钢带绕制平面及立体卷制式铁芯外观。绕组通常采用铜芯绝缘导线,由专用的设备在三个环状铁芯柱上绕制三相变压器绕组。由于卷制式铁芯没有硅钢片间的接缝,故空载电流与叠片式铁芯相比可下降 70%,空载损耗(铁损耗)降低约 30%,噪声低,并可节约 20%左右的硅钢片用量及 3%左右的用铜量。

(a) 三相平面铁芯　(b) 立体三角形铁芯　(c) 装配好的立体三角形卷制式铁芯

图 3-3-9　三相卷制式铁芯

(3)非晶合金铁芯。非晶合金是采用铁基、铁镍基、钴基等合金,采用先进的超级冷技术将液态金属直接冷却形成厚度为 0.02～0.04 mm 的固体薄带材料来制作变压器铁芯,它具有高饱和磁感应强度、低矫顽磁力、低损耗等优点,空载损耗可比叠片式硅钢片铁芯下降 70%～80%,空载电流下降约 85%,负载损耗下降 20%～30%。

2)绕组

三相电力变压器绕组用绝缘纸包的扁铜线或扁铝线绕成,绕组的作用是作为电流的通路,产生磁通和感应电动势。三相电力变压器的铁芯和绕组组装在一起后形成一个整体,称为变压器器身,外观如图 3-3-10 所示。

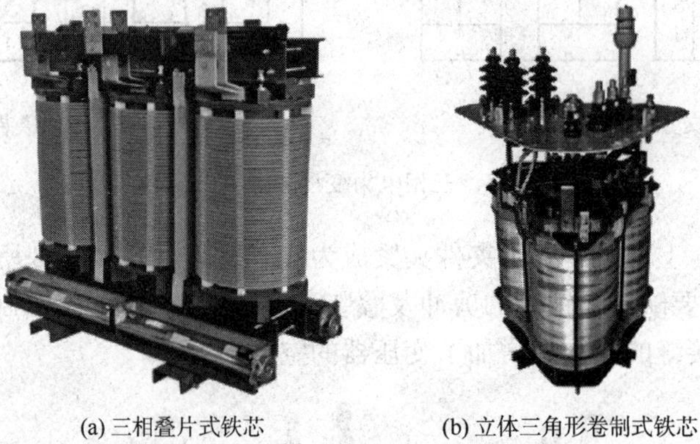

(a) 三相叠片式铁芯　(b) 立体三角形卷制式铁芯

图 3-3-10　三相电力变压器器身

3)油箱和冷却装置

为了铁芯和绕组的散热和绝缘,大容量的三相电力变压器均将其置于绝缘的变压器油内。为了增加散热面积,在油箱四周加装散热器,如图 3-3-6(a)所示。新型电力变压器以采用片式散热器散热为多,如图 3-3-6(b)所示。容量大于 10 000 kV·A 的电力变压器,采用风吹冷却或强迫油循环冷却装置。

变压器储油柜通过连接管与油箱相通,如图 3-3-6(a)所示。储油柜内的油面高度随变压器油的热胀冷缩而变动。储油柜使变压器油与空气的接触面积大为减小,从而减缓了变压器油的老化速度。新型的全充油密封式电力变压器则取消了储油柜,运行时变压器油的体积变化完全由设在侧壁的膨胀式散热器(金属波纹油箱)来补偿,变压器端盖与箱体之间焊为一体,设备免维护，运行安全可靠。

4)其他附属设备

(1)压力释放阀(防爆装置)。压力释放阀一端装在油箱盖上部或侧壁，另一端与油箱连通。若变压器发生故障，使油箱内部压力增大，压力传到压力释放阀使其动作，将油箱内部压力释放出来；当压力下降时，压力释放阀自动关闭，对变压器进行防爆保护。

(2)绝缘套管。当变压器高、低压绕组引出线从油箱内穿出油箱盖引出时，绝缘套管作为引出线与油箱之间的绝缘件使用，分高压套管与低压套管。

(3)分接开关。分接开关的作用是当输电线路电压上下波动时能保证电力变压器输出电压基本稳定。在U、V、W三相高压绕组的不同匝数处(一般为105%、100%、95%)引出分接头，如图3-3-11(a)所示，将分接头接在分接开关不同的静触点上，改变分接开关动触点的位置(有Ⅰ、Ⅱ、Ⅲ三挡)，就改变了高压绕组的匝数，从而使低压绕组的输出电压基本保持在400 V左右。分接开关的结构如图3-3-11(b)所示。

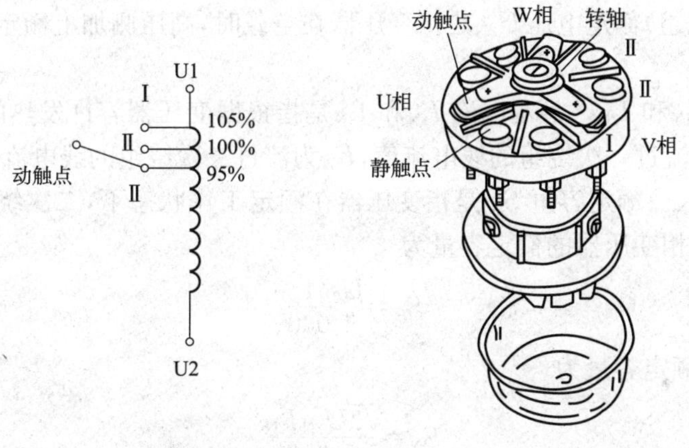

(a) 工作原理　　　　(b) 结构

图3-3-11　分接开关

5)铭牌

在每台电力变压器的油箱上都有一块铭牌，标志其型号和主要参数，作为正确使用电力变压器时的依据，如图3-3-12所示。

电力变压器

产品型号	S9-500/10	标准代号××××
额定容量	500 kV·A	产品代号××××
额定电压	10 kV	出厂序号××××
额定频率	50 Hz三相	
联结组标号	Y，yn0	
阻抗电压	4%	
冷却方式	油冷	
使用条件	户外	

开关位置	高压		低压	
	电压/V	电流/A	电压/V	电流/A
Ⅰ	10 500	27.5		
Ⅱ	10 000	28.9	400	721.7
Ⅲ	9 500	30.4		

××变压器厂　　××年××月

图3-3-12　电力变压器铭牌

(1)型号:

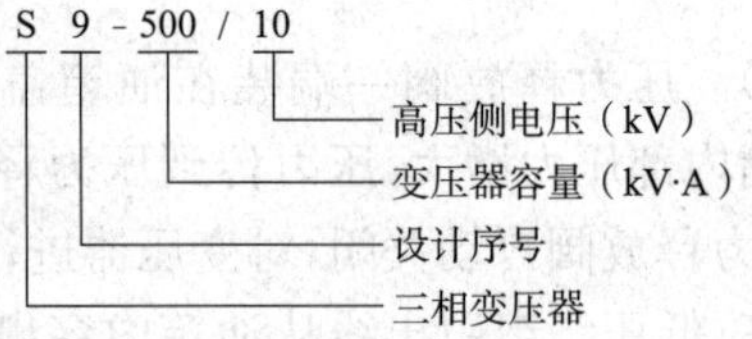

(2)额定电压 U_{1N} 和 U_{2N}:

高压侧(一次绕组)额定电压 U_{1N} 是指加在一次绕组上正常工作的线电压值。高压侧标出的三个电压值,可以根据高压侧供电电压的实际情况,在额定值的±5%范围内加以选择,当供电电压偏高时可调至 10 500 V,偏低时则调至 9 500 V,以保证低压侧的额定电压为 400 V 左右。

低压侧(二次绕组)额定电压 U_{2N} 是指变压器在空载时,高压侧加上额定电压后,二次绕组两端的线电压值。

(3)额定电流 I_{1N} 和 I_{2N}。额定电流 I_{1N} 和 I_{2N} 是指根据变压器容许发热的条件而规定的满载线电流值。I_{1N} 为流过一次绕组的线电流值,I_{2N} 为流过二次绕组的线电流值。

(4)额定容量 S_N。额定容量 S_N 是指变压器在额定工作状态下,二次绕组的视在功率,其单位为 kV·A。单相变压器的额定容量为

$$S_N=\frac{U_{2N}I_{2N}}{1\ 000} \tag{3-3-7}$$

三相变压器的额定容量为

$$S_N=\frac{\sqrt{3}U_{2N}I_{2N}}{1\ 000} \tag{3-3-8}$$

(5)阻抗电压。阻抗电压又称短路电压。它标志在额定电流时变压器阻抗压降的大小。通常用它与额定电压 U_{1N} 的百分比来表示。

6)三相电力变压器的联结组

联结组是指三相电力变压器高、低压绕组的连接方式。在三相电力变压器中,不论是高压绕组,还是低压绕组,我国均采用星形联结及三角形联结两种方法。

星形联结是把三相绕组的末端 U2、V2、W2(或 u2、v2、w2)连接在一起,而把它们的首端 U1、V1、W1(或 u1、v1、w1)分别用导线引出,如图 3-3-13(a)所示。而三角形联结则是把一相绕组的末端和另一相绕组的首端连在一起,顺次连接成一个闭合回路,然后将首端 Ul、V1、W1(或 ul、v1、w1)用导线引出。

三相变压器高、低压绕组用星形联结和三角形联结时,在旧的国家标准中分别用 Y 和△表示。新的国家标准规定:高压绕组星形联结用 Y 表示,三角形联结用 D 表示,中性线用 N 表示;低压绕组星形联结用 y 表示,三角形联结用 d 表示,中性线用 n 表示。

目前我国配电用三相电力变压器最常用的联结组有 Y,yn0 联结组和 D,yn11 联结组。联结组中的数字表示变压器一次绕组线电压和二次绕组线电压之间的相位差关系。0 表示一次绕组线电压和二次绕组线电压同相位,Y,yn0 联结组如图 3-3-13 所示。11 表示一次绕组线电压和二次绕组线电压相位差为 330°,D,yn11 联结组如图 3-3-14 所示。

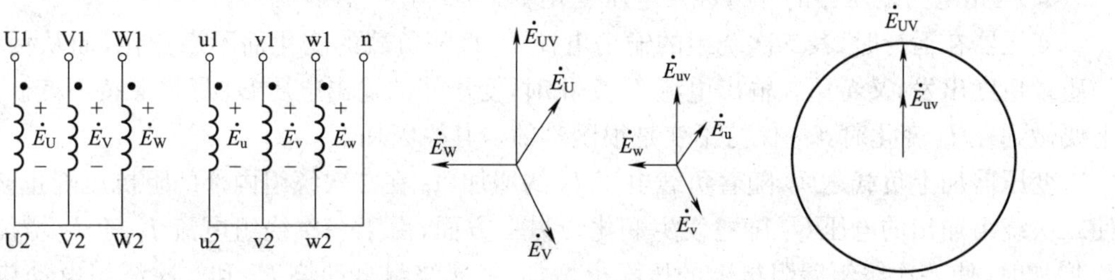

(a) 接线图　　(b) 相量图　　(c) 时钟表示图

图 3-3-13　Y,yn0 联结组

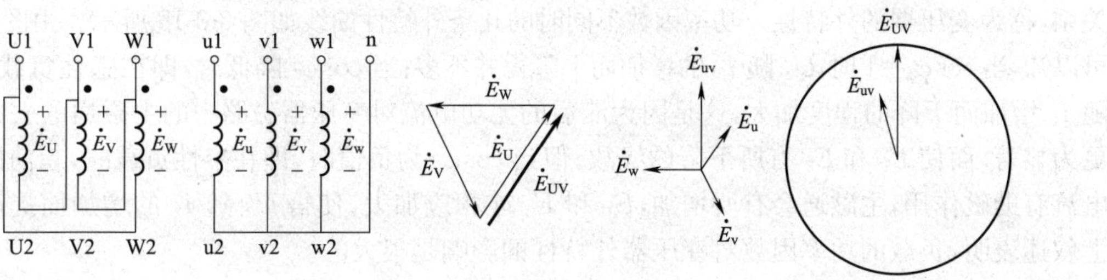

(a) 接线图　　(b) 相量图　　(c) 时钟表示图

图 3-3-14　D,yn11 联结组

2. 三相电力变压器的损耗及效率

变压器从电源输入的有功功率 P_1 和向负载输出的有功功率 P_2

$$P_1=\sqrt{3}U_1I_1\cos\varphi_1, P_2=\sqrt{3}U_2I_2\cos\varphi_2$$

两者之差为变压器的损耗 ΔP,它包括铜损耗 P_{Cu} 和铁损耗 P_{Fe} 两部分,即

$$\Delta P=P_{Cu}+P_{Fe} \tag{3-3-9}$$

1)铁损耗 P_{Fe}

变压器的铁损耗主要是指铁芯中的磁滞损耗和涡流损耗,它取决于铁芯中的磁通密度的大小、磁通交变的频率和硅钢片的质量等。

变压器的铁损耗与一次绕组上所加的电源电压大小有关,而与负载电流的大小无关。当电源电压一定时,铁芯中的磁通基本不变,故铁损耗也就基本不变,因此铁损耗又称“不变损耗”。

2)铜损耗 P_{Cu}

变压器的铜损耗主要是指电流在一、二次绕组的电阻上产生的损耗。在变压器中铜损耗与负载电流的二次方成正比,所以铜损耗又称“可变损耗”。

3)效率 η

变压器的输出功率 P_1 与输入功率 P_2 之比称为变压器的效率 η,即

$$\eta=\frac{P_2}{P_1}\times100\%=\frac{P_2}{P_2+\Delta P}\times100\%=\frac{P_2}{P_2+P_{Cu}+P_{Fe}}\times100\% \tag{3-3-10}$$

变压器的效率一般都比较高,中、小型电力变压器效率在 95%以上,大型电力变压器效率可达 99%以上。

3. 三相电力变压器的外特性及电压变化率

变压器在运行时,其二次绕组的输出电流 I_2 将随负载的变化而不断变化,而从保证供电的质量角度出发,又希望在输出电流 I_2 变化时,变压器的输出电压 U_2 尽量保持不变。而实际上要做到在 I_2 变化时,U_2 保持不变是很困难的。其原因如下:

变压器加上负载之后,随着负载电流 I_2 的增加,I_2 在二次绕组内部的阻抗压降也会增加,使二次绕组输出的电压 U_2 随之发生变化。另一方面,由于一次绕组电流 I_1 随 I_2 增加,因此 I_2 增加时,使一次绕组漏阻抗上的压降也增加,一次绕组电动势 E_1 和二次绕组电动势 E_2 也会有所下降,这也会影响二次绕组的输出电压 U_2。

变压器的外特性是用来描述输出电压 U_2 随负载电流 I_2 的变化而变化的情况。

当一次绕组电压 U_1 和负载的功率因数 $\cos\varphi_2$ 一定时,二次绕组电压 U_2 与负载电流 I_2 的关系,称为变压器的外特性。功率因数不同时的几条外特性曲线如图 3-3-15 所示。由图 3-3-15 可以知,当 $\cos\varphi_2=1$ 时,U_2 随 I_2 的增加而下降得并不多;当 $\cos\varphi_2$ 降低时,即在感性负载时,U_2 随 I_2 增加而下降的程度加大,这是因为滞后的无功电流对变压器磁路中的主磁通的去磁作用更为显著,而使 E_1 和 E_2 有所下降的缘故;但当 $\cos\varphi_2$ 为负值时,即在容性负载时,超前的无功电流有助磁作用,主磁通会有所增加,E_1 和 E_2 亦相应加大,使得 U_2 随 I_2 的增加而提高。以上叙述表明,负载的功率因数对变压器外特性的影响是很大的。

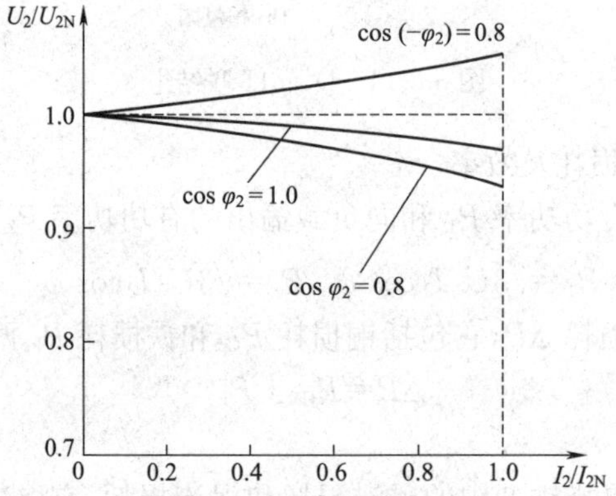

图 3-3-15　变压器的外特性曲线

一般情况下,变压器的负载大多数是感性负载,因而当负载增加时,输出电压 U_2 总是下降的,其下降的程度常用电压变化率来描述。当变压器一次绕组接额定电压,二次绕组空载时的电压 U_{2N}(称为额定电压)与额定负载时的电压 U_2 之差与 U_{2N} 之比的百分数就称为变压器的电压变化率,用 $\Delta U\%$ 来表示。

$$\Delta U\%=\frac{U_{2N}-U_2}{U_{2N}}\times100\% \tag{3-3-11}$$

式中,U_{2N} 为变压器空载时二次绕组的电压;U_2 为二次绕组输出额定电流时的电压。

电压变化率反映了供电电压的稳定性,是变压器的一个重要性能指标。变压器的电压变化率 $\Delta U\%$ 越小,说明变压器二次绕组输出的电压越稳定,因此,要求变压器的 $\Delta U\%$ 越小越好。常用的电力变压器从空载到满载,电压变化率为 4%～6%。

五、常用变压器

1. 小功率电源变压器

控制变压器是指工作在 50～60 Hz 频率下的电源变压器，又称工频电源变压器，用于低压局部照明电源、信号灯或指示灯电源以及电气控制设备中控制电路的电源。控制变压器容量都比较小，常见的都在几百伏・安以下，一次电压为 220 V 及 380 V，二次电压为 220 V、127 V、110 V、36 V、24 V、12 V、6 V 等，也可按需要特制。

2. 自耦变压器

1)结构特点及用途

前面叙述的变压器，其一、二次绕组是分开绕制的，它们虽装在同一铁芯上，但相互之间是绝缘的，即一、二次绕组之间只有磁的耦合，没有电的直接联系。这种变压器称为双绕组变压器。如果把一、二次绕组合二为一，使二次绕组成为一次绕组的一部分，这种只有一个绕组的变压器称为自耦变压器，如图 3-3-16 所示。可见自耦变压器的一、二次绕组之间除了有磁的耦合外，还有电的直接联系。

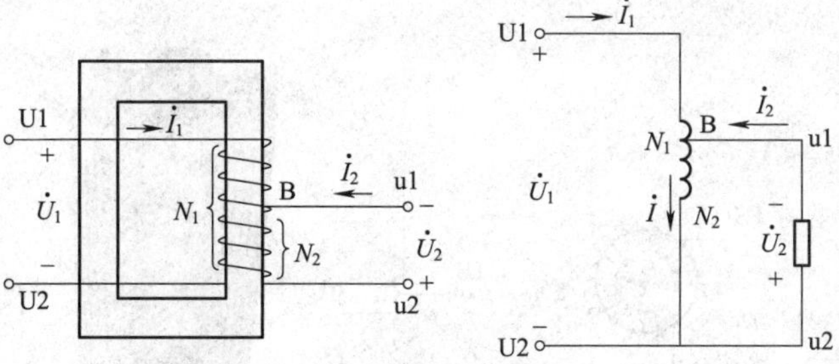

图 3-3-16　自耦变压器工作原理

2)电压、电流及容量关系

自耦变压器也是利用电磁感应原理工作的，当一次绕组 U1、U2 两端加交变电压 U_1 时，铁芯中产生交变的磁通，并分别在一次绕组及二次绕组中产生感应电动势 E_1 及 E_2，当二次绕组接上负载后，就有电流 I_2 流过，通过分析，它们也满足下式：

$$K=\frac{I_2}{I_1}=\frac{N_1}{N_2}=\frac{U_1}{U_2} \tag{3-3-12}$$

自耦变压器一、二次绕组中的电流大小与匝数成反比，在相位上互差 180°。因此，流经公共绕组中的电流 I 的大小为

$$I=I_2-I_1 \tag{3-3-13}$$

可见，流经公共绕组中的电流总是小于输出电流 I_2。当电流比 K 接近 1 时，则 I_1 与 I_2 的数值相差不大，即公共绕组中的电流 I 很小，因而这部分绕组可用截面面积较小的导线绕制，以节约用铜量，并减小自耦变压器的体积与质量。

自耦变压器的缺点：一、二次绕组的电路直接连在一起，造成高压侧的电气故障会波及低压侧，这是很不安全的，因此要求自耦变压器在使用时必须正确接线，且外壳必须接地，并规定安全照明变压器不允许采用自耦变压器结构形式。

3)单相自耦调压器

单相自耦调压器外观和电路原理图如图 3-3-17 所示。单相自耦调压器的一次绕组匝数 N_1 固定不变，并与电源相连，一次绕组的另一端点 U_2 和滑动触点 a 之间的绕组 N_2 就作为二次绕组。当滑动触点 a 移动时，输出电压 U_2 随之改变，这种调压器的输出电压 U_2 可低于一次绕组电压 U_1，也可稍高于一次绕组电压。如实验室中常用的单相调压器，一次绕组输入电压 $U_1=220$ V，二次绕组输出电压 $U_2=0\sim250$ V。

在使用时，要注意一、二次绕组的公共端 U2 或 u2 接中性线，U1 端接电源相线，u1 端和 u2 端作为输出。此外，还必须注意自耦调压器在接电源之前，必须把手柄转到零位，使输出电压为零，以后再慢慢顺时针转动手柄，使输出电压逐步上升。

4)三相自耦调压器

实验室及试验站中时常需要电压可调的三相交流电压，一般均采用三相自耦调压器来获得，其外观和电路原理图如图 3-3-18 所示。通常三相自耦调压器由三个单相调压器组合而成，它们共用一个调节输出电压的转轴与手柄。三相交流电源加在三相自耦调压器一次绕组的三个首端 U1、V1、W1，末端为星形联结，中性点为 N。三相自耦调压器可调的输出电压从 u1、v1、w1 及 N 点输出。

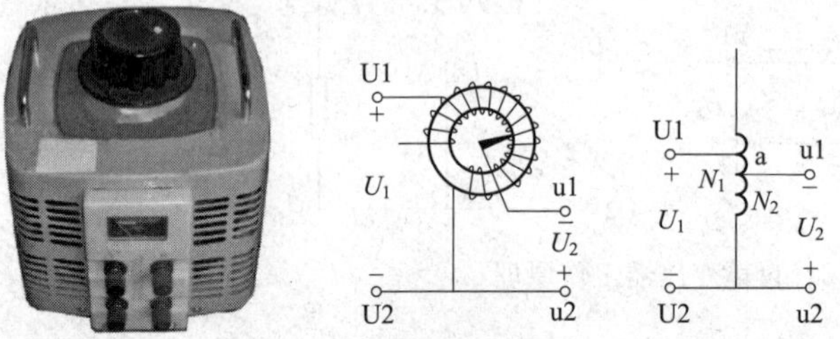

(a) 外观　　(b) 电路原理图

图 3-3-17　单相自耦调压器

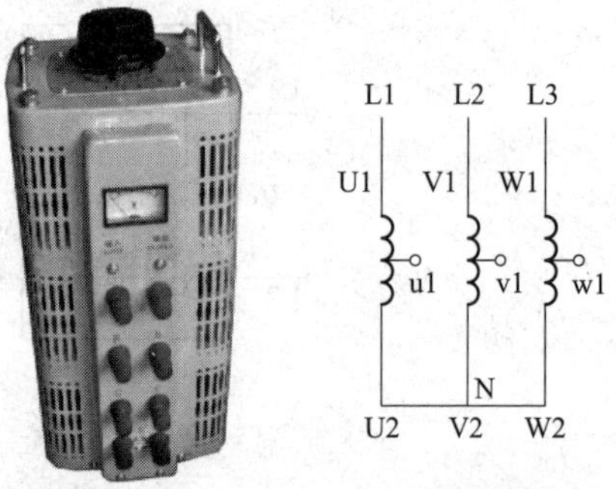

(a) 外观　　(b) 电路原理图

图 3-3-18　三相自耦调压器

3. 仪用互感器

仪用互感器是作为测量用的专用设备，分电流互感器和电压互感器两种，它们的工作原理与变压器相同。使用仪用互感器的目的：一是为了测量人员的安全，使测量回路与高压电网相互隔离；二是扩大测量仪表(电流表及电压表)的测量范围。

1)电流互感器

在电工测量中用来按比例变换交流电流的仪器称为电流互感器。电流互感器一次绕组串联在被测的交流电路中，流过的是被测电流 I_1，一般只有一匝或几匝，用粗导线绕制；二次绕组匝数较多，与交流电流表相接，如图 3-3-19 所示。

由变压器工作原理可得

$$\frac{I_1}{I_2}=\frac{N_2}{N_1}=K_i \tag{3-3-14}$$

K_i 称为电流互感器的额定电流比，标在电流互感器的铭牌上。一般二次电流表用量程为 5 A 的仪表。只要改变接入的电流互感器的变流比，就可测量大小不同的一次电流。在实际

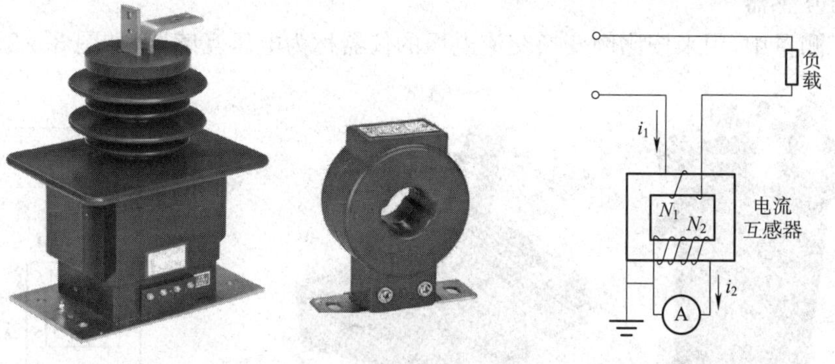

(a) 外观　　(b) 电路原理图

图 3-3-19　电流互感器

应用中，与电流互感器配套使用的电流表已换算成一次电流，其标度尺即按一次电流分度，这样可以直接读数，不必再进行换算。使用电流互感器时必须注意以下事项：

(1)电流互感器的二次绕组绝对不允许开路。一方面因为二次绕组开路时，电流互感器处于空载运行状态，此时一次绕组流过的电流(被测电流)全部为励磁电流，使铁芯中的磁通急剧增大，造成铁芯过热，烧损绕组；另一方面将在二次绕组感应出很高的电压，可能使绝缘击穿，并危及测量人员和设备的安全。因此在检修时，必须先将电流互感器的二次绕组短接。

(2)电流互感器的铁芯及二次绕组一端必须可靠接地，如图 3-3-19(b)所示。

2)钳形电流表

用互感器原理制造的便携式钳形电流表如图 3-3-20 所示。钳形电流表有指针式和数字式两类，它们的工作原理是相似的，压动压块，即可使可动铁芯张开，将被测载流导线钳入铁芯窗口中，被测导线相当于电流互感器的一次绕组，铁芯上绕二次绕组，与测量仪表相连，可直接读出被测电流的数值。其优点是测量线路电流时不必断开电路，使用方便。

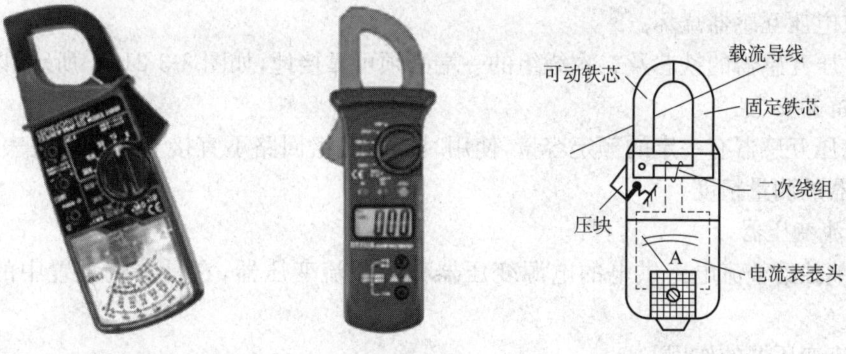

(a) 指针式钳形电流表　　(b) 数字式钳形电流表　　(c) 工作原理

图 3-3-20　钳形电流表

使用钳形电流表时应注意使被测导线处于窗口中央，否则会增加测量误差；不知电流大小时，应将选挡开关置于大量程上，以防损坏表计；如果被测电流过小，可将被测导线在钳口内多绕几圈，然后将读数除以所绕的匝数；使用时还要注意安全，保持与带电部分的安全距离，如被测导线的电压较高时，还应戴绝缘手套和使用绝缘垫。

3)电压互感器

在电工测量中,用来按比例变换交流电压的仪器称为电压互感器,如图 3-3-21 所示。

(a) 外观　(b) 电路原理图

图 3-3-21　电压互感器

电压互感器一次绕组(一次线圈)匝数为 N_1,与待测电路并联;二次绕组(二次线圈)匝数为 N_2,与电压表并联。一次电压为 U_1,二次电压为 U_2,因此电压互感器实际上是一台降压变压器,其变压比 K_u 为

$$K_u=\frac{U_1}{U_2}=\frac{N_1}{N_2} \tag{3-3-15}$$

K_u 常标在电压互感器的铭牌上,一般二次电压表均用量程为 100 V 的仪表。只要改变接入的电压互感器的变压比,就可测量高低不同的电压。在实际应用中,与电压互感器配套使用的电压表已换算成一次电压,其标度尺即按一次电压分度,这样可以直接读数,不必再进行换算。使用电压互感器时必须注意以下事项:

(1)电压互感器的二次绕组在使用时绝不允许短路。若二次绕组短路,将产生很大的短路电流,导致电压互感器烧坏。

(2)电压互感器的铁芯及二次绕组的一端必须可靠接地,如图 3-3-21(b)所示,以保证工作人员及设备的安全。

(3)电压互感器有一定的额定容量,使用时二次绕组回路不宜接入过多的仪表,以免影响电压互感器的测量精度。

4. 整流变压器

用来单独给整流电路供电的电源变压器称为整流变压器,它是整流装置中的重要组成部分。

1)整流变压器的作用

(1)在一般情况下,整流电路所需要的供电电压与电网电压往往不一致,这就需用整流变压器把电网电压变换成整流电路要求的电压。

(2)在大容量整流电路中,为了得到平稳的直流电压,往往采用多相整流电路(如六相整流、十二相整流),则可用三相整流变压器,其二次侧接成六相或十二相。

(3)为了尽可能减少电网与整流装置之间的相互干扰,要求整流后的直流电路与电网交流电路之间能够隔离,也要用整流变压器。

2)整流变压器的结构与工作特点

(1)普通电源变压器的负载一般都是恒定的阻抗,因此输入与输出的电流、电压波形一般都是正弦波,而且一、二次绕组视在功率相等。

整流变压器的二次绕组由于所接整流元件只在一个周期内的部分时间轮流导电,所以二次绕组中流过的电流是非正弦电流,含有直流分量。它将使铁芯损耗增加而发热,另外往往二次绕组的视在功率也比一次绕组的要大。

(2)当整流元件被击穿而短路时,变压器中将流过很大的短路电流,因此整流变压器的漏抗较大,外形结构较为矮胖,机械强度要求高。

(3)整流变压器二次绕组中可能产生过电压而危及绝缘,因此需加强绝缘。

知识点二　直流电动机

直流电动机是指输入直流电能、输出机械能的旋转机械,它与交流电动机相比,虽然结构较复杂,使用维护较麻烦,价格较贵,但由于其具有调速性能好、起动转矩较大等优点,在起重机械、运输机械、冶金传动机构、精密机械设备及自动控制系统等领域均获得过较广泛的应用。随着近些年来交流电动机变频调速技术的迅速发展,目前在许多领域中直流电动机基本上已被交流电动机所取代。

一、直流电动机的工作原理

直流电动机是依据载流导体在磁场中受力而旋转的原理制造的。通常将磁场固定不动(该磁场可以由永久磁铁产生,也可由带铁芯的通电线圈产生),而导体做成可以在磁场内绕中心轴 OO′旋转,如图 3-3-22 中的线圈 abcd(称为电枢绕组)。为了能把直流电源引入旋转的线圈中去,采用了电刷与换向器的结构,即线圈的 ab 边和 cd 边分别与两个互相绝缘的半圆形铜环(图中用黑色和白色表示)相连,而电刷 A 和 B 用弹簧压在铜环上。电刷 A、B 固定不动,并分别与外电源的正极和负极相接。对应于图 3-3-22 中的位置 1,导体 cd 通过铜环与电刷 A(−)接触,而导体 ab 则通过铜环与电刷 B(+)接触。导体中的电流方向如图中的箭头所示,根据左手定则,可以判断出导体将受力的作用,而使整个线圈 abcd 绕轴 OO′以顺时针方向旋转。当线圈转到垂直位置时,如图 3-3-22 位置 2,电刷与两个换向片之间的绝缘垫片相接。在这个中性线位置上,线圈中没有电流流过,也没有力的作用。但是,前 1/4 转动周期的惯性使线圈继续转动,越过中性线位置。当到达图 3-3-22 中的位置 3 时,导体 ab 处于 N 极下,而导体 cd 处于 S 极下(正好与位置 1 相反),与导体 ab 相连的铜环与电刷 A(−)接触,与导体 cd 相连的铜环与电刷 B(+)接触。

对照位置 1 及位置 3 可以看出,当导体在不同的磁极下通过时,换向器改变了导体中的电流方向,而导体中电流方向的改变使线圈能沿同一方向继续旋转,即电动机能连续运转。由此可以归纳出直流电动机的工作原理:直流电动机在外加直流电源的作用下,在可绕轴转动的导体中形成电流,载流导体在磁场中将受到电磁力的作用而旋转,借助于电刷和换向器的作用,使电动机能连续运转,从而将直流电能转换为机械能。

直流电动机的典型电枢如图 3-3-23 所示,该电枢由许多粗导线线圈以及换向器组成。

直流电机的运行是可逆的,即一台直流电机既可作直流发电机运行,又可作直流电动机运行。当输入机械转矩,使电机旋转而产生感应电动势时,即将机械能转变为直流电能输出,作直流发电机运行;反之,当输入直流电能,产生电磁转矩而使电机旋转时,则是将电能转变为机械能输出,此时即作直流电动机运行。

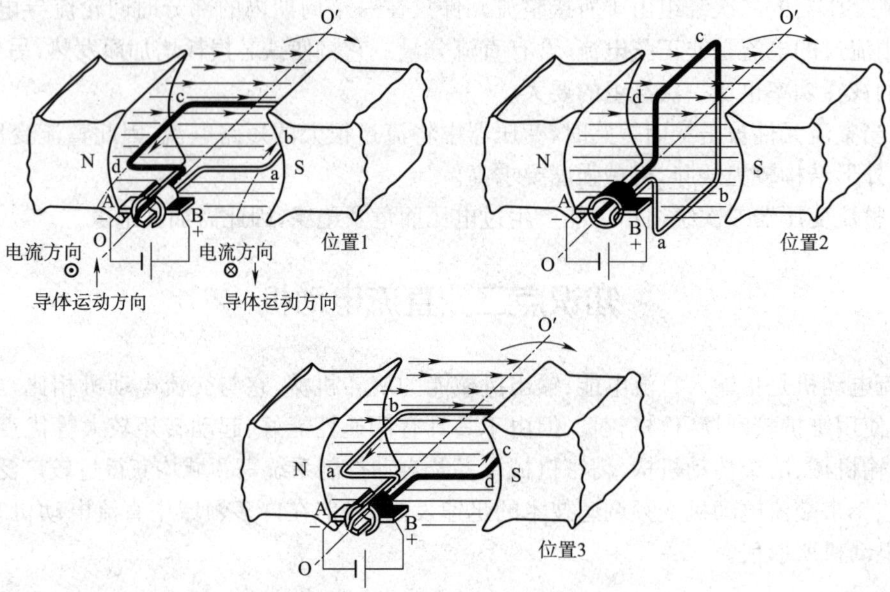

图 3-3-22 直流电动机工作原理

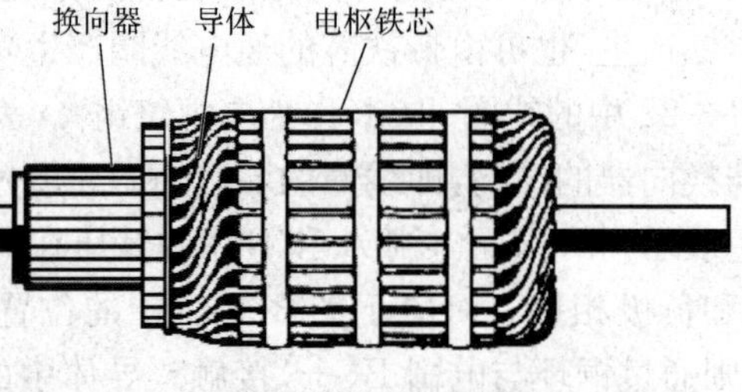

图 3-3-23 直流电动机的典型电枢

二、直流电动机的主要结构

直流电动机主要由定子和转子(电枢)两部分组成。

1. 定子

直流电动机中静止不动的部分称为定子。包括机座、主磁极、换向极、前端盖、后端盖和电刷装置等部分,如图 3-3-24 所示。

1)机座

机座的作用一方面是作为电动机的磁路,另一方面用来在其上安装主磁极、换向极和前后端盖等部件。机座一般为铸钢件,小功率的直流电动机机座也可用无缝钢管加工而成。

2)主磁极

主磁极的作用是产生主磁场。永磁电机的主磁极直接由不同极性的永久磁体组成。励磁电机的主磁极则由主磁极铁芯和主磁极绕组两部分组成。

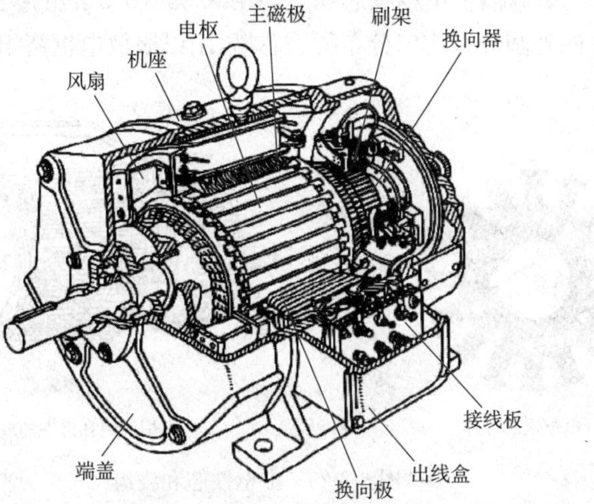

图 3-3-24　直流电动机结构图

(1)主磁极铁芯作为电动机磁路的一部分。由于电枢在旋转时,电枢铁芯上的槽与齿相对于主磁极铁芯在不断地变化,即磁路的磁阻在不断变化,从而在主磁极铁芯中将引起涡流损耗,为减小此损耗,主磁极铁芯一般用 1～1.5 mm 薄钢板冲制成形后,再用铆钉铆紧成一个整体,最后用螺钉固定在机座上。

(2)主磁极绕组用来通入直流电流,产生励磁磁通势。小型电动机用绝缘铜线绕制而成;大、中型电动机则用扁铜线制造。绕组在专用设备上绕好后,经过绝缘处理,安装于主磁极铁芯上。

3)换向极

换向极用来产生换向磁场以改善直流电动机的换向。换向是一个相当复杂的过程,在换向时,将在电刷与换向器的接触面上产生火花,不利于电动机的运行,因此在一般的直流电动机上大都加装换向极来减小火花,改善电动机的换向。换向极也由换向极铁芯和换向极绕组所组成。换向极绕组套在换向极铁芯上,再用螺钉固定在机座上,换向极与主磁极一个隔一个间隔排列均布在机座内部。

4)前、后端盖

前、后端盖用来安装轴承和支承整个转子质量,一般为铸钢件。前、后端盖利用螺钉固定在机座两侧。

5)电刷装置

电刷装置通过电刷与换向器表面之间的滑动接触,把电枢绕组中的电流引入或引出。电刷装置一般由刷架、电刷和弹簧装置等部分组成。

2. 转子

转子通称为电枢,是电动机的旋转部分。由电枢铁芯、电枢绕组、换向器、转轴和风扇等部分组成。

1)电枢铁芯

电枢铁芯是磁通通路的一部分,电枢绕组嵌放在铁芯槽内。由于电枢铁芯不断地在N极和S极下旋转,使通过电枢铁芯中的磁通大小及方向都在不断地变化,因此将产生磁滞及涡流损耗。为了减小磁滞及涡流损耗,电枢铁芯一般均用0.35～0.5 mm厚、表面具有绝缘层的硅钢片叠压而成,在硅钢片的外圆冲有均匀分布的铁芯槽,用以嵌放电枢绕组,如图3-3-25(a)所示。

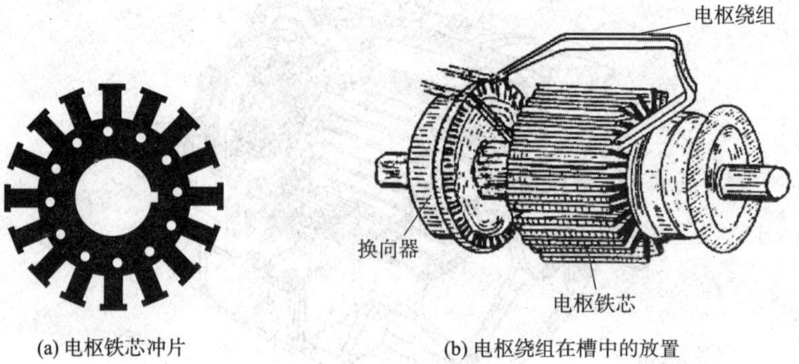

(a) 电枢铁芯冲片　　(b) 电枢绕组在槽中的放置

图3-3-25　电枢铁芯和绕组

2)电枢绕组

电枢绕组用来产生感应电动势和通过电流,实现机电能量的相互转换。电枢绕组通常都用圆形(用于小容量电动机)或矩形(用于大、中容量电动机)截面的导线绕制而成,再按一定的规律嵌放在电枢铁芯槽内,如图3-3-24及图3-3-25(b)所示,并利用绝缘材料进行线匝之间以及整个电枢绕组与电枢铁芯之间的绝缘处理。为了防止电枢旋转时由于离心力而使绕组飞散出来,槽口处需用绝缘材料做成槽楔将绕组压紧。伸出槽外的绕组端接部分,用无纬玻璃丝带绑紧。绕组端头则按一定规则嵌放在换向器铜片的升高片槽内,并焊牢成为一个完整的电枢,如图3-3-24所示。

3)换向器

换向器又称整流子,是把外界供给的直流电流转变为绕组中的交变电流以使电动机旋转。换向器结构相当复杂,形状如图3-3-23、图3-3-25所示。它主要由一片片的换向铜片和云母片相互间隔排成一个圆环形,并通过绝缘套筒和钢套筒等固定装置组成一个整体,最后压装在电动机转轴的一端。

3. 励磁方式

励磁方式是指直流电动机主磁场产生的方式。直流电动机主磁场的获得通常有两类。一类是由永久磁铁产生;另一类是利用给主磁极绕组通入直流电产生,根据主磁极绕组与电枢绕组连接方式的不同,可分为他励、并励、串励、复励直流电动机。

永磁电动机是用永磁材料制作直流电动机的主磁极,分为有刷(有电刷)和无刷两类。永磁电动机由于其具有体积小、结构简单、质量小;损耗低、效率高、节约能源;温升低、可靠性高、使用寿命长;适应性强等突出优点而使用越来越广泛,如汽车用永磁电动机、电动自行车用永磁电动机等。

(1)他励直流电动机

励磁绕组(主磁极绕组)由单独的直流电源供电,如图3-3-26(a)所示。

(2)并励直流电动机

励磁绕组与电枢绕组并联,因此加在这两个绕组上的电压相等,而流过电枢绕组的电流I_a和流过励磁绕组的电流I_f则不同,总电流$I=I_a+I_f$,如图3-3-26(b)所示,而它的电压平衡方程式为$U-E_a=I_aR_a$，式中R_a为电枢绕组电阻。

(3)串励直流电动机

励磁绕组与电枢绕组串联，因此流过两个绕组中的电流相等，如图3-3-26(c)所示。

(4)复励直流电动机

励磁绕组有两组，一组与电枢绕组串联，另一组与电枢绕组并联，如图3-3-26(d)所示。

若复励直流电动机的两组励磁绕组产生的磁通方向一致时，则称为积复励直流电动机；若产生的磁通方向相反时，则称为差复励直流电动机。

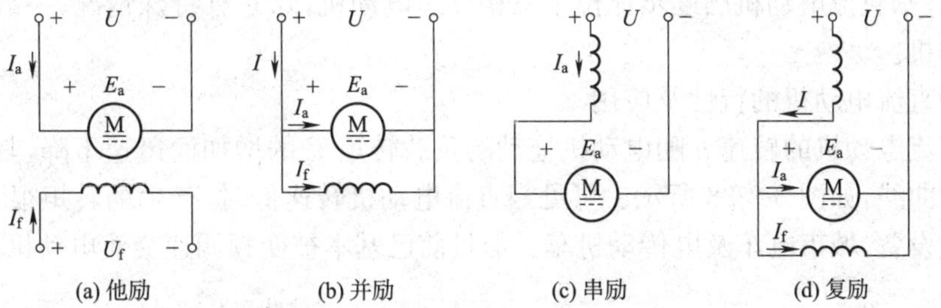

图 3-3-26　直流电动机的励磁方式

4. 直流电动机的起动

直流电动机由静止状态达到正常运转的过程称为起动。直流电动机在起动过程中的一个最大问题是起动电流比较大，从而造成对电源以及对电动机本身产生冲击。直流电动机最常见的起动方法有全压起动和降压起动。

1)全压起动

全压起动又称直接起动，即直流电动机在起动时，加上额定电压直接起动电动机。

由于直接起动时，电动机的起动电流很大，因此只能用于小容量的电动机上。

2)降压起动

电动机在起动时降低加在电枢绕组上的直流电压，使直流电动机开始转动，以后随着电动机转速的升高不断增加直流电压的数值，直到最后加上额定电压，电动机正常运转。

降压起动目前主要采用由晶闸管构成的可控整流电路作为直流电动机的可调直流电源。以前也曾用在电动机电枢绕组中串联可调电阻(称为起动变阻器)来实现降压起动，由于串电阻起动时在电阻上有能量损耗，因此目前已很少采用。

5. 直流电动机的调速

直流电动机的调速是指用人为的办法来调节电动机的转速。

通过数学分析，直流电动机的转速n可用下式表示：

$$n=\frac{U-I_aR_a}{C_e\Phi} \tag{3-3-16}$$

式中，U为外加电压；I_a为电枢绕组电流；R_a为电枢绕组电阻；Φ为主磁通；C_e为常数。

由式(3-3-16)可以看出，直流电动机的转速调节有以下几种方法：

(1)改变电源电压U。调速范围宽，目前应用最广。

(2)减小主磁通Φ。转速只能从额定转速往上调，作为辅助调速。

(3)改变电枢回路的电压降I_aR_a。通常在电枢回路中串入调速电阻R_{av}，有能量损耗，已少用。

6. 直流电动机的应用

1)并励(他励)直流电动机的特性及应用

直流电动机的转速 n 和电磁转矩 T(可近似看作输出转矩)之间的关系称为机械特性。并励直流电动机的转速基本上不随电动机拖动的负载转矩变化而变化,其机械特性曲线如图 3-3-27 所示。并励直流电动机调速比较方便,因此以前被较多地使用在需要大范围内调速的生产机械中,如龙门刨床、大型机床和冶金机械等方面,但随着交流电动机变频调速技术的飞速发展,并励直流电动机已逐步让位于三相异步电动机,除非有特殊情况,一般很少使用并励直流电动机。

2)串励直流电动机的特性及应用

串励直流电动机的转速 n 随电动机拖动的负载转矩 T 的增加而迅速下降,其机械特性曲线近似于双曲线,如图 3-3-28 所示。可见当直流电动机转速低时,产生的转矩很大,因此特别适用于起重设备、城市电车及电传动机车。但目前已基本被变频调速交流电动机取代。

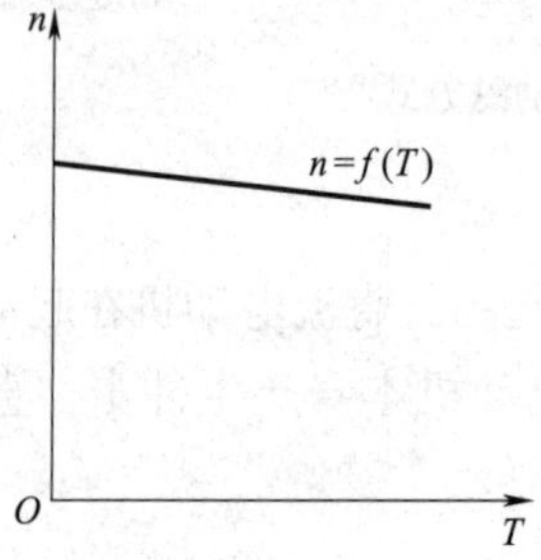

图 3-3-27 并励(他励)直流电动机的机械特性

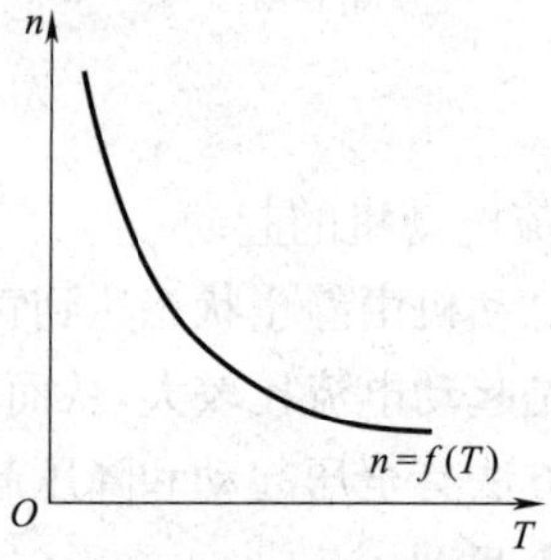

图 3-3-28 串励直流电动机的机械特性

7. 直流电动机使用时的注意事项

串励直流电动机在空载或轻载时转速很高,对电动机本身及操作人员都不安全,因此串励直流电动机绝对不允许空载起动,不允许用传送带或链条传动。并励直流电动机在运行中如主磁通 Φ 很小,也可能造成电动机转速过高而发生意外,因此并励直流电动机的磁场绕组在运行中绝不允许开路。

知识点三 交流电动机

交流电动机是由交流电源供电,将交流电能转变为机械能的装置。根据电动机转速的变化情况,可分为同步电动机和异步电动机两类。

同步电动机是指电动机的转速始终保持与交流电源的频率同步,不随所拖动的负载变化而变化的电动机。交流异步电动机是指由交流电源供电,电动机的转速随负载变化而稍有变化的旋转电机。按供电电源的不同,异步电动机又可分为三相异步电动机和单相异步电动机两大类。

一、三相异步电动机

图 3-3-29 所示为三相异步电动机定子结构。在电动机机座内压装有定子铁芯,定子铁芯由冲有均匀分布铁芯槽的硅钢片叠成。在定子空间各相差 120°电角度的铁芯槽中布置有三

相结构完全相同、在空间各相差 120°电角度的三相定子绕组 U1U2、V1V2、W1W2，三相绕组接成星形联结。向定子三相绕组中分别通入三相交流电如图 3-3-30 所示。

图 3-3-29　三相异步电动机定子结构

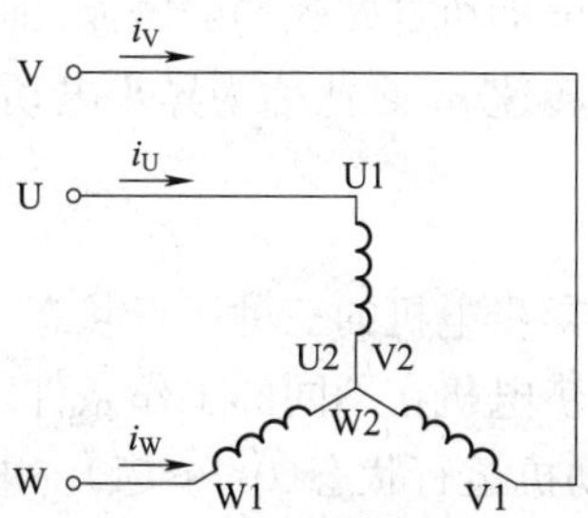

图 3-3-30　定子三相绕组通入三相交流电

三相交流电 i_U、i_V、i_W 在三相定子绕组中产生了合成的磁场，合成磁场在定子、转子与空气隙中是一个沿定子内圆旋转的磁场，该磁场称为旋转磁场，如图 3-3-31 中虚线部分为旋转磁场，其旋转的速度为 n_1。理论分析及实践都证明此时旋转磁场的转速为

$$n_1=\frac{60f_1}{p} \tag{3-3-17}$$

式中，f_1 为交流电频率，Hz；p 为电动机的磁极对数；n_1 为旋转磁场转速，又称同步转速，r/min。

旋转磁场的转速 n_1 与交流电频率 f_1 成正比，与电动机的磁极对数 p 成反比。

图 3-3-31 所示为一台三相笼形异步电动机定子与转子剖面图。转子上的六个小圆圈表示自成闭合回路的转子导体。当向三相定子绕组通入三相交流电后，在定子、转子及其空气隙内产生一个同步转速为 n_1，在空间按顺时针方向旋转的磁场。该旋转的磁场将切割转子导体，在转子导体中产生感应电动势，由于转子导体自成闭合回路，因此该电动势将在转子导体中形成电流，由右手定则可以判定出在该瞬间转子导体中的电流方向如图 3-3-31 所示，该电流将在旋转磁场的作用下产生电磁力 F，其方向可用左手定则判定，如图 3-3-31 中箭头所示，该电磁力 F 在转子轴上形成电磁转矩，使异步电动机以转速 n 旋转。

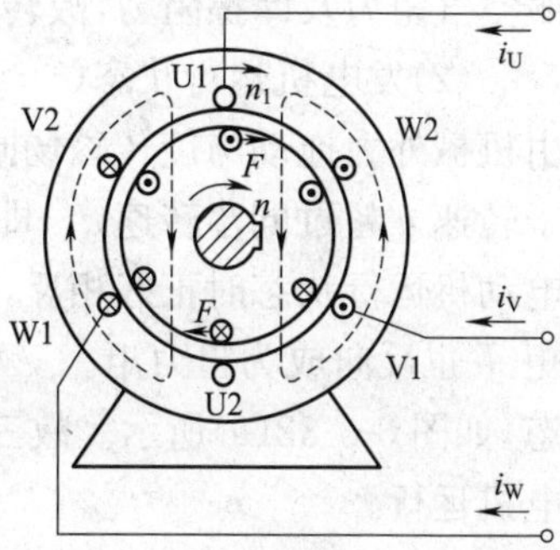

图 3-3-31　三相异步电动机旋转原理

电动机转子的旋转方向与旋转磁场的旋转方向一致。因此，要改变三相异步电动机的旋转方向只需改变旋转磁场的转向即可。旋转磁场的旋转方向决定于通入定子绕组中的三相交流电源的相序，且与三相交流电源的相序 U→V→W 的方向一致。只要任意调换电动机两相绕组所接交流电源的相序，旋转磁场即反转，则转子也会反转。

1. 三相异步电动机的转差率

三相异步电动机转子的转速 n 一定要小于旋转磁场的转速 n_1，如果转子转速与旋转磁场转速相等，则转子导体就不再切割旋转磁场，转子导体中就不再产生感应电动势和电流，电磁力 F 将为零，转子在负载的作用下将减速。因此，三相异步电动机的“异步”就是指电动机转速 n 与旋转磁场转速 n_1 之间存在差异，两者的步调不一致。由于异步电动机的转子导体不直接与电源相接,而是依据电磁感应来产生电动势和电流,获得电磁转矩而旋转,因此又称感应电动机。

1)转速差 s

把异步电动机旋转磁场的转速,即同步转速 n_1 与电动机转速 n 之差称为转速差,转速差与旋转磁场转速 n_1 之比称为异步电动机的转差率 s,即

$$s=\frac{n_1-n}{n_1} \tag{3-3-18}$$

2)三相异步电机的三种运行状态

三相异步电机在不同的工作条件之下可处于以下三种不同的运行状态:

(1)电动机运行状态($0<s<1$)。电动机旋转磁场的旋转方向与转子产生电磁转矩方向相同,即电动机运行状态,此时输入电功率、输出机械功率,如图 3-3-32(b)所示。

①当三相异步电动机在接上电源刚开始起动的一瞬间或转子堵转时,转子转速 $n=0$,则对应的转差率 $s=1$。

②如果转子转速 $n=n_1$,则转差率 $s=0$。

③三相异步电动机在正常状态下运行时,转差率 s 在 0~1 之间变化。

④三相异步电动机在额定状态(即加在电动机定子三相绕组上的电压为额定电压,电动机输出的转矩为额定转矩)下运行时,额定转差率 s_N 在 0.01~0.06 之间。由此可以看出,三相异步电动机的额定转速 n_N 与同步转速 n_1 非常接近。

⑤当三相异步电动机空载时(即轴上没有拖动机械负载,电动机空转),由于电动机只需克服空气阻力及摩擦阻力,故转速 n 与同步转速 n_1 相差甚微,转差率 s 很小,为 0.04~0.007。

(2)发电机运行状态($-\infty<s<0$)。若三相异步电动机定子绕组接三相交流电源,而转子由机械外力拖动与旋转磁场同方向转动(例如电力机车下坡或在变频调速的减速时),且使转子转速 n 超过同步转速 n_1,即 $n>n_1$,则 $s<0$。此时,转子导体与旋转磁场的相对切割方向与电动机运行状态时正好相反,故转子绕组中的电动势及电流和电动机运行状态时相反,电磁转矩 T 也反向成为阻力矩。三相异步电机此时输入机械功率,输出电功率,处于发电机运行状态,如图 3-3-32(a)所示。故三相异步电机的运行状态是可逆的,既可作电动机运行,又可作发电机运行。

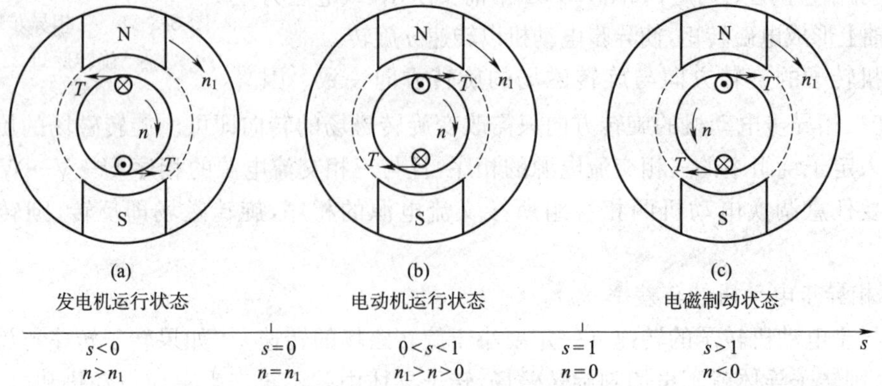

图 3-3-32　转差率 s 与三相异步电机运行状态

(3)电磁制动状态($1<s<+\infty$)。若三相异步电动机转子受外力的作用，使转子转向与旋转磁场转向相反，则 $s>1$，如图 3-3-32(c)所示。此时旋转磁场与其在转子导体上产生的电磁转矩两者方向仍相同，故电磁转矩方向与转子受力方向相反，即此时的电磁转矩属制动转矩性质。此状态时一方面定子绕组从电源吸取电功率，另一方面外加力矩克服电磁转矩做功，向电动机输入机械功率，它们均变成电动机内部的热损耗。

2. 三相异步电动机的结构

三相异步电动机基本结构均由定子和转子两大部分组成，定子和转子之间有空气隙。图 3-3-33 所示为三相异步电动机的结构部件图，其主要组成部分如下。

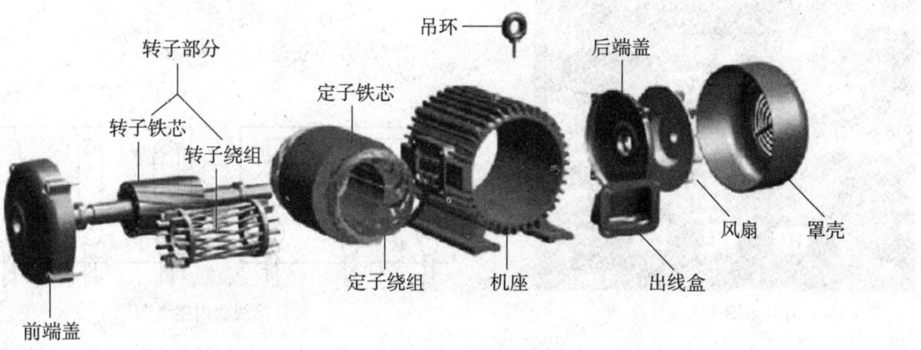

图 3-3-33　三相异步电动机的结构部件图

1)定子

三相异步电动机定子是静止不动的部分，主要包括定子铁芯、定子绕组、机座、端盖和罩壳等部件。

(1)定子铁芯。定子铁芯作为电动机磁通的通路，对铁芯材料的要求是既要有良好的导磁性能、剩磁小，又要尽量降低涡流损耗，一般用厚 0.35 mm 以下，表面有绝缘层的硅钢片冲片叠压而成，如图 3-3-34 所示。在定子铁芯的内圆冲有沿圆周均匀分布的槽，在槽内嵌放三相定子绕组，如图 3-3-35 所示。

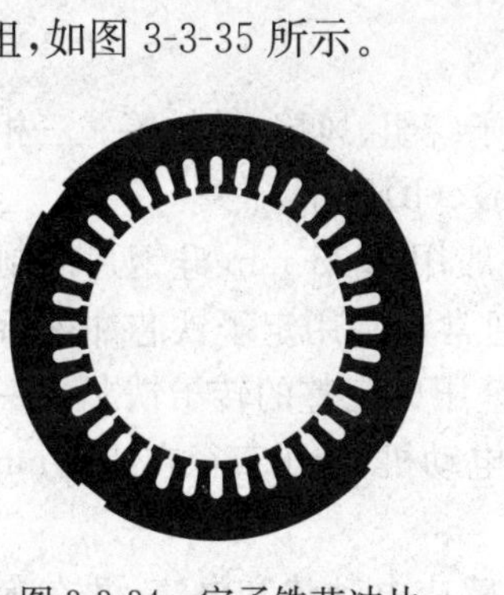

图 3-3-34　定子铁芯冲片

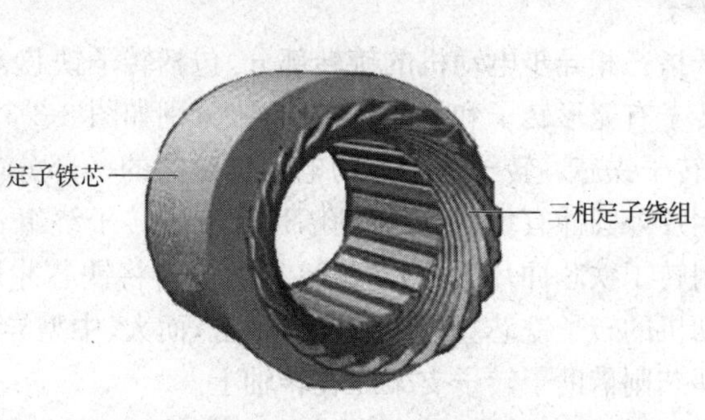

图 3-3-35　三相异步电动机定子铁芯和定子绕组

(2)定子绕组。定子绕组由嵌放在定子铁芯槽中的线圈按一定规则连接成三相定子绕组。定子绕组通入三相交流电产生旋转磁场。定子三相绕组之间及绕组与定子铁芯槽间均垫以绝缘材料绝缘，定子绕组在槽内嵌放完毕后再用胶木槽楔固紧。三相异步电动机定子绕组的主要绝缘项目有以下三种：

①对地绝缘。对地绝缘是定子绕组整体与定子铁芯之间的绝缘。

②相间绝缘。相间绝缘是各相定子绕组之间的绝缘。

③匝间绝缘。匝间绝缘是每相定子绕组各线匝之间的绝缘。

定子三相绕组的结构完全对称，一般有六个出线端 U1、U2、V1、V2、W1、W2 置于机座外部的接线盒内，根据需要接成星形（Y）或三角形（△），如图 3-3-36 所示。也可将六个出线端接入控制电路中进行星形与三角形的换接。

(a) 外形图（△接法）

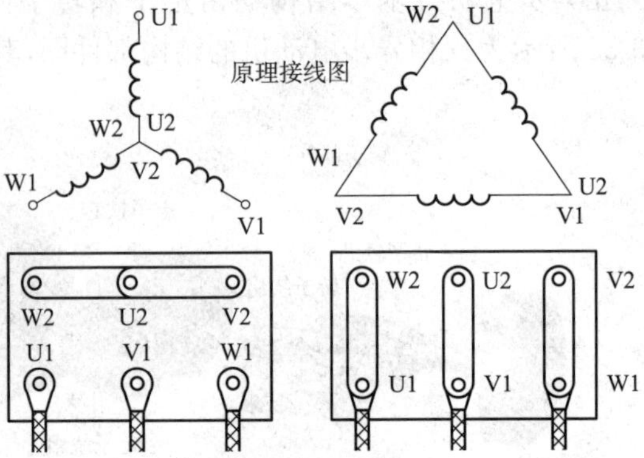

(b) 接线盒内接线图

图 3-3-36　三相异步电动机出线端

（3）机座。机座的作用是固定定子铁芯和定子绕组，并通过两侧的端盖和轴承来支承电动机转子。同时可保护整台电动机的电磁部分和发散电动机运行中产生的热量。机座通常为铸铁件，大型异步电动机机座一般用钢板焊成，而有些微型异步电动机的机座则采用铸铝件以降低电动机的质量。封闭式电动机的机座外面有散热筋以增加散热面积，防护式电动机的机座两端端盖开有通风孔，使电动机内外的空气可以直接对流，以利于散热。

（4）端盖。借助置于端盖内的滚动轴承将电动机转子和机座连成一个整体，端盖一般均为铸钢件，微型电动机则用钢板或铸铝件。

2）转子

转子指三相异步电动机的旋转部分，包括转子铁芯、转子绕组、风扇、转轴等。三相异步电动机的转子有笼形转子和绕线转子两种，分别如图 3-3-37(a)、(b)所示。

（1）转子铁芯。转子铁芯作为电动机磁路的一部分，一般用 0.35 mm 硅钢片冲制叠压而成。硅钢片外圆冲有均匀分布的孔，用来安置转子绕组。通常都是用定子铁芯冲落后的硅钢片来冲制转子铁芯冲片，如图 3-3-38 所示。再将铁芯冲片叠压成完整的转子铁芯。一般小型异步电动机的转子铁芯直接压装在转轴上，而大、中型异步电动机（转子直径在 400 mm 以上）的转子铁芯则借助于转子支架压在转轴上。

（2）转子绕组。转子绕组用来切割定子旋转磁场，产生感应电动势和电流，并在旋转磁场的作用下受力而使转子转动，分笼形转子和绕线转子两类，笼形异步电动机和绕线式异步电动机即由此得名。

①笼形转子。通常有两种不同的结构形式，中小型异步电动机的笼形转子一般为铸铝式转子，即采用离心铸铝法，将熔化了的铝铸在转子铁芯槽内成为一个整体，连两端的短路环和风扇叶片一起铸成。图 3-3-39 所示为铸铝转子结构。随着压力铸铝技术的不断完善，目前大

部分工厂已改用压力铸铝工艺来替代离心铸铝。

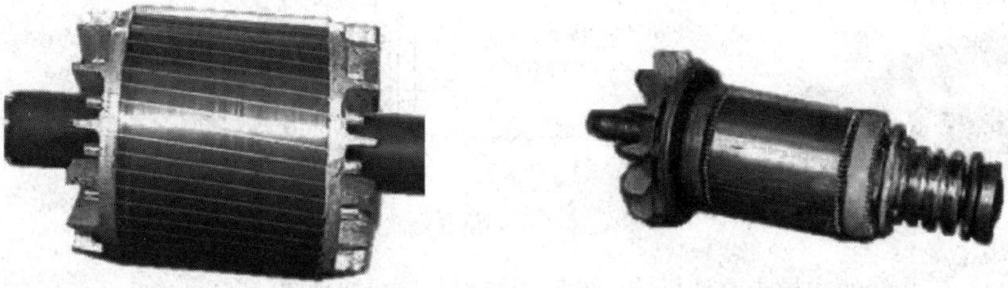

(a) 笼形转子　　(b) 绕线转子

图 3-3-37　三相异步电动机的转子

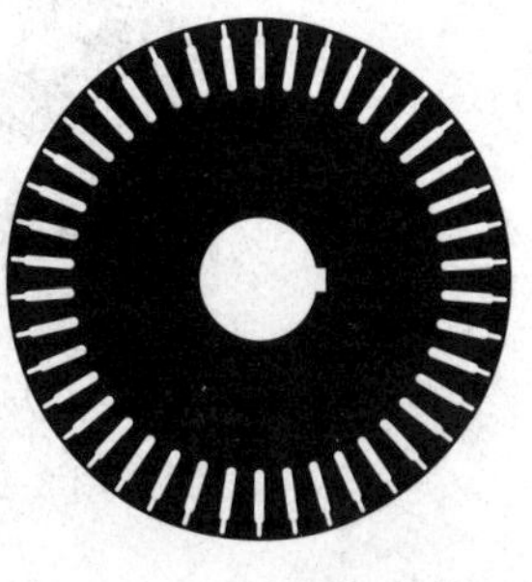

图 3-3-38　转子铁芯冲片

另一种结构为铜条转子，即在转子铁芯槽内放置没有绝缘的铜条，铜条的两端用短路环焊接起来，形成一个笼形的形状，如图 3-3-40 所示。铜条转子制造较复杂，价格较高，主要用于功率较大的异步电动机上。

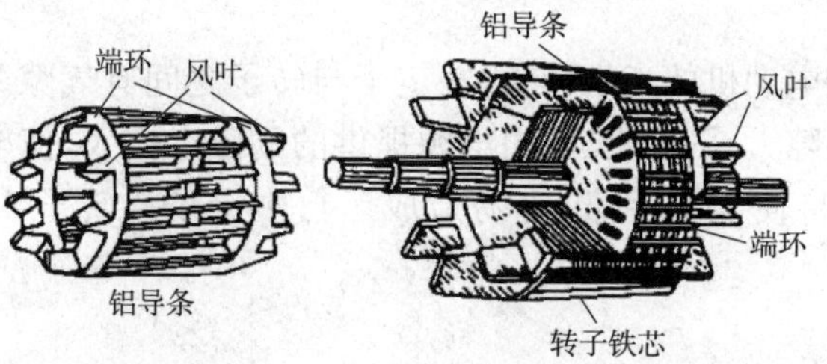

(a) 铸铝转子绕组　　(b) 铸铝转子外形

图 3-3-39　铸铝转子结构

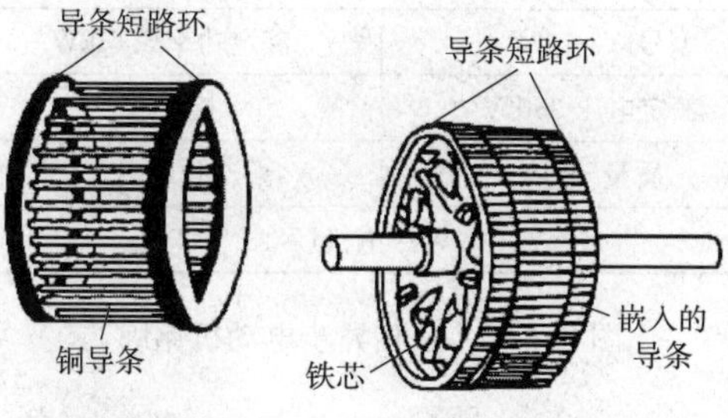

(a) 铜条转子绕组　　(b) 铜条转子外形

图 3-3-40　铜条转子结构

②绕线转子。绕线式异步电动机的定子部分构成与笼形异步电动机相同，转子绕组的结构与定子绕组相似，也采用由绝缘导线绕成的三相绕组或成形的三相绕组嵌入转子铁芯槽内，并作星形联结，三个引出端分别接到压在转子轴一端并且互相绝缘的铜制滑环(称为集电环)上，再通过压在集电环上的三个电刷与外电路相接。图 3-3-41 所示为三相绕线式异步电动机的转子结构及接线原理图。外电路与变阻器相接，该变阻器也采用星形联结。调节该变阻器的电阻值就可达到调节电动机运行特性或转速的目的。

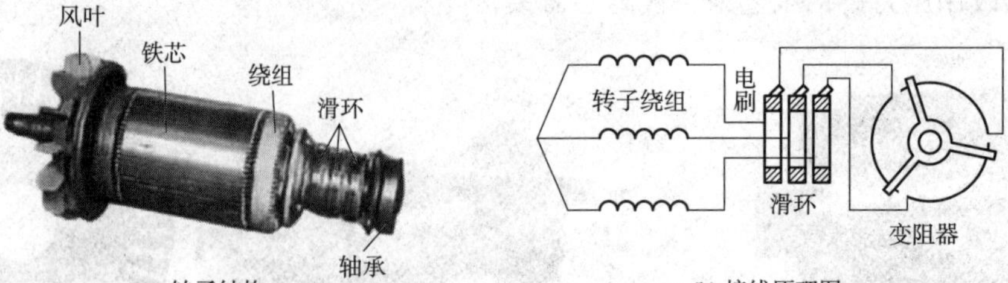

(a) 转子结构　　(b) 接线原理图

图 3-3-41　三相绕线式异步电动机转子的转子结构及接线原理图

3)其他附件

(1)轴承。轴承用来连接转动部分与固定部分,目前都采用滚动轴承以减小摩擦阻力。

(2)轴承端盖。轴承端盖保护轴承,使轴承内的润滑脂不致溢出,并防止灰、砂、脏污等浸入润滑脂内。

(3)风扇。风扇用于冷却电动机。

4)气隙

为了保证三相异步电动机的正常运转,在定子与转子之间有气隙。气隙对三相异步电动机的性能影响极大。气隙大,则磁阻大,由电源提供的励磁电流大,使电动机运行时的功率因数低。但气隙过小时,将使装配困难,容易造成运行中定子与转子铁芯相碰。一般气隙为 0.2～1.5 mm。

5)电动机铭牌

在三相异步电动机的机座上均装有一块铭牌,如图 3-3-42 所示。铭牌上标出了该电动机的型号及主要技术数据,供正确使用电动机时参考。

	三相异步电动机		
	型号 Y2-132S-4	额定功率 5.5 kW	额定电流 11.7 A
频率 50 Hz	额定电压 380 V	接法△	额定转速 1 440 r/min
防护等级 IP44	质量 68 kg	工作制 S1	F 级绝缘
××电机厂			

图 3-3-42　三相异步电动机铭牌

(1)型号(Y2-132S-4):

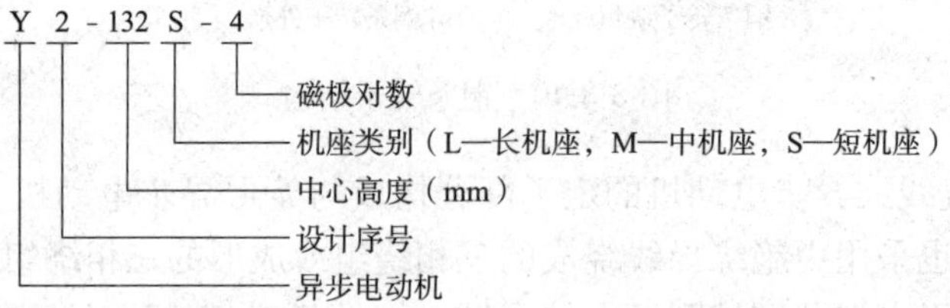

中心高度越大,电动机容量越大,因此三相异步电动机按容量分类与中心高度有关。中心高度在 80～315 mm 为小型,中心高度在 315～630 mm 为中型,中心高度在 630 mm 以上为大型。在同样的中心高度下,机座长则铁芯长,相应的电动机容量较大。

(2)额定功率 P_N(5.5 kW)。表示电动机在额定工作状态下运行时,允许输出的机械功率

(kW)。

(3)额定电流 I_N(11.7 A)。表示电动机在额定工作状态下运行时，定子电路输入的线电流(A)。

(4)额定电压 U_N(380 V)。表示电动机在额定工作状态下运行时，定子电路所加的线电压(U_N)。三相异步电动机的额定功率 P_N 与其他额定数据之间有如下关系：

$$P_N=\sqrt{3}U_N I_N \eta_N \cos\varphi_N \tag{3-3-19}$$

式中，$\cos\varphi_N$ 为额定功率因数；η_N 为额定效率。

(5)额定转速(1 440 r/min)。表示电动机在额定工作状态下运行时的转速(r/min)。

(6)接法(△)。表示电动机定子三相绕组与交流电源的连接方法，对于 Y 及 Y2 系列电动机而言，国家标准规定凡 3 kW 及以下者均采用星形联结，4 kW 及以上者均采用三角形联结。

(7)防护等级(IP44)。表示电动机外壳防护的方式。IP11 是开启型，IP22、IP23 是防护型，IP44 是封闭型。

(8)绝缘等级。表示电动机各绕组及其他绝缘部件所用绝缘材料的等级。按绝缘材料耐热性能可分为七个等级，见表 3-3-1。目前国产电动机使用的绝缘材料耐热等级为 B、F、H、C 四个等级。

表 3-3-1　绝缘材料耐热性能等级

绝缘等级	Y	A	E	B	F	H	C
最高允许温度/℃	90	105	120	130	155	180	200

(9)定额工作制。指电动机按铭牌值工作时，可以持续运行的时间和顺序。电动机定额分连续定额、短时定额和断续定额三种。分别用 S1、S2、S3 表示。

①连续定额(S1)。表示电动机按铭牌值工作时可以长期连续运行。

②短时定额(S2)。表示电动机按铭牌值工作时只能在规定的时间内短时运行。我国规定的短时运行时间为 10 min、30 min、60 min 及 90 min 四种。

③断续定额(S3)。表示电动机按铭牌值工作时，运行一段时间就要停止一段时间，周而复始地按一定周期重复运行。每一周期为 10 min，我国规定的负载持续率为 15%、25%、40% 及 60%四种(如标明 40%，则表示电动机工作 4 min 就需休息 6 min)。

3. 三相异步电动机的工作特性

三相异步电动机定子绕组接通电源瞬间，三相定子绕组电流产生了一个沿定子内圆旋转的旋转磁场，转子因惯性转速从零开始增加，此时转子绕组中的感应电流很大，但转子电流的功率因数 $\cos\varphi_2$ 很低。因此，三相异步电动机在起动时的特点是：起动电流大，起动功率因数低，起动转矩并不很大。

任何机械在实现能量的转换过程中总有损耗存在，三相异步电动机也不例外，因此三相异步电动机轴上输出的机械功率 P_2 总是小于其从电网输入的电功率 P_1，下面举例来加以说明。

例：3-3-1Y2-160M-4 三相异步电动机输出功率(额定功率)$P_2=11$ kW，额定电压 $U_1=380$ V，额定电流 $I_1=22.3$ A，电动机功率因数 $\lambda=\cos\varphi_1=0.85$，求额定输入功率 P_1 及输出功率 P_2 时，电动机的工作效率 η_N。

解　由三相交流电路的功率公式可知

$$P_1=\sqrt{3}U_1 I_1\cos\varphi_1=\sqrt{3}\times380\times22.3\times0.85\approx12\ 480(\mathrm{W})=12.48(\mathrm{kW})$$

$$\eta_N=\frac{P_2}{P_1}\times100\%=\frac{11}{12.48}\times100\%\approx88\%$$

由例 3-3-1 可见,电动机从电网上输入的功率 P_1 为 12.48 kW,而电动机输出的功率 P_2 只有 11 kW,故该电动机在运行中的功率损耗 $\sum P=P_1-P_2=12.48-11=1.48$(kW)。异步电动机在运行中的功率损耗有:

①电流在定子绕组中的铜损耗 P_{Cu1} 及转子绕组中的铜损耗 P_{Cu2}。

②交变磁通在电动机定子铁芯中产生的磁滞损耗及涡流损耗,通称铁损耗 P_{Fe}。

③机械损耗 P_t,包括电动机在运行中的机械摩擦损耗、风的阻力及其他附加损耗。输入的功率 P_1 中有一小部分供给定子铜损耗 P_{Cu1} 和定子铁损耗 P_{Fe} 后,余下的大部分功率通过旋转磁场的电磁作用经过空气隙传递给转子,这部分功率称为电磁功率 P,电磁功率中再扣除转子铜损耗 P_{Cu2} 和机械损耗 P_t 后即为输出功率。

电动机的效率 η 等于输出功率 P_2 与输入功率 P_1 之比,即

$$\eta=\frac{P_2}{P_1}\times100\%=\frac{P_1-\sum P}{P_1}\times100\% \tag{3-3-20}$$

功率与转矩的关系:电动机轴上输出的机械转矩 T_2 的大小为

$$T_2=\frac{P_2}{\Omega}=\frac{P_2(\mathrm{W})\times60}{2\pi n}=\frac{1\,000\times60\times P_2(\mathrm{kW})}{2\pi n}\approx9\,550\frac{P_2}{n} \tag{3-3-21}$$

当电动机在额定状态下运行时,式(3-3-21)中的 T_2、P_2、n 分别为额定输出转矩(N·m)、额定输出功率(kW)、额定转速(r/min)。

4. 三相异步电动机的机械特性

在电力拖动系统中 n 与 T 之间的关系曲线称为异步电动机的机械特性曲线。图 3-3-43 所示为异步电动机的机械特性曲线。

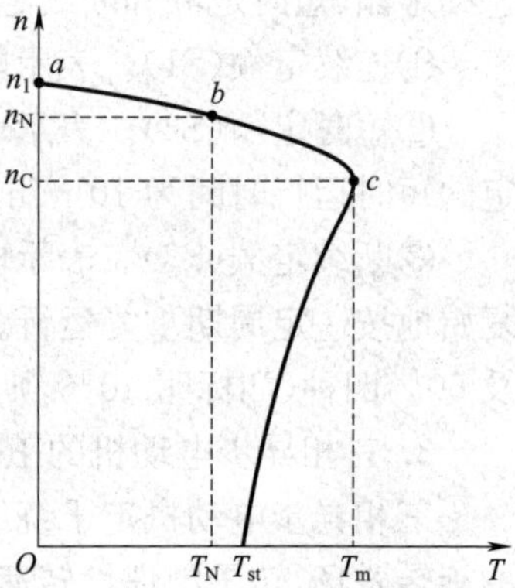

图 3-3-43 异步电动机的机械特性曲线

在图 3-3-43 中,T_{st} 表示电动机起动瞬间轴上产生的转矩,称起动转矩,如 T_{st} 大于起动瞬间电动机轴上的负载转矩 T_L,则电动机就能够起动,反之则无法起动。T_m 表示电动机所能产生的最大转矩,n_c 为电动机产生最大转矩时相应的转速,n_c 所对应的转差率 s_c 称为临界转差率。T_N 为电动机的额定转矩,n_N 是对应于额定转矩时电动机的转速,称额定转速。

当电动机转速达到同步转速时,即 $n=n_1$(或 $s=0$),转子电流 I_2 为零,故转矩 $T=0$。因此三相异步电动机不能在同步转速状态下运行。

当电动机在额定状态下运行时,对应的转速称为额定转速 n_N,此时的转差率称为额定转差率 s_N,而电动机轴上产生的转矩则称为额定转矩 T_N。

当转速为某一值 n_c 时,电动机产生的转矩最大,称为最大转矩 T_m。由数学分析知道,最大转矩 T_m 的大小只与电源电压 U_1 有关,与转子电阻 R_2 的大小无关,而产生最大转矩时的转差率 s_c(称为临界转差率)可用下式表示

$$s_c=\frac{R_2}{X_{20}} \tag{3-3-22}$$

式(3-3-22)说明,三相异步电动机产生最大转矩时的临界转差率 s_c(亦即临界转速 n_c)与电源电压 U_1 无关,但与转子电路的总电阻 R_2 成正比。所以绕线式异步电动机可以在转子回路中串入适当的电阻,使起动时能获得最大的转矩。

5. 三相异步电动机的起动

起动是指电动机接通电源后转速从零开始逐渐加速到正常运转的过程。由电动机所拖动的各种生产、运输机械及电气设备对异步电动机的起动所提出的要求主要有:

(1)电动机应有足够大的起动转矩。

(2)在保证足够的起动转矩前提下,电动机的起动电流应尽量小。

(3)起动所需的控制设备应尽量简单、力求价格低廉、操作及维护方便。

(4)起动过程中的能量损耗应尽量小。

三相笼形异步电动机的起动方式有两类,即在额定电压下的直接起动和降低起动电压的降压起动。

1)三相笼形异步电动机的直接起动

直接起动即将电动机三相定子绕组直接接到额定电压的电网上来起动电动机,因此又称全压起动。一般情况下,容量在 11 kW 以下的三相异步电动机一般均可采用直接起动,或电动机起动时在电网上引起的电压降不超过 10%～15%,就允许直接起动,或者由独立供电的变压器供电时,三相异步电动机的容量不超过变压器容量的 20%,就允许直接起动。

2)三相笼形异步电动机的降压起动

降压起动是指起动时降低加在电动机定子绕组上的电压,起动结束后加额定电压运行的起动方式。

降压起动虽然能起到降低电动机起动电流的目的,但由于电动机的转矩与电压的二次方成正比,因此降压起动时电动机的转矩减小较多,故降压起动一般适用于电动机空载或轻载起动。常用的降压起动有软起动器起动、Y-△降压起动、串电阻(电抗)降压起动和自耦变压器降压起动。

(1)软起动器(又称智能电动机控制器 SMC)起动。三相异步电动机的软起动指在起动时降低加在三相异步电动机定子绕组上的电压以限制电动机的起动电流,减小其对电网的冲击,同时达到节能的目的。软起动的方式有液阻软起动、磁阻软起动、晶闸管软起动等多种。

(2)Y-△降压起动。起动时,先把定子三相绕组作星形联结,待电动机转速升高到一定值后再改接成三角形。因此这种降压起动方法只能用于正常运行时作三角形联结的电动机上。其原理电路图如图 3-3-44 所示。起动时将Y-△转换开关 QS2 的手柄置于起动位,则电动机定子三相绕组的末端 U2、V2、W2 连成一个公共点,三相电源 L1、L2、L3 经开关 QS1 向电动机定子三相绕组的首端 U1、V1、W1 供电,电动机以星形联结起动。加在每相定子绕组上的电压为电源线电压 U_1 的 $1/\sqrt{3}$ 倍,因此起动电流较小。待电动机起动即将结束时再把开关 QS2 手柄转到运行位,电动机定子三相绕组接成三角形联结,这时加在电动机每相绕组上的电压即为线电压 U_1,电动机正常运行。

用Y-△降压起动时,起动电流为直接采用三角形联结时起动电流的 1/3,所以对降低起动电流很有效,但起动转矩也只有用三角形联结直接起动时的 1/3,即起动转矩降低很多,故只能用于轻载或空载起动的设备上。

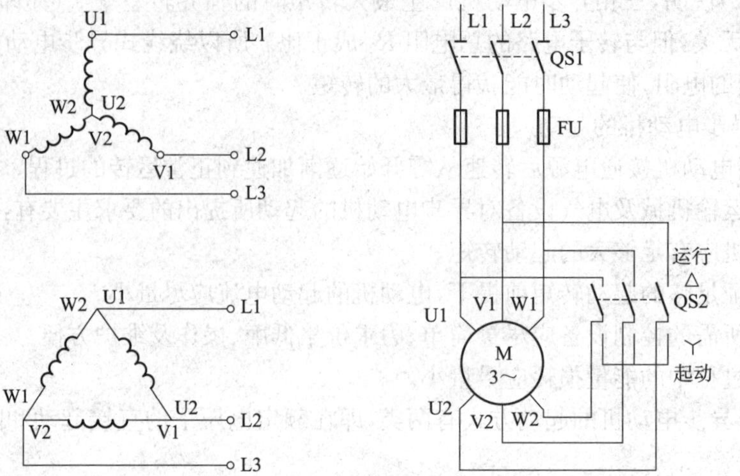

(a) 起动原理图　　(b) 起动电路图

图 3-3-44　Y-△降压起动

3)串电阻(电抗)降压起动

如图 3-3-45 所示,电动机起动时在定子绕组中串电阻降压,起动结束后再用开关 S 将电阻短路,全压运行。由于串电阻起动时,在电阻上有能量损耗而使电阻发热,故一般常用铸铁电阻片。有时为了减小能量损耗,也可用电抗器代替。

4)自耦变压器(补偿器)降压起动

自耦变压器降压起动的最主要特点就是在相同的起动电流下,电动机的起动转矩相应的比较高,它是利用自耦变压器来降低起动时加在定子三相绕组上的电压,如图 3-3-46 所示。起动时,先合上开关 QS,再将补偿器控制手柄(即开关 S)投向“起动”位置,这时经过自耦变压器降压后的交流电压加到电动机三相定子绕组上,电动机开始降压起动,待电动机转速升高到一定值后,再把 S 投向“运行”位置,电动机就在全压下正常运行。此时自耦变压器已从电网上被切除。

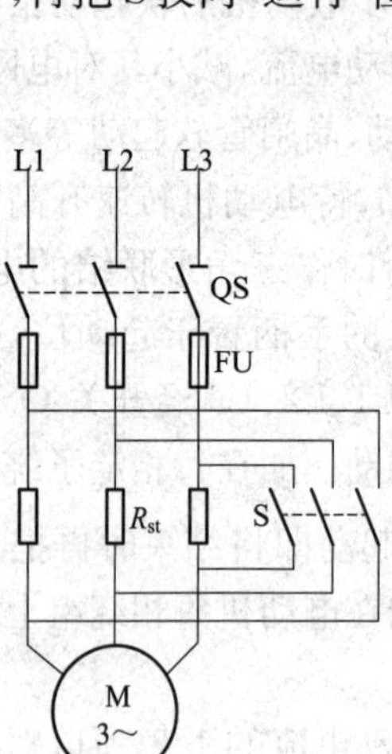

图 3-3-45　串电阻降压起动

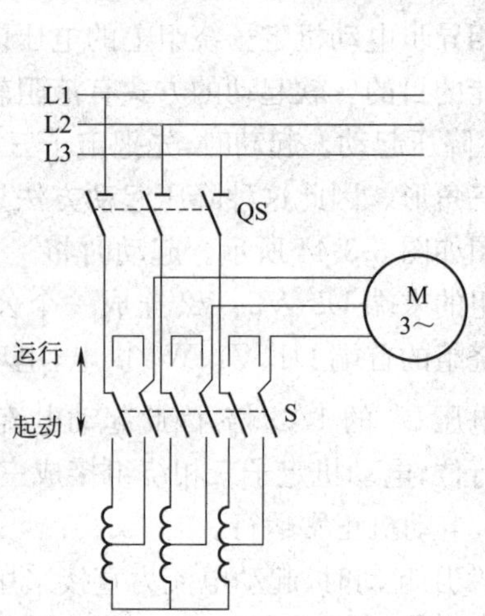

图 3-3-46　自耦变压器降压起动

自耦变压器二次绕组有 2～3 组抽头，其电压可以分别为电源线电压 U_1 的 80%、65%或 50%。在实际使用中都把自耦变压器、开关触点、操作手柄等组合在一起构成自耦降压起动器（又称起动补偿器）。这种起动方法的优点是可以按容许的起动电流和所需的起动转矩来选择自耦变压器的不同抽头实现降压起动，而且不论电动机定子绕组采用星形联结或三角形联结都可以使用。缺点是设备体积大，投资较大，不能频繁起动，主要用于带一定负载起动的设备上。

6. 三相异步电动机的调速

为了满足实际应用的需要，三相异步电动机需要进行调速，所谓调速即用人为的方法来改变三相异步电动机的转速。异步电动机的转速 n 为

$$n=n_1(1-s)=\frac{60f_1}{p}(1-s) \tag{3-3-23}$$

因此，三相异步电动机的调速有改变定子绕组的磁极对数 p——变极调速；改变电动机的转差率 s，方法有改变电源电压调速和绕线式异步电动机转子串电阻调速等；改变供电电网的频率 f_1——变频调速。

7. 三相异步电动机的制动

三相异步电动机的制动是在电动机的轴上加一个与其旋转方向相反的转矩，使电动机减速或停转。根据制动转矩产生的方法不同，可分为机械制动和电气制动两类。机械制动通常是靠摩擦方法产生制动转矩，如电磁抱闸制动、机车的闸瓦制动与轮盘制动。而电气制动是使电动机所产生的电磁转矩与电动机的旋转方向相反来实现的。三相异步电动机的电气制动有反接制动、能耗制动和再生制动三种。

1）三相异步电动机的机械制动

机械制动最常用的装置是电磁抱闸，如图 3-3-47 所示。断电制动型电磁抱闸的基本原理是：制动电磁铁的电磁线圈（有单相和三相）与三相异步电动机的定子绕组相并联，闸瓦制动器的转轴与电动机的转轴相连。当电动机通电运行时，制动器的电磁线圈也通电，产生电磁力通过杠杆将闸瓦拉开，使电动机的转轴可自由转动。停机时，制动器的电磁线圈与电动机同步断电，电磁吸力消失，在弹簧的作用下闸瓦将电动机的转轴紧紧抱住，因此称为电磁“抱闸”。

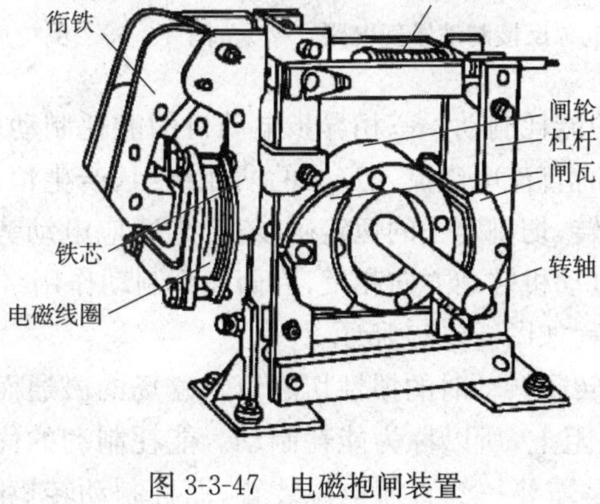

图 3-3-47　电磁抱闸装置

2）三相异步电动机的电气制动

（1）三相异步电动机的反接制动：①电源反接制动。电动机在停机后因机械惯性仍继续旋

转,此时改变三相电源的相序,使电动机的旋转磁场随即反向,产生的电磁转矩与电动机的旋转方向相反,为制动转矩,使电动机很快停下来,这就是反接制动。为了限制制动电流的冲击,在定子绕组中串入限流电阻 R。在电动机转速接近降为零时,应及时切断电源,以免电动机反向旋转。其原理电路如图 3-3-48 所示,制动时先断开开关 S1,再合上开关 S2。反接制动在制动时仍需从电源吸收电能,故经济性能差,但能很快使电动机停转,故制动性能较好。②倒拉反转制动。若电动机拖动的是位能性恒转矩负载(如起重机械)T_L,在提升时电动机工作在如图 3-3-49 所示机械特性曲线 1 的 a 点,现在转子中串入电阻使电动机工作的机械特性曲线变为 2,由于拖动转矩不变,则电动机的工作点由 a 点过渡到 b 点,电动机转速下降,但依然在提升重物,为电动机工作状态。若转子串入的电阻足够大,使机械特性曲线变为曲线 3,则在电动机转速下降到零时电动机产生的拖动转矩(对应于图 3-3-49 中 d 点的转矩)仍小于位能性负载转矩 T_L。此时在位能性负载转矩 T_L 的拖动下使电动机反转,直到 c 点,此时电动机产生的电磁转矩与 T_L 相平衡,则电动机稳速(n_c)反向转动,即起重机将重物以一个平稳的低速缓慢下放。这种制动状态,电动机电磁转矩对转子的转动起制动作用,但转子仍反转,故称为倒拉反转制动运行状态。改变串入转子的电阻值,可调节工作点 c,即调节机组的转速。

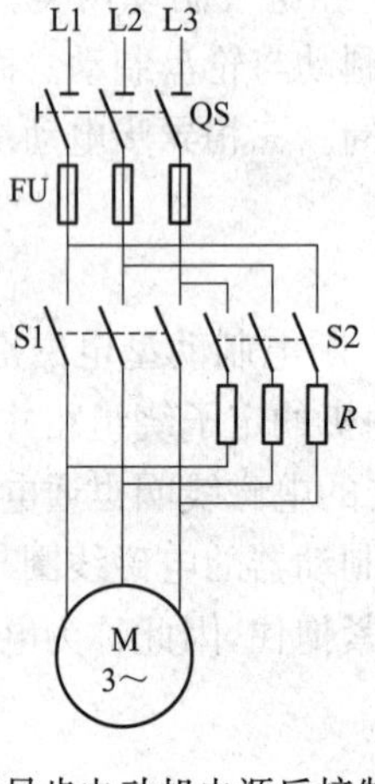

图 3-3-48 笼形异步电动机电源反接制动原理电路

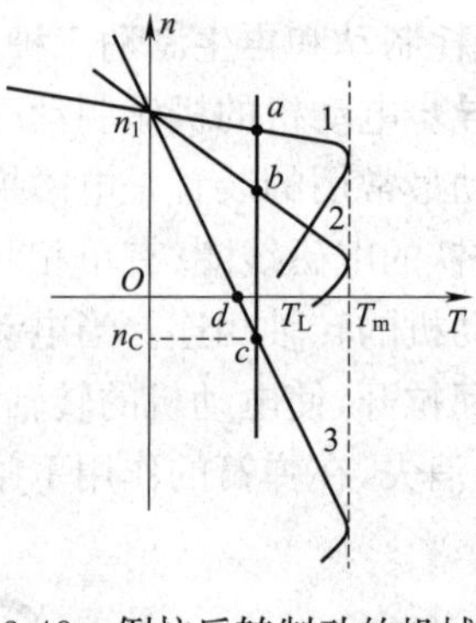

图 3-3-49 倒拉反转制动的机械特性

(2)三相异步电动机的能耗制动。三相异步电动机的能耗制动就是在断开电动机三相电源后,再接通直流电源,此时直流电流流入定子的两相绕组,产生恒定磁场。转子由于惯性仍继续沿原方向以转速 n 旋转,切割定子的恒定磁场,产生感应电动势和电流,载流导体在磁场中产生电磁力,其方向与电动机转动方向相反,因而起到制动作用。制动转矩的大小与直流电流的大小有关。其整个过程如图 3-3-50 所示。

这种制动方法是利用转子转动时的惯性切割恒定磁场的磁通而产生制动转矩,把转子的动能消耗在转子回路的电阻上,所以称为能耗制动。能耗制动的优点是制动力较强、制动平稳、对电网影响小。缺点是需要一套直流电源装置,而且制动转矩随电动机转速的减小而减小,不易制停。

(3)三相异步电动机的再生制动(回馈制动)。当三相异步电动机在电动状态下运行时,由于某种原因,使电动机的转速 n 超过了旋转磁场的同步转速 n_1(此时 $s<0$)则转子导体切割旋

转磁场的方向与电动机运行状态时相反，从而使转子电流及所产生的电磁转矩改变方向，成为与转子转向相反的制动转矩，电动机即在制动状态下运行，这种制动称为再生制动。此时电动机变成一台与电网并联的发电机，将机械能转变成电能反送回电网，因此又称回馈制动。

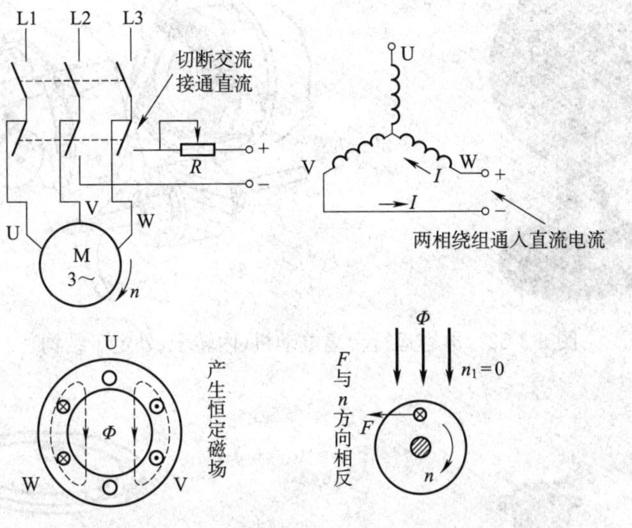

图 3-3-50　三相异步电动机的能耗制动

二、单相异步电动机

在单相交流电源下工作的电动机称为单相电动机。按其工作原理和结构的不同可分为单相异步电动机、单相同步电动机和单相串励电动机三大类。

1. 单相异步电动机的结构

单相异步电动机也由定子和转子两大部分组成。其外观如图 3-3-51 所示。

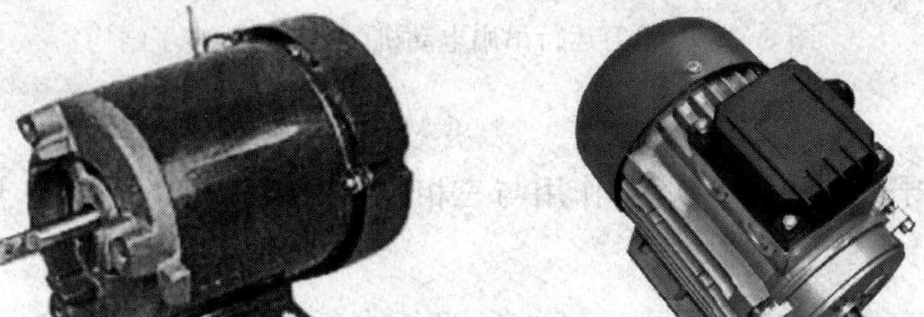

图 3-3-51　单相异步电动机外观

单相异步电动机按工作场合与用途不同主要有两种不同的结构形式，一种是内转子、外定子结构，这是最常见的结构，如图 3-3-52 所示的电容运行台扇电动机就属于这种结构形式；另一种是内定子、外转子结构，如图 3-3-53 所示的电容运行吊扇电动机就属于这种结构形式。

1)机座

机座结构随电动机冷却方式、防护形式、安装方式和用途而异。按其材料分类，有铸铁、铸铝和钢板结构等几种。有的专用电动机的机座相当特殊，如电冰箱的电动机，它通常与压缩机一起装在一个密封的罐子里。而洗衣机的电动机,包括甩干机的电动机,均无机座,端盖直接固定在定子铁芯上。

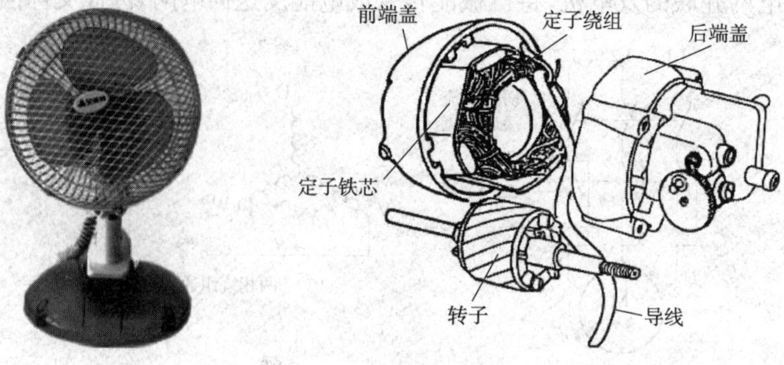

图 3-3-52　电容运行台扇电动机(内转子、外定子结构)

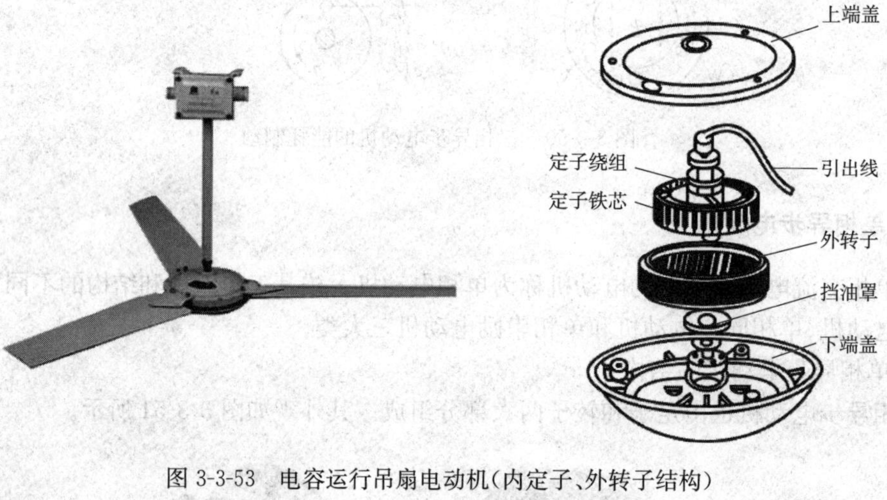

图 3-3-53　电容运行吊扇电动机(内定子、外转子结构)

2)铁芯

铁芯包括定子铁芯和转子铁芯,作用与三相异步电动机的铁芯一样,用来构成电动机的磁路。

3)绕组

单相异步电动机定子绕组常做成两相:工作绕组(又称主绕组)和起动绕组(又称辅助绕组)。两种绕组的中轴线错开一定的电角度,目的是改善起动性能和运行性能。定子绕组多采用高强度聚酯漆包线绕制。定子绕组的作用是通入交流电产生旋转磁场。

转子绕组一般采用笼形绕组,常用铝压铸而成。转子绕组的作用是切割旋转磁场,产生电磁转矩,拖动机械负载工作。

4)端盖和轴承

端盖和轴承将固定部分与旋转部分连成一体。

5)离心开关或起动继电器或 PTC 起动器

它们控制单相异步电动机的起动或运行。

6)铭牌

铭牌上的内容包括电动机名称、型号、标准编号、制造厂名、出厂编号、额定电压、额定功率、额定电流、额定转速、工作方式、绝缘等级等,如图 3-3-54 所示。

单相电容运行异步电动机			
型号	DO2-6314	电流	0.94 A
电压	220 V	转速	1 400 r/min
频率	50 Hz	工作方式	连续
功率	90 W	标准号	
编号、出厂日期 ×××			×××电机厂

图 3-3-54 单相异步电动机的铭牌

(1)型号。型号表示该产品的种类、技术指标、防护结构形式及使用环境等。型号意义如下:

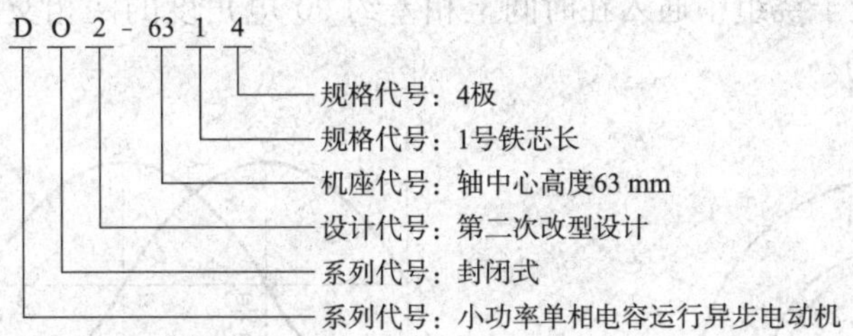

(2)功率。铭牌上标出的功率是电动机在额定电压、额定频率和额定转速下运行时输出的功率,即额定功率。我国常用的单相异步电动机的标准额定功率为几十瓦到几百瓦。

(3)电压。铭牌上标出的电压器是电动机在额定状态下运行时加在定子绕组上的电压,单位为 V。我国单相异步电动机的标准电压有 12 V、24 V、36 V、42 V 和 220 V。

(4)电流。在额定电压、额定功率和额定转速下运行的电动机,流过定子绕组的电流值,称为额定电流,单位为 A。电动机在长期运行时的电流不允许超过该电流值。

2. 单相异步电动机的工作原理

1)单相绕组的脉动磁场

在单相定子绕组中通入单相交流电,如图 3-3-55 所示。假设在单相交流电的正半周时,电流从单相定子绕组的左半侧流入,从右半侧流出,则由电流产生的磁场如图 3-3-55(b)所示,该磁场的大小随电流的大小而变化,方向则保持不变。当电流过零时,磁场也为零。当电流变为负半周时,则产生的磁场方向也随之发生变化,如图 3-3-55(c)所示。由此可见,单相异步电动机定子绕组通入单相交流电后,产生的磁场大小及方向在不断地变化,但磁场的轴线(图中纵轴)却固定不变,把这种磁场称为脉动磁场。

单相异步电动机的转子如果原来静止不动,则在脉动磁场作用下,转子导体因与磁场之间没有相对运动,而不产生感应电动势和电流,也就不存在电磁力的作用,因此转子仍然静止不动,即单相异步电动机没有起动转矩,不能自行起动。如果用外力去拨动一下电动机的转子,则转子导体就切割定子脉动磁场,从而有电动势和电流产生,并将在磁场中受到力的作用,与

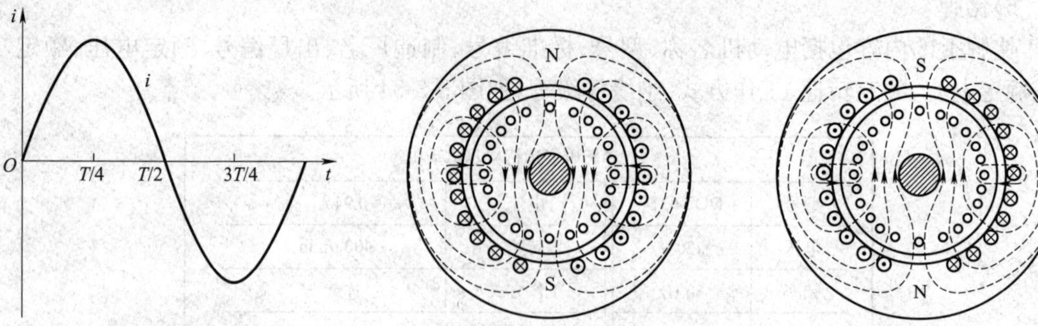

(a) 交流电流波形　(b) 电流正半周产生的磁场　(c) 电流负半周产生的磁场

图 3-3-55　单相异步电动机产生的脉动磁场

三相异步电动机转动原理一样,转子将顺着拨动的方向转动起来。

2)两相绕组的旋转磁场

如图 3-3-56 所示,在单相异步电动机定子上放置在空间相差 90°的两相定子绕组 U1U2 和 Z1Z2,向这两相定子绕组中通入在时间上相差约 90°电角度的两相交流电流 i_Z 和 i_U,此时产生的也是旋转磁场。

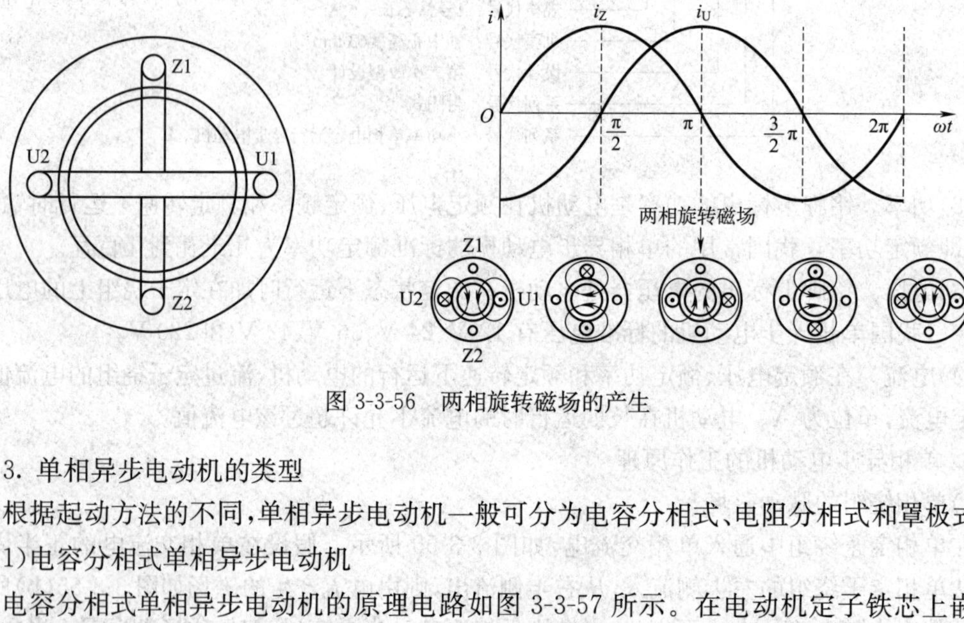

图 3-3-56　两相旋转磁场的产生

3. 单相异步电动机的类型

根据起动方法的不同,单相异步电动机一般可分为电容分相式、电阻分相式和罩极式。

1)电容分相式单相异步电动机

电容分相式单相异步电动机的原理电路如图 3-3-57 所示。在电动机定子铁芯上嵌放有两套绕组,即工作绕组 U1U2(又称主绕组)和起动绕组 Z1Z2(又称辅助绕组)。它们的结构相同或基本相同,但在空间的布置位置互差 90°。在起动绕组中串入电容 C 后再与工作绕组并联接在单相交流电源上,适当选择电容 C 的容量,使流过工作绕组中的电流 I_U 与流过起动绕组中的电流 I_Z 在时间上相差约 90°,就满足了图 3-3-56 旋转磁场产生的条件,在定子、转子及气隙间产生一个旋转磁场。单相异步电动机的笼形结构转子在该旋转磁场的作用下,获得起动转矩而旋转。但是只要当电动机转动起来以后,起动绕组的存在与否就不起作用了。

电容分相式单相异步电动机可根据起动绕组是否参与正常运行而分成三类，即电容运行单相异步电动机、电容起动单相异步电动机和双电容单相异步电动机。

(1)电容运行单相异步电动机。电容运行单相异步电动机是指起动绕组及电容始终参与工作的电动机，其工作原理图如图 3-3-57 所示，外观如图 3-3-58 所示。只要任意改变起动绕组(或工作绕组)首端和末端与电源的接线，即可改变旋转磁场的转向，从而实现电动机的反转。

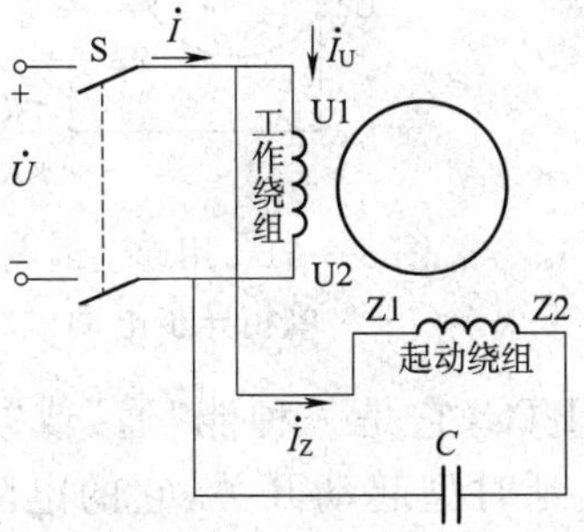

图 3-3-57　电容运行单相异步电动机工作原理

图 3-3-58　电容运行单相异步电动机外观

(2)电容起动单相异步电动机。电容起动单相异步电动机就是指这类电动机的起动绕组和电容只在电动机起动时起作用，当电动机起动即将结束时，利用开关 S 将起动绕组和电容器从电路中切除，如图 3-3-59 所示。

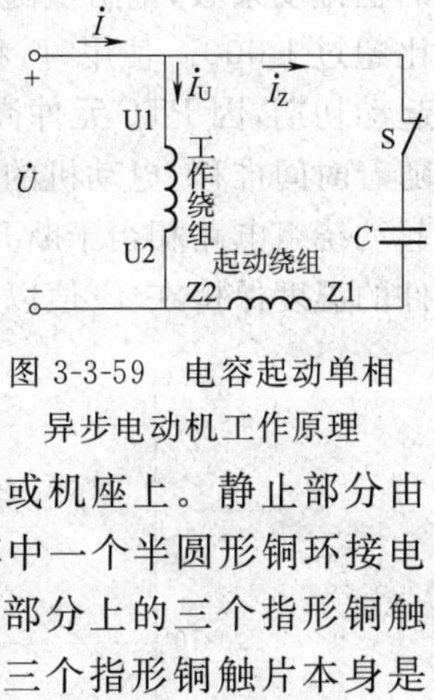

图 3-3-59　电容起动单相异步电动机工作原理

在单相异步电动机中，用来切除起动绕组电路的开关 S 通常有以下三种：

①离心开关起动。图 3-3-60 所示为离心开关结构示意图。该离心开关由旋转部分和静止部分组成，旋转部分安装于电动机转轴上，与电动机一起旋转；而静止部分则安装在端盖或机座上。静止部分由两个相互绝缘的半圆形铜环组成(与机座及端盖也互相绝缘)，其中一个半圆形铜环接电源，另一个半圆形铜环接起动绕组。电动机静止时，安装在旋转部分上的三个指形铜触片在拉力弹簧的作用下，分别压在两个半圆形铜环的侧面，由于三个指形铜触片本身是连通的，这样就使起动绕组与电源接通，电动机开始起动。当电动机转速达到一定数值后，安装于旋转部分的指形铜触片由于离心力的作用而向外张开，使铜触片与半圆形铜环分离，即将起动绕组从电源上切除，电动机起动结束，投入正常运行。电容起动单相异步电动机的起动转矩较大，起动电流也相应增大。

②起动继电器起动。有些单相异步电动机，如电冰箱压缩机上的电动机，由于它与压缩机同轴组装在一起，并放在密封的金属罐里，不便于安装离心开关，此时就用起动继电器来代替，如图 3-3-61 所示，它由吸引线圈 KA、动静触点等组成。吸引线圈 KA 串联在工作绕组 U1U2 回路中，起动时，工作绕组中电流很大，使起动继电器衔铁被吸合，则串联在起动绕组 Z1Z2 回路中的动合触点闭合，接通起动绕组电路，电动机处于两相绕组工作状态而开始起动。随着转子转速上升，工作绕组中的电流不断下降，吸引线圈的吸力也随之下降。当达到一定的转速时，电磁铁的吸力小于 KA 触点的反作用弹簧的拉

力，触点断开，起动绕组就脱离电源，电动机正常运行。

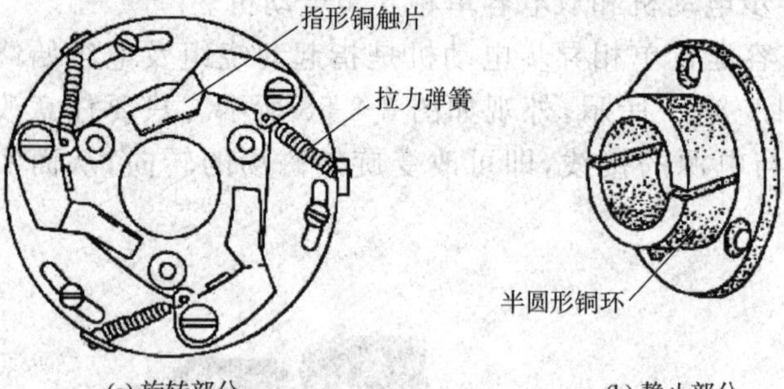

(a) 旋转部分　(b) 静止部分

图 3-3-60　离心开关结构示意

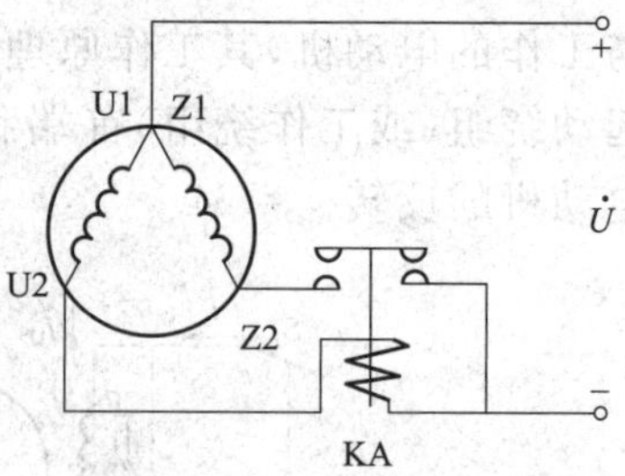

图 3-3-61　用起动继电器起动的单相异步电动机原理

③PTC 起动器起动。最新式的起动元件是 PTC，它是一种能“通”或“断”的热敏电阻。PTC 元件是一种新型的半导体元件，可用作延时型起动开关，它的电阻－温度特性曲线如图 3-3-62(a)所示。图中电阻急剧增加的温度点 T_c 称为居里点，它的高低可通过原材料配方来调节。温度在 T_c 点以下时，电阻值甚低；当温度超过 T_c 以后，电阻有很大的正温度系数，电阻值随温度升高急剧增大，以后又趋于稳定。最大阻值与最小阻值之比超过 1 000。使用时，将 PTC 元件与电容起动或电阻起动电动机的起动绕组串联。在起动初期，因 PTC 元件尚未发热，阻值很低，起动绕组处于通路状态，电动机开始起动。随着时间推移，电动机的转速不断增加，PTC 元件的温度上升，当超过 T_c 时，电阻剧增，起动绕组电路相当于断开，但还有一个很小的维持电流，并有 2～3 W 的损耗，使 PTC 元件的温度保持在 T_c 值以上。

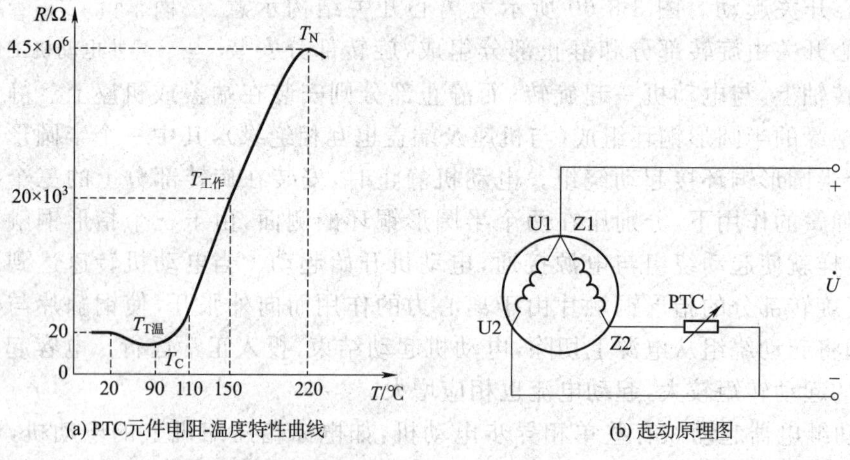

(a) PTC元件电阻-温度特性曲线　(b) 起动原理图

图 3-3-62　用 PTC 元件起动的单相异步电动机

当电动机停止运行后，PTC 元件温度不断下降，2～3 min，其电阻值降到 T_c 点以下，这时又可以重新起动，而这一时间正好是电冰箱和空调器所规定的两次开机间的停机时间。因此，使用 PTC 元件起动的电动机要防止电动机频繁起动，否则可能会使电动机因不能正常起动而烧毁。

(3)双电容单相异步电动机。为了综合电容运行单相异步电动机和电容起动单相异步电动机各自的优点，采用一种电容起动电容运行单相异步电动机(简称双电容单相异步电动机)，即在起动绕组上接有两个电容器 C_1 及 C_2，如图 3-3-63 所示，其中电容 C_1 仅在起动时接入，电容 C_2 则在全过程中均接入。这类电动机主要用于要求起动转矩大、功率因数较高的设备上，双电容单相异步电动机外观如图 3-3-64 所示。

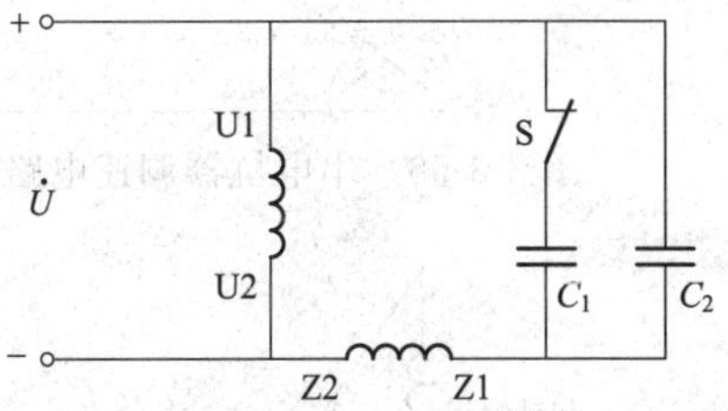

图 3-3-63　双电容单相异步电动机原理图

图 3-3-64　双电容单相异步电动机外观

2)电阻分相式单相异步电动机

如果将图 3-3-59 中的电容 C 换成了电阻 R 就构成了电阻分相式单相异步电动机。

电阻分相式单相异步电动机的定子铁芯上嵌放有两套绕组，即工作绕组 U1U2 和起动绕组 Z1Z2。在电动机运行过程中，工作绕组自始至终接在电路中。工作绕组导线较粗，可看成纯电感负载，起动绕组导线细，又串有起动电阻 R，可近似看成纯电阻负载。其工作原理图如图 3-3-65 所示。

4. 单相异步电动机的调速(通风机负载)

单相异步电动机的调速原理有改变电源频率(变频调速)、改变电源电压(调压调速)和改变绕组的磁极对数(变极调速)等来达到调速目的，最常见的是在通风机负载上采用的改变电源电压调速。调压调速有两个特点：一是电源电压只能从额定电压往下调，因此电动机的转速也只能从额定转速往低调；二是因为异步电动机的电磁转矩与电源电压二次方成正比，因此电压降低时，电动机的转矩和转速都下降，所以这种调速方法只适用于转矩随转速下降而下降的负载(称为通风机负载)，如电风扇、鼓风机等。常用的调压调速又分为串电抗器调速、自耦变压器调速、串电容调速、绕组抽头法调速、晶闸管无级调速等多种。

1)串电抗器调速

电抗器为一个带抽头的铁芯电感线圈，串联在单相异步电动机电路中起降压作用。通过调节抽头使电压降不同，从而使电动机获得不同的转速，如图 3-3-66 所示。当开关 SA 在 1 挡时电动机转速最高，在 5 挡时转速最低。开关 SA 有旋钮开关和琴键开关两种，这种调速方法接线方便、结构简单、维修方便，常用于简易的家用电器(如台式电风扇、吊式电风扇)中。缺点是电抗器本身消耗一定的功率，且电动机在低速挡起动性能较差。

2)自耦变压器调速

加在单相异步电动机上电压的调节可通过自耦变压器来实现，如图 3-3-67 所示。图 3-3-67(a)所示电路在调速时是使整台电动机降压运行，因此在低速挡时起动性能较差。图 3-3-67(b)所示电路在调速时仅使工作绕组降压运行，所以它的低速挡起动性能较好，但接线较复杂。

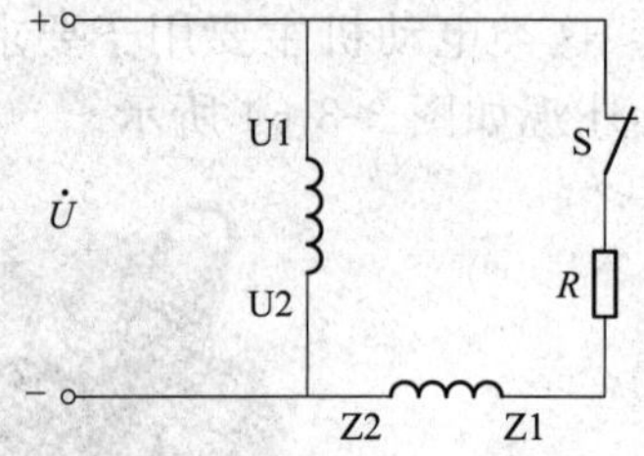

图 3-3-65　电阻分相式单相异步电动机工作原理图

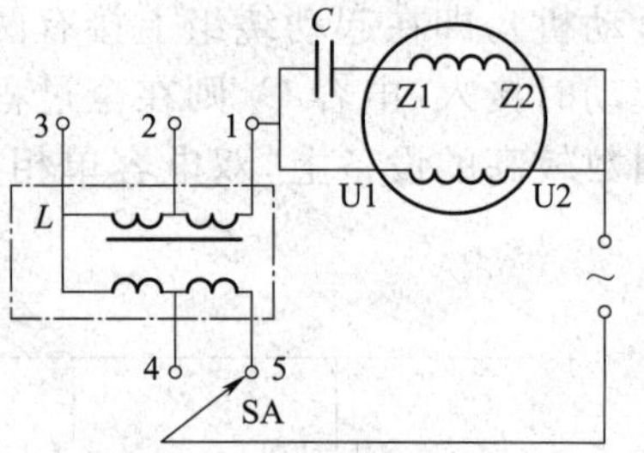

图 3-3-66　串电抗器调速电路

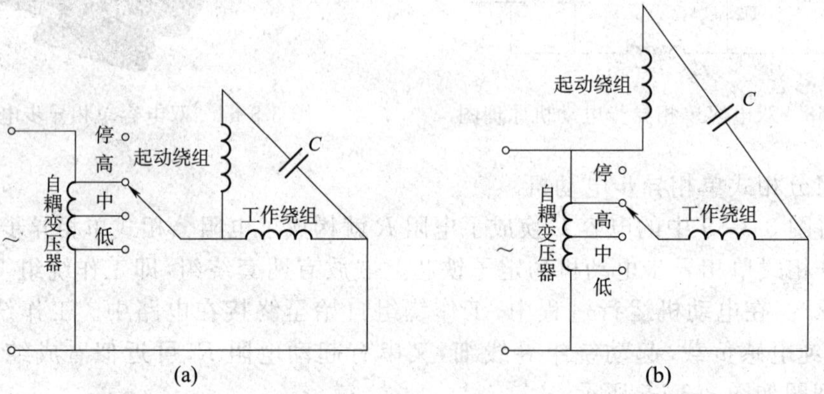

图 3-3-67　自耦变压器调速电路

3)串电容调速

将不同容量的电容器串入单相异步电动机电路中，也可调节电动机的转速，由于电容器容抗与电容量成反比，故电容量越大，容抗就越小，相应的电压降也小，电动机转速就高；反之，电容量越小，容抗就越大，电动机转速就低。图 3-3-68 为具有三挡速度的串电容调速风扇电路，图中电阻 R_1 及 R_2 为泄放电阻，在断电时将电容器中的电能泄放掉。

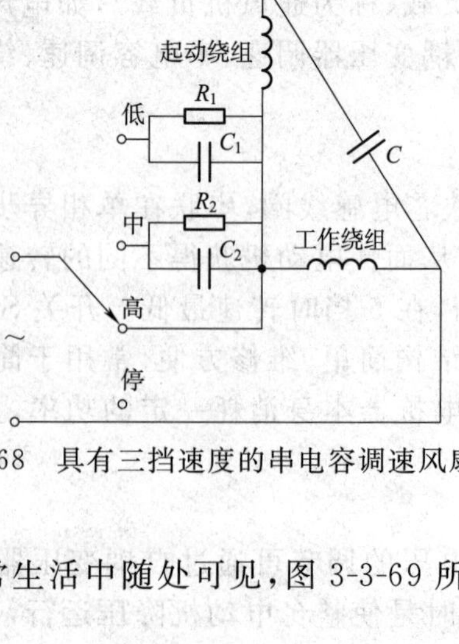

图 3-3-68　具有三挡速度的串电容调速风扇电路

4)晶闸管无级调速

晶闸管无级调速器在日常生活中随处可见，图 3-3-69 所示为其电路原理图，它主要由主电路和触发电路两部分构成，主电路是由风扇电容电动机和双向晶闸管 VT 组成的单相交流调压电路，触发电路是由氖管组成的简易触发器电路。在双向晶闸管两端并联的 RC 元件，是利用电容器两端电压瞬时不能突变的原理，起到晶闸管关断过电压的保护作用。

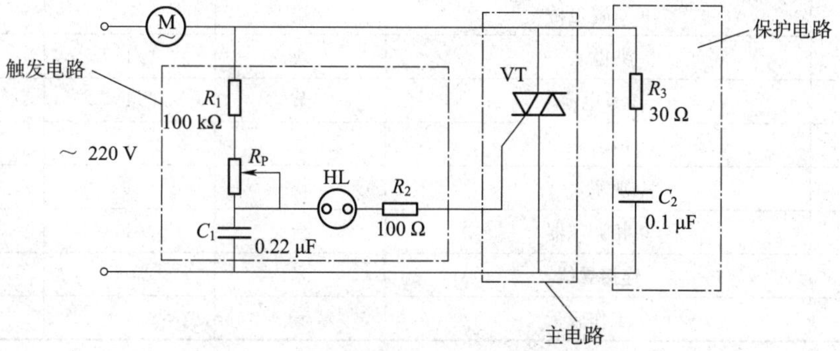

图 3-3-69　晶闸管无级调速器电路原理图

只要调节触发电路中电位器 R_P 的阻值，即可改变晶闸管 VT 的导通角，也就改变了风扇电动机两端的电压，因此风扇的转速也随之改变。由于 R_P 是无级变化的，因此风扇的转速也是无级变化的。晶闸管无级调速结构简单，价格便宜，使用方便，目前获得了广泛应用。

5. 单相异步电动机的反转

单相异步电动机的转向与旋转磁场的转向相同，因此要使单相异步电动机反转就必须改变旋转磁场的转向，其方法有两种：一种是把工作绕组（或起动绕组）的首端和末端与电源的接法对调，另一种是把电容器从一组绕组中改接到另一组绕组中（此法只适用于电容运行单相异步电动机），如图 3-3-70 所示。

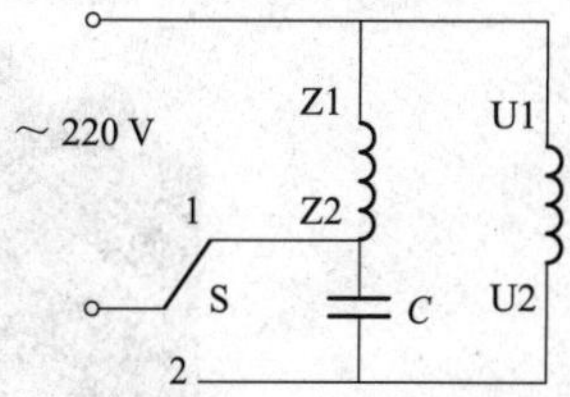

图 3-3-70　单相异步电动机正反转

技能训练

训练一　单相变压器质量检测

一、训练目的

(1)掌握单相变压器的外观、铭牌的识别与检测。

(2)能对单相变压器绕组直流电阻和绝缘电阻进行正确测量。

(3) 能对单相变压器绕组进行同名端判别。

(4) 能对单相变压器进行空载试验和短路试验。

二、训练工器具与材料

表 3-3-2　训练工器具与材料

序号	工器具与材料名称	单位	数量	备注
1	各种螺钉旋具(起子)	套	1	
2	数字万用表	块	1	

续上表

序号	工器具与材料名称	单位	数量	备注
3	指针万用表	块	1	
4	单双臂电桥	块	各 1	
5	兆欧表	块	1	
6	1 号电池	节	1	
7	电流表	块	1	
8	功率表	块	1	
9	单相调压器	台	1	
10	连接导线	米	若干	
11	工作服	套	1	

三、训练内容

1. 记录变压器基本参数

根据变压器的铭牌参数(见图 3-3-71)填写表 3-3-3。

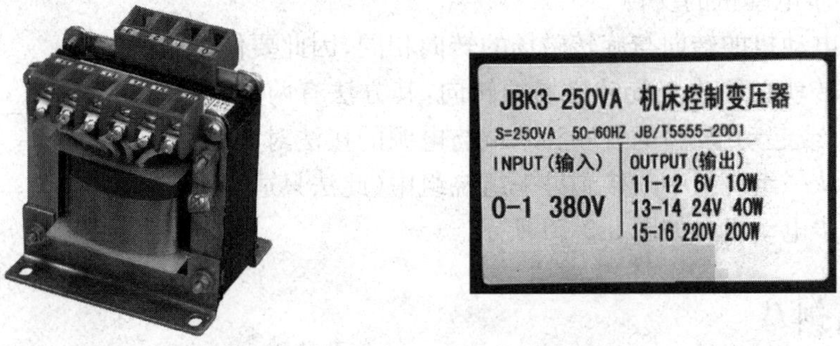

图 3-3-71 单相变压器的外观与铭牌

表 3-3-3 变压器铭牌参数

项 目	参数	项 目	参数
型号		额定容量/(V·A)	
输入额定电压(0-1)/V		—	—
输出额定电压(11-12)/V		输出额定容量(11-12)/(V·A)	
输出额定电压(13-14)/V		输出额定容量(13-14)/(V·A)	
输出额定电压(15-16)/V		输出额定容量(15-16)/(V·A)	

2. 外观质量检查

(1)变压器铁芯的各个紧固螺栓无松动。

(2)变压器铁芯由硅钢片叠成,叠片的缝隙整齐,无锈蚀现象。

(3)变压器一、二次绕组绝缘材料无烧焦痕迹,绕组引出线无脱焊现象。

3. 绕组直流电阻的测量

测量绕组直流电阻的目的,主要是检查变压器绕组内部导线和引线的焊接质量,电压分接开关接触是否良好以及发现较严重的匝间或层间短路。使用电桥测量变压器一、二次绕组的电值,可以提高测量精度。变压器一、二次绕组的测量步骤:

(1)用数字万用表粗测变压器绕组电阻值。在测量时,可判断变压器各绕组的接头有无断线与虚焊现象。

(2)选择单、双臂电桥。如果电阻值在 10Ω 及以上,选用直流单臂电桥进行测量;如果电阻值在 10Ω 以下,则选用直流双臂电桥进行测量。

(3)根据万用表测量结果选择合适的电桥倍率和读数盘的大概位置。JBK-250 变压器的绕组电阻值用单臂电桥精确测量绕组的电阻值。

(4)将测量结果填入表 3-3-4 中。

表 3-3-4　变压器绕组直流电阻测量数据

一次绕组	电阻值/Ω	二次绕组	电阻值/Ω
380 V(0-1)		220 V(15-16)	
		24 V(13-14)	
		6 V(11-12)	
环境温度/℃			

4. 绝缘电阻测量

测量 JBK-250 变压器绝缘电阻时,选择 500 V 的兆欧表进行测量,测量前就进行兆欧表的好坏检测,严禁使用不合格的仪表进行电工测量。JBK-250 变压器绝缘电阻的测量步骤:

(1)一次绕组(380 V)绝缘测量。将兆欧表 L 端接在一次绕组(380 V)任一端,二次侧所有的绕组与地(金属外壳)连接后接兆欧表的 E 端,并与接地点相连,进行绝缘电阻值测量。15 s 读数,60 s 读数,记录测量结果。

(2)二次侧各绕组绝缘测量:

①将兆欧表 L 端接在一次侧 380 V 绕组任一端,将二次侧 220 V、24 V、6 V 绕组与地(金属外壳)全部连在一起,再与兆欧表的 E 端相连,进行绝缘电阻值测量。15 s 读数,60 s 读数,记录测量结果。

②将兆欧表 L 端接在二次侧 220 V 绕组任一端,将 380 V、24 V、6 V 绕组与地(金属外壳)全部连在一起,再与兆欧表的 E 端相连,进行绝缘电阻值测量。15 s 读数,60 s 读数,记录测量结果。

③将兆欧表 L 端接在二次侧 24 V 绕组任一端,将 380 V、220 V、6 V 绕组与地(金属外壳)全部连在一起,再与兆欧表的 E 端相连,进行绝缘电阻值测量。15 s 读数,60 s 读数,记录测量结果。

④将兆欧表 L 端接在二次侧 6 V 绕组任一端,将 380 V、220 V、24 V 绕组与地(金属外壳)全部连在一起,再与兆欧表的 E 端相连,进行绝缘电阻值测量。15 s 读数,60 s 读数,记录测量结果。

(3)铁芯绝缘测量。拆开变压器铁芯接点,将兆欧表 L 端接铁芯任一点,E 接在变压器铁芯夹紧螺栓上,进行绝缘电阻值测量,记录测量结果。

(4)夹件绝缘测量。

(5)将变压器绝缘电阻的测量数据填入表 3-3-5 中。

表 3-3-5　变压器绝缘电阻的测量数据

测量部位	绝缘电阻/MΩ		
	R_{15}	R_{60}	R_{60}/R_{15}(绝缘吸收比)
380 V 与 220 V、24 V、6 V 绕组及地			
220 V 与 380 V、24 V、6 V 绕组及地			
24 V 与 380 V、220 V、6 V 绕组及地			
6 V 与 380 V、220 V、24 V 绕组及地			
铁芯与夹件及地	1 min 绝缘电阻：		
变压器绝缘情况			

380 V 的电气设备绝缘电阻大于 0.5 MΩ 为合格。

测量绝缘吸收比的目的是发现电气设备绝缘受潮情况。测量 60 s 时的绝缘电阻值与 15 s 时的绝缘电阻值之比称为绝缘吸收比。由于实验室提供的变压器容量小，绝缘吸收比等于 1。对于不同的电力设备绝缘吸收的值要求不一样，大容量的电力变压器的绝缘吸收比应大于 1.3。

5. 绕组同名端判别

(1)按图 3-3-72 接线，将 0～380 V 绕组接万用表的表笔线，0～6 V 绕组的"0"端接电池的"－"极。

(2)将接"6 V"端的导线 S 端向电池的"＋"极碰触，在碰上的瞬间观察指针偏转情况(图中情况，指针会反偏)。仅当指针正向偏转时，电池"＋"极所接的一端与红表笔所接的一端为同名端，并做好标识。

(3)按步骤(1)、(2)，继续判断绕组 0～220 V 与 0～24 V 两绕组的同名端。

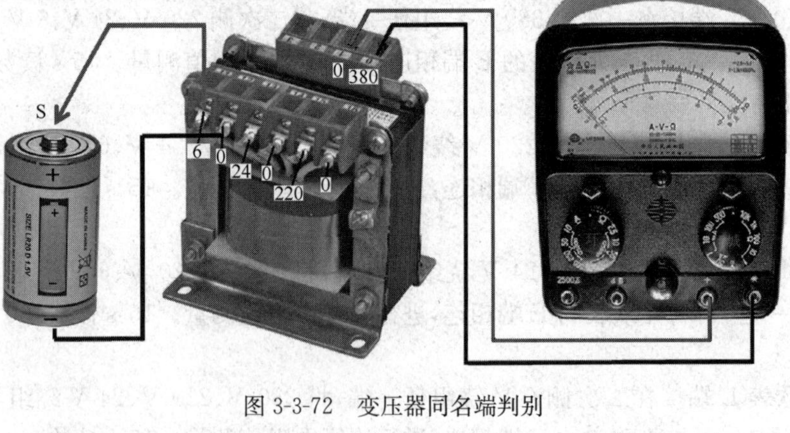

图 3-3-72　变压器同名端判别

6. 变压器空载试验

变压器空载试验是为了测量变压器的变压比、空载电流和铁损耗，以检查变压器铁芯质量情况，达到对绕组匝间绝缘、硅钢片片间绝缘、紧固件与铁芯多点接地情况的检查。空载试验的方法是从变压器的任一绕组加入额定电压(一般在低压侧)，其他绕组空载，测量各绕组的电压与变压器的空载电流、空载损耗。

(1)按图 3-3-73 所示电路接线。变压器低压绕组 ax(0～24V)接试验电源,高压绕组(0～380V)开路。变压器空载时的功率因数很低,应选择 $\cos\varphi=0.2$ 的功率表 W。

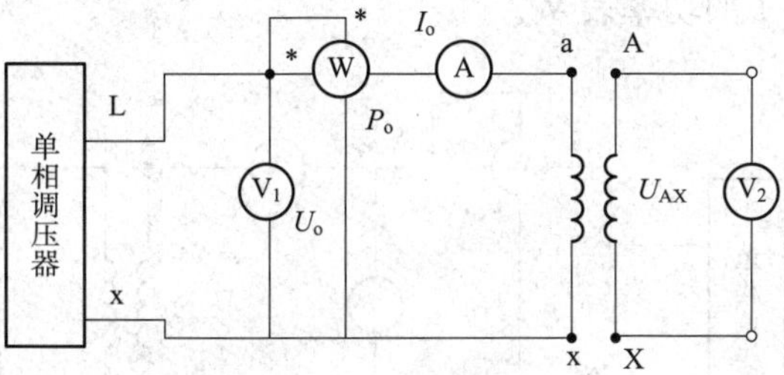

图 3-3-73　变压器空载试验

(2)试验电路接通电源前,就根据变压器的铭牌参数选择好所有仪表的量程,单相调压器的调压手柄调到输出电压为零的位置。

(3)接通电源,调节单相调压器电压,使空载电压 $U_0=1.2U_N$。

(4)逐次降低电源电压,在 $1.2\,U_N$ 到 $0.5\,U_N$ 的范围内,测取变压器的空载电压 U_0、空载电流、I_0 和空载损耗 P_0,计算功率因数 $\cos\varphi_0$。

(5)共取 8～9 组数据,其中 $U_0=U_N$ 的点必测,并在该点附近测的点应密些。将试验数据填入表 3-3-6 中。

(6)逆时针调节单相调压器手柄,使输出电压为零,断开试验电源。

表 3-3-6　变压器空载试验测量数据

序号	项　目				
	U_0/V	I_0/A	P_0/W	U_{AX}/V	$\cos\varphi_0$
1					
2					
3					
4					
5					
6					
7					
8					

7. 变压器短路试验

变压器短路试验是测量变压器在额定负载时的铜损耗与短路阻抗。短路试验的方法是将变压器一侧(一般在低压侧)绕组短路,从另一侧(一般在高压侧)施加额定频率的交流电压的试验。当电压调整到额定电流值时,记录功率和电压值,此值换算到额定温度下便是变压器的短路损耗和短路电压。

变压器短路试验方法基本与空载试验相似,不同之处是空载试验一般是从二次侧施加电压,一次侧空载。而短路试验一般是从一次侧施加电压,二次侧短路。空载试验施加的是额定电压,短路试验施加的是达到额定电流时的电压。变压器短路试验步骤:

(1)按图 3-3-74 所示电路接线。变压器高压绕组接试验电源,低压绕组短路。变压器短路试验时,应选择 $\cos\varphi=1$ 的功率表 W。

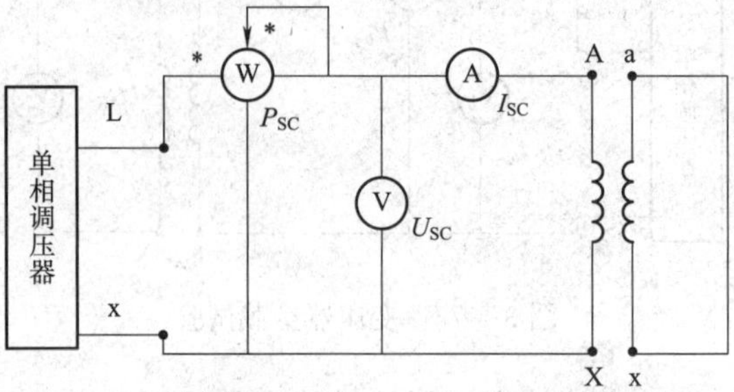

图 3-3-74 变压器短路试验

(2)试验电路接通电源前,选择好所有仪表的量程;确认单相调压器的调压手柄调到输出电压为零的位置。

(3)接通电源,缓慢增大单相调压器电源输出电压,使变压器的短路电流 $I_{SC}=1.2I_N$。

(4)逐次降低电源电压,使电流在 $1.1I_N$ 到 $0.3I_N$ 的范围内,测取变压器的输入电压 U_{SC}、电流 I_{SC}和损耗 P_{SC},并计算功率因数 $\cos\varphi_{SC}$。

(5)共取 5～6 组数据,其中 $I_{SC}=I_N$ 的点必测,并记录实验时周围环境温度(℃)。将试验数据填入表 3-3-7 中。

表 3-3-7 变压器短路试验测量数据 室温 $\theta=$ ℃

序号	项目			
	U_{SC}/V	I_{SC}/A	P_{SC}/W	$\cos\varphi_0$
1				
2				
3				
4				
5				
6				

(6)逆时针调节单相调压器手柄,使输出电压为零,断开试验电源。

电力变压器短路试验时,变压器允许短路损耗偏差为+10%,短路电压为±10%。当试验结果偏大时,应分析原因并消除缺陷。

请注意电压表与功率表的电压线圈的接法,空载试验时,电压线圈前接;短路试验时,电压线圈后接。

四、考核评价

单相变压器质量检测考核评价见表 3-3-8。

表 3-3-8　考核评价表(工时:2 h)

项目内容	配分	评分标准	扣分	得分
变压器直流电阻的测量	15 分	(1)会进行变压器外形质量的检查。不会检查,每项扣 2 分。 (2)能正确使用万用表、电桥测量变压器绕组的电阻值。不会测量或测量错误,每项扣 2 分。 (3)能根据测量数据分析变压器绕组好坏。不能判断好坏,扣 5 分		
变压器绝缘电阻的测量	15 分	(1)能正确使用兆欧表对变压器绝缘进行测量。不会测量或测量错误,每项扣 2 分。 (2)能正确记录测试数据。测试数据记录错误或不正确,每处扣 2 分。 (3)能根据测量数据分析变压器绝缘好坏。不能判断好坏,扣 5 分		
变压器同名端判别	10 分	(1)能正确使用仪器仪表进行变压器同名端判别。变压器同名端判别操作过程不正确或错误,每步扣 2 分。 (2)能正确使用仪器仪表判别出变压器同名端。变压器同名端判别结果不正确或错误,扣 5 分		
变压器空载试验	20 分	(1)能正确接好变压器空载试验电路。变压器空载试验电路接线错误,每处扣 2 分。 (2)能正确进行变压器空载试验数据测量。变压器空载试验数据测量步骤不正确或错误,每处扣 2 分。 (3)能正确测量出变压器空载试验数据。变压器空载试验数据不正确或错误,扣 5 分		
变压器短路试验	20 分	(1)能正确接好变压器短路试验电路。变压器短路试验电路接线错误,每处扣 2 分。 (2)能正确进行变压器短路试验数据测量。变压器短路试验数据测量步骤不正确或错误,每步扣 2 分。 (3)能正确测量出变压器短路试验数据。变压器短路试验数据不正确或错误,扣 5 分		
安全文明生产	20 分	(1)进行安全文明生产。违反操作规程,产生不安全因素,扣 20 分;严重者,直接取消考试资格。 (2)着装正确,保持工位卫生。着装防护用品不齐,每项扣 3 分;工位不整洁,每处扣 3 分		

训练二　交流电动机质量检测

一、训练目的

(1)掌握交流电动机的外观、机械部分检查。

(2)能对交流电动机绕组直流电阻和绝缘电阻进行正确测量。

(3)能对交流电动机绕组进行同名端判别。

(4)能对交流电动机进行空载试验。

二、训练工器具与材料(见表 3-3-9)

表 3-3-9　训练工器具与材料

序号	工器具与材料名称	单位	数量	备注
1	各种螺钉旋具(起子)	套	1	
2	数字万用表	块	1	
3	指针万用表	块	1	
4	单、双臂电桥	块	各 1	
5	兆欧表	块	1	
6	1 号电池	节	1	
7	电流表	块	1	
8	功率表	块	1	
9	单相调压器	台	1	
10	连接导线	米	若干	
11	工作服	套	1	

三、训练内容

1. 机械部分的检查

清扫干净三相异步电动机的外壳，检查电动机外壳无损伤，电动机的端盖、轴承盖、风扇等安装是否合乎要求，紧固部分是否牢固可靠，各部位螺钉是否齐全，转动部分应轻便灵活，转动时应没有摩擦声和异常声响。

2. 绕组直流电阻的测量

将三相定子绕组出线端的连接点拆开，先用数字万用表电阻挡测量定子三相绕组的通断情况，以判断三相定子绕组有无断路现象。如三相绕组正常，则测出的电阻值应基本一致，以万用表测得的电阻为参考值选择单臂电桥的倍率与计数盘位置，用单臂电桥精确测量三相定子绕组的直流电阻，将数据记录于表 3-3-10 中。

表 3-3-10　三相异步电动机定子绕组直流电阻

直流电阻	U 相	V 相	W 相
万用表测直流电阻/Ω			
单臂电桥测直流电阻/Ω			

1 000 V 以上或 250 kW 以上电动机各相绕组直流电阻值的差别不应超过最小值的 2%。

3. 绕组绝缘电阻的测量

测量三相异步电动机各相绕组之间以及各相绕组对机壳之间的绝缘电阻，可判断绕组是否严重受潮或有缺陷。测量绕组绝缘电阻时，应分别测量各绕组对机壳及绕组相互间的绝缘电阻，不参加试验的其他绕组和埋置检温计等元件应与铁芯或机壳作电气连接，机壳应接地。对于绕线转子式电动机应分别测量定子绕组和转子绕组的绝缘电阻。测量前，应根据被测电动机的额定电压按表 3-3-11 选择兆欧表。

表 3-3-11　兆欧表的选择

被测绕组额定电压U_N	兆欧表电压等级
$U_N \leqslant 1\,000$ V	500 V
1 000 V$<U_N\leqslant$2 500 V	1 000 V
2 500 V$<U_N\leqslant$5 000 V	2 500 V
5 000 V$<U_N\leqslant$12 000 V	5 000 V

在测量各相绕组绝缘电阻时，将兆欧表的接线柱"L"接被测相绕组一端，其余各绕组连在一起接电动机机座上没有油漆的部位，并与接线柱"E"相接，读取 1 min 时的数值，将测量值分别记录于表 3-3-12 中。

380 V 电动机的绝缘电阻在 0.5 MΩ 及以上，说明该电动机绝缘尚好，可继续使用；如果在 0.5 MΩ 以下，说明该电动机绕组已受潮，或绕组绝缘很差，需进行烘干处理，或需重新进行浸漆处理。如果测得绝缘电阻为零，说明该电动机绕组接地或相间绝缘损坏，必须进行修理，排除故障后方能使用。

1 000 V 以下电动机的绝缘电阻不应低于 0.5 MΩ；1 000 V 及以上电动机的绝缘电阻不应低于每千伏 1 MΩ；转子绕组的绝缘电阻不应低于每千伏 0.5 MΩ。

表 3-3-12　三相异步电动机定子绕组绝缘电阻

测量部位	绝缘电阻/MΩ
U 相与 V 相、W 相及地	
V 相与 U 相、W 相及地	
W 相与 U 相、V 相及地	

4. 绕组同名端判别

将三相定子绕组的六个出线端暂定标记为 U1、U2、V1、V2、W1、W2，然后按图 3-3-75(a)所示把其中任意两相绕组串联(图中为 U 相及 V 相)后再与交流电压表连接，第三相绕组(图中为 W 相)通过单相自耦调压器输入一个低压交流电(约 36 V)。通电后，若电压表有读数，则说明连接在一起的两个端点一个为首端，另一个为末端；若电压表无读数，则说明连接在一起的两个端点同为首端或同为末端，如图 3-3-75(b)所示。然后任定一端为已知首端，用同样的方法可确定第三相的首端和末端。最后将所有的首末端做好标记。

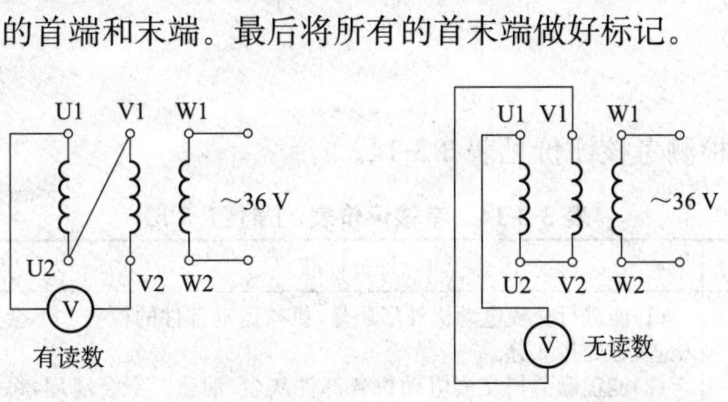

(a) 电压表有读数　　(b) 电压表无读数

图 3-3-75　用低压交流电源法检查绕组首末端

5. 电动机空载试验

在上述项目检查试验以后,则可确定电动机三相绕组基本正常,此时可先恢复三相绕组出线端的接线(Y联结或△联结),随后按图 3-3-76 接线,将三相交流电源加在三相交流电动机上。在通电前还需用手转动转子,看电动机转动是否灵活。

通电时应注意人不要站在电动机的两侧,操作人员应站在电源控制开关旁边,发现异常,立即切断电源。通电一段时间观察电动机运转情况,如转速是否正常,是否有不正常的声音,振动是否大,是否有异味等。如果电动机运转正常,则可用钳形电流表分别测量三相的空载电流,如图 3-3-77 所示,并记录于表 3-3-13 中。

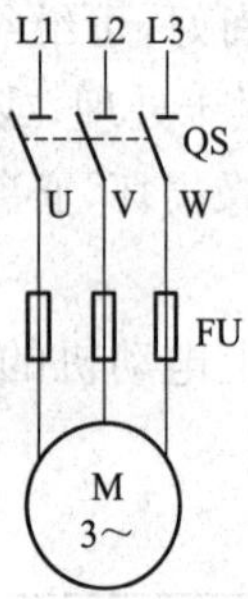

图 3-3-76　电动机空载试验电路

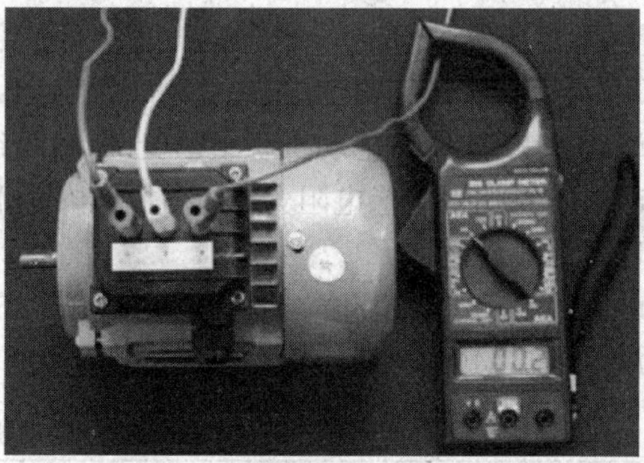

图 3-3-77　用钳形电流表分别测量三相的空载电流

电动机空载运行时,三相空载电流相互差别不大于平均值的 10%。用钳形电流表进行空载测量时,如果电动机的空载电流较小,而钳形电流表的量程选择最小挡仍无法正确读数时,可将被测相的电源进线分别绕上 5 圈(或 10 圈)后再卡入钳形电流表的钳口中间进行读数,此时实际的空载电流值为被测得的值除以 5(或 10)。电动机空载运转 20～30 min,轴承温度正常,电动机温度正常,轴承运转无异常声音等。

表 3-3-13　电动机三相空载电流

U 相空载电流/A	V 相空载电流/A	W 相空载电流/A

四、考核评价

交流电动机质量检测考核评价见表 3-3-14。

表 3-3-14　考核评价表(工时:1.5 h)

项目内容	配分	评分标准	扣分	得分
机械部分的检查	10	(1)能进行交流电动机外形质量、机械运动部件的检查。不会检查,每处扣 3 分。 (2)能正确清扫交流电动机各部件灰尘、油渍。不会清理,每处扣 3 分		
绕组直流电阻的测量	15	(1)能正确使用万用表、电桥测量交流电动机绕组的电阻值。不会测量或测量错误,每项扣 2 分。 (2)能根据测量数据分析交流电动机绕组好坏。不能判断好坏,扣 5 分		

续上表

项目内容	配分	评分标准	扣分	得分
绕组绝缘电阻的测量	20	(1)能正确使用兆欧表对交流电动机绝缘进行测量。不会测量或测量错误,每项扣 2 分。 (2)能正确记录测试数据。测试数据记录错误或不正确,每处扣 2 分。 (3)能根据测量数据分析交流电动机绝缘好坏。不能判断好坏,扣 5 分		
绕组同名端判别	20	(1)能正确使用仪器仪表进行交流电动机同名端判别。交流电动机同名端判别操作过程不正确或错误,每步扣 2 分。 (2)能正确使用仪器仪表判别出交流电动机同名端。交流电动机同名端判别结果不正确或错误,扣 5 分		
电动机空载试验	15	(1)能正确接好交流电动机空载试验电路。交流电动机空载试验电路接线错误,每处扣 2 分。 (2)能正确进行交流电动机空载试验数据测量。交流电动机空载试验数据测量步骤不正确或错误,每步扣 2 分。 (3)能正确测量出交流电动机空载试验数据。交流电动机空载试验数据不正确或错误,扣 5 分		
安全文明生产	20	(1)进行安全文明生产。违反操作规程,产生不安全因素,扣 20 分;严重者,直接取消考试资格。 (2)着装正确,保持工位卫生。着装防护用品不齐,每项扣 3 分;工位不整洁,每处扣 3 分		

测评题

一、单选题

1. 如果将电压比为 220 V/36 V 的变压器接在 220 V 的直流电源上,则变压器将(　　)。

   (A)输出 36 V 直流电压

   (B)输出 36 V 交流电压

   (C)没有电压输出,一、二次绕组将过热而烧坏

   (D)输出电压小于 36 V,变压器仍能正常工作

2. 机床上照明用的变压器应采用(　　)结构。

   (A)双绕组降压变压器　　(B)自耦变压器

   (C)电压互感器　　(D)电流互感器

3. 电流互感器运行时,(　　)。

   (A)接近空载状态,二次侧不准开路　　(B)接近空载状态,二次侧不准短路

   (C)接近短路状态,二次侧不准短路　　(D)接近短路状态,二次侧不准开路

4. 电压互感器运行时,(　　)。

   (A)接近空载状态,二次侧不准开路　　(B)接近空载状态,二次侧不准短路

   (C)接近短路状态,二次侧不准开路　　(D)接近短路状态,二次侧不准短路

5. 要使三相异步电动机正常起动,则电动机的起动转矩 T_{st} 及负载转矩 T_L 必须满足(　　)。

(A)$T_{st}>T_L$　　(B)$T_{st}=T_L$　　(C)$T_{st}<T_L$　　(D)任意值均可

6. 三相异步电动机不希望长期空载或轻载运行的原因是(　　)。

(A)转速太高有危险　　(B)转速不稳定

(C)定子绕组电流太大　　(D)功率因数及效率低

7. 三相异步电动机最优的调节转速的方法是(　　)。

(A)改变交流电源频率　　(B)改变定子绕组磁极对数

(C)定子绕组由星形联结改为三角形联结　　(D)改变电源电压

8. 单相交流电通入单相绕组产生的磁场是(　　)。

(A)旋转磁场　　(B)恒定磁场　　(C)脉动磁场

9. 目前国产吊式电风扇、洗衣机上面使用的单相异步电动机大多属于(　　)。

(A)单相罩极式异步电动机　　(B)单相电容运行异步电动机

(C)单相电容起动异步电动机　　(D)单相电阻起动异步电动机

10. 单相电动机不能自行起动的原因是因为(　　)。

(A)磁极对数太少　　(B)功率太小

(C)转速太低　　(D)空气隙中产生的是脉动磁场

11. 单相罩极式异步电动机的转动方向(　　)。

(A)由磁极未罩部分向被罩部分旋转　　(B)由磁极被罩部分向未罩部分旋转

(C)决定于磁极绕组与电源的接法　　(D)不确定,可任意旋转

12. 改变单相电容起动异步电动机的转向,只要将(　　)。

(A)工作绕组与起动绕组和电源的接线同时对调

(B)工作绕组或起动绕组中任意一组的首末端与电源接线对调

(C)将电容器从起动绕组中切除

13. 单相异步电动机最经济的调速方法是(　　)。

(A)串电抗器调速　　(B)串电阻调速　　(C)用晶闸管无级调速

14. 直流电动机在旋转一周的过程中,某一个电枢绕组元件(线圈)中所通过的电流是(　　)。

(A)直流电流　　(B)交流电流　　(C)互相抵消正好为零

15. 串励直流电动机为了改变转动方向,下述可采取的措施是(　　)。

(A)改变电源电压的大小

(B)改变通过线圈的电流的大小

(C)改变流过主磁极线圈的电流的方向,或者改变流过电枢线圈的电流的方向

(D)对调 N、S 两磁极的位置,同时对调电源的正、负极

16. SS 型电力机车牵引电动机是串励直流电动机,当机车所牵引的负载增加时,则电动机的电枢电流和转速将(　　)。

(A)电枢电流增大,转速降低　　(B)电枢电流增大,转速升高

(C)电枢电流减小,转速降低　　(D)电枢电流增大,转速升高

二、多选题

1. 一台变压比为 220 V/110 V 的变压器，N_1＝2 000 匝，N_2＝1 000 匝。在维修时，有人为节省铜线，将 N_1 改为 1 000 匝，N_2 改为 500 匝，则该变压器(　　)。

(A)接在 220 V 电源上时，仍能输出 110 V 电压，正常工作

(B)接在 220 V 电源上时，输出 55 V 电压，正常工作

(C)接在 220 V 电源上时，使铁芯磁饱和，严重发热

(D)接在 220 V 电源上时，将会烧坏变压器

2. 三相电力变压器油箱中变压器油的作用是(　　)。

(A)散热　　(B)润滑　　(C)绝缘　　(D)降低噪声

3. 自耦变压器的特点是(　　)。

(A)一、二次绕组之间有磁的耦合

(B)一、二次绕组之间有电的联系

(C)只有一个绕组，因此没有一、二次绕组之分

(D)一、二次绕组之间没有磁的耦合，也没有电的联系

4. 下列用于小功率电源系统和自动控制系统的控制变压器是(　　)。

(A)高压变压器　　(B)输入/输出变压器　　(C)调压变压器　　(D)脉冲变压器

5. 三相异步电动机常见的调速方式有(　　)。

(A)变极调速　　(B)电磁滑差调速　　(C)变频调速　　(D)串电阻调速

三、判断题

(　　)1. 变压器既可以变换电压、电流和阻抗，又可以变换频率和功率。

(　　)2. 变压器是利用电磁感应原理，将电能从一次绕组传输到二次绕组的。

(　　)3. 变压器一次绕组及二次绕组均开路的运行方式称为空载运行。

(　　)4. 只要加在变压器一次绕组上的交流电压值不变，不论二次绕组上所接的负载如何变化(不超过额定值)，其铁芯中的磁通 Φ_m 基本上保持不变。

(　　)5. 对一台已制成的变压器，如将其铁芯厚度减少一半，其他均不变，则变压器仍可正常工作。

(　　)6. 某台变压器的变压比为 380 V/36 V，则它能把交流 380 V 降为 36 V，反过来也可以把交流 36 V 升为 380 V。

(　　)7. 变压器的电压变化率越大，说明该变压器的输出电压越稳定。

(　　)8. 高压输电的主要缺点是随着电压的升高，输电线路上的功率损耗也随之增加。

(　　)9. 输电线路的电压越高，所需的升压及降压变压器数量就越多，这从经济意义上讲是不合算的。

(　　)10. 电能在传输过程中要多次经过变压器的升压与降压，因此降低变压器本身的功率损耗，尽量提高变压器的效率是节约电能的重要途径之一。

(　　)11. 自耦变压器既可作降压变压器使用，也可作升压变压器使用。

(　　)12. 凡是能将电能转换成机械能的装置均称为电动机。

(　　)13. 在三相异步电动机的定子绕组中，通入三个大小相等、相位相同的交流电，则

在定子与转子空气隙中形成的磁场是旋转磁场。

(　　)14. 根据 $n_1=\frac{60f}{p}$，$f_1=50$ Hz 时，则两极($p=1$)异步电动机和四极($p=2$)异步电动机的额定转速分别为 3 000 r/min 和 1 500 r/min。

(　　)15. 转差率 s 是分析异步电动机运行性能的一个重要参数，电动机转速越快，则转差率 s 就越大。

(　　)16. 三相异步电动机的定子绕组组成的磁极对数越多，电动机转速就越快。

(　　)17. 三相异步电动机的额定电压、额定电流和额定功率分别是指电动机的输入电压、输入电流和输入功率。

(　　)18. 三相异步电动机的定子绕组和转子绕组在电路上没有直接的联系，但共处于同一磁路中。

(　　)19. 三相异步电动机定子及转子铁芯均由表面具有绝缘层的硅钢片叠成，其目的是既能使磁路具有良好的导磁性能，又能有效地减小铁损耗。

(　　)20. 三相异步电动机中定子绕组和转子绕组的作用与变压器中的一、二次绕组作用一样，即实现电能的传递。

(　　)21. 三相异步电动机接在 $u_1=380$ V 电源上工作，不论三相绕组接成三角形还是星形，其输出功率均是相等的。

(　　)22. 在选择三相异步电动机时，总希望选功率大一点的电动机，使它在工作时能轻载运行，以保护电动机不会损坏。

(　　)23. 输出功率相同的两台异步电动机，额定转速越高，输出转矩也相应越大。

(　　)24. 三相异步电动机短时间过载，其绕组不会烧坏，所以电动机短时间内处于负载转矩 T_L 大于电动机的 T_m 状态运行是允许的。

(　　)25. 家用吊式电风扇的电容器损坏拆除后，起动时用手拨动一下扇叶，电风扇会朝拨动的方向连续旋转。

(　　)26. 定子铁芯仅嵌有一个绕组(也未设短路铜环)的单相异步电动机，其转动方向是不固定的，当朝某一方向施加一个外力后，转子就沿着外力的方向转动起来。

(　　)27. 单相电容起动异步电动机起动后进入正常运行状态时，若此时起动绕组断线，则电动机将停转。

(　　)28. 单相电容起动异步电动机的离心开关起动前不闭合，则电动机不能起动，起动后断不开，则电动机会发热甚至冒烟。

(　　)29. 单相电容运行异步电动机因其工作绕组与起动绕组中的电流是同相位的，所以称为单相异步电动机。

(　　)30. 直流电动机的电磁转矩是驱动转矩，因此，稳态运行时，大的电磁转矩对应的转速就高。

(　　)31. 直流电动机是接入直流电源，所以电枢绕组元件内的电动势和电流都是直流。

(　　)32. 直流电动机处于制动状态，意味着电动机将减速停转。

(　　)33. 直流电动机轴上的输出功率就是电动机的额定功率。

项目四　识图与绘图

学习目标

应知	1. 掌握平面图样、装配图、电气图的基本规定。 2. 熟悉平面图样、装配图的识读方法。 3. 掌握电气线路的安装与调试方法。
应会	1. 能够识读平面图样、装配图、电气图。 2. 会使用绘图工具绘制电气图纸。 3. 会安装与调试照明电路。 4. 会安装与调试简单的电气控制线路。

建议学时

理论教学 4 学时，技能训练 4 学时。

知识导入

知识点一　机械识图常识

一、制图的基本规定

1. 图纸幅面与格式(GB/T 14689—2008)

基本幅面共有 5 种，其尺寸关系如图 3-4-1 和表 3-4-1 所示。绘制图样应优先采用这几种图幅尺寸。图框格式如图 3-4-2 和图 3-4-3 所示。

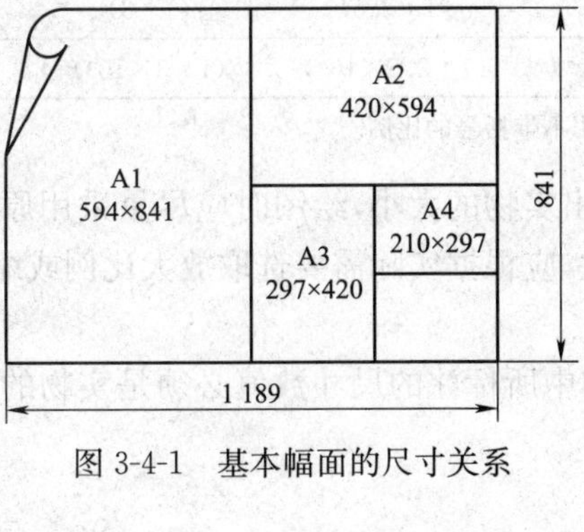

图 3-4-1　基本幅面的尺寸关系

表 3-4-1　基本幅面及尺寸

幅面代号	A0	A1	A2	A3	A4
$B \times L$	841×1 189	594×841	420×594	297×420	210×297
a	25				
c	10			5	
e	20		10		

注:1. a、c、e 为预留边宽度,参见图 3-4-2。

2. $B \times L$ 表示图纸的"宽度×长度"。

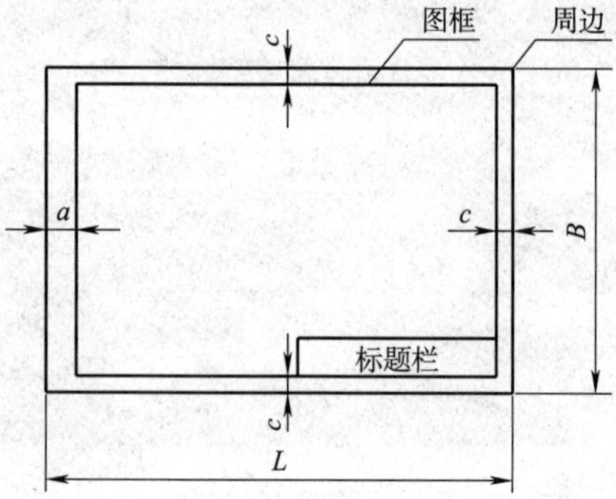

图 3-4-2　图框格式

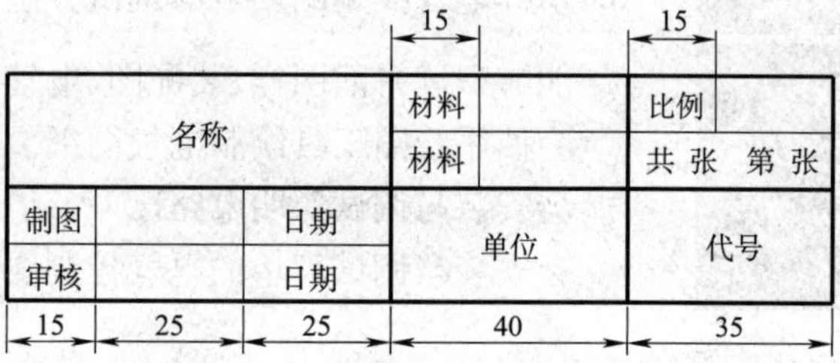

图 3-4-3　标题栏

2. 比例

比例是指图样中的图形与其实物相应要素的线性尺寸之比。

原值比例:比值为 1 的比例,即 1∶1。

放大比例:比值大于 1 的比例,如 2∶1。

缩小比例:比值小于 1 的比例,如 1∶2。

当需要比例绘制图样时,应从表 3-4-2 规定的系列中选取适当的比例。

表 3-4-2　绘图比例

原值比例	1∶1				
放大比例	2∶1	5∶1	1×10^n∶1	2×10^n∶1	5×10^n∶1
	(2.5∶1)	(4∶1)	(2.5×10^n∶1)	(4×10^n∶1)	
缩小比例	1∶2	1∶5	1∶1×10^n	1∶2×10^n	1∶5×10^n
	(1∶1.5)	(1∶2.5)	(1∶3)	(1∶4)	(1∶6)
	(1∶1.5×10^n)	(1∶2.5×10^n)	(1∶3×10^n)	(1∶4×10^n)	(1∶6×10^n)

注:n 为正整数,选用时应优先选用不带括号的比例。

为了从图样上直接反映出实物的大小,绘图时应尽量采用原值比例。因各种实物的大小与结构上的差别,绘制图样时,应根据实际需要选取放大比例或缩小比例。比例应标注在标题栏中的比例栏中。

不论采用何种比例,图样中所标注的尺寸数值必须是实物的实际大小。与图形的比例无关,如图 3-4-4 所示。

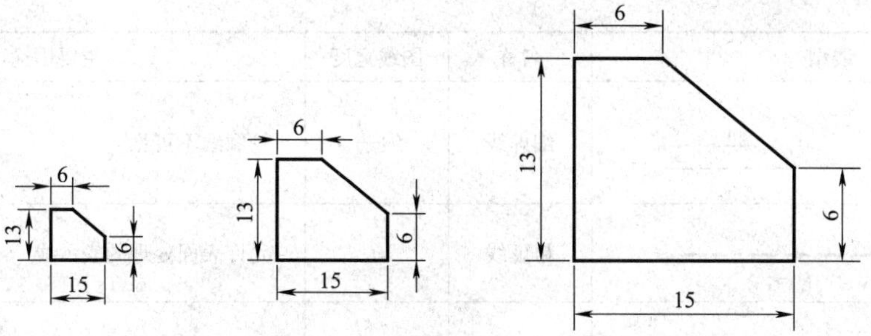

图 3-4-4　用不同比例画出的图形

3．字体

图样中书写的字体必须做到字迹工整、笔画清楚、间隔均匀、排列整齐。

字体高度(用 h 表示)的公称尺寸系列为 1.8、2.5、3.5、5、7、10、14、20，单位为 mm，字体高度代表字体号数，如 10 号字其高度为 10 mm。

汉字应写成长仿宋体，高度不应小于 3.5 mm，其宽度一般为 $h\sqrt{2}$。数组和字母可写成斜体或直体，斜体字字头向右倾斜，与水平基准线呈 75°。汉字、数字、字母的示例如图 3-4-5 所示。

1 2 3 4 5 6 7 8 9 0

abcdefghijklmnopqrstuvwxyz

ABCDEFGHIJKLMNOPQRSTUVWXYZ

I II III V VI VII VII IX X

横平竖直注意起落结构均匀填满

图 3-4-5　汉字、数字、字母的示例

4．图线

(1)线型。图线应用示例见表 3-4-3。

表 3-4-3　线型名称、宽度及主要用途

线型	名称	图线宽度	主要用途
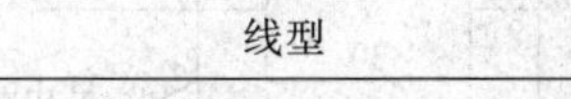	粗实线	d	可见轮廓
	细实线	约$\frac{d}{2}$	尺寸线及尺寸界线、剖面线、重合断面的轮廓线、螺纹牙底线及齿轮齿根线、指引线、分界线及范围线、过渡线
	波浪线	约$\frac{d}{2}$	断裂处边界线、视图与剖视图的分界线
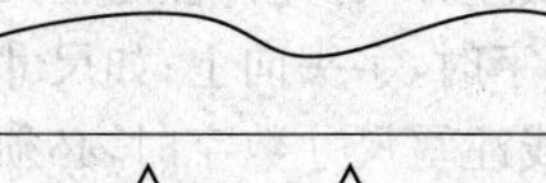	双折线	约$\frac{d}{2}$	断裂处边界线、视图与剖视图的分界线

续上表

线型	名称	图线宽度	主要用途
	细虚线	约$\frac{d}{2}$	轮廓线不可见
	粗虚线	d	允许表面处理的表示线
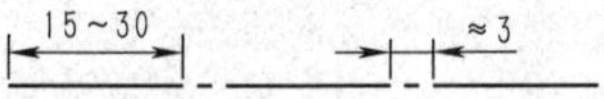	细点画线	约$\frac{d}{2}$	轴线、对称线和中心线、分度圆(线)
	粗点画线	d	限定范围的表示线
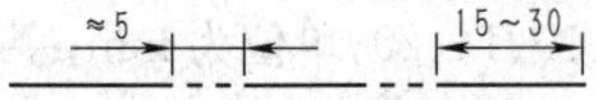	细双点画线	约$\frac{d}{2}$	相邻辅助零件的轮廓线、极限位置的轮廓线、轨迹线、中断线

(2)线宽。在机械图中,线型的宽度一般分两种,即粗线和细线。粗线宽度一般为 0.5～2 mm。线宽推荐系列为:0.18 mm、0.25 mm、0.35 mm、0.5 mm、0.7 mm、1 mm、1.4 mm、2 mm。

5. 尺寸标注

(1)尺寸标注的基本规则:

①尺寸数值为零件的真实大小,与绘图的比例和准确度无关。

②图纸尺寸单位为毫米时,不必标注尺寸的单位或名称。采用其他单位时,必须标注尺寸的单位或名称。

③每个尺寸一般只标注一次,并标注在最能清晰反映结构特征的视图上。

④图样中所标注的尺寸,为机件最后完工的尺寸。

(2)标注尺寸的三要素。完整的尺寸由尺寸界线、尺寸线、尺寸数字三要素组成,如图 3-4-6 所示。

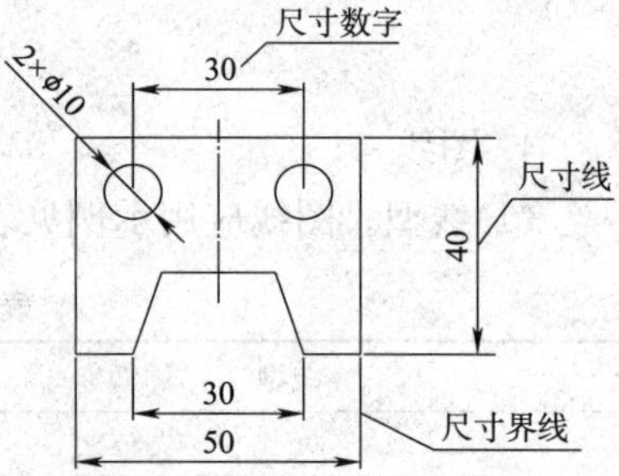

图 3-4-6　标注尺寸的三要素

①尺寸界线。尺寸界线用细实线绘制,并由图形的轮廓线、轴线或对称中心线引出,也可利用轮廓线、轴线或对称中心线作为尺寸界线。尺寸界线一般与尺寸线垂直,并超出尺寸线的终端 2～3 mm。

②尺寸线。尺寸线用细实线绘制,不能用其他线代替,一般也不得与其他线重合或画在延长线上。标注线型尺寸时,尺寸线必须与所注的线段平行;当有几条相互平行的尺寸线时,大尺寸要注在小尺寸外面。在圆或圆弧上标注直径或半径尺寸时,尺寸线一般应通过圆心或其延长线通过圆心。

③尺寸数字。线性尺寸的数字一般应注写在尺寸线的上方或左方,也允许注写在尺寸线的中断处。在同一图样上,数字的注法应一致。注写线性尺寸数字时,字头向上;如尺寸线为竖直方向,尺寸数字规定由下向上书写,字头向左。在倾斜尺寸线注写尺寸数字时,必须使字头方向有向上的趋势。

常用尺寸的注写见表 3-4-4。

表 3-4-4 常用尺寸的注写

标注内容	图例	说明
线性尺寸的数字方向	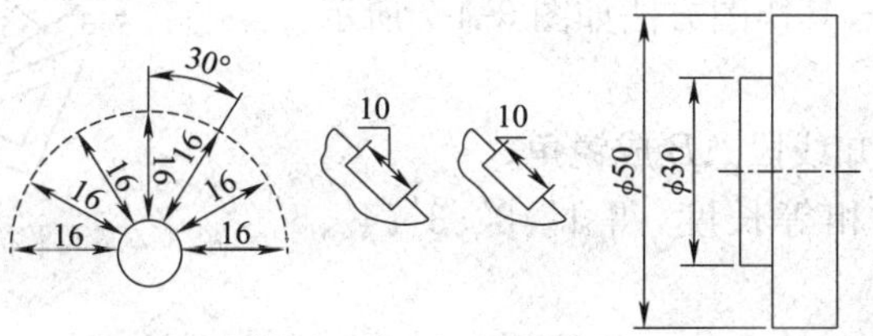	水平尺寸数字头朝上，竖直尺寸数字头朝左，并尽量避免在图标 30°范围内标注尺寸。无法避免时，可按中间图标注。为了便于从水平方向看图，对非水平方向的尺寸，允许写成右图形式
角度	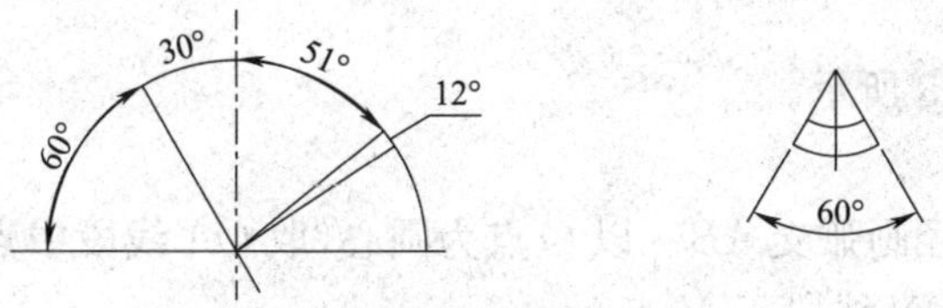	角度数字一律写成水平方向，一般注写在尺寸中断线处。必要时可以写在上方或外面，亦可引出标注
圆和圆弧	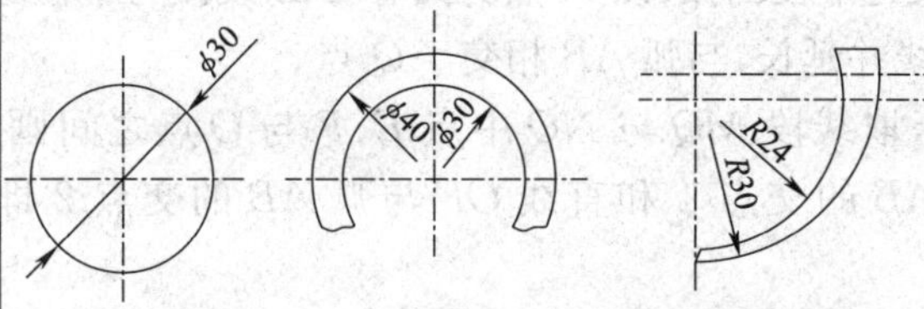	半径、直径的尺寸数字前应分别加符号 R 和 ϕ，尺寸线。尺寸线应按图例绘制
大圆弧	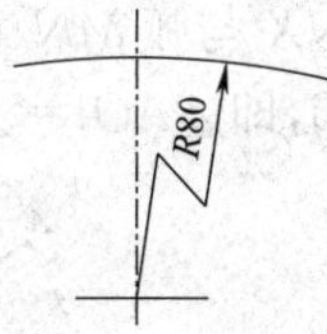	无法标注圆心时应按图例绘制
小尺寸和小圆弧	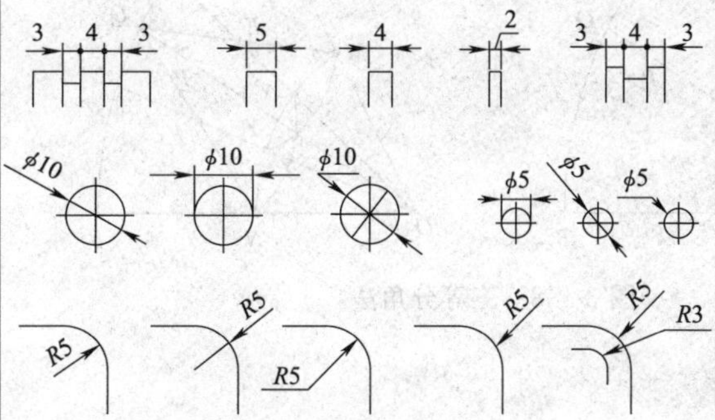	在没有足够的位置画箭头或写数字时，可按图例形式标注
球面	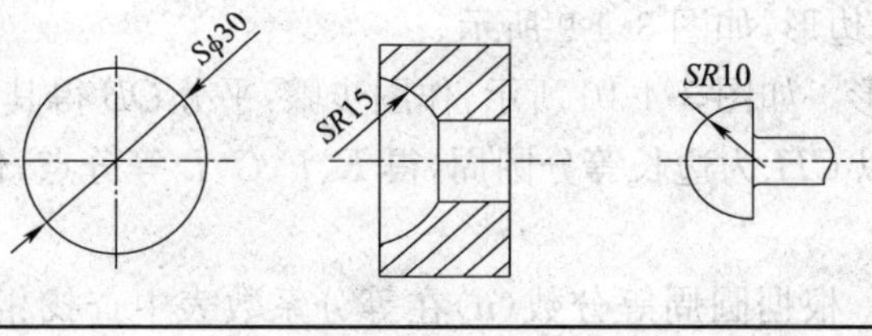	应在“R”和“ϕ”前加注符号“S”

6. 线段的等分

1)平行线法

已知线段 AB,求做任意等分,其作图方法如图 3-4-7 所示。

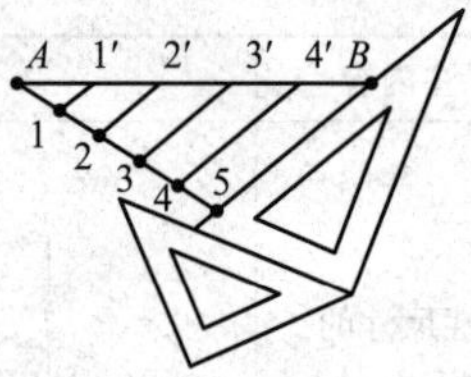

图 3-4-7　平行线法等分线段

解题步骤:

(1)过 A 点做直线 AC,与已知线段 AB 成锐角;

(2)用分规在 AC 线段上取相等长度,得 $1'$、$2'$、$3'$、$4'$、$5'$ 各等分点;

(3)连接 5B,在 AB 线段上即得 4、3、2、1 各等分点。

2)等分角

等分角的作图方法如图 3-4-8 所示。

解题步骤:

(1)以 O 点为圆心 OA 为半径画弧交 AB。以 O 点为圆心,取 OA 线段中点 M 为终点,以 OM 线段为半径画弧交 MN,交 ON 线段于 N 点。

(2)以 M 点为圆心,MA 线段为半径画弧;以 N 点为圆心,NB 线段为半径画弧;两弧相较于 P 点。在 O 点与 P 点间画直线并延长,与弧 AB 相交于 Q 点。

(3)分别画线段 MQ 与 NQ,取线段 MQ 与 NQ 中点 E、F 与 O 点之间画直线,并延长与弧 AB 相交。直线 OE 与弧 AB 的交点 1 和直线 OF 与弧 AB 的交点 2 即为$\angle \underline{AOB}$ 的三等分点。

证明:分别以 E、F 点为圆心,ME 为半径画弧(可证明 $ME=EQ=NF=FQ$)。弧 MY 与弧 MN 相交于 Y 点,与直线 OE 相交于 Y 点;弧 NX 与弧 MN 相交于 X 点,与直线 OF 相交于 X 点。由于半径相等,因此证明$\angle AO2=\angle 1OB$,即$\angle AO1=\angle 1O2=\angle 2OB$。

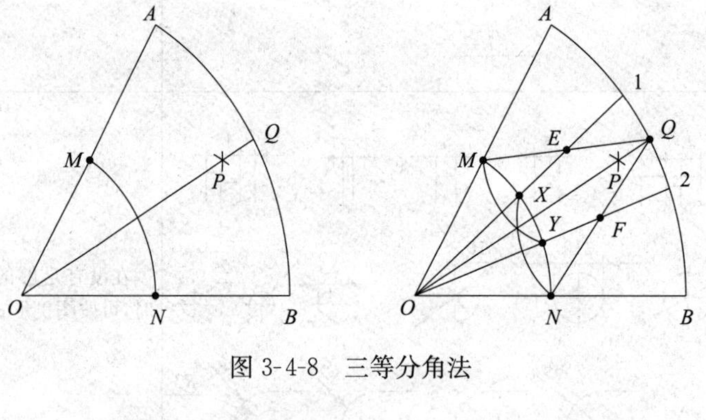

图 3-4-8　三等分角法

3)等分圆周

(1)六等分圆周和作正六边形。用圆的半径六等分圆周。当已知正六边形对角距离(即外圆的直径)时,可用此法画出正六边形,如图 3-4-9 所示。

(2)五等分圆周和作正五边形。如图 3-4-10 所示,作图步骤:平分 OB 得其中点 P;并延长在 AB 上取 $PH=PC$,得点 H;以 CH 为边长等分圆周,得 E、F、G、L 等分点,依次连接,即得正五边形。

(3)用查表法任意等分圆周。根据圆周等分数(n)在等分系数表中查找相应的等分系数(k),乘以圆的直径(D),即可得到等分边长(a),见表 3-4-5。

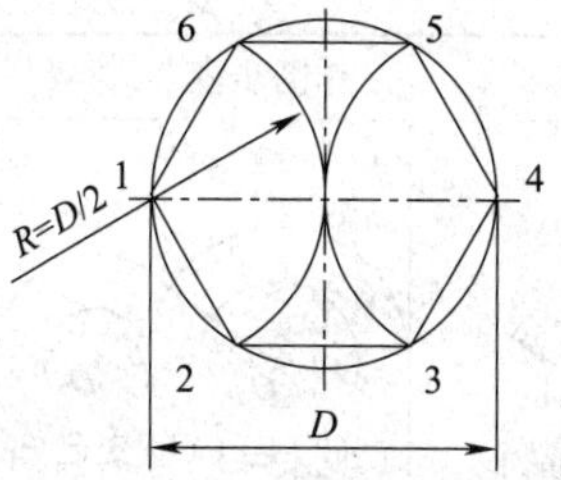

图 3-4-9　用圆的半径六等分圆周画法

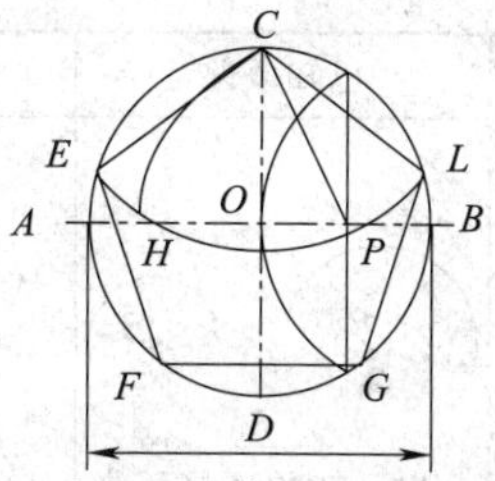

图 3-4-10　正五边形画法

表 3-4-5　圆周等分系数表

等分数	5	7	9	10	11	13	14
等分系数	0.588	0.434	0.342	0.309	0.282	0.239	0.223
等分数	15	17	18	19	20	21	—
等分系数	0.208	0.184	0.174	0.165	0.156	0.149	—

7. 圆弧连接

用圆弧光滑地连接相邻两线段(直线或圆弧)的作图方法,称为圆弧连接。圆弧连接在机件轮廓图中经常可见。图 3-4-11 所示为扳手轮廓图。

圆弧连接的实质就是使连接圆弧与相邻线段相切以达到光滑连接的目的。

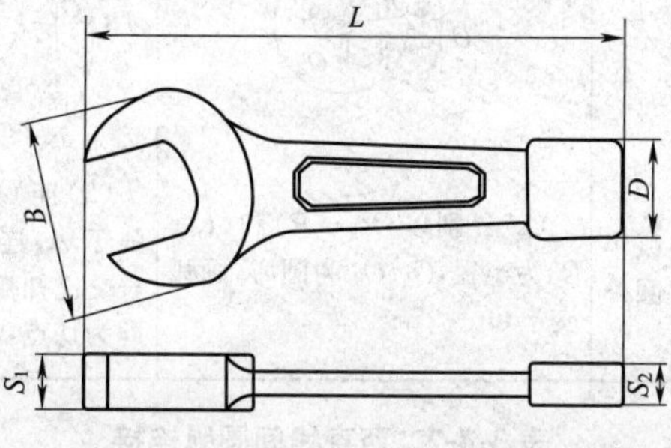

图 3-4-11　扳手轮廓图

直线和圆弧及两圆弧之间圆弧连接,见表 3-4-6。两直线间圆弧连接,见表 3-4-7。

表 3-4-6　直线和圆弧及两圆弧之间圆弧连接

名称	已知条件	作图步骤		
直线和圆弧连接	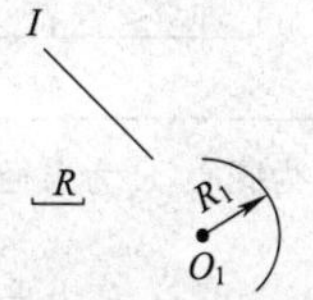 以已知连接弧半径 R,画弧,与直线 Ⅰ 和 O_1 圆外切	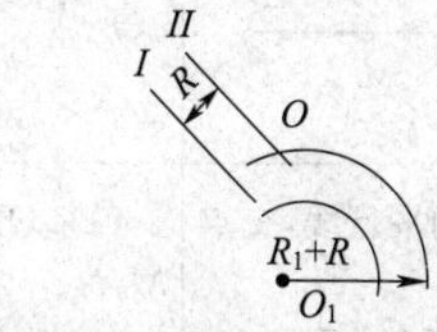 (1)作直线Ⅱ平行于直线Ⅰ(其间距离为 R),再作已知圆弧的同心圆(半径为 $R+R_1$)与直线Ⅱ相交于 O	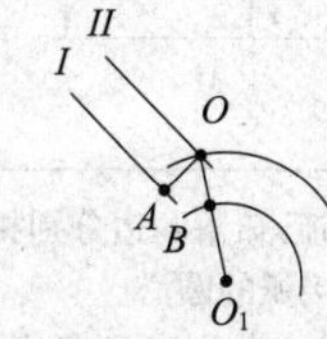 (2)作 OA 垂直于直线Ⅰ;连接 OO_1 交已知圆弧于 B,A、B 即为切点	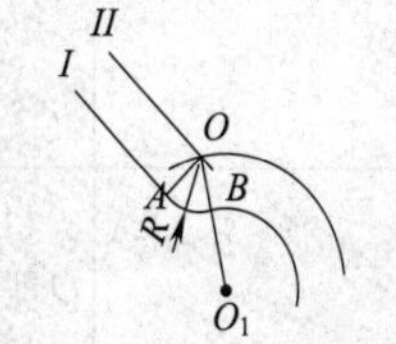 (3)以 O 为圆心,R 为半径画圆弧,连接直线Ⅰ和圆弧 O_1 于 A、B 即完成作图

续上表

名称		已知条件	作图步骤		
两圆弧之间圆弧连接	外连接	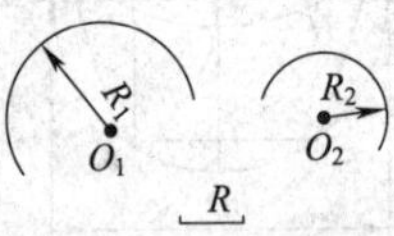 以已知的连接弧半径 R 画弧，与两圆外切	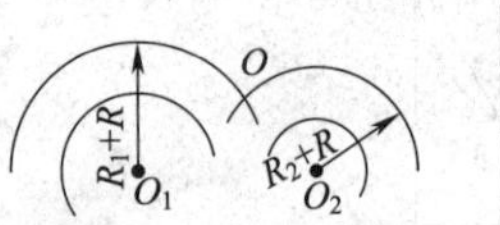 (1)分别以(R_1+R)和(R_2+R)为半径，O_1、O_2 为圆心，画弧交于 O	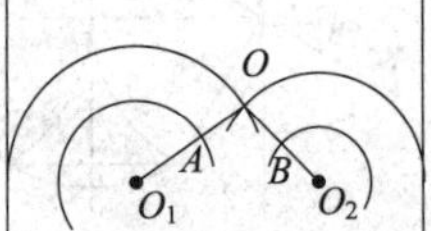 (2)连 OO_1 交已知弧于 A，连 OO_2 交已知弧于 B，A、B 即为切点	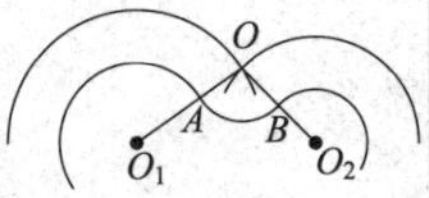 (3)以 O 为圆心，R 为半径画弧，连接已知弧于 A、B 即完成作图
	内连接	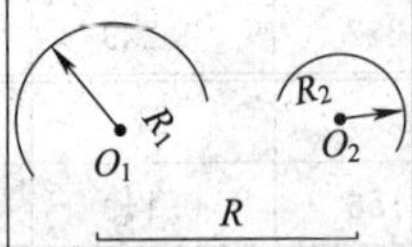 以已知的连接弧半径 R 画弧，与两圆内切	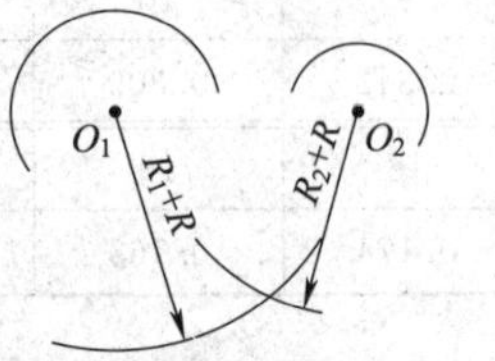 (1)分别以(R_1+R)和(R_2+R)为半径，O_1、O_2 为圆心，画弧交于 O	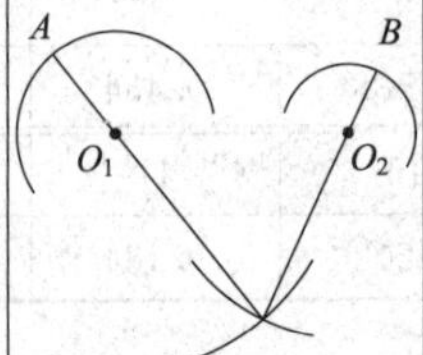 (2)连 OO_1、OO_2 并延长，分别交弧于 A、B，A、B 即为切点	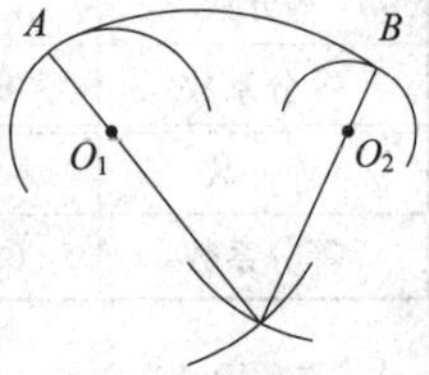 (3)以 O 为圆心，R 为半径画弧，连接已知弧于 A、B 即完成作图
	混合连接	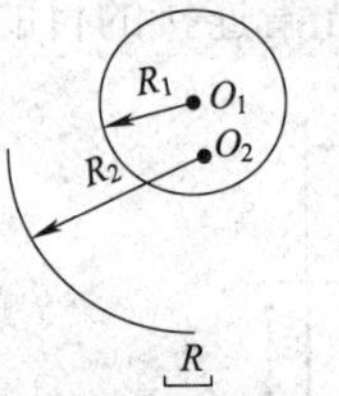 以已知的连接弧半径 R 画弧，与 O_1 圆外切，与 O_2 圆内切	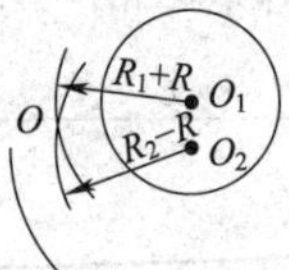 (1)分别以(R_1+R)和(R_2-R)为半径，O_1、O_2 为圆心，画弧交于 O	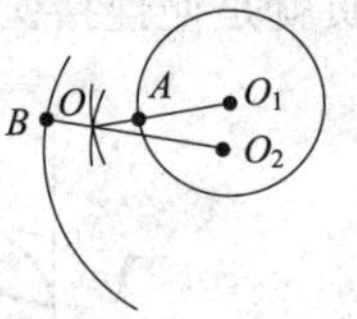 (2)连 OO_1 交已知弧于 A，连 OO_2 并延长交已知弧于 B，A、B 即为切点	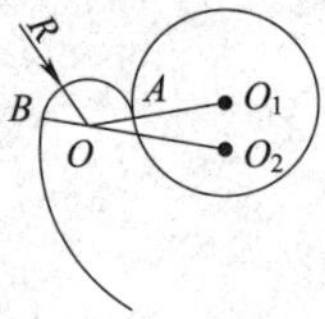 (3)以 O 为圆心，R 为半径画弧，连接已知弧于 A、B 即完成作图

表 3-4-7　两直线间圆弧连接

类别	用圆弧连接锐角或钝角的两边	用圆弧连接直角的两边
图例	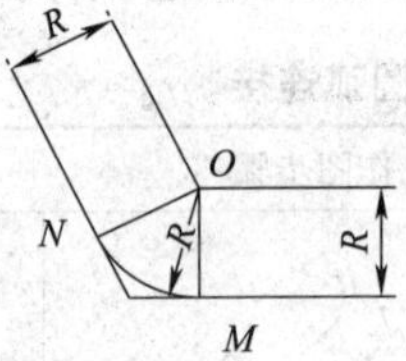 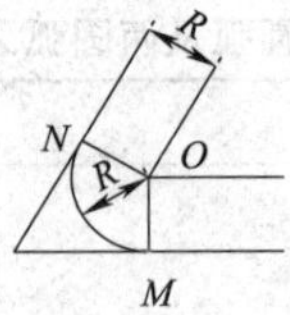	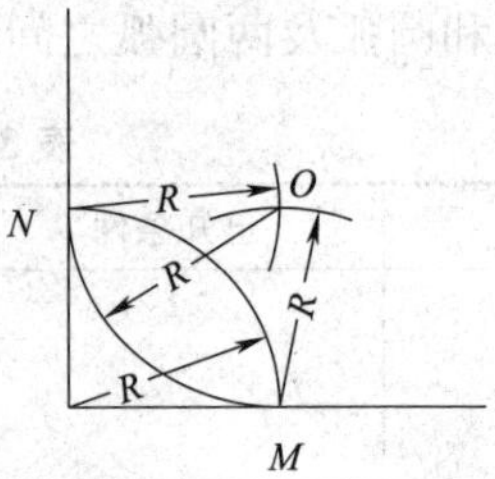
作图步骤	(1)作与已知角两边分别相距 R 的平行线，交点 O 即为连接弧的圆心。 (2)自 O 点分别向已知角两边作垂线，垂足 M、N 即为切点。 (3)以 O 为圆心，R 为半径，在两切点 M、N 之间画连接圆弧即为所求	(1)以顶角为圆心，R 为半径画弧，交直角两边于 M、N。 (2)以 M、N 为圆心，R 为半径画弧，相交得连接圆弧圆心 O。 (3)以 O 为圆心，R 为半径，在 M、N 之间画连接圆弧即为所求

8. 椭圆的画法

椭圆是常见的非圆曲线，在已知长、短半轴的条件下，通常采用四心圆法，即以四段相切圆弧画近似椭圆，如图 3-4-12 所示。

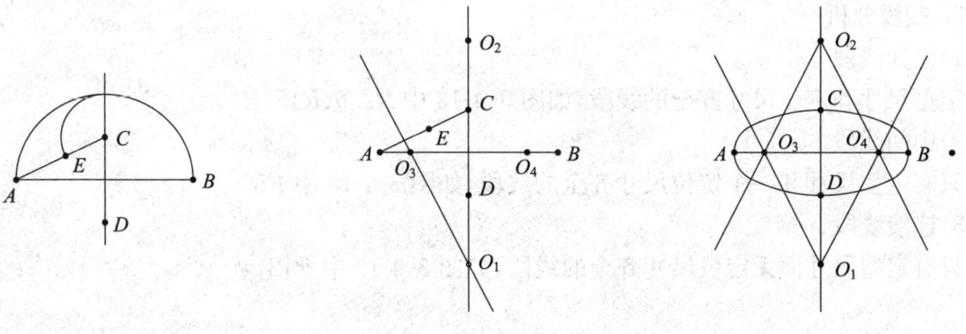

图 3-4-12　椭圆的画法

作图步骤如下：

(1)画出长短轴 AB、CD，连 AC，以 C 为圆心，长半轴与短半轴之差为半径，画弧交 AC 于 E 点，如图 3-4-12(a)所示。

(2)作 AE 中垂线与长、短半轴交于 O_3、O_1 点，并作出其对称点 O_4、O_2，如图 3-4-12(b)所示。

(3)分别以 O_1、O_2 为圆心，O_1C 为半径画大弧；O_3、O_4 为圆心，O_3A 为半径画小弧即得椭圆，如图 3-4-12(c)所示。

二、平面图形的识读

平面图形由若干线段连接而成，这些线段之间的相对位置和连接关系靠给定尺寸确定。下面以图 3-4-13 所示手柄为例说明平面图形的分析方法。

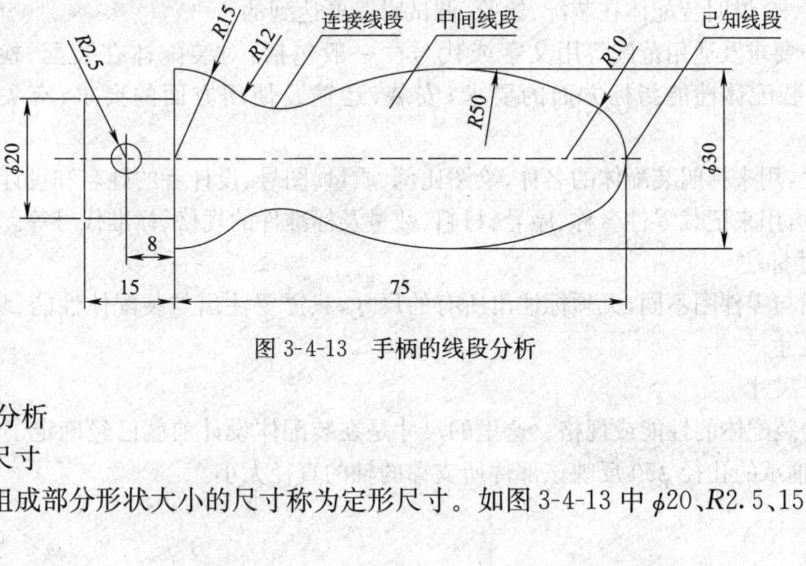

图 3-4-13　手柄的线段分析

1. 尺寸分析

1)定形尺寸

确定各组成部分形状大小的尺寸称为定形尺寸。如图 3-4-13 中 ϕ20、R2.5、15、R15、R12、

$R50$、$R10$、$\phi30$ 等尺寸。

2)定位尺寸

确定各组成部分之间相对位置的尺寸称为定位尺寸。如图 3-4-13 中 8 是确定 $R2.5$ 圆位置的定位尺寸。有的尺寸既有定形尺寸的作用,又有定位尺寸的作用,如图 3-4-13 中 75。

2. 线段分析

1)已知线段

定型尺寸和定位尺寸齐全的线段,如图 3-4-13 中 $R2.5$、$R15$、$R10$。

2)中间线段

只有定型尺寸和一个定位尺寸齐全的线段,如图 3-4-13 中 $R50$。

3)连接线段

只有定型尺寸而无定位尺寸齐全的线段,如图 3-4-13 中 $R12$。

知识点二　装　配　图

一、装配图的内容

装配图是表达机器或部件的图样,主要表达其工作原理和装配关系。在机器设计过程中,装配图的绘制位于零件图之前,并且装配图与零件图的表达内容不同,它主要用于机器或部件的装配、调试、安装、维修等场合。图 3-4-14 是滑动轴承的分解轴测图,图 3-4-15 是滑动轴承的装配图。完整的机器或零件装配图应具有以下几方面的内容:

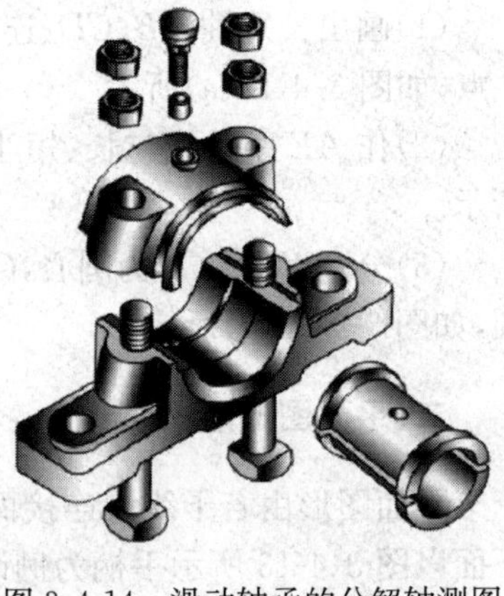

图 3-4-14　滑动轴承的分解轴测图

一组图形:用来表达装配体(机器或零件)的构造、工作原理、零件间的装配、连接关系及主要零件的结构形状。

一组尺寸:用来表示装配体的规格或性能,以及装配、安装、检验、运输等方面所需要的尺寸。

技术要求:说明装配体在装配、检验、调试时需要达到的技术条件和要求及适用范围等用文字或代号。一般包括:对装配体在装配、检验时的具体要求;关于装配体性能指标方面的要求;安装、运输及使用方面的要求;有关试验项目的规定等。

标题栏:用来标明装配体的名称、绘图比例、质量、图号、设计者的姓名和设计单位。

明细栏:用来记载零件名称、序号、材料、数量及标准件的规格、标准代号等。

1. 尺寸标注

装配图与零件图不同,无须标注出所有的尺寸,只需要注出与装配体性能、装配、安装、运输等有关尺寸。

1)特征尺寸

它表明装配体的性能或规格。这里的尺寸是在装配体设计前就已经确定了,如图 3-4-15 所示,滑动轴承的孔径 $\phi50$ 反映该部件所支撑的轴的直径大小。

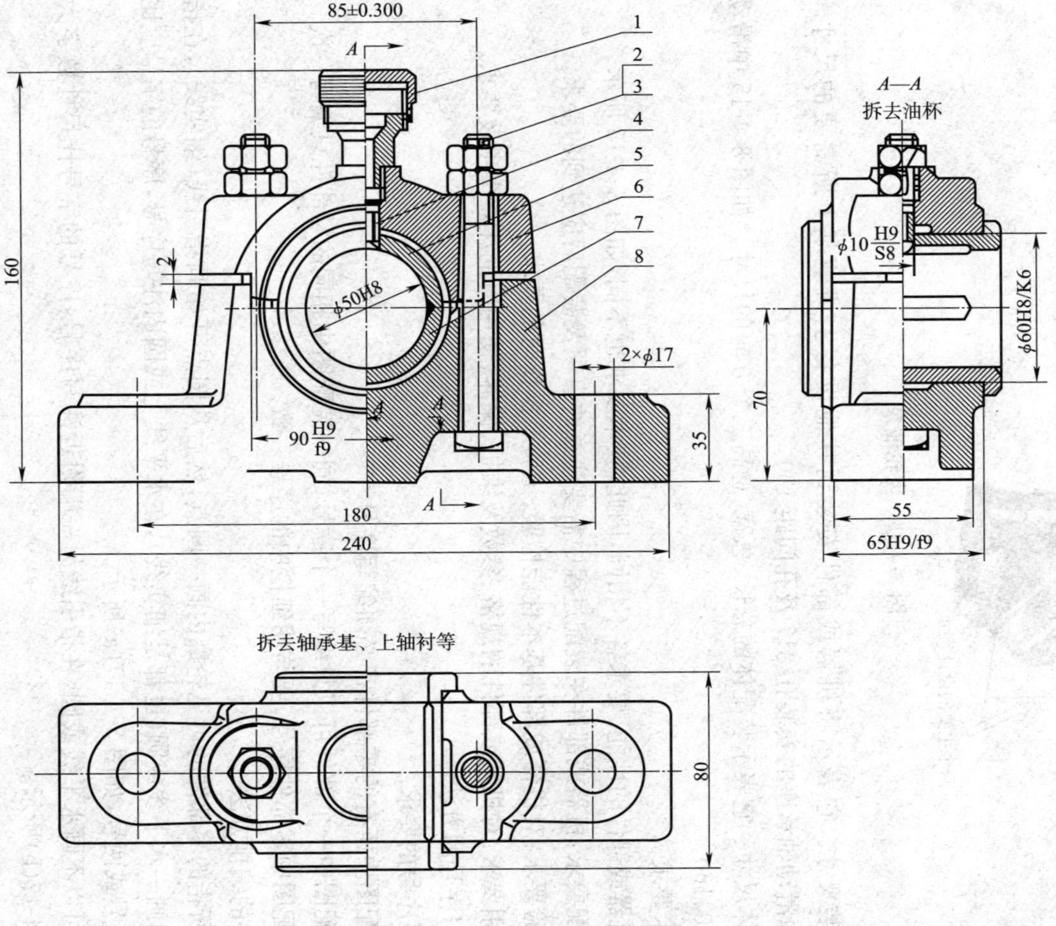

技术要求

1. 轴衬与轴承座、轴承盖间用着色法检查接触情况。下轴衬与轴承座接触面不得小于50%；上轴衬与轴承盖接触面不得小于40%。
2. 装配时，轴承盖与轴承座间加垫片调整，保证轴与轴衬间隙0.05～0.06 mm，接触面积在25 mm²内不少于15～25点。
3. 轴承装配达到上述要求后，加工油孔和油槽。
4. 轴衬最大单位压力$P \leqslant 29.4$ MPa。

8	轴承座	1	HT150		
7	下轴衬	1	ZCuAI10Fe3		
6	轴承盖	1	HT150		
5	上轴衬	1	ZCuAI10Fe3		
4	轴衬固定套	1	Q235—A		
3	螺栓M12×130	2			GB/T 8—1988
2	螺母M12	4			GB/T 6170—1986
1	油杯12	1			GB/T 1154—1989
序号	名称	数量	材料		备注
滑动轴承		比例 1∶1	共4张		01
		质量	第1张		
制图					
设计					
审核					

图 3-4-15 滑动轴承的装配图

2)装配尺寸

(1)配合尺寸。它表示两个配合零件之间配合性质的尺寸。如图 3-4-15 中 90 $\frac{H9}{f9}$、65 $\frac{H9}{f9}$。

(2)位置尺寸。它表示相关联零件或部件之间较重要的位置尺寸。如图 3-4-16 中 210 和 84±0.090。

图 3-4-16 齿轮油泵

(3)安装尺寸。它表示将机器或部件安装到其他设备上或地基上所需要的尺寸。如图 3-4-15中滑动轴承座的安装孔 $\phi17$ 及孔间距 180。

(4)总体尺寸。它表示装配体的总长、总宽、总高三个方向的尺寸。如图 3-4-15 中滑动轴承座 240、80、160。

2. 技术要求

由于机器或部件的性能、要求各不相同,因此,技术要求也不同,如图 3-4-15 所示。

(1)装配要求:机器或部件在装配过程中需要注意的事项及装配后应达到的要求。

(2)检验要求:对机器或部件基本性能检验、试验及操作时的要求。

(3)使用要求:对机器或部件的规格、参数及维护、保养、使用时的注意事项及要求。

3. 编写序号的方法

1)编写序号的要求

(1)装配图中所有的零部件都必须编写序号。

(2)装配图中一个部件可以只编写一个序号;同一装配图中相同的零部件只编写一次。

(3)装配图中零部件序号,要与明细栏中的序号一致。

2)序号的编排方法

(1)在所指的零部件的可见轮廓内画一圆点,然后从圆点开始画指引线(细实线),在指引线的另一端画一水平线或圆(也都是细实线),在水平线上或圆内注写序号,序号的字号应比尺寸数字大一号或两号,如图 3-4-17(a)所示。

(2)也可以不画水平线或圆,在指引线另一端附近注写序号,序号的字号比尺寸数字大两号,如图 3-4-17(b)所示。

(3)对很薄的零件或涂黑的剖面，可在指引线末端画出箭头，并指向该部分的轮廓，如图 3-4-17(c)所示。

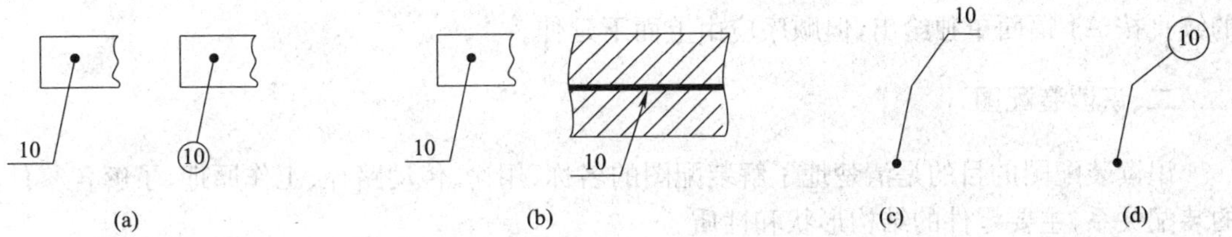

图 3-4-17　装配图序号的形式

(4)指引线相互不能相交。当它通过有剖面线的区域时，不应与剖面线平行；必要时，指引线可以画成折线，但只允许曲折一次，如图 3-4-17(d)所示。

(5)一组紧固件以及装配关系清楚的零件组，可采用公共指引线，如图 3-4-18 所示。

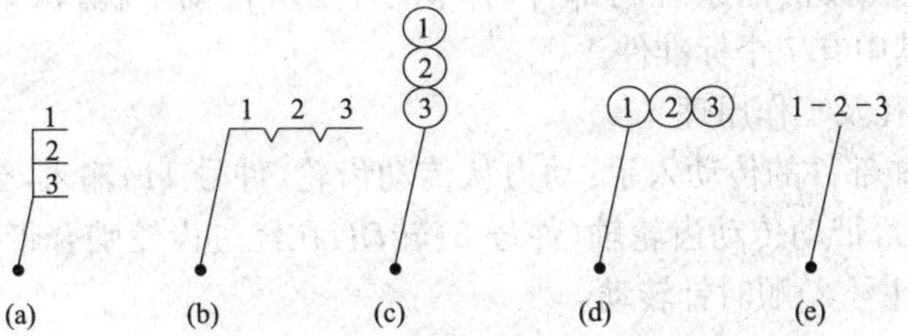

图 3-4-18　紧固件的编号形式

(6)装配图中的标准化组件(如油杯、滚动轴承、电动机等)可看作一个整体，只编写一个序号。

(7)零部件序号应沿水平或垂直方向按顺时针(或逆时针)方向顺次排列整齐，并尽可能均匀分布。

4. 标题栏及明细栏

1)标题栏

装配图中标题栏格式与零件图中相同，如图 3-4-19 所示。

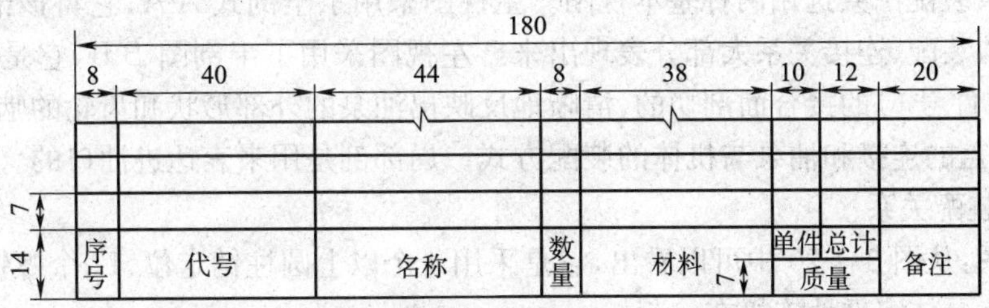

图 3-4-19　标题栏

2)明细栏

明细栏是部件中全部零件的目录。明细栏应按国家标准中规定的格式绘制。

明细栏一般由序号、代号、名称、数量、材料、质量、分区、备注等组成，也可按实际需要增加或减少。

明细栏一般配置在装配图标题栏的上方,按由下而上的顺序填写。填写位置不够时,可靠近标题栏的左方自下而上延续。当装配图中不能在标题栏的上方配置明细栏时,可作装配图的续页按 A4 幅面单独给出,但顺序应由上而下延伸。

二、识读装配图

识读装配图的目的是清楚地了解装配图的名称、用途、传动路径、工作原理,了解各零件间的装配关系,主要零件的结构形状和性质。

下面以图 3-4-20 齿轮泵装配图为例,说明识读装配图的步骤和方法。

1. 了解部件的名称、用途

读装配图时,首先通过标题栏了解部件的名称、用途。标题栏标明了部件的名称、数量、材料以及标准件的规格。从绘图比例和外形尺寸了解部件的大小。从技术要求看部件在装配、试验、使用时有哪些具体要求。

齿轮泵是机器润滑、供油系统的部件;体积小,要求传动平稳,保证供油,不能渗油;由 17 个零部件组成,其中有 7 个标准件。

2. 分析传动路径及工作原理

分析时先从机械部件的传动入手:动力从传动齿轮(件号 11)输入,当传动齿轮逆时针转动,通过键(件号 14),带动传动齿轮轴(件号 3)转动,在经过齿轮啮合带动齿轮轴(件号 2)转动,从而使齿轮轴(件号 2)顺时针转动。

了解了传动关系,再进一步弄清工作原理。如图 3-4-21 所示,当一对齿轮在泵体内做啮合转动时,啮合区内前部空间压力降低而产生局部真空状态,油池中的润滑油在大气压的作用下进入油泵低压区的进油口,随着齿轮的转动,齿槽内的油不断沿箭头方向被带到后边的出油口,将润滑油送至机器需要润滑的各个部位。

考虑到泵体防渗的问题,为此,该泵在泵体与端盖的接合面加了垫片(件号 5),并在传动齿轮轴(件号 3)的延伸端加了密封圈(件号 8)、轴套(件号 9)、压盖螺母(件号 10)加以密封。

3. 弄清视图表达的目的

了解各视图,剖视图、断面图的数量,各自表达的意图和它们之间的关系,明确视图名称、剖切位置、投射方向,为下一步深入看图做准备。

齿轮油泵装配图共选用两种基本视图。主视图采用了全剖式 *A-A*,它将该部件的结构特点和零件间的装配、连接关系大部分表现出来。左视图采用了半剖图 *B-B*,它是沿左端盖(件号 1)和泵体(件号 6)的接合面剖切的,清晰地反映出油泵的外部形状和齿轮的啮合情况,以及泵体左、右端盖的连接和油泵与机体的装配方式。局部剖是用来表达进油口的。

4. 分析装配关系

连接关系:从图 3-4-20 中可以看出,它是采用 4 个以上圆柱销定位、12 个螺钉紧固的方式将两个端盖与泵体牢靠地连接在一起。

配合关系:从图 3-4-20 中可以看出,传动齿轮(件号 11)与轴(件号 3)的配合为 $\phi 14\,\dfrac{\mathrm{H7}}{\mathrm{h6}}$,属于基孔制过度配合。

$\phi 16\,\dfrac{\mathrm{H7}}{\mathrm{h6}}$为间隙配合,它采用了间隙配合中间隙最小的方法,以保证轴在孔中既能转动,又

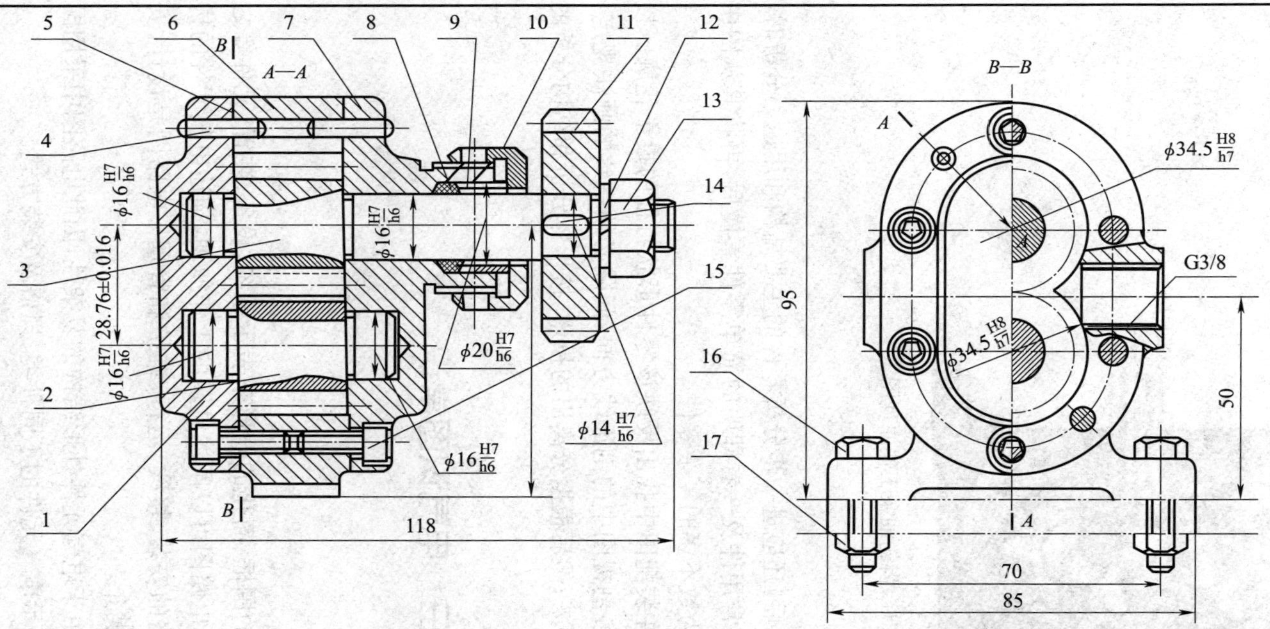

技术要求

1. 齿轮安装后，用手转动传动齿轮时，应灵活旋转。
2. 两齿轮轮齿的啮合面占齿长的3/4以上。

序号	名称	数量	材料	备注
17	螺母M6	2	Q235	GB/T 6170—2015
16	螺栓M6×30	2	Q235	GB/T 5782—2016
15	螺钉M6×16	12	35	GB/T 70—2000
14	键5×10	1	45	GB/T 1096—2003
13	螺母M12×1.5	1	35	GB/T 6171—2016
12	垫圈12	1	65Mo	GB 859—1987
11	传动齿轮	1	45	m=2.5 z=20
10	压紧螺母	1	35	
9	轴套	1	ZCuSn5PbZn5	
8	密封圈	1	橡胶	
7	右端盖	1	HT200	
6	泵体	1	HT200	
5	垫片	2	纸	δ=1
4	销A5×18	4	45	GB/T 119—2000
3	传动齿轮轴	1	45	m=3 z=9
2	齿轮轴	1	45	m=3 z=9
1	左端盖	1	HT200	

齿轮油泵	比例	1∶1	共 张	03
	质量		第1张	
制图				
设计				
审核				

图 3-4-20 齿轮泵装配图

可以减小或避免轴的径向跳动。

尺寸 28.76±0.016,反映出对齿轮啮合中心距的要求。这个尺寸精度的准确与否将直接影响齿轮的传动情况。

图 3-4-21　齿轮油泵工作原理图

5. 弄懂各零件的主要结构及用途

在弄懂部件的工作原理和装配关系后,还应进一步分析零件的主要结构和用途。分析时,应先看简单件,后看复杂件。将标准件、常用件及一看即明的简单零件看懂后,再将其从图中"剥离"出去,然后集中精力分析剩下的为数不多的复杂零件。

分析某一零件的结构形状时,首先在装配图中找出反映该零件形状特征的投影轮廓。接着可按视图间的投影关系、同一零件在各剖视图中的剖面线方向、间隔必须一致的画法规定,将该零件的相应投影从装配图中分离出来;然后根据分离出的投影,按形体分析和结构分析的方法,弄清零件的结构形状。

知识点三　电气识图常识

一、电气图的基本构成

1. 电路图

电路图是用各种图形符号、带注释的围框、简化的外形来表示系统、设备、装置、元件等之间的相互关系或连接关系的一种简图。电路图可以阐述电路的工作原理,描述电气元件的构成和功能,用来指导电气设备、电气线路的安装、接线、运行、维护和管理。电路图是设计、安装、运用、维护的工程语言,技术交流的媒介。

电路图反映的是电路的工作原理,由于电气元件外形结构的复杂性,因此电路图中采用国家统一规定的图形符号和文字符号来表示电气元件的不同种类、规格及安装方式。

2. 技术说明

电路图中的文字说明和元件明细表统称为技术说明。文字说明通常写在电路图的右上角或附页,注明电路的某些要点及安装要求。元件明细表通常写在电路图标题栏上方或附页中,元件明细表列出元件代号、型号或规格、数量等。技术说明及元件明细表示例如图 3-4-22 所示。

技术说明：
1.继电器KA1～KA8接线端子采用针式预绝缘端子。
2.QA1～QA4接线端子采用叉式预绝缘端子。

元件明细表

序号	代号	名称	型号、规格	数量
1	M1	电动机	Y180M-2	1
2	KM	交流接触器	CJ10-40	2
3	QF	低压断路器	DZ47-100	1

注：本表所列内容只用于说明“技术说明”所包含的项目及内容，不代表具体电路中的元器件。

图 3-4-22　技术说明及元件明细表示例

3. 标题栏

标题栏画在电路图的右下角，其中注明工程名称、图名、图号、设计人、制图人、校核人、审核人、批准人及设计日期等内容，标题栏示例见表 3-4-8。

表 3-4-8　标题栏示例

×××设计院				工程名称		
审核		总工		×××控制电路图	专业	
校核		批准			单位	
制图		项目负责人			日期	
设计		专业负责人			图号	

注：本表所列内容只用于说明“标题栏”所包含的项目及内容，不代表具体电路图标题栏。

4. 图面

1)图面格式和图幅尺寸

图面由图框线、标题栏、会签栏组成，格式如图 3-4-23 所示，其幅面代号及尺寸见表 3-4-9。

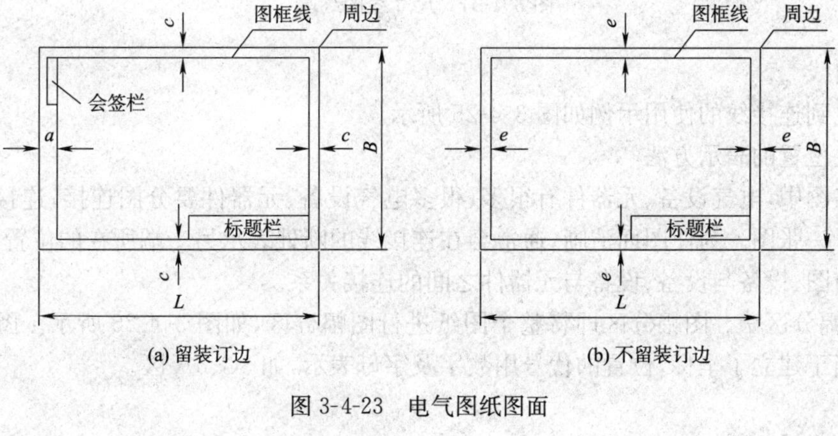

(a) 留装订边　　(b) 不留装订边

图 3-4-23　电气图纸图面

表 3-4-9　幅面代号及尺寸

幅面代号	A0	A1	A2	A3	A4
宽×长($B\times L$)	841×1 189	549×841	420×594	297×420	210×297
留装订边边宽(c)	10			5	
不留装订边边宽(e)	20		10		
装订侧边宽(a)	25				

2)图线

绘制电气图所用的各种线条称为图线。线型包含一定信息,要表达清楚电气图的内容,图线使用必须符合规范。电气图图线的线型和应用见表 3-4-10。

表 3-4-10　电气图图线的线型和应用

线　型	说　明	一 般 应 用
A	粗实线	简图常用线、框线、主汇流条、母线、电缆
B	细实线	基本线、简图常用线,如导线、轮廓线
E	粗虚线	隐含主汇流条、母线、电缆、导线
F	细虚线	辅助线、屏蔽线、隐含轮廓线、隐含导线、准备扩展用线
G	细点画线	分界线,结构、功能、单元相同围框线
J	长短画线	分界线,结构、功能、单元相同围框线
K	双点画线	辅助围框线

3)电气图中的尺寸线

包括终结端和起点指示尺寸线,如图 3-4-24 所示。

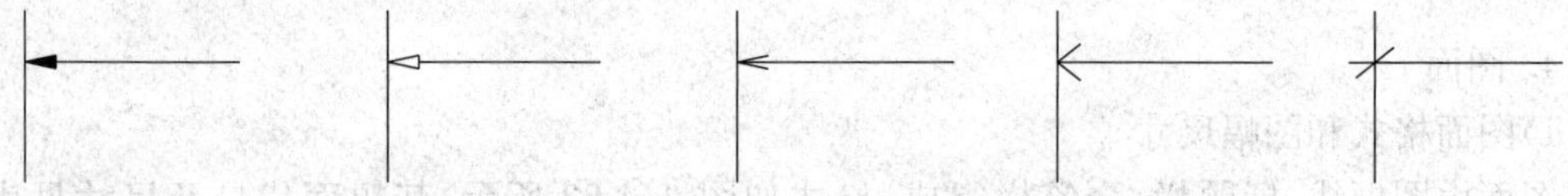

(a) 箭头、封闭30°填实　(b) 箭头、封闭30°　(c) 箭头、开口30°　(d) 箭头、开口90°　(e) 斜线

图 3-4-24　尺寸线的终端

4)指引线

指引线到连接线的使用示例如图 3-4-25 所示。

5)图上位置的表示方法

在电路图中,电气设备、元器件有很多,很多电气设备、元器件要分图连接,连接线从一张图连接到另一张图。为使图面清晰,通常会在连接线的断处表示另一端所在的位置,以便清晰地表达图与图、设备与设备、设备与元器件之间的连接关系。

(1)图幅分区法。图幅分区即将整个图纸进行图幅分区,如图 3-4-26 所示。图纸进行图幅分区相当于建立了坐标,位置的代号用数字及字母表示,如 3C、6A 区。

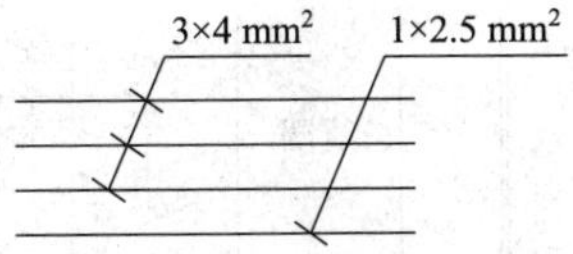

图 3-4-25　指引线到连接线的使用示例

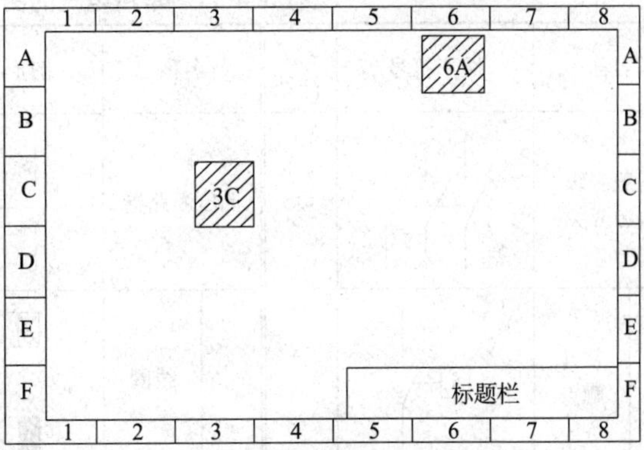

图 3-4-26　图幅分区

(2)电路编号法。电路编号法是将图纸中的电气元件或各分支线路按序进行数字编号，数字编号按自上而下的顺序，适用于水平布图；数字编号按自左而右的顺序，适用于垂直布图，如图 3-4-27 所示。

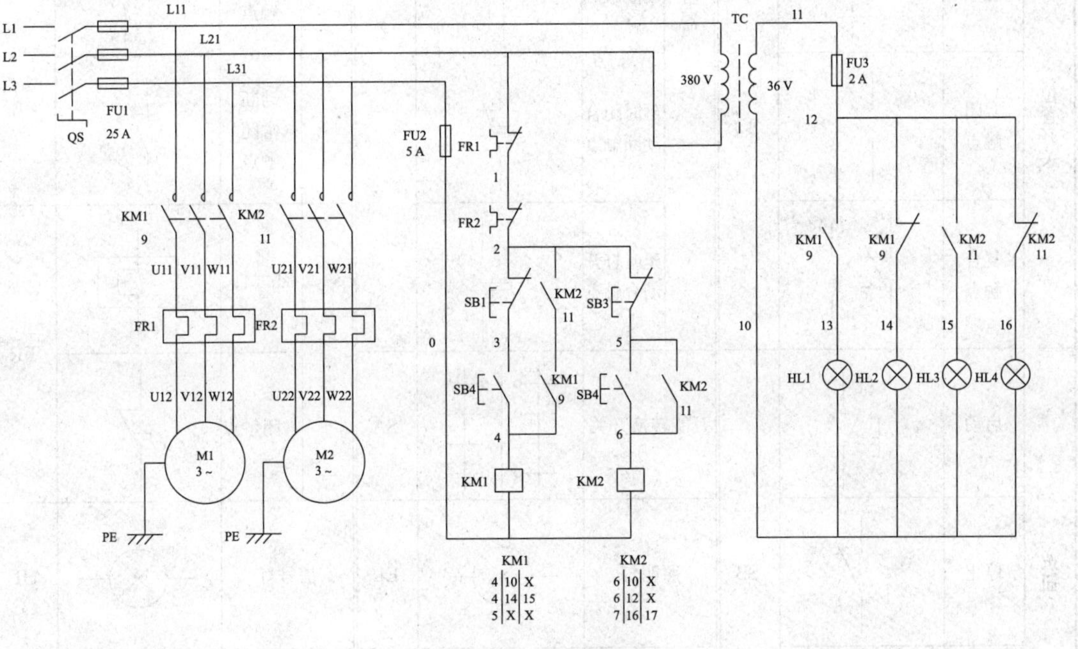

图 3-4-27　电路编号法

二、电气符号

电气图又称电气控制系统图。必须按照我国已公布实施的有关国家标准，用统一的文字符号、图形符号及绘图方法进行绘制，以便于设计人员、技术人员、施工人员、维护人员识图。

1. 图形符号

常用电气元件的图形符号和文字符号，详见表 3-4-11。

表 3-4-11　常用电气的图形符号和文字符号

名称	图形符号	文字符号	名称	图形符号	文字符号	名称	图形符号	文字符号
一般三级电源开关	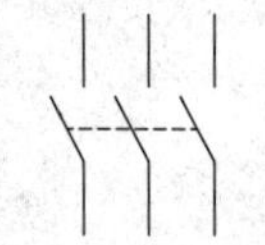	QS	低压断路器	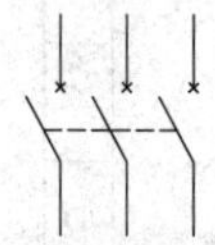	QF	熔断器	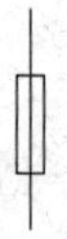	FU
速度继电器 常开触点		KS	时间继电器 线圈	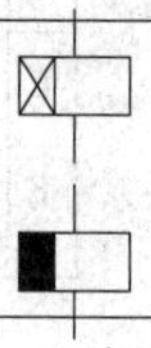	KT	接触器 线圈	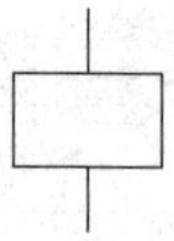	KM
常闭触点	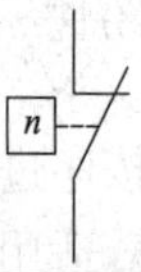		延时闭合动合触点			主触点		
位置开关 常开触点		SQ	延时打开动断触点			动合（常开）触点		
常闭触点			延时闭合动断触点			动断（常闭）触点		
复合触点			延时打开动合触点	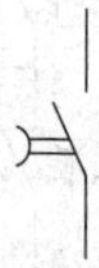		热继电器 热元件	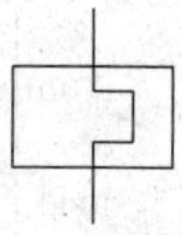	FR
按钮 启动	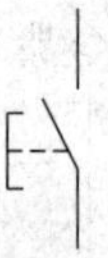	SB	万能转换开关	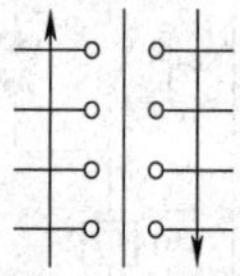	SA	常闭触点	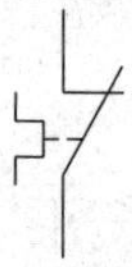	
停止	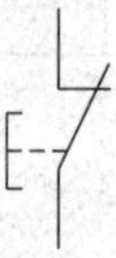		照明灯	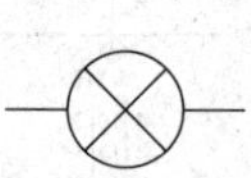	EL	信号灯	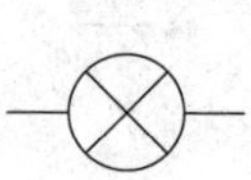	HL
复合	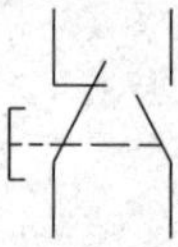		电阻器	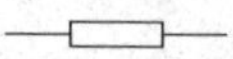	R	电位器	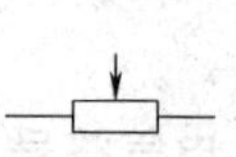	RP
继电器 中间继电器线圈	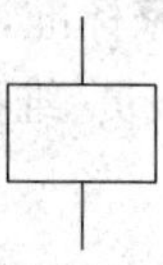	KA	桥式整流装置		VC	接插器	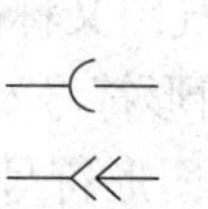	X

续上表

名称		图形符号	文字符号	名称	图形符号	文字符号	名称	图形符号	文字符号
继电器	欠电压继电器线圈	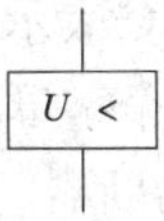	KV	电磁铁	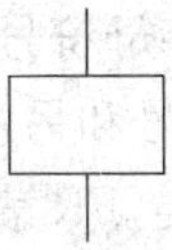	YA	电磁吸盘	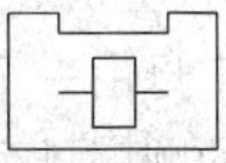	YH
继电器	过电流继电器线圈	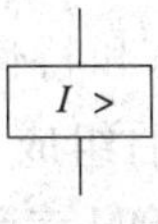	KI	串励直流电动机	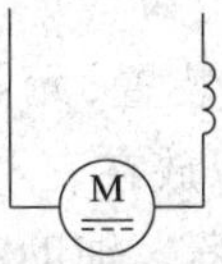	M	并励直流电动机	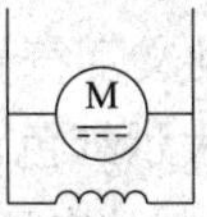	M
继电器	欠电流继电器线圈	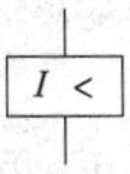	KI	他励直流电动机		M	复励直流电动机	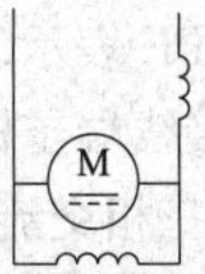	M
	动合触点			三相笼形异步电动机	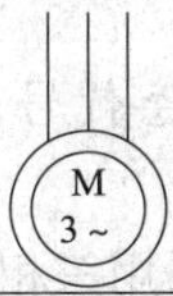	M	直流发电机		G
	动断触点			制动电磁铁	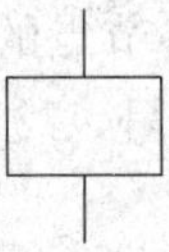	YB	电磁离合器	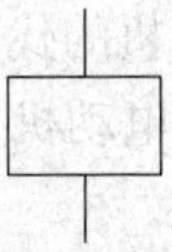	YC

1)符号要素

符号要素是一种具有确定意义的简单图形,必须与其他图形结合才能构成一个设备或概念的完整符号。如接触器的主触点就是由接触器触点功能符号和常开触点符号组合的。

2)一般符号

一般符号用来表示一类产品和此产品特征的一种简单的符号。如电动机可以用一个圆圈表示。

3)限定符号

限定符号是一种加在其他符号上提供附加信息的符号。

运用图形符号绘制电路图时应注意的事项:

符号的尺寸大小、线条的粗细依照国家标准可放大或缩小,但同一图纸图样中,同一符号的尺寸应保持一致,各符号间及符号本身比例应保持不变。

标准中示出的符号方位,在不改变符号含义的前提下,可根据图面布置的需要旋转,或呈镜像位置,单位文字和指示方向不得倒置。

大多数符号都可以附加补充说明的标记。

对标准中没有规定的符号,可选取 GB/T 4728.1—2018《电气简图用图形符号　第 1 部分:一般要求》中给定的符号,按其中规定的原则进行组合。

2. 文字符号

文字符号用于电气技术领域技术文件的编制,也可标注在电气设备、装置、元器件上或近旁。以表示电气设备、装置、元器件的名称、功能、状态和特性。

1)基本文字符号

基本文字符号有单字母符号和双字母符号两种,按拉丁字母的顺序将各种电气设备、装置、元器件分成23类,每一类用一个单字母符号表示,如R表示电阻类,C表示电容类。

双字母由一个表示种类的单字母符号和另一个字母符号组成,以一个字母在前,另一个字母在后的顺序排列,如F表示保护器件类,FR表示热继电器,FU表示熔断器。

2)辅助文字符号

辅助文字符号用来表示电气设备、装置、元器件的名称、功能、状态和特性,如L表示限制,RD表示红色。辅助文字符号也可以放在表示种类的单字母符号之后组成双字母符号,如YB表示制动电磁铁,SP表示压力传感器。辅助字母也可单独使用,如ON表示接通,M表示中间线,PE表示保护接地。

3)接线端子标记

(1)三相交流电路引入线采用L1、L2、L3、N、PE标记,直流系统电源正、负线分别用L+、L−标记。

(2)分级三相交流电源采用三相文字代号,U、V、W前面加阿拉伯数字1、2、3标记,如1U、1V、1W、2U、2V、2W等。

(3)各电动机分支电路各节点标记采用三相文字代号后面加数字来表示,数字中的个位数代表电动机的代号,十位数字代表支路各节点的代号,从上到下按数值大小顺序标记。如U11表示M1电动机U相的第一个节点的代号,U21表示M1电动机U相的第二个节点的代号,以此类推。

(4)三相电动机定子绕组首端分别用U1、V1、U1标记,末端分别用U2、V2、W2标记,电动机绕组中间抽头分别用U3、V3、W3标记。

(5)控制电路采用阿拉伯数字编号,标注方法按等电位的原则进行。在垂直绘图中,标号顺序按自上而下,自左而右的规律编号。凡是被线圈、触点等元件间隔的接线端点,都应标以不同的线号。

知识点四　电气图的绘制

一、电气原理图

用图形符号、文字符号、项目代号等表示电路各电气元件之间关系和工作原理的图称为电气原理图。电气原理图结构简单、层次分明,是用于分析和研究电路的原理,并为排查故障提供帮助的。同时也是编制电气安装图的依据。电气原理图一般是由主电路、控制执行电路、检测与保护电路、辅助电路等电路所构成。

1. 电气原理图绘制的原则

由于电气控制线路是为整个机械设备和工艺过程服务的,所以设计前应深入现场收集有关资料,进行调查研究。电气控制线路设计应遵循以下基本原则:

(1)应最大限度满足机械设备对电气线路的控制要求和保护要求。

(2)在满足生产工艺的前提下,应力求使控制线路简单、经济、合理。

(3)保证控制的可靠性和安全性。

(4)操作和维修方便。

2. 电气原理图绘制的基本规则

(1)绘制电路原理图必须使用国家规定的图形符号和文字符号。

(2)同一电气元件的不同部分按功能和所接电路不同而分别绘制在不同电路中,但必须标注相同的文字符号。

(3)在不同时段的工作状态下,各个电气元件动作各自不同,但电气原理图只能表现一种状态。因此,电气原理图中的电气元件均按未通电的状态绘制,机械开关均按未受外力的状态绘制。

(4)触点符号垂直绘制时应左开右闭,即垂线左侧为常开触点,右侧为常闭触点。触点符号水平绘制时应下开上闭,即水平线上侧为常闭触点,下侧为常开触点。

(5)为区别主电路、控制电路、辅助电路、信号通信电路等线路,绘图使用的线型请参照表3-4-10所规定的进行绘制。

(6)主电路、控制电路、辅助电路、信号通信电路应分开绘制。主电路是动力装置的驱动电路,控制电路是实现各种逻辑控制的电路,辅助电路则包括信号、照明、保护等电路。

(7)动力电源电路应绘制成水平线,主电路应该垂直于动力电源电路绘制,控制电路应该垂直绘制于两个水平电源线之间。主电路绘制在图幅的左侧,控制电路绘制在图幅的右侧,辅助电路绘制在控制电路的右侧,能耗元件画在电路的下方。

(8)图中有直接电联系的交叉导线的连接点要用黑圆点表示。无直接电联系的交叉导线的连接点、交叉点不能用黑圆点表示。

3. 电气原理图绘制的注意事项

(1)尽量缩减电气元件的数量,采用标准件并尽可能选用同型号的电气元件。设计线路时,应减少不必要的触点以简化线路,提高线路的可靠性。

(2)尽量缩短连接导线的数量和长度。设计线路时,应考虑个电气元件之间的实际长度,特别要注意电器柜、操纵台和行程开关之间的连接线。

(3)在交直流控制电路当中,一条支路中不能串联两个电气元件的线圈。

(4)满足控制要求时,应尽量减少电气元件通电的数量。

(5)在控制电路中应避免出现寄生回路。在控制电路动作过程中,非正常接通的回路称为寄生回路。寄生回路会破坏电气元件和控制电路的动作顺序,在设计线路时要避免。

图3-4-28所示线路是一个具有指示灯和过载保护的正反转控制电路。正常工作时,能完成正反转启动、停止和信号指示。但热继电器动作时,线路就出现了寄生回路。这时虽然热继电器常闭触点已断开,由于存在寄生回路,仍有电流沿图3-4-28所示的路径流过KM1线圈,使接触器KM1不能可靠释放,可能起不到过载保护的作用。

(6)要确保控制电路工作可靠和安全。保证控制电路工作可靠,最主要的是选用可靠的电气元件,尽量选用机械和电气寿命长、结构合理、抗干扰性能好的电气元件。在线路中采用继电器的触点控制大容量线圈时,要计算继电器触点断开和接通的容量是否足够。若不够,必须加大继电器容量或增加中间继电器,否则工作不可靠。

(7)线路应具有必要的保护环节。线路应具有必要的保护环节,保证即使在误操作情况下也不至造成事故。一般应根据线路的需要选用过载、短路、过电流、过电压、失电压、失磁等保护环节,必要时还应考虑设置合闸、断开、事故时的安全警示信号。

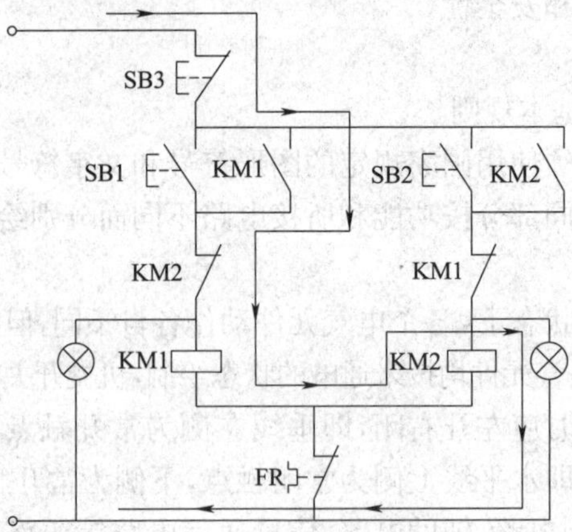

图 3-4-28　寄生回路

(8)线路设计必须保证人身安全。在密闭、潮湿的环境使用的手持移动的操作装置、拉拽式的照明设施应使用安全电压(36 V 以下)作为控制电压。

4. 电气原理图图面区域的划分

图面分区时竖边使用英文字母表示,排列次序自上而下,横边用阿拉伯数字表示,排列次序自左而右,如 B5、D4 等。图面区域的划分是为了查阅电路图时的检索,方便对电路图的识读和分析。在图面横向编号下方对应的文字用来标明该区的元件或电路的功能。

5. 电气原理图图形符号位置的索引

在控制系统有多页图纸时,对继电器、接触器线圈的图形符号位置的索引有两种方式:一种是对继电器、接触器线圈的文字符号下方要标注其辅助触点位置的索引。同样,继电器、接触器辅助触点的文字符号下方要标注其线圈位置的索引。用图号、页号、图区号组合成符号位置的索引,如图 3-4-29 所示。另一种是索引栏,见表 3-4-12。

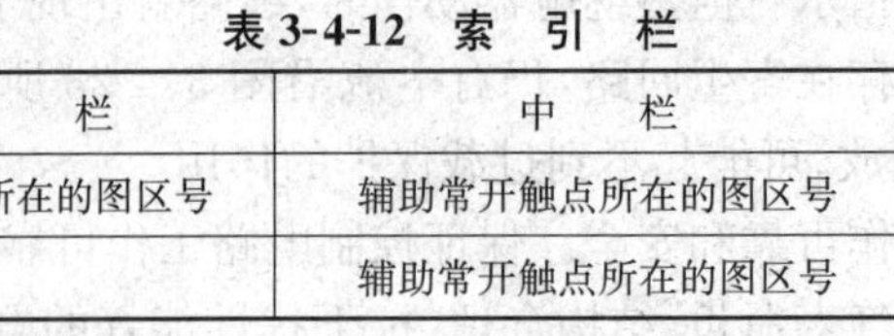

图 3-4-29　电气原理图图形符号位置的索引

表 3-4-12　索　引　栏

名　称	左　栏	中　栏	右　栏
接触器	主触点所在的图区号	辅助常开触点所在的图区号	辅助常闭触点所在的图区号
继电器		辅助常开触点所在的图区号	辅助常闭触点所在的图区号

二、电气元件布置图

电气元件布置图主要是表明机械设备上所有电气设备和电气元件的实际位置,是电气制造、安装和维修必不可少的技术文件。电气元件布置图可根据电气设备的复杂程度集中绘制或分别绘制,图中无须标注尺寸,但各电气元件代号应与原理图和电气元件清单的电气元件代号相同。

绘制电气元件布置图应考虑器件的位置间距，相同的电气元件应摆放在一起，各个电气元件之间上、下、左、右应保持一定间距，同时也应考虑器件的发热和散热因素，易发热或需要散热的电气元件应安装在控制柜后面或安装板面的上方。

体积较大和质量较重的电气元件或电气设备应安装在控制柜或安装板面的下方。

强电、弱电应该分开走线，注意屏蔽层的连接，防止干扰的窜入。

如图 3-4-30 所示某设备电气元件布置图，其中 QF 为断路器，FU1～FU6 为熔断器，KM1～KM5 为接触器，KA1～KA3 为继电器，FR1～FR4 为热继电器。

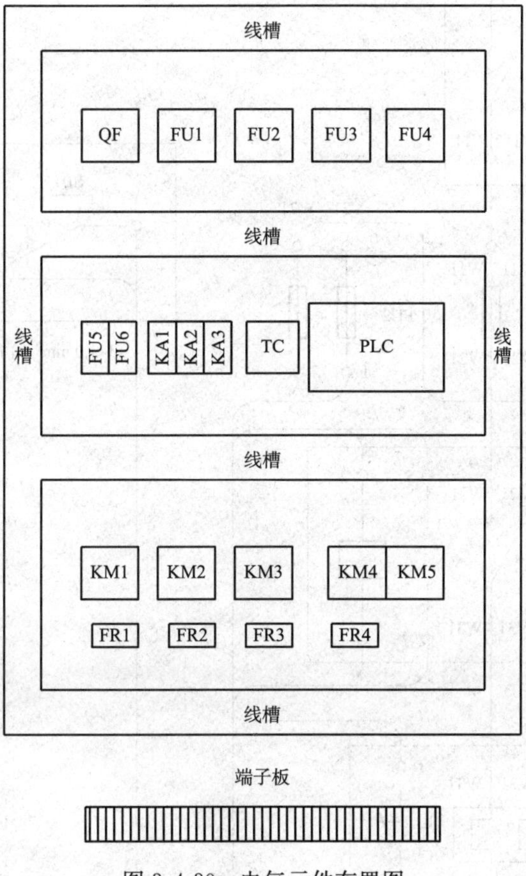

图 3-4-30　电气元件布置图

三、电气安装接线图

(1)接线图中一般示出的内容：电气设备和电气元件的相对位置、文字符号、端子号、导线号、导线类型、导线截面、屏蔽和导线绞合等。各电气元件的符号、文字和接线编号均与电路原理图一致。

(2)所有的电气设备和电气元件都按其所在的实际位置绘制在图纸上，且同一电器的各元件根据其实际结构，使用与电路原理图相同的图形符号画在一起，并用点画线框上。

(3)接线图中的导线有单根导线、导线组(或线扎)、电缆等之分，可用连续线和中断线来表示。凡导线走向相同的相邻导线可以合并绘成一股导线，用线束来表示，到达接线端子板或电气元件的连接点时再分别画出。在用线束表示导线组、电缆等时可用加粗的线条表示，在不引起误解的情况下也可采用部分加粗。

(4)不在同一控制箱内或不在同一配电屏上的各电气元件连接导线，必须通过接线端子进行连接，不能直接连接。

(5)接线图应表明导线的种类、截面、套管型号、规格等。

如图 3-4-31 就是按上述要求绘制的某设备电气安装接线图。

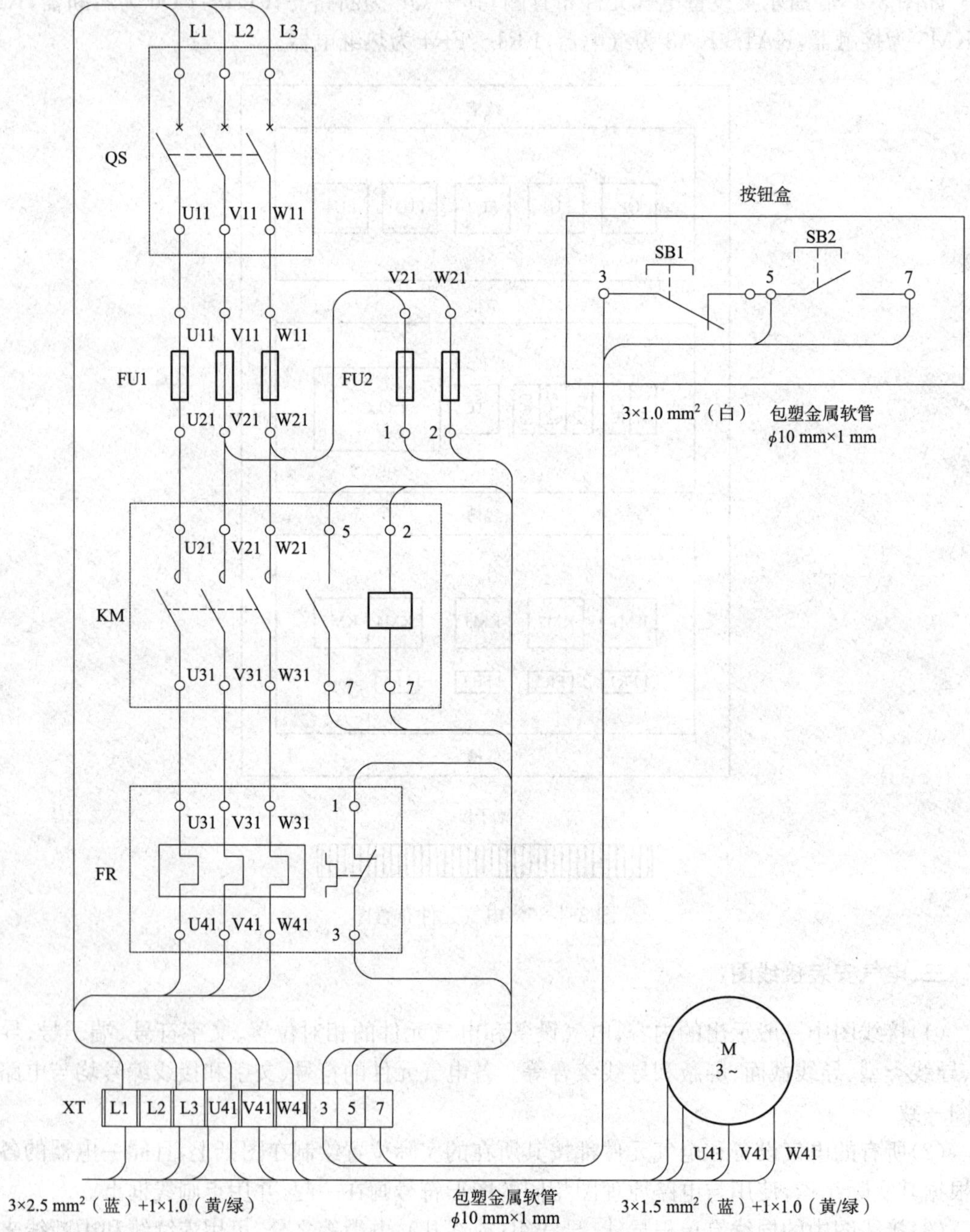

图 3-4-31 某设备电气安装接线图

三、电气原理图设计举例

现用某专用机床加工箱体两侧平面。加工方法是将箱体固定在可前后移动的工作台上，两侧平面用左右动力头铣削加工。其要求如下：

第一，加工前工作台应快速移动到加工位置，然后改为慢速进给。工作台速度的改变是由齿轮变速机构和电磁铁来实现的，即电磁铁吸合时为快速，电磁铁释放时为慢速。

第二，工作台的快速到慢速应自动变换，铣削完毕要自动停车，然后手动操作工作台快速退回原位后自动停车。

第三，具有短路、过载等保护。

1. 选择基本控制电路

根据工作台电动机 M1 应具备正反转功能，左右动力头电动机 M2、M3 只须单向运转的控制要求，选择接触器联锁正反转控制电路和接触器自锁正转控制电路，设计并画出控制电路草图，如图 3-4-32 所示。

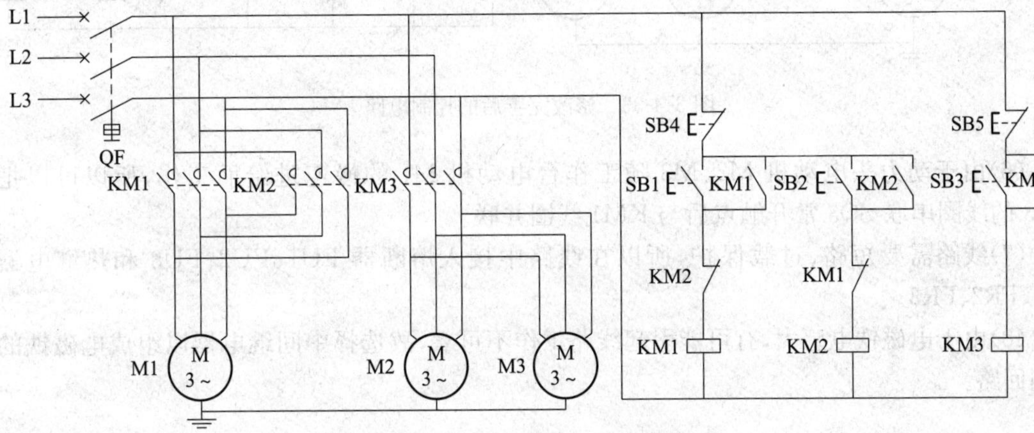

图 3-4-32 控制电路草图

2. 修改完善

修改完善后的控制电路，如图 3-4-33 所示。

说明如下：

(1)根据加工前工作台应快速移动到加工位置，且电磁铁吸合时为快进，说明 KM1 得电时，电磁铁 YA 应得电吸合，故应在电磁铁 YA 线圈回路中串入 KM1 辅助常开触点。

(2)工作台快速移动自动变换慢速进给，所以在电磁铁 YA 线圈回路中串入行程开关 SQ3 的常闭触点。

(3)工作台慢速进给终止(切削完毕)应自动停车，所以应在 KM1 控制回路中串入行程开关 SQ1 的常闭触点。

(4)手动操作滑台快速退回，故在 KM1 辅助常开触点和 SQ3 常闭触点电路的两端并联 KM2 常开触点。

(5)工作台快速退回原位后自动停车，所以应在接触器 KM2 控制电路中串入行程开关 SQ2 的常闭触点。

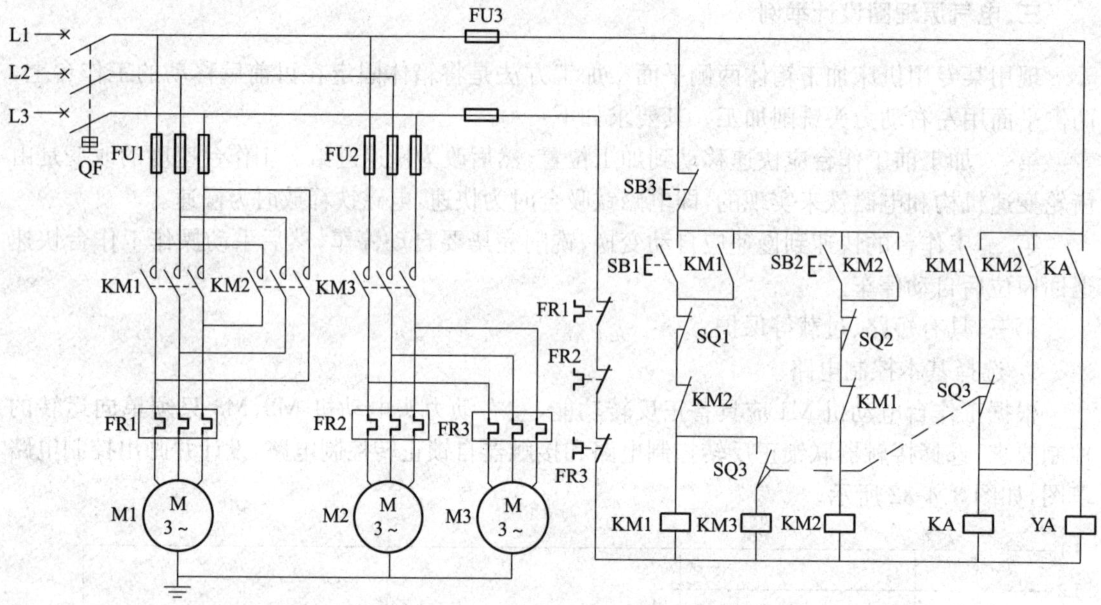

图 3-4-33 修改完善后的控制电路

(6)由于动力头电动机 M2、M3 随工作台电动机 M1 的慢速进给而工作,所以可以把 KM3 的线圈串联 SQ3 常开触点后与 KM1 线圈并联。

(7)线路需要短路、过载保护,所以在线路中接入熔断器 FU1、FU2、FU3 和热继电器 FR1、FR2、FR3。

(8)由于电磁铁电感大,有可能引起线路工作不可靠,故选择中间继电器以组成电磁铁的控制回路。

技能训练

训练 电气图的识读

一、训练目的

(1)熟悉掌握电气图的常用符号。

(2)掌握电气原理图的组成。

(3)掌握电气图中三个图(原理图、接线图、布置图)之间的关系及绘图原则。

二、训练工器具与材料(见表 3-4-13)

表 3-4-13 训练工器具与材料

序号	工器具与材料名称	单位	数量	备注
1	通电延时时间继电器	只	1	

续上表

序号	工器具与材料名称	单位	数量	备注
2	断电延时时间继电器	只	1	
3	过电流继电器	只	1	
4	欠电流继电器	只	1	
5	接触器	只	1	
6	按钮	只	1	
7	行程开关	只	1	
8	机床电路图样	份	1	
9	实物机床	台	1	
10	工作服	套	1	

三、训练内容

1. 电气图的图形符号与文字符号的识别

(1)根据表 3-4-14 中列出的两种时间继电器的线圈与两种触点的图形符号，进行实物组件的判别。

表 3-4-14　时间继电器的线圈与触点的图形符号

器件名称	线　圈	瞬时触点	延时触点	文字符号
通电延时时间继电器	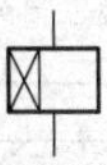	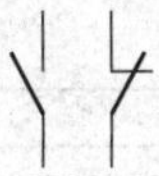	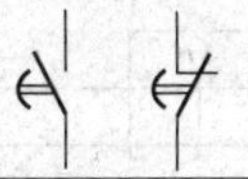	KT
断电延时时间继电器	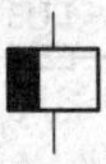	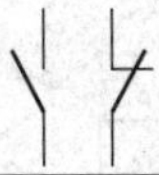	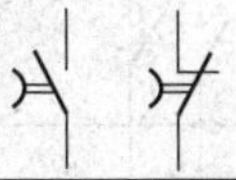	

(2)根据表 3-4-15 中列出的电流继电器线圈与触点的图形符号，进行实物组件的判别。

表 3-4-15　电流继电器的线圈与触点的图形符号

器件名称	线　圈	触　点	文字符号
过电流继电器	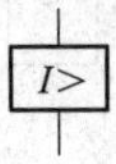	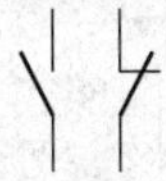	KI
欠电流继电器	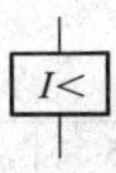	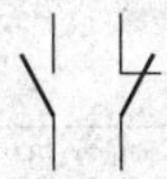	

(3)根据表 3-4-16 中列出的交流接触器线圈与触点的图形符号，进行实物组件的判别。

表 3-4-16　交流接触器的线圈与触点的图形符号

器件名称	线　圈	主　触　点	辅助触点	文字符号
接触器	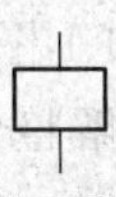	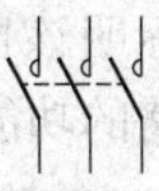		KM

(4)根据表 3-4-17 中列出的主令电器(按钮和行程开关)的图形符号,进行实物组件的判别,正确区分两种器件。

表 3-4-17　按钮和行程开关的图形符号

器件名称	常开触点	常闭触点	复合触点	文字符号
按钮	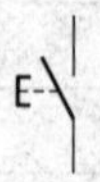	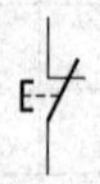		SB
行程开关		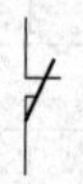		SQ

按钮和行程开关的区别在于:按钮是靠手指按下时触点动作,松开手指后触点复位。而行程开关工作原理与其相似,只是其触点的动作不是靠手指按压的手动操作,而是利用生产机械某些运动部件上的挡块碰撞或碰压使触点动作,以此来实现接通或分断某些电路,使之达到一定的控制要求。

2. 电气原理图的识读

图 3-4-34 所示为某机床的电气原理图。

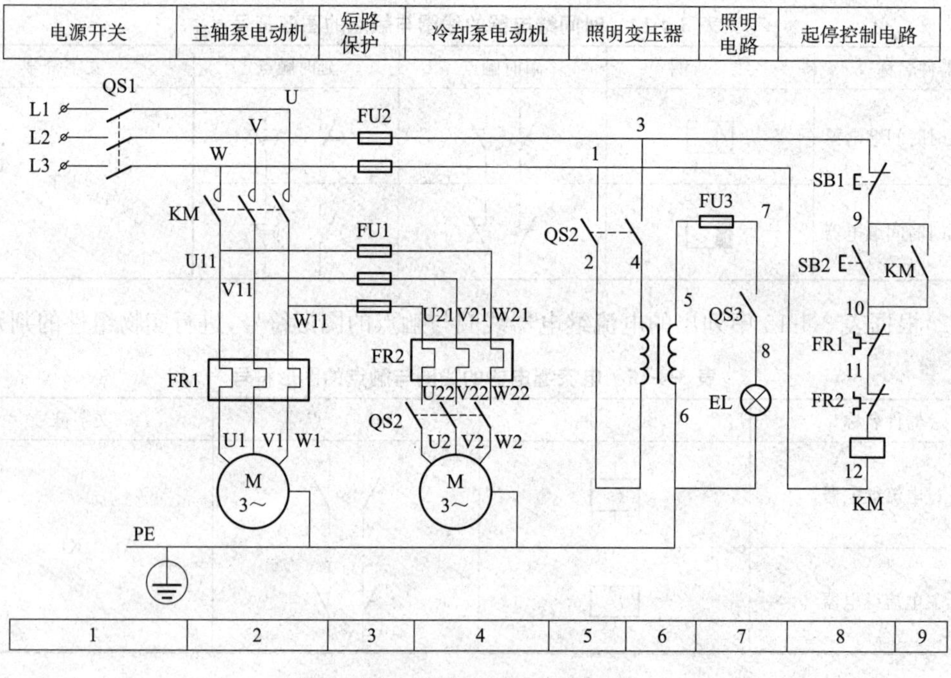

图 3-4-34　某机床的电气原理图

1)对原理图进行图面分区和接线标记

(1)图区的划分。为了便于阅读查找,在图纸的下方(或上方)沿横坐标方向划分,并用数字 1、2、3……标明图区,在图区编号的上方标明该区的功能,如 1 图区所对应的是“电源开关”,使读者清楚地知道某个元件或某部分电路的功能,以便于理解整个电路的工作原理。

(2)接线标记。为了便于电路分析及绘制接线图,电路图中各元件接线端子用字母、数字、符号标记。

①电动机绕组的标记。有多台电动机时,M1 电动机绕组用 U1、V1、W1 标记;M2 电动机绕组用 U2、V2、W2 标记;M3 电动机绕组用 U3、V3、W3 标记……

②主电路的标记。一般三相交流电源引入线用 L1、L2、L3、N 标记,接地线用 PE 标记;三相交流电动机所在的主电路用 U、V、W 标记,凡是被器件、触点间隔的接线端子按双下标数字顺序标志,M1 电动机所在的主电路,用 U11、V11、W11;U12、V12、W12……标记。M2 电动机所在的主电路,用 U21、V21、W21;U22、V22、W22……标记,M3 电动机所在的主电路,用 U31、V31、W31;U32、V32、W32……标记,以此类推。

③控制电路和辅助电路的标记。控制电路和辅助电路各线号采用数字标记,其顺序一般从左到右、从上到下,凡是被线圈、触点等元件所间隔的接线端点,都应标以不同的线号。

现场实际应用中,有时为了便于区分,辅助电路也可采用双数字下标,视具体情况而定。

2)绘制电气元件位置图

电气元件位置图详细描述电气设备零件安装位置。图中各电气元件代号应与有关电路图和清单上所有元器件代号相同,图中往往留有一定的备用面积及导线槽(管)的位置,以供改进设计时用,图中不需标注尺寸。图 3-4-35 为上述机床的电气元件位置图,图中 FU1、FU2 为熔断器,KM 为接触器,FR1、FR2 为热继电器,TC 为照明变压器,XT 为接线端子板。

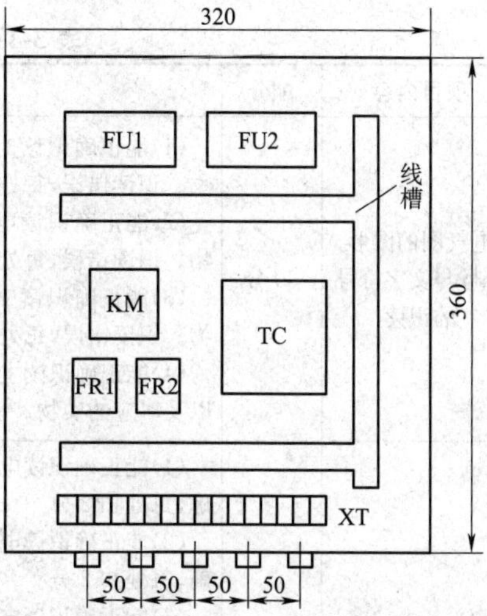

图 3-4-35 电气元件位置图

3)列元器件清单

元器件清单见表 3-4-18。

表 3-4-18 元器件清单

代号	名 称	型 号	规 格	单位	数量
M1	主轴电动机	JO2-42-4	5.5 kW,1 410 r/min	台	1
M2	冷却泵电动机	JCB-22 型	0.125 kW,2 790 r/min	台	1
KM	交流接触器	CJO-20 型	380 V,20 A	个	1
FR1	热继电器	JRO-40 型	11.3 A	个	1
FR2	热继电器	JRO-10 型	3.5 A	个	1
QS1	三极开关	HZ1-10	380 V,10 A	个	1
QS2	三极开关	HZ1-10	380 V,10 A	个	1
QS3	单极开关	HZ1-10	220 V,6 A	个	1
SB1	按钮	LA2 型	一组动断触点	个	1
SB2	按钮	LA2 型	一组动合触点	个	1
FU1	熔断器	RL1 型	15 A	个	1

续上表

代号	名　称	型　号	规　格	单位	数量
FU2	熔断器	RL1 型	6 A	个	1
FU3	熔断器	RL1 型	2 A	个	1
TC	照明变压器	BK-50	50 V·A,380 V/36 V	个	1
EL	照明灯		40 W,36 V	个	1

四、考核评价

电气图的识读考核评价见表 3-4-19。

表 3-4-19　考核评价表(工时:0.5 h)

项目内容	配分	评分标准	扣分	得分
电气图的图形符号与文字符号的识读	30 分	(1)能正确识读时间继电器图形符号与文字符号,以及对应的实物。识读错误,每处扣 2 分。 (2)能正确识读电流继电器图形符号与文字符号,以及对应的实物。识读错误,每处扣 2 分。 (3)能正确识读交流接触器图形符号与文字符号,以及对应的实物。识读错误,每处扣 2 分。 (4)能正确识读主令电器(按钮与行程开关)图形符号与文字符号。以及对应的实物。识读错误,每处扣 2 分		
电气原理图识读	50 分	(1)能正确识读电气原理图的图面分区和接线标记。识错或不正确,每处扣 2 分。 (2)能正确识读电气原理图各电气元件布局与位置。识错或不正确,每处扣 2 分。 (3)能正确识读电气原理图各电气元件用途及作用。识错或不正确,每处扣 2 分。 (4)能正确识读电气原理图完成的功能。识错或不正确,每处扣 5 分。 (5)能正确识读电气原理图整个工作原理。识错或不正确,扣 10 分		
安全文明生产	20 分	(1)进行安全文明生产。违反操作规程,损坏元器件,扣 20 分;严重者,直接取消考试资格。 (2)着装正确,保持工位卫生。着装防护用品不齐,每项扣 3 分;工位不整洁,每处扣 3 分		

测评题

一、单选题

1. 锥度的标注符号"▷1 :n"表示,要标注在基准线上面,锥度符号方向应与圆锥方向(　　)。

(A)一致　　(B)相反　　(C)垂直　　(D)没有要求

2. 平面图形中汉字应写成长仿宋体,高度不应小于 3.5 mm,其宽度一般为 $h\sqrt{2}$。数组和字母可写成斜体或直体,斜体字字头向右倾斜,与水平基准线呈(　　)。

(A)60°　　(B)65°　　(C)75°　　(D)80°

3. 在机械图中，线型的宽度一般分两种，即粗线和细线。粗线宽度一般为(　　)。

(A)0.5～2 mm　(B)1～2 mm　(C)0.2～2 mm　(D)0.5～3 mm

4. 下列要求中不属于装配图的技术要求是(　　)。

(A)装配要求　(B)检验要求　(C)尺寸要求　(D)使用要求

5. 装配图中一个部件可以只编写一个序号；同一装配图中相同的零部件只编写(　　)。

(A)一次　(B)二次　(C)三次　(D)四次

6. 下列图形属于装配图序号形式的是(　　)。

(A)　(B)　(C)　(D)

7. 在电路图中“U31”表示M1电动机U相的(　　)的代号。

(A)第一个节点　(B)第二个节点　(C)第三个节点　(D)节点

8. 三相交流电路引入线采用L1、L2、L3、N、PE标记，直流系统电源正、负线分别用L＋、L－标记。其中PE表示(　　)。

(A)中性线　(B)零线　(C)接地线　(D)接地零线

9. 串励直流电动机的图形符号是(　　)。

(A)　(B)　(C)　(D)

10. 同一电气元件的不同部分按功能和所接电路不同而分别绘制在不同电路中，但必须标注相同的(　　)。

(A)文字符号　(B)图形符号　(C)代号　(D)序号

11. 主电路、控制电路、辅助电路、信号通信电路应分开绘制。主电路是动力装置的驱动电路，控制电路是实现各种逻辑控制的电路，(　　)则包括信号、照明、保护等电路。

(A)主电路　(B)控制电路　(C)辅助电路　(D)信号通信电路

12. 所有的电气设备和电气元件都按其所在的实际位置绘制在图纸上，且同一电气的各元件根据其(　　)，使用与电路原理图相同的图形符号画在一起，并用点画线框上。

(A)实际位置　(B)实际结构　(C)实际形状　(D)实际大小

13. 图中有直接电联系的交叉导线的连接点要用(　　)表示。

(A)　(B)　(C)　(D)

二、多选题

1. 标注尺寸的三要素是(　　)。

(A)尺寸界线　(B)尺寸线　(C)尺寸数字　(D)中心线

2. 在机械制图中，(　　)可用细实线表示。

(A)尺寸线及尺寸界线　　(B)剖面线
(C)重合断面的轮廓线　　(D)螺纹牙底线及齿轮齿根线

3. 在机械制图中,(　　)可用细双点画线表示。
(A)相邻辅助零件的轮廓线　　(B)极限位置的轮廓线
(C)轨迹线　　(D)中断线

4. 在机械制图中,(　　)可用细点画线表示。
(A)轴线　　(B)对称线和中心线　　(C)分度圆(线)　　(D)可见轮廓线

5. 一张完整的机器或部件装配图应具有的内容有:(　　)和明细栏。
(A)一组图形　　(B)一组尺寸　　(C)技术要求　　(D)标题栏

6. 拟定技术要求时,一般可以从(　　)等方面来考虑。
(A)装配要求　　(B)检验要求　　(C)使用要求　　(D)运输要求

7. 装配图中相邻两个金属零件的剖面线,必须以(　　)画出。同一零件的剖面线方向、间隔必须完全一致。
(A)不同大小　　(B)不同方向　　(C)不同间隔　　(D)不同粗细

8. 图上位置的表示方法有(　　)。
(A)图幅分区法　　(B)电路标号法　　(C)编号法　　(D)表格法

9. 电路图的图面由(　　)组成。
(A)边界线　　(B)图框线　　(C)标题栏　　(D)会签栏

10. 文字符号用于电气技术领域技术文件的编制,也可标注在电气设备、装置、元器件上或近旁。以表示电气设备、装置、元器件的(　　)。
(A)名称　　(B)功能　　(C)状态　　(D)特性

11. 用(　　)等表示电路各电气元件之间关系和工作原理的图称为电气原理图。
(A)机械符号　　(B)图形符号　　(C)文字符号　　(D)项目代号

12. 绘制电气原理图的基本规则有(　　)。
(A)绘制电路原理图必须使用国家规定的图形符号和文字符号
(B)同一电气元件的不同部分按功能和所接电路不同而分别绘制在不同电路中,但必须标注相同的文字符号
(C)在不同时段的工作状态下,各个电气元件动作各自不同,但电气原理图只能表现一种状态。因此,电气原理图中的电气元件均按未通电的状态绘制,机械开关均按未受外力的状态绘制
(D)触点符号垂直绘制时应左开右闭,即垂线左侧为常开触点,右侧为常闭触点。触动符号水平绘制时应下开上闭,即水平线上侧为常闭触点,下侧为常开触点

13. 绘制电气元件布置图应考虑器件的位置间距,相同的电气元件应摆放在一起,各个电气元件之间(　　)应保持一定间距,同时也应考虑器件的发热和散热因素,易发热或需要散热的电气元件应安装在控制柜后面或安装板面的上方。
(A)前后　　(B)上下　　(C)左右　　(D)不

14. 接线图中一般示出如下的内容:(　　)等。各电气元件的符号、文字和接线编号均与电路原理图一致。
(A)电气设备和电气元件的相对位置　(B)文字符号和端子号

(C)导线号、导线类型 (D)导线截面、屏蔽和导线绞合

三、判断题

( )1. 平面制图对书写字体没有要求。

( )2. 斜度是指一直线(或平面)对另一直线(或平面)的倾斜程度。

( )3. 平面图形由若干线段连接而成,这些线段之间的相对位置和连接关系靠给定尺寸确定。

( )4. 锥度是指正圆锥底圆直径与锥高之比。若是锥台,则是两底圆直径之差与锥台高度之比。

( )5. 平面图形中,d 表示圆的半径,ϕ 表示圆的直径。

( )6. 装配图中零部件序号,要与明细栏中的序号一致。

( )7. 总体尺寸是表示装配体的总长、总宽两个方向的尺寸。

( )8. 检验要求是对机器或部件的规格、参数及维护、保养、使用时的注意事项及要求。

( )9. 装配图中相邻两个金属零件的剖面线,必须以不同方向或不同的间隔画出。同一零件的剖面线方向、间隔必须完全一致。

( )10. 零件间接触面、配合面的画法:相邻接触面和配合面,只画一条轮廓线。无论间隙大小,均要画成一条轮廓线。

( )11. 指引线是用来指示注释的对象,细实线,末端加注标记。

( )12. 表格法就是指在图的边缘部分绘制一个与项目代号对应的分类表格。

( )13. 双字母由一个表示种类的单字母符号和另一个字母符号组成,以一个字母在前,另一个字母在后的顺序排列,如 F 表示保护器件类,FU 表示热继电器。FR 表示熔断器。

( )14. 对标准中没有规定的符号,可不按 GB/T 4728.1—2018《电气简图常用图形符号 第 1 部分:一般要求》中给定的符号和规定的原则进行组合。

( )15. 电路图中的粗实线用以表示简图常用线、框线、主汇流条、母线、电缆。

( )16. 动力电源电路应绘制成水平线,主电路应该垂直于其他电路绘制,控制电路应该垂直绘制于两个水平电源线之间。主电路绘制在图幅的左侧,控制电路绘制在图幅的右侧,辅助电路绘制在控制电路的右侧,能耗元件画在电路的下方。

( )17. 图中有直接电联系的交叉导线的连接点要用黑圆点表示。无直接电联系的交叉导线的连接点、交叉点不能用黑圆点表示。

( )18. 在交直流控制电路当中,一条支路中可以串联两个电气元件的线圈。

( )19. 在控制电路动作过程中,非正常接通的回路称为寄生回路。

( )20. 线路设计必须保证人身安全,如果在密闭、潮湿的环境使用的手持移动的操作装置、拉拽式的照明设施应使用安全电压(36 V 以下)作为控制电压。

项目五　电气控制线路的安装与调试

学习目标

应知	1. 熟悉电气控制线路安装工艺要求,掌握电气控制线路安装方法。 2. 熟悉电气控制线路调试方式方法。
应会	1. 会根据电气安装图样进行电气控制线路的安装。 2. 能够根据电气控制线路的实际情况选择最适合安装与调试的方式方法。

建议学时

理论教学 4 学时,技能训练 12 学时。

知识导入

知识点一　低压供电基础知识

一、低压供电系统

在电力系统中从降压变压器低压侧出口到用户端的这一段线路,包括线路中的所有设备,比如低压断路器、闸刀开关、电流表、电压表、指示灯以及各类能适应此电压等级的负载,统称为低压供电系统。

1. 低压供电系统的接线方式

1)放射式

放射式是从配电变压器低压侧引出若干条支线,分别向各用电点直接供电,如图 3-5-1 所示。

2)树干式

树干式是从配电变压器低压侧引出若干条干线,沿干线再引出若干条支线分别向各用电点直接供电,如图 3-5-2 所示。

2. 保护接地和保护接零

1)保护接地

保护接地是指用电设备不带电金属部分与大地之间做良好的金属连接。在电源中性点不接地系统中,用电设备如电动机、变压器、配电柜等金属框架等均应采用保护接地措施。如图 3-5-3(a)所示,三相电动机外壳不接地,当电动机某相绝缘损坏而碰壳,电动机外壳带电,该相电源同电位，人若触及电动机外壳时，人体与另外两相输电线路的对地电容串联，电流流过人体的途径为：电动机外壳→人体→另外两相线路对地电容→另外两相电源，电流流过人体而触电。

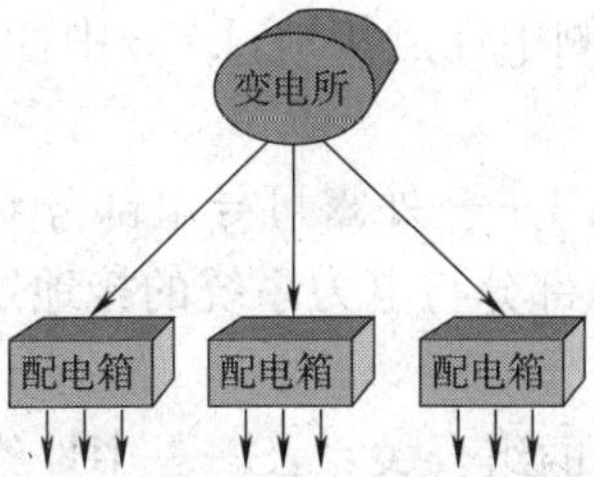

图 3-5-1　放射式

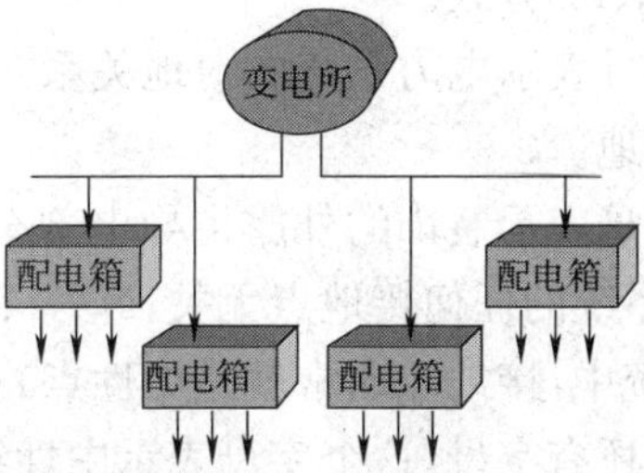

图 3-5-2　树干式

当三相电动机外壳通过接地电阻 R_E 接地时，如图 3-5-3(b)所示，如有一相绕组绝缘损坏而碰壳，外壳与大地之间的电位差就很小了。此时，若人体触及电动机外壳，如图 3-5-3(c)所示，人体电阻与接地电阻 R_E 并联，人体电阻比接地电阻 R_E 大数百倍，接地电阻越小，流过人体的电流就越小，对人体的伤害就越小。

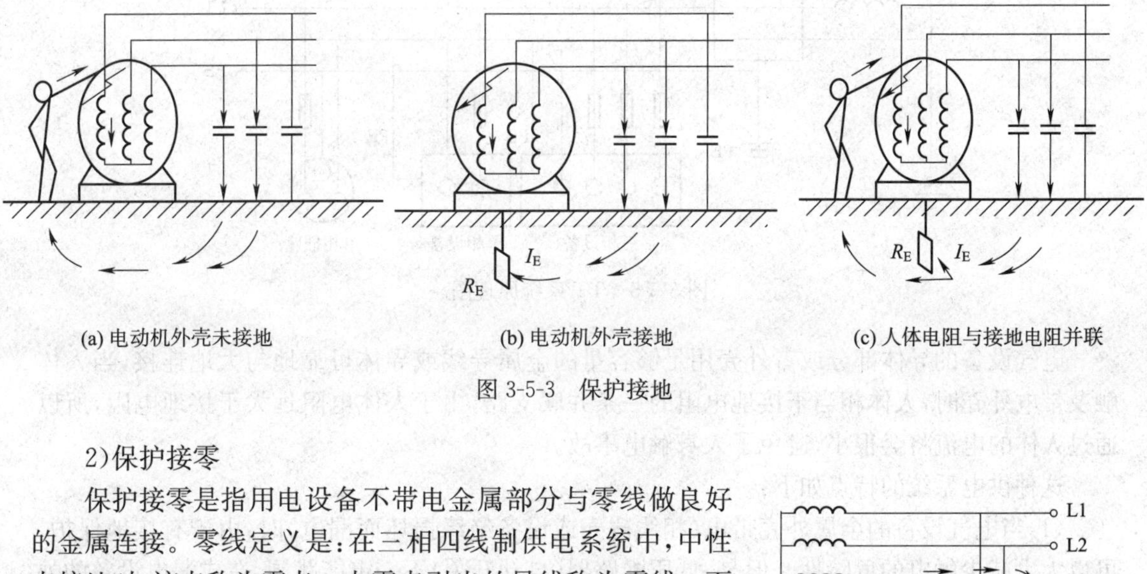

(a) 电动机外壳未接地　(b) 电动机外壳接地　(c) 人体电阻与接地电阻并联

图 3-5-3　保护接地

2)保护接零

保护接零是指用电设备不带电金属部分与零线做良好的金属连接。零线定义是：在三相四线制供电系统中，中性点接地时，该点称为零点。由零点引出的导线称为零线。而不接地的中性点所引出的导线称为中性线。如图 3-5-4 所示，一般在电源中性点接地的低压三相供电系统中，用电设备采用保护接零。当用电设备一相绕组绝缘损坏而碰壳时，该相可通过机壳和中性线形成单相短路，产生很大的短路电流，使三相电路中的自动开关或熔断器迅速动作切断电源，确保人身安全。

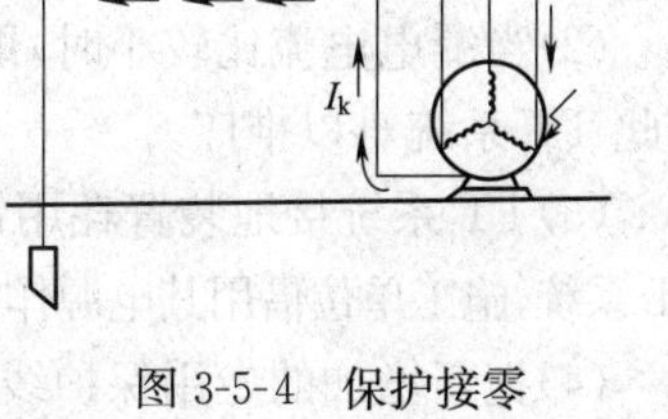

图 3-5-4　保护接零

二、低压供电系统的分类及特点

在低压供电系统中按照系统接地制式不同,国际标准 IEC 60364 规定,共分三大类供电方式,即 TT、TN、IT 方式。

第一个字母表示电力系统的对地关系:T——电源侧中性点接地;I——中性点不接地,或一点经阻抗接地。

第二个字母表示装饰的外露可导电部分对地关系:T——外露可导电部分对地直接电气连接,与电力系统的任何接地点无关;N——外露可导电部分与电力系统的接地点直接电气连接(在交流系统中,接地点通常就是中性点)。

如果后面还有字母,这个字母表示中性线和保护线的组合关系:S——中性线和保护线是分开的;C——中性线和保护线是合一的(PEN 线)。

1. TT 系统

TT 方式是指将电气设备的金属外壳直接接地的保护系统,称为保护接地系统,又称 TT 系统。TT 系统原理图如图 3-5-5 所示。在 TT 系统中负载的所有接地均称为保护接地。

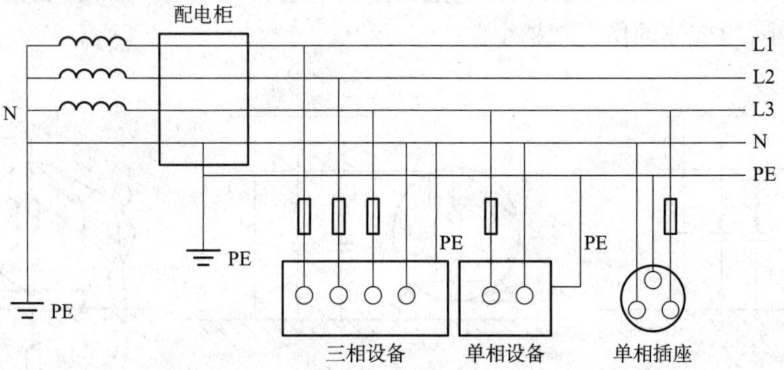

图 3-5-5　TT 系统原理图

电气设备的导体部分或者外壳用足够容量的金属导线或导体可靠地与大地连接,当人体触及带电外壳时,人体相当于接地电阻的一条并联支路,由于人体电阻远大于接地电阻,所以通过人体的电流将会很小,避免了人身触电事故。

这种供电系统的特点如下:

(1)当电气设备的金属外壳带电(相线碰壳或设备绝缘损坏而漏电)时,由于有接地保护,可以大大减少触电的危险性。但是,低压断路器(自动开关)不一定能跳闸,造成漏电设备的外壳对地电压高于安全电压,属于危险电压。

(2)当漏电电流比较小时,即使有熔断器也不一定能熔断,所以还需要漏电保护器作保护,因此 TT 系统难以推广。

(3)TT 系统接地装置耗用钢材多,而且难以回收、费工时、费料。现在有的建筑单位采用 TT 系统,施工单位借用其电源作临时用电时,应用一条专用保护线,以减少需接地装置钢材用量。

(4)把新增加的专用保护线 PE 线和工作零线 N 分开。其特点是:

①共用接地线与工作零线没有电的联系。

②正常运行时,工作零线可以有电流,而专用保护线没有电流。

③TT 系统适用于接地保护点很分散的地方。

2. TN 系统

TN 方式供电系统是将电气设备的金属外壳与工作零线相接的保护系统，称为接零保护系统，用 TN 表示。电气设备在正常情况下，不带电的金属部分与零线做良好的金属或者导体连接。当某一相绝缘损坏致使电源相线碰壳，电气设备的外壳及导体部分带电时，因为外壳及导体部分采取了接零措施，该相线和零线构成回路。由于单相短路电流很大，使保护线路的熔断器熔断，从而使设备与电源断开，避免了人身触电伤害的可能性。

这种供电系统的特点如下：

(1)一旦设备出现外壳带电，接零保护系统能将漏电流上升为短路电流，这个电流很大，实际上就是单相对地短路故障，熔断器的熔丝会熔断，低压断路器的脱扣器会立即动作而跳闸，使故障设备断电，比较安全。

(2)TN 系统节省材料、工时，在我国和其他许多国家或地区得到广泛应用，可见此系统比 TT 系统优点多。TN 方式供电系统中，根据其保护零线是否与工作零线分开而划分为 TN-C、TN-C-S 和 TN-S 三种。

①TN-C 系统。TN-C 方式供电系统是用工作零线兼作接零保护线，可以称为保护中性线，即保护线和中性线共用一根线 PEN。TN-C 系统如图 3-5-6 所示。

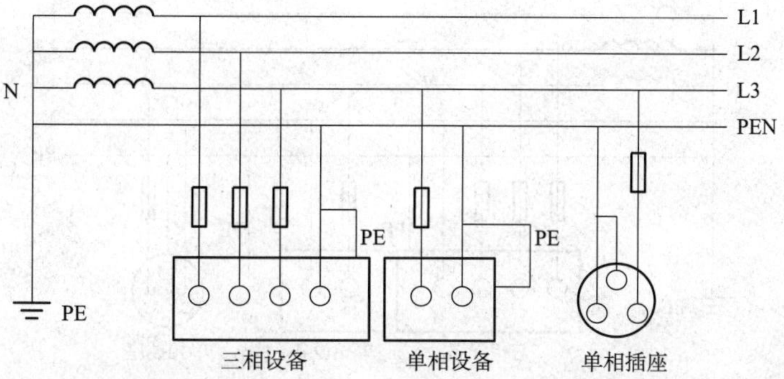

图 3-5-6　TN-C 系统

②TN-C-S 系统。TN-C-S 方式供电系统在建筑施工临时供电中，如果前部分是 TN-C 方式供电系统，而施工规范规定施工现场必须采用 TN-S 方式供电系统，则可以在系统后部分现场总配电箱分出 PE 线。TN-C-S 系统如图 3-5-7 所示。

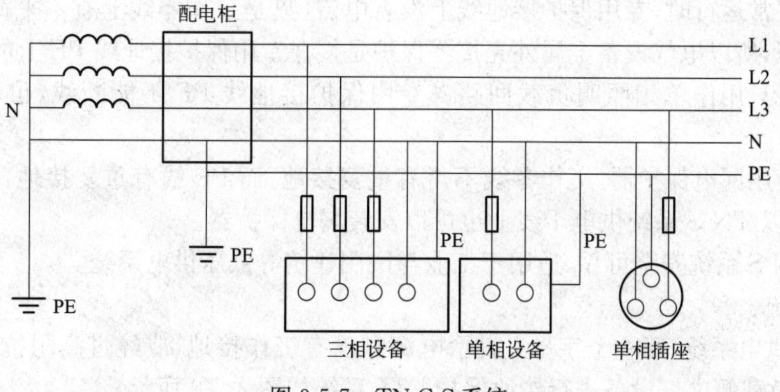

图 3-5-7　TN-C-S 系统

TN-C-S 系统的特点如下：

a. TN-C-S 系统可以降低电动机外壳对地的电压，然而又不能完全消除这个电压，这个电压的大小取决于 ND 线的负载不平衡的情况及 ND 这段线路的长度。负载越不平衡，ND 线又很长时，设备外壳对地电压偏移就越大。所以，要求负载不平衡电流不能太大，而且在 PE 线上应做重复接地。

b. PE 线在任何情况下都不能进入漏电保护器，因为线路末端的漏电保护器动作会使前级漏电保护器跳闸造成大范围停电。

c. 对 PE 线，除了在总箱处必须和 N 线相接以外，其他各分箱处均不得把 N 线和 PE 线相连，PE 线上不许安装开关和熔断器，也不得用大地兼作 PE 线。

通过上述分析可知，TN-C-S 系统是在 TN-C 系统上临时变通的做法。当三相电力变压器工作接地情况良好、三相负载比较平衡时，TN-C-S 系统在施工用电实践中效果还是可行的。但是，在三相负载不平衡、建筑施工工地有专用的电力变压器时，必须采用 TN-S 系统。

③TN-S 系统。TN-S 为电源中性点直接接地时电气设备外露可导电部分通过零线接地的接零保护系统，N 为工作零线，PE 为专用保护接地线，即设备外壳连接到 PE 上。系统正常运行时，专用保护接地线上没有电流，只是工作零线上有不平衡电流。TN-S 系统如图 3-5-8 所示。

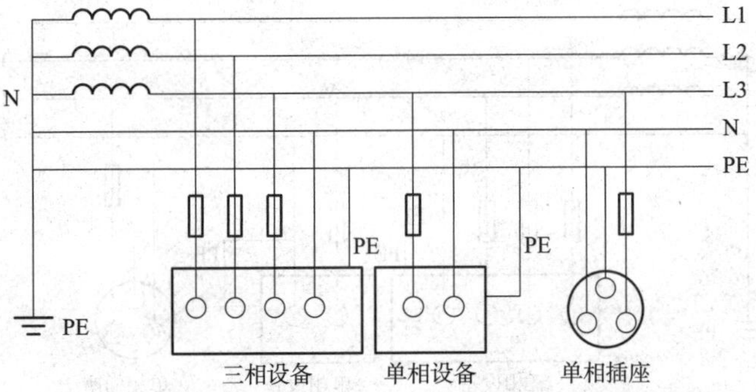

图 3-5-8　TN-S 系统

TN-S 系统的特点：一旦 TN-S 系统设备出现外壳带电，接零保护系统能将漏电流上升为短路电流，这个电流很大，是 TT 系统的 5.3 倍，实际上就是单相对地短路故障，熔断器的熔丝会熔断，低压端 TN-S 方式供电系统是把工作零线 N 和专用保护接地线 PE 严格分开的供电系统。系统正常运行时，专用保护接地线上没有电流，只是工作零线上有不平衡电流。PE 线对地没有电压，所以电气设备金属外壳接零保护是接在专用保护接地线 PE 上的，安全可靠。

工作零线只用作单相照明负载回路。专用保护接地线 PE 不能断线，也不许接入漏电开关。

干线上使用漏电保护器，工作零线不得有重复接地，而 PE 线有重复接地，但是不经过漏电保护器，所以 TN-S 系统供电干线上也可以安装漏电保护器。

所以，TN-S 系统安全可靠，适用于工业与民用建筑等低压供电系统。

3. IT 系统

IT 方式供电系统，第一个字母 I 表示电源侧没有工作接地，或经过高阻抗接地。第二个字母 T 表示负载侧电气设备进行接地保护。IT 系统如图 3-5-9 所示。

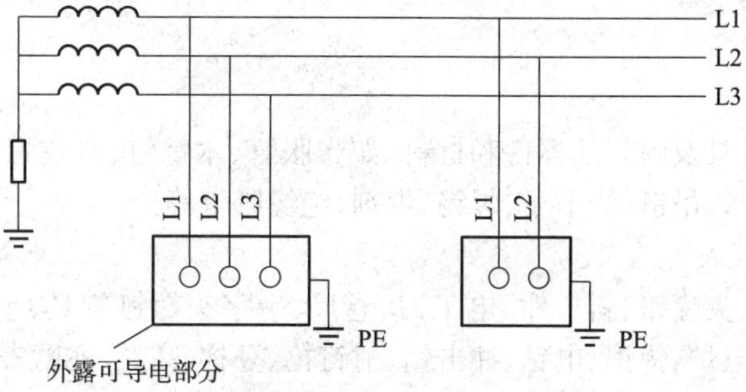

图 3-5-9　IT 系统

IT 系统在供电距离不是很长时，供电的可靠性高、安全性好。一般用于不允许停电的场所，或者是要求严格地连续供电的地方，例如电力炼钢、大医院的手术室、地下矿井等处。地下矿井内供电条件比较差，电缆易受潮。运用 IT 系统，即使电源中性点不接地，一旦设备漏电，单相对地漏电流仍小，不会破坏电源电压的平衡，所以比电源中性点接地的系统还安全。

但是，如果用在供电距离很长的情况，供电线路对大地的分布电容就不能忽视了。在负载发生短路故障或漏电使设备外壳带电时，漏电流经大地形成回路，保护设备不一定动作，这是很危险的。只有在供电距离不太长的情况才比较安全。这种供电方式在工地上很少见。

知识点二　照明装置安装工艺

一、范　　围

本工艺适用于建筑物室内电气照明灯具安装工程。但不适合特殊场所，如矿井、船舶等场所的电气照明灯具安装。

二、引用标准

JBJ 16—2018　　《民用建筑电气设计规范》
GB 50054—2011　　《低压配电设计规范》
GB 50617—2010　　《建筑电气照明装置施工与验收规范》
GB 50034—2013　　《建筑照明设计标准》
GB 7000. 1—2015　　《灯具一般安全要求与试验》

三、照明装置安装流程

照明装置安装的工艺流程由灯具检查、灯具组装、灯具安装和通电试验四部分组成，如图 3-5-10所示。

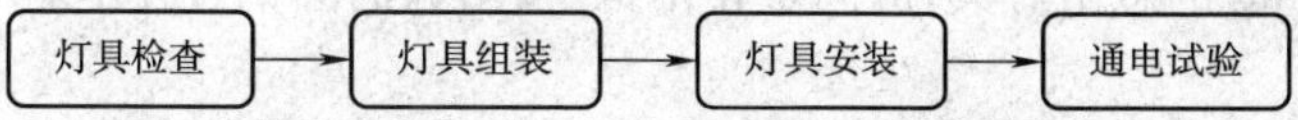

图 3-5-10　照明装置安装的工艺流程

四、准备工作

1. 材料

所需要安装的灯具及附属元器件和材料,如膨胀管、木螺钉、自攻螺钉、螺栓、螺母、垫圈、塑料(木)台、软塑料管、吊链、线卡子、焊锡、焊剂、绝缘胶带等。

2. 工具、机具、仪表

验电笔、克丝钳、尖嘴钳、斜口钳、电工刀、卷尺、一字头螺钉旋具、十字头螺钉旋具、活扳手、剥线钳、电烙铁、电炉、锡锅、电钻、冲击钻、射钉枪、登梯、高凳、兆欧表、万用表等。

五、灯具检查

1. 根据安装现场检查灯具是否符合要求

(1)特别潮湿场所,应采用相应防护措施的灯具。

(2)多尘埃场所,应采用防护等级不低于 IP54 的灯具。

(3)在高温场所,应采用散热性能好、耐高温的灯具。

(4)在室外场所,应采用防护等级不低于 IP54 的灯具。

(5)在易燃、易爆场所,应使用防爆式灯具。

(6)在有腐蚀性气体及特别潮湿的场所,应采用相应防腐蚀灯具。

(7)在可能受到机械损伤的场所,应采用有保护网的灯具。

(8)在振动场所(如有锻锤、空压机、桥式起重机等),灯具应有防撞措施(如采用吊链软性连接等)。

(9)除敞开式外,其他各类灯具的灯泡容量在 100 W 及以上的应采用瓷灯口。

2. 据装箱清单清点配件的数量及厂家提供的技术文件

3. 检查灯内配线是否符合要求

(1)灯内配线符合设计要求及相关规定。

(2)串入灯箱内的导线在分支连接处不应承受额外应力和磨损。

(3)灯箱内的导线不应过于靠近热光源,并采取隔热措施。

六、灯具的接线与安装

1. 安装要求

(1)电气照明装置的接线应牢固、接触良好。

(2)卫生间照明灯具不宜安装在坐便器或浴缸上方。

(3)吸顶或墙面安装灯具用螺钉或螺栓不应少于两个。

(4)悬吊式灯具安装应符合下列规定:

①带升降器的软线吊灯在吊线展开后,灯具下沿应高于工作台面 0.3 m。

②质量大于 0.5 kg 的软线吊灯,应增设吊链(绳)。

③质量大于 3 kg 的悬吊灯具,应固定在吊钩上,吊钩的圆钢直径不应小于灯具挂销直径,且不小于 6 mm。

④采用钢管作为灯具吊杆时,钢管应有防腐措施,其内径不应小于 10 mm,管壁厚度不应小于 1.5 mm。

2. 灯具安装

常用照明灯具安装方式有链吊式、管吊式、吸顶式和壁式。

1)塑料(木)台安装

塑料(木)台是固定灯具的基础，必须牢固。不同场所固定的方法，如图 3-5-11 所示。在混凝土浇筑的楼板上可将塑料(木)台直接固定在预埋的接线盒上，导线从塑料(木)台中心孔穿出，如图 3-5-11(a)所示；在空心楼板上的塑料(木)台可用伞形螺栓固定，如图 3-5-11(b)所示；在混凝土楼板上的塑料(木)台可用塑料螺钉固定如图 3-5-11(c)所示。

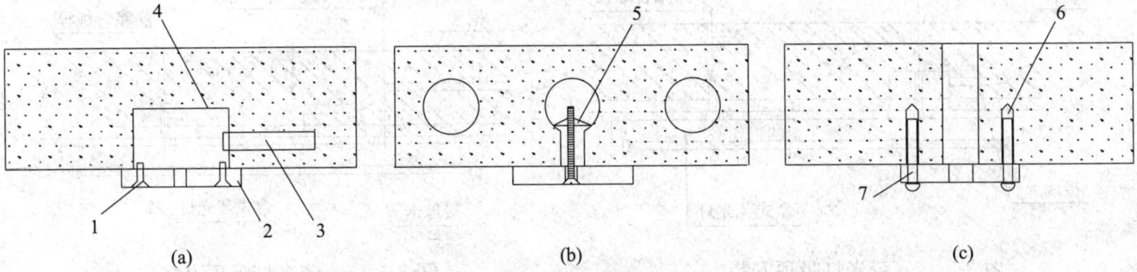

图 3-5-11　塑料(木)台安装

1—平螺钉；2—塑料(木)台；3—电线管；4—预埋接线盒；5—伞形螺栓；6—塑料膨胀管；7—塑料螺钉

2)吸顶灯安装

(1)大型或多头吸顶灯在混凝土顶面安装，应使用金属膨胀螺栓直接紧固在混凝土顶面，螺栓的规格不得小于 M6。

(2)大型或多头吸顶灯在天花板棚面，当天花板棚面的材质是石膏、轻质铝板或厚度小于 10 mm 的木板，不得用木螺钉直接拧入固定。有三种固定方法可供选择：

①使用吊杆将灯具悬吊在建筑物顶棚上。

②在吊棚的龙骨上加装附件悬吊灯具。

③采用轻钢龙骨的定型紧固配件，将灯具安装在吊棚主龙骨上。

(3)小型轻体吸顶灯在混凝土顶面安装，可直接使用木螺钉或自攻螺钉安装在灯位盒或绝缘台上，亦可使用木螺钉或自攻螺钉安装在预埋的木砖之上。小型吸顶灯有圆形、方形或矩形底座(底盘)，底座大小不等，必须用两个以上螺钉固定。灯具底座安装如果采用预埋螺栓、穿透螺栓，其螺栓直径不得小于 6 mm。

(4)小型轻体吸顶灯在天花板棚面安装时，可以在吊棚上安装，但不得直接安装在吊棚面板上。应提前在安装位置的龙骨上加装木方。灯具的安装螺钉应紧固在木方之上。

(5)灯箱安装紧固后，进行接线。将顶棚的电源线引入灯箱，与灯具的引出线进行连接。或者将灯具的引出线与顶棚的电源线在灯箱外连接。连接要紧密、可靠、无松动。使用电烙铁对导线连接处进行焊接，焊接处饱满、圆润、无毛尖，从而保证连接的可靠性，使用绝缘胶带对导线连接处进行绝缘处理。灯箱内如有连接端子台，导线连接后无须进行焊接和绝缘处理。最后安装固定灯罩。

3)荧光灯安装

(1)如图 3-5-12 所示，灯箱的一端固定，借用灯位盒的螺孔固定，另一端则在建筑物的混凝土顶面打孔，嵌入膨胀管，膨胀管的规格不得小于 $\phi 6$。将电源线引入灯箱，注意做好防护，使用木螺钉或自攻螺钉将灯箱固定在建筑物顶面上(灯箱可以遮挡灯位盒)即可。连接电源线,做好绝缘防护,固定好灯箱盖板或反光板,安装灯管。

(2)如图 3-5-13 所示,灯箱的两端固定是在建筑物的混凝土顶面打孔,嵌入膨胀管,膨胀管的规格不得小于 $\phi6$。将电源线引入灯箱,注意做好防护,使用木螺钉或自攻螺钉将灯箱固定在建筑物顶面上(灯箱可以遮挡灯位盒)即可。连接电源线,做好绝缘防护,固定好灯箱盖板或反光板,安装灯管。

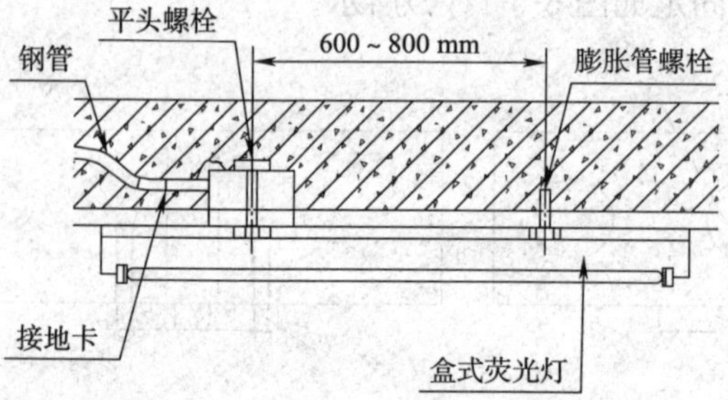

图 3-5-12　荧光灯吸顶安装(一)

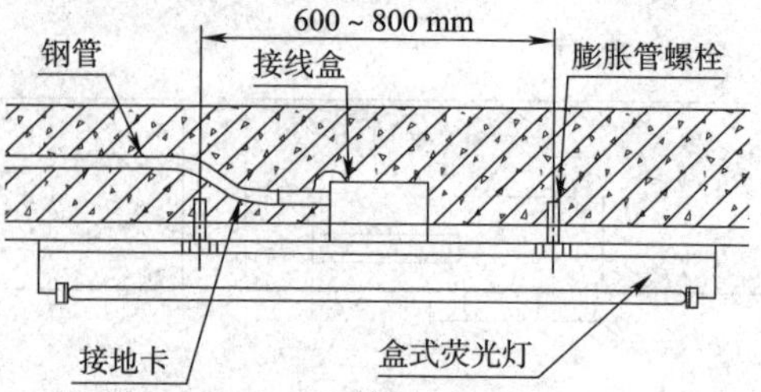

图 3-5-13　荧光灯吸顶安装(二)

(3)如图 3-5-14 所示,灯箱的固定完全借用灯位盒的两个螺孔固定在建筑物的混凝土顶面。将电源线引入灯箱,注意做好防护,使用木螺钉或自攻螺钉将灯箱固定在建筑物顶面上(灯箱可以遮挡灯位盒)即可。连接电源线,做好绝缘防护,固定好灯箱盖板或反光板,安装灯管。

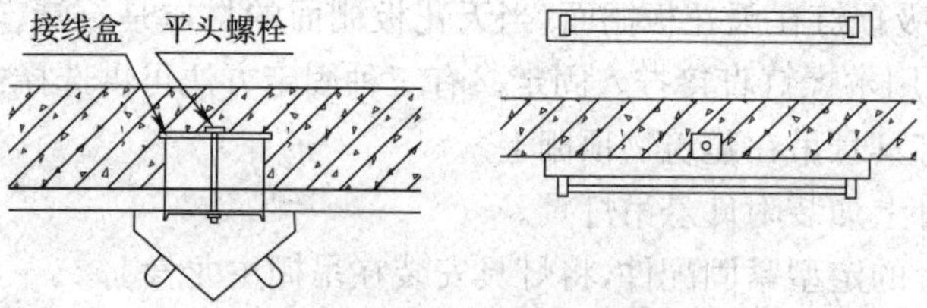

图 3-5-14　荧光灯吸顶安装(三)

七、通电试验

灯具安装完毕,且各支路的绝缘电阻使用兆欧表摇测合格后,方可进行通电试验。通电后应仔细检查和巡查,检查灯具的控制是否灵活、准确;开关与灯具的控制顺序是否相对应。

知识点三　配电线路安装工艺

一、范　围

本工艺适用于建筑物室内配电线路安装工程。但不适合特殊场所,如矿井、易燃易爆等场所的配电线路安装。

二、引用标准

JBJ 16—2018　　　　《民用建筑电气设计规范》
GB 50054—2011　　《低压配电设计规范》
GB 50034—2013　　《建筑照明设计标准》

三、准备工作

1. 材料

安装所需要材料：膨胀管、木螺钉、自攻螺钉、润滑油、麻丝、白铅油、钢丝、圆钢、护套、绝缘胶带、滑石粉、钢管、管卡子、管箍、分线盒、焊锡等。

2. 工具、机具、仪表

验电笔、克丝钳、尖嘴钳、斜口钳、电工刀、卷尺、一字头螺钉旋具、十字头螺钉旋具、穿线器、活扳手、管钳、套丝绞扳、弯管器、剥线钳、电烙铁、电炉、锡锅、电锤、冲击钻、钢锯、电动无齿锯、平锉、圆锉、锤子、登梯、高凳、兆欧表、万用表、电焊机、手动弯管器、滑轮弯管器、电动或液压的顶管机等。

四、配　　管

室内照明电路原理图与照明配线平面图，如图 3-5-15 所示。

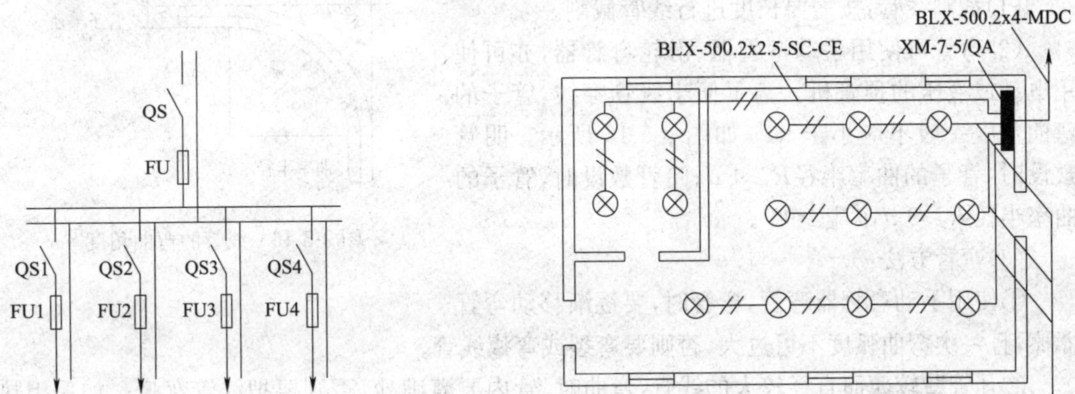

(a) 电路原理图　　(b) 照明配线平面图

图 3-5-15　照明电路原理图与照明配线平面图

1. 画线定位

(1)依照照明配线平面图，确定线路的走向，各个电气元件安装的位置，画出管线的敷设路径。

(2)线管的明线敷设画线定位。线管明面敷设时，应采用管卡支持。线管直线部分，两管卡之间距离应不大于表 3-5-1 中的规定。当线管进入开关、灯头、插座和接线盒孔前 300 mm 处和线管弯头两边均需要用管卡固定，管卡均应安装在木楔或膨胀管上，依照表 3-5-1 的距离要求打孔，安装木楔或膨胀管。

表 3-5-1　线管直线部分管卡间最大间距

管卡间距/m　管壁厚度/mm　线管直径/mm	13～19 $\left(\frac{1}{2}''\sim\frac{3}{4}''\right)$	25～32 $\left(1''\sim1\frac{1}{4}''\right)$	38～51 $\left(1\frac{1}{2}''\sim2''\right)$	64～76 $\left(2\frac{1}{2}''\sim3''\right)$
2.5 以上	1.5	2.0	2.5	3.5
2.5 以下	1.0	1.5	2.0	—

2. 打孔

按照木楔或膨胀管的尺寸规格选择钻头的规格，使用冲击钻或电锤，在先前画出的定位点打孔，将木楔或膨胀管嵌入孔内。

3. 线管选择

(1)根据敷设场所来选择线管类型：

①潮湿和有腐蚀性气体的场所内明敷或埋地一般采用管壁较厚的镀锌管，又称水煤气管。

②干燥场所内明敷或埋地一般采用管壁较薄的电线管。

③腐蚀性较大的场所内明敷或埋地一般采用硬塑料管。

(2)根据穿管导线截面和根数来选择线管的直径。一般要求穿管导线的总截面(包括绝缘层)不应超过管线内径截面的 40％。

(3)检查线管的质量，如有裂缝、瘪陷及管内有锋口、杂物等均不能用。

4. 弯管

(1)截割线管：按需要长度进行线管截割。

(2)弯管可使用手动弯管器、滑轮弯管器，亦可使用电动或液压的顶管机。为了便于线管穿线，管子的弯曲角度一般不应小于 90°，如图 3-5-16 所示。明管敷设时，管子的曲率半径$R\geqslant4d$；暗管敷设时，管子的曲率半径 $R\geqslant6d$，θ 应$\geqslant90°$。

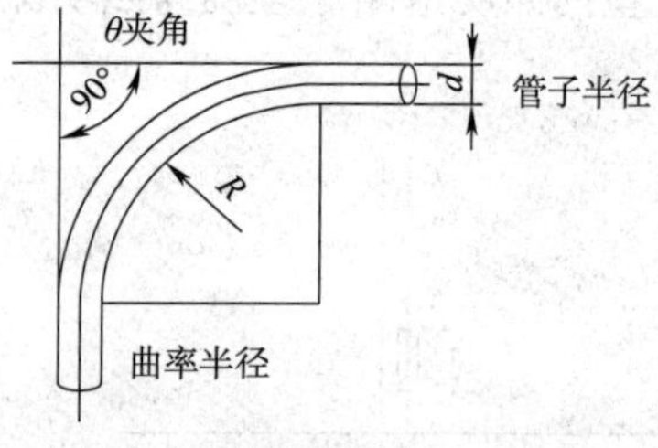

图 3-5-16　线管的弯曲角度

(3)弯管方法：

①使用手动弯管器弯管，弯管时，要逐渐移动弯管器棒，且一次弯曲弧度不可过大，否则要弯裂或弯瘪线管。

②凡管壁较薄而直径较大的线管，弯曲时，管内要灌满沙，否则要把线管弯瘪。如采用热弯曲，要用干燥无水分的沙灌满，并在管两端塞上木塞，如图 3-5-17 所示。

③有缝管弯曲时，应将接缝处放在弯曲的侧面，作为中间层，这样可使焊缝在弯曲形变时既不延长也不缩短，如图 3-5-18 所示。

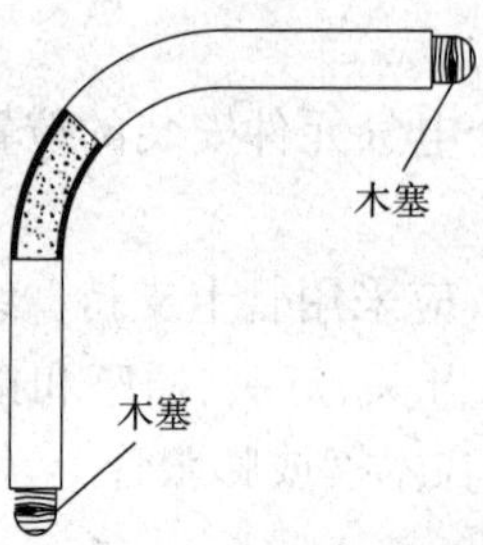

图 3-5-17　钢管灌沙弯曲

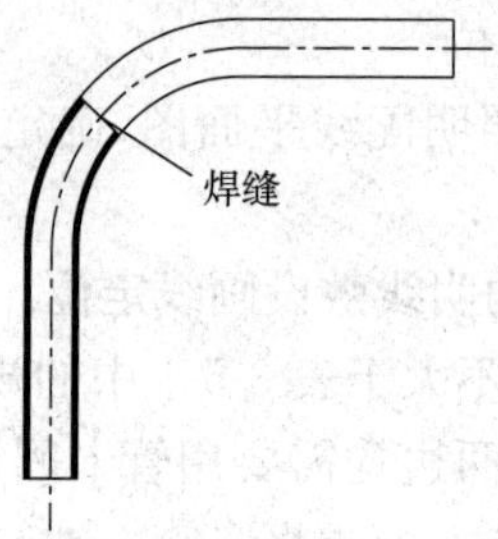

图 3-5-18　有缝管弯曲

5. 锯管

按实际需要用钢锯锯管，锯割时应使管口平整，并用锉刀锉平毛刺和锋口。

6. 套丝

为了使管子与管子、管子与接线盒连接起来，就需要在管子端部套丝。钢管套丝就需要使用套丝绞板，常用规格有$\frac{1}{2}''\sim 2''$和$2\frac{1}{2}''\sim 4''$。

套丝时应把线管钳夹在管钳或台虎钳上，然后用套丝绞板绞出螺纹。操作时要用力均匀，并加润滑油，以保持丝扣光滑。螺纹的长度等于管箍长度的$\frac{1}{2}$加 1～2 牙。第一次套完后，松开板牙，再调整其距离，比第一次小一点，再套一次。当第二次套丝快要套完时，稍微松开板牙一点，边转动边松，使其成为锥形丝扣。套丝完成后，应使用管箍试旋。

7. 线管连接安装

(1)线管连接一般从配电箱开始，逐段配至用电设备。常见的线管固定方式如图 3-5-19 所示。

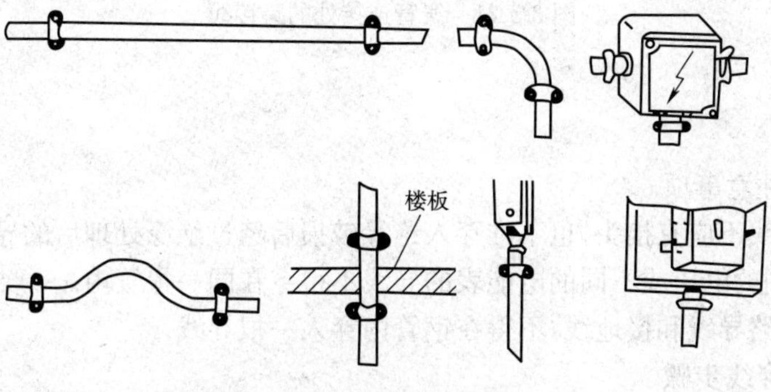

图 3-5-19　常见的线管固定方式

(2)管子与管子连接，无论是明配管还是暗配管，最好采用管箍连接，尤其是埋地或防爆管线。管箍连接如图 3-5-20(a)所示。为了保证管接口的严密性，应在管子的丝扣部分，顺螺纹方向缠上麻丝，并在麻丝上涂白铅油，再用管钳拧紧，并使两管端间吻合。

(3)管子与接线盒连接。钢管端部与各种接线盒连接时，应采用接线盒内外各用一个薄形螺母(又称锁紧螺母)，如图 3-5-20(b)所示。安装时先在线管管口拧入一个螺母，管口穿入接线盒后，再在盒内拧入一个螺母，然后用两把扳手，把两个螺母反向拧紧。如需要密封处理，在两螺母间各垫入封口垫圈。

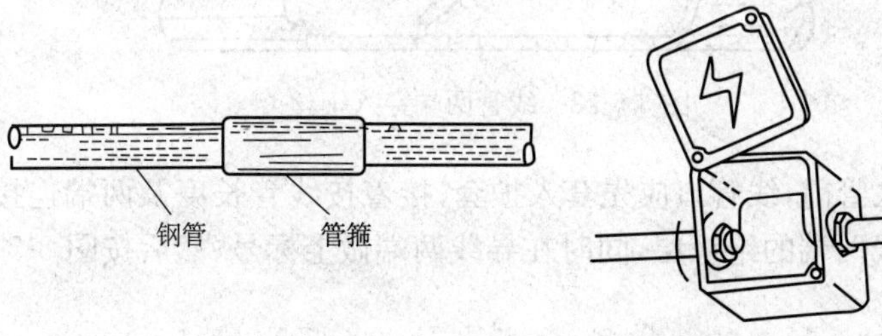

(a) 管箍连接　　(b) 线管与接线盒的连接

图 3-5-20　线管的连接

(4)线管的安装固定。使用木螺钉或自攻螺钉将连接好的线管及管卡固定在已安装的木楔或膨胀管上。

(5)线管的接地。线管安装完毕,线管必须可靠接地。为此,在钢管与钢管、钢管与接线盒及配电箱等连接处,用 $\phi6 \sim \phi10$ 的圆钢制成的跨接线连接,如图 3-5-21 所示,将跨接线焊接在钢管上。并在干线始末两端和分支线管上分别与接地体可靠连接,使线路所有的线管都有可靠的接地。

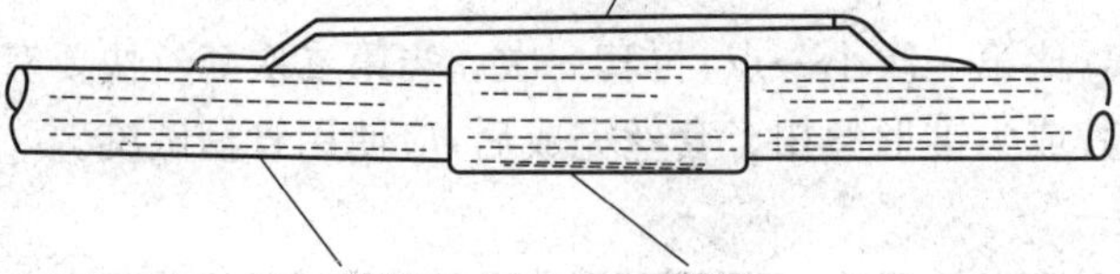

图 3-5-21　线管连接处的跨接线

五、穿　　线

1. 导线穿管注意事项

(1)线管内导线不应有接头,也不准穿入绝缘破损后经过绝缘处理后的导线。

(2)管内,不同的电压或不同的电能表的导线不得穿在同一根管内。

(3)除直流回路导线和接地线,不得在钢管内穿入一根导线。

2. 导线穿管穿线步骤

(1)穿线前清洁线管。用压缩空气或在钢丝上绑以擦布,将管内的杂物和水分清除。

穿线选用直径为 1.2 mm 的钢丝作为引线,当线管短而且弯头较少时,可把钢丝由管子的一端送到另一端。如果线管长而且弯头较多,将钢丝由管子的一端送到另一端比较困难时,可从线管的两端同时穿入钢丝引线,引线端部弯成小勾,如图 3-5-22 所示。当钢丝在线管中相遇时,转动钢丝引线使其勾在一起,然后把一根引线拉出,即可将导线牵引入管。

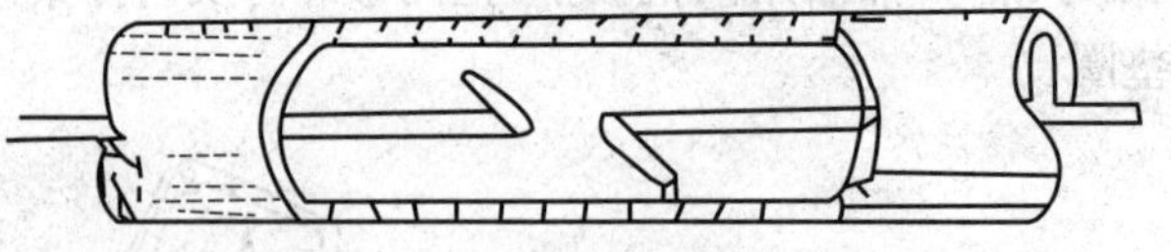

图 3-5-22　线管两端穿入钢丝

(2)将导线牵引入管前,线管口应先套入护套,接着按线管长度及两端连接所需的长度余量裁取导线,去除导线两端的绝缘层,同时在导线两端做上标号,然后按图 3-5-23 所示的方法与钢丝引线缠绕。

(3)由一个人将导线整理成平行线束并送入线管内,由另一个人在线管的另一端牵拉钢丝引线,如图 3-5-24 所示。直至线束由另一端牵出为止,穿线过程结束。

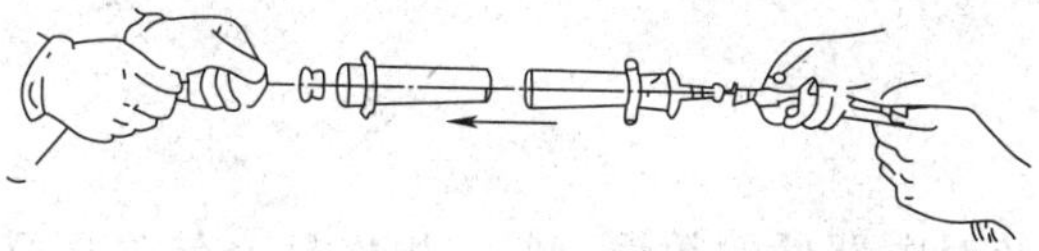

图 3-5-23　导线与钢丝引线的缠绕

图 3-5-24　导线穿管的方法

知识点四　电气控制线路的安装工艺

一、范　　围

本工艺适用电器台(柜)控制线路线槽配线的安装。

二、引用标准

GB 50171—2012	《电气装置安装工程盘、柜及二次回路接线施工及验收规范》
GB 7947—2010	《人机界面标志标识的基本和安全规则　导体颜色或字母数字标识》
GB/T 4026—2019	《人机界面标志标识的基本和安全规则　设备端子、导体终端和导体的标识》
GB 4884—1985	《绝缘导线的标记》
GB/T 2681—1981	《电工成套装置中的导线颜色》
GB/T 18290.2—2015	《无焊连接 第 2 部分:压接连接一般要求、试验方法和使用导则》

三、工艺流程

电气控制线路安装的工艺流程由电器件检查、电器件安装、布线、配线和通电试验五部分组成,如图 3-5-25 所示。

图 3-5-25　电器控制线路安装的工艺流程

四、准备工作

1. 电气元件及材料

所需要安装的电气元件:断路器、接触器、继电器、熔断器、开关电源、伺服控制器、可编程序控制器(PLC)、变频器、端子排等。

安装所需要的材料:导线、线槽、导轨、线号套管、标识贴、端子、扎带、绝缘胶带、螺栓、螺母、弹簧垫圈、平垫、热缩管等。

2. 工具、机具、仪表

验电笔、克丝钳、尖嘴钳、斜口钳、剥线钳、压端钳、电工刀、卷尺、直尺、一字头螺钉旋具、十字头螺钉旋具、活扳手、叉口扳手、套筒扳手、内六角扳手、电烙铁、手电钻、印号机、兆欧表、万用表等。

五、电器件检查

1. 核对

参照技术文件、设计图样、配线图和装箱单,核对电器件的数量、型号、规格是否存在差异。

2. 外观检查

检查电器件的外观,是否存在零件缺失、损坏,外体是否存在开裂、断裂、凹陷等现象。

3. 仪表检测

对于接触器、继电器、主令开关等电器件须使用万用表检测动、静触点的闭合状态,主令开关动、静触点的闭合状态是否符合闭合表的要求。

六、电器件安装

1. 线槽及盖板安装

(1)线槽安装必须固定平整,无扭曲变形。

(2)线槽端口裁剪必须整齐,剪口无毛刺,如有之,须使用平锉或砂纸进行打磨,直至剪口平滑为止。

(3)线槽按 45°斜角拼接,中间线槽按 90°直角拼接。拼接缝出拼接紧密平直,线槽与线槽的对接缝隙不大于 1 mm。

(4)线槽的外形尺寸可依据元器件的外形尺寸、数量、安装位置而确定。

(5)线槽的安装螺钉的间距不大于 200 mm。

(6)外围线槽盖板按 45°斜角拼接,中间线槽盖板按 90°直角拼接。连接处应平整,接缝处紧密平直,无翘角。

2. 导轨安装

(1)DIN35×7.5×1 导轨须使用 M4×10(含弹簧垫圈、平垫)的半圆螺栓水平固定于安装板上。

(2)导轨切口两端须倒圆角,去毛刺。

(3)每根导轨安装螺栓不少于两个。长度大于 200 mm 的导轨,安装螺栓的间距要保证在 200 mm 左右,个数依长度而定,如图 3-5-26 所示。

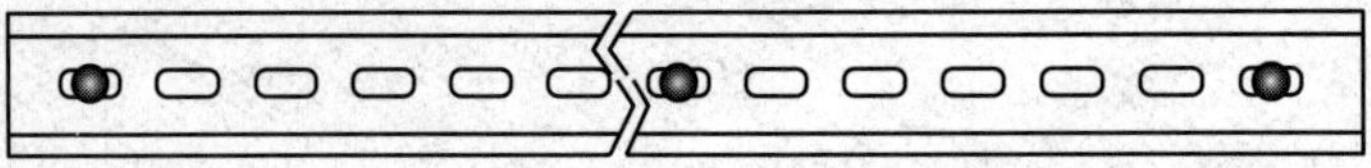

图 3-5-26　DIN35×7.5×1 导轨

3. 导轨上的电器件安装

(1)适用导轨上安装的电器件的范围:小型断路器、接触器、中间继电器、模/数插座、端子排、时间继电器、PLC 及模块、轨装式端子等。

(2)同一类电器件安装在一起。

(3)同尺寸、同规格的电器件安装在一起。

(4)安装的顺序应由左向右进行。

(5)安装的样式要求横平竖直。

(6)在空间允许的情况下,每种类型的电器件的右侧需预留 2～3 个同类型电器件的安装位置。

4. 非导轨上的电器件安装

(1)非导轨上安装的电器件的范围:开关电源、变频器、伺服驱动器、熔断器、非轨装式端子、小容量的变压器、电阻、电容、续流二极管、整流模块等。

(2)同一类电器件安装在一起。

(3)同尺寸、同规格的电器件安装在一起。

(4)安装的样式要求横平竖直。

(5)安装变频器、伺服驱动器等有散热要求的电器件,需要预留散热的间距,且间距相同。两个驱动器的间距≥5 mm。

(6)在空间允许的情况下,每种类型的电器件的右侧需预留 2～3 个同类型电器件的安装位置。

七、布　　线

1. 导线的选择

(1)依据技术文件和设计图样的要求选用不同截面的导线,选用不同类别的线缆。

(2)连接导线的颜色要求:

①黑色:装置和设备的内部线。

②棕色:直流电路正极。

③红色:三相电路 C 相、晶体管集电极、二极管阴极、整流二极管阴极、晶闸管阴极。

④黄色:三相电路 A 相、晶体管基极、晶闸管和双向晶闸管门极。

⑤绿色:三相电路 B 相。

⑥蓝色:直流电路负极、晶体管发射极、二极管阳极、整流二极管阳极、晶闸管阳极。

⑦淡蓝:三相电路的零线或中性线、直流电路的接地中性线、双向晶闸管的主电极、无指定用色的半导体电路。

⑧黄绿双色:接地线。

⑨红黑色并行:用双芯导线或双绞线连接的交流电路。

2. 布线要求

线槽布线如图 3-5-27 所示。

(1)对于强弱电共存的配电电路,要最大限度地将电路分开布线。左竖直线槽布主电路、控制电路、辅助电路,右竖直线槽布通信、信号、电子电路控制等电路。非共存配电电路无此项限制。

(2)主电路、控制电路、辅助电路在横向行线槽内布线由左向右,通信、信号、电子电路控制等电路在横向行线槽内布线由右向左,并且要求分束捆扎,不得交集在一起。

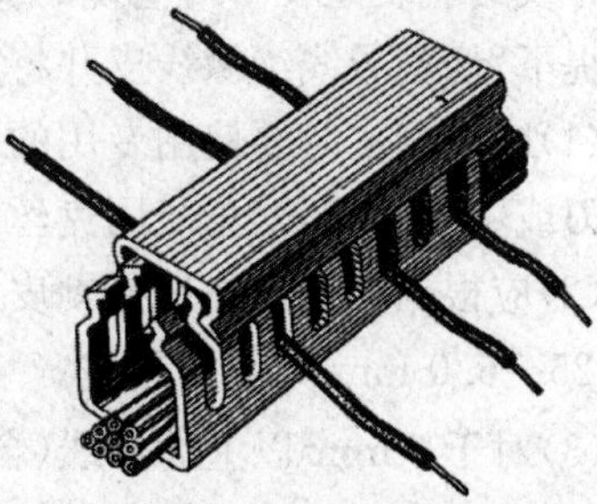

图 3-5-27　线槽布线

3. 线束捆扎

(1)将布线方向一致的导线梳理分明,用扎带捆扎成束,扎带间距视具体线束的直径而定,具体间距请参照表 3-5-2 的内容。每根扎带的间距要均匀,扎口朝向必须一致,所使用的扎带规格、材质必须一致,如图 3-5-28 所示。

表 3-5-2 扎带间距推荐表

线束直径	捆扎间距	线束直径	捆扎间距
<8	10~15	15~30	25~40
8~15	15~25	>30	40~55

图 3-5-28 线束捆扎

(2)线束的弯角应呈直角状态,过度角半径不小于线束半径的 2~3 倍。

(3)线束捆扎后,占空间不大于线槽空间的 80%。

(4)布线时,严禁损伤线芯和绝缘导线。

(5)各电气元件接线端子引出线的走向以元件的水平中心线为界线。在水平中心线以上接线端子引出线,必须进入元件上面的行线槽;在水平中心线以下接线端子引出线,必须进入元件下面的行线槽。任何导线都不允许从水平方向进入行线槽内。

(6)各电气元件的接线端子上引出或引入的导线,除间距很小或元件机械强度很差时允许直接架空敷设,其他导线必须经过行线槽进行连接。

(7)各电气元件与线槽之间的外露导线,应合理走线,并尽可能做到横平竖直,垂直变换走向。同一个元件上位置一致的端子和同型号元件上位置一致的端子,引出或引入的导线,要敷设在同一平面上,并做到高低一致和前后一致,不得交叉。

八、配 线

1. 剥线

导线的剥皮是在不对电缆的线芯形成压痕、不切断线芯且不对剩下的绝缘线皮造成影响的前提下,切割导线绝缘线皮并将其移除掉的操作。

(1)电缆剥皮时要使用专用的剥皮工具,主要有手动剥皮钳、自动剥皮机、液压剥皮设备、电工刀或壁纸刀等,禁止使用克丝钳、尖嘴钳及斜口钳剥线。

(2)应根据导线规格选择剥皮工具及相应的挡位进行剥皮。一般情况下,手动剥皮钳适用于 0.25~6.0 mm^2 导线的剥皮。

(3)对于 6 mm^2 以上的导线(含 6 mm^2),大多用专用剥皮钳、剥皮机(液压、电动均可,详见对应设备说明)进行剥皮,不同导线用不同的刀具,不能互换,避免用电工刀伤到线芯,个别情况允许使用电工刀或壁纸刀。

(4)剥线时，绝缘层的切口应光滑整齐、绝缘层无毛边、绝缘层无损伤，导线线芯清洁整齐、无残余绝缘层，不应有划痕、损伤、断股、毛刺、变形。

2. 导线标记(线号)的安装

(1)根据导线线径选择适合规格的编码套管，不可选用过大的编码套管，防止滑脱。

(2)使用热缩管作为导线标记时，在压接前先将导线标记套在导线上，然后进行压接工作，且热缩管不得套在冷压端子的上面，采用笼形弹簧端子时热缩管应套在距离剥去绝缘层10 mm处。导线标记的套入，一律为标记数字或者字母顺导线轴向方向套入。

(3)使用热缩管作为导线标记(线号)时，应使用专门加热装置加热，使导线标记均匀包在冷压端子和导线上，要求标记均匀清晰，方向正确。

(4)导线标记颜色：交流主回路为黄色、绿色和红色，控制回路为白色，N线为浅蓝色，直流部分正极为棕色，负极为蓝色。导线标记热缩后字高应不小于2.5 mm，导线标记热缩后的长度应符合要求。

(5)配线是根据接线方向的不同，对字码方向做如图3-5-29所示的规定。

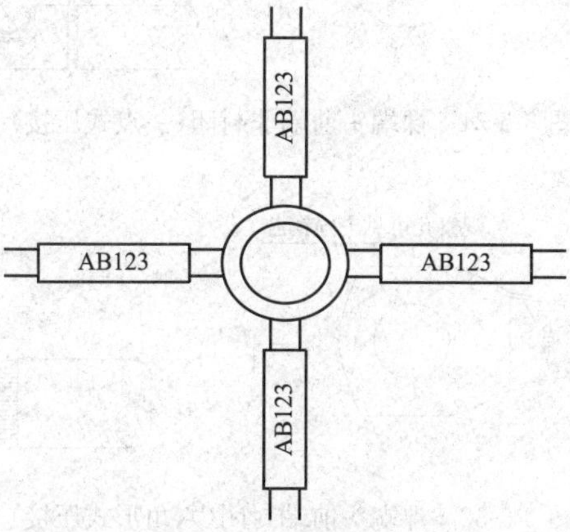

图3-5-29　编码套管字码方向的规定

3. 端子压接

1)电线与接线端子的压接要求

电线与接线端子的压接采用冷压工艺，各种接线端子在压接过程中，压接时钳口、导线及接线端子的规格必须相配；接线端子孔应插入合适剥线长度的电线，电线线芯在接线端子中放置的位置应根据不同类型的接线端子进行确定；压接位置要端正，压接要牢靠，线与端子接触可靠；压接后电线线芯不得有断股、毛刺等不良现象。

2)电线与预绝缘端头的压接

电线与预绝缘端头压接后，弯曲电缆时，线芯不可露出绝缘套管之外。电线与非管状预绝缘端头的压接如图3-5-30所示，前端要求应露出0.5～1.5 mm的线芯。

3)电线与裸端头的压接

电缆与裸端头压接后，不弯曲电缆时，线芯裸露长度应为0.5～1.5 mm。一点式压接如图3-5-31所示，六角形式压接如图3-5-32所示。对于压接封闭的、具有观察孔的接线端子的电缆，不论采用一点式压接、两点式压接，还是采用六角形式压接，都应保证最多的电缆插入接线端子的最里端。压接时可以通过接线端子的观察孔来检查电缆线芯是否明显可见。一点式

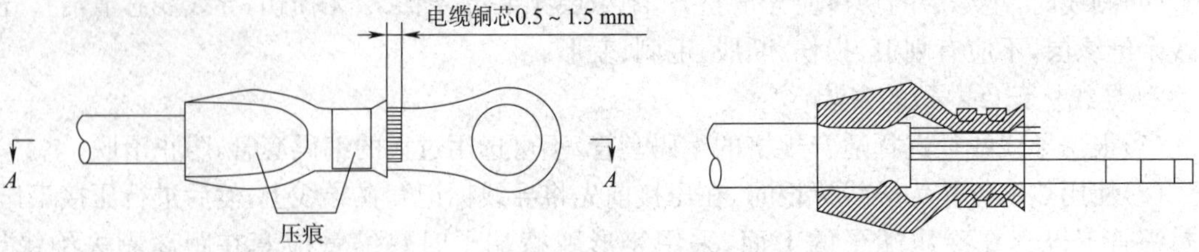

图 3-5-30　电线与非管状预绝缘端头的压接

压接和两点式压接的压接点在无特殊要求、接线无障碍及压接后不能损坏端头的情况下,应选在裸端头的凸起处。

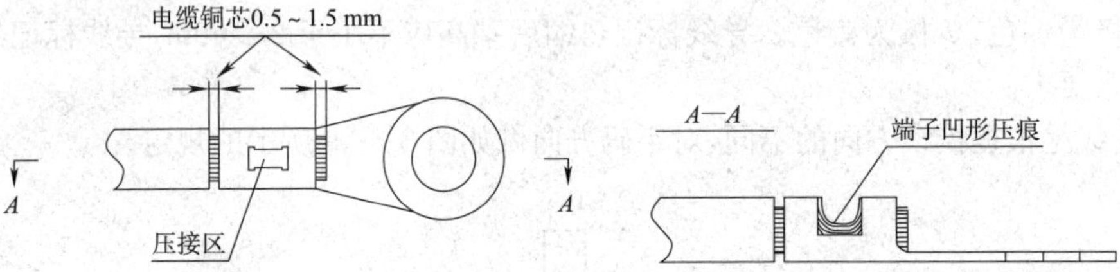

图 3-5-31　裸端头前端非封闭(一点式压接)

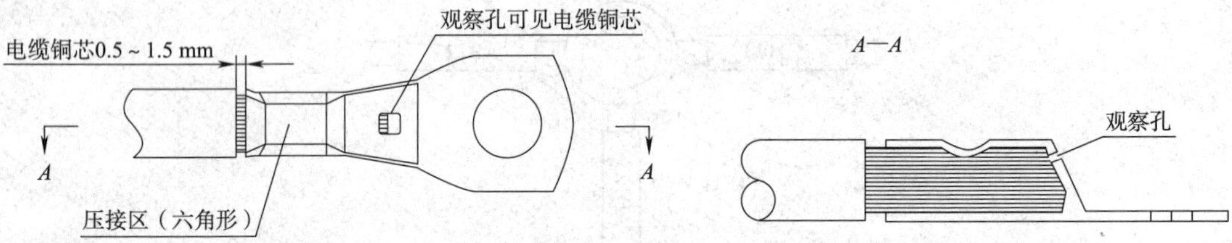

图 3-5-32　裸端头前端封闭(六角形式压接)

4. 接线

(1)接线端子接线:

①轨装式接线端子接线:线槽出线口与端子排接点尽可能做到一一对应,槽出线口至S形笼形弹簧端子排的导线须呈平滑拱弧状接入端子排,如图 3-5-33(a)所示。槽出线口至笼形弹簧端子排的导线可平直接入,如图 3-5-33(b)所示。

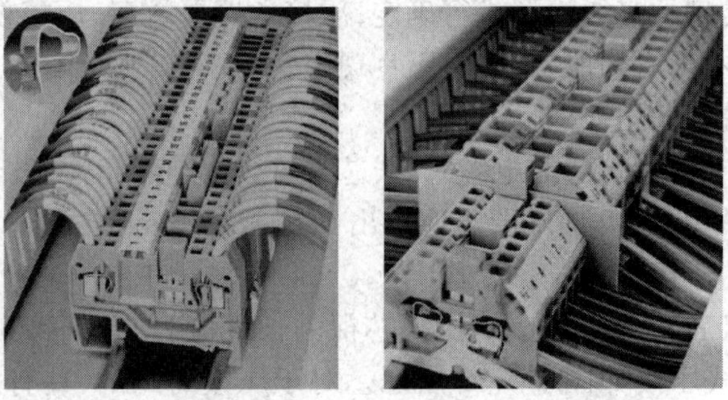

(a) S笼形弹簧端子排　(b) 笼形弹簧端子排

图 3-5-33　轨装式接线端子接线

②非轨装式接线端子接线：线槽出线口与端子排接点尽可能做到一一对应，槽出线口至端子排的导线可平直接入端子排，如图 3-5-34 所示。

(2)接线端子的连接：

①螺钉串插式平板连接宜采用 O 形端子或 U 形端子，同一接点接线不允许超过两根。同一接点有两根接线时，宜采用背靠背式或张开夹角叠压式，如图 3-5-35 所示。

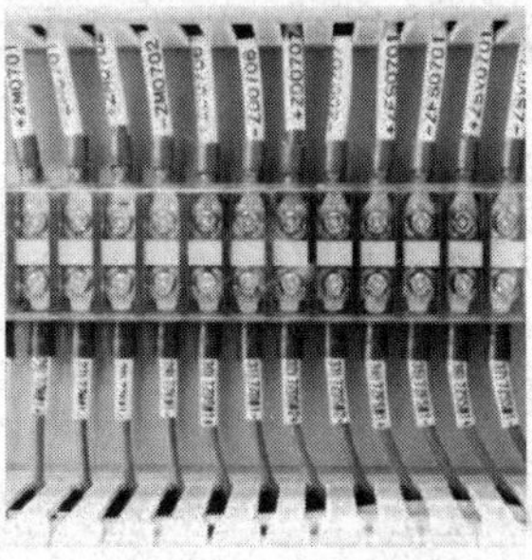

图 3-5-34　非轨装式接线端子接线

(a) 背靠背式　　(b) 夹角叠压式

图 3-5-35　螺钉串插式平板连接

②螺钉串插式弧形板连接宜采用针式端子或管状端子，也可采用 O 形端子或 U 形端子。采用两个针式端子或管状端子时，线径和端子大小应相同，如图 3-5-36 所示。

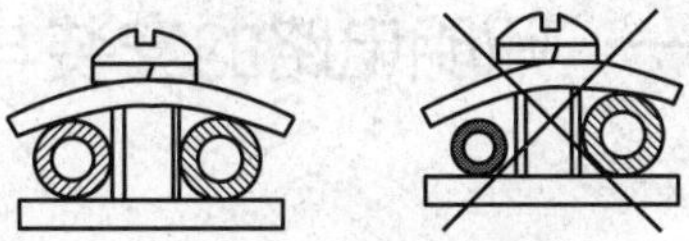

3-5-36　螺钉串插式弧形板连接

(3)端子与接点连接的压接位置，如图 3-5-37 所示。

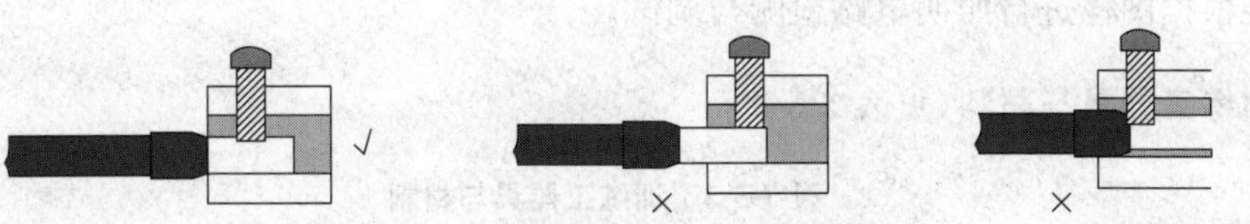

图 3-5-37　端子与接点连接的压接位置

(4)笼形弹簧端子排的端子压接位置，如图 3-5-38 和图 3-5-39 所示。

图 3-5-38　端子正确压接位置

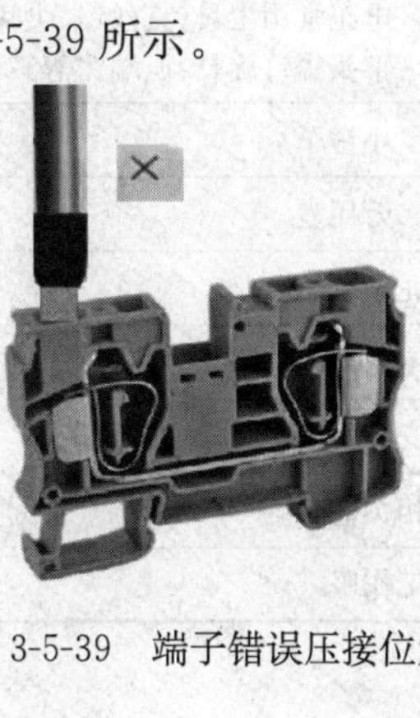

图 3-5-39　端子错误压接位置

(5)紧固接线要用力适中,防止用力过大造成螺栓或螺母滑扣,以及造成电器件的结构损坏。

(6)电器件接线接点的选用要符合电气原理与配线图的规定,不得随意选用。

(7)接线要可靠、牢固,不能存在松动、虚接,保证连接正确。

九、通电试验

(1)检查 PLC、变频器、伺服驱动器、比例放大器、开关电源以及模块等重要电气元件的接线是否正确。

(2)检查 PLC、变频器、伺服驱动器、比例放大器以及模块等重要电气元件电缆套号是否正确,是否有一线两号的存在。

(3)检查电气元件接线是否正确,接线是否牢固。重要部件的电源线先拆下,等测量电源电压正确后再接上。

(4)通电前应使用万用表检查测量每一个开关回路的线路和元件有无短路现象,一切正确后,方可通电试验。

技能训练

训练一　照明电路的安装与调试

一、训练目的

(1)能正确识别与检测照明电路中的元器件。

(2)能根据图样要求进行照明电路安装与接线。

(3)能根据图样进行照明电路检测与调试。

二、训练工器具与材料(见表 3-5-3)

表 3-5-3　训练工器具与材料

序号	工器具与材料名称	单位	数量	备注
1	电工常用工具(克丝钳、尖嘴钳、斜口钳、剥线钳、十字头螺钉旋具、一字头螺钉旋具、压端钳等)	套	1	
2	小锤子	把	1	
3	万用表	块	1	
4	兆欧表	块	1	
5	室内照明电路元器件	套	1	具体见后面清单
6	安装板或网孔板或安装间	块或间	1	
7	相关耗材	套	1	具体见后面清单
8	工作服	套	1	

三、训练内容

(1)家庭照明电路电气原理图，如图 3-5-40 所示。

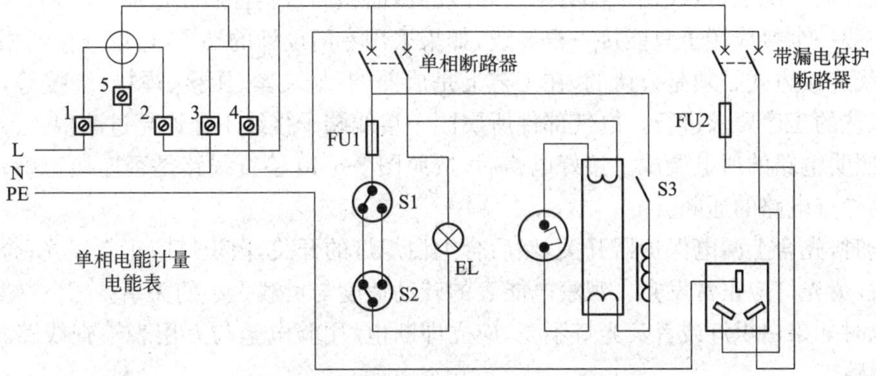

图 3-5-40　家庭照明电路电气原理图

(2)家庭照明电路所需材料清单，如表 3-5-4 所示。

表 3-5-4　家庭照明电路所需材料清单

序号	名　　称	型　　号	规格与主要参数	单位	数量	备注
1	电工照明实训板或间		面积最小 1 m^2	块(间)	1	
2	单相电能表	DD28	220 V/3(5)A	块	1	
3	照明配电盒	HX50-6FCA	明装	个	1	
4	单相断路器	DZ47	220 V/10 A	只	1	
5	单相漏电断路器	DZ47L	220 V/10 A	只	1	
6	一位单控开关	86 型	220 V/5 A	只	1	
7	一位双控开关	86 型	220 V/5 A	只	2	
8	单相五孔插座	86 型	220 V/10 A	个	1	
9	螺口平灯座		220 V/5 A	个	1	
10	螺口灯泡	PZ220-15	15 W	个	1	
11	荧光灯或电子节能灯		15 W	个	1	
12	线卡			个	若干	
13	绝缘护套线	BVV-1.0	2×1 mm^2	米	若干	
14	绝缘护套线	BVV-1.0	3×1 mm^2	米	若干	
15	塑料线槽板			米	若干	
16	熔断器	RT-32	5 A	只	2	

(3)照明电路安装步骤：

①检验所选电气元件的质量。

②在模拟配线盘上安装电气元件，布局合理、安装牢固、便于布线。荧光灯管座、镇流器的导线连接使用导线连接器，导线连接后对导线连接器进行捆扎固定。

③按原理图进行板前配线,并在导线端部冷压接线端子。布线时,严禁损伤线芯和绝缘层。布线并尽可能做到横平竖直,直角变换走向。所有接线都应与原理图相一致,连接必须牢固,不得松动。

④在任何情况下,接线端子都必须与导线的截面积和材料性质相适应。

⑤一般一个接线端子只能接一根导线,如果采用专门设计的端子,可以连接两根或多根导线,但导线连接方式必须是公认的,在工艺上是成熟的,如夹紧、压接、焊接、绕接等,并严格按照连接工艺的工序要求进行。电气部件所属同一接线端子接线不允许超过两根。

(4)照明电路的通电调试。接好电路后,按照图 3-5-40 检查线路是否连接正确,并用万用表电阻挡检查电路的通断。

通电时,先合上漏电保护器开关,然后合上白炽灯的开关,白炽灯应正常发光;合上荧光灯控制开关,荧光灯应正常发光。观察电能表的转动速度与负载大小的关系。

通电时如果白炽灯或者荧光灯不亮,应立即断电,用验电笔与万用表检查线路,判断照明电路的故障。

下面以荧光灯为例,当荧光灯不能启动或不能发光时,可以按以下步骤检查并排除故障。

①如辉光启动器损坏或与底座接触不良,应进行维修或更换。

②对新装荧光灯,对照电路图,仔细检查线路连接是否正确。

③观察通电瞬间现象,用万用表电阻挡分别检测两端灯丝,看灯丝是否断开或灯管漏气。

④检查灯脚与灯座是否接触不良。除去灯脚与灯座接触面上的氧化物,再插入并通电试用。

⑤检查镇流器内部线圈是否开路或接头松动或灯管不配套。可用万用表电阻挡检测是否断路。

⑥检查电源电压是否太低。可用万用表交流挡检查荧光灯电源电压。

(5)照明电路的常见故障与检修。照明电路的常见故障主要有断路、短路和漏电三种。

①断路。断路故障发生后,负载将不能正常工作。照明线路一般采用三相四线制供电。由于负载不平衡,如电源中性线断线会造成三相电压不平衡,负载大的一相相电压低,负载小的一相相电压增高,如负载是白炽灯,则会出现一相灯光暗淡,而接在另一相上的灯又变得很亮。

产生断路的原因:主要是熔丝熔断、断线、开关接触不良、线路接头老化或者腐蚀等。

断路故障的检查:应首先检查灯丝是否烧断,检查开关和灯头是否接触不良等。为了尽快查出故障点,可用验电笔检查灯头的两极是否有电,若两极都不亮说明相线断路;若两极都亮(带灯泡测试),说明零线断路;若一极亮一极不亮,说明灯丝未接通。

②短路。短路故障表现为熔断器熔丝瞬间熔断,短路点有明显烧痕、绝缘碳化,严重的会使导线绝缘层烧焦甚至引起火灾。

造成短路的原因有:

a. 相线与中性线的接头因绝缘老化碰在一起而短路。一般来说,相线与中性线的接头应错开一定的距离。

b. 灯座或开关进水,螺口灯头顶芯歪斜碰及螺口,造成内部短路。

当发现短路打火或熔丝熔断时应先查出发生短路的原因,找出短路故障点,处理后更换熔丝,恢复送电。

c. 漏电。漏电不但造成电力浪费，还可能造成人身触电伤亡事故。产生漏电的原因主要有相线绝缘损坏而接地、用电设备内部绝缘损坏使外壳带电等。

漏电故障的检查：漏电保护装置一般采用漏电保护器。当漏电电流超过整定电流值时，漏电保护器动作切断电路。若发现漏电保护器动作，则应查出漏电接地点并进行绝缘处理后再通电。

(6)安全注意事项：

①通电试验必须有监护人员监护。

②通电试验、线路调试、停送电必须进行验电，并注意仪表挡位的选择。

四、考核评价

照明电路的安装与调试考核评价表见表 3-5-5。

表 3-5-5　考核评价表(工时:2 h)

项目内容	配分	评分标准	扣分	得分
元件检查	10 分	根据电路要求，正确筛选和检测出元器件；电气元件错检或漏检，每只扣 2 分		
元件安装	20 分	(1)元件安装牢固。元件安装不牢固，每处扣 2 分。 (2)元件安装整齐、匀称、合理。元件安装不符合整齐、匀称、合理要求，每处扣 2 分。 (3)安装中无损坏元件。安装中损坏元件，每只扣 5 分		
端子压接	10 分	端子压接牢固，无虚压、脱线、毛刺等。端子压接不符合要求，每处扣 2 分		
布线、配线	20 分	(1)导线不得有接头，不得过长、受力、交叉，导线芯线无损伤、裸露。导线不符合要求，每处扣 2 分。 (2)导线选用。冷压接头选用符合要求。不符合工艺要求，每处扣 2 分。 (3)接线要牢固可靠，无松动。接线不符合要求，每处扣 2 分。 (4)同一接线端子不允许超过两根导线。超过两根及以上，每处扣 3 分。 (5)线路布线使用扎带捆扎固定。扎带捆扎间距均匀相等，扎带扎口方向一致。线路布线扎带捆扎不符合工艺要求，每处扣 1 分		
电路调试	20 分	(1)能实现白炽灯两地控制功能。不能实现两地控制功能，扣 5 分。 (2)能实现荧光灯控制功能。不能实现控制功能，扣 5 分。 (3)能实现插座正常功能。不能实现插座使用功能，扣 5 分。 (4)能实现单相电能计量功能。不能实现计量功能，扣 5 分		
安全文明生产	20 分	(1)进行安全文明生产。违反操作规程，产生不安全因素，扣 20 分；严重者，直接取消考试资格。 (2)着装正确，保持工位卫生。着装防护用品不齐，每项扣 3 分；工位不整洁，每处扣 3 分		

训练二　三相动力线路的安装与调试

一、训练目的

(1)能正确识别与检测三相动力线路中的元器件。
(2)能根据图样要求进行三相动力线路安装与接线。
(3)能根据图样进行三相动力线路检测与调试。

二、训练工器具与材料(见表 3-5-6)

表 3-5-6　训练工器具与材料

序号	工器具与材料名称	单位	数量	备注
1	电工常用工具(克丝钳、尖嘴钳、斜口钳、剥线钳、十字头螺钉旋具、一字头螺钉旋具、压端钳等)	套	1	
2	小锤子	把	1	
3	万用表	块	1	
4	兆欧表	块	1	
5	三相动力线路元器件	套	1	具体见后面清单
6	安装板或网孔板或安装间	块或间	1	
7	相关耗材	套	1	具体见后面清单
8	工作服	套	1	

三、训练内容

(1)三相动力线路安装电气原理图,如图 3-5-41 所示。按图进行安装与调试。

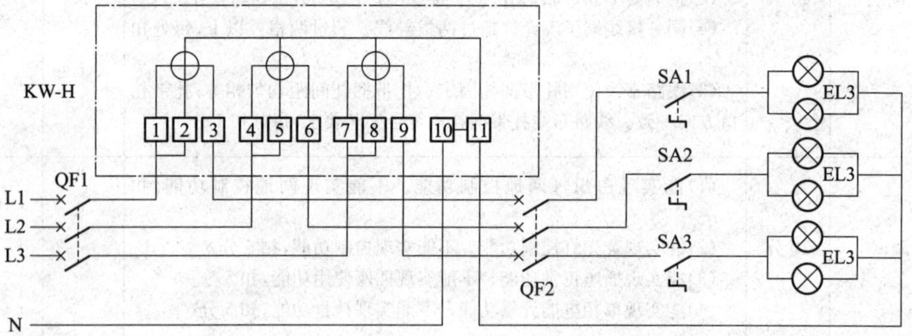

图 3-5-41　三相动力线路安装电气原理图

(2)三相动力线路安装所需工具、仪表、器材如表 3-5-7 所示。

表 3-5-7　三相动力线路安装所需工具、仪表、器材

工具	克丝钳、尖嘴钳、斜口钳、剥线钳、线槽剪子、十字头螺钉旋具、一字头螺钉旋具、压端钳
仪表	万用表

续上表

	名称	型号	规格	单位	数量
器材	功率表	DT862-5	三相四线直接式	块	1
	白炽灯		60 W	只	6
	灯座			只	6
	按钮盒	XKA-3B		套	1
	断路器	DZ47-60	3P/10 A	只	2
	旋转开关	LA38		个	3
	导线		1.5 mm^2	米	按需
	管状端子		1.5 mm^2	米	按需
	叉口端子		1.5-3	米	按需
	接线端子排	TD2010	15 节	条	6
	模拟配线盘			块	1
	扎带		100 mm	振	按需

(3)电路安装与调试要求：

①接线不可用力过猛，以防螺钉打滑。

②检验所选电气元件的质量。

③在模拟配线盘上安装电气元件，布局合理、安装牢固、便于布线。

④按原理图进行板前配线，并在导线端部冷压接线端子。

⑤布线时，严禁损伤线芯和绝缘层。

⑥白炽灯公共电源导线连接使用导线连接器，导线连接后对导线连接器进行捆扎固定。

⑦各电气元件应合理布线，布线可使用编织网管防护线束捆扎，也可直接在模拟配线盘进行线束捆扎。布线尽可能做到横平竖直，直角变换走向。

⑧所有接线都应与原理图相一致，连接必须牢固，不得松动。

⑨在任何情况下，接线端子都必须与导线的截面积和材料性质相适应。

⑩一般一个接线端子只能接一根导线，如果采用专门设计的端子，可以连接两根或多根导线，但导线连接方式必须是公认的，在工艺上是成熟的，如夹紧、压接、焊接、绕接等，并严格按照连接工艺的工序要求进行。电气部件所属同一接线端子接线不允许超过两根。

⑪检查配线盘内的布线、配线的正确性。

⑫连接电源线，通电动作试验。

⑬安装、布线、配线、调试过程中必须同时做到安全文明生产。

⑭通电试验必须有监护人员监护。

⑮通电试验、查找故障、停送电必须进行验电，并注意仪表挡位的选择。

⑯作业完毕后，仪表挡位必须归零。清理作业场地。

四、考核评价

三相动力线路的安装与调试考核评价见表 3-5-8。

表 3-5-8 考核评价表(工时:2 h)

项目内容	配分	评分标准	扣分	得分
元件检查	5分	正确检测电气元件好坏。错检或漏检,每只扣2分		
元件安装	15分	(1)元件安装牢固。安装不牢固,每处扣2分。 (2)元件安装整齐、匀称、合理。不整齐、不匀称、不合理,每处扣2分。 (3)元件安装不能损坏元件。损坏元件,每只扣5分		
端子压接	10分	端子压接牢固,无虚压、脱线、毛刺。端子压接不符合要求,每处扣1分		
电路布线安装	30分	(1)导线不得有接头,不得过长、受力、交叉、导线芯线无损伤、裸露。导线不符合要求,每处扣2分。 (2)导线选用。冷压接头选用符合要求。不符合工艺要求,每处扣2分。 (3)接线要牢固可靠,无松动。接线不符合要求,每处扣2分。 (4)同一接线端子不允许超过两根导线。超过两根及以上,每处扣3分。 (5)线路布线使用扎带捆扎固定。扎带捆扎间距均匀相等,扎带扎口方向一致。线路布线扎带捆扎不符合工艺要求,每处扣1分		
线路调试	20分	(1)电能表接线正确。电能表接线错误,每处扣3分。 (2)扭动SA1,U相白炽灯点亮,电能表正常计数。未实现该功能,扣5分。 (3)扭动SA1,V相白炽灯点亮,电能表正常计数。未实现该功能,扣5分。 (4)扭动SA1,W相白炽灯点亮,电能表正常计数。未实现该功能,扣5分		
安全文明生产	20分	(1)进行安全文明生产。违反操作规程,产生不安全因素,扣20分;严重者,直接取消考试资格。 (2)着装正确,保持工位卫生;着装防护用品不齐,每项扣3分;工位不整洁,每处扣3分		

训练三 直流电动机的正反转控制线路的安装与调试

一、训练目的

(1)能正确识读直流电动机的正反转控制线路原理图。

(2)能根据图样要求进行直流电动机的正反转控制线路安装与接线。

(3)能根据图样进行直流电动机的正反转控制线路检测与调试。

二、训练工器具与材料

表 3-5-9 训练工器具与材料

序号	工器具与材料名称	单位	数量	备注
1	电工常用工具(克丝钳、尖嘴钳、斜口钳、剥线钳、十字头螺钉旋具、一字头螺钉旋具、压端钳等)	套	1	

续上表

序号	工器具与材料名称	单位	数量	备注
2	万用表	块	1	
3	兆欧表	块	1	
4	直流电动机的正反转控制线路元器件	套	1	具体见后面清单
5	安装板或网孔板或安装间	块或间	1	
6	相关耗材	套	1	具体见后面清单
7	工作服	套	1	

三、训练内容

(1)直流电动机的正反转控制线路，如图 3-5-42 所示。根据直流电动机的正反转控制线路进行安装与调试。

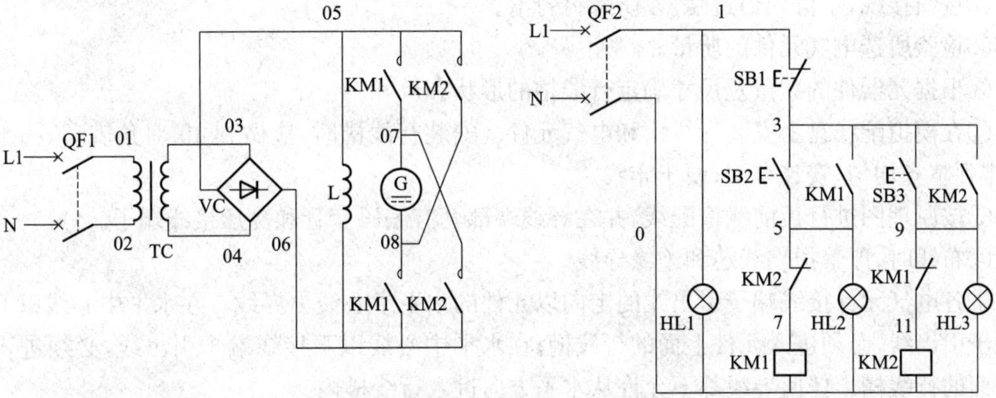

图 3-5-42　直流电动机的正反转控制线路

(2)直流电动机的正反转控制线路的安装所需工具、仪表、器材，如表 3-5-10 所示。

表 3-5-10　直流电动机的正反转控制线路的安装所需工具、仪表、器材

工具	克丝钳、尖嘴钳、斜口钳、剥线钳、线槽剪子、十字头螺钉旋具、一字头螺钉旋具、压端钳					
仪表	万用表					
	代号	名称	型号	规格	单位	数量
器材	KM	接触器	CJX2-12	线圈电压 220 V	只	2
	TC	变压器/调压器		220 V/110 V　100 V·A/0～150 V	台	1
	SB	按钮	LAY3	红	只	1
	SB	按钮	LAY3	绿	只	2
		按钮盒	XKA-3B		套	2
	QF	断路器	DZ47-60	2P/5 A 2P/2 A	只	2
	HL	指示灯		220 V	只	1红2绿
	M	直流电动机	S321	38 W,110 V,0.2 A,3 000 r/min	台	

续上表

	代号	名称	型号	规格	单位	数量
器材		端子排	2004-1301		片	20
		绝缘套管状端子		1.0 mm^2	个	按需
		绝缘套管状端子		1.5 mm^2	个	按需
		导轨	DIN35		条	按需
		编码套管			个	按需
		导线	BVR	1.0 mm^2	米	若干
		导线	BVR	1.5 mm^2	米	若干
		网管		ϕ12 mm	米	按需
		线槽		30 mm×30 mm	米	按需

(3)电路安装与调试要求：

①按钮接线，不可用力过猛，以防螺钉打滑。

②检验所选电气元件的质量。

③根据元器件的数量及尺寸确定行线槽的形状和尺寸。

④在模拟配线盘上安装行线槽和电气元件。安装行线槽时，应做到45°对角安装，横平竖直、排列整齐均匀，安装牢固、便于布线。

⑤按原理图进行板前线槽配线，并在导线端部套有编码套管和冷压接线端子。

⑥布线时，严禁损伤线芯和绝缘导线。

⑦各电气元件接线端子引出线的走向以元件的水平中心线为界线。在水平中心线以上接线端子引出线，必须进入元件上面的行线槽；在水平中心线以下接线端子引出线，必须进入元件下面的行线槽。任何导线都不允许从水平方向进入行线槽内。

⑧各电气元件接线端子上引出或引入的导线，除间距很小或元件机械强度很差时允许直接架空敷设，其他导线必须经过行线槽进行连接。

⑨进入行线槽内的导线必须完全置于行线槽内，尽量避免交叉，装线不超过线槽容量的80%，以便于能盖上线槽盖。

⑩将布线方向一致的导线梳理分明，用扎带捆扎成束，扎带间距视具体线束的直径而定。但每根扎带的间距要均匀，扎口朝向必须一致，所使用的扎带规格、材质必须一致。线束的弯角应呈直角状态，过度角半径不小于线束半径的2～3倍。

⑪各电气元件与线槽之间的外露导线，应合理走线，并尽可能做到横平竖直，垂直变换走向。同一个元件上位置一致的端子和同型号元件上位置一致的端子，引出或引入的导线，要敷设在同一平面上，并做到高低一致和前后一致，不得交叉。

⑫所有接线端子和导线头上，都应套有与原理图相应接点线号一致的编码套管，并按线号进行连接，连接必须牢固，不得松动。

⑬在任何情况下，接线端子都必须与导线的截面积和材料性质相适应，当接线端子不适合连接软线或不合适连接较小截面积软线时，可以在导线端头穿上针形或叉形扎头并压接。

⑭一般一个接线端子只能接一根导线，如果采用专门设计的端子，可以连接两根或多根导线，但导线连接方式必须是公认的，在工艺上是成熟的，如夹紧、压接、焊接、绕接等，并严格按

照连接工艺的工序要求进行。

⑮按钮开关、指示灯安装在模拟配线盘线槽框外，接线必须经接线端子排过渡，导线采用网管防护。

⑯检查配电盘内的布线的正确性。

⑰安装电动机并接线。

⑱连接电源线，自己确认配线的正确性。

⑲通电动作试验。

⑳安装训练必须同时做到安全文明生产。

㉑通电试验必须有监护人员监护。

㉒查找故障、停送电必须进行验电，并注意仪表挡位的选择。

㉓作业完毕后，仪表挡位必须归零。清理作业场地。

四、考核评价

直流电动机的正反转控制线路的安装与调试考核评价见表3-5-11。

表3-5-11　考核评价表（工时：2 h）

项目内容	配分	评分标准	扣分	得分
元件检查	5分	正确检测电气元件好坏。错检或漏检，每只扣2分		
元件安装	10分	(1)元件安装牢固。安装不牢固，每处扣2分。 (2)元件安装整齐、匀称、合理。不整齐、不匀称、不合理，每处扣2分。 (3)元件安装不能损坏元件。损坏元件，每只扣5分		
端子压接	10分	端子压接牢固，无虚压、脱线、毛刺。端子压接不符合要求，每处扣1分		
电路配线	30分	(1)导线不得有接头，不得过长、受力、交叉、导线芯线无损伤、裸露。导线不符合要求，每处扣2分。 (2)导线选用。冷压接头选用符合要求。不符合工艺要求，每处扣2分。 (3)接线要牢固可靠，无松动。接线不符合要求，每处扣2分。 (4)同一接线端子不允许超过两根导线。超过两根及以上处，每处扣3分。 (5)线路布线使用扎带捆扎固定，扎带捆扎间距均匀相等，扎带扎口方向一致。线路布线扎带捆扎不符合工艺要求，每处扣1分。 (6)端子排配线要有预留长度；预留长度不美观，长短不一，方式方法不正确，每处扣1分。 (7)出端子后，按钮引出线需经编织网进行保护，引出线500 mm。过长、过短、未套编织网等不符合要求，每处扣2分		
电路调试	25分	(1)能正确进行电路调试。调试出现短路，每次扣5分。 (2)按SB2按钮，KM1接触器吸合并自锁，直流电动机正转，按SB1按钮，直流电动机停止运行。未实现该功能，扣10分。 (3)按SB3按钮，KM2接触器吸合并自锁，直流电动机反转，按SB1按钮，直流电动机停止运行。未实现该功能，扣10分		
安全文明生产	20分	(1)进行安全文明生产。违反操作规程，产生不安全因素，扣20分；严重者，直接取消考试资格。 (2)着装正确，保持工位卫生。着装防护用品不齐，每项扣3分；工位不整洁，每处扣3分		

训练四　交流电动机的正反转控制线路的安装与调试

一、训练目的

(1)能正确识读交流电动机的正反转控制线路原理图。

(2)能根据图样要求进行交流电动机的正反转控制线路安装与接线。

(3)能根据图样进行交流电动机的正反转控制线路检测与调试。

二、训练工器具与材料

表 3-5-12　训练工器具与材料

序号	工器具与材料名称	单位	数量	备注
1	电工常用工具(克丝钳、尖嘴钳、斜口钳、剥线钳、十字头螺钉旋具、一字头螺钉旋具、压端钳等)	套	1	
2	万用表	块	1	
3	兆欧表	块	1	
4	交流电动机的正反转控制线路元器件	套	1	具体见后面清单
5	安装板或网孔板或安装间	块或间	1	
6	相关耗材	套	1	具体见后面清单
7	工作服	套	1	

三、训练内容

(1)交流电动机的正反转控制线路,如图 3-5-43 所示。根据交流电动机的正反转控制线路进行安装与调试。

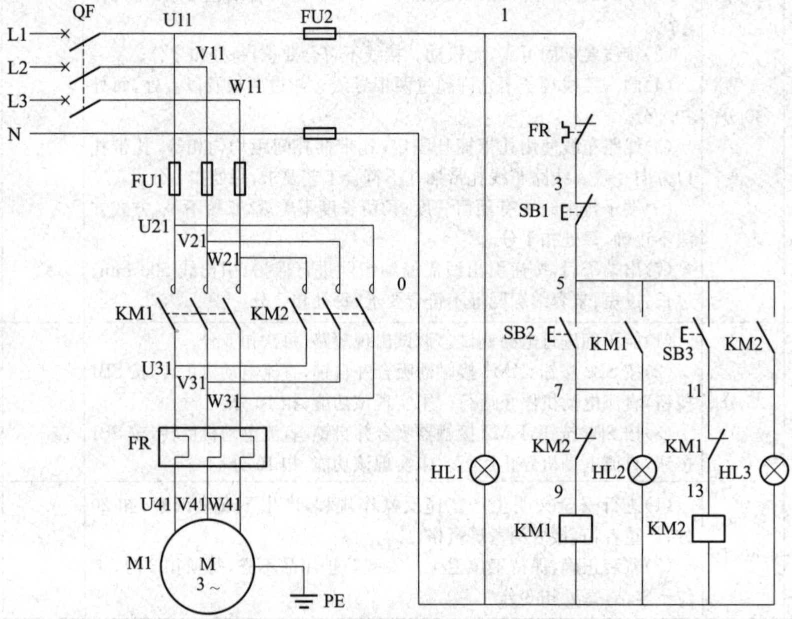

图 3-5-43　交流电动机的正反转控制线路

(2)交流电动机的正反转控制线路的安装所需工具、仪表、器材,如表 3-5-13 所示。

表 3-5-13　交流电动机的正反转控制线路的安装所需工具、仪表、器材

工具	克丝钳、尖嘴钳、斜口钳、剥线钳、线槽剪子、十字头螺钉旋具、一字头螺钉旋具、压端钳					
仪表	万用表					
器材	代号	名称	型号	规格	单位	数量
	M1	三相异步电动机	Y100L1-4Y	2.2 kW,380 V,5 A,1 440 r/min	台	1
	QF	低压断路器	DF47-15	3P/380 V,15 A	只	1
	KM	接触器	CJX2-12	线圈电压 220 V,20 A	只	2
	FR	热继电器	JR36-20	三极 20 A,热元件 11 A,整定电流 8.8 A	只	1
	FU1	螺旋式熔断器	RL1-60/25	500 V,60 A,熔体 25 A	只	3
	FU2	螺旋式熔断器	RL1-15/2	500 V,15 A,熔体 2 A	只	2
	SB	三联按钮	LA10-3H	380 V,5 A	套	1
	HL	指示灯		220 V	只	1红 2绿
	XT	端子板	JX2-1015	380 V,10 A,15 节	条	1
		导轨	DIN35	300 mm	条	
		线槽		30 mm×30 mm	米	2 m
		编码套管			个	若干
		导线	BVR	1.5 mm^2	米	若干
		导线	BVR	1.0 mm^2	米	若干

(3)电路安装与调试要求。交流电动机的正反转控制线路的安装与调试要求与本技能训练的训练三的要求相同。

四、考核评价

交流电动机的正反转控制线路的安装与调试考核评价见表 3-5-14。

表 3-5-14　考核评价表(工时:2 h)

项目内容	配分	评分标准	扣分	得分
元件检查	5 分	正确检测电气元件好坏。错检或漏检,每只扣 2 分		
元件安装	10 分	(1)元件安装牢固。安装不牢固,每处扣 2 分。 (2)元件安装整齐、匀称、合理。不整齐、不匀称、不合理,每处扣 2 分。 (3)元件安装不能损坏元件。损坏元件,每只扣 5 分		
端子压接	10 分	端子压接牢固,无虚压、脱线、毛刺。端子压接不符合要求,每处扣 1 分		
电路配线	30 分	(1)导线不得有接头,不得过长、受力、交叉、导线芯线无损伤、裸露。导线不符合要求,每处扣 2 分。 (2)导线选用。冷压接头选用符合要求。不符合工艺要求,每处扣 2 分。 (3)接线要牢固可靠,无松动。接线不符合要求,每处扣 2 分。 (4)同一接线端子不允许超过两根导线。超过两根及以上处,每处扣 3 分。		

续上表

项目内容	配分	评分标准	扣分	得分
电路配线	30 分	(5)线路布线使用扎带捆扎固定,扎带捆扎间距均匀相等,扎带扎口方向一致。线路布线扎带捆扎不符合工艺要求,每处扣 1 分。 (6)端子排配线未要有预留长度;预留长度不美观,长短不一,方式方法不正确,每处扣 1 分。 (7)出端子后,按钮引出线需经编织网进行保护,引出线 500 mm。过长、过短、未套编织网等不符合要求,每处扣 2 分		
电路调试	25 分	(1)能正确进行电路调试。调试出现短路,每次扣 5 分。 (2)按 SB2 按钮,KM1 接触器吸合并自锁,交流电动机正转并指示灯 HL2 亮,按 SB1 按钮,交流电动机停止运行并指示灯 HL2 灭。未实现该功能,扣 10 分。 (3)按 SB3 按钮,KM2 接触器吸合并自锁,交流电动机反转并指示灯 HL3 亮,按 SB1 按钮,交流电动机停止运行并指示灯 HL3 灭。未实现该功能,扣 10 分		
安全文明生产	20 分	(1)进行安全文明生产。违反操作规程,产生不安全因素,扣 20 分;严重者,直接取消考试资格。 (2)着装正确,保持工位卫生。着装防护用品不齐,每项扣 3 分;工位不整洁,每处扣 3 分		

测评题

一、单选题

1. TN 方式供电系统中,根据其保护零线是否与工作零线分开而划分为 TN-C、TN-C-S 和(　　)三种。

(A)TN-S　　(B)TN-W　　(C)TN-A　　(D)TN-I

2. 在 TN-C-S 系统中,(　　)在任何情况下都不能进入漏电保护器,因为线路末端的漏电保护器动作会使前级漏电保护器跳闸造成大范围停电。

(A)中性线　　(B)零线　　(C)PE 线　　(D)相线

3. 线电压是相与相的电压,通常为 380 V;线电压是相电压的(　　)倍。

(A)2　　(B)3　　(C)$\sqrt{2}$　　(D)$\sqrt{3}$

4. IT 方式供电系统在供电距离不是很长时,供电的可靠性(　　)、安全性好。

(A)良好　　(B)优良　　(C)高　　(D)一般

5. IT 方式供电系统 I 表示电源侧没有工作接地,或经过(　　)接地。

(A)直接　　(B)间接　　(C)低阻抗　　(D)高阻抗

6. 在室外场所,应采用(　　)的灯具。

(A)散热性能好、耐高温　　(B)防爆式

(C)有保护网　　(D)防护等级不低于 IP54

7. 灯箱内的导线不应过于靠近热光源,并采取(　　)措施。

(A)防震　　(B)防撞　　(C)隔热　　(D)防潮

8. 质量大于0.5 kg的软线吊灯，应增设(　　)。

(A)吊钩　(B)吊索　(C)吊链(绳)　(D)吊杆

9. 当线管进入开关、灯头、插座和接线盒孔前(　　)mm处和线管弯头两边均需要用管卡固定。

(A)200　(B)250　(C)300　(D)400

10. 潮湿和有腐蚀性气体的场所内明敷或埋地一般采用管壁较厚的(　　)。

(A)镀锌管　(B)塑料管　(C)PVR管　(D)无缝钢管

11. 绝缘导线的中间与分支接头处，应用绝缘胶带包缠严密，并不低于导线原有的(　　)强度。

(A)导电　(B)抗拉　(C)绝缘　(D)机械

12. 凡管壁较薄而直径较大的线管，弯曲时，管内要灌满(　　)，否则要把线管弯瘪。

(A)金属颗粒　(B)水　(C)泥土　(D)沙子

13. 电缆与裸端头压接后，不弯曲电缆时，线芯裸露长度应为(　　)mm。

(A)0.5～1.0　(B)0.5～1.5　(C)0.5～2　(D)0.5～2.5

14. 导线标记热缩后字高应不小于(　　)mm，导线标记热缩后的长度应符合要求。

(A)1　(B)1.5　(C)2　(D)2.5

15. 线束捆扎后，所占空间不大于线槽空间的(　　)。

(A)60%　(B)70%　(C)80%　(D)90%

16. 在空间允许的情况下，每种类型的电器件的右侧需预留(　　)个同类型电器件的安装位置。

(A)1　(B)2　(C)2～3　(D)无须预留

二、多选题

1. 工矿企业常用的电网电压为380 V/220 V，三相五线制供电方式(A、B、C、N、PE)，交流三相电路的色标分别是(　　)。

(A)A相用黄色标识

(B)B相用绿色标识

(C)C相用红色标识

(D)零线或中性线用淡蓝色标识，安全用的接地线用黄和绿双色标识

2. 在低压供电系统中按照系统接地制式不同，国际标准IEC 60364规定，共分三大类供电方式，即(　　)方式。

(A)TN　(B)TT　(C)IT　(D)TI

3. TN方式供电系统中，根据其保护零线是否与工作零线分开而划分为(　　)等三种。

(A)TN-C　(B)TN-C-S　(C)TN-S-C　(D)TN-S

4. 在低压供电系统中按照系统接地制式不同，国际标准IEC 60364规定，共分三大类供电方式，即TN、TT、IT方式。其中第二字母表示装饰的外露可导电部分对地关系，具体说明是(　　)。

(A)T表示外露可导电部分对地直接电气连接，与电力系统的任何接地点无关

(B)N表示外露可导电部分与电力系统的接地点直接电气连接(在交流系统中，接地点

通常就是中性点)

(C)S 表示中性线和保护线是分开的

(D)C 表示中性线和保护线是合一的(PEN 线)

5. 荧光灯的安装方式(   )。

(A)荧光灯吸顶安装　　(B)荧光灯吊管

(C)吊杆、吊链安装　　(D)荧光灯嵌入式安装

6. 在可能受到机械损伤的和振动场所内应选择(   )。

(A)有防撞措施(如采用吊链软性连接等)的灯具

(B)防护等级不低于 IP54 的灯具

(C)防爆式灯具

(D)有保护网的灯具

7. 灯具内配线应符合(   )。

(A)设计要求及相关规定

(B)串入灯箱内的导线在分支连接处不应承受额外应力和磨损

(C)灯箱内应具备通风散热的能力

(D)灯箱内的导线不应过于靠近热光源,并采取隔热措施

8. 悬吊式灯具安装应符合(   )。

(A)带升降器的软线吊灯在吊线展开后,灯具下沿应高于工作台面 0.3 m

(B)质量大于 0.5 kg 的软线吊灯,应增设吊链(绳)

(C)质量大于 3 kg 的悬吊灯具,应固定在吊钩上,吊钩的圆钢直径不应小于灯具挂销直径,且不小于 6 mm

(D)采用钢管作灯具吊杆时,钢管应有防腐措施,其内径不应小于 10 mm,管壁厚度不应小于 1.5 mm

9. 根据敷设场所来选择线管类型的原则有(   )。

(A)潮湿和有腐蚀气体的场所内明敷或埋地一般采用管壁较厚的镀锌管

(B)干燥场所内明敷或埋地一般采用管壁较薄的电线管

(C)腐蚀性较大的场所内明敷或埋地一般采用硬塑料管

(D)根据穿管导线截面和根数来选择线管的直径

10. 灯具的安装流程(   )。

(A)灯具检查　(B)灯具组装　(C)灯具安装　(D)通电试验

11. 线管安装完毕,线管必须可靠接地。为此,在钢管与钢管、钢管与接线盒及配电箱等连接处,用(   )制成的跨接线连接。

(A)ϕ5 的圆钢　(B)ϕ6 的圆钢　(C)ϕ8 的圆钢　(D)ϕ10 的圆钢

12. 线管穿线的注意事项有(   )。

(A)线管内导线不应有接头,也不准穿入绝缘破损后经过绝缘处理后的导线

(B)管内,不同的电压或不同的电能表的导线不得穿在同一根管内

(C)线管切口无须处理即可穿线

(D)除直流回路导线和接地线,不得在钢管内穿入一根导线

13. 手动弯管的方法有(   )。

(A)使用手动弯管器弯管，弯管时，要逐渐移动弯管器棒进行弯管

(B)管壁较薄而直径较大的线管，采用热弯曲，要用干燥无水分的沙灌满，并在管两端塞上木塞

(C)有缝管弯曲时，应将接缝处放在弯曲的侧面，作为中间层

(D)管壁较薄而直径较大的线管，冷弯曲时，管内要灌满沙，否则要把线管弯瘪

14. 轨道安装电器件的要求有(　　)。

(A)同一类电器件安装在一起

(B)同尺寸、同规格的电器件安装在一起

(C)安装的顺序应由左向右进行

(D)安装的样式要求横平竖直

15. 连接导线的颜色要求正确的是(　　)。

(A)黑色：装置和设备的内部线

(B)红色：三相电路B相、晶体管集电极、二极管阴极、整流二极管阴极、晶闸管阴极

(C)黄色：三相电路A相、晶体管基极、晶闸管和双向晶闸管门极

(D)绿色：三相电路C相

三、判断题

(　　)1. TN系统中，根据其保护零线是否与工作零线分开而划分为TN-C、TN-C-S和TN-S三种。

(　　)2. TT系统接地装置耗用钢材多，而且难以回收、费工时、费料。

(　　)3. 放射式是从配电变压器低压侧引出若干条支线，分别向各用电点直接供电。

(　　)4. 树干式是从配电变压器低压侧引出若干条干线，沿干线再引出若干条支线分别向各用电点直接供电。

(　　)5. 相电压是各相与零线之间的电压，通常是110 V(民用电压)。

(　　)6. 在有腐蚀性气体及特别潮湿的场所应采用防护等级不低于IP54的灯具。

(　　)7. 大型或多头吸顶灯在混凝土顶面安装，允许使用金属膨胀螺栓直接紧固在混凝土顶面，螺栓的规格不得小于M4。

(　　)8. 卫生间照明灯具不宜安装在坐便器或浴缸上方。

(　　)9. 干燥场所内明敷或埋地一般采用管壁较薄的镀锌管。

(　　)10. 线管内导线不应有接头，绝缘破损后经过绝缘处理后的导线可以再穿管。

(　　)11. 检查线管的质量，有裂缝、瘪陷及管内有锋口、杂物等均不能用。

(　　)12. 明管敷设时，管子的曲率半径$R \geqslant 4\ d$；暗管敷设时，管子的曲率半径$R \geqslant 6d$，$\theta \geqslant 90^{\circ}$。

(　　)13. 管内，不同的电压或不同的电能表的导线不得穿在同一根管内。

(　　)14. 电缆剥皮时要使用专用的剥皮工具，主要有手动剥皮钳、自动剥皮机、液压剥皮设备、电工刀或壁纸刀等，可以使用克丝钳、尖嘴钳及斜口钳剥线。

(　　)15. 安装变频器、伺服驱动器等有散热要求的电器件，需要预留散热的间距，且间距相同，两个驱动器的间距≥5 mm。

(　　)16. 剥线时，绝缘层的切口应光滑整齐、绝缘层无毛边、绝缘层无损伤，导线线芯清

洁整齐、无残余绝缘层,不应有划痕、损伤、断股、毛刺、变形。

(　　)17. 螺钉串插式弧形板连接宜采用针式端子或管状端子,也可采用O形端子或U形端子。采用两个针式端子或管状端子时,线径和端子大小可以不同。

(　　)18. 红色连接导线主要用于三相电路C相、晶体管集电极、二极管阴极、整流二极管阴极、晶闸管阴极。

模块四

简单电子电路的安装与调试

项目一　电子元器件识别与检测

学习目标

应知	1. 熟悉常用电子元器件的外形和符号，以及所标注的参数。 2. 熟悉电子元器件的用途、使用方法、结构和基本原理。 3. 掌握常用集成电路型号、参数、引脚、使用注意事项。
应会	1. 会根据用途正确选用器件。 2. 能识别各种元器件的外形和符号以及器件外壳标注的参数。 3. 会用万用表测量，检查元器件的性能和质量。

建议学时

理论教学 4 学时，技能训练 4 学时。

知识导入

知识点一　电阻、电容、电感元件

一、电　　阻

电路中对电流有阻碍作用并且造成能量消耗的部分称为电阻。电阻是电路元件中应用最广泛的一种，在电子设备中占元件总数的 30%以上，其质量的好坏对电路工作的稳定性有极大影响。

1. 电阻的图形符号

电阻是电子电路中最基本、最常用的电子元件，一般固定电阻的文字符号是 R，可调电阻的文字符号是 RP。图 4-1-1 为常见电阻的图形符号。

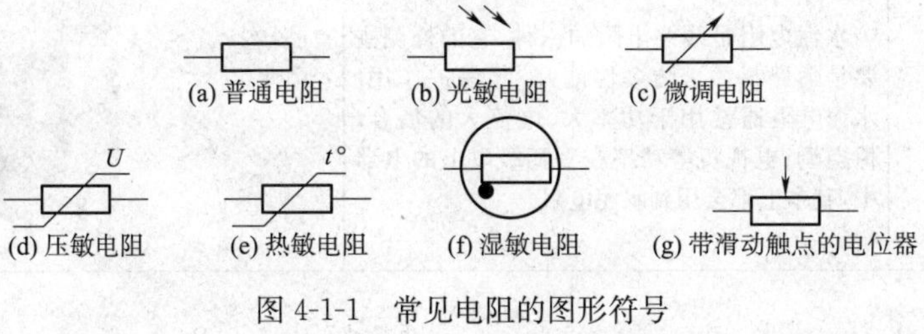

图 4-1-1　常见电阻的图形符号

2. 电阻的作用

在电路中,电阻的作用主要是稳定和调节电路中的电流和电压,即起降压、分压、分流、限流、偏置、滤波(与电容组合使用)和阻抗匹配等。

3. 电阻的分类

(1)按结构分:固定电阻、可调电阻、敏感电阻。

(2)按外形分:圆柱形电阻、管形电阻、方形电阻、片状电阻、集成电阻。

(3)按用途分:普通型电阻、精密型电阻、功率型电阻、高压型电阻、高阻型电阻、集成型电阻。

(4)按材料分:合金型电阻是用块状电阻合金拉制成合金线或碾成合金箔片,制成电阻,如线绕电阻、精密合金箔电阻等;薄膜型电阻是在玻璃或陶瓷基体上沉积一层电阻薄膜,膜的厚度一般在几微米以下,薄膜材料有碳膜、金属膜、金属氧化膜等;合成型电阻是电阻体由导电颗粒(石墨、碳黑)和有机(无机)黏结剂混合而成,可以制成薄膜或实芯两种类型。

常见电阻的分类及特性,见表 4-1-1。

表 4-1-1 常见电阻的分类及特性

名称	特性	实物
碳膜电阻(RT 型)	碳膜电阻是在瓷管上镀上一层碳,将结晶碳沉积在陶瓷棒骨架上制成。特点是成本低、性能稳定、阻值范围宽、温度系数和电压系数低,是目前应用最广泛的电阻。适用于交流、直流和脉冲电路。碳膜电阻的外表为土黄色或其他颜色	
金属膜电阻(RJ 型)	金属膜电阻是在瓷管上镀上一层金属而成,用真空蒸发的方法将合金材料蒸镀于陶瓷棒骨架表面。金属膜电阻比碳膜电阻的精度高、稳定性好、噪声小、温度系数小。在仪器仪表及通信设备中大量采用。金属膜电阻的外表多为蓝色	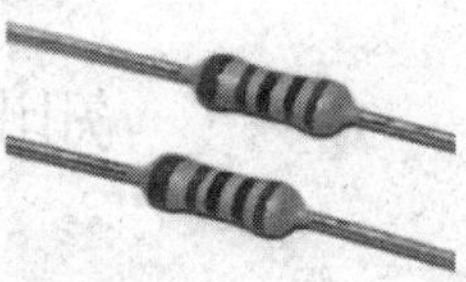
绕线电阻	绕线电阻是用康铜丝或锰铜丝绕在绝缘骨架上制成的。它有很多优点:耐高温、精度高、功率大。但其调频特性差,这主要是由于其分布电感较大。在低频的精度仪表中被广泛应用	
水泥电阻	水泥电阻是线绕电阻的一种,它的外侧主要是陶瓷材质。防爆性能好,起保护作用。水泥电阻通常用于功率大、电流大的场合。像空调、电视机等功率在百瓦级以上的电器中,基本上都会用到水泥电阻	

续上表

名　称	特　性	实　物
敏感电阻	敏感电阻是对外界温度、电压、机械力、亮度、湿度、磁通密度、气体浓度等物理量反应敏感的电阻元件。它们常用于检测和控制相应物理量的装置中，是自动检测和自动控制中不可缺少的组成部分，如光敏电阻、热敏电阻等	
贴片电阻	贴片电阻体积小、质量小；适应再流焊与波峰焊；电性能稳定、可靠性高；装配成本低，并与自动装贴设备匹配；机械强度高、高频特性优越	
排电阻	排电阻又称集成电阻，是一种集多只电阻于一体的电阻元件。具有精度高、稳定性高、温度系数小、高频特性好等优点。常用于计算机、仪器仪表以及 A/D、D/A 转换电路	
电位器	电位器是可调电阻的一种。通常由电阻体与转动或滑动系统组成，即靠一个动触点在电阻体上移动，获得部分电压输出。习惯上，一般将带柄、有外壳的可调电阻称为电位器，不带柄的或无外壳的称为微调电阻	

4. 电阻的参数

电阻的主要参数有标称阻值、额定功率和允许误差等。

1)标称阻值

标称阻值通常是指电阻上标注的电阻值。电阻值的基本单位是欧(Ω)。在实际应用中，还常用千欧(kΩ)、兆欧(MΩ)。它们的换算关系是：1 kΩ=1 000 Ω，1 MΩ=1 000 kΩ。

2)额定功率

电阻的额定功率是指在标准大气压和一定的环境温度下，电阻能够长期负荷而不改变其性能所允许的功率。功率用 P 表示，单位为瓦(W)。功率与电流的关系为 $P=UI$。在电路图中，常用图 4-1-2 所示符号表示电阻额定功率。

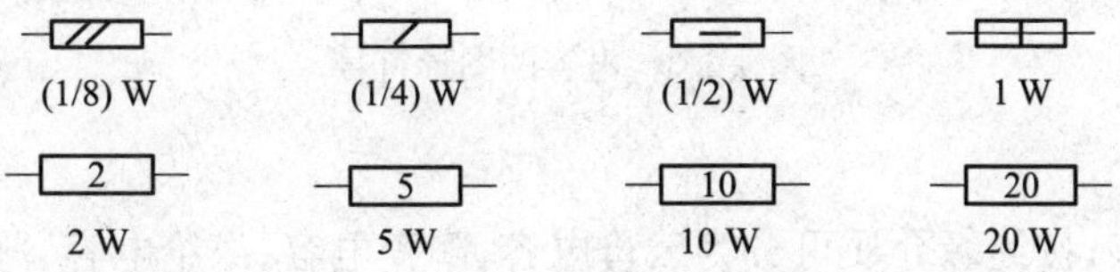

图 4-1-2　电阻的额定功率符号

3)允许误差

实际阻值与标称阻值之间的相对误差称为电阻精度,又称允许误差。常用允许误差有五个等级,见表 4-1-2。

表 4-1-2　电阻允许误差

允许误差	±0.5%	±1%	±5%	±10%	±20%
级别	005	01	Ⅰ	Ⅱ	Ⅲ

注:目前生产的电阻级别多为Ⅰ、Ⅱ、Ⅲ,在一般场合下已能满足使用要求。

5. 电阻的选用规则

1)正确选用电阻的阻值和误差

阻值选用:原则是所用电阻的标称阻值与所需电阻阻值差值越小越好。

误差选用:对于 *RC* 电路所需电阻的误差尽量小,一般可选 5%以内。对于退耦电路、反馈电路、滤波电路、负载电路,对误差要求不太高,可选 10%～20%的电阻。

2)注意电阻的极限参数

额定电压:当实际电压超过额定电压时,即便满足功率要求,电阻也会被击穿损坏。

额定功率:所选电阻的额定功率应大于实际承受功率的两倍以上才能保证电阻在电路中长期工作的可靠性。

3)要首选通用型电阻

通用型电阻种类较多、规格齐全、生产批量大,且阻值范围、外观形状、体积大小都有挑选的余地,便于采购、维修。

4)根据电路特点选用

高频电路:分布参数越小越好,应选用金属膜电阻、金属氧化膜电阻等高频电阻。

低频电路:绕线电阻、碳膜电阻都适用。

功率放大电路、偏置电路、采样电路:电路对稳定性要求比较高,应选温度系数小的电阻。

退耦电路、滤波电路:对阻值变化没有严格要求,任何类型电阻都适用。

二、电　容

电容主要由金属电极、介质层和电极引线组成。两电极是相互绝缘的,是一种储能元件。电容是电子设备中最基础,也是最重要的元件之一。基本上在所有的电子设备中都会用到。

1. 电容的图形符号

在电路中,电容常用字母“C”表示,其图形符号如图 4-1-3 所示。

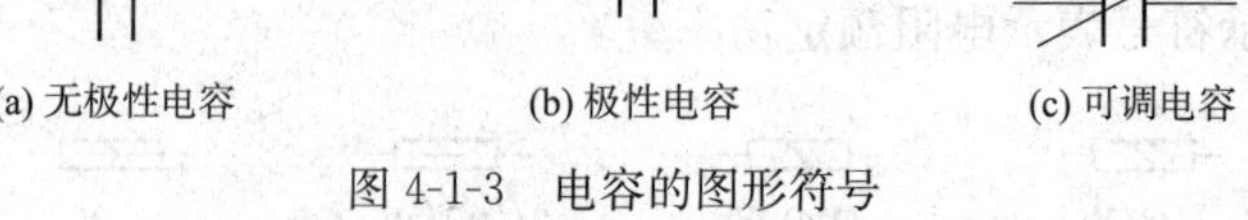

(a) 无极性电容　(b) 极性电容　(c) 可调电容

图 4-1-3　电容的图形符号

2. 电容的分类

电容的种类很多,按绝缘介质可分为云母电容、陶瓷电容、涤纶电容、薄膜电容、电解电容、玻璃釉电容、独石电容等;按结构可分为固定电容、可调电容、微调电容、电力电容。其外观如图 4-1-4 所示。

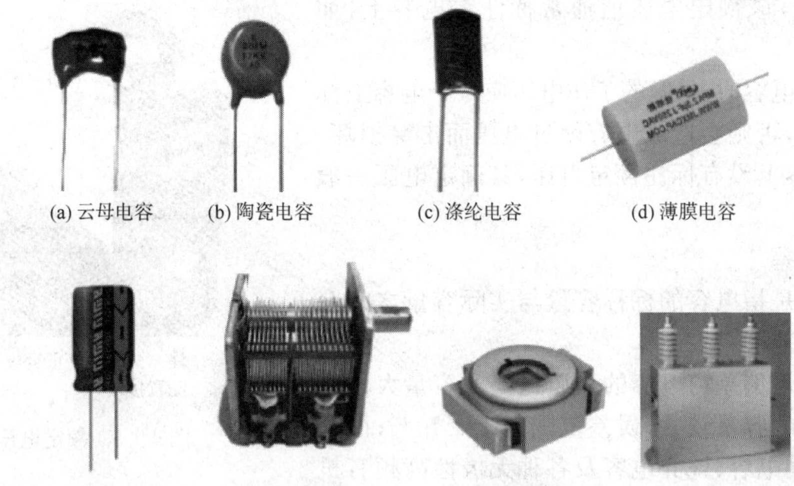

(a) 云母电容　(b) 陶瓷电容　(c) 涤纶电容　(d) 薄膜电容

(e) 电解电容　(f) 可调电容　(g) 微调电容　(h) 电力电容

图 4-1-4　常见电容外观

3. 电容的结构特性

电容是储能元件，它具有“通交流、隔直流”的特性。隔直流是因为电容两极板间的介质是绝缘物质，直流电被绝缘物质所阻断，所以直流电流通不过电容。而交流电是电压极性和大小都做周期性变化的，在交流电正半周时，电容被充电，有充电电流通过电容；在交流电负半周时，电容放电并反方向充电，放电和反方向充电电流通过电容。这样电容不断地进行充电、放电，电路中不断有充电电流和放电电流，于是交流电流就可以不断地通过电容。

4. 电容的作用

电容广泛应用在各种高、低频电路和电源电路中，起退耦（消除或减轻两个以上电路间在某方面相互影响的方法）、耦合（将两个或两个以上的电路连接起来并使之相互影响的方法）、滤波（滤除干扰信号、杂波等）、旁路（与某元器件或某电路相并联，其中某一端接地）、谐振（与电感并联或串联后，其振荡频率与输入频率相同时产生的现象。例如，调谐选择电台频率）、降压、定时等作用。储存电能，用于必要的时候释放。例如，照相机闪光灯、加热设备等。如今某些电容的储能水平已经接近锂电池的水准，一个电容存储的电能可以供一部手机使用一天。

5. 电容的参数

电容的参数主要有标称容量（简称“容量”）、额定电压、允许误差等。

1）标称容量

标称容量是指标注在电容上的电容量。电容量的基本单位是法拉（简称法），用字母 F 表示。除了法之外，还有毫法（mF）、微法（μF）、纳法（nF）、皮法（pF）等单位，它们之间的换算关系为 $1\ F=10^3\ mF=10^6\ \mu F=10^9\ nF=10^{12}\ pF$。其中，微法（μF）和皮法（pF）两个单位最常用。

在实际应用时，如果电容量在 0.01 μF 以上，通常用 μF 作单位，例如，0.047 μF、2.2 μF、47 μF、330 μF、4 700 μF 等。如果电容量在 0.01 μF 以下，通常用 pF 作单位，例如 68 pF、100 pF等。

2）额定电压

额定电压又称电容的耐压值，是指电容在规定的温度范围内能够连续正常工作时所能承受的最高电压，该额定电压值通常标注在电容上，如图4-1-5所示。

实际使用电容时，电容的工作电压应低于电容上标注的额定电压，否则会造成电容因过电压而击穿损坏，另外，如果电容上没有标注额定电压，其额定电压一般为63 V。

3)允许误差

允许误差是指电容的标称容量与实际容量之间允许的最大偏差范围。

注：两线不分正负极
随意接线

图4-1-5　额定电压

电容的容量偏差与电容的介质材料及容量大小有关。电解电容的容量较大，误差范围大于±10%；而云母电容、玻璃釉电容、瓷介电容及各种无极性高频有机薄膜介质电容(如涤纶电容、聚苯乙烯电容、聚丙烯电容等)的容量相对较小，误差范围小于±20%。

电容的允许误差主要有：±1%、±2%、±5%、±10%(Ⅰ级)、±15%(Ⅱ级)、±20%(Ⅲ级)六个等级，这六个等级可分别用字母表示。表4-1-3所示为各个允许误差等级对应的符号。

表4-1-3　电容容量允许误差等级

符号	F	G	J	K	L	M
允许误差	±1%	±2%	±5%	±10%(Ⅰ级)	±15%(Ⅱ级)	±20%(Ⅲ级)

6. 电容的选用规则

(1)按类型选用：低频耦合、旁路，可用纸介电解电容；音频耦合，选用陶瓷、云母电容；电源、滤波、退耦，选用电解电容。

(2)按精度选用：振荡电路、延时控制电路，选±5%以下，不得超过±10%，一般选云母、瓷管电容。精度越高，价格越高。

(3)按耐压选用：额定电压应高于工作电压的30%～50%。

(4)按体积选用：在空间允许情况下，可优先选用体积大的电容。同类型、同容量，体积越小，价格越高。

7. 电容的使用常识

(1)使用前应用电容表测容量，看其与标称值是否相符。无条件时，可用万用表测充放电能力。

(2)电解电容一般具有极性，极性电容不能用于交流电路，可用于直流与脉动直流电路，使用时尽量远离发热元件。

(3)用于高频电路时，引脚应尽量短。

(4)可调电容使用前应用万用表检查，定、动片是否短路，动片接地是否良好，转动是否平滑、轻松。

三、电　　感

电感同电容一样，也是一种储能元件，它能使电场能与磁场能进行相互转化。

1. 电感的图形符号

电感是用绝缘导线在空心骨架上或有磁芯的骨架上绕制而成的，又称电感线圈。在电路中电感常用字母“L”表示，其图形符号如图 4-1-6 所示。

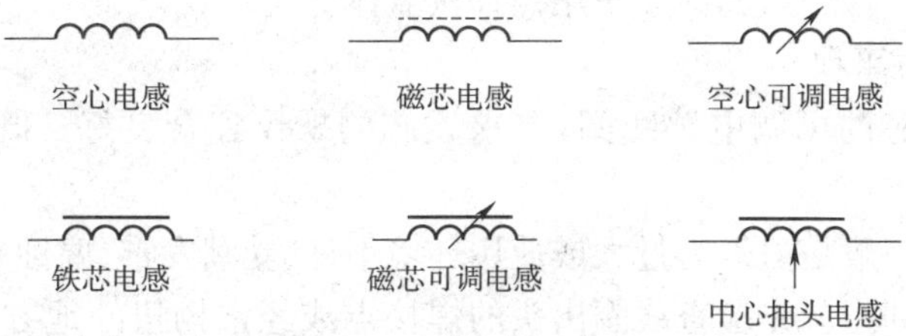

图 4-1-6　电感的图形符号

2. 常见电感元件

在日常生活、工作和生产中常常会接触到用导线绕制而成的线圈，如荧光灯镇流器线圈、阻止低频或高频电流通过的扼流线圈、收音机天线线圈等，称为电感线圈或电感器。各种各样的电磁铁、变压器以及电动机也都采用了电感线圈，如图 4-1-7 所示。

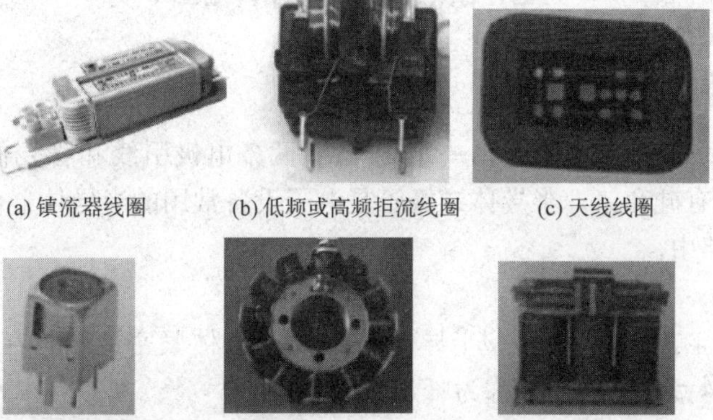

(a) 镇流器线圈　(b) 低频或高频扼流线圈　(c) 天线线圈

(d) 可调电感线圈　(e) 变压器　(f) 电动机线圈

图 4-1-7　常见电感元件

3. 电感的电磁特性

1)通电线圈的磁场

当线圈中有直流电流流过时，线圈周围就产生磁场。当线圈中流过交变电流时，线圈周围就会产生交变磁场。利用这个特性可制作继电器、电磁阀等电子元件。

2)电感线圈对交变电流的阻碍作用

电感线圈由于匝数很少，其直流电阻很小，对直流电的阻碍作用可忽略不计。但是电感线圈对交变电流却有较大阻碍作用，其大小称为感抗 X_L，单位是欧。它与电感量 L 和交变电流的频率 f 关系为 $X_L=2\pi fL$。电感 L 越大，频率 f 越高，感抗 X_L 就越大。

4. 电感的作用

电感具有通直流、阻交流；通低频、阻高频等特点。电感在电路中的基本作用有滤波、振荡、延迟、陷波等。它与电阻或电容能组成高通或低通滤波器、移相电路及谐振电路等。

5. 电感的选用规则

选用电感应考虑其具体使用的场合、作用、电路要求、环境和成本等因素。在高频电路中宜采用涂银导线制成空心线圈以解决高频电流的"趋肤效应";为了增加电感量,可根据电感的工作范围来选配材料作磁芯,如高频采用镍锌铁氧体材料。

6. 电感使用注意事项

(1)对于带有磁芯的可调电感线圈,要求磁芯的螺纹配合良好。既要旋转轻松,又不能打滑。

(2)电感的损坏一般是由外力过大或使用环境不良(受潮发霉、腐蚀)造成的。一旦发现线圈断线或多股线断股时,应先检查线圈出头的焊接点或经常拗扭的地方。在使用电感线圈时要注意不能随便改变它的形状和线圈之间的距离,否则会影响线圈的电感量和品质因数,这对于高频电感线圈显得尤为重要。

(3)在多个线圈的安装过程中,各个线圈的位置摆放应符合要求,使它们相互间的干扰为最小。例如,在收音机中的天线线圈与中频变压器的位置应保持一定距离,并且两类磁芯轴心应相互垂直安装。

知识点二　半导体器件

一、半导体二极管

半导体二极管(简称"二极管")由一个 PN 结、两条电极引线和管壳构成的。制作半导体二极管的材料主要有硅和锗。半导体二极管是电子设备常用的半导体器件,它常用在整流、检波、电子开关等电路中。

1. PN 结

经过特殊加工工艺,把一块 P 型半导体和 N 型半导体紧密地结合在一起,则在它们的接触面上会形成一个特殊的"电场",称为"PN 结"。

把 PN 结的 P 区与电源的正极接通,N 区与电源的负极接通,称为正向接法;把 PN 结的 P 区与电源的负极接通,N 区与电源的正极接通,称为反向接法,如图 4-1-8 所示。

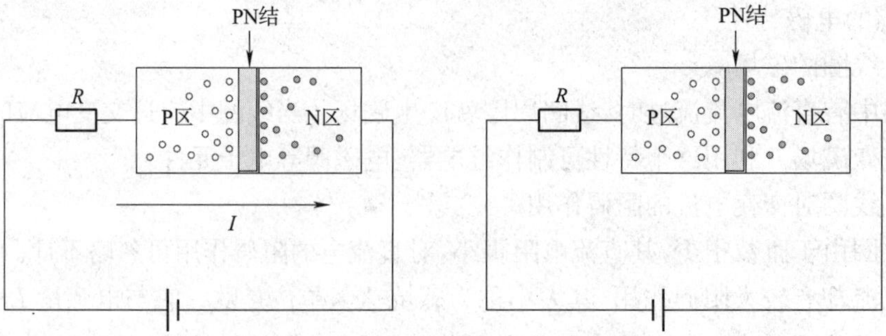

(a) PN结的正向接法　　(b) PN结的反向接法

图 4-1-8　PN 结的正向和反向接法

正向接法时，PN 结能导电，称为正向导通：反向接法时，PN 结不能导电，称为反向截止。这种特性称为 PN 结的单向导电性。

2. 二极管的特性

由二极管的结构可知，二极管的核心是 PN 结。因此，PN 结的特性也就是二极管的特性，即单向导电性。

硅二极管的正向导通电压为 0.5～0.7 V，锗二极管的正向导通电压为 0.2～0.3 V。硅二极管的死区电压为 0.5 V，锗二极管的死区电压为 0.1 V。

3. 二极管的参数

二极管的参数包括峰值反向电压、额定电流、正向导通压降。

4. 二极管的分类

二极管的种类很多，如果按用途分，可以分为普通二极管和特殊二极管。普通二极管包括检波二极管、整流二极管、开关二极管、稳压二极管；特殊二极管包括变容二极管、光电二极管、发光二极管等。表 4-1-4 所示为常用二极管的用途、实物与符号。

表 4-1-4　常用二极管的用途、实物与符号

名　称	用　途	实物与符号
整流二极管	利用二极管单向导电性，可以把方向交替变化的交流电变换成单一方向的脉动直流电。可以组成整流桥，应用于稳压电源的整流部分	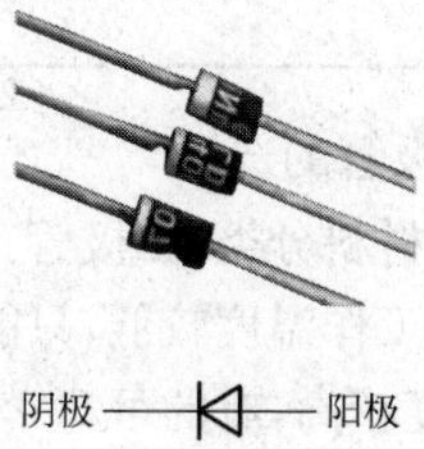
开关二极管	开关二极管在电路中对电流进行控制，起到接通或关断的开关作用。广泛用于信号频率较高的电路进行单向导通隔离，以及通信、计算机、电视机电路及工业控制电路	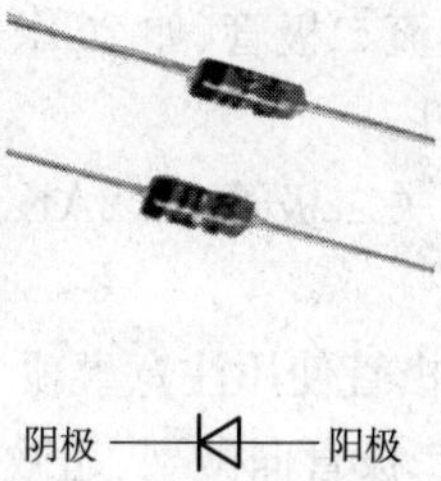
稳压二极管	稳压二极管工作在反向截止区，用于基准电压的给定。广泛应用于稳压电源装置中。常用稳压二极管的外形与普通小功率二极管相似	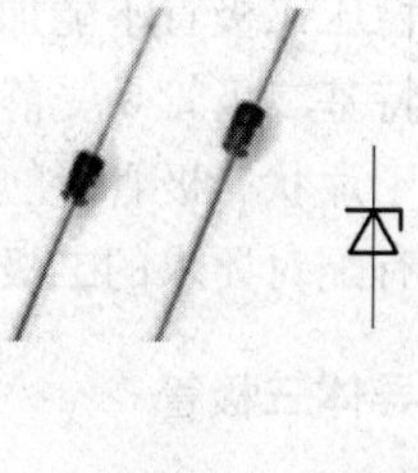

续上表

名　称	用　途	实物与符号
发光二极管	(1)主要用于指示,可组成数字或符号的LED数码管,正向导通压降一般为2～3 V。 (2)发光二极管在正向电压作用下发光,反向电压作用下截止,工作电流一般在几毫安至十几毫安之间,使用时应串联限流电阻。 (3)极性:长引脚为正极,短引脚为负极;如果剪掉了引脚不好区分,就看它的头来区分,小头为正极,大头为负极	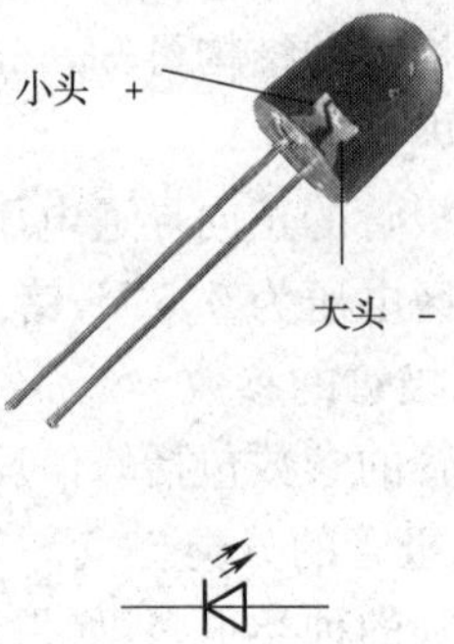
光电二极管	感应光线的变化,二极管呈现导通或者截止状态,常用于光电传感器	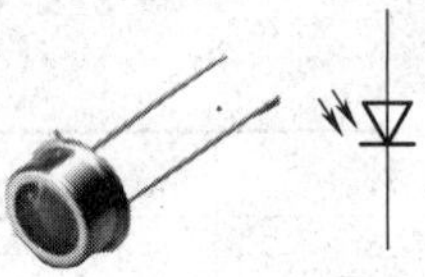

5. 二极管的选用

(1)按材料分类,二极管主要有锗二极管和硅二极管两大类。前者内部多为点接触型结构,允许的工作温度较低,只能在100 ℃以下工作;后者内部多为面接触型或平面型结构,允许的工作温度较高,有的可达150～200 ℃。

(2)普通二极管(如2AP等系列)的最大正向电流(I_{FM})较小,最大频率(f_M)一般较高,主要用于信号检测、采样、小电流整流等。

(3)整流二极管(如2CZ、2DZ等系列)的 I_{FM} 较大,f_M 很低,广泛使用在各种电源设备中作整流元件。

(4)开关二极管(如2AK、2CK等系列)的 I_{FM} 一般较小,f_M 较高,主要用于数字电路和控制电路中。

6. 二极管使用注意事项

由于二极管向微型、超微型和片状化方向发展,在使用中要特别注意以下事项:

(1)对于点接触型和玻壳二极管,要防止跌落在坚硬的地面上。

(2)对于玻壳二极管,焊接时要防止电烙铁直接接触玻壳。

(3)对稳压二极管不能加正向电压。

(4)肖特基二极管易受静电破坏,人与设备应接地。

(5)对于片状二极管,注意二极管本身与印制电路板的膨胀系数。

(6)对有配对要求的二极管,在使用中要防止混组,以免影响调试。

二、半导体三极管

半导体三极管又称晶体三极管或晶体管,简称三极管。它是电子电路中最重要的器件,它主要的功能是电流放大和开关作用。

1. 常用三极管

图 4-1-9 为常用三极管的外观。

图 4-1-9　常用三极管的外观

2. 三极管内部结构与图形符号

三极管由两个背靠背的 PN 结组成并引出三个电极，分别称为基极（b）、发射极（e）和集电极（c），分 NPN 型和 PNP 型两种类型。按材料来分，可分为硅管和锗管，我国目前生产的硅管多为 NPN 型，锗管多为 PNP 型。位于发射区和基区之间的 PN 结，以发射区命名，称为发射结。位于基区和集电区之间的 PN 结，以集电区命名，称为集电结。发射极上的箭头表示流过三极管的电流方向。其内部结构与图形符号如图 4-1-10 所示。

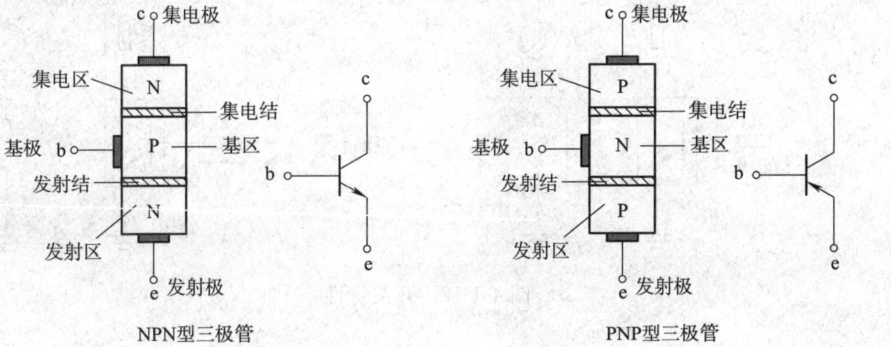

图 4-1-10　三极管内部结构与符号

3. 三极管的电流分配关系

三极管放大的条件：要实现放大作用，必须给三极管加合适的电压，即三极管发射结必须具备正向偏压，而集电结必须反向偏压，这也是三极管实现放大必须具备的外部条件。三极管电流放大实验电路如图 4-1-11 所示。

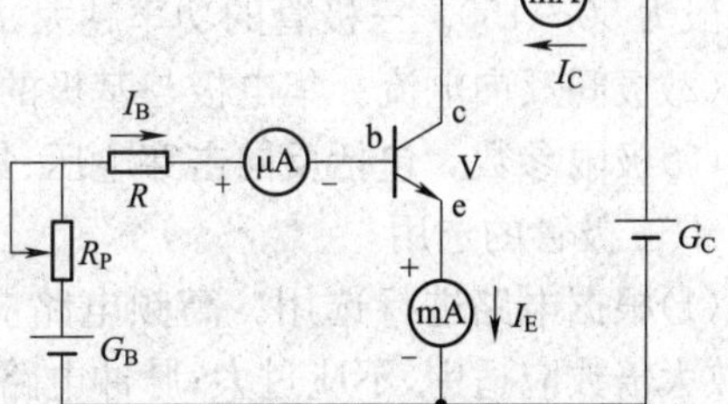

图 4-1-11　三极管电流放大实验电路

调节电位器 R_P，测得发射极电流、基极电流和集电极电流的对应数据。三极管的电流分配关系，见表 4-1-5。

表 4-1-5　三极管的电流分配关系

I_B/mA	−0.001	0	0.01	0.02	0.03	0.04	0.05
I_C/mA	0.000 1	0.011	2.139	3.959	6.317	8.240	11.000
I_E/mA	0	0.012	2.250	3.980	6.348	8.279	11.000

由表 4-1-5 可见，三极管中电流分配关系如下：$I_E \approx I_C\beta + I_B$，因为 I_B 很小，所以 $I_E \approx I_C$。结论：在放大区，发射极电流大致等于集电极电流。

4. 三极管的特性

1)放大特性

发射结必须具备正向偏压，而集电结必须反向偏压。显然，当三极管工作在放大区时，电流 I_B 放大了，且放大倍数 $\beta \approx \frac{I_C}{I_B}$，即 $I_C \approx \beta I_B$。

2)开关特性

如图 4-1-12 所示，当 $V_{BB}=0$ 时，三极管截止，$I_C=0$，负载 R_C 不工作，相当于开关断开。当 $V_{BB}=+5$ V 时，三极管的 B、E 极在 V_{BB} 作用下获得正向偏置，若 I_B 足够大，可以使三极管饱和，I_C 达到饱和值 $I_{C(sat)}$，此时理论上三极管的 C、E 极之间相当于短路，负载 R_C 工作，相当于开关闭合。

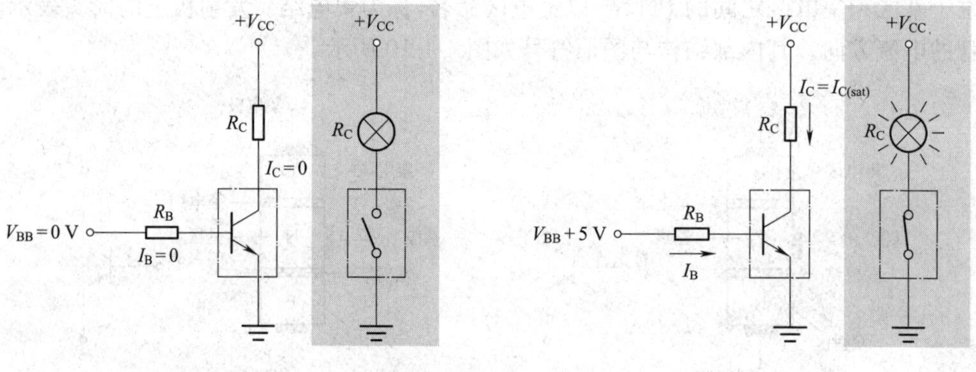

图 4-1-12　开关特性

5. 三极管主要参数

(1)电流放大系数 β。β 表征了三极管的电流放大能力。β 值越大，对小信号的放大能力越强，但 β 值不可能做得过大。若过大，三极管的性能将会变得不稳定。通常情况下，三极管的 β 值一般为 50～150。三极管的功率越大，β 值越小。

(2)极间反向电流。集电极与基极的反向饱和电流。

(3)极限参数。包括反向击穿电压、集电极最大允许电流、集电极最大允许功率损耗。

6. 三极管的选用

(1)根据电路进行选用。高频电路应选用高频管，特征频率 f_T 一般应是工作频率的三倍，放大倍数应适中，不应过大；脉冲电路应选用开关三极管，且具有电流容量大、大电流特性好、饱和压降低的性能；直流放大电路应选用对管，要求三极管饱和压降、直流放大系数、反向截止电流等直流电参数基本一致；功率驱动电路应按电路功率、频率选用功率管。

(2)根据三极管主要性能优势进行选用。一只三极管一般有十多项参数，有的特点是频率特性好、开关速度快；有的是具有自动增益控制、高频低噪声；有的是特性频率高、功率增益高、噪声系数小。

7. 三极管使用注意事项

(1)降额使用。三极管在安全工作区使用，是提高整机可靠性的最低要求。降额使用可以提高三极管使用可靠性。根据三极管失效模式，下面是三极管降额使用的参考数据：通用型三极管，功率降额 30%、电流降额 50%、电压降额 60%；开关三极管，功率降额 50%、电流降额 50%、电压降额 60%。

(2)高频电路中三极管的引脚尽量短。

(3)功率驱动用大功率三极管要安装散热器。中小功率管作为功率驱动时，也应采取散热措施。

(4)直流放大用差分对管时，由于对管参数不可能完全一致，应采用补偿元件和平衡调节措施，以消除零点漂移。

三、单结晶体管

单结晶体管(简称 UJT)又称双基极晶体管，它是一种只有一个 PN 结和两个电阻接触电极的半导体器件。

1. 单结晶体管的结构及等效电路

单结晶体管共有三个电极，分别为第一基极(b1)、第二基极(b2)和发射极(e)。单结晶体管因有两个基极，故又称双基极晶体管。它的基片为条状的高阻 N 型硅片，两端分别用电阻接触引出两个基极(b1)和(b2)。在硅片中间略偏 b2，一侧用合金法制作一个 P 区作为发射极(e)。单结晶体管的结构、图形符号及等效电路如图 4-1-13 所示。

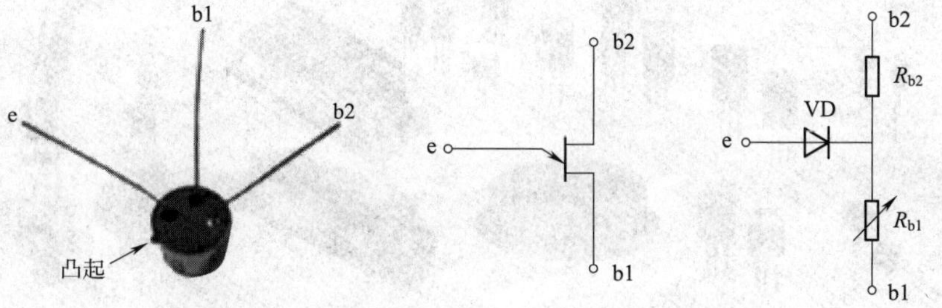

图 4-1-13　单结晶体管的结构、图形符号及等效电路

2. 单结晶体管工作特性

单结晶体管的基极 b1、b2 之间不加电压时，发射极 e 与两个基极间如同一般的晶体二极管，具有单向导电性。若按照图 4-1-14 所示的实验电路，在基极 b2 和 b1 之间接上正向电源 G_{bb}，在发射极 e 与第一基极 b1 之间接上正向电源 G_e，它将表现出独特的负阻特性。负阻特性是指输入电压增大到某一数值后，输入电流越大，输入端的等效电阻越小的特性。

这种负阻特性是单结晶体管与普通晶体二极管的根本区别所在，也称单结晶体管是一种电流控制型负阻器件。利用负阻特性可组成张弛振荡电路、阶梯波发生电路、定时电路、触发电路等，其特点是电路简单、调整方便，被广泛应用于各种自动化电子或电气控制装置中。

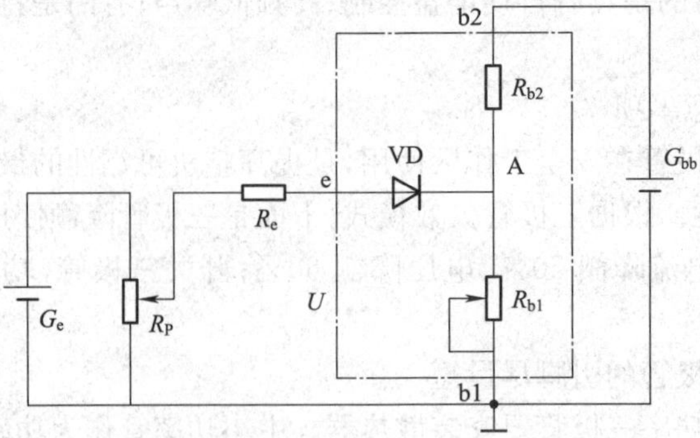

图 4-1-14　单结晶体管的实验电路

3. 单结晶体管分类

单结晶体管按制造材料的不同,可分为 N 型基极单结晶体管和 P 型基极单结晶体管两大类。但常用的单结晶体管大多是 N 型基极单结晶体管,很少见到 P 型基极单结晶体管。

四、晶 闸 管

晶闸管又称可控硅,简称 SCR,是一种大功率半导体可控元件。广泛应用于交直流电机调速、功率调节等电路中。

1. 常见晶闸管

晶闸管通常有三只引脚,有些型号的外观与晶体管非常相似,要看型号才能区分。常见晶闸管外观如图 4-1-15 所示。

图 4-1-15　常见晶闸管外观

2. 单向晶闸管内部结构及图形符号

晶闸管的种类非常多,这里重点介绍单向晶闸管。单向晶闸管的图形符号与二极管很相似,只是多了一个控制极(门极 G)。其内部结构及图形符号如图 4-1-16 所示,由四层半导体材料构成。接第一层 P 型半导体的是阳极(A),接第三层 P 型半导体的是控制极(G),接第四层 N 型半导体的是阴极(K)。

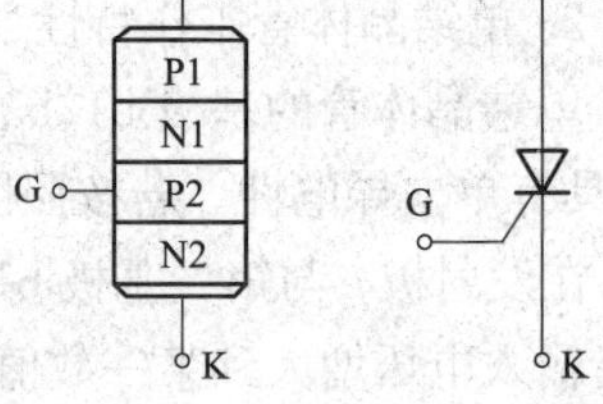

图 4-1-16　单向晶闸管内部结构及图形符号

3. 单向晶闸管工作原理

晶闸管导通条件:一是晶闸管阳极与阴极间必须加正向电压,二是控制极也要加正向电压。以上两个条件必须同时具备，晶闸管才会处于导通状态。另外，晶闸管一旦导通后，即使降低控制极电压或去掉控制极电压，晶闸管仍然导通。

晶闸管关断条件：降低或去掉加在晶闸管阳极至阴极之间的正向电压，使阳极电流小于最小维持电流。表 4-1-6 所示为单向晶闸管测试过程。

表 4-1-6　单向晶闸管测试过程

步　骤	过　程	结　果
2 引脚是控制极，暂时留空	灯泡不亮，阳极和阴极处于截止状态。（如亮，说明晶闸管坏了）	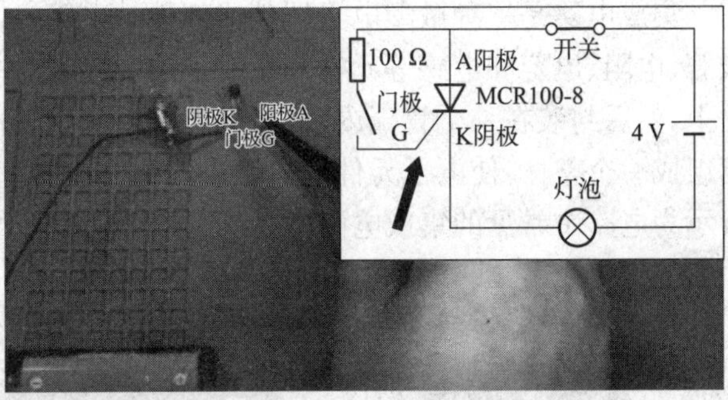
需要给控制极（G）一个正向 0.7 V 触发电压	只要触发电压大于 0.7 V 左右，阳极和阴极就能导通	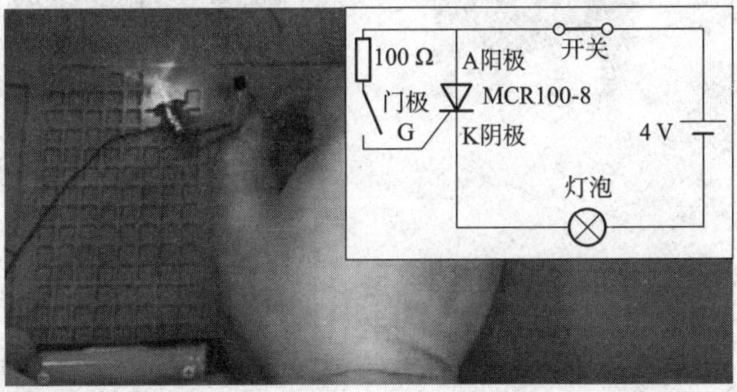

4. 晶闸管选用及使用注意事项

选用晶闸管的额定电压时，应参考实际工作条件下的峰值电压的大小，并留出一定的余量。

(1)选用晶闸管的额定电流时，除了考虑通过元件的平均电流外，还应注意正常工作时导通角的大小、散热通风条件等因素。在工作中，还应注意管壳温度不超过相应电流下的允许值。

(2)使用晶闸管之前，应该用万用表检查晶闸管是否良好。发现有短路或断路现象时，应立即更换。

(3)严禁用兆欧表（即摇表）检查元件的绝缘情况。

(4)电流为 5 A 以上的晶闸管要装散热器，并且保证所规定的冷却条件。为保证散热器与晶闸管管芯接触良好，它们之间应涂上一薄层有机硅油或硅脂，以助于良好的散热。

(5)按规定对主电路中的晶闸管采用过电压及过电流保护装置。

(6)要防止晶闸管控制极的正向过载和反向击穿。

知识点三　集 成 电 路

电子产业发展过程中,由于半导体集成电路的出现,电子电路有两大分支:集成电路和分立元器件电路。

一、集成电路的定义

集成电路是一种微型电子器件或部件。采用一定的工艺,把一个电路中所需的晶体管、二极管、电阻、电容和电感等元件及布线互连一起,制作在一小块或几小块半导体晶片或介质基片上,然后封装在一个管壳内,成为具有所需电路功能的微型结构。其中,所有元件在结构上已组成一个整体,使电子元件向着微小型化、低功耗和高可靠性方面迈进了一大步。图 4-1-17 所示为电路中常见的集成电路。

图 4-1-17　电路中常见的集成电路

二、集成电路的分类

1. 按功能分

模拟集成电路:处理模拟信号的电路,分为线性与非线性两类。线性集成电路又称运算放大器,用于家电、自控及医疗设备上;非线性集成电路用在信号发生器、变频器、检波器上。

数字集成电路:以电平高(1)、低(0)两个二进制数字进行数字运算、存储、传输及转换。基本形式有门电路和触发电路。主要有计数器、译码器、存储器等。

2. 按集成度分

小规模集成电路(SSI):如各种逻辑门电路、集成触发器。

中规模集成电路(MSI):如译码器、编码器、寄存器、计数器。

大规模集成电路(LSI):如中央处理器、存储器。

超大规模集成电路(VLSI)、特大规模集成电路(ULSI)、巨大规模集成电路(GSIC)也被称为极大规模集成电路或超特大规模集成电路。

三、集成电路的封装形式

集成电路的封装形式有多种。按照封装外形分,主要有直插式封装、贴片式封装、BGA 封装、PGA 封装等类型;按照封装材料分,主要有金属封装、塑料封装和陶瓷封装等,见表 4-1-7。

表 4-1-7　常见的封装形式

封装名称	封装外形	特　点
SIP		单列直插式封装。该集成电路只有一排引脚
DIP		双列直插式封装，是插装型封装之一。引脚从封装两侧引出，封装材料有塑料和陶瓷两种。DIP 是最普及的插装型封装，引脚中心距 2.54 mm，引脚数从 6 到 64 不等。封装宽度通常为 15.2 mm
QFP		四方扁平封装，是表面贴装型封装的一种。引脚端子从封装的两个侧面引出，呈 L 字形，引脚节距为 1.0 mm、0.8 mm、0.65 mm、0.5 mm、0.4 mm、0.3 mm，引脚数可达 300 以上
BGA		球栅阵列封装。具有更小的体积、更好的散热性能和电性能
PGA		插针网格阵列封装。由这种技术封装的芯片内外有多个方阵形的插针，每个方阵形插针沿芯片的四周间隔一定距离排列。根据引脚数目的多少，可以围成 2～5 圈。安装时，将芯片插入专门的 PGA 插座

四、集成电路的命名

在国产集成电路中，集成电路的型号主要由五部分组成，见表 4-1-8。集成逻辑技术主要 TTL 逻辑（晶体管-晶体管逻辑）、CMOS 逻辑（互补金属-氧化物-半导体逻辑）和 ECL 逻辑（发射极耦合逻辑）三种。

（1）TTL 逻辑。TTL 逻辑器件发展速度快，系列产品多。有改进型、高速及低功耗的低功耗肖特基型。所有 TTL 电路的输出、输入电平均是兼容的。

（2）CMOS 逻辑。CMOS 逻辑器件的特点是功耗低、工作电源电压范围较宽、速度快（可达 7 MHz）。

(3)ECL逻辑。ECL逻辑的最大特点是工作速度快。因为在ECL电路中,数字逻辑电路形式采用非饱和型,消除了三极管的存储时间,大大加快了工作速度。

表 4-1-8　集成电路型号的组成、符号及意义

第零部分		第一部分		第二部分	第三部分		第四部分	
用字母表示器件符合国家标准		用字母表示器件的类型		用阿拉伯数字和字母表示器件系列品种	用字母表示器件的工作温度范围		用字母表示器件的封装	
符号	意义	符号	意义		符号	意义	符号	意义
		T	TTL电路	TTL分为：	C	0～70 ℃	F	多层陶瓷扁平
		H	HTL电路	74×××①	G	−25～+70 ℃	B	塑料扁平
		E	ECL电路	74 H×××②	L	−25～+85 ℃	H	黑瓷扁平
		C	CMOS电路	74 L×××③	E	−40～+85 ℃	D	多层陶瓷双列直插
							J	黑瓷双列直插
				74 S×××	R	−55～+85 ℃	P	塑料双列直插
		F	线性放大器	74 LS×××④	M	−55～+125 ℃	S	塑料单列直插
C	中国制造	W	稳压器	74 AS×××	…		T	金属圆壳封装
		B	非线性电路	74 ALS×××			K	金属菱形封装
		J	接口电路	74 F×××			…	
		AD	A/D转换器					
		DA	D/A转换器					
		…		CMOS为：				
				4000系列				
				74 HC×××				
				74 HCT×××				

注:①74:国际通用74系列(民用);②H:高速;③L:低速;④LS:低功耗。

示例:

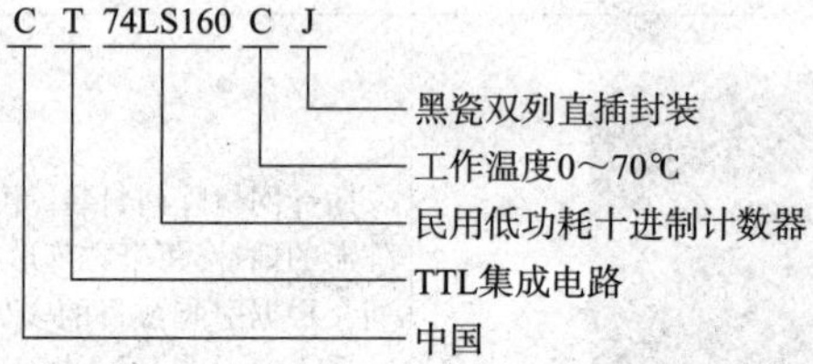

五、常用集成电路

1. 三端集成稳压器

电路中常用的集成稳压器主要有78××系列、79××系列、可调集成稳压器等。

1)78××系列集成稳压器

78××系列为正输出稳压器,如7805、7809、7812、7824等,对应的输出电压分别为+5 V、+9 V、+12 V、+24 V。型号中间的字母通常表示输出电流大小,以78(或79)后面加字母来区分,L表示0.1 A,M表示0.5 A,无字母表示1.5 A。例如,78L05表示+5 V,0.1 A。后缀英文字母表示输出电压容差与封装形式等。图4-1-18所示为7805三端集成稳压器的外观、图形符号,其中1引脚为输入端、2引脚为输出端和3引脚为公共端。

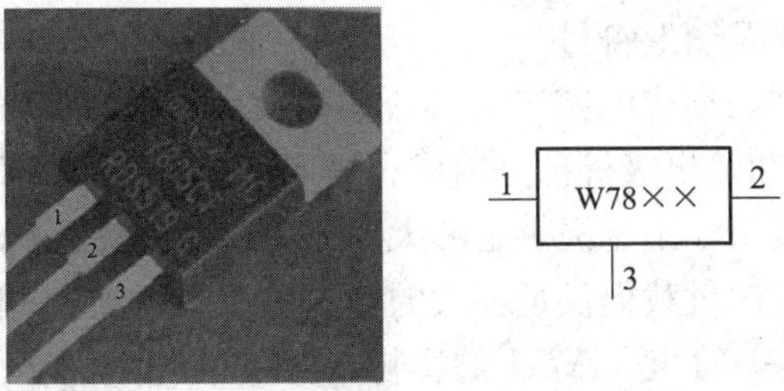

图 4-1-18　7805 三端集成稳压器的外观、图形符号

2)79××系列集成稳压器

79××系列为正输出稳压器，其他参数和特点与 78××系列集成稳压器相同。

3)LM317 可调式集成稳压器

LM317 为三端可调式正电压输出稳压器，其框图如图 4-1-19 所示。其中 1 引脚为 ADJ 调整端，2 引脚为输出端，3 引脚为输入端。

LM317 的应用电路如图 4-1-20 所示，它只需外接两个电阻(R_1 和 R_P)来确定输出电压。C_1 为滤波电容，C_2 用来预防产生自激振荡，C_3、C_4 用来改善输出电压波形。VD1、VD2 起保护作用。其可调电压范围为

$$U_o = 1.25\left(1+\frac{R_P}{R_1}\right)$$

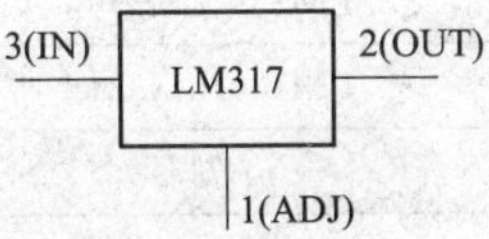

图 4-1-19　LM317 框图

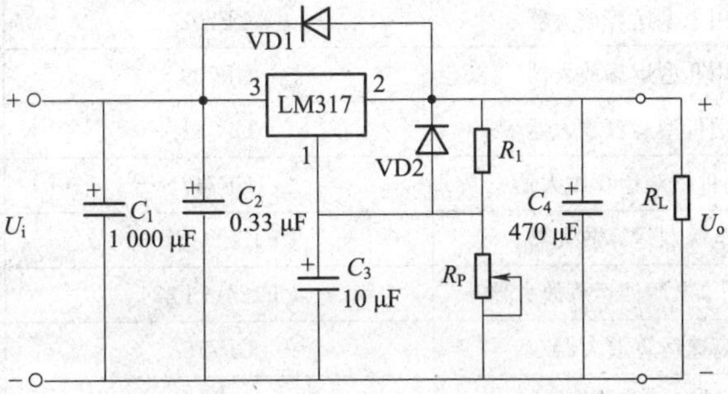

图 4-1-20　LM317 的应用电路

4)三端集成稳压器使用中的注意事项

首先，要注意输入电压和输出电压之间的关系。以 7805 为例，该三端集成稳压器的固定输出电压是5 V，而输入电压至少大于 7 V，这样输入/输出之间有 2～3 V 及以上的压差。使调整管保证工作在放大区。但压差取得大时，又会增加集成块的功耗，所以，两者应兼顾，既保证在最大负载电流时调整管不进入饱和，又不至于功耗偏大。

另外，还有一个需要注意的地方就是，一般在三端集成稳压器的输出端接一个二极管，用来防止输入端短路时输出端存储的电荷通过稳压器，而损坏器件。这是保护器件的有效方法，在使用的过程中一定要注意。

在实际应用中要根据使用的电器情况的不同去设定三端集成稳压器，要做好日常的维护与检修工作，保证设备的正常运行。

2. 常用运算放大器

1)运算放大器的引脚及图形符号

集成运算放大器是利用集成电路工艺制成的高放大倍数($10^4 \sim 10^8$)的直接耦合放大器，它主要由输入级、中间级和输出级等部分组成。输入级是提高运算质量关键性的一级，一般采用差分放大电路。中间级主要用于提供足够大的放大倍数，常采用有源负载的共射或共基放大电路。输出级主要用于向负载提供足够大的输出电压和电流，一般采用甲乙类放大的互补对称射极输出电路。图 4-1-21 是 μA741 的实物、引脚和图形符号。

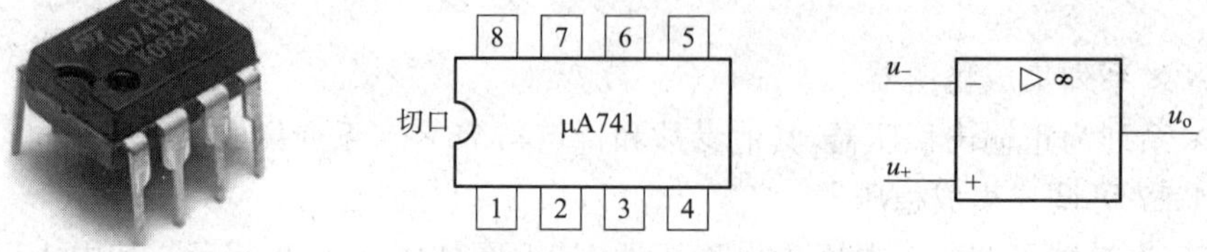

(a) 实物　　(b) 引脚　　(c) 图形符号

图 4-1-21　μA741 的实物、引脚和图形符号

2)运算放大器的型号比对

运算放大器的型号比对，见表 4-1-9。

表 4-1-9　运算放大器的型号比对

名　　称	国标型号	国外对应型号
通用Ⅰ型运算放大器	CF702	μA702
通用Ⅱ型运算放大器	CF709	μA709
通用Ⅲ型运算放大器	CF741	μA741
通用Ⅲ型双运算放大器	CF747	μA747
单电源双运算放大器	CF158、CF358	LM158、LM358
低功耗单电源四运算放大器	CF124、CF324	LM124、LM324
高速运算放大器	CF715	μA715
高精度运算放大器	CF725	μA725

3)运算放大器的主要参数

参数是评价运算放大器性能好坏的主要指标，是正确选择和使用运算放大器的重要依据。主要参数有：开环差模电压放大倍数、最大输出电压、差模输入电阻、输出电阻和共模抑制比。

4)运算放大器的选用

运算放大器按其技术指标可分为通用型和专用型两大类。通用型的技术指标比较均衡、全面，适用于一般电路；而专用型的技术指标在某一项非常突出，如高速型、高阻型、低功耗型、大功率型、高精度型等，以满足某些特殊电路的要求。按每一集成片中运算放大器的数目可分为单运放、双运放和四运放。

通常应根据实际要求来选用运算放大器。如无特殊要求，一般应选用通用型，因通用型既易得到，价格又较低廉。而对于有特殊要求的，则应选用专用型。需注意，目前运算放大器的类型很多，型号标注又未完全统一。例如部标型号 F007，国标型号为 CF741，国外型号为

μA741。因此,在选用运算放大器时,可先查阅有关产品手册,全面了解一些运算放大器的性能,再根据货源、价格等情况,决定取舍或代换。

选好后,根据引脚图和图形符号连接外部电路,包括电源、外接偏置电阻、消振电路及调零电路等。接线时需注意,焊接时电烙铁头不能带电,可断电后利用电烙铁的余热焊接。

5)运算放大器的使用注意事项

(1)消振。由于内部极间电容和其他寄生参数的影响,运算放大器很容易产生自激振荡,即在运算放大器输入信号为零时,输出端存在近似正弦波的高频电压信号,在与人体或金属物体接近时尤为显著,这将使运算放大器不能正常工作。为此,在使用时要注意消振。目前由于集成工艺水平的提高,运算放大器内部已有消振元件,无须外部消振。

至于是否已消振,将输入端接"地",用示波器观察输出端有无高频振荡波形,即可判定。如有自激振荡,需检查反馈极性是否接错,考虑外接元件参数是否合适,或接线的杂散电感、电容是否过大等,而采取相应措施。必要时可外接 RC 电路消振。

(2)调零。由于运算放大器的内部参数不可能完全对称,以致输入信号为零时,输出电压不等于零。为此,在使用时要外接调零电路。图 4-1-22 所示为 CF741 的调零电路。

先消振,再调零,调零时应将电路接成闭环。在无输入下调零,即将两个输入端均接"地",调节调零电位器 R_P,使输出电压 U_o 为零。

一般情况下,接入规定的调零电位器后,都可将输出电压 U_o 调为零。但是如果因所用运算放大器质量欠佳,产生过大的失调电压不能调零时,可换用较大阻值的调零电位器,扩大调零范围使输出为零。

如果运算放大器在闭环时不能调零,或其输出电压达到正或负的饱和电压,可能是由于负反馈作用不够强,电压放大倍数过大所致。此时,可将反馈电阻 R_F 值减小,以加强负反馈。若仍不能调零,可能是接线点有错误,或有虚焊点,或者是器件内部损坏。

3. 常用与非门集成电路

在集成门电路中,应用较多的是集成与非门。

1)与非门的功能

与非门的逻辑功能为:全 1 出 0,有 0 出 1。其逻辑功能非常重要,如数字电路中计数器部分,要设计一周 7 天的循环计数电路,当计数满 7 时如何重新从"1"计数呢?这时候"7"的二进制"111"送到与非门后就会产生"0",重新控制计数端开始计数。与非门逻辑表达式为 $F=\overline{AB}$,其图形符号如图 4-1-23 所示。

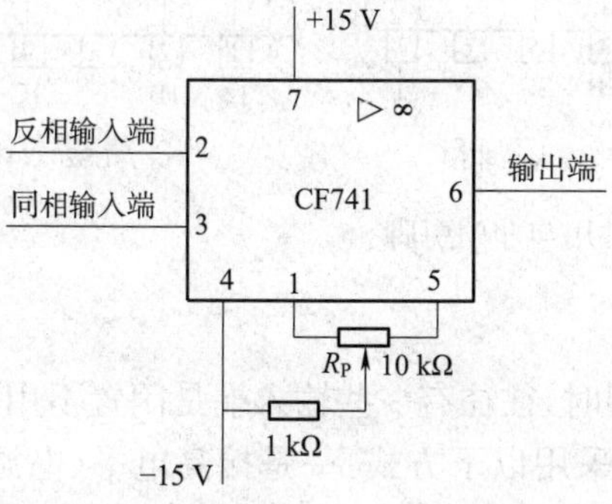

图 4-1-22　CF741 的调零电路

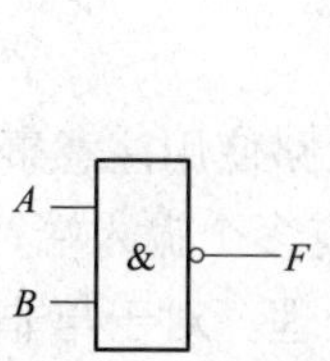

图 4-1-23　与非门图形符号

2)与非门集成电路的型号及主要参数

与非门集成电路分为TTL集成门电路系列和CMOS系列门电路。

各种系列门电路的主要参数见表4-1-10。

表4-1-10 各种系列门电路的主要参数

参数	TTL		CMOS	
	74	74LS	4000	74HC
U_{CC}/V	5	5	5	5
U_{IH}/V	≥2	≥2	≥3.5	≥3.5
U_{IL}/V	≤0.8	≤0.8	≤1.5	≤1
U_{OH}/V	≥2.4	≥2.7	≥4.6	≥4.4
U_{OL}/V	≤0.4	≤0.5	≤0.05	≤0.1
I_{IH}/μA	≤40	≤20	≤0.1	≤0.1
I_{IL}/mA	≤1.6	≤0.4	$\leqslant 0.1\times10^{-3}$	$\leqslant 0.1\times10^{-3}$
I_{OH}/mA	≤0.4	≤0.4	≤0.51	≤4
I_{OL}/mA	≤16	≤8	≤0.51	≤4
t_{pd}/ns	10	10	45	10
(P/门)/mW	10	2	5×10^{-3}	1×10^{-3}

3)常用与非门引脚

TTL与非门是应用最普遍的TTL门电路。在一个集成电路中,可以封装多个与非门,且各个逻辑门相互独立,可以单独使用,但它们共用一根电源引线和一根地线。不管使用哪种门,都必须将U_{CC}接+5 V电源,地线引脚接公共地线。常用与非门引脚如图4-1-24所示。

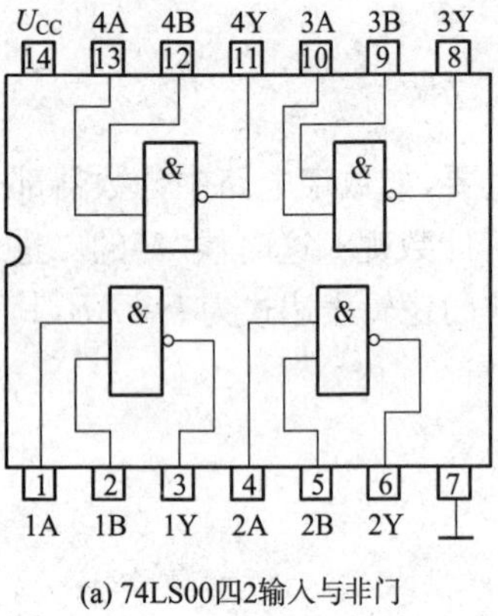

(a) 74LS00四2输入与非门

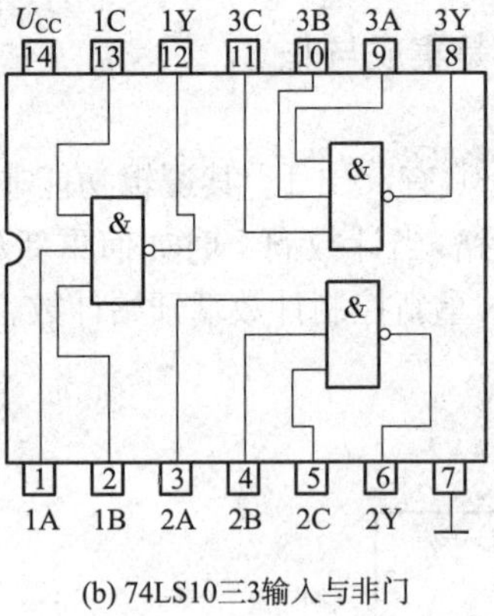

(b) 74LS10三3输入与非门

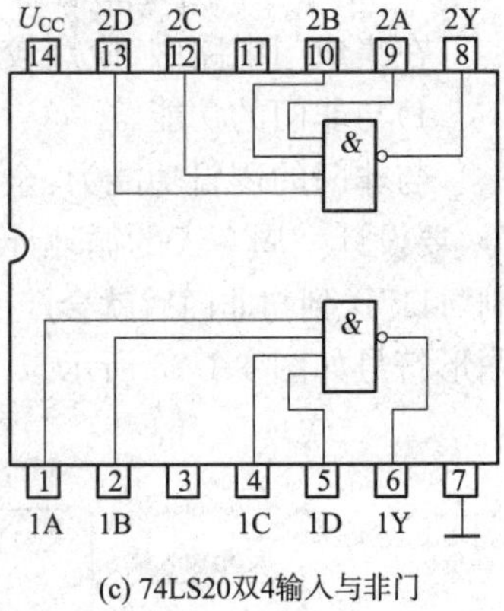

(c) 74LS20双4输入与非门

图4-1-24 常用与非门引脚

4)与非门集成电路使用注意事项

TTL门电路具有多个输入端,在实际使用时,往往有一些输入端是闲置不用的,需注意对这些闲置输入端的处理。对于与非门而言,可采用以下方式:一是接高电平(电源电压);二是与有用输入端并联;三是悬空。但在实用中,某些与非门产品的输入端悬空会引起逻辑功能上的混乱,故需接在电源电压上。

技能训练

训练　常用电子元器件的识别与检测

一、训练目的

(1)能正确识别与检测常用电子元器件参数与规格。
(2)能正确识别与判别常用电子元器件引脚极性。
(3)能正确识别与判别常用电子元器件的好坏。

二、训练工器具与材料(见表 4-1-11)

表 4-1-11　训练工器具与材料

序号	工器具与材料名称	单位	数量	备注
1	万用表	块	1	
2	兆欧表	块	1	
3	常用电子元器件(电阻、电容、电感、普通二极管、稳压二极管、单结晶体管、三极管、晶闸管、集成块等)	套	1	
4	工作服	套	1	

三、训练内容

1. 电阻的识别与检测

1)电阻的型号

国产电阻的型号由四部分组成(不适用敏感电阻),如图 4-1-25 所示。

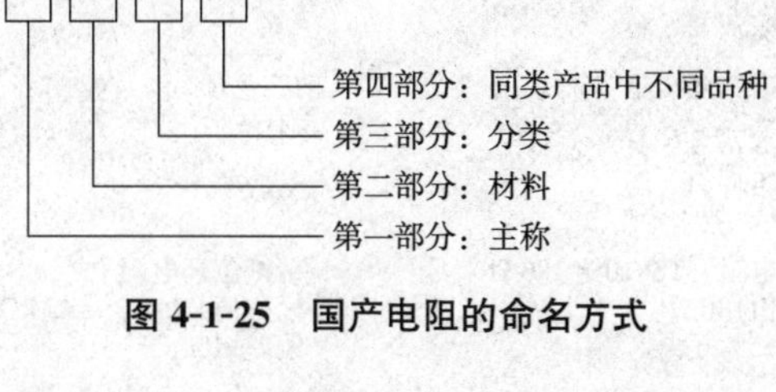

图 4-1-25　国产电阻的命名方式

第一部分:主称,用字母表示,表示产品的名字。如 R 表示电阻、W 表示电位器。

第二部分:材料,用字母表示,表示电阻体用什么材料组成。如 T 表示碳膜、H 表示合成碳膜、S 表示有机实心、N 表示无机实心、J 表示金属膜、Y 表示氮化膜、C 表示沉积膜、I 表示玻璃釉膜、X 表示线绕。

第三部分:分类,一般用数字表示,个别类型用字母表示,表示产品属于什么类型。如 1、2 表示普通、3 表示超高频、4 表示高阻、5 表示高温、6、7 表示精密、8 表示高压、9 表示特殊、G 表示高功率、T 表示可调。

第四部分:同类产品中不同品种,用数字表示,以区分产品的外形尺寸和性能指标等。如RT11 表示普通碳膜电阻。

2)电阻的识别

(1)直标法。直标法就是在电阻体上直接标出电阻的阻值、功率、允许偏差(误差)。直标法中,可以用单位符号代替小数点。例如:0.33 Ω 可标为 Ω33;3.3 k 可标为 3k3。

直标法一目了然,但只适用于较大体积元件。电阻直标法示例如图 4-1-26 所示,1706 表示制造年月是 2017 年 6 月。RX20 表示为被釉功率型绕线电阻。50 W 表示功率,2 K 表示阻值,J 表示精度为±5%。

图 4-1-26　电阻直标法示例

(2)数码法。数码法就是用三位数字表示元件的标称值。从左至右,前两位数表示有效数,第三位是有效数字后的零的个数,即前两位数 $\times 10^n$($n=0\sim 8$)。如 103 表示排阻,前两位数表示数值,最后一位表示倍率即 $10\times 10^3=10$k 。

采用数码法时,电阻默认单位为 Ω,电容默认单位为 pF,电感默认单位为 μH,在数码后面往往用字母表示偏差。

(3)色标法。色标法就是用不同颜色的带或点在器件表面标出标称值和允许偏差。

①识别电阻的色环。在工程实践中,快速准确地读出色环电阻的值是一项基本功。每种颜色对应的数字速记口诀如下:0-黑、1-棕、2-红、3-橙、4-黄、5-绿、6-蓝、7-紫、8-灰、9-白、金-±5%、银-±10%、无色-±20%。

普通电阻多用四个色环表示其阻值和允许偏差。第一、第二色环表示有效数字,第三色环表示倍率(乘数),与前三色环距离较大的第四色环表示允许偏差。精密电阻采用五色环标志,前三色环表示有效数字,第四色环表示倍率,与前四色环距离较大的第五色环表示允许偏差。图 4-1-27 所示为电阻色标法示例,电阻色标法具体规定如图 4-1-28 所示。

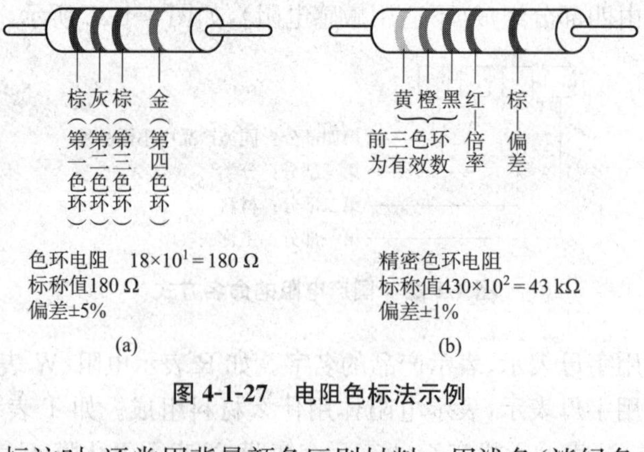

图 4-1-27　电阻色标法示例

色标法用于电阻标注时,还常用背景颜色区别材料。用浅色(淡绿色、浅棕色)表示碳膜电阻,红色(或浅蓝色)表示金属膜或氧化膜电阻,深绿色表示线绕电阻。

②识别首位色环。准确识别首位色环,对准确读出电阻的标称阻值非常重要。因为电路中的电阻可能会随意放置,并不一定首位色环在左边,如果将首位色环错定为另一端则数据全错。识别首位色环的方法如下:

数值的读取方法

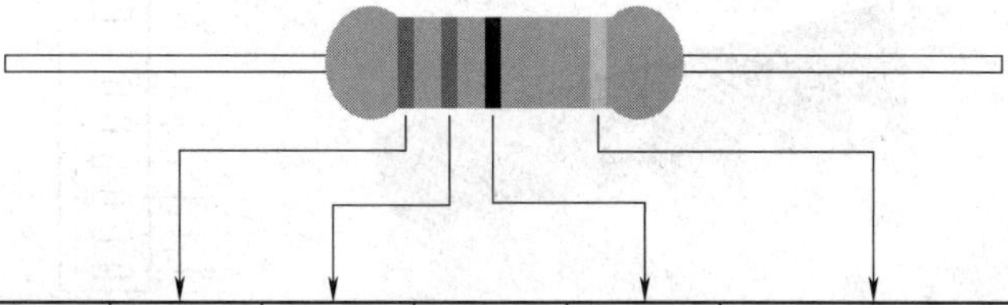

颜色	每一段	第二段	第三段	乘数	误差	
黑色	0	0	0	1		
棕色	1	1	1	10	±1%	F
红色	2	2	2	100	±2%	G
橙色	3	3	3	1k		
黄色	4	4	4	10k		
绿色	5	5	5	100k	±0.5%	D
蓝色	6	6	6	1M	±0.25%	C
紫色	7	7	7	10M	±0.10%	B
灰色	8	8	8		±0.05%	A
白色	9	9	9			
金色				0.1	±5%	J
银色				0.01	±10%	K
无					±20%	M

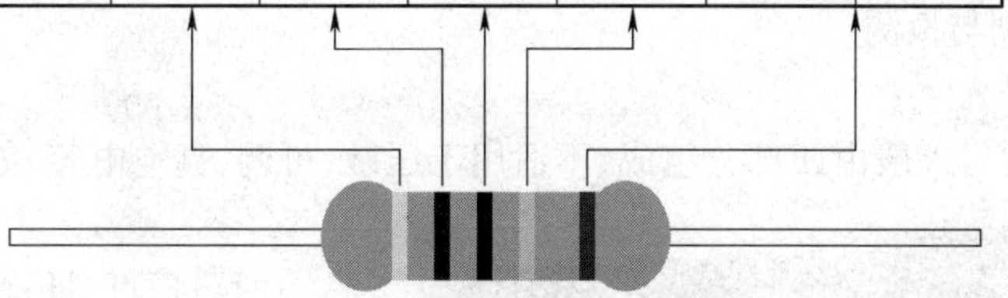

图 4-1-28　电阻色标法具体规定

a. 一般电阻的色环中，金、银色环一般表示精度，即在色环中金或银色环通常为末位色环。

b. 最靠近引线端的色环是首位色环，依此定出其右边的第二、三、四和第五环标。

c. 当色环中第一色环与最后一色环的颜色相同时，则通过判断色环之间的距离来判断，即第一色环与第二色环之间的距离比最后一色环与前一色环的距离小。

d. 如果色环中没有金或银色环，并且无法准确判断哪个色环最靠近引线端，可以先用万用表试测一下(可以用不同的量程试测)，然后根据初量的阻值，确定乘数位色环的颜色，继而判断出首位色环的颜色。

3)排阻的识别

排阻是具有极性的，在焊接的时候一定需要注意。如果方向弄错可能导致显示不了。图 4-1-29 所示为排阻及内部结构。

从图 4-1-29 中可以看到排阻左边有一个点标记和 103 数值。点标记表示那一端的第一个引脚为公共引脚，而 103 的前两位数表示数值，最后一位表示倍率，所以单个阻值为 $10\times10^3=10\ \text{k}\Omega$。

4)电阻的检测

数字万用表打到电阻挡(无须调零)。将红、黑表笔分别插入 V·Ω 与 COM 插孔，旋动量

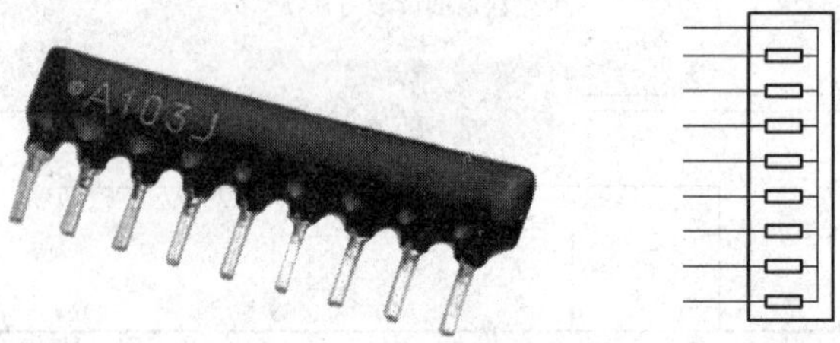

图 4-1-29　排阻及内部结构

程选择开关至合适位置(200、2k、200k、2M、20M),将两笔表跨接在被测电阻两端(不得带电测量!),显示屏所显示数值即为被测电阻的数值。当使用 200 MΩ 量程进行测量时,先将两表笔短路,若该数不为零,仍属正常,此读数是一个固定的偏移值,实际数值应为显示数值减去该偏移值。图 4-1-30 为电阻测量过程。

注意:手不要触及表笔和电阻的导电部分;被检测的电阻从电路中焊下来,至少要焊开一个头,以免电路中的其他组件对测试产生影响,造成测量误差;色环电阻的阻值虽然能以色环标志来确定,但在使用时最好还是用万用表测试一下其实际阻值;为了提高测量精度,应根据被测电阻标称值的大小来选择量程。

2. 电容的识别与检测

1)电容的型号

国产电容的型号一般由四部分组成(不适用于压敏、可调、真空电容)如图 4-1-31 所示。

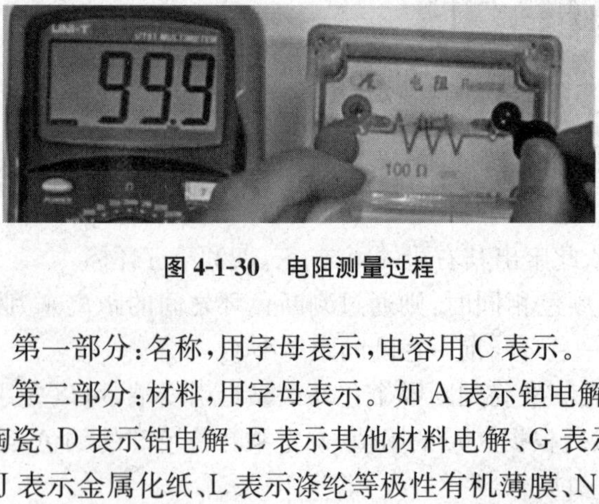

图 4-1-30　电阻测量过程

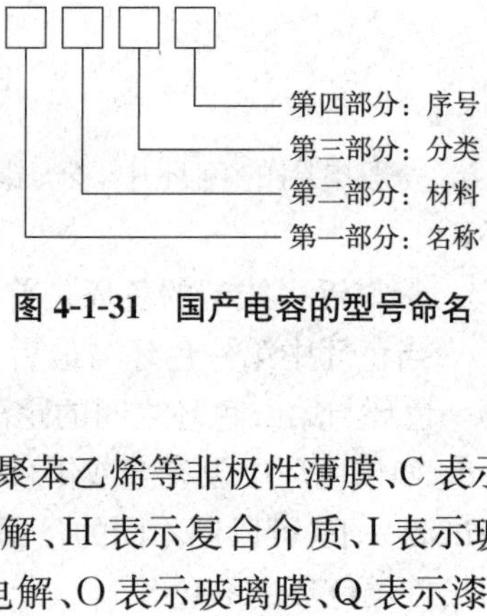

图 4-1-31　国产电容的型号命名

第一部分:名称,用字母表示,电容用 C 表示。

第二部分:材料,用字母表示。如 A 表示钽电解、B 表示聚苯乙烯等非极性薄膜、C 表示高频陶瓷、D 表示铝电解、E 表示其他材料电解、G 表示合金电解、H 表示复合介质、I 表示玻璃釉、J 表示金属化纸、L 表示涤纶等极性有机薄膜、N 表示铌电解、O 表示玻璃膜、Q 表示漆膜、T 表示低频陶瓷、V 表示云母纸、Y 表示云母、Z 表示纸介。

第三部分:分类,一般用数字表示,少数用字母表示。

第四部分:序号,用数字表示。

2)电容的标识方法

(1)直标法。将标称容量及偏差值用数字和单位符号直接标在电容体上。如"47 μF 100 V",表示容量为 47 μF,耐压为 100 V。

(2)文字符号法。采用数字加字母标识。如 2p2 表示 2.2 pF。

(3)色标法。电容色标法与电阻色标法基本相同。电容色标法还表示极性。如电解电容上标有白色箭头的一极是负极。

(4)纯数字标注。常用三位数标注。前两位数表示有效数，第三位数表示倍率。如 223 表示 $22\times10^3=22\ 000$ pF=0.022 μF。

3)电容的测量

电容器常见的故障是开路失效、短路击穿、漏电、介质损耗增大或电容量减小。电容器开路失效、短路击穿用万用表检查是很容易的。下面简要介绍测量电容器容量、漏电、极性的方法。

检测电容器之前需要先放电，可按表 4-1-12 所示方法进行。

表 4-1-12　检测电容器

方　法	过　程	结　果
用电容挡直接检测	红表笔插到 mA 孔，黑表笔插到 COM 孔。将已放电的电容两引脚直接插入表板上的 Cx 孔，选取适当的量程后就可读取显示数据	
用电阻挡检测	红表笔(带正电)接电容器正极，黑表笔接电容器负极。可观察电容器的充电过程，适用于测量 0.1 μF 至几千微法的大容量电容器	
用电压挡检测	用直流电压挡检测电容器，实际上是一种间接测量法，此法可测量 220 pF～1 μF 的小容量电容器，并且能精确测出电容器漏电流的大小	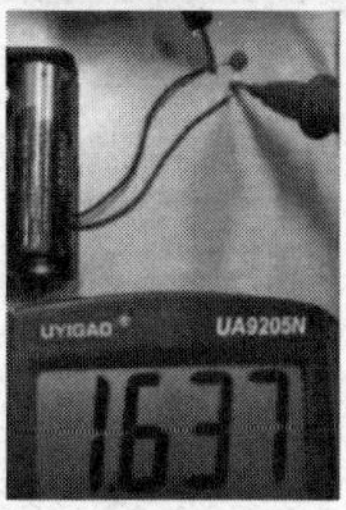

万用表的两只表笔分别与电容器的两端相接(红表笔接电容器的正极，黑表笔接电容器的负极)，如果显示值从 000 开始逐渐增加，最后显示溢出符号“1”表明电容器正常；如果万用表始终显示 000，则说明电容器内部短路；如果始终显示“1”(溢出符号)，则可能电容器内部极间断路。

3. 电感的识别与检测

1)电感的型号

国产电感的型号主要由四部分组成，如图 4-1-32 所示。

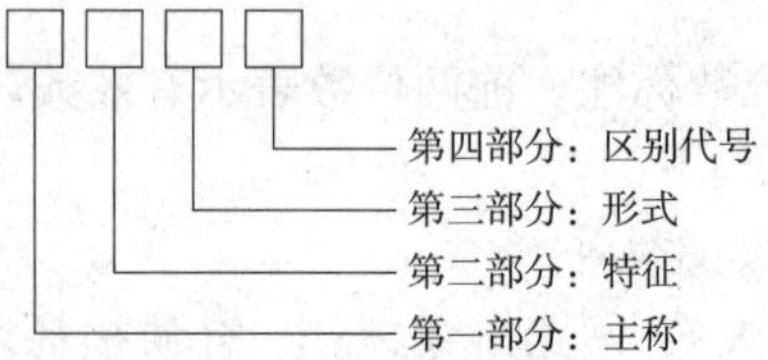

图 4-1-32　国产电感的型号命名

第一部分：主称，用字母表示，其中 L 代表电感线圈，ZL 代表阻流圈。

第二部分：特征，用字母表示，其中 G 代表高频。

第三部分：型式，用字母表示，其中 X 代表小型。

第四部分：区别代号，用数字或字母表示。

2)电感的标识方法

(1)直标法。通常形体较大的电感器用直标法来标注电感量，由数字和单位两部分来表示电感量，直接标在外壳上，数字是标称电感量，其单位是 H 或 mH。

(2)数码法。通常采用三位数字和一位字母表示，前两位表示有效数字，第三位表示有效数字后面所加“0”的个数，小数点用 R 表示，最后一位英文字母表示误差范围，单位为 μH。如 8R2 表示 8.2 μH。

(3)色标法。指在电感器的外壳涂上各种不同颜色的环，用来标注其主要参数。色标法的标注规则与色环电阻相同，单位为 μH。

3)电感的测量

电感的电感量测试必须用专用的仪器进行，但可以通过用万用表测量电感器的直流电阻来大致判断电感器的性能好坏。电感器性能的初步检测方法是：用万用表的欧姆挡 $R\times1$ 或 $R\times10$ 测量电感器的阻值，若电阻为无穷大，表明电感器断路；若电阻很小，表明电感器正常。测量过程如表 4-1-13。

表 4-1-13　检测电感器

方　法	过　程	结　果
将万用表置于欧姆挡 $R\times1$ 挡，用两表笔分别碰接电感线圈的引脚	(1)电感的直流电阻一般很小，匝数多、线径细的线圈能达几十欧； (2)对于有抽头的线圈，各引脚之间的阻值均很小，仅有几欧	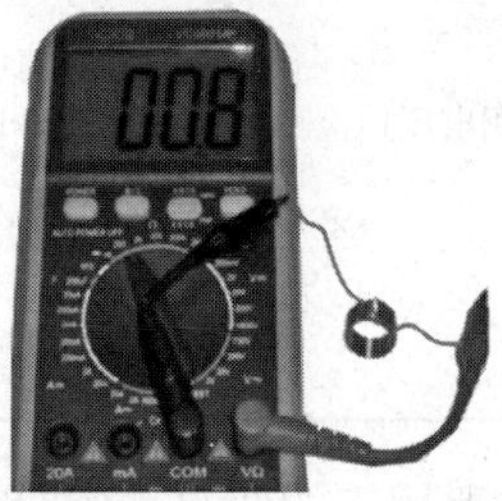

注意：检测电感时先进行外观检查，看线圈有无松散，引脚有无折断，线圈是否烧毁或外壳是否烧焦等。若有上述现象，则表明电感器已损坏。

4．二极管的识别与检测

1)二极管极性的识别

玻璃封装二极管上标有黑色环的一端、塑料封装二极管上标有白色环的一端为负极(阴极)。发光二极管正负极可通过引脚长短区别，长引脚为正极，短引脚为负极；如果剪掉了引脚不好区分，就看它的头来区分，小头为正极，大头为负极。

2)二极管的检测

进行二极管通断测试时，红、黑表笔分别插入 V·Ω 与 COM 孔，旋动量程开关至二极管测试位置。正向情况下，显示屏即显示出二极管的正向导通电压，单位为 mV(锗管应在 200～300 mV 之间，硅管应在 500～800 mV 之间)；反向情况下，显示屏应显示“1”，表明二极管不导通；否则，表明二极管反向漏电流大。正向状态下，若显示“000”，则表明二极管短路；若显示“1”，则表明二极管断路。图 4-1-33 所示为二极管测量过程。

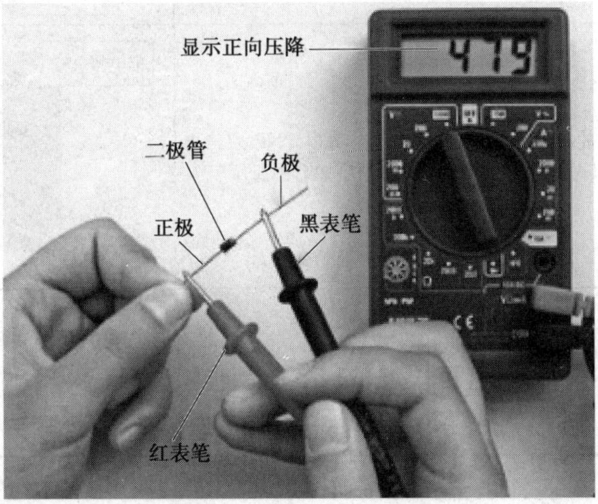

图 4-1-33　二极管测量过程

5. 三极管的识别与检测

1)三极管引脚的识别

三极管引脚经验判别法见表 4-1-14。

表 4-1-14　三极管引脚经验判别法

种　类	方　法	实　物
普通小功率三极管	引脚向下，面向元件型号，从左至右依次为 E、B、C	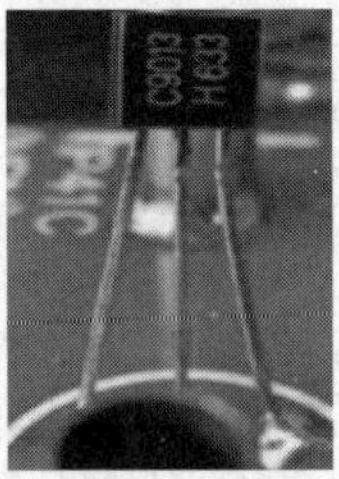
中功率三极管	引脚向下，面向元件型号，从左至右引脚顺序依次为 B、C、E	

续上表

种　类	方　法	实　物
大功率金属外壳三极管	其外壳通常为集电极(C),另外两个引脚分别为基极(B)和发射极(E)	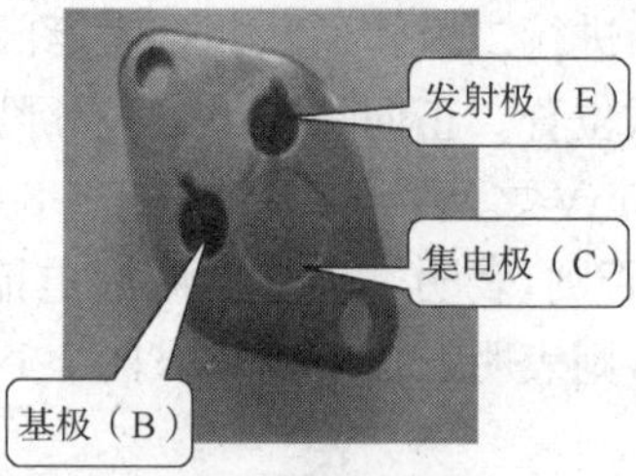
贴片三极管	贴片三极管 8550、8550 为小功率 PNP 型三极管,其贴片型号为 2TY,引脚顺序如右图所示	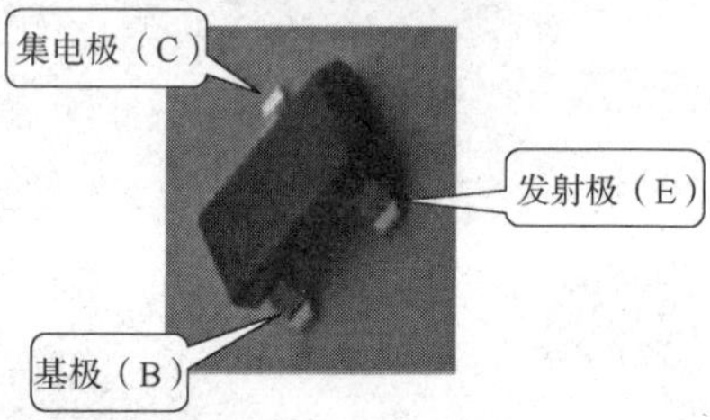

2)三极管的检测

以检测 NPN 型三极管为例,可按表 4-1-15 所示步骤进行。

表 4-1-15　NPN 型三极管检测

步　骤	检测过程	结　果
判B极定型号	将挡位调至二极管挡	
	红表笔放中间,黑表笔放左边,看有没有读数,若有,则红表笔端为 P,黑表笔端为 N;若没有,则红黑表笔反过来再测一次(若两次都没有示数,则三极管可能损坏)	
	同样方法测中间和右边的两个引脚,如右图可以看出,中间为 P,右边为 N。结合前面的测量可知,这是个 NPN 型的三极管	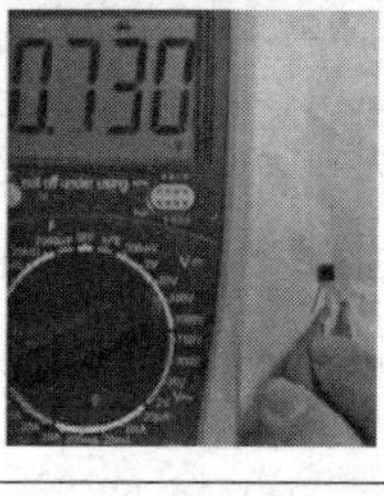

续上表

步　骤	检测过程	结　果
	将挡位打至 hFE 挡，专用测量三极管放大倍数 β 的挡	
判 C、E 极	插 NPN 的口，发现一个读数 11，一个读数 258，则观察那个 258 读数时，发现三极管插在 NPN 口处，所以是 NPN 型管，而且还能测出 E、B、C 三个引脚，插孔上对应的 E、B、C 即对应的三极管的引脚极性。右图所示三极管为 NPN 型三极管，平面对着自己从左到右为 E、B、C。值大的一次读数是其电流放大倍数 β	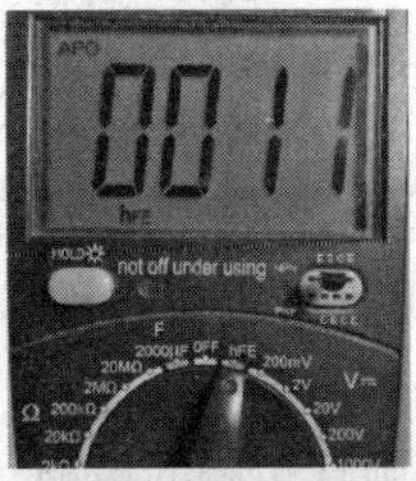 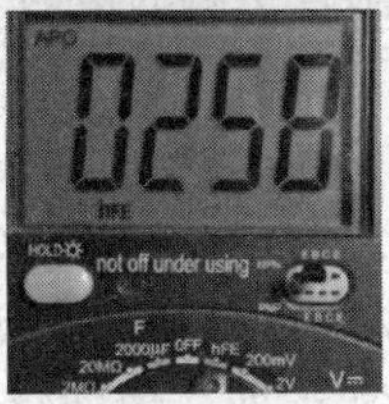

6. 单结晶体管的识别与检测

1)单结晶体管的型号

单结晶体管的命名与二极管、三极管有所不同，其命名组成部分及含义如图 4-1-34 所示。

B T 3 5

第四部分：耗散功率 。“5”表示功率500 mW

第三部分：电极数目。“3”表示有三个电极

第二部分：种类。“T”表示特种管

第一部分：制作材料。“B”表示半导体管

图 4-1-34　单结晶体管的命名

2)单结晶体管引脚识别

金属封装单结管：一般在管壳上有一个小凸片，与该凸片相邻最近的引脚为“发射极”，中间引脚为“第一基极”，另一个引脚为“第二基极”。

3)单结晶体管的检测

将数字万用表拨至二极管挡，红表笔固定任接某个引脚，用黑表笔依次接触另外两个引脚，测试 PN 结的正向压降，如果两次显示值都在 1 V 左右，则红表笔所接的引脚为“发射极”。其中数值较大的一次，黑表笔所接的为“第一基极”，则另外一个引脚为“第二基极”。

也可用万用表的电阻挡判别第一基极和第二基极。将数字万用表拨至电阻挡，红表笔接发射极，黑表笔依次接触另外两个引脚，分别测试发射极对第一基极、第二基极的正向电阻，其中电阻值较大的一次，黑表笔所接的为第一基极，则另外一个引脚即为第二基极。注意：在实

际测试时,有时会出现相反的结果,若输出脉冲有特别要求时,可将第一基极、第二基极对调使用;若无特别要求时,不需要将第一基极、第二基极对调。

4)单结晶体管性能的好坏

单结晶体管性能的好坏可以通过测量其各极间的电阻值是否正常来判断。用数字万用表 $R\times1$k 挡,将红表笔接发射极,黑表笔依次接两个基极,正常时均应有几千欧至十几千欧的电阻值。再将黑表笔接发射极,红表笔依次接两个基极,正常时阻值为无穷大。

双基极二极管的两个基极之间的正、反向电阻值均在 2~10 kΩ 范围内。若测得某两极之间的电阻值与上述正常值相差较大时,则说明该二极管已损坏。

7. 晶闸管的识别与检测

1)晶闸管引脚的识别

不同公司生产的单向晶闸管的引脚排列通常不一致,而双向晶闸管的引脚多数是按 T2、G、T1 的顺序从左至右排列(电极引脚向下,面对有字的一面)。对于螺栓型封装的晶闸管,通常螺栓是其阳极。

2)晶闸管引脚的检测

用数字万用表判别单向晶闸管电极:将数字万用表拨至二极管挡,红表笔固定任接某个引脚,用黑表笔依次接触另外两个引脚。如果在两次测试中,一次显示值小于 1 V;另一次显示溢出符号,则表明红表笔接的引脚是阴极 K。显示值小于 1 V 时的一次,红表笔接的引脚是控制极 G,则另一个引脚是阴极 K。

8. 集成电路的识别与检测

1)集成电路引脚的识别

使用集成电路前,必须认真查对和识别集成电路的引脚,确认电源、地、输入、输出及控制等相应的引脚号,以免因错接而损坏器件。引脚排列的一般规律如下:

圆形集成电路:识别时,面向引脚正视。从定位销顺时针方向依次为 1,2,3,4……圆形集成电路多用于模拟集成电路。

扁平和双列直插型集成电路:识别时,将文字符号标记正放(一般集成电路上有一缺口或圆点,将缺口或圆点置于左方),由顶部俯视,从左下脚起,按逆时针方向数,依次为 1,2,3,4……图 4-1-35 所示为扁平和双列直插两种封装形式。扁平型多用于数字集成电路。双列直插型广泛应用于模拟和数字集成电路。

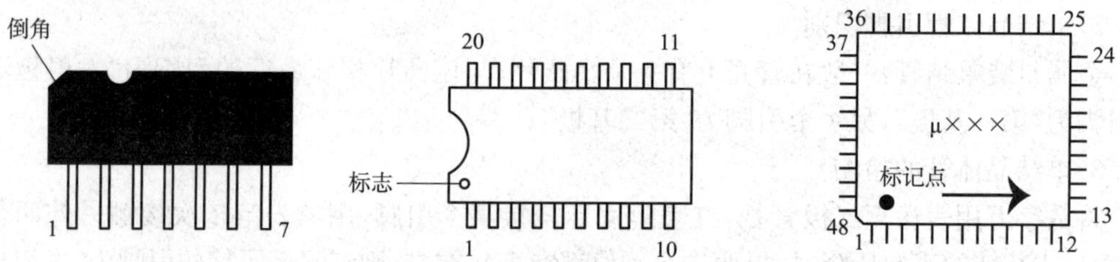

图 4-1-35　集成电路引脚排列

2)集成电路的检测

集成电路常用的检测方法有非在线测量法、在线测量法和代换法。

(1)非在线测量法。非在线测量法是在集成电路未焊入电路时,通过测量其各引脚之间的直流电阻值与已知正常同型号集成电路各引脚之间的直流电阻值进行对比,以确定其是否正常。

(2)在线测量法。在线测量法是利用电压测量法、电阻测量法及电流测量法等,通过在电路上测量集成电路的各引脚电压值、电阻值和电流值是否正常,来判断该集成电路是否损坏。

(3)代换法。代换法是用已知完好的同型号、同规格集成电路来代换被测集成电路,可以判断出该集成电路是否损坏。

3)集成电路检测的注意事项

(1)检测前要了解集成电路及其相关电路的工作原理。检查和修理集成电路前首先要熟悉所用集成电路的功能、内部电路、主要电气参数,各引脚的作用以及引脚的正常电压、波形与外围元件组成电路的工作原理。如果具备以上条件,那么分析和检查会容易许多。

(2)测试不要造成引脚间短路。电压测量或用示波器探头测试波形时,表笔或探头不要由于滑动而造成集成电路引脚间短路,最好在与引脚直接连通的外围印制电路板上进行测量。任何瞬间的短路都容易损坏集成电路,在测试扁平型封装的 CMOS 集成电路时更要加倍小心。

(3)严禁在无隔离变压器的情况下,用已接地的测试设备去接触底板带电的电视、音响、录像等设备。虽然一般的收录机都具有电源变压器,当接触到较特殊的尤其是输出功率较大或对采用的电源性质不太了解的电视或音响设备时,首先要弄清该机底盘是否带电,否则极易与底板带电的电视、音响等设备造成电源短路,波及集成电路,造成故障的进一步扩大。

(4)要注意电烙铁的绝缘性能。不允许带电使用电烙铁焊接,要确认电烙铁不带电,最好把电烙铁的外壳接地,对 CMOS 电路更应小心,能采用 6～8 V 的低压电烙铁就更安全了。

(5)要保证焊接质量。焊接时应确实焊牢。焊锡的堆积、气孔,容易造成虚焊。焊接时间一般不超过 3 s,电烙铁的功率应用内热式 25 W 左右。已焊接好的集成电路要仔细查看,最好用万用表测量各引脚间是否短路,确认无焊锡粘连现象再接通电源。

(6)不要轻易断定集成电路的损坏。

集成电路绝大多数为直接耦合,一旦某一电路不正常,可能会导致多处电压变化,而这些变化不一定是集成电路损坏引起的,另外,在有些情况下测得各引脚电压与正常值相符或接近时,也不一定都能说明集成电路就是好的。因为有些软故障不会引起直流电压的变化。

(7)测试仪表内阻要大。测量集成电路引脚直流电压时,应选用表头内阻大于 20 KΩ/V 的万用表,否则对某些引脚电压会有较大的测量误差。

(8)要注意功率集成电路的散热。功率集成电路应散热良好,不允许不带散热器而在大功率的状态下工作。

(9)引线要合理。如需要加接外围元器件代替集成电路内部已损坏部分,应选用小型元器件,且接线要合理以免造成不必要的寄生耦合,尤其是要处理好音频功放集成电路和前置放大电路之间的接地端。

四、考核评价

常用电子元器件的识别与检测考核评价见表 4-1-16。

表 4-1-16　考核评价表(工时:0.5 h)

项目内容	配分	评分标准	扣分	得分
元器件识别	40 分	(1)正确识别电阻型号及阻值。识别电阻型号及阻值错误,每次扣 2 分。 (2)正确识别电容型号及容量耐压。识别电容型号及容量耐压错误,每次扣 2 分。 (3)正确识别电感型号及电感量。识别电感型号及电感量错误,每次扣 2 分。 (4)正确识别二极管极性及类型。识别二极管极性及类型错误,每次扣 2 分。 (5)正确识别三极管类别及引脚。识别三极管类别及引脚错误,每次扣 2 分。 (6)正确识别单结晶体管型号及引脚。识别单结晶体管型号及引脚错误,每次扣 2 分。 (7)正确识别晶闸管引脚。识别晶闸管引脚错误,每次扣 2 分。 (8)正确识别集成电路功能及引脚排列。识别集成电路功能及引脚排列错误,每次扣 2 分		
元器件检测	40 分	(1)能正确应用仪器仪表检测电阻的阻值及好坏。不会检测电阻的阻值及好坏,每次扣 2 分。 (2)能正确应用仪器仪表检测电容的容量及好坏。不会检测电容的容量及好坏,每次扣 2 分。 (3)能正确应用仪器仪表检测电感的电感量及好坏。不会检测电感的电感量及好坏,每次扣 2 分。 (4)能正确应用仪器仪表检测二极管极性及好坏。不会检测二极管极性及好坏,每次扣 2 分。 (5)能正确应用仪器仪表检测三极管极性及好坏。不会检测三极管极性及好坏,每次扣 2 分。 (6)能正确应用仪器仪表检测单结晶体管极性及好坏。不会检测单结晶体管极性及好坏,每次扣 2 分。 (7)能正确应用仪器仪表检测晶闸管极性及好坏。不会检测晶闸管极性及好坏,每次扣 2 分。 (8)能正确应用仪器仪表检测集成电路好坏。不会检测集成电路好坏,每次扣 2 分		
安全操作	20 分	(1)进行安全文明生产。违反操作规程,产生不安全因素,扣 20 分;严重者,直接取消考试资格。 (2)着装正确,保持工位卫生。着装防护用品不齐,每项扣 3 分;工位不整洁,每处扣 3 分		

测评题

一、单选题

1. 一个电容器的规格是“10 μF、50 V”,则(　　)。

(A)这个电容器加上 50 V 电压时,电容量才是 10 μF

(B)这个电容器的最大电容量为 10 μF,带电荷量较少时,电容量大于 10 μF

(C)这个电容器上加的电压不能低于 50 V

(D)这个电容器的电容量总等于 10 μF

2. 下列关于电容功能说法错误的是(　　)。

(A)隔直流:作用是阻止直流通过而让交流通过

(B)旁路(去耦):为交流电路中某些并联的组件提供低阻抗通路

(C)耦合:作为两个电路之间的连接,允许交流信号通过并传输到下一级电路

(D)整流:通过电容的通交流、隔直流特性,将交流信号变成直流信号

3. 关于电解电容的特性说法正确的是(　　)。

(A)电容的电容量和工作电压范围很宽,但易老化,稳定性、耐热性差

(B)具有性能稳定、绝缘电阻大、漏电流小、体积小、结构简单等特点,容量从几皮法到几百皮法,但缺点是机械强度较低,受力后易破碎

(C)有正负极,漏电流较其他固定电容大得多、容量误差较大

(D)具有介质损耗小、温度稳定性好、绝缘性能好等优点,但容量不大

4. 如果在NPN型三极管放大电路中测得发射结为正向偏置,集电结也为正向偏置,则此管的工作状态为(　　)。

(A)放大状态　(B)饱和状态　(C)截止状态　(D)不能确定

5. 在一个放大电路中,测得某三极管各极对地的电位为$U_1=3$ V,$U_2=-3$ V,$U_3=-2.7$ V,则可知该管为(　　)。

(A)PNP型锗管　(B)NPN型硅管　(C)NPN型锗管　(D)PNP型硅管

6. 已知某三极管的三个电极电位为6 V、2.7 V、2 V,则可判断该三极管的类型及工作状态为(　　)。

(A)NPN型,放大状态　(B)PNP型,截止状态

(C)NPN型,饱和状态　(D)PNP型,放大状态

7. 已知某三极管处于放大状态,测得其三个极的电位分别为6 V、9 V和6.3 V,则6 V所对应的电极为(　　)。

(A)发射极　(B)集电极　(C)基极

8. 二极管的反向电阻(　　)。

(A)小　(B)大　(C)中等　(D)为零

9. 测得晶体管三个电极的静态电流分别为0.06 mA、3.66 mA和3.6 mA,则该管的β为(　　)。

(A)70　(B)40　(C)50　(D)60

10. 用万用表测得PNP型三极管三个电极的电位分别是$V_C=6$ V、$V_B=0.7$ V、$V_E=1$ V,则三极管工作在(　　)状态。

(A)放大　(B)截止　(C)饱和　(D)损坏

11. 三极管工作在截止区,要求(　　)。

(A)发射结正偏,集电结正偏　(B)发射结正偏,集电结反偏

(C)发射结反偏,集电结正偏　(D)发射结反偏,集电结反偏

12. NPN型三极管三个极电位分别为$V_C=3.3$ V,$V_E=3$ V,$V_B=3.7$ V,则该管工作在(　　)。

(A)饱和区　(B)截止区　(C)放大区　(D)击穿区

13. 如果三极管工作在饱和区,两个PN结状态(　　)。

(A)均为正偏　(B)均为反偏

(C)发射结正偏,集电结反偏　　(D)发射结反偏,集电结正偏

14. 工作在放大区的某三极管,如果当 I_b 从 12 μA 增大到 22 μA 时,I_c 从 1 mA 变为 2 mA,那么它的 β 约为(　　)。

(A)83　　(B)91　　(C)100

15. 在晶闸管应用电路中,为了防止误触发,应将幅值限制在不触发区的信号是(　　)。

(A)干扰信号　　(B)触发电压信号

(C)触发电流信号　　(D)干扰信号和触发信号

16. 当晶闸管承受反向阳极电压时,不论门极加何种极性触发电压,晶闸管都将工作在(　　)。

(A)导通状态　　(B)关断状态　　(C)饱和状态　　(D)不定

17. 双向晶闸管的额定电流值通常以(　　)来定义。

(A)最大值　　(B)平均值　　(C)　有效值　　(D)任意值

18. 单结晶体管两个基极的文字符号是(　　)。

(A)c1、c2　　(B)d1、d2

(C)e1、e2　　(D)b1、b2

19. 单结晶体管的结构中有(　　)个 PN 结。

(A)4　　(B)3　　(C)1　　(D)2

20. 单结晶体管是一种特殊类型的(　　)。

(A)场效应管　　(B)晶闸管　　(C)三极管　　(D)二极管

21. 基本开关型单结晶体管常用于(　　)电路、时钟电路和电平检测电路。

(A)放大　　(B)振荡　　(C)电源　　(D)输出

22. 常用四 2 输入与非门集成电路的型号是(　　)。

(A)74LS08　　(B)74LS32　　(C)74LS00　　(D)74LS86

二、多选题

1. 半导体三极管具有三种工作状态,放大、饱和、截止。(　　)状态一般适合用在数字电路中。

(A)放大　　(B)饱和　　(C)截止

2. 标称容量是指标注在电容上的电容量。电容量的基本单位是法拉(简称法),用字母 F 表示。下列只用在工程应用的单位有(　　)。

(A)毫法(mF)　　(B)微法(μF)　　(C)纳法(nF)　　(D)皮法(pF)

3. 下列属于电阻值标注法的是(　　)。

(A)直标法　　(B)文字符号法　　(C)数码法　　(D)色标法

4. 在集成门电路中,下列属于 CMOS 电路的是(　　)。

(A)74LS00　　(B)CD4060　　(C)74LS02　　(D)CD4007

5. 三端集成稳压器常常在型号中间用加字母来表示输出电流大小,下列属于常用的表示是(　　)。

(A)L 表示 0.1 A　(B)M 表示 0.5 A　　(C)N 表示 1 A　　(D)无字母表示 1.5 A

三、判断题

(　　)1. 电容的绝缘电阻是指电容两极之间的电阻，或称漏电阻。使用电容时，一般应选用阻值大的绝缘电阻。因为绝缘电阻越大，漏电就越多。

(　　)2. 电容的耐压值表示电容接入电路后，能长期连续可靠地工作，不被击穿时所能承受的最大直流电压。

(　　)3. 电容器的电容是表示电容器容纳电荷本领的物理量，其大小与加在两板上的电压无关。

(　　)4. 电感器具有通低频、阻高频，通直流、阻交流的特性。也就是说，高频信号通过电感线圈时会遇到很大的阻力，很难通过，而对低频信号通过它时所呈现的阻力则比较小，即低频信号可以较容易地通过它。电感线圈对直流电的电阻几乎为零。

(　　)5. 电感量的基本单位有法拉(F)、微法(μF)、皮法(pF)。它们之间的换算关系为 $1\ \text{F}=10^6\ \mu\text{F}=10^{12}\ \text{pF}$。

(　　)6. 工作在放大区的三极管，集电结正偏。

(　　)7. 三极管的 c、e 极可以交换使用。

(　　)8. 三极管是电压放大元件。

(　　)9. 三极管按结构分为硅三极管和锗三极管。

(　　)10. 给晶闸管加上正向阳极电压它就会导通。

(　　)11. 在单相全控桥整流电路中，晶闸管的额定电压应取 U_2。

(　　)12. 触发普通晶闸管的触发脉冲，也能触发可关断晶闸管。

(　　)13. 双向晶闸管额定电流的定义与普通晶闸管的定义相同。

(　　)14. 给晶闸管加上正向阳极电压它就会导通。

(　　)15. 同一个可关断晶闸管的门极开通电流和关断电流是一样大的。

(　　)16. 晶闸管可控整流电路就是变流电路。

(　　)17. 晶闸管装置的容量越大，对电网的影响就越小。

(　　)18. 晶闸管变流装置会对电网电压波形产生畸变。

(　　)19. 若加到晶闸管两端电压的上升率过大，就可能造成晶闸管误导通。

(　　)20. NPN 型三极管的发射区和集电区都是由 N 型半导体构成的，因此发射区和集电区性质是一样的。

(　　)21. 单结晶体管的等效电路是由一个二极管和两个电阻组成的，所以选用一个适当的二极管和两个电阻正确连接后，就能用来取代单结晶体管。

项目二　电子电路安装与调试

学习目标

应知	1.掌握电子电路焊接常用的工具与材料的用法。 2.掌握电子焊接的工艺要求。 3.掌握整流稳压电路的工作原理。 4.熟悉常用数字电路简单逻辑符号的识法。 5.熟悉晶闸管的应用。 6.掌握简单电子电路调试方法。
应会	1.能根据技能训练要求完成直流稳压电源组装与调试。 2.能根据技能训练要求完成直流调光电路组装与调试。

建议学时

理论教学 2 学时,技能训练 8 学时。

知识导入

知识点一　电子焊接工具与材料

一、电 烙 铁

电烙铁主要用于焊接电路板上的各个元件,分为外热式和内热式两种。外热式电烙铁一般功率都较大,用来焊接面积较大,引脚较粗的元件;内热式电烙铁体积较小,而且价格便宜。一般电子元件焊接都用 20～30 W 的内热式电烙铁。内热式电烙铁发热效率较高,而且更换烙铁头也方便。内热式电烙铁外观如图 4-2-1、图 4-2-2 所示。

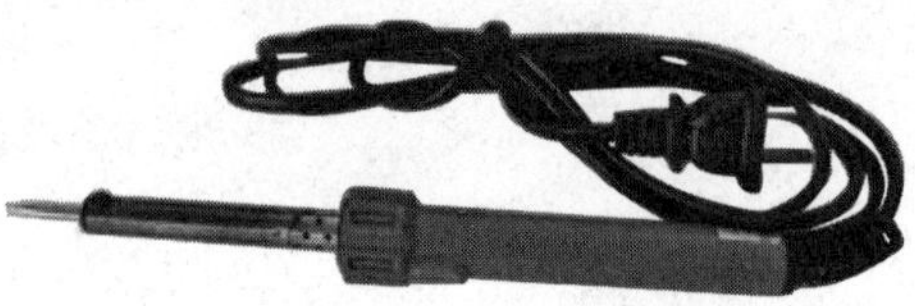

图 4-2-1　恒温内热式电烙铁

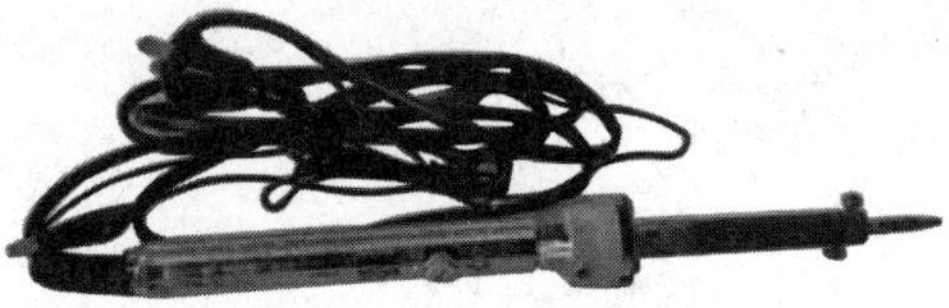

图 4-2-2　调温内热式电烙铁

二、螺钉旋具

螺钉旋具又称螺丝刀、螺钉起子，是用来安装和拆卸螺钉的工具，在电子电路焊接中，经常会用到，如调整可调电阻的阻值，安装、拆卸接线端子等。在练习中，需要准备几种规格大小的一字头、十字头螺钉旋具，同时需要准备一套钟表螺钉旋具来拆卸微小的螺钉，如图 4-2-3、图 4-2-4所示。

螺钉旋具的使用注意事项：

(1)选择与待操作螺钉大小、型号匹配的螺钉旋具进行操作，可以避免由于工具不匹配导致的螺钉滑扣问题。

(2)安装、拆卸螺钉时，要保证所操作部位无电，避免造成人身、设备伤害。

(3)最好选用螺钉旋具头带磁性的，可以避免细小零件掉落。

(4)装配螺钉时，不要装一个紧一个，而应该全部安装完毕后按对角方向紧固，可避免螺钉受力不均匀。

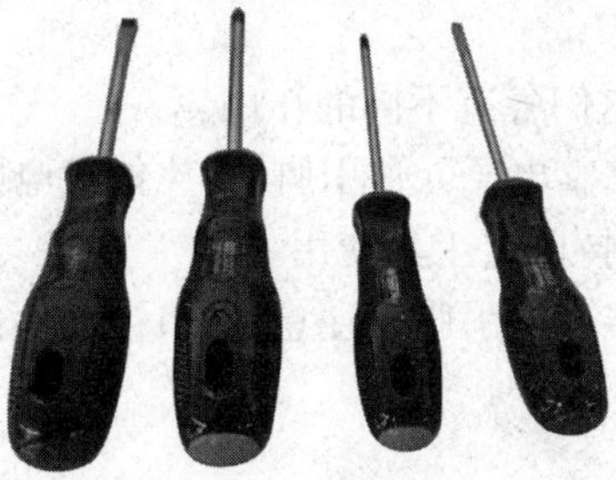

图 4-2-3　各种型号螺钉旋具

图 4-2-4　钟表螺钉旋具

三、吸 锡 器

吸锡器(见图 4-2-5)是一种修理电器用的工具，用于收集拆卸焊盘上电子元件时熔化的焊锡。它有手动、电动两种。为了方便拆卸，在维修或者拆卸电子元件时需要使用吸锡器，熔化的焊锡被吸锡器吸走，从而方便取下故障的电子元件，避免破坏焊盘造成不必要的损失。简单的吸锡器是手动式的。为避免导热，外壳由耐高温塑料制成，这里只介绍最常用的手动吸锡器。

使用方法：

(1)先把吸锡器活塞向下压至卡住。

(2)用电烙铁加热焊点至焊料熔化。

(3)移开电烙铁的同时，迅速把吸锡器嘴贴上焊点，并按动吸锡器按钮。

(4)一次吸不干净，可重复操作多次。

图 4-2-5　吸锡器

四、放 大 镜

在电子电路调试、微小电子元件识别(如稳压二极管)时，由于元件或故障点过于细小，肉眼难以判断，为了方便观察，需要用到放大镜。

五、镊　　子

镊子(见图 4-2-6)是配合电子电路焊接不可缺少的工具，通常用来夹取细小元件、拉送引线、固定元件位置等，不但能防止手被烫伤，还可以防止元件被烫坏。

镊子在夹住元件的同时，还可以帮助元件散热。电子焊接使用的镊子要求夹持功能完好，弹性适中，无毛刺。

图 4-2-6　镊子

六、钳　　子

电子电路焊接需要尖嘴钳子和斜口钳子两种，它们各有不同的作用。

尖嘴钳子(见图 4-2-7)是用来剪稍硬的材料和修整电子元件引脚的，比如将电阻的引脚修整到需要的角度、剪断粗铁丝等，同时也可以作为夹持固定工具使用。

斜口钳子(见图 4-2-8)主要用来剪断电子元件多余的引脚。注意:斜口钳子不可以对较硬的铁丝、螺钉等进行操作，容易崩坏钳口。

图 4-2-7　尖嘴钳子

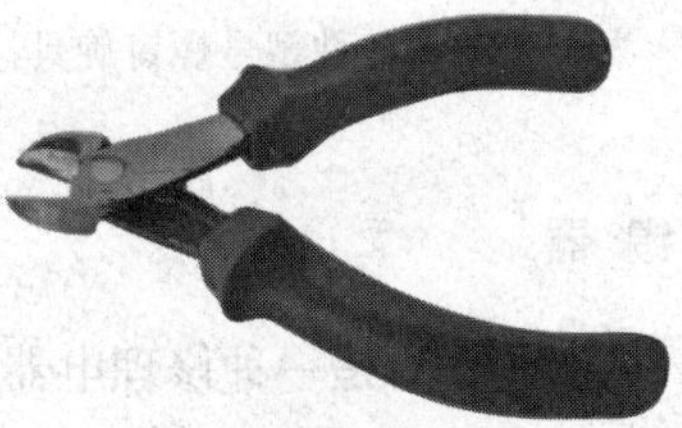

图 4-2-8　斜口钳子

七、烙 铁 架

电烙铁在工作的时候温度很高，通常在 300 ℃以上，因此不能随意放置在桌子上。为了避免烫伤，每一个电烙铁还需要配一个烙铁架(见图 4-2-9)，烙铁架不但可以固定电烙铁，而且还可以安装、存放助焊剂和海绵的托盘，方便工作。

图 4-2-9　烙铁架

八、焊 锡 丝

焊锡丝是电子电路焊接必不可少的辅材，其主要成分是锡合金。手工电子元件焊接使用的焊锡丝，通常是由锡合金和助焊剂两部分组成。在电子元件焊接时，焊锡丝与电烙铁配合，优质的电烙铁提供稳定持续的热量熔化焊锡丝，焊锡丝熔化后进入电子元件的表面和缝隙中，焊锡丝的组成与焊锡丝的质量密不可分，将影响到焊锡丝的化学性质、机械性能和物理性质。

焊锡丝也分为多种粗细规格，见表 4-2-1。在选购焊锡丝(见图 4-2-10)时，要按照需求购买。

表 4-2-1　焊锡丝的线径

标准线径					
0.3 mm	0.5 mm	0.6 mm	0.8 mm	1.0 mm	1.2 mm

图 4-2-10　焊锡丝

九、助 焊 剂

助焊剂也是电子电路焊接必备的辅材。没有助焊剂的焊锡丝是不能够进行电子元件焊接的，这是因为单独的锡合金不具备润湿性、扩展性，进行焊接时会产生飞溅，焊点形成不好。高性能的助焊剂对焊锡丝焊接的性能有较大提升。

通常在焊锡丝的芯里都会有助焊剂，焊锡丝熔化时，助焊剂也一同熔化，但是只使用焊锡丝中的助焊剂是远远不够的，为了保证焊接质量，还需要额外的助焊剂。

助焊剂使用的过程中要注意以下问题：

(1)最好不用酸性助焊剂，否则会对电路板有腐蚀。

(2)助焊剂在电烙铁上会挥发，因此搪过助焊剂后要立即进行焊接，否则会失效。

(3)松香(见图 4-2-11)是固体的助焊剂，还有些成品助焊剂是液体或膏状物(见图 4-2-12)。

图 4-2-11　松香

图 4-2-12　成品助焊剂

十、电烙铁清洁海绵

烙铁头在每次施焊前都要加热,在焊接间隔一直在加热,这样一来烙铁头上保留的焊锡表面就受热出现氧化层。若不加以清除,这些杂质就会在焊接过程中混入焊锡中,致使焊接的机械强度、电接触性能以及光洁度降低,直接影响焊接质量。为了确保焊接质量,需要经常使用清洁海绵(见图 4-2-13)清洁烙铁头。

图 4-2-13　电烙铁清洁海绵

清洁海绵的使用方法:

(1)让清洁海绵吸足水,用手挤去一些,保留 70%~80%的水分。手拿电烙铁柄,将已加热的烙铁头在清洁海绵上擦两下,杂质就会被去除,烙铁头也就干净了。

(2)如果没有现成的清洁海绵,可以用中高密度的海绵代替,甚至用餐巾纸叠成小块也可以。记住使用前必须要用水浸湿。

知识点二　电子焊接工艺、方法及注意事项

一、电子焊接工艺

1. 一次性万用电路板

在电子元件焊接、调试过程中,需要将电子元件安装或者焊接在一个载体上,这个载体就是电路板,成品电路板的制作较复杂,且只针对一个固定电路;而面包板又称免焊电路板,一般在临时搭接电路时使用,在接下来的学习中使用的是第三种,即一次性万用电路板(见表 4-2-2)。

表 4-2-2　一次性万用电路板

图　片	规　格	特　点
	一次性万用电路板有很多规格,可以根据电路的大小选择,也可以将电路板切割或者组合使用	一次性万用电路板上已经预先按照标准集成电路里的间距(2.54 mm)打好孔,每个插孔背面都有铜箔焊盘,元器件可以很方便地安装、焊接

使用方法:一次性万用电路板上元件之间的连接需要焊接,这更贴近于电路板焊接的实际情况。在使用之前,首先要设计好元器件的布局以及走线,然后按照图样安装元器件、焊接引脚,再用焊锡或者铁丝焊接元件之间的走线。

2. 电子焊接基本步骤

掌握好电烙铁的温度和焊接时间,选择恰当的烙铁头和焊点的接触位置,才可能得到良好

的焊点。正确的手工焊接操作过程可以分成五个步骤。

步骤一:准备施焊[见图 4-2-14(a)]。左手拿焊锡丝,右手握电烙铁,进入备焊状态。要求烙铁头保持干净,无焊渣等氧化物,并在表面镀有一层焊锡。

步骤二:加热焊件[见图 4-2-14(b)]。烙铁头靠在两焊件的连接处,加热整个焊件全体,时间为 1～2 s。对于在印制电路板上焊接元器件来说,要注意使烙铁头同时接触两个被焊接物。例如,图 4-2-14(b)中的导线与接线柱、元器件引线与焊盘要同时均匀受热。

步骤三:送入焊丝[见图 4-2-14(c)]。焊件的焊接面被加热到一定温度时,焊锡丝从烙铁对面接触焊件。注意:不要把焊锡丝送到烙铁头上!

步骤四:移开焊丝[见图 4-2-14(d)]。当焊锡丝熔化一定量后,立即向左上 45°方向移开焊锡丝。

步骤五:移开烙铁[见图 4-2-14(e)]。焊锡浸润焊盘和焊件的施焊部位以后,向右上 45°方向移开电烙铁,结束焊接。从第三步开始到第五步结束,时间也是 1～2 s。

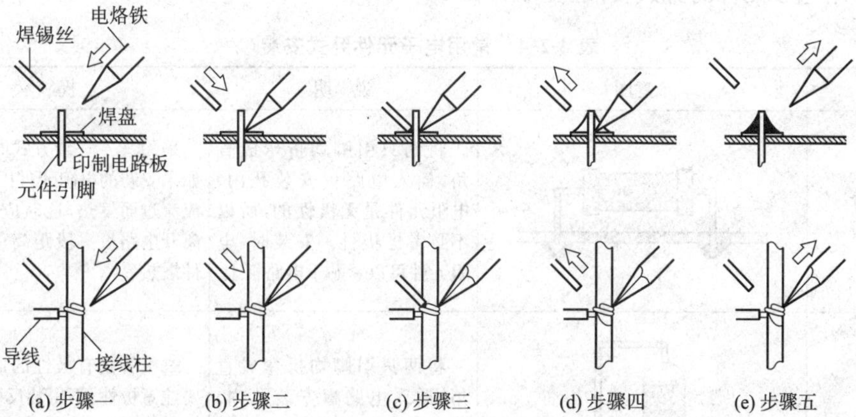

图 4-2-14　电子电路焊接基本步骤

3. 电子元件安装方式

电子元件焊接在电路板时,有立式和卧式两种安装方法,可以根据实际情况选择安装方式。

(1)常用电子元件的立式安装,见表 4-2-3。

表 4-2-3　常用电子元件立式安装

名　称	示意图	说　明	提　示
电阻元件立式安装	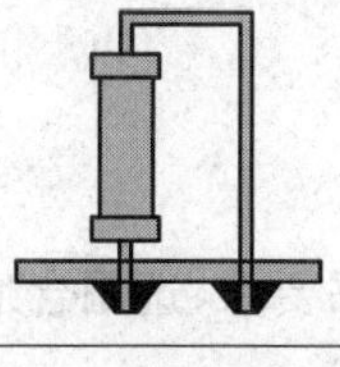	在折弯引脚时,将引脚弯成直角(电路有特殊要求除外),电阻元件是无极性的,所以不必考虑极性。安装时,电阻元件应与电路板垂直	立式安装应考虑到电阻元件两端的电位高低,将高电位的引脚放在下面,低电位的引脚放在上面,可以降低短路时的损坏程度
瓷片电容元件立式安装	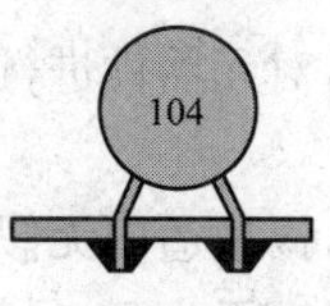	瓷片电容元件应采用立式安装方式,应尽量插到底,特别是安装在调频接收头这样的高频电路时,可以减小分布电容对电路的影响	安装瓷片电容元件时,应尽量插到底,这样做可使电容元件更加稳固。这种电容元件是无极性要求的,但安装时,要将元件的型号一面朝向外侧,以便观察

续上表

名　称	示意图	说　明	提　示
电解电容元件立式安装	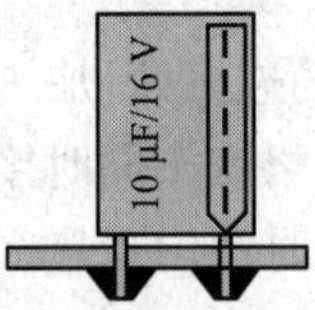	电解电容元件立式安装时不需折弯引脚。如果电路板的安装孔距比电容元件两引脚间距大,可将电容元件的引脚分开一些,再插入电路板安装孔内	对于电解电容元件采用这一方式时,应该将电容元件尽量插到底,这样做可使电容元件更加稳固。安装时应注意电解电容元件的极性
二极管立式安装	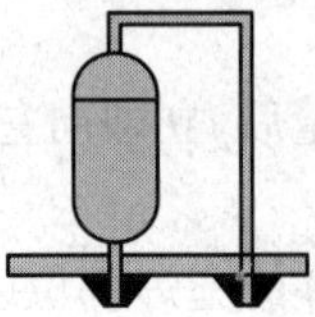	引脚的折弯方法与电阻元件一样,要注意二极管的极性	二极管采用这一安装方式时,应注意二极管的极性,并且把二极管的阴极放在上面,阳极放在下面。焊接时速度要快,不能长时间烫引脚,以免损坏二极管

(2)常用电子元件的卧式安装,见表 4-2-4。

表 4-2-4　常用电子元件卧式安装

名　称	示意图	说　明	提　示
电阻元件卧式安装	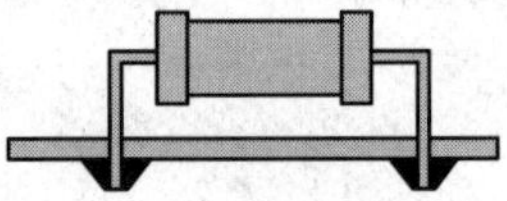	将两只引脚均折弯成直角,插入电路板安装孔内。电阻元件是无极性的,所以不必考虑极性。安装时,电阻元件可以紧贴于电路板上	采用这一安装方式时应考虑到,如果安装的电阻元件因为有较大电流流过而发热,这时应将电阻元件离开电路板一段距离,以便电阻元件散热
二极管卧式安装	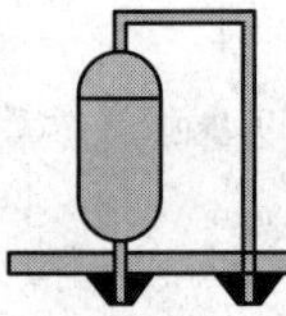	将两只引脚均折弯成直角,插入电路板安装孔内。二极管卧式安装时可以紧贴于电路板上	二极管是有极性的器件,安装时要注意极性,不得装反而造成故障。要注意折弯处不能太靠近管体,以免损坏二极管
电解电容元件卧式安装	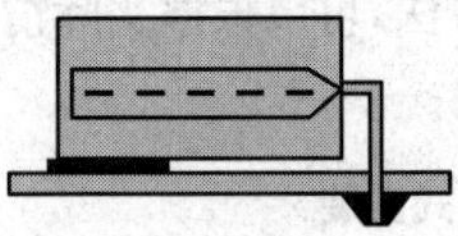	将电解电容元件的两引脚按极性要求向一个方向折弯,插入电路板安装孔内。折弯时,折弯处不要太靠近引脚根部	电解电容元件因为机器内部空间的要求采用卧式安装方式时,由于这样安装时电容元件不稳固,所以需要在电容元件下方打一点硅胶,用于固定电容元件

二、注意事项

1. 安装要求

(1)检测要求:在焊接电子电路前,根据电路和作业指导书要求,选用合适的元器件并且测试元器件的好坏。

(2)布局要求:根据不同的元器件外形以及电路功能需求,对元器件进行合理布局,最后成品外观应整齐规范。

(3)焊点要求:规范的操作可以使焊点圆滑、光亮,无毛刺,锡量适中无假焊、虚焊现象。

(4)走线要求:规划好的电路焊接完成后,背部走线横平竖直无交叉,尽量避免跳线。

2. 安装正确性

(1)按照图样进行元器件安装,没有用错件、落件现象。

(2)电路功能完整,能够完成作业指导书要求的所有功能,无短路、断路情况。

3. 参数测量

正确使用仪器仪表,对于作业指导书要求的测量点,能够正确测量出对应的值。

4. 安全生产

(1)劳保服装穿戴整齐,工具齐全。

(2)遵守安全用电规范。

(3)设备无损坏。

知识点三　整 流 电 路

整流电路的作用是将交流电转换成直流电后,给直流负载供电。电子电路多数是直流供电,因此大多数交流供电的电子元件内部均设置了整流电路。

图 4-2-15 所示是变压器输出的正弦交流电波形。电压随着时间周期性变化,在正半周时,电压为正;负半周时,电压为负,整流电路的目的就是将交变电流的波形限制在正半周或负半周,从而得到直流电。

为了能够更好地理解整流电路原理,在接下来的电路分析中,有两点需要注意:

(1)电路分析时忽略了二极管导通后的管压降对直流输出电压的影响。因为二极管的管压降相比于直流输出电压来说很小,可以忽略不计。

(2)电路分析时忽略了二极管其他特性对电路的影响。例如二极管的结电容,因为所使用的交流电频率只有 50 Hz,而结电容在高频时对电路影响较大。

常见的整流电路有以下三种:

一、单相半波整流电路

半波整流电路是一种最简单的整流电路,在整个电路中只用到了一个二极管作为整流元件,该电路基于二极管的单向导电特性。根据二极管安装方向的不同,可以得到正极性的单相脉冲直流电或者负极性的单相脉冲直流电,电路如图 4-2-16 所示。

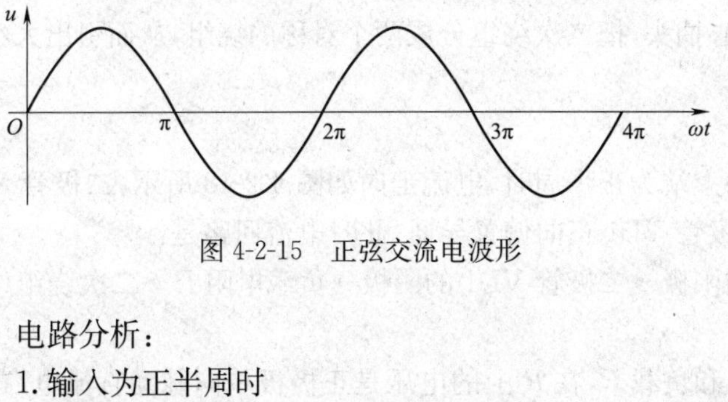

图 4-2-15　正弦交流电波形

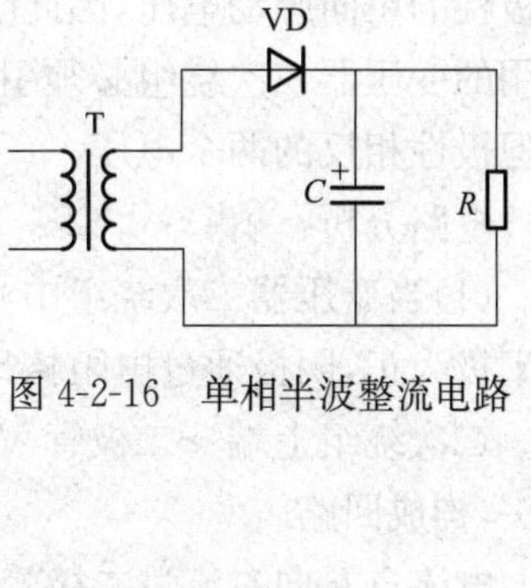

图 4-2-16　单相半波整流电路

电路分析:

1. 输入为正半周时

在电压波形处于正半周时,交流电压使二极管 VD 阳极上的电压高于二极管 VD 阴极上的电压,当电压差大于 0.7 V(锗二极管 0.3 V)时,二极管 VD 处于正向偏置状态,此时二极管

导通,此时电路的电流回路是:

二极管 VD 阳极→二极管 VD 阴极→电阻 R→电源,构成回路。

此时电阻 R 上的电压即为直流输出的脉动直流电压。由于二极管有管压降,此时输出电压略小于输入电压。

2. 输入为负半周时

在电压波形处于负半周时,交流输入电压使二极管 VD 阳极上的电压低于二极管 VD 阴极上的电压,此时二极管阳极电压为负,阴极电压为 0,二极管处于反向偏置状态,此时二极管截止,电路相当于开路,因此输入电压为负半周时,整流电压输出为 0。

交流输入电压再次到达第二个正半周时,二极管 VD 再次导通,负半周到来,二极管截止,如此不断地导通和截止,最终输出波形如图 4-2-17 所示。输入电压的负半周被切除,最终得到正半周单向脉动的直流输出电压(图 4-2-17 中实线)。

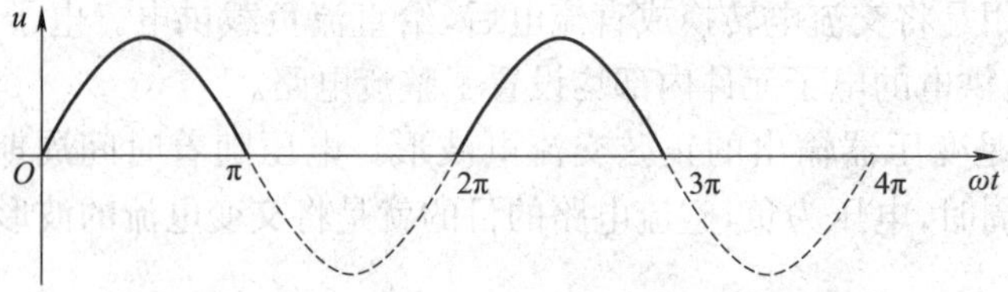

图 4-2-17　单相半波整流电路输出波形

以上就是单相半波整流的原理。如果想要得到负极性的单相脉动直流电,只需要将二极管极性调换即可,分析思路与正极性的单相脉动直流电相同。

半波整流电路是各类整流电路的基础。分析半波整流电路主要是分析交流电压输入正负半周加到整流二极管后,整流二极管的状态是导通还是截止,在整个电路分析中整流二极管导通时的压降忽略不计,而截止二极管承受的最大电压是交流输入电压的峰值。

二、单相全波整流电路

与半波整流电路不同,单相全波整流电路需要两只二极管,并且要求变压器二次绕组有中心抽头,同样是利用二极管的单向导电特性,全波整流电路可以将交流电路负半周电压转换成正极性的单向脉动电压,因此全波整流的效率要高于半波整流。需要注意的是,全波整流电路选用的变压器二次绕组必须引出中心抽头,把二次绕组分成两个对称的绕组,从而引出大小相等但极性相反的两个电压。

电路分析:

(1)当变压器二次绕组中心抽头上端为正半周时,电流走向如图 4-2-18 所示,二极管 VD1 的阳极为正,阴极通过电阻接地,二极管 VD1 正向偏置导通,此时电流回路是:

二次绕组上端→二极管 VD1 的阳极→二极管 VD1 的阴极→负载电阻 R→二次绕组中心抽头,构成回路。

电流自左向右流过二极管 VD1 和负载 R,在 R 上的电压是正极极单向脉动直流电,在绕组上端输出正半周交流电压的同时,下端输出的负半周交流电压加到二极管 VD2 的阳极,同时给二极管 VD2 反向偏置电压,此时 VD2 截止,输出波形如图 4-2-19 所示。

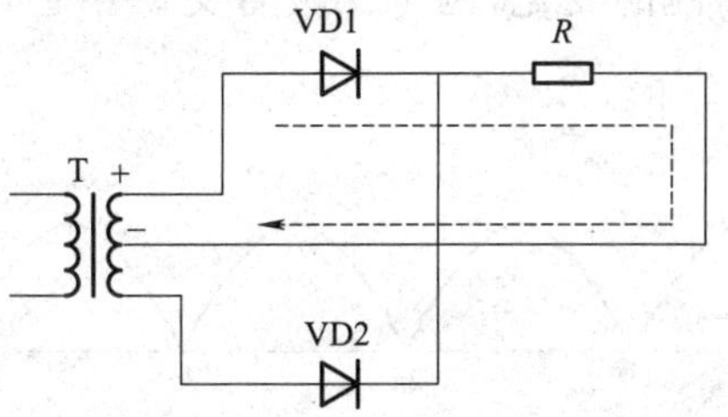

图 4-2-18　中心抽头上端为正半周电流走向

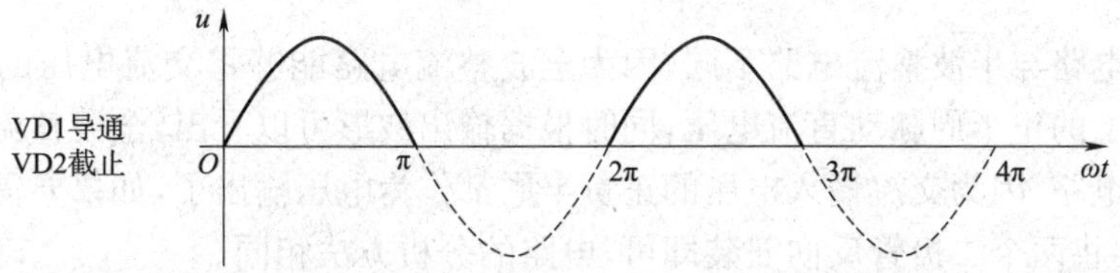

图 4-2-19　中心抽头上端为正半周电路输出波形

(2)当变压器二次绕组输出的交流电压变换到另一个周期时，电流走向如图 4-2-20 所示，二次绕组上端输出的负半周电压加到 VD1 上，给 VD1 反向偏置电压，使 VD1 截止，同时二次绕组下端输出的是正半周的交流电压，使 VD2 正向偏置而导通，此时电流回路是：

二次绕组下端→二极管 VD2 的阳极→二极管 VD2 的阴极→负载电阻 R→二次绕组中心抽头，构成回路。

电流仍然自左向右流过二极管 VD1 和负载电阻 R，此时，绕组上端输出的负半周电压使二极管 VD1 由于反向偏置而截止，输出波形如图 4-2-21 中实线所示。

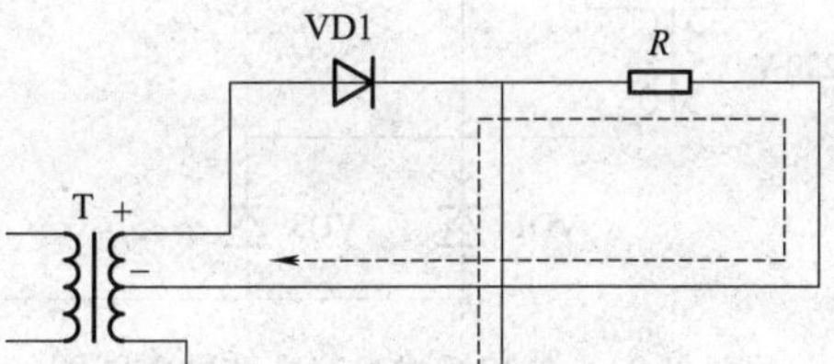

图 4-2-20　中心抽头上端为负半周电流走向

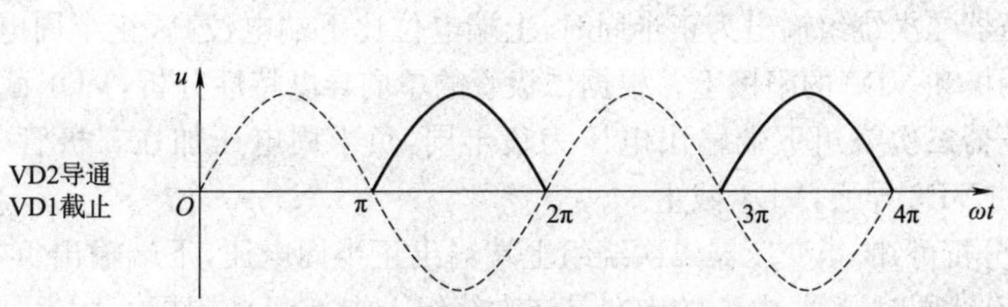

图 4-2-21　中心抽头上端为负半周电路输出波形

随着交流输入电压周期性的变化，两个二极管交替导通和截止，最终波形如图 4-2-22 所示。

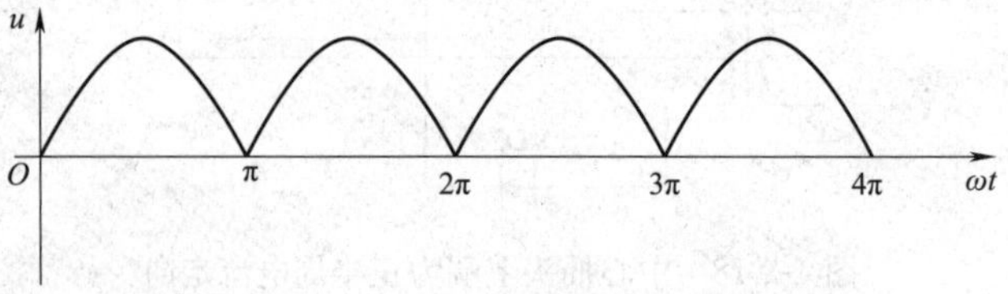

图 4-2-22　单相全波整流电路输出波形

全波整流电路与半波整流电路不同，因为全波整流电路能够将交流电压的负半周电压转换成加在负载上的正半周脉动直流电压，同时根据输出波形可以看出，全波整流电路的效率要高于半波整流电路，因为交流输入电压的正负半周都作为电压输出了，如果要得到负极性的输出电压，只需要将两个二极管反向安装即可，电路的分析方法相同。

三、单相桥式整流电路

在单相整流电路中，桥式整流电路是应用最多的一种整流电路，相比于半波整流、全波整流来说，桥式整流需要使用四个整流二极管。

图 4-2-23 所示是单相桥式整流电路的电路图，其中 VD1～VD4 是整流二极管，T 为整流变压器。

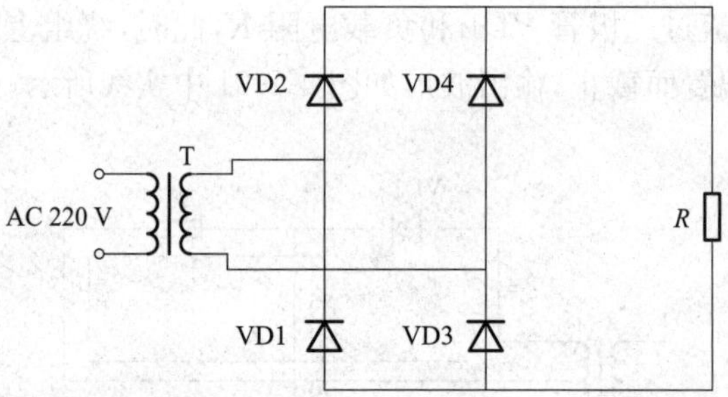

图 4-2-23　单相桥式整流电路的电路图

分析桥式整流电路同样也需要将输入的交流电压分成正负半周，重点也是分析每个半周整流二极管的状态。电路分析：

(1)当变压器二次绕组输出为正半周时，上端电位比下端电位高，正半周电压同时加在二极管 VD1 的阴极和 VD2 的阳极上。根据二极管的单向导电特性分析，VD1 截止，VD2 导通；与此同时，变压器二次绕组下端输出电压为负半周，负半周电压加在二极管 VD3 的阴极和 VD4 的阳极，使 VD3 导通，VD4 截止。

由上面的分析可知，当变压器二次绕组上端输出正半周电压，下端输出负半周电压时，二极管 VD2 和 VD3 同时导通，电流的走向是二次绕组上端→VD2 阳极→VD2 阴极→负载 R→VD3 阳极→VD3 阴极→变压器二次绕组下端，从而形成回路，加在 R 上的电压为正极性，输出波形如图 4-2-24 所示。

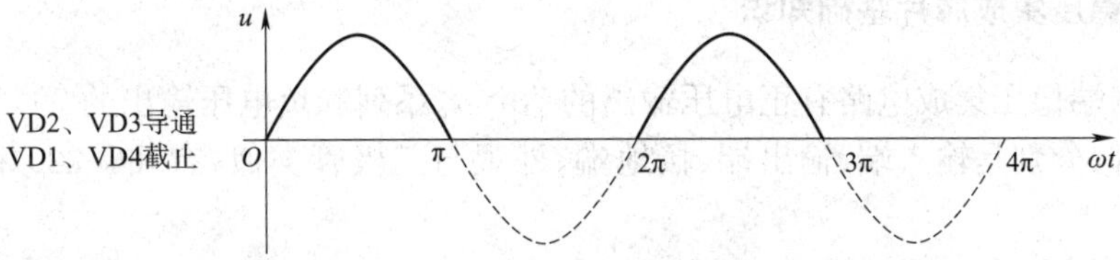

图 4-2-24 电源正半周电压时电路输出的波形

(2)当变压器二次绕组上端输出为负半周时,负半周电压同时加在二极管 VD1 的阴极和 VD2 的阳极上,根据二极管的单向导电特性分析,VD2 截止,VD1 导通;与此同时,变压器二次绕组下端输出电压为负半周,负半周电压加在二极管 VD3 的阴极和 VD4 的阳极,使 VD4 导通,VD3 截止。

由上面的分析可知,当变压器二次绕组上端输出负半周电压,下端输出正半周电压时,二极管 VD1 和 VD4 同时导通,电流的走向是二次绕组下端→VD4 阳极→VD4 阴极→负载 R→VD1 阳极→VD1 阴极→变压器二次绕组上端,从而形成回路,加在 R 上的电压同样为正极性,输出波形如图 4-2-25 所示。

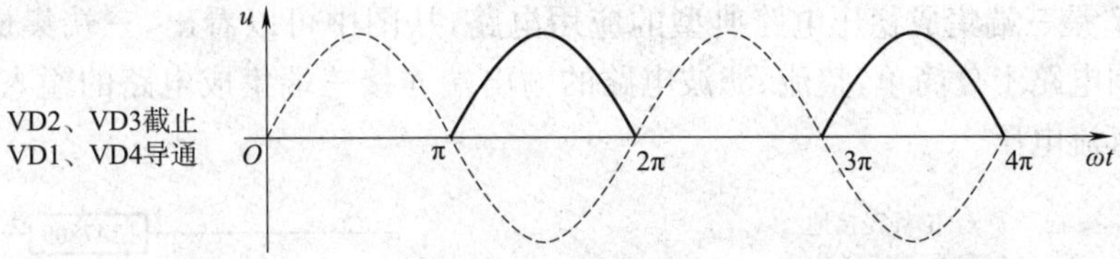

图 4-2-25 电源负半周电压时电路输出的波形

桥式整流电路和全波整流电路的输出波形基本相同,但有两个不同点:一是电源变压器的二次绕组不需要中心抽头,二是桥式整流电路需要四个整流二极管,如果想要得到负极性的输出电压,只需要将电阻端与接地端互换安装即可,分析方法相同。

由上面三种整流电路输出的波形图可知,经过整流电路整流后输出的直流电压仍然是脉动的直流,含有大量的交流成分,为了消除交流成分,提高电源质量,在整流电路的输出端的正负极之间还需要并联一个电解电容(电容容量根据实际电路选择,通常在 470 μF 以上)进行滤波处理。

知识点四 稳 压 电 路

经过整流滤波后的直流电,交流成分大幅减少,但是还不能直接用作设备的电源,因为没有经过稳压电路稳压,没有经过稳压电路稳压的电路电流的大小会随着外界因素的变化而变化,电压也会出现波动,而经过稳压电路稳压之后输出的直流电压比较稳定,当输入的电压大小在一定范围内变化或者负载发生变化时,输出的直流电压可以保持基本不变,这就是稳压电路的作用。稳压电路有很多种,其中利用三端集成稳压芯片搭建的电路简单、元器件少,在接下来我们主要讲解三端稳压集成电路。

一、三端稳压集成芯片基础知识

常用的三端稳压集成电路有正电压输出的78××系列和负电压输出的79××系列，它有三条输出引脚，分别是输入端、输出端、接地端，外观与三极管类似，有TO-220和TO92两种封装。

该系列三端稳压IC内部带有过流、过热等保护电路，使用起来可靠、方便，且需要的外围电路极少，型号78/79前面的字母一般代表生产厂家，型号78/79后面的数字代表了输出电压的大小，例如7806，代表输出电压为直流6 V，7912代表输出电压为直流负12 V。

除了基本命名规则之外，根据生产厂家、工作参数、封装形式等不同，也会有不同的名称，如L7805CV、LM7805等等，具体使用时可以查看该型号的说明文档。

图4-2-26所示是三端稳压集成电路引脚分布示意图，三个引脚分别是电压输入引脚、电压输出引脚和接地引脚，识别方法是将带有标识的以免朝向自己，从左到右分别是输入引脚1、接地引脚2和输出引脚3，在使用时三个引脚一定不要接错，否则可能烧坏芯片，在负载功率较大时，还需要在背面安装散热片。

二、典型应用电路

图4-2-27是三端集成稳压电路典型的应用电路，从图中可以看出，三端集成稳压集成电路芯片的外围电路十分简单，整流、滤波电路的输出端连接三端集成电路的输入端，输出的是经过稳定的直流电压。

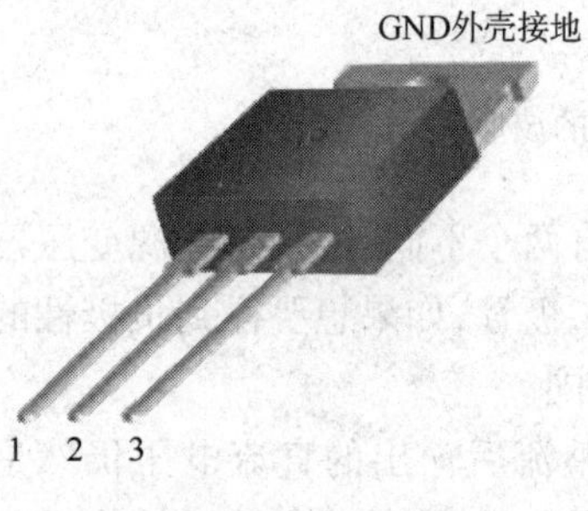

图4-2-26 LM7809引脚图

1—输入；2—地；3—输出

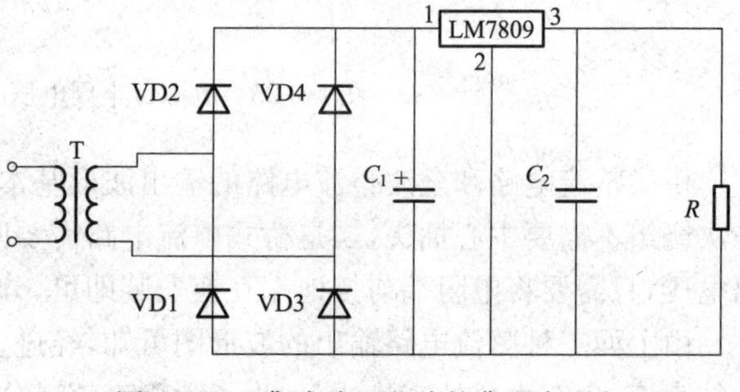

图4-2-27 集成稳压芯片的典型应用电

1脚是直流电压输入引脚，从整流、滤波电路输出的未稳定的直流电压从这一引脚输入到稳压集成电路中。

2脚是接地引脚，在电路中直接接地。

3脚为稳定的直流电压输出引脚，输出的稳定直流电压经过一个电容滤波后直接给负载供电。

电路中C1位滤波电容，尽量选择容值较大的电解电容，一般在470 μF以上，电容C2是高频滤波电容。需要注意的是电解电容在安装到电路时极性不能装反，否则会炸裂。

三、三端集成稳压电路并联应用扩流

三端集成稳压电路有最大输出电流限制，当采用单个三端稳压集成电路不能满足输出电流要求时，可以采用稳压芯片并联的方法增大电流输出。图4-2-28所示是三端稳压集成电路并联的运用，两个集成稳压芯片分担电流，需要注意的是并联的两个芯片的型号参数必须完全一致，且在电路设计时考虑到足够的冗余，以防止一个芯片故障影响电路运行。

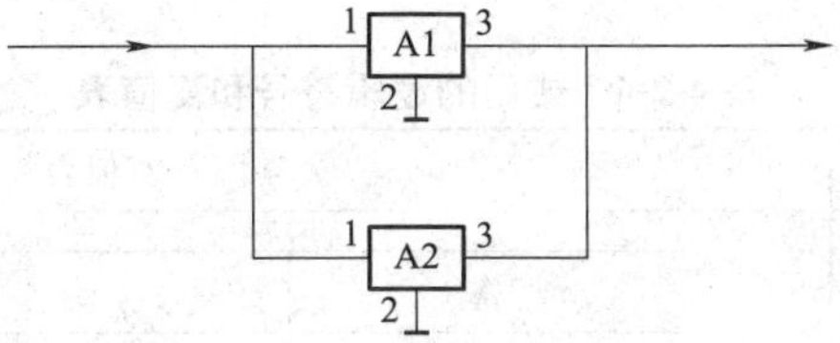

图 4-2-28　集成稳压电路并联应用电路

知识点五　逻辑代数与逻辑门

逻辑门电路是数字电路中最基本的单元电路，是实现各种逻辑运算的基础。在电子电路中，能够实现逻辑功能的电路，称为逻辑电路。

数字电路中最基本的电子元器件为电子开关，它只有两个状态，即开和关。数字电路中实现各种逻辑功能的电子开关，就是逻辑门电路。逻辑门电路的特点是只有一个输出，但是有多个输入，逻辑门电路的输入和输出只有两种状态，即 0 和 1，对应开关的关断和导通。

按照逻辑功能划分，基本的逻辑电路主要有以下几种：与门、或门、非门、与非门、或非门，下面来分别介绍（以动车组使用的逻辑图形符号为例）。

一、与　　门

与门（AND gate）有两个或两个以上的输入端，一个输出端，如表 4-2-5 所示包含与门的逻辑符号、真值表。

以两输入端为例，A、B 为与门的输入端，Y 为与门的输出端。与门输入端与输出端的关系是：只有所有的输入端全都为 1 时，输出为 1；输入端有任意一个输入为 0，输出即为 0。即全 1 才 1，有 0 则 0。

表 4-2-5　与门的逻辑符号和真值表

逻辑符号	真值表		
	A	B	Y
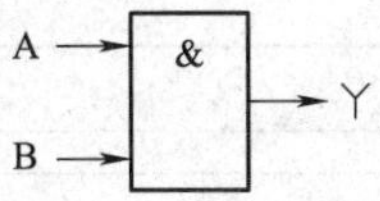	0	0	0
	0	1	0
	1	0	0
	1	1	1

二、或　　门

或门（OR gate）有两个或多个输入端和一个输出端，如表 4-2-6 所示包含或门的逻辑符号、真值表。

以两输入端为例,A、B为或门的输入端,Y为或门的输出端。或门输入端与输出端的关系是:只有所有的输入端全都为0时,输出为0;输入端有任意一个输入为1,输出即为1,即全0才0,有1则1。

表 4-2-6　或门的逻辑符号和真值表

<table>
<tr><th>逻辑符号</th><th>真值表</th></tr>
<tr><td>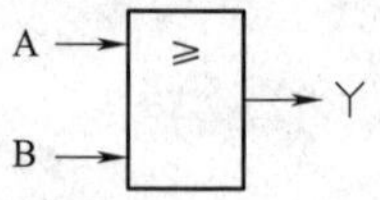
</td><td><table><tr><th>A</th><th>B</th><th>Y</th></tr><tr><td>0</td><td>0</td><td>0</td></tr><tr><td>0</td><td>1</td><td>1</td></tr><tr><td>1</td><td>0</td><td>1</td></tr><tr><td>1</td><td>1</td><td>1</td></tr></table></td></tr>
</table>

三、非　　门

非门(NOT gate),有一个输入端和一个输出端,如表4-2-7所示包含非门的逻辑符号、真值表。

非门的逻辑功能非常简单,就是把输入信号做取反运算后输出,当输入为1时,输出为0;当输入为0时,输出为1。

表 4-2-7　非门的逻辑符号和真值表

<table>
<tr><th>逻辑符号</th><th>真值表</th></tr>
<tr><td>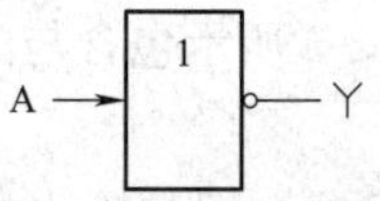
</td><td><table><tr><th>A</th><th>Y</th></tr><tr><td>1</td><td>0</td></tr><tr><td>0</td><td>1</td></tr></table></td></tr>
</table>

四、与 非 门

与非门是在与门的基础上做非运算。逻辑符号在与门的基础上,输出端增加了一个空心圆圈来表示,如表4-2-8所示包含与非门的逻辑符号、真值表。

要计算与非门的输出,首先将与门的结果运算出来,然后将该结果取反运算即可。

表 4-2-8　与非门的逻辑符号和真值表

<table>
<tr><th>逻辑符号</th><th>真值表</th></tr>
<tr><td>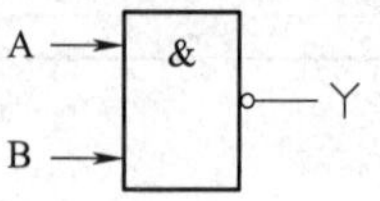
</td><td><table><tr><th>A</th><th>B</th><th>Y</th></tr><tr><td>0</td><td>0</td><td>1</td></tr><tr><td>1</td><td>0</td><td>1</td></tr><tr><td>0</td><td>1</td><td>1</td></tr><tr><td>1</td><td>1</td><td>0</td></tr></table></td></tr>
</table>

五、或 非 门

或非门是在与或门的基础上做非运算。逻辑符号在或门的基础上，输出端增加了一个空心圆圈来表示，如表 4-2-9 所示包含或非门的逻辑符号、真值表。

要计算或非门的输出，首先将或门的结果运算出来，然后将该结果取反运算即可。

表 4-2-9　或非门的逻辑符号和真值表

<table>
<tr><th>逻辑符号</th><th>真值表</th></tr>
<tr><td>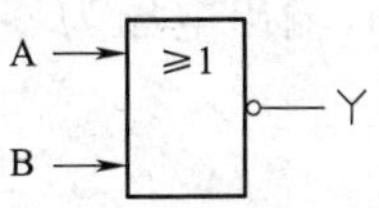
</td><td>
<table>
<tr><th>A</th><th>B</th><th>Y</th></tr>
<tr><td>0</td><td>0</td><td>1</td></tr>
<tr><td>1</td><td>0</td><td>0</td></tr>
<tr><td>0</td><td>1</td><td>0</td></tr>
<tr><td>1</td><td>1</td><td>0</td></tr>
</table>
</td></tr>
</table>

知识点六　可控整流电路

前面介绍了整流电路，它可以将交流电转换成脉动的直流电，整流元件为二极管，只要输入电压不变，输出电压也是一个固定值。下面要介绍的是可控整流电路，这与整流电路不同，可控整流电路的整流元件为晶闸管(可控硅)，该电路输出电压大小在一定范围内是可控的。

一、晶闸管的特性

(1)引脚：晶闸管有三个引脚分别是阳极、阴极、控制极。

(2)导通条件：在阳极和阴极之间加正电压，在控制极和阴极之间加正电压，晶闸管导通，当晶闸管导通后，控制极失效，此时晶闸管一直保持导通状态。

(3)截止条件：当电路中的电流小于晶闸管的维持电流或者阳极和阴极电压反向时，晶闸管截止。

二、电路分析

下面以单向半波可控整流电路为例，来介绍其工作原理。图 4-2-29 所示是单相半波可控整流电路的主电路图。

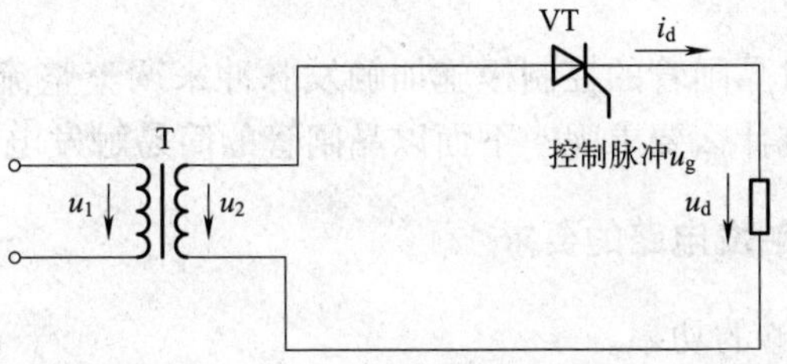

图 4-2-29　单相半波可控整流电路的主电路图

由电路图可以看到,单向半波可控整流电路的整流元件由二极管改为可关断的晶闸管,通过专门的驱动电路控制晶闸管的控制极,从而改变晶闸管的导通角,就可以实现输出电压的调整。

1. 输入电压处于正半周

$0<t<t_1$、$u_g=0$,由于控制极没有输出,晶闸管正向阻断,此时 $i_d=0$、$u_d=0$。

$t=t_1$ 时,加入 u_g 脉冲,晶闸管导通,忽略其正向压降,此时电路中 $u_d=u_2$、$i_d=u_d/R$。

2. 输入电压处于负半周

$\pi\leqslant t<2\pi$,当 u_2 自然过零时,晶闸管自行关断而处于反向阻断状态,$u_d=0$、$i_d=0$。

从 0 到 t_1 的电度角为 α,称为控制角。从 t_1 到 π 的电度角为 θ,称为导通角,显然 $\alpha+\theta=\pi$。当 $\alpha=0$,$\theta=180°$,晶闸管全导通;当 $\alpha=180°$,$\theta=0°$时,晶闸管全关断,输出电压为零,波形图如图 4-2-30 所示。

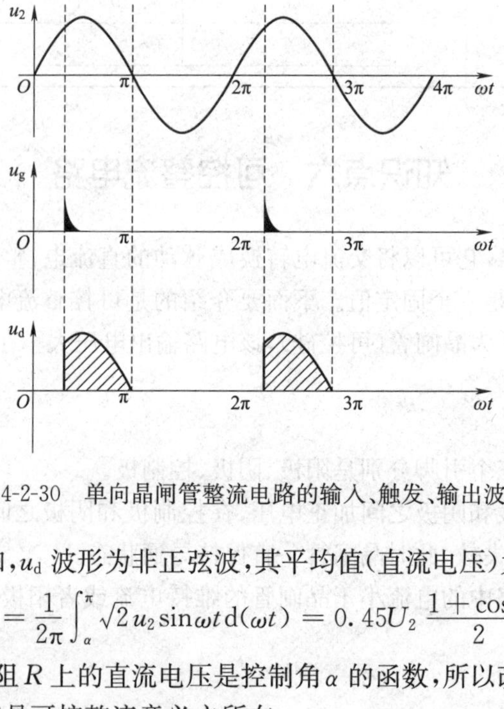

图 4-2-30　单向晶闸管整流电路的输入、触发、输出波形

由上面的波形图可知,u_d 波形为非正弦波,其平均值(直流电压)为

$$u_d=\frac{1}{2\pi}\int_{\alpha}^{\pi}\sqrt{2}\,u_2\sin\omega t\,d(\omega t)=0.45U_2\,\frac{1+\cos\alpha}{2}$$

由上式可见,负载电阻 R 上的直流电压是控制角 α 的函数,所以改变 α 的大小就可以控制直流电压 u_d 的数值,这就是可控整流意义之所在。

知识点七　晶闸管简单触发电路

可控整流电路通过对晶闸管的控制极施加触发脉冲来调整整流电路的输出,那么这个控制脉冲是如何产生的?有什么要求呢?下面以晶闸管的简易触发电路为例来进行介绍。

一、晶闸管控制极对触发电路的要求

(1)触发信号要有足够的功率。

(2)触发脉冲必须与主电源保持一致。

(3)触发脉冲要有一定的宽度,上升沿要陡。

(4)触发脉冲的移相范围要满足主电路的要求。

图 4-2-31 是常见的触发脉冲电压波形。

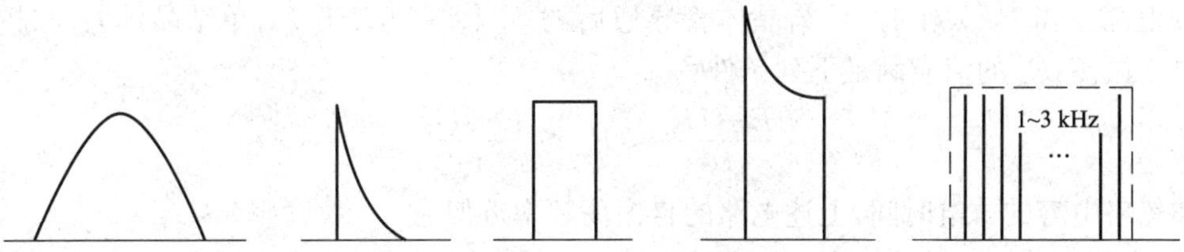

(a) 正弦波　(b) 尖脉冲　(c) 方脉冲　(d) 强触发脉冲　(e) 脉冲列

图 4-2-31　常见的触发脉冲电压波形

二、晶闸管简单触发电路分析

通过前面内容的学习，可以知道单结晶体管具有以下特点：

(1)当发射极电压等于峰点电压时，单结晶体管导通；导通之后，当发射极电压小于谷点电压时，单结晶体管就恢复截止。

(2)单结晶体管的峰点电压与外加固定电压及其分压比有关。

(3)不同单结晶体管的谷点电压和谷点电流都不一样，谷点电压为 2～5 V。在触发电路中，常选用分压比稍大一些，谷点电压低一些和谷点电流大一些的单结晶体管，以增大输出脉冲幅度和移相范围。

利用单结晶体管的上述特点，可以使用单结晶体管的自激振荡电路来作为晶闸管的触发电路，如图 4-2-32(a)所示。

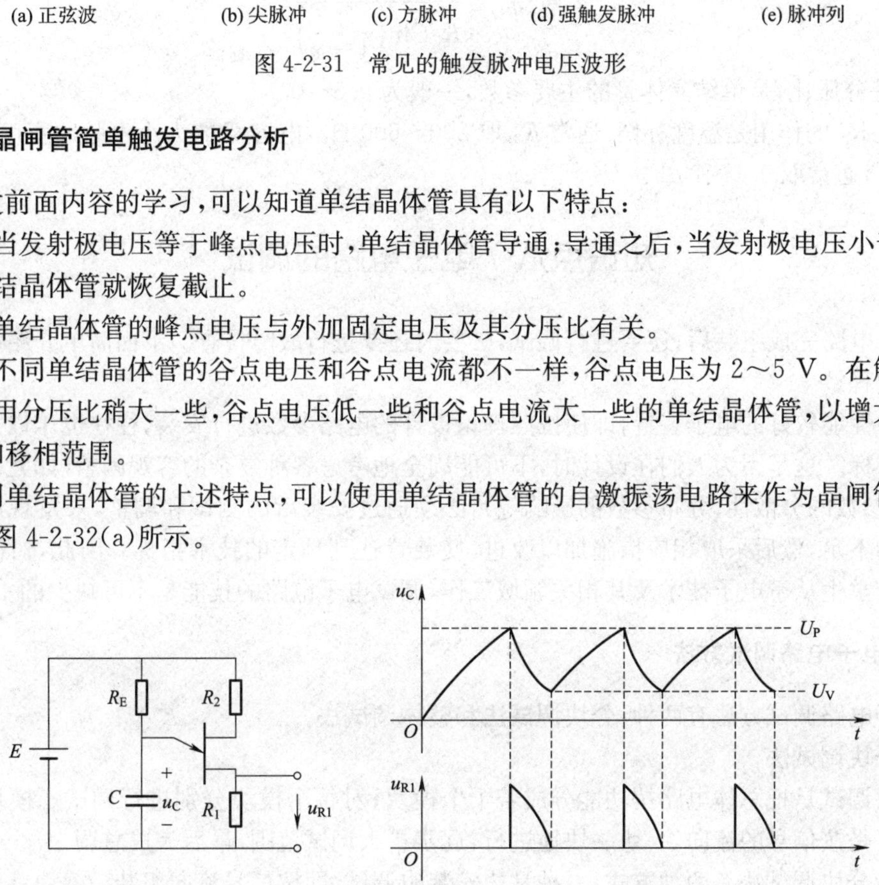

图 4-2-32　单结晶体管自激振荡电路及其波形

电源未接通时，电容 C 上的电压为零。电源接通后，C 经电阻 R_e 充电，电容两端的电压 u_C 逐渐升高，当 u_C 达到单结晶体管的峰点电压 U_P 时，单结晶体管导通，电容经单结晶体管的发射极向电阻 R_1 放电，在 R_1 上输出一个脉冲电压。当电容放电至 $u_C=U_V$(谷点电压)并趋向更低时，单结晶体管截止，R_1 上的电压为零。之后电容从 U_V 值又开始充电，充电到 U_P 时，单结晶体管又导通，此过程一直重复下去，在 R_1 上就得到一系列的脉冲电压。由于 C 的放电时间常数 $\tau_1=(R_1+R_{b1})C$(R_{b1} 为单结晶体管第一基极的电阻)远小于充电时间常数 $\tau_2=R_eC$，故脉冲电压为锯齿波 u_C 和 u_{R1} 的波形如图 4-2-32(b)所示。改变 R_e 的大小，可改变 C 的充电速度。

应该注意,R_e 的值太大或太小时,都不能使电路振荡。当 R_e 太大时,较小的发射极电流 I_E 能在 R_e 上产生大的压降,使电容两端的电压 u_C 升不到峰点电压 U_P,单结晶体管就不能工作到负阻区。当 R_e 太小时,单结晶体管导通后的 I_E 将一直大于 I_V,单结晶体管不能关断。欲使电路振荡,R_e 的值应满足下列条件:

$$\frac{E-U_V}{I_V} \leqslant R_e \leqslant \frac{E-U_P}{I_P}$$

如忽略电容的放电时间,上述电路的自振荡频率近似为

$$f=\frac{1}{T}=\frac{1}{R_E C\ln\left(\frac{1}{1-\eta}\right)}$$

式中,η 是分压比,是单结晶体管的主要参数,一般为 0.5～0.9。

电阻 R_2 的作用是温度补偿,通常 R_2 取 200～600 Ω。电容 C 的大小由脉冲宽度和 R_E 的大小决定,通常取 0.1～1 μF。

知识点八　电子电路的调试

电子电路完成组装后,还要进行调试,必要时还要进行故障排查。下面简单介绍电子电路的调试流程。

一个性能较好的电子装置,即使按照理论设计的电路参数进行安装,往往也难以达到预期的性能指标。这是因为人们在设计时,不可能周全地考虑各种复杂的客观因素(如元件值的误差、器件参数的分散性、分布参数的影响等),必须通过安装后的测试和调整,来发现和纠正设计方案的不足,然后采取相应措施加以改进,使装置达到预定的技术指标。因此,对高职电子类专业的学生从事电子技术及其相关领域工作,调试电子电路的技能是不可缺少的。

一、电子电路调试方法

电子电路调试方法有两种:分块调试法和整体调试法。

1. 分块调试法

分块调试是把总体电路按功能分成若干个模块,对每个模块分别进行调试。模块的调试顺序最好是按信号的流向,一块一块地进行,逐步扩大调试范围,最后完成总调。

实施分块调试法有两种方式:一种是边安装边调试,即按信号流向组装一模块就调试一模块,然后再继续组装其他模块;另一种是总体电路一次组装完毕后,再分块调试。

分块调试法的优点是:问题出现的范围小,可及时发现,易于解决。所以,这种方法适用于新设计电路和课程设计。

2. 整体调试法

这种方法是把整个电路组装完毕后,不进行分块调试,实行一次性总调。显然,它只适用于定型产品或某些需要相互配合、不能分块调试的产品。

不论是分块调试还是整体调试,调试的内容应包括静态调试与动态调试两部分。静态调试一般是指在没有外加输入信号的条件下,测试电路各点的电位,比如测试模拟电路的静态工作点,数字电路各输入和输出的高、低电平和逻辑关系等。动态调试包括调试信号幅值、波形、相位关系,频率、放大倍数及时序逻辑关系等。

值得指出的是，如果一个电路中包括模拟电路、数字电路和微机系统三个部分，由于它们对输入信号的要求各不相同，故一般不允许直接联调和总调，而应分三部分分别进行调试后，再进行整机联调。

二、电子电路调试步骤

不论是采用分块调试还是整体调试，其调试步骤大体如下：

1. 调试准备——检查电路

任何组装好的电子电路，在通电调试之前，必须认真检查电路连线是否有错误。检查的方法是对照电路图，按一定的顺序逐级对应检查。

特别要注意，电源是否接错，电源与地是否有短接，二极管方向和电解电容的极性是否接反，集成电路和晶体管的引脚是否接错，轻轻拔一拔元器件，观察焊点是否牢固等。

2. 通电观察

一定要调试好所需要的电源电压数值，然后才能给电路接通电源。电源一经接通，不要急于用仪器观测波形和数据，而是要观察是否有异常现象，如冒烟、异常气味、放电的声光、元器件发烫等。如果有，不要惊慌失措，而应立即关断电源，待排除故障后方可重新接通电源。然后再测量每个集成块的电源引脚电压是否正常，以确定集成电路是否已通电工作。

3. 静态调试

先不加输入信号，测量此时电路有关点的电位是否正常。对于模拟电路为测量静态工作点；对于数字电路则测量输入与输出的高、低电平值及逻辑关系。若有不正常现象，则应找出故障点和故障原因，以及解决故障的措施。一般应特别注意晶体管与集成电路是否正常工作，其次是所使用的电路元件参数是否有错，以及电路连线是否有错等。

4. 动态调试

加上输入信号，观测电路输出信号是否符合要求。若输入信号为周期性的变化信号，可用示波器观测输出信号。对于模拟电路，则观测输出波形是否符合要求；对于数字电路，则观测输出信号波形，幅值、脉冲宽度、相位及动态逻辑关系是否符合要求。在数字电路调试中，常常希望让电路状态发生一次性变化，而不是周期性的变化。因此，输入信号应为单阶跃信号（又称开关信号），用以观察电路状态变化的逻辑关系。

当采用分块调试时，除输入级采用外加输入信号外，其他各级的输入信号应采用前一级的输出信号。

5. 指标测试

电路经静态和动态调试正常之后，即可对课题要求的技术指标进行测试。应认真测量和记录测试数据，并对测试数据进行分析，最后得出测试结论，确定电路的技术指标是否符合设计要求。如有不符，则应仔细检查问题所在，一般是对某些元件参数加以调整和改变，若仍达不到要求，则应对某部分电路进行修改，甚至要对整个电路加以修改，或推倒重来。当然，并不希望大返工，因此，要求在设计的全过程中，要认真、细致，考虑问题要更周全。尽管如此，但出现局部小返工是难免的。

三、电子电路调试中的注意事项

(1)采用分块调试方法时，对那些非信号流向上的电路应首先单独进行调试，之后才能按信号流向顺序进行分块调试。这些电路是:作为电路时钟信号的振荡电路、作为电路节拍控制的节拍信号发生器、作为电路电源的直流稳压电路等。

(2)调试前,应熟悉所使用仪器的使用方法,调试时应注意仪器的地线与被测试电路的地线是否接好,以避免因为仪器使用不当而做出错误的判断。

(3)调试过程中,不论是更换元器件,或是更改连线,一定要先关断电源,待更换完毕经检查无误后方可再通电。

(4)调试过程中,不但要认真细致观测,还要勤于做记录。试验记录是十分重要的技术文件,它是调试过程科学分析的依据,又是电路技术性能的科学证据。初学者往往只注重最后的技术指标测试记录,而不注意对调试过程中出现的非正常现象进行记录,这是十分错误的,一定要改正过来。非正常现象的记录内容包括:故障现象、故障原因分析、解决措施、措施效果等。

技能训练

训练一　集成直流稳压电源组装与调试

一、训练目的

(1)能正确识别与检测集成直流稳压电源元件参数、规格及引脚。

(2)能熟练掌握集成直流稳压电源电路的焊接与接线。

(3)能熟练掌握集成直流稳压电源电路的调试与测量。

二、训练工器具与材料(见表 4-2-10)

表 4-2-10　训练工器具与材料

序号	工器具与材料名称	单位	数量	备注
1	万用表	块	1	
2	电烙铁	把	1	
3	镊子	把	1	
4	电工常用工具(克丝钳、尖嘴钳、斜口钳、剥线钳、十字头螺钉旋具、一字头螺钉旋具、压端钳等)	套	1	
5	集成直流稳压电源电路套件	套	1	
6	电路焊接相关耗材	套	1	
7	工作服	套	1	

三、训练内容

1. 集成直流稳压电源电路原理图(见图 4-2-33)

2. 元器件清单

集成直流稳压电源电路元器件清单如表 4-2-10 所示。

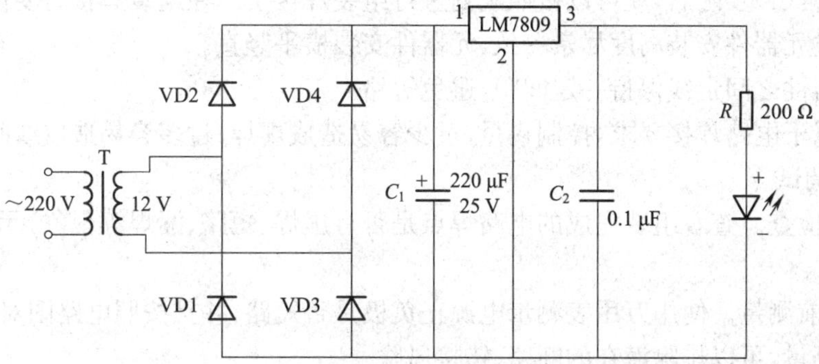

图 4-2-33　集成直流稳压电源电路原理图

表 4-2-11　集成直流稳压电源元器件清单

元器件照片	名称及数量	元器件照片	名称及数量
	一次性万用电路板： 规格：5 cm×7 cm。 数量：1	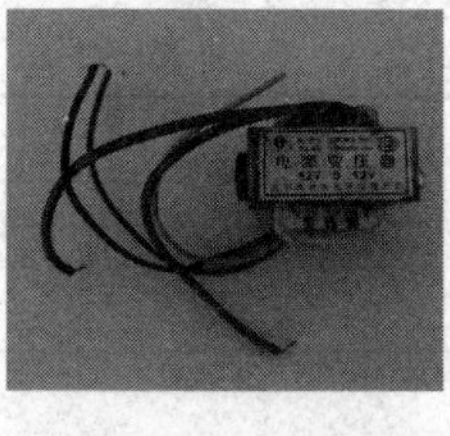	电源变压器： 规格：输入 220 V，输出 12 V。 数量：1
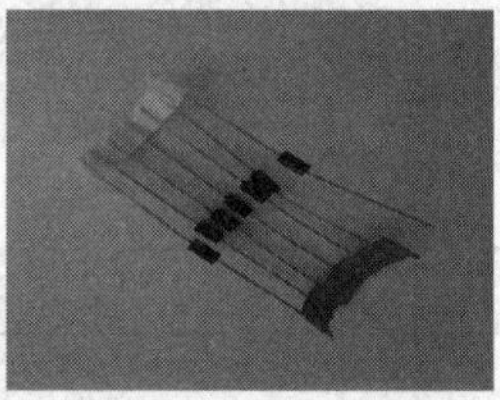	二极管： 型号：IN4007。 数量：4		电解电容： 型号：220 μF，25 V。 数量：1
	集成稳压芯片： 型号：7809。 数量：1		独石电容： 型号：0.1 μF。 数量：1

3. 元器件检测

此电路较简单，且都为常用的元器件，在进行电路组装之前，首先要确认元器件性能的好坏，以避免元器件损坏导致的功能无法实现。由于元器件较少，需要检测的主要有二极管、电容，由于元器件的检测在前文已经介绍过，这里不再赘述。

4. 电路组装

(1)规划元器件布局。此次使用一次性万用电路板进行练习，在组装之前一定要对电路元器件的布局进行规划，背部走线尽量横平竖直、元器件之间的连接线尽量短、尽量避免跳线，元器件之间要避免相互交叉、干涉。

(2)完成第(1)步之后,就可以按照规划进行组装焊接了。在组装焊接时要注意以下几点:

①同一类元器件安装高度尽量一致,元器件安装横平竖直。

②各元器件之间走线保持一定间距,避免短路。

③按照电子电路焊接要求,控制锡量,过少容易造成虚焊;过多容易造成线间短路。

5. 电路调试

(1)外观检查。查看组装完成的电路焊点是否有虚焊、短路、漏焊等现象,元器件引脚安装是否正确。

(2)送电前测量。使用万用表测量电源正负极是否短路,并且按照电路图对引脚之间的线路进行导通测量,可以排除潜在的断路、错接风险。

(3)送电测试。完成上述两项后,给电路通电,如果输出为稳定的 DC 9 V,说明电路安装没有问题,调试完成;如果没有输出,可按照分块调试法,按照顺序对电源变压器、整流桥、稳压芯片进行电压测量,最终确认并排除故障。

(4)电路调试完成后,按照表 4-2-12 填写测量值。

表 4-2-12　检测数据表

检测项目	检测数据	
变压器一、二次绕组电压	$U_1=$	$U_2=$
电路输出电压	$U_{c1}=$	$U_{c2}=$

四、考核评价

集成直流稳压电源电路的组装与调试考核评价见表 4-2-13。

表 4-2-13　考核评价表(工时:1 h)

项目内容	配分	评分标准	扣分	得分
元器件筛选、检测	10 分	(1)按图要求,能正确筛选所需元件。筛选错误,每件扣 2 分。 (2)能正确判别、检测元件参数与引脚极性。判别元件参数与引脚极性错误,每件扣 3 分		
按图安装与焊接	30 分	(1)根据电气原理图,进行元器件合理布局。布局不合理,每处扣 2 分。 (2)焊点光滑、牢固、无毛刺。焊点粗糙、拉尖、残渣、虚焊、气孔、漏焊、松动等,每处扣 1 分。 (3)安装与焊接引线、连线符合工艺要求。引线、连线不符合工艺要求,每处扣 1 分。 (4)安装与焊接的元器件标称值直观、安装高度合适。标称值不直观、安装高度不合适,每件扣 1 分。 (5)焊接中无损坏和错装元件。损坏和错装元件,每件扣 3 分		
通电调试	25 分	(1)能正确运用仪器仪表调试电路。通电调试不成功扣 15 分;焊完没有调试扣 20 分;没有焊完扣 25 分。 (2)调试过程中无损坏元件。损坏元件,每只扣 5 分		
电压测量	15 分	(1)能正确利用仪器仪表测量变压器一、二次绕组电压。测量错误,每处扣 5 分。 (2)能正确利用仪器仪表测量电路输出电压。测量错误,每处扣 5 分		

续上表

项目内容	配分	评分标准	扣分	得分
安全文明生产	20 分	(1)进行安全文明生产。违反操作规程,产生不安全因素,扣 20 分;严重者,直接取消考试资格。 (2)着装正确,保持工位卫生。着装防护用品不齐,每项扣 3 分;工位不整洁,每处扣 3 分		

训练二　直流调光灯电路的安装与调试

一、训练目的

(1)能正确识别与检测直流调光灯电路元件参数、规格及引脚。
(2)能熟练掌握直流调光灯电路的焊接与接线。
(3)能熟练掌握直流调光灯电路的调试与测量。

二、训练工器具与材料(见表 4-2-14)

表 4-2-14　训练工器具与材料

序号	工器具与材料名称	单位	数量	备注
1	万用表	块	1	
2	电烙铁	把	1	
3	镊子	把	1	
4	电工常用工具(克丝钳、尖嘴钳、斜口钳、剥线钳、十字头螺钉旋具、一字头螺钉旋具、压端钳等)	套	1	
5	直流调光灯电路套件	套	1	
6	电路焊接相关耗材	套	1	
7	工作服	套	1	

三、训练内容

1. 直流调光灯电路原理图(见图 4-2-34)

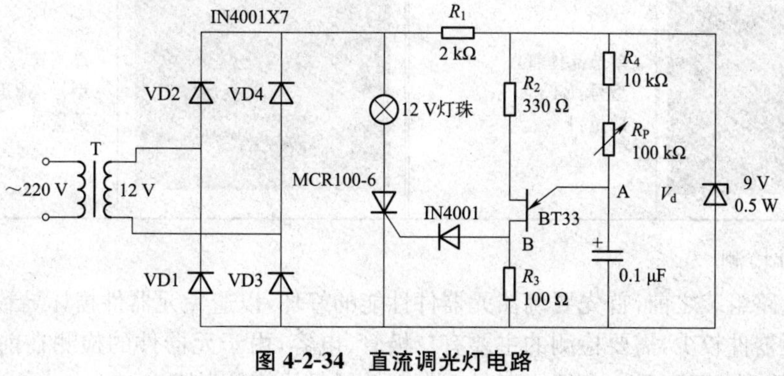

图 4-2-34　直流调光灯电路

2. 元器件清单

直流调光电路元器件清单如表 4-2-15 所示。

表 4-2-15　直流调光电路元器件清单

元器件照片	名称及数量	元器件照片	名称及数量
	一次性万用电路板: 规格:5 cm×7 cm。 数量:1	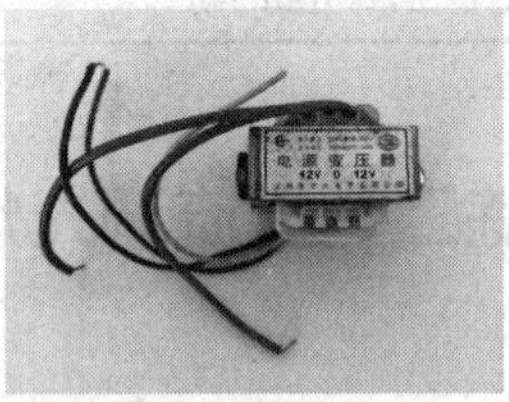	电源变压器: 规格:输入 220 V,输出 12 V。 数量:1
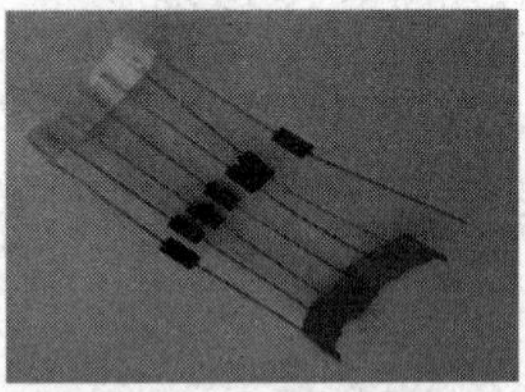	二极管: 型号:IN4001。 数量:5		独石电容: 型号:0.1 μF。 数量:1
	灯珠: 规格:12 V。 数量:1	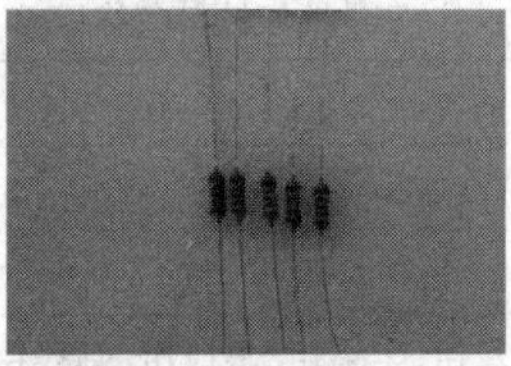	电阻: 规格:(1/4)W。 数量:2 kΩ、330 Ω、100 Ω、10 kΩ 各 1 个。
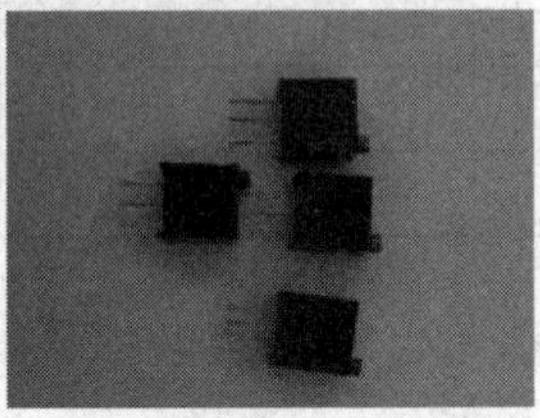	滑动变阻器: 规格:100 kΩ 数量:1	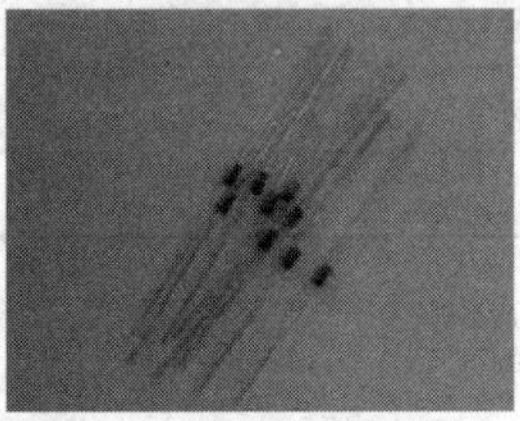	稳压二极管: 规格:9 V,0.5 W。 数量:1
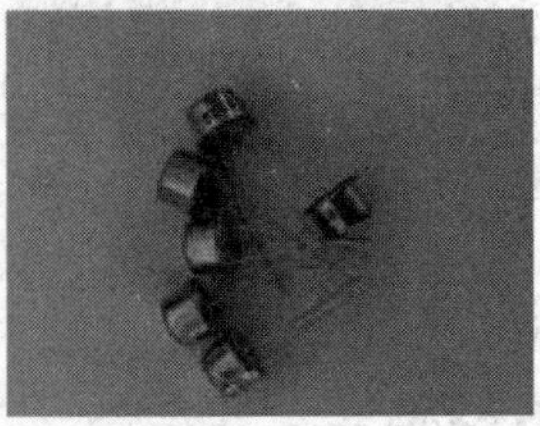	单节晶体管: 型号:BT33。 数量:1	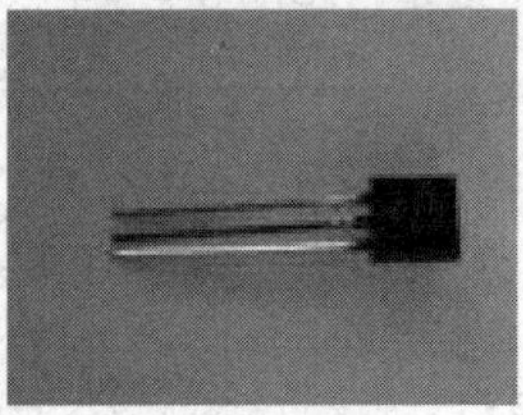	晶闸管: 型号:MCR100-6。 数量:1

3. 元器件检测

在进行电路组装之前,首先要确认元器件性能的好坏,以避免元器件损坏导致的功能无法实现。由于元器件较少,需要检测的主要有二极管、电容,由于元器件的检测在前文已经介绍过,这里不再赘述。下面重点介绍一下晶闸管和单结晶体管的引脚。

图 4-2-35 所示是晶闸管 MCR100-6 的引脚示意图，有字的平面朝向自己，从左向右分别是 1(K)，2(G)，3(A)。

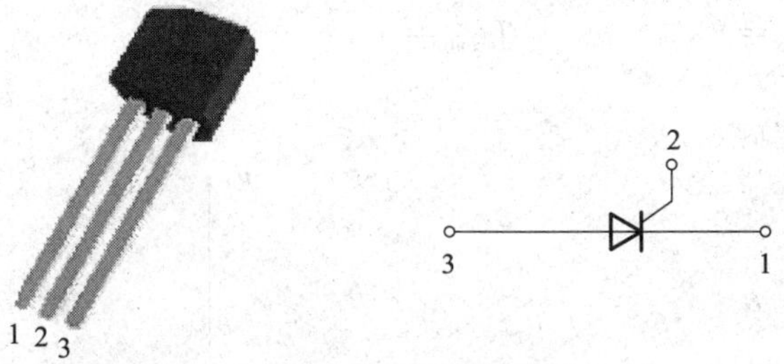

图 4-2-35　晶闸管 MCR100-6 的引脚示意图

图 4-2-36 所示是单结晶体管 BT33 的引脚示意图。BT33 的引脚相对来说不好分辨，使用的时候要注意，不要用错，否则会导致电路无法工作。

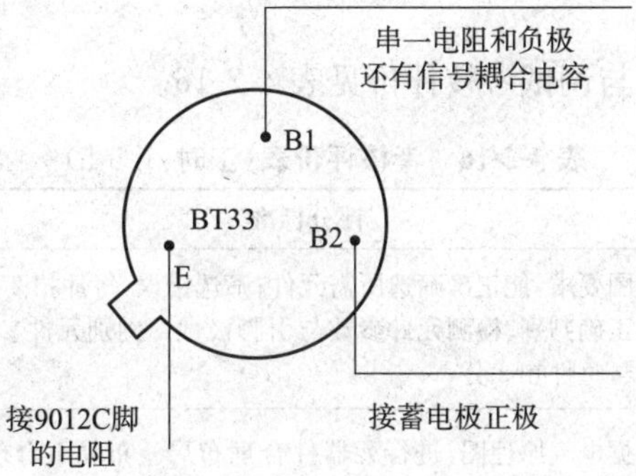

图 4-2-36　单结晶体管 BT33 的引脚示意图

4. 电路组装

(1)规划元器件布局。直流调光电路的元器件相比于集成直流稳压电源电路要多，在布局时一定要考虑到晶闸管和单结晶体管的位置，避免后期跳线。

(2)完成第(1)步之后，就可以按照规划进行组装焊接了。在组装焊接时要注意以下几点：

①同一类元器件安装高度尽量一致，元器件安装横平竖直。

②各元器件之间走线保持一定间距，避免短路。

③按照电子电路焊接要求，控制锡量，过少容易造成虚焊；过多容易造成线间短路。

④晶闸管、单结晶体管的引脚一定不要用错，否则电路无法工作。

5. 电路调试

(1)外观检查。查看组装完成的电路焊点是否有虚焊、短路、漏焊等现象，元器件引脚安装是否正确。

(2)送电前测量。使用万用表测量电源正负极是否短路，并且按照电路图对引脚之间的线路进行导通测量，可以排除潜在的断路、错接风险。

(3)送电测试。完成上述两项后，给电路通电，灯珠的亮度会随着滑动变阻器的调整而变化。如果灯珠不亮，首先确认电源变压器和整流桥电路是否正常，然后查看单结晶体管、晶闸管等元器件的引脚是否正确安装。如果单结晶体管引脚装错,会导致电路无法产生触发脉冲,灯珠不亮。

(4)电路调试完成后,填写测量记录。

灯泡两端电压 $U_{max}=$ $U_{min}=$

波形记录:

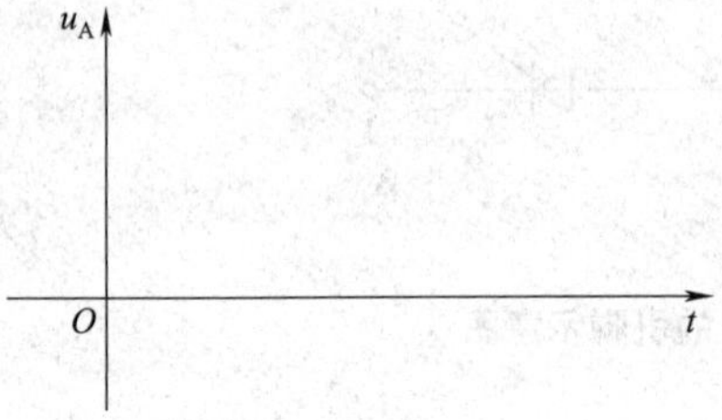

A点波形

B点波形

四、考核评价

直流调光灯电路的安装与调试考核评价见表 4-2-16。

表 4-2-16 考核评价表(工时:1.5 h)

项目内容	配分	评分标准	扣分	得分
元器件筛选、检测	10分	(1)按图要求,能正确筛选所需元件;筛选错误,每件扣2分。 (2)能正确判别、检测元件参数与引脚极性。判别元件参数与引脚极性错误,每件扣3分		
按图安装与焊接	25分	(1)根据电气原理图,进行元器件合理布局。布局不合理,每处扣2分。 (2)焊点光滑、牢固、无毛刺。焊点粗糙、拉尖、残渣、虚焊、气孔、漏焊、松动等,每处扣1分。 (3)安装与焊接引线、连线符合工艺要求。引线、连线不符合工艺要求,每处扣1分。 (4)安装与焊接的元器件标称值直观、安装高度合适。标称值不直观、安装高度不合适,每件扣1分。 (5)焊接中无损坏和错装元件。损坏和错装元件,每件扣3分		
通电调试	25分	(1)能正确运用仪器仪表调试电路。通电调试不成功扣15分;焊完没有调试扣20分;没有焊完扣25分。 (2)调试过程中无损坏元件。损坏元件,每只扣5分		
电压测量	20分	(1)能正确利用仪器仪表测量灯泡两端电压。测量错误,每处扣5分。 (2)能正确利用仪器仪表测量电路A、B点波形。测量错误,每处扣5分		
安全文明生产	20分	(1)进行安全文明生产。违反操作规程,产生不安全因素,扣20分;严重者,直接取消考试资格。 (2)着装正确,保持工位卫生。着装防护用品不齐,每项扣3分;工位不整洁,每处扣3分		

测评题

一、单选题

1. 螺钉旋具又称螺丝刀、螺钉起子，是用来安装和拆卸(　　)的工具。
(A)盖板　(B)螺钉　(C)电子元件　(D)焊点
2. 吸锡器是一种修理电器用的工具，用于收集拆卸焊盘上电子元件时熔化的(　　)。
(A)管脚　(B)焊锡　(C)焊盘　(D)热量
3. 焊锡丝是电子电路焊接必不可少的辅材，其主要成分是(　　)。
(A)铜合金　(B)铝合金　(C)铅锡合金　(D)锡合金
4. 正确的手工焊接操作过程可以分成(　　)个步骤。
(A)三　(B)四　(C)五　(D)六
5. 整流电路的作用是将交流电转换成直流电后，给(　　)负载供电。
(A)交流　(B)高压　(C)低压　(D)直流
6. 单相全波整流电路需要(　　)只二极管。
(A)一　(B)三　(C)二　(D)四
7. 在逻辑电路中，输出与输入相反的是(　　)。
(A)与门　(B)或门　(C)或非门　(D)非门
8. 电子电路调试方法有两种：分块调试法和(　　)调试法。
(A)整体　(B)分块　(C)合并　(D)分离
9. 助焊剂也是电子电路焊接必备的(　　)。
(A)材料　(B)辅材　(C)工具　(D)元件
10. 一般电子制作都用(　　)的内热式电烙铁。
(A)40～50 W　(B)10～30 W　(C)10～50 W　(D)20～30 W

二、多选题

1. 在电子电路焊接中，经常会用到螺钉旋具，如调整可调电阻的(　　)，安装拆卸接线(　　)等。
(A)阻值　(B)盖板　(C)端子　(D)电子元件
2. 吸锡器有(　　)两种。
(A)手动　(B)风动　(C)电动　(D)气动
3. 电子元件焊接在电路板时，有(　　)两种安装方法。
(A)倾斜式　(B)架空式　(C)卧式　(D)立式
4. 常用的三端稳压集成电路有正电压输出的(　　)系列和负电压输出的(　　)系列。
(A)87××　(B)78××　(C)79××　(D)67××
5. 78××系列三端稳压集成电路内部带有(　　)等保护电路。
(A)过电流　(B)过电压　(C)过热　(D)脉冲

三、判断题

(　　)1. 焊锡丝的主要成分是铅锡合金。
(　　)2. 单相全波整流需要四只二极管。
(　　)3. 整体调试法是把整个电路组装完毕后,不进行分块调试,实行一次性总调。
(　　)4. 电路焊接完成后,目测没有短路就可以送电了。
(　　)5. 电子元件布局的时候,为避免短路,电子元件只能采用立式安装。
(　　)6. 与门电路输入与输出的关系是“有0则0,全1才1”。
(　　)7. 三端集成稳压芯片具有过电流和过热保护。
(　　)8. 晶闸管控制极对触发电路要求触发信号要有足够的功率。
(　　)9. 可以用斜口钳子切断电缆和螺钉。
(　　)10. 最好不用酸性助焊剂,否则会对电路板有腐蚀。

参考文献

[1] 杨利军,段树华. 电工基础[M]. 北京:高等教育出版社,2019.
[2] 段树华,李华柏. 电工技能训练[M]. 上海:同济大学出版社,2017.
[3] 段树华,李华柏. 高低压电器装配工技能训练与考级[M]. 北京:中国电力出版社,2014.
[4] 杨利军,熊异. 电工技能训练[M]. 北京:机械工业出版社,2010.
[5] 赵承荻,李乃夫. 维修电工实训与考级[M]. 北京:高等教育出版社,2010.
[6] 赵承荻,周玲. 电工电子技术及应用[M]. 北京:高等教育出版社,2009.
[7] 段树华. 维修电工高级工考级指南[M]. 北京:高等教育出版社,2009.
[8] 赵承荻,首珩. 电工技术[M]. 北京:高等教育出版社,2004.

附录

附录 1

轨道交通电气设备装调职业技能等级标准

（2019 年 1.0 版）

中国中车集团有限公司制定

2019 年 12 月发布

目次

前　言

本标准按照 GB/T 1.1—2019 给出的规则起草。

本标准起草单位:中车青岛四方机车车辆股份有限公司、中车长春轨道客车股份有限公司、中车唐山机车车辆股份有限公司、中车株洲电力机车有限公司、中车齐车集团有限公司、中车株洲电力机车研究所有限公司、中车株洲电机有限公司、中车永济电机有限公司、湖南铁道职业技术学院、常州铁道高等职业技术学校、常州机电职业技术学院、长沙航空职业技术学院等(排序不分先后)。

本标准主要起草人:吴新林、段树华、曾金传、罗昭强、张莹、娄树国、苗苗、赵太平、罗伟、李彦坤、黄召明、曹炜洲、张华、王亚彬、杨学军、强惠萍、刘小春、杨梦勤、张蕾、孙洲等(排名不分先后)。

声明:本标准的知识产权归属于中国中车集团有限公司,未经同意,不得印刷、销售。任何组织、个人使用本标准开展认证、检测等活动应经批准授权。

1 范围

本标准规定了轨道交通电气设备装调职业技能的能力要求等级、主要职责及职业能力要求。

本标准适用于轨道交通电气设备装调职业技能等级认证的考核与评估,从业人员的聘用、教育和职业培训可参照使用。

2 规范性引用文件

下列文件对于本文件的应用是必不可少的。凡注日期的引用文件,仅注日期的版本适用于本文件。凡是不注日期的引用文件,其最新版本(包括所有的修改单)适用于本文件。

GB 50034—2013 建筑照明设计标准
GB 50052—2009 供配电系统设计规范
GB 50054—2011 低压配电设计规范
GB 50055—2011 通用用电设备配电设计规范
GB 50303—2015 建筑电气工程施工质量验收规范
GB 50311—2016 综合布线系统工程设计规范

3 术语和定义

国家、行业标准界定的以及下列术语的定义适用于本标准。

3.1 轨道交通 Rail Transit

是指运营车辆需要在特定轨道上行驶的一类交通工具或运输系统,即轮轨形式的交通运输系统。最常见类型有:传统铁路、城市轨道交通。

3.2 电气设备 Electrical Equipment

是指利用高低压电器、电子元件、可编程控制器、变频器、触摸屏以及计算机网络通信等器件构成的电气控制设备的统称。

3.3 装调 Alignment

即为装配与调试的统称。是指利用专业知识、方法和工具,将某一需求实现成为具有一定功能产品的技能。

3.4 工作领域 Areas of Work

是将职业岗位或岗位群所涉及的职业活动,按工作性质和要求分解成若干个工作范畴或范围。

3.5　工作任务　Work Assignment

是职业和岗位的工作内容，是通过对从业者的实际工作提炼、概括而形成的具有普遍性、稳定性的工作内容。

3.6　职业技能要求　Skill Requirements

是完成工作任务所需职业素养、专业知识和技术技能的综合体现。

3.7　PLC Programmable logic Controller

一种专门为在工业环境下应用而设计的数字运算操作的电子装置。采用可以编制程序的存储器，用来在其内部存储执行逻辑运算、顺序运算、计时、计数和算术运算等操作的指令，并能通过数字式或模拟式的输入和输出，控制各种类型的机械、电气或生产过程。

3.8　PID Proportion Integration Differentiation

比例积分微分的缩写。P的作用是比例，能够加快调节速度。I的作用是减小误差，从而消除静差。D的作用是改善系统的动态性能。

3.9　GBGuoBiao

即GB国家标准，“国”，“标”两个字汉语拼音的第一个字符。

3.10　LED Light Emitting Diode

发光二极管的英文缩写，简称LED。它是一种通过控制半导体发光二极管的显示方式，用来显示文字、图形、图像、动画、行情、视频、录像信号等各种信息的显示屏幕。

4　适用院校专业

中等职业学校：城市轨道交通车辆运用与检修、城市轨道交通信号、电力机车运用与检修、铁道车辆运用与检修、铁道信号、机电技术应用、机电设备安装与维修、电气运行与控制、电气技术应用、电子电器应用与维修等专业。

高等职业学校：铁道机车车辆制造与维护、铁道通信信号设备制造与维护、动车组检修技术、铁道机车、铁道车辆、城市轨道交通车辆、电机与电器技术、自动化生产设备、机电设备安装技术、机电设备维修与管理、数控设备应用与维修、机电一体化技术、电气自动化技术、智能控制技术等专业。

应用型本科学校：轨道交通信号与控制、交通设备与控制工程、机电技术教育、电气工程及其自动化、自动化、建筑电气与智能化、机械设计制造及其自动化等专业。

5　面向工作岗位（群）

轨道交通电气设备装调初级：针对轨道交通装备制造、轨道交通装备运用等企业（单位）；

面向电器元件检测、电气产品生产制造与运用维护等岗位,从事电器元件检查与测量、简单电气设备安装与调试等工作。

轨道交通电气设备装调中级:针对轨道交通装备制造、轨道交通装备运用等企业(单位);面向电气产品设计改造、生产制造、运维等岗位,从事电气产品设计、安装、调试、维护与检修等工作。

轨道交通电气设备装调高级:针对轨道交通装备制造、轨道交通装备运用等企业(单位);面向电气产品设计、研发、制造、运维等岗位,从事高端智能化电气产品设计与研发、安装与调试、维护与检修等工作。

6 职业技能要求

6.1 职业技能等级划分

轨道交通电气设备装调职业技能等级分为三个等级:初级、中级、高级。三个级别依次递进,高级别涵盖低级别职业技能要求。

轨道交通电气设备装调初级:根据工作任务要求,从事电子电器检测、电气安装、简单电气电路调试等工作。

轨道交通电气设备装调中级:根据产品技术文件要求,从事轨道装备电气控制设计、改造、安装、调试、维护等工作。

轨道交通电气设备装调高级:根据业务的需求,从事现代智能化轨道装备电气控制系统设计、研发、编程、组态、通信、调试、维护等工作。

6.2 职业技能等级要求描述

表1 轨道交通电气设备装调职业技能等级要求(初级)

工作领域	工作任务	职业技能要求
1. 工具与仪表使用、安全用电	1.1 安全用电	1.1.1 能独立根据任务要求,正确选择工具、仪表,测量绝缘参数 1.1.2 能独立根据任务要求,合理选择导线截面 1.1.3 能独立分辨颜色标志、标示牌标志和型号标志的使用 1.1.4 能根据触电现场,进行触电急救的处理 1.1.5 能根据电气火灾现场,进行电气火灾的处理
	1.2 安全防护用具	1.2.1 会正确使用高、低压验电器 1.2.2 会正确使用携带型接地线 1.2.3 会正确使用绝缘手套及绝缘靴、垫及绝缘棒等
	1.3 工具的使用	1.3.1 会正确使用螺丝刀、钢丝钳、斜口钳、压线钳、电工刀及剥线钳等工具,达到熟练程度 1.3.2 会正确使用扳手、手锯、锉刀等工具,达到熟练程度 1.3.3 会正确使用液压、气动等常用工具,达到一般会用程度 1.3.4 会正确操作使用手电钻、热风枪、束带枪等手持式电动工具,达到熟练程度 1.3.5 会正确操作使用力矩扳手、力矩螺丝刀等装调专用工具,达到一般会用程度

续上表

工作领域	工作任务	职业技能要求
1. 工具与仪表使用、安全用电	1.4 仪表的使用	1.4.1 会正确操作使用电压表、电流表、钳形电流表、功率表及电度表等 1.4.2 会正确操作使用万用表 1.4.3 会正确操作使用兆欧表 1.4.4 会正确操作使用接地电阻测量仪 1.4.5 会正确操作使用单臂电桥、双臂电桥 1.4.6 会正确操作使用示波器
2. 轨道交通简单电气控制电路的安装与调试	2.1 低压电器的检测与调试	2.1.1 能独立应用常用工具、仪表进行轨道交通载运装备常用主令电器(如:按钮、转换开关等)的检测与调试,达到能正确判断质量好坏标准 2.1.2 能独立应用常用工具、仪表进行轨道交通载运装备典型接触器(如:交流接触器、直流接触器等)的检测与调试,达到能正确判断质量好坏标准 2.1.3 能独立应用常用工具、仪表进行轨道交通载运装备典型继电器(如:交流继电器、直流继电器等)的检测与调试,达到能正确判断质量好坏标准
	2.2 配电系统、照明线路的装调	2.2.1 能独立根据任务要求,使用常用工具、仪表进行轨道交通载运装备配电设备(如:低压配电、照明控制、应急充电等)的安装、维护与保养,达到设备正常运行标准 2.2.2 能独立根据任务要求,正确选择轨道交通载运装备配电系统与照明线路中的断路器大小 2.2.3 能独立根据任务要求,使用常用工具进行轨道交通载运装备导线敷设及连接,达到工艺要求标准 2.2.4 能独立根据任务要求,使用常用工具进行轨道交通载运装备中触摸开关、感应开关的安装,达到工艺安装要求标准 2.2.5 能独立根据任务要求,使用常用工具进行轨道交通载运装备漏电自动开关的安装,达到工艺安装要求标准 2.2.6 能独立根据任务要求,使用常用工具进行轨道交通载运装备中电能计量设备的安装,达到工艺安装要求标准 2.2.7 能独立根据任务要求,使用常用工具进行轨道交通载运装备中白炽灯、荧光灯、电子荧光灯、LED 灯等灯具的安装,达到工艺安装要求标准
	2.3 直流电动机典型控制电路的装调	2.3.1 能独立根据任务要求,使用常用工具、仪表进行轨道交通载运装备中直流电动机正、反转、调速及能耗制动的控制安装与调试,达到电气功能控制要求 2.3.2 能独立根据任务要求,使用常用工具、仪表进行轨道交通载运装备中直流电动机的正、反转、调速及能耗制动控制线路的故障排除,恢复电气功能控制要求
	2.4 交流电动机典型控制电路的装调	2.4.1 能独立根据任务要求,使用常用工具、仪表进行单相交流异步电动机绕组接线,达到工艺安装要求标准 2.4.2 能独立根据任务要求,使用常用工具、仪表进行轨道交通载运装备上单相交流异步电动机典型正反转控制安装、接线与调试,达到工艺安装、接线要求及控制功能 2.4.3 能独立根据任务要求,使用常用工具、仪表进行轨道交通载运装备上三相交流异步电动机典型启动控制电路安装、接线与调试,达到工艺安装、接线要求及控制功能 2.4.4 能独立根据任务要求,使用常用工具、仪表进行轨道交通载运装备上三相交流异步电动机典型正反转控制电路安装、接线与调试,达到工艺安装、接线要求及控制功能 2.4.5 能独立根据任务要求,使用常用工具、仪表进行轨道交通载运装备上三相交流异步电动机典型时间原则控制电路安装、接线与调试,达到工艺安装、接线要求及控制功能 2.4.6 能独立根据任务要求,使用常用工具、仪表进行轨道交通载运装备上三相交流异步电动机典型行程原则控制电路安装、接线与调试,达到工艺安装、接线要求及控制功能

续上表

工作领域	工作任务	职业技能要求
3. 轨道交通中简单电子电路的装调	3.1 电子元件识别与检测	3.1.1 会正确使用常用仪表,独自完成电阻的类别、功率、阻值的判别,达到选型和质量好坏判别标准 3.1.2 会正确使用常用仪表,独自完成电容的类别、容量、耐压及质量的判别,达到选型和质量好坏判别标准 3.1.3 会正确使用常用仪表,独自完成电感的类别、功率、阻值的判别,达到选型和质量好坏判别标准 3.1.4 会正确使用常用仪表,独自完成二极管、三极管引脚及质量的判别,到达选型使用和质量好坏判别标准 3.1.5 会正确使用常用仪表,独自完成单结晶体管和晶闸管类别、型号、引脚及质量的判别,达到选型使用和质量好坏判别标准 3.1.6 能正确识别常用与非门、三端稳压器等集成块型号与引脚,达到选型使用和质量好坏判别标准 3.1.7 能正确识别常用运算放大器集成块型号与引脚,达到选型使用和质量好坏判别标准
	3.2 简单电子电路焊接与调试	3.2.1 能正确操作使用电子焊接工具,按照焊接工艺要求,独立完成轨道交通电气设备中点焊、对焊、印制电路板焊等 3.2.2 能根据任务要求,独立完成电子电路的元器件安装、布局等,达到工艺要求 3.2.3 能根据任务要求,独立完成电子电路的连线焊接,达到工艺要求 3.2.4 能根据任务要求,读懂电气原理,应用电子焊接工具、仪表,独立完成轨道交通电气设备中简单电路(如:稳压电源电路、晶闸管保护电路等)的安装与调试,达到安装工艺和控制功能要求

表 2　轨道交通电气设备装调职业技能等级要求(中级)

工作领域	工作任务	职业技能要求
1. 轨道交通电气设备中常用高低压电器器件的检查与调试	1.1 接触器的拆装、检查与调试	1.1.1 能使用有关工具,正确完成轨道交通载运装备中直流接触器的拆装,达到拆卸工艺要求 1.1.2 能根据任务要求,使用有关工具、仪表,正确完成轨道交通载运装备中直流接触器的检查与调试,达到安装工艺和控制功能要求 1.1.3 能使用有关工具,正确完成轨道交通载运装备中交流接触器的拆装,达到拆卸工艺要求 1.1.4 能根据任务要求,使用有关工具、仪表,正确完成轨道交通载运装备中交流接触器的检查与调试,达到安装工艺和控制功能要求
	1.2 高压隔离开关的检查与调试	1.2.1 能使用有关工具,正确完成轨道交通载运装备中高压隔离开关的拆装,达到拆卸工艺要求 1.2.2 能根据任务要求,使用有关工具、仪表,正确完成轨道交通载运装备中高压隔离开关的检查与调试,达到安装工艺和控制功能要求
	1.3 万能转换开关的拆装、检查与调试	1.3.1 能根据任务要求,使用有关工具、仪表,正确完成轨道交通载运装备中万能转换开关的拆装,并实现三相异步电动机正反转的万能转换开关控制,达到拆卸工艺要求 1.3.2 能根据任务要求,使用有关工具、仪表,正确完成轨道交通载运装备中万能转换开关的拆装,并实现三相电压监测的万能转换开关控制,达到安装工艺和控制功能要求

续上表

工作领域	工作任务	职业技能要求
2. 轨道交通电气设备中典型电气控制电路的设计、安装与调试	2.1 典型继电电气控制电路设计、安装与调试	2.1.1 能根据任务要求,进行轨道交通载运装备中典型电动机启动、制动控制电路设计,并会使用有关工具、仪表,独立正确完成该电路的安装与调试,达到安装工艺和控制功能要求 2.1.2 能根据任务要求,进行轨道交通载运装备中典型电动机时间原则控制电路的设计,并会使用有关工具、仪表,独立正确完成该电路的安装与调试,达到安装工艺和控制功能要求 2.1.3 能根据任务要求,进行轨道交通载运装备中典型电动机行程原则控制电路的设计,并会使用有关工具、仪表,独立正确完成该电路的安装与调试,达到安装工艺和控制功能要求 2.1.4 能根据任务要求,进行轨道交通载运装备中典型双速电机控制电路的设计,并会使用有关工具、仪表,独立正确完成该电路的安装与调试,达到安装工艺和控制功能要求
	2.2 简单可编程控制器电气控制电路设计、安装与调试	2.2.1 能根据任务要求,使用可编程控制器(PLC)进行轨道交通载运装备中简单控制电路的设计,达到符合控制功能要求 2.2.2 能根据任务要求及设计的简单控制电路,使用有关工具、仪表,会独立正确完成相应电路的安装、接线与调试,达到安装工艺和控制功能要求
	2.3 简单变频器电气控制电路设计、安装与调试	2.3.1 能根据任务要求,使用变频器进行轨道交通载运装备中简单变频器电气调速控制电路的设计,并会使用有关工具、仪表,独立正确完成相应电路的安装、接线与调试,达到安装工艺和控制功能要求 2.3.2 能根据任务要求,使用变频器、PLC进行轨道交通载运装备中简单电气调速系统的设计,并会使用有关工具、仪表,独立正确完成相应电路的安装、接线与调试,达到安装工艺和控制功能要求
3. 轨道交通电气设备中常用电子电路的安装与调试	3.1 常用模拟电子电路的安装与调试	3.1.1 能根据任务要求,使用有关工具、仪表,独立正确完成轨道交通载运装备中典型功率放大电路的安装与调试 3.1.2 能根据任务要求,使用有关工具、仪表,独立正确完成轨道交通载运装备中典型放大电路的安装与调试,达到安装工艺和控制功能要求
	3.2 常用数字电子电路的安装与调试	3.2.1 能根据任务要求,使用有关工具、仪表,独立正确完成轨道交通载运装备中典型组合逻辑电路与时序电路的安装与调试,达到安装工艺和控制功能要求 3.2.2 能根据任务要求,使用有关工具、仪表,独立正确完成轨道交通载运装备中典型单稳态、双稳态及多谐振荡应用电路的安装与调试,达到安装工艺和控制功能要求 3.2.3 能根据任务要求,使用有关工具、仪表,独立正确完成轨道交通载运装备中典型集成运放驱动电路的安装与调试,达到安装工艺和控制功能要求
	3.3 常用电力电子电路的安装与调试	3.3.1 能根据任务要求,使用有关工具、仪表,独立正确完成轨道交通载运装备中典型单相可控整流电路的安装与调试,达到安装工艺和控制功能要求 3.3.2 能根据任务要求,使用有关工具、仪表,独立正确完成轨道交通载运装备中典型单相交流调压电路的安装与调试,达到安装工艺和控制功能要求 3.3.3 能根据任务要求,使用有关工具、仪表,独立正确完成轨道交通载运装备中典型开关电源电路的安装与调试,达到安装工艺和控制功能要求

续上表

工作领域	工作任务	职业技能要求
4. 轨道交通常用电气设备的检查与调试	4.1 轨道交通载运装备部件加工生产设备的检查与调试	4.1.1 能独立操作摇臂钻床,观察电气与机械相关动作,使用有关工具、仪表,正确完成电气故障检查与调试,达到设备正常运行功能 4.1.2 能独立操作万能铣床,观察电气与机械相关动作,使用有关工具、仪表,正确完成电气故障检查与调试,达到设备正常运行功能 4.1.3 能独立操作镗床,观察电气与机械相关动作,使用有关工具、仪表,正确完成电气故障检查与调试,达到设备正常运行功能 4.1.4 能独立操作像天车(升降机)等类生产设备,观察电气与机械相关动作,使用有关工具、仪表,正确完成电气故障检查与调试,达到设备正常运行功能
	4.2 轨道交通载运装备部件产品设备(装置)的检查与调试	4.2.1 能独立操作像机车照明电路、机车受电弓控制电路、机车主断路器控制电路等类似部件产品设备或装置,观察电气与机械相关动作,使用有关工具、仪表,正确完成电气故障检查与调试,达到设备正常运行功能 4.2.2 能独立操作像车辆 380 V 及 DC 600 V 供电控制电路、电源照明控制柜、应急电源柜、电子防滑器、轴温报警器、空调装置等类似部件产品设备或装置,观察电气与机械相关动作,使用有关工具、仪表,正确完成电气故障检查与调试,达到设备正常运行功能

表 3　轨道交通电气设备装调职业技能等级(高级)

工作领域	工作任务	职业技能要求
1. 轨道交通中较复杂电子电路的设计、安装与调试	1.1 复杂模拟电子电路的设计、安装与调试	1.1.1 能根据任务要求,进行轨道交通载运装备中典型多级放大电路的设计,并会使用有关工具、仪表,独立正确完成该电路的安装与调试,达到安装工艺和控制功能要求 1.1.2 能根据任务要求,进行轨道交通载运装备中典型复杂集成运放电路的设计,并会使用有关工具、仪表,独立正确完成该电路的安装与调试,达到安装工艺和控制功能要求 1.1.3 能根据任务要求,进行轨道交通载运装备中典型多谐振荡电路的设计,并会使用有关工具、仪表,独立正确完成该电路的安装与调试,达到安装工艺和控制功能要求 1.1.4 能根据任务要求,进行轨道交通载运装备中典型综合模拟电子电路的设计,并会使用有关工具、仪表,独立正确完成其电路的安装与调试,达到安装工艺和控制功能要求
	1.2 复杂数字电子电路的设计、安装与调试	1.2.1 能根据任务要求,进行轨道交通载运装备中典型时序逻辑电路的设计,并会使用有关工具、仪表,独立正确完成该电路的安装与调试,达到安装工艺和控制功能要求 1.2.2 能根据任务要求,进行轨道交通载运装备中典型组合逻辑电路的设计,并会使用有关工具、仪表,独立正确完成该电路的安装与调试,达到安装工艺和控制功能要求 1.2.3 能根据任务要求,进行轨道交通载运装备中典型计数电路的设计,并会使用有关工具、仪表,独立正确完成该电路的安装与调试,达到安装工艺和控制功能要求 1.2.4 能根据任务要求,进行轨道交通载运装备中典型综合简谐振荡、多谐振荡等应用电路的设计,并会使用有关工具、仪表,独立正确完成该电路的安装与调试,达到安装工艺和控制功能要求 1.2.5 能根据任务要求,进行轨道交通载运装备中典型综合数字电子电路的设计,并会使用有关工具、仪表,独立正确完成该电路的安装与调试,达到安装工艺和控制功能要求

续上表

工作领域	工作任务	职业技能要求
1. 轨道交通中较复杂电子电路的设计、安装与调试	1.3 复杂电力电子电路的设计、安装与调试	1.3.1 能根据任务要求，进行轨道交通载运装备中典型单相晶闸管整流电路的设计，并会使用有关工具、仪表，独立正确完成该电路的安装与调试，达到安装工艺和控制功能要求 1.3.2 能根据任务要求，进行轨道交通载运装备中典型单相逆变电路的设计，并会使用有关工具、仪表，独立正确完成该电路的安装与调试，达到安装工艺和控制功能要求 1.3.3 能根据任务要求，进行轨道交通载运装备中典型三相可控整流电路的设计，并会使用有关工具、仪表，独立正确完成该电路的安装与调试，达到安装工艺和控制功能要求 1.3.4 能根据任务要求，进行轨道交通载运装备中典型三相交流调压电路的设计，并会使用有关工具、仪表，独立正确完成该电路的安装与调试，达到安装工艺和控制功能要求
2. 轨道交通电气设备中特种电机控制的接线与调试	2.1 步进电机的接线与调试	2.1.1 能根据任务要求，独立正确设置使用步进驱动器，达到控制功能要求 2.1.2 能根据任务要求，进行步进驱动系统控制电路设计，并会使用有关工具、仪表，独立正确完成该电路的安装与调试，达到安装工艺和控制功能要求
	2.2 伺服电机的接线与调试	2.2.1 能根据任务要求，独立正确设置使用伺服驱动器，达到控制功能要求 2.2.2 能根据任务要求，进行伺服驱动系统控制电路设计，并会使用有关工具、仪表，独立正确完成该电路安装与调试，达到安装工艺和控制功能要求
3. 轨道交通电气设备中综合性现代电气控制系统的设计安装与调试	3.1 PLC、变频器组成的综合轨道装备电气控制系统的设计、安装与调试	3.1.1 能根据任务要求，会编写 PLC 程序实现变频器各种运行控制 3.1.2 能根据任务要求，使用模拟量输入输出模块，会编写 PLC 程序实现功能控制 3.1.3 能根据任务要求，会编写 PLC 程序实现 PID 闭环控制 3.1.4 能根据任务要求，应用 PLC 功能指令，会编写 PLC 程序进行工程实例控制 3.1.5 能根据任务要求，使用 PLC、变频器进行电路设计，并会使用有关工具、仪表，独立正确完成轨道交通载运装备中典型的综合电气控制系统的安装与调试
	3.2 PLC、变频器、触摸屏组成的综合轨道装备电气控制系统的设计、安装与调试	3.2.1 能独立正确选用、连接触摸屏 3.2.2 能独立正确设置触摸屏与 PLC 之间的通信参数 3.2.3 能独立正确编辑和修改触摸屏组态画面 3.2.4 能根据任务要求，编写程序实现 PLC、变频器、触摸屏之间相互控制 3.2.5 能根据任务要求，使用 PLC、变频器、触摸屏等器件，进行轨道交通列车典型控制系统设计、安装与调试，达到安装工艺和控制功能要求
	3.3 主从站 PLC 控制系统的设计、安装与调试	3.3.1 能独立正确完成主从站 PLC 之间的连接 3.3.2 能独立正确设置主从站 PLC 之间通信参数 3.3.3 能根据任务要求，编写主从站程序实现 PLC 主从站之间远程相互控制 3.3.4 能根据任务要求，采用主从站 PLC 之间通信原理，进行轨道交通列车重联典型控制系统设计、安装与调试，达到安装工艺和控制功能要求
4. 轨道交通中复杂电气设备的检查与调试	4.1 轨道交通载运装备部件加工现代化先进电气设备的检查与调试	4.1.1 能独立操作数控车，观察设备相关动作，使用有关工具、仪表，正确完成设备的检查与调试，达到符合设备运行功能要求 4.1.2 能独立操作数控铣，观察设备相关动作，使用有关工具、仪表，正确完成设备的检查与调试，达到符合设备运行功能要求 4.1.3 能独立操作数控加工中心，观察设备相关动作，使用有关工具、仪表，正确完成设备的检查与调试，达到符合设备运行功能要求

续上表

工作领域	工作任务	职业技能要求
4. 轨道交通中复杂电气设备的检查与调试	4.2 轨道交通载运装备总成的检查与调试	4.2.1 能独立操作轨道交通机车车辆牵引传动与控制系统设备,观察各设备相关动作,使用有关工具、仪表等,正确完成轨道交通机车车辆整车的检查与调试,达到符合设备运行功能要求 4.2.2 能独立操作轨道交通城轨车辆牵引传动与控制系统设备,观察各设备相关动作,使用有关工具、仪表等,正确完成轨道交通城轨车辆整车的检查与调试,达到符合设备运行功能要求 4.2.3 能独立操作轨道交通高速列车动车组牵引传动与控制系统设备,观察各设备相关动作,使用有关工具、仪表等,正确完成轨道交通高速列车动车组整车的检查与调试,达到符合设备运行功能要求

附录 2　轨道交通电气设备装调职业技能等级(初级)理论考核模拟试题

注意事项

1. 考试时间:90 min。
2. 本试卷依据国家教育部颁布的《轨道交通电气设备装调职业技能等级证书标准》命制。
3. 请首先按要求正确填写您的姓名、身份证号和准考证号。
4. 请仔细阅读各种题目的回答要求,在规定的地方作答。
5. 不要做其他无关的内容。

	一	二	三	总分
得分				

一、单项选择(第 1 题~第 60 题。选择一个正确的答案,将相应的序号字母填入题内的括号中。每题 1 分,满分 60 分。)

1. 触电事故中,绝大部分是(　　)导致人身伤亡的。
(A)人体接受电流遭到电击　(B)烧伤
(C)电休克　(D)灼伤
2. 下列哪种灭火器适于扑灭电气火灾(　　)。
(A)二氧化碳灭火器　(B)干粉灭火器　(C)泡沫灭火器　(D)清水灭火器
3. 在遇到高压电线断落地面时,导线断落点(　　)m 内,禁止人员进入。
(A)10　(B)20　(C)30　(D)40
4. 按国际和我国标准,(　　)线只能用做保护接地。
(A)黑色　(B)蓝色　(C)黄绿双色　(D)棕色
5. 绝缘安全用具分为(　　)安全用具和辅助安全用具。
(A)直接　(B)间接　(C)基本　(D)主要
6. 以下说法中,不正确的是(　　)。
(A)直流电流表可以用于交流电路测量
(B)电压表内阻越大越好
(C)钳形电流表可做成既能测交流电流,也能测量直流电流
(D)使用万用表测量电阻,每换一次欧姆挡都要进行欧姆调零
7. 从物理学上讲,电容是一种静态电荷(　　)介质。
(A)存储　(B)转换　(C)转移　(D)产生

8. (　　)仪表可直接用于交、直流测量,但精确度低。

(A)磁电式　(B)电磁式　(C)电动式　(D)感应式

9. 选择电压表时,其内阻(　　)被测负载的电阻为好。

(A)远小于　(B)远大于　(C)等于　(D)略大于

10. 在我国的低压供电系统中,线电压为(　　)V。

(A)24　(B)110　(C)220　(D)380

11. 北欧表的两个主要组成部分是手摇(　　)和磁电式流比计。

(A)电流互感器　(B)直流发电机　(C)交流发电机　(D)电压互感器

12. 万用表实质是一个带有整流器的(　　)仪表。

(A)磁电式　(B)电磁式　(C)电动式　(D)感应式

13. 用兆欧表逐相测量定子绕组与外壳的绝缘电阻,当转动摇柄时,指针指到零,说明绕组(　　)。

(A)碰壳　(B)短路　(C)断路　(D)接触不良

14. 有时候用钳表测量电流前,要把钳口开合几次,目的是(　　)。

(A)消除剩余电流　(B)消除剩磁　(C)消除残余应力　(D)消除剩余电压

15. 低压验电笔一般能验明(　　)以下带电的器具。

(A)110 V　(B)220 V　(C)380 V　(D)500 V

16. 钢丝钳使用时,为了保护刃口,一般不用来剪切钢丝,必要时只能剪切(　　) mm 以下的钢丝。

(A)0.5　(B)1　(C)2　(D)3

17. 扭力矩扳手设定值调整的方法一般有(　　)种。

(A)1　(B)2　(C)3　(D)4

18. 已知 $R_1=6\ \Omega$,$R_2=3\ \Omega$,$R_2=2\ \Omega$ 把它们串联起来的总电阻 R 为(　　)Ω。

(A)8　(B)10　(C)11　(D)15

19. 钢管在电工上使用中主要作为(　　),以保护导线用。

(A)架空线路　(B)承重支撑　(C)线管配线　(D)其他作用

20. 直流接触器通常采用的灭弧方法是(　　)。

(A)电动力灭弧　(B)磁吹灭弧　(C)栅片灭弧　(D)窄缝灭弧

21. 判断是交流接触器还是直流接触器的依据是(　　)

(A)线圈电流的性质　(B)主触点电流的性质

(C)主触点额定电流的性质　(D)辅助触点电流的性质

22. 螺旋式熔断器与金属螺纹壳相连的接线端应与(　　)相连。

(A)负载　(B)电源　(C)负载或电源　(D)不确定

23. 在异步电动机直接起动控制电路中,熔断器额定电流一般应取电动机额定电流的(　　)。

(A)4～7 倍　(B)2.5～3 倍　(C)1 倍　(D)1.5～2.5 倍

24. 热继电器过载时双金属片弯曲是由于双金属片的(　　)不同。

(A)机械强度　(B)热膨胀系数　(C)温差效应　(D)都不是

25. 低压断路器不能切除下面哪种故障(　　)。

(A)过载　(B)短路　(C)失电压　(D)欠电流

26. 如果在 NPN 型三极管放大电路中测得发射结为正向偏置,集电结也为正向偏置,则此三极管的工作状态为(　　)。

(A)放大状态　(B)饱和状态　(C)截止状态　(D)不能确定

27. 在一个放大电路中,测得某三极管各极对地的电位为 $U_1=3$ V,$U_2=-3$ V,$U_3=-2.7$ V,则可知该管为(　　)。

(A)PNP 锗管　(B)NPN 硅管　(C)NPN 锗管　(D)PNP 硅管

28.(　　)是指保护劳动者在生产过程中的人身安全与健康所必备的一种防御性装备,对于减少职业危害起着相当重要的作用。

(A)劳保用品　(B)劳动工具　(C)劳动保护　(D)劳动监护

29. 二极管的反向电阻(　　)。

(A)小　(B)大　(C)中等　(D)为零

30. 测得晶体管三个电极的静态电流分别为 0.06 mA、3.66 mA 和 3.6 mA。则该管的 β 为(　　)。

(A)70　(B)40　(C)50　(D)60

31. 发展绿色节能高新技术产业,推广应用节能减排新技术、新材料、(　　)、新产品。

(A)新装备　(B)新工具　(C)新工艺　(D)新技巧

32. NPN 型三极管三个极电位分别为 $V_C=3.3$ V,$V_E=3$ V,$V_B=3.7$ V,则该管工作在(　　)。

(A)饱和区　(B)截止区　(C)放大区　(D)击穿区

33. PDPC 法是指(　　)。

(A)因果分析图　(B)质量功能展开

(C)矩阵数据分析法　(D)过程决策程序图法

34. 当晶闸管承受反向阳极电压时,不论门极加何种极性触发电压,晶闸管都将工作在(　　)。

(A)导通状态　(B)关断状态　(C)饱和状态　(D)不定

35. 双向晶闸管的额定电流值通常以(　　)来定义。

(A)最大值　(B)平均值　(C)有效值　(D)任意值

36. 单结晶体管的结构中有(　　)个 PN 结。

(A)四　(B)三　(C)一　(D)二

37. 由于导体本身电流的变化而产生的电磁感应现象称为(　　)。

(A)自感现象　(B)互感现象　(C)电感现象　(D)磁感现象

38. 基本开关型单结晶体管常用于(　　)电路、时钟电路和电平检测电路。

(A)放大　(B)振荡　(C)电源　(D)输出

39. 常用四 2 输入与非门集成电路的型号是(　　)。

(A)74LS08　(B)74LS32　(C)74LS00　(D)74LS86

40. 螺丝刀也叫螺钉起子,是用来安装和拆卸(　　)的工具。

(A)盖板　(B)螺钉　(C)电子元件　(D)焊点

41. 焊锡丝是电子电路焊接必不可少的辅材,其主要成分是(　　)

(A)铜合金　(B)铝合金　(C)铅锡合金　(D)锡合金

42. 正确的手工焊接操作过程可以分成(　　)个步骤。

(A)三　(B)四　(C)五　(D)六

43. 单相全波整流电路需要(　　)只二极管。

(A)一　(B)三　(C)二　(D)四

44. 在逻辑电路中,输出与输入相反的是(　　)。

(A)与门　(B)或门　(C)或非门　(D)非门

45. 电子电路调试方法有两种:分块调试法和(　　)调试法。

(A)整体　(B)分块　(C)合并　(D)分离

46. 助焊剂也是电子电路焊接必备的(　　)。

(A)材料　(B)辅材　(C)工具　(D)元件

47. 锥度的标注符号"▷1 : n"表示,要标注在基准线上面,锥度符号方向应与圆锥方向(　　)。

(A)一致　(B)相反　(C)垂直　(D)没有要求

48. 在电气图中,辅助线、屏蔽线、机械连接线、不可见轮廓线、不可见导线等,一般用(　　)表示。

(A)实线　(B)虚线　(C)点画线　(D)双点画线

49. 电气图的表达方式主要有图样、(　　)、表图、表格和文字形式等。

(A)电路图　(B)接线图　(C)接线表　(D)简图

50. 接触器用双字母文字符号(　　)表示。

(A)KV　(B)KM　C. RP　D. RF

51. 同一电气元件的不同部分按功能和所接电路不同而分别绘制在不同电路中,但必须标注相同的(　　)。

(A)文字符号　(B)图形符号　(C)代号　(D)序号

52. 电缆与裸端头压接后,不弯曲电缆时,线芯裸露长度应在(　　)mm之间。

(A)0.5～1.0　(B)0.5～1.5　(C)0.5～2　(D)0.5～2.5

53. 导线标记热缩后字高应不小于(　　)mm,导线标记热缩后的长度应符合要求。

(A)1　(B)1.5　(C)2　(D)2.5

54. 线束捆扎后,所占空间不大于线槽空间的(　　)。

(A)60%　(B)70%　(C)80%　(D)90%

55. 潮湿和有腐蚀气体的场所内明敷或埋地一般采用管壁较厚(　　)。

(A)镀锌管　(B)塑料管　(C)PVR管　(D)无缝钢管

56. 绝缘导线的中间与分支接头处,应用用绝缘胶带包缠严密,并不低于导线原有的(　　)强度。

(A)导电　(B)抗拉　(C)绝缘　(D)机械

57. IT方式供电系统在供电距离不是很长时,供电的可靠性(　　)、安全性好。

(A)良好　(B)优良　(C)高　(D)一般

58. (　　)是社会主义社会各行各业的劳动者在职业活动中必须共同遵守的基本行为准则。

(A)诚实守信　(B)职业道德　(C)爱岗敬业　(D)遵纪守法

59. 国家标准GB 2893—2008规定红、(　　)、黄、绿四种颜色为安全色。

(A)蓝　(B)青　(C)白　(D)黑

60. 世界环境日为每年的(　　)。

(A)6 月 5 日　　(B)6 月 15 日　　(C)6 月 25 日　　(D)7 月 15 日

二、多选题(第 61 题～第 70 题。选择正确的答案,将相应的序号字母填入题内的括号中。每题 1 分,满分 10 分)。

61. 社会主义核心价值观中国家层面的价值目标是(　　)。

(A)富强　　(B)民主　　(C)文明　　(D)和谐

62. 在可能受到机械损伤的和振动场所内应选择(　　)。

(A)应有防撞措施(如采用吊链软性连接等)

(B)应采用防护等级不低于 IP54 的灯具

(C)应使用防爆式灯具

(D)有保护网的灯具

63. 文字符号用于电气技术领域技术文件的编制,也可标注在电气设备、装置、元器件上或近旁。以表示电气设备、装置、元器件的(　　)。

(A)名称　　(B)功能　　(C)状态　　(D)特性

64. 在电子电路焊接中,经常会用到螺丝刀,如调整可调电阻的(　　),安装拆卸接线(　　)等。

(A)阻值　　(B)盖板　　(C)端子　　(D)电子元件

65. 下列(　　)属于基本安全用具。

(A)绝缘手套　　(B)绝缘棒　　(C)绝缘夹钳　　(D)绝缘垫

66. 高空作业时应做到(　　)。

(A)高空作业人员应戴安全帽　　(B)高空作业人员应系好安全带

(C)地面作业人员应戴安全帽　　(D)作业人员应戴绝缘手套

67. 电工仪表的精确度等级分为(　　)等。

(A)0.1　　(B)0.2　　(C)0.5　　(D)2.5

68. 根据端子类型一般分为裸端子和绝缘护套端子两种,根据端子结构外形一般分为(　　)。

(A)UT　　(B)OT　　(C)CT　　(D)针式

69. 低压电器的组成通常包括(　　)。

(A)感受部件　　(B)转换电路　　(C)执行部件　　(D)电源部件

70. 低压断路器的作用包括(　　)。

(A)失电压保护　　(B)欠电压保护　　(C)过载保护　　(D)短路保护

三、判断题(第 71 题～第 100 题。将判断结果填入括号中。正确的填"√",错误的填"×"。每题 1 分,满分 30 分)

(　　)71. 常用绝缘安全防护用具有绝缘手套、绝缘靴、绝缘隔板、绝缘垫、绝缘站台等。

(　　)72. 交流钳形电流表可测量交直流电流。

(　　)73. 万用表使用后,转换开关可置于任意位置。

(　　)74. 电压的大小用电压表来测量,测量时将其串联在电路中。

(　　)75. 测量电动机的对地绝缘电阻和相间绝缘电阻,常使用兆欧表,而不宜使用万用表。

(　　)76. 在距离线路或变压器较近,有可能误攀登的建筑物上,必须挂有"禁止攀登,有电危险"的标示牌。

(　　)77. 测量电流时应把电流表串联在被测电路中。

(　　)78. 新的电烙铁必须先处理好后,再使用。

(　　)79. 压接钳压接时,钳口、导线和冷压端头的规格必须相配。

(　　)80. 由电磁感应产生的涡流是有害无益的。

(　　)81. 一台额定电压为 220 V 的交流接触器在 AC 220 V 和 DC 220 V 的电源上均可使用。

(　　)82. 触发普通晶闸管的触发脉冲,也能触发可关断晶闸管。

(　　)83. 直流接触器比交流接触器更适用于频繁操作的场合。

(　　)84. 绝缘材料在外加电压作用下,有极微弱的电流通过。

(　　)85. 双向晶闸管额定电流的定义,与普通晶闸管的定义相同。

(　　)86. 与门电路输入与输出的关系是"有 0 则 0,全 1 才 1"。

(　　)87. 电路焊接完成后,目测没有短路就可以加电了。

(　　)88. 三端集成稳压芯片具有过电流和过热保护。

(　　)89. 线路设计必须保证人身安全,如果在密闭、潮湿的环境使用的手持移动的操作装置、拉拽式的照明设施应使用安全电压(36 V 以下)作为控制电压。

(　　)90. 电子元件布局的时候,为避免短路,电子元件只能采用立式安装。

(　　)91. TT 系统接地装置耗用钢材多,而且难以回收、费工时、费料。

(　　)92. 给晶闸管加上正向阳极电压它就会导通。

(　　)93. 在有腐蚀性气体及特别潮湿的场所应采用防护等级不低于 IP54 的灯具。

(　　)94. 大型或多头吸顶灯在混凝土顶面安装,应使用金属膨胀螺栓直接紧固在混凝土顶面,螺栓的规格不得小于 M4。

(　　)95. 螺钉串插式弧形板连接宜采用针式端子或管状端子,也可采用 O 型端子或 U 型端子。采用两个针式端子或管状端子时,线径和端子大小可以不同。

(　　)96. 红色连接导线主要用于三相电路 C 相、三极管集电极、二极管阴极、整流二极管阴极、晶闸管阴极。

(　　)97. 在生产作业活动中,在不能确保自身安全的情况下,不得从事明知危险但没有安全保证措施的各类作业。

(　　)98 在生产作业活动中,根据作业环境决定是否穿戴和使用劳动防护用品。

(　　)99. 矢线图的作用可用于从全局、整体掌握系统的状态,因而可做出全局性判断。

(　　)100. 放射式是从配电变压器低压侧引出若干条支线,分别向各用电点直接供电。

附录3　轨道交通电气设备装调职业技能等级(初级)操作考核模拟试题

一、准备通知单

1. 试卷说明

(1)本试卷命题以可行性、技术性、通用性为原则编制。

(2)本试卷所考核的内容针对考核站点设备而制定。

(3)本试卷中各项技能考试时间均不包括准备时间。在具体的考试中,各考核站点应该把每一试题考试准备的时间考虑进去。

(4)本试卷中每一道试题必须在规定的时间内完成,不得延时;在某一试题考核中节余的时间不能在另一试题考核中使用。

2. 工具、材料和设备的准备

工具、材料和设备的准备仅针对1名考生而言,考核站点应根据考生人数确定具体数量。下表所示为完整的中国中车集团轨道交通电气设备装调职业技能等级(初级)操作技能考核工具、材料和设备准备通知单。

试题1:工具、仪器仪表的使用

准备要求:

序号	名　称	型号与规格	单位	数量	备　注
1	万用表	MF47或500型	块	1	
2	万用表	UT56	块	1	
3	兆欧表	500 MΩ	块	1	
4	兆欧表	1 000 MΩ	块	1	
5	单臂电桥	QJ23	台	1	
6	双臂电桥	QJ44	台	1	
7	三相异步电动机	自定	台	2	
8	变压器	自定	台	1	
9	导线	BVR 1 mm^2,2.5 mm^2	m	0.5	
10	冷接端子	各种规格	个	若干	
11	剥线钳	得力7寸7挡,50#钢	把	1	
12	绝缘护套端子压接钳	S035022	把	1	
13	裸端子压接钳	S035026	把	1	
14	劳保用品	绝缘鞋、工作服等	套	1	
15	连接导线	自定(与端子配套)	m	若干	
16	操作台	自定	套	1	

考核时间:30 min。

试题 2:三相交流异步电动机电气控制线路的装配与调试

准备要求:

序号	名　称	型号与规格	单位	数量	备　注
1	三相五线交流电源	～3×380 V/220 V、20 A	处	1	
2	操作台	自定	套	1	
3	万用表	自定	块	1	
4	装配通用工具	验电笔、钢丝钳、螺丝刀(包括十字口螺丝刀、一字口螺丝刀)、电工刀、尖嘴钳、活扳手、剪刀等	套	1	
5	装配专用工具	剥线钳、裸端子压线钳、绝缘护套端子压线钳、针式管形压线钳、热风枪、记号笔等	套	1	
6	圆珠笔	自定	支	1	
7	劳保用品	绝缘鞋、工作服等	套	1	
8	空气断路器	DZ47-63/3P D20	只	1	
9	组合三联按钮	LAY37	只	1	
10	交流接触器	CJ20-10 380 V 或 CJX2-0910 380 V 并带辅助触头 F4-22	只	2	
11	热继电器	JRS2-63(0.4-0.63 A)	只	1	
12	熔断器	RT18-32 5 A×2	套	2	
13	接线端子排	TD2015	条	1	
14	网孔板	结合实际自定	块	1	
15	试车专用线	结合实际自定	根	8	
16	塑料铜芯线	BVR 1.5 mm^2	m	5	
17	塑料铜芯线	BVR 1 mm^2	m	8	
18	叉式绝缘护套线环	UT ϕ1～3	个	100	
19	叉式绝缘护套线环	UT ϕ1～4	个	100	
20	叉式绝缘护套线环	UT ϕ1.5～4	个	100	
21	叉式绝缘护套线环	UT ϕ1.5～3	个	100	
22	叉式裸套线环	OT ϕ1～3	个	20	
23	叉式裸套线环	OT ϕ1～4	个	20	
24	叉式裸套线环	OT ϕ1.5～4	个	20	
25	叉式裸套线环	OT ϕ1.5～3	个	20	
26	热缩管	ϕ4	m	0.5	
27	热缩管	ϕ6	m	0.5	
28	异型线号管	ϕ2.5	m	2	
29	扎带	3×150	根	15	

续上表

序号	名　称	型号与规格	单位	数量	备　注
30	黑色蛇皮网电线保护套管	ϕ10	m	1	
31	线槽板	结合实际自定	m	若干	
32	螺丝	结合实际自定	只	若干	
33	三相异步电动机	△接法,380 V	台	1	

考核时间:120 min。

试题3:电子电路的装配与调试

准备要求:

序号	名　称	型号与规格	单位	数量	备　注
1	单相交流电源	220 V、20 A及5孔插座	处	1	
2	操作台	自定	套	1	
3	万用表	自定	块	1	
4	装配通用工具	螺丝刀(包括十字口螺丝刀、一字口螺丝刀)、电工刀、尖嘴钳、剥线钳、剪刀、镊子等	套	1	
5	电烙铁	35 W左右	把	1	
6	变压器(TC)	220 V/12 V、12 V 50 V·A	只	1	
7	二极管(VD1～VD4)	1N4007	只	4	
8	电解电容(C1～C4)	100 μF/25 V	只	4	
9	集成三端稳压块IC1	LW7812	块	1	
10	集成三端稳压块IC2	LW7912	块	1	
11	电容(C5、C6)	0.1 μF	只	2	
12	电阻(R1、R2)	1 kΩ,1/8 W	只	2	
13	焊接万能板	结合实际自定	块	1	
14	焊锡丝	ϕ0.3	m	若干	
15	软铜导线	ϕ0.5	m	若干	
16	松香		g	若干	

考核时间:60 min。

二、考核试题

试题1:工具、仪器仪表的使用

1. 考核要求

(1)正确穿戴好操作时的防护用品。

(2)正确选择材料、工具,制作一根1 mm^2 城轨车辆上用的、长度约0.5 m的电气控制导线。

(3)正确选择、操作电工仪表进行测量(抽签任选一个),并将测试结果填入后面的表格中。

A. 对电动机的绝缘电阻进行测量并写读出测量数据与测试结果,即判别该电动机绝缘的好坏;

B. 对电动机三相绕组的电阻值进行精确测量并写读出测量数据与测试结果,即判别该电动机三相阻值是否平衡;

C. 对变压器的绝缘电阻进行测量并写读出测量数据与测试结果,即判别该变压器绝缘的好坏;

D. 对变压器一、二次绕组电阻值进行精确测量并写读出测量数据与测试结果,即判别该变压器绕组是否有匝间短路;

(4)在考核过程中,注意人身和设备的安全。

(5)满分 100 分,考核时间 30 min。

2. 测试结果填写表格

测试项目	测试的数据	根据测试数据,判断测试结果

试题 2:三相交流异步电动机电气控制线路的装配与调试

1. 电气原理图

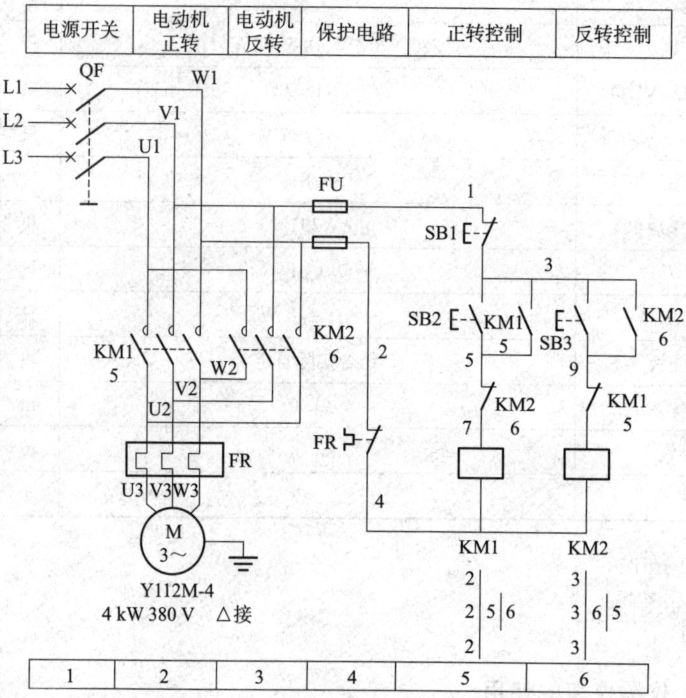

2. 考核要求

(1)能够正确的识懂电气原理图与布置接线图。

(2)能够按电气原理图与布置接线图要求安装元器件:

①按规程正确安装元器件;

②安装牢固整齐;

③不损坏元器件;

④安装前应对元器件进行检查。

(3)能够按电气原理图与布置接线图要求进行布线:

①按图安装接线正确,无漏线、错线;

②线路敷设整齐、合理;

③导线压接牢固、规范,不伤线芯;

④号码管齐全,标注数字方向正确。

(4)进行通电调试:

①通电前必须认真检查;

②一次试车成功;

③保护电器整定值正确(按电动机 4 kW 计算)。

(5)在考核过程中,注意人身和设备的安全:

①遵守安全操作规程;

②正确使用工具及仪器仪表;

③不发生安全事故,场地整洁。

(6)满分 100 分,考核时间 120 min。

3. 布置接线图

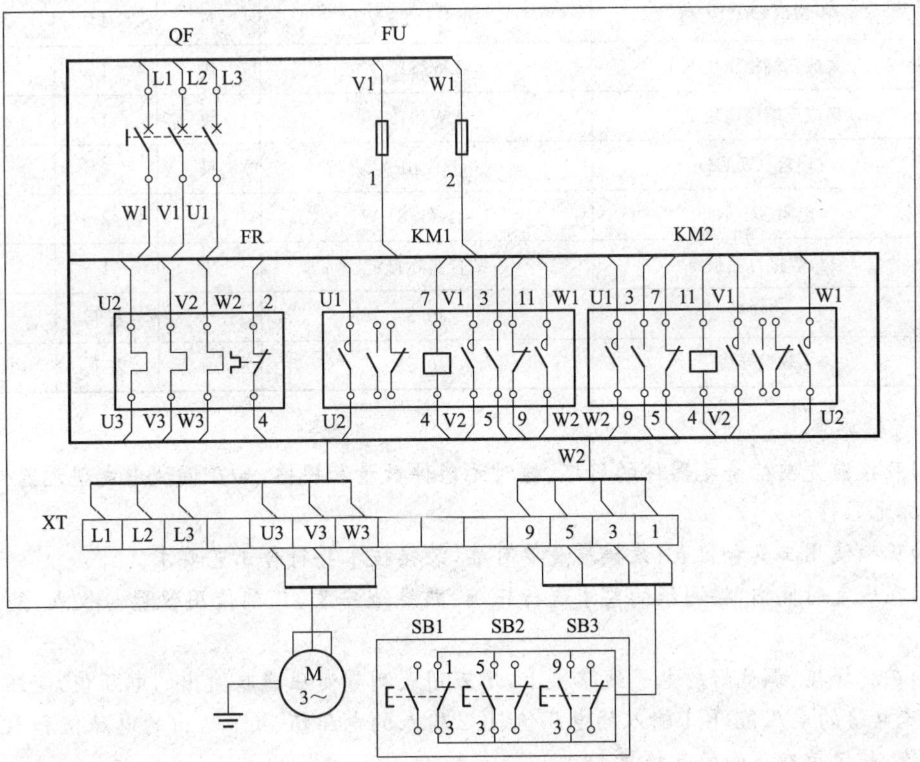

主电路采用 BVR 1.5 mm² 线,控制电路采用 BVR 1 mm² 线,电动机的连线采用橡皮电缆线 1.5 m×3+1 m×1,按钮采用 BVR 1 mm²;板内所有线环采用绝缘护套线环,板外电动机

采用绝缘护套线环、按钮采用裸线环。

试题3:电子电路的装配与调试

1. 原理图

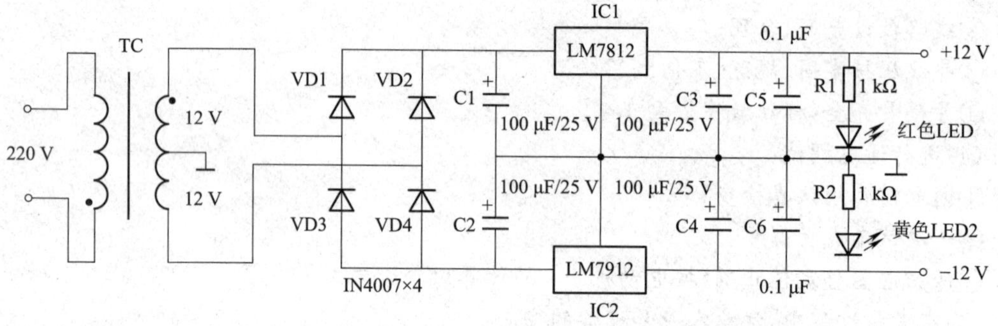

2. 元器件清单

序号	名　称	型号与规格	单位	数量	备　注
1	变压器(TC)	220 V/12 V、12 V 50 V·A	只	1	
2	二极管(VD1-VD4)	1N4007	只	4	
3	电解电容(C1-C4)	100 μF/25 V	只	4	
4	集成三端稳压块 IC1	LW7812	块	1	
5	集成三端稳压块 IC2	LW7912	块	1	
6	电容(C5、C6)	0.1 μF	只	2	
7	电阻(R1、R2)	1 kΩ,(1/8) W	只	2	
8	焊接万能板	结合实际自定	块	1	
9	焊锡丝	ϕ0.3	m	若干	
10	软铜导线	ϕ0.5	m	若干	

3. 考核要求

(1)装接前先要检查元器件的好坏,核对元器件数量和规格,如在调试中发现元器件损坏,则按损坏元器件扣分。

(2)正确使用工具和仪表,装接质量要可靠,装接技术要符合工艺要求。

(3)在规定时间内,按图纸的要求进行正确、熟练地安装,正确使用仪器与仪表,能正确进行调试。

(4)在所焊接、调试好的电子线路板上,用万用表测量变压器双输出的电压值、变压器输出送入整流电路的电压值、IC1输入的电压值、IC2输入的电压值、IC1输出的电压值和IC2输出的电压值,并记录在下面的表格里、

(5)在考核过程中,注意人身和设备的安全。

(6)满分100分,考核时间60 min。

4. 作答表

测试点	测试的数据	根据测试数据,判断测试结果
变压器双输出的电压值		
变压器输出送入整流电路的电压值		
IC1 输入的电压值		
IC2 输入的电压值		
IC1 输出的电压值		
IC2 输出的电压值		

三、考核试题记录表

1. 成绩汇总表

序号	试题名称	总分值	得分	考评员签字	备注
1	工具、仪器仪表的使用	100			
2	三相交流异步电动机电气控制线路的装配与调试	100			
3	电子电路的装配与调试	100			
	操作技能考核结论	□通过 □不通过			

汇分人:　　　　　　　　　　　　　　年　月　日

试题 1:工具、仪器仪表的使用配分、评分标准

序号	主要内容	考核要求	评分标准	配分	扣分	得分
1	导线制作	(1)正确选择、使用工具。 (2)下线长度在规定范围内。 (3)材料选择正确。 (4)导线制作方法正确。 (5)导线制作符合行业工艺要求	(1)工具选择、使用错误,扣10分。 (2)下线长度超范围,扣5分。 (3)材料选择错误,扣5分。 (4)导线制作测量过程中,操作步骤每错1处扣3分。 (5)导线制作不符合行业工艺要求,每处扣3分	40		
2	常用仪表的使用与测量结果	(1)仪表选择正确。 (2)接线无误。 (3)测量过程准确无误。 (4)对使用的仪器、仪表进行简单的维护保养。 (5)测量正确。 (6)结论正确	(1)仪表选择错误,扣10分。 (2)接线错误,每处扣5分。 (3)测量过程中,操作步骤每错1处扣3分。 (4)维护保养有误或没有,扣5分。 (5)测量结果有较大误差或错误,扣5分。 (6)结论不正确,扣10分	50		

续上表

序号	主要内容	考核要求	评分标准	配分	扣分	得分
3	安全文明操作	(1)工作服、绝缘鞋、工作帽穿戴整齐,电工工具佩带好。 (2)考试完毕应保持工具仪表完好无损。 (3)保持工位文明卫生。 (4)无违章和事故发生	(1)防护用品不齐,每项扣1分。 (2)工具、仪表有损坏每件扣2分。 (3)工具乱丢乱放及考完工位不清洁,每处扣1分。 (4)违反安全操作扣10分,对发生事故重大者取消考试资格	10		
备注			合计	100		
			考评员签字	年 月 日		

统分人:　　　　　　　　年　月　日　　　　核分人:　　　　　　　　年　月　日

试题2:三相交流异步电动机电气控制线路的装配与调试配分、评分标准

序号	主要内容	考核要求	评分标准	配分	扣分	得分
1	元器件安装	(1)按规程正确安装元器件。 (2)安装牢固整齐。 (3)不损坏元器件。 (4)安装前应对元器件进行检查	(1)不能按规程正确安装,扣3分。 (2)元器件松动、不整齐,每处扣1分。 (3)损坏元器件,每件扣5分。 (4)不用仪表检查,每件扣1分	10		
2	布线、接线	(1)按图安装接线正确,无漏线、错线。 (2)线路敷设整齐、合理。 (3)导线压接牢固、规范,不伤线芯。 (4)号码管齐全,标注数字方向正确。 (5)板外导线要进行绑扎处理并符合工艺要求,板外裸线环要进行热缩管出理并符合工艺要求。 (6)电源和电动机配线、按钮和行程开关接线要接到端子排上,要注明引出端子标号。 (7)安装完毕应盖好盖板	(1)按图安装接线不正确,漏线、错线,每处扣1分;导线不经过端子板每根线扣1分,每个接线螺钉压接线超过两根每处扣1分。 (2)导线未进入线槽,有跨接,每处各扣1分;导线进出线槽不整齐美观扣3分。 (3)导线压接不规范、接点松动、接头露铜过长、毛刺、压绝缘层,每处扣1分。 (4)损伤导线绝缘或线芯,每根扣1分。 (5)导线绑扎、热缩管不符合工艺要求,每处扣1分。 (6)电源和电动机配线、按钮和行程开关接线未接到端子排上,引出端子未注明标号,每处扣1分。 (7)完成后每少盖一处盖板扣2分	50		
3	通电试车	在保证人身和设备安全的前提下,通电试验一次成功,能正确写出该电路的功能	(1)时间继电器或热继电器没整定值或错误各扣5分。 (2)电路配错熔体,每个扣1分。 (3)一次试车不成功扣15分;两次试车不成功扣20分,没有试车扣25分	30		

续上表

序号	主要内容	考核要求	评分标准	配分	扣分	得分
4	安全文明生产	(1)必须穿戴劳动防护用品。 (2)工具仪表摆放规范整齐,仪表完好无损。 (3)保持工位文明整洁	(1)违反安全操作者扣10分,发生事故者取消考试资格。 (2)工具仪表乱丢乱放扣5分,损坏扣10分。 (3)考试结束场地不清、卫生差扣5分	10		
备注			合计	100		
			考评员签字	年 月 日		

统分人: 年 月 日 核分人: 年 月 日

试题3:电子电路的装配与调试配分、评分标准

序号	主要内容	考核要求	评分标准	配分	扣分	得分
1	元器件筛选、检测与替换	(1)能用仪器仪表筛选出元器件。 (2)能测出元器件参数、判断出引脚极性。 (3)能对标称值缺少的元器件尽快采用合理的元器件替换	(1)不能筛选元器件,每件扣3分。 (2)不能判别元器件参数与引脚极性,每件扣3分。 (3)不能对标称值缺少的元器件尽快采用合理的元器件替换,每件扣2分	10		
2	按图焊接	正确使用工具和仪表,焊接质量可靠,焊接技术符合工艺要求	(1)布局不合理,扣3分。 (2)焊点粗糙、拉尖、有焊接残渣,每处扣1分。 (3)元件虚焊、气孔、漏焊、松动、损坏元件,每处扣1分。 (4)引线过长、焊剂不擦干净,每处扣1分。 (5)元器件的标称值不直观、安装高度不合要求,每处扣1分。 (6)焊接时损坏元器件,每只扣5分。 (7)本项不倒扣分	30		
3	通电调试	在规定时间内,利用仪器仪表通电调试	(1)通电调试不成功扣10分;焊完没有调试扣15分;没有焊完扣20分。 (2)调试过程中损坏元器件,每件扣5分	25		
4	测试	在所焊接、调试好的电子线路板上,用万用表测量有关电压值,并记录在表格里并做出判断	(1)不会使用万用表进行测量,扣10分。 (2)测量过程中,操作步骤每错1步扣3分。 (3)测量有关电压值错误,每处扣5分。 (4)判断错误,每处扣5分	25		

续上表

<table>
<tr><th>序号</th><th>主要内容</th><th>考核要求</th><th>评分标准</th><th>配分</th><th>扣分</th><th>得分</th></tr>
<tr><td>5</td><td>安全文明操作</td><td>(1)必须穿戴劳动防护用品。
(2)工具仪表摆放规范整齐,仪表完好无损。
(3)保持工位文明整洁</td><td>(1)违反安全操作者扣 10 分,发生事故者取消考试资格。
(2)工具仪表乱丢乱放扣 5 分,损坏仪表扣 10 分。
(3)考试结束场地不清、卫生差扣 5 分</td><td>10</td><td></td><td></td></tr>
<tr><td rowspan="2">备注</td><td rowspan="2" colspan="2"></td><td>合计</td><td>100</td><td></td><td></td></tr>
<tr><td>考评员
签字</td><td colspan="3">年　月　日</td></tr>
</table>

统分人:　　　　　　　　年　月　日　　　　核分人:　　　　　　　　年　月　日